DROIT DES OBLIGATIONS

DROIT DES OBLIGATIONS

RÉGIME GÉNÉRAL

9e ÉDITION

Philippe Delebecque
Professeur à l'université Panthéon-Sorbonne (Paris I)

Frédéric-Jérôme Pansier
Chargé d'enseignement à l'université Panthéon-Sorbonne (Paris I)

LexisNexis®

LexisNexis SA
141, rue de Javel – 75015 Paris

Siège social : 141, rue de Javel – 75015 Paris

ISBN 978-2-7110-2955-6

Liste des abréviations

AJDI	*Actualité juridique de droit immobilier*
AJF	*Actualité juridique Famille*
BGB	*Bürgerliches Gesetzbuch* (Code civil allemand)
BRDA	*Bulletin rapide de droit des affaires Francis Lefebvre*
Bull. civ.	*Bulletin des arrêts des chambres civiles de la Cour de cassation*
Bull. crim.	*Bulletin des arrêts de la chambre criminelle de la Cour de cassation*
Bull. inf. C. cass.	*Bulletin d'information de la Cour de cassation*
Bull. Joly Sociétés	*Bulletin Joly* (mensuel d'information des sociétés)
CA	Cour d'appel
Cah. soc. barreau Paris	*Cahiers sociaux du barreau de Paris*
Cass. 1re, 2e, 3e civ.	Cour de cassation (1re, 2e ou 3e chambre civile)
Cass. ass. plén.	Cour de cassation, assemblée plénière
Cass. ch. mixte	Cour de cassation, chambre mixte
Cass. com.	Cour de cassation, chambre commerciale
Cass. crim.	Cour de cassation, chambre criminelle
Cass. req.	Cour de cassation, chambre des requêtes
Cass. soc.	Cour de cassation, chambre sociale
C. assur.	Code des assurances
CCH	Code de la construction et de l'habitation
C. civ.	Code civil
C. com.	Code de commerce
C. consom.	Code de la consommation
CE	Conseil d'État
CEDH	Cour européenne des droits de l'homme
CGI	Code général des impôts
C. mines	Code des mines
C. monét. fin.	Code monétaire et financier
Contrats, conc. consom.	*Contrats, concurrence, consommation*
CPC	Code de procédure civile
CPC ex.	Code des procédures civiles d'exécution
CPI	Code de la propriété intellectuelle
CPP	Code de procédure pénale
CRP	Clause de réserve de propriété
C. rur. pêche marit.	Code rural et de la pêche maritime
C. santé publ.	Code de la santé publique
CSS	Code de la sécurité sociale
C. transports	Code des transports
C. trav.	Code du travail
D.	*Recueil Dalloz*
D.	Décret
D. affaires	*Dalloz affaires*
DC	*Dalloz critique* (de 1941 à 1944)
Defrénois	*Répertoire du notariat Defrénois*
DH	*Dalloz hebdomadaire* (de 1924 à 1940)
DMF	*Droit maritime français*
DP	*Dalloz périodique* (jusqu'en 1940)
Dr. et patrimoine	*Droit et patrimoine*
Dr. et proc.	*Droit et procédures*
Dr. famille	*Droit de la famille*
Dr. sociétés	*Droit des sociétés*
EIRL	Entreprise individuelle à responsabilité limitée

EURL	Entreprise unipersonnelle à responsabilité limitée
GAJ civ.	*Grands arrêts de la jurisprudence civile*
Gaz. Pal.	*Gazette du Palais*
infra	ci-dessous
JCP E	*JurisClasseur périodique*, édition Entreprise et affaires
JCP G	*JurisClasseur périodique*, édition Générale
JCP N	*JurisClasseur périodique*, édition Notariale et immobilière
JDI	*Journal du droit international*
JO	*Journal officiel* de la République française
L.	Loi
LCR	Lettre de change relevé
LEDC	*L'Essentiel Droit des contrats*
LME	Loi de modernisation de l'économie
Loyers et copr.	*Loyers et copropriété*
LPA	*Les Petites affiches*
LPF	Livre des procédures fiscales
Mél.	*Mélanges*
Ord.	Ordonnance
Préc.	Précité
Rapp.	Rapport
Rappr.	Rapprocher
RD bancaire et bourse	*Revue de droit bancaire et de la bourse*
RD bancaire et fin.	*Revue de droit bancaire et financier*
RDC	*Revue des contrats*
RD imm.	*Revue de droit immobilier*
RDIP	*Revue de droit international privé*
Rép. com. Dalloz	*Répertoire de droit commercial* Dalloz (Encyclopédie)
Resp. civ. et assur.	*Responsabilité civile et assurance*
Rev. arb.	*Revue de l'arbitrage*
Rev. Lamy dr. aff.	*Revue Lamy Droit des affaires*
Rev. loyers	*Revue des loyers*
Rev. proc. coll.	*Revue des procédures collectives, civiles et commerciales*
Rev. sociétés	*Revue des sociétés*
RGAT	*Revue générale des assurances terrestres*
RGDA	*Revue générale de droit des assurances*
RJ com.	*Revue de jurisprudence commerciale*
RJDA	*Revue de jurisprudence de droit des affaires*
RJPF	*Revue juridique personnes et famille*
RTD civ.	*Revue trimestrielle de droit civil*
RTD com.	*Revue trimestrielle de droit commercial et de droit économique*
S.	*Recueil Sirey*
SA	Société anonyme
SAFER	Société d'aménagement foncier et d'établissement rural
SARL	Société anonyme à responsabilité limitée
SCI	Société civile immobilière
ss dir.	Sous la direction de
supra	ci-dessus
T. civ.	Tribunal civil
TGI	Tribunal de grande instance
V.	Voir
V°	Verbo

Bibliographie sélective

A. BÉNABENT, *Droit civil, Les obligations*, Montchrestien, coll. « Domat droit privé », 16e éd. 2017.

J. CARBONNIER, *Droit civil*, t. IV, *Les obligations*, PUF, coll. « Thémis », 22e éd. 2000.

M. FABRE-MAGNAN, *Droit des obligations, contrat et engagement unilatéral*, t. 1, PUF, coll. « Thémis », 4e éd. 2016.

J. FLOUR et J.-L. AUBERT avec E. SAVAUX, *Les obligations*, t. 3, *Le rapport de l'obligation*, A. Colin, 9e éd. 2015.

J. FRANÇOIS, *Traité de droit civil – Les obligations*, Economica, 4e éd. 2017.

J. GHESTIN, M. BILLIAU et G. LOISEAU *Traité de droit civil. Le régime des créances et des dettes*, LGDJ, 2005.

C. LARROUMET et S. BROS, *Les obligations, Le contrat*, t. III, vol. 3, Economica, 8e éd. 2016.

P. MALAURIE, L. AYNÈS et P. STOFFEL-MUNCK, *Cours de droit civil*, t. VI, *Les obligations*, Montchrestien, 9e éd. 2017.

Ph. MALINVAUD, D. FENOUILLET et M. MEKKI, *Droit des obligations*, LexisNexis, 14e éd. 2017.

G. MARTY et P. RAYNAUD, *Droit civil. Les obligations*, t. I, *Les sources*, Sirey, 2e éd. 1989, par Ph. JESTAZ.

H., L. et J. MAZEAUD, *Leçons de droit civil*, t. II, vol. 1, *Obligations, théorie générale*, Montchrestien, 9e éd. 1997, par F. CHABAS.

A. SÉRIAUX, *Droit civil. Droit des obligations*, PUF, coll. « Droit fondamental », 2e éd. 1998 ; *Manuel de droit des obligations*, PUF, coll. « Droit fondamental », 2e éd. 2014.

B. STARCK, H. ROLAND et L. BOYER, *Droit civil. Les obligations*, t. 3, *Régime général*, Litec, 6e éd. 1998.

F. TERRÉ et Y. LEQUETTE, *Les grands arrêts de la jurisprudence civile*, t. 1, Dalloz, 13e éd. 2015.

F. TERRÉ, P. SIMLER et Y. LEQUETTE, *Droit civil. Les obligations*, Dalloz, coll. « Précis », 12e éd. 2018.

Avant-propos de la neuvième édition

La réforme du droit des obligations opérée par l'ordonnance du 10 février 2016 rendait indispensable une nouvelle édition de cet ouvrage. Il s'agit de tenir compte des modifications opérées par ce texte et de les intégrer dans cet ouvrage dont la vocation, modeste, reste d'exposer le droit positif.

Cette mise à jour ne saurait être comprise comme une approbation sans réserve du contenu de la réforme et l'intégration des nouvelles dispositions dans ce manuel ne doit pas être considérée comme l'expression d'un blanc-seing donné à ce que certains ont présenté comme un progrès.

Il n'est pas encore possible de procéder à un véritable commentaire ou une refonte des connaissances en la matière, tant il est vrai que seul le passage des ans (et le polissage des nouvelles notions par la jurisprudence) pourra conduire l'exégète à dresser le tableau exact des changements, voulus ou déduits par le juge, cosmétiques ou réels, que cette réforme entraîne.

Cette nouvelle édition est une étape en attendant, peut-être, de nouvelles réformes : n'est-il pas question de faire subir à la responsabilité civile le même traitement que celui qui vient d'être prescrit au droit des contrats ?

Qu'il nous soit ici simplement permis de saluer l'entrée des actions interrogatoires dans la législation civile et de se féliciter de la consécration de nombreuses et importantes jurisprudences, mais en même temps de regretter la renumérotation du Code civil, les articles 1134, 1165 et 1382, notamment, perdant un peu de leur âme du fait de leur translation au sein de la nouvelle architecture du droit des obligations, de déplorer la disparition du riche concept de cause au profit de celui inapproprié de « contenu » ou encore de s'inquiéter de la percée du consumérisme dans ce qui aurait dû rester un droit commun des contrats... Toute réforme n'est pas heureuse, mais l'on se rassure en comptant sur les étudiants et leur esprit que l'on sait critique pour trouver un bon équilibre entre la tradition et la modernité.

Les auteurs

Avertissement

Les auteurs peuvent se référer aux articles du Code civil dans sa version en vigueur avant le 1er octobre 2016, ou bien substituer le nouvel article à l'ancien sans le préciser systématiquement.

Dans les jurisprudences anciennes, la numérotation des articles en vigueur au moment des arrêts a (sauf considérations pédagogiques) été conservée. Les commentaires feront, quant à eux, état de la numérotation en vigueur au 1er octobre 2016 (sauf exceptions de contexte).

Pour une bonne compréhension de la réforme du droit des contrats et des obligations, nous rappelons ici aux étudiants les principales concordances liées aux articles contenus dans le présent ouvrage.

Un tableau de concordance exhaustif figure dans le **Code civil 2017 de LexisNexis**. Les articles anciens et nouveaux y figurent également.

ARTICLES DU CODE CIVIL EN VIGUEUR JUSQU'AU 1ER OCTOBRE 2016	OBJET	ARTICLES DU CODE CIVIL À COMPTER DU 1ER OCTOBRE 2016
1102 et 1103	Contrat synallagmatique	1106
1107	Règles générales et particulières	1105
1108	Conditions de validité du contrat	1128
1109	Vices du consentement, énumération	1130
1110	Erreur	1132 à 1136
1115 à 1115	Violence	1140 à 1143
1116	Dol	1137 à 1139
1382 et s.	Responsabilité	1240 et s.
1147 à 1151	Dommages et intérêts contractuels	1231 à 1231-4
1165	Effet relatif du contrat	1199
1197 à 1216	Obligation solidaire	1310 à 1319
1235 à 1248	Paiement	1242 à 1242-10, 1343 à 1343-5, 1283 et 1284
1249 à 1252	Subrogation	1346 à 1346-5
1197 à 1216	Obligation solidaire	1310 à 1319
1349 à 1353	Présomptions	1354 1382
1315	Charge de la preuve	1353
1376 à 1381	Paiement de l'indu	1302 à 1302-3

Attention : lorsque les articles des avant-projets sont cités, leur numérotation est spécifique et donc totalement indépendante de celle qui a été retenue dans le cadre de la réforme du droit des contrats et des obligations ou pourrait être retenue dans le cadre de la réforme du droit de la responsabilité.

Pour une meilleure compréhension de la version du Code de la consommation entrée en vigueur le 1er juillet 2016, nous invitons les étudiants à utiliser la table de concordance disponible dans le Code civil LexisNexis 2017 et l'outil de concordance en ligne de la DGCCRF :

http://www.economie.gouv.fr/dgccrf/nouveau-code-consommation-table-concordance-telechargeable

Sommaire

TROISIÈME PARTIE

EXTINCTION DE L'OBLIGATION

Introduction

1. – Définitions. L'obligation. Selon les *Institutes* de Justinien (3.13), *Obligatio est juris vinculum quo necessitate adstringimur alicujus solvendae rei secundum nostrae civitatis jura*. On l'a compris, en relisant cette définition, le concept d'obligation plonge ses racines dans les terres les plus fécondes et tire ses origines des temps les plus anciens. Le mot « obligation » vient du latin *obligare* (*ligare* : lier) – le débiteur est lié au créancier – et renvoie à une relation entre deux personnes.

L'obligation, du reste, a deux faces :

– l'une passive, qui est la dette du débiteur ;

– l'autre active, la créance dont jouit le créancier.

À ce rapport d'obligation, le *juris vinculum*, s'adjoint un pouvoir de contrainte.

L'obligation est juridiquement sanctionnée. Le créancier peut obtenir, au besoin devant les tribunaux et par la contrainte étatique, l'exécution de l'obligation de son débiteur. L'obligation n'est pas un simple devoir, dont on ne sait pas toujours comment en assurer la réalisation. C'est une notion juridique et non pas romantique.

Elle suscite au demeurant deux questions essentielles :

– à partir de quand devient-on créancier ou débiteur ? En d'autres termes, quelle est la source de l'obligation ?

– comment peut-on assurer l'exécution de cette obligation et quelle est la structure de l'obligation ? *i.e.* quel est le régime des obligations ?

2. – Objet du cours : le régime des obligations. L'objet d'un cours de « droit des obligations » est d'analyser la source de l'obligation. Celle-ci peut être contractuelle, quasi contractuelle, délictuelle, quasi délictuelle ou encore légale (V. les premier et second volumes de cette collection).

Quels que soient leur source et leur contenu, les obligations obéissent à des règles identiques qui concernent la manière dont elles s'exécutent (l'exécution), les conditions de leur transmission et leurs causes d'extinction.

En des termes plus imagés, étudier le « droit des obligations », au sens des programmes universitaires, revient à rechercher la source de l'obligation, autrement dit les conditions de sa naissance et de sa filiation.

Une fois cette source déterminée, il convient de :

– comprendre l'obligation dans tous ses éléments et analyser sa structure ;

– considérer la vie de l'obligation – ou selon l'heureuse formule de Mousseron sa « circulation » –, notamment au travers de la transmission active et passive, *i.e.* du lien de droit créé ;

– enfin, de constater la disparition de l'obligation, en des termes plus juridiques et moins anthropomorphiques, son extinction.

S'intéresser au régime des obligations revient ainsi à considérer les obligations sous un angle dynamique.

3. – Plan. De ce point de vue, l'obligation est à la mesure de l'homme : elle naît (V. « Le droit des obligations ») et se structure ; elle rayonne ensuite dans la société avant de disparaître, à la fin de sa vie.

L'étude du régime des obligations repose sur un programme particulièrement vaste, jadis délaissé, mais articulé autour de notions d'une grande richesse (délégation, prescription, cession de créance, etc.) que la doctrine contemporaine redécouvre et que la jurisprudence s'efforce de mettre en musique. Nous aurons, dans ce cours et qui ne reste qu'un cours, l'occasion, à plusieurs reprises, de nous en convaincre.

Nous envisagerons, en autant de parties,

– la structure de l'obligation ;

– sa transmission ;

– et enfin son extinction.

PREMIÈRE PARTIE

STRUCTURE DE L'OBLIGATION

4. – Présentation du plan. Pour envisager la structure de l'obligation, il faut, tout d'abord, en présenter le contenu, avant d'en décrire les modalités.

TITRE 1

CONTENU DE L'OBLIGATION

5. – Critère de l'obligation. Traiter la question du contenu de l'obligation revient à se demander quel est le critère d'une obligation. Qu'est-ce qui permet de distinguer, autrement que par l'examen des sources poursuivi dans le cours de « droit des obligations », une obligation d'un simple devoir ?

La réponse est simple : ce critère réside, avant tout, dans la sanction de l'obligation.

Reprenons la célèbre définition de Gaius dans ses *Institutes* : *Obligatio est juris vinculum quo necessitate adstringimur alicujus solvendae rei secundum nostrae civitatis jura* : « L'obligation est le lien de droit qui nous conduit à faire quelque chose selon le droit de notre Cité ».

Le critère de l'obligation est donc ce *juris vinculum*, le « lien de droit » entre un créancier et un débiteur.

L'utilisation du mot « lien » – *vinculum* – ne se réduit pas à une figure de style : le lien de droit créé par l'obligation est juridiquement sanctionné ; aussi le débiteur et le créancier font-ils ensemble le pari de tenir un contrat en liant leur destin (juridique). Ils choisissent leurs chaînes.

Cette référence au concept de lien est d'autant moins une image, qu'en droit romain le débiteur récalcitrant était initialement supprimé et son corps réparti à proportion des sommes dues entre ses créanciers. Puis, la sanction s'est adoucie : le débiteur était vendu comme esclave au-delà du Tibre (*trans Tiberim*) et le prix obtenu conservé par le créancier. Satisfaction comme une autre !

Cette réalité du lien juridique fait que l'idée de sanction est au cœur même de l'obligation.

Notre plan s'appuiera sur la définition de Gaius :

– il faudra en premier lieu envisager le lien juridique (*juris vinculum*) ;

– ensuite, nous présenterons le patrimoine (*alicujus rei solvendae*) ;

– enfin, il conviendra de décrire la sanction imposée par la société (*secundum nostrae civitatis jura*).

Lecture

La fin de l'esclavage pour dettes en droit romain

L'esclavage pour dettes a existé à Athènes entre le 8e et le 6e s. av. J.-C. : une lutte à outrance oppose les grandes familles patriciennes à la classe modeste des paysans, journaliers et artisans. Ces derniers sont accablés de dettes ; ils sont réduits en esclavage assez rapidement. La classe moyenne, indispensable à la vie économique de l'État, a failli disparaître. Aussi, en 621, Dracon tenta de résoudre le problème. En 594, Solon proposa une nouvelle Constitution comportant l'abolition de l'esclavage pour dettes, la *seisachtheia* (littéralement : action de secouer un fardeau).

En droit romain, la fin de l'esclavage pour dettes a été le fait de la loi Poetelia Papiria, adoptée en 326 av. J.-C. Cette suppression eut, selon Tite-Live, pour origine la situation d'un jeune homme endetté (Livre VIII, Chapitre 28).

« Cette année-là fut pour la plèbe romaine comme le début d'une ère nouvelle de liberté grâce à la disparition des esclaves pour dettes ; le droit fut modifié à cause à la fois de la passion et de la cruauté extraordinaire d'un unique créancier. Il s'agit de ce L. Papirius à qui C. Publilius avait livré sa propre personne en gage en raison des dettes de son père : la jeunesse et la beauté du garçon, qui auraient pu susciter sa pitié, ne firent qu'enflammer en son cœur un désir honteux. Ayant pensé que le jeune homme, en pleine fleur de l'âge, constituait un bénéfice inattendu de sa créance, il chercha tout d'abord à le séduire par des propos indécents ; puis, comme l'adolescent repoussait cet outrage, il l'effraya par des menaces et, à diverses reprises, se mit à lui rappeler son sort ; enfin, voyant qu'il se rappelait davantage sa condition d'homme libre que sa situation présente, il le fit dépouiller de ses vêtements et ordonna d'apporter des verges.

Déchiré par ces verges, le jeune homme se précipita dehors, accusant à grands cris la passion et la cruauté de son créancier. Une foule de gens, qu'enflammaient non seulement la compassion pour son jeune âge et le traitement odieux et indigne dont il avait été l'objet, mais aussi la considération de leur propre condition et de celle de leurs enfants, accourent en masse au forum et de là, en rangs serrés, se dirigent vers la Curie. Les consuls, forcés par cette agitation soudaine, convoquent le Sénat et, à l'entrée des sénateurs dans la Curie, on leur montre avec insistance, en se jetant aux pieds de chacun d'eux, le dos lacéré du jeune homme. On rompit ce jour-là, en raison de l'outrage immodéré d'un seul homme un lien puissant du crédit, et les consuls reçurent l'ordre de proposer au peuple que nul, mis à part les criminels pendant la durée de leur peine, ne pourrait être maintenu dans les fers ou en prison. Une dette ne serait cautionnée que par les biens du débiteur, non par sa personne. C'est ainsi que furent délivrés les esclaves pour dettes, et l'on veilla pour l'avenir à ce qu'il n'y en eût plus d'autres ».

Pourtant, malgré cette loi, des exemples d'esclavage pour dettes sont encore attestés en 216 (Tite-Live, XIII, 14, 3) et plus tard (Cicéron, *De Oratore*, I, 38 ; *Parad.*, 5,1). Catilina recruta des partisans dans les rangs des débiteurs réduits en servitude. À la fin de la République, un homme libre pouvait se faire gladiateur ou même se vendre (Tite-Live, XLI, 9, 11).

CHAPITRE 1

LE LIEN JURIDIQUE *JURIS VINCULUM*

6. – Distinction. L'existence d'une sanction permet de faire la distinction entre :

– *l'obligation civile* : il s'agit d'une obligation juridique, dans la mesure où la loi a entendu attacher une sanction prévue par un texte ou tout simplement dans la mesure où les règles relatives au régime de l'obligation sont applicables ;

– *l'obligation naturelle* : c'est une obligation morale, à l'image de l'obligation de porter secours et assistance à son prochain. Elle n'est pas en elle-même contraignante.

Cette définition est souvent rappelée par les juges : « L'obligation naturelle est une obligation que le débiteur doit exécuter volontairement, mais dont le créancier ne peut exiger l'exécution ; ainsi, si le débiteur confère le caractère civil à une *naturalis obligatio* qu'il accomplit volontairement, en revanche le créancier d'une telle obligation ne dispose d'aucune action pour en obtenir l'exécution, même dans l'hypothèse d'un legs verbal ».

L'article 1100 du Code civil, alinéa 2, a intégré cette définition :

« Elles [les obligations] peuvent naître de l'exécution volontaire ou de la promesse d'exécution d'un devoir de conscience envers autrui ».

La conséquence de la qualification d'obligation naturelle est l'interdiction d'une exécution forcée : à supposer que le consentement donné par l'épouse à l'adoption du régime de la communauté universelle puisse s'analyser en un legs verbal par elle consenti à son époux, ce dernier ne dispose pas d'une action judiciaire pour en obtenir la délivrance (CA Paris, 2e ch. B, 25 janv. 2001 : *D.* 2001, inf. rap. p. 675, note anonyme. – Comp. Cass. 1re civ., 22 juin 2004 : *Bull. civ.* 2004, I, n° 180 ; *JCP* G 2004, II, 10165, note A. Sériaux ; *D.* 2004, jurispr. p. 2953, note M. Nicod ; *RTD civ.* 2005, p. 397, chron. J. Mestre et B. Fages « si une disposition de dernière volonté purement verbale est nulle de plein droit, elle peut cependant, comme constituant une obligation naturelle, servir de cause à une obligation civile valable »).

7. – L'intérêt de la distinction. L'intérêt est à la fois certain et essentiel : toute personne peut obtenir l'exécution effective d'une obligation civile ; en revanche, nul ne peut obtenir d'un tribunal étatique l'exécution d'une obligation naturelle.

L'obligation civile comporte donc une sanction. L'absence de sanction de l'obligation naturelle peut conduire à se demander si l'obligation naturelle est encore une « obligation », faute de lien de droit contraignant propre à la nature de l'obligation.

8. – L'obligation naturelle. « Ces deux petits mots échappés au législateur de 1804 » suscitent bien des discussions.

Deux conceptions peuvent être schématiquement dégagées : les auteurs classiques, soucieux de maintenir la distinction entre droit et morale, considèrent l'obligation naturelle comme une obligation civile imparfaite ; le caractère « imparfait » de l'obligation résulte soit de la prescription, soit du jeu des nullités. Les auteurs dits modernes, à la suite du doyen Ripert, considèrent que l'obligation naturelle n'est que l'émergence d'un devoir moral dans la vie civile ; la liste des obligations naturelles dépend alors des exigences de moralité, du comportement de chaque individu dans sa vie quotidienne et de son devoir de conscience.

Quoi qu'il en soit, on peut identifier deux types d'obligations naturelles :

– tantôt, l'obligation naturelle est une obligation fondée sur un devoir moral ou sur un devoir de conscience : ainsi, tout un chacun ressent comme un devoir d'aider les exclus, de ne pas nuire à autrui, de montrer sa reconnaissance en gratifiant un service rendu ou encore de porter assistance à une personne en difficulté ;

– tantôt, l'obligation naturelle est une obligation civile, mais une *obligation civile particulière*. Prenons l'exemple d'une obligation contractée par un incapable : cette obligation est frappée d'une nullité relative, mais l'obligation n'a pas pour autant disparu ; sa nature n'est cependant pas la même. L'action qu'elle comporte n'est plus susceptible d'être exercée.

Cette double nature de l'obligation naturelle est consacrée à l'article 1100, alinéa 2 du Code civil : « Elles peuvent naître de l'exécution volontaire ou de la promesse d'exécution d'un devoir de conscience envers autrui ».

Précisément, s'agissant des nullités, le droit français est, en un sens, plus « moral » que le droit anglo-américain : tandis que dans ce dernier, il faut distinguer entre conventions annulables par la volonté de l'une des parties (*voidable*) et conventions nulles de plein droit (*void*), notre droit exige une démarche volontaire et positive de l'une des parties pour que le contrat soit annulé, qu'il s'agisse de nullité relative ou absolue.

Ce qui a pour conséquence que l'obligation civile contractée par un mineur est nulle d'une nullité relative, mais encore faut-il que cette nullité soit demandée. Quand bien même le serait-elle, l'obligation demeure, mais elle est « naturelle » pour bien marquer que la nullité est liée à une contingence de l'âge et que, dans un contrat synallagmatique, si la partie capable a accompli sa prestation, le mineur a le devoir moral de l'accomplir pareillement.

9. – Diversité. Il peut s'agir aussi d'une *obligation civile dite* « dégénérée ». Prenons l'exemple de l'obligation civile frappée de prescription. Une telle obligation a développé des effets pendant une certaine période, mais l'écoulement d'un certain laps de temps a eu pour effet de lui faire perdre son caractère contraignant. Il n'en demeure pas moins que l'obligation a existé et que les parties sont encore liées : comme la rose des pétrarquistes, qui le matin à peine éclose, se fane le soir venu. Cette rose a vécu et l'obligation civile prescrite n'a plus de force contraignante, mais elle est encore vivace sur le plan moral. L'obligation naturelle n'est alors que le vestige d'une obligation civile qui a existé : lorsqu'une personne s'acquitte d'une dette prescrite, elle ne peut agir en répétition de l'indu, car elle exécute une obligation naturelle qui survit à l'obligation civile inefficace. Tel est le cas de l'obligation atteinte par la prescription (V. C. civ., art. 2249).

Toutefois, tous les actes imparfaits ne deviennent pas des « obligations naturelles » : la Cour de cassation a considéré comme dépourvu d'effet tout acte portant engagement de rémunérer les services d'un agent immobilier en violation des règles impératives prévues par la loi, et notamment l'exigence d'un mandat écrit, excluant qu'une obligation naturelle soit reconnue en ce domaine (Cass. 1re civ., 6 janv. 2011, n° 09-71.243).

10. – Régime. Les obligations naturelles ne sont pas tout à fait en dehors du droit, elles ne sont pas nécessairement dans une zone de non-droit. En effet :

– le *paiement volontaire* d'une obligation naturelle est valable : une personne qui, en connaissance de cause, exécute une obligation naturelle, ne paie pas l'indu et ne pourra pas obtenir la restitution de la somme versée (C. civ., art. 1235, al. 2 : « La répétition n'est pas admise à l'égard des obligations naturelles qui ont été volontairement acquittées » ; C. civ., art. 2249 : « Le paiement effectué pour éteindre une dette ne peut être répété au seul motif que le délai de prescription était expiré »). L'obligation peut ainsi naître d'un engagement unilatéral qui, s'il est suivi d'exécution spontanée, empêche la répétition (Cass. 1re civ., 21 nov. 2006, n° 04-16.370 : *Bull. civ.* 2006, I, n° 503 ; *Defrénois* 2007, p. 467, obs. R. Libchaber, *RTD civ.* 2007, p. 119, obs. J. Mestre et B. Fages) ;

– la *promesse d'exécuter* une obligation naturelle engage le promettant : cette promesse repose sur une cause valable et donne naissance à une obligation civile stricte.

Plusieurs mécanismes ont été suggérés afin d'expliquer cet « avatar » (au sens non affaibli du terme : un avatar est l'une des 365 transformations de Bouddha) de l'obligation naturelle en obligation civile : novation ou engagement unilatéral de volonté (Cass. 1re civ., 10 oct. 1995, arrêt *Frata : Bull. civ.* 1995, I, n° 352 ; *D.* 1996, somm. p. 120, obs. R. Libchaber ; *D.* 1997, p. 155, note G. Pignarre ; *LPA* 23 août 1996, p. 9, note S. Hocquet-Berg ; V. aussi N. Molfessis, *L'obligation naturelle devant la Cour de cassation : remarques sur un arrêt rendu par la première chambre civile, le 10 octobre 1995 : D.* 1997, chron. p. 85). En réalité, c'est le mécanisme même de l'obligation naturelle qui permet cette mutation : l'exécution ou la promesse d'exécution, dans la mesure où l'obligation naturelle est en cause, vaut création d'une obligation nouvelle. Cette conception large de l'obligation naturelle a été retenue pour l'engagement verbal du gérant d'une société de « dédommager personnellement [le plaignant] le plus rapidement possible », à l'occasion de son audition par les services de police : même si cet engagement n'a pas été suivi d'un commencement d'exécution et même si c'est la société (et non le gérant) qui était normalement la débitrice de la créance, il peut constituer une obligation naturelle (Cass. 1re civ., 7 oct. 2012, n° 11-20.124 : *RDC* 2013, p. 43, obs. Th. Genicon ; *JCP* E 2013, p. 1019, note S. Le Gac-Pech ; *RTD civ.* 2012, p. 720, obs. B. Fages).

L'obligation civile, quant à elle, ne souffre aucune difficulté sur ce plan : on peut en obtenir l'exécution devant un tribunal, car elle comporte une sanction.

11. – Mise en œuvre et sanction de l'obligation civile. Le créancier de cette obligation peut obtenir l'exécution effective de son droit. Un lien de droit unit le créancier et le débiteur :

– un accident de la route, par exemple, crée une obligation entre l'auteur de l'accident et la victime de l'accident ;

– un contrat fait naître des obligations entre les parties ; ainsi dans le contrat de vente, l'acquéreur est-il tenu de payer le prix et le vendeur tenu de livrer la chose.

Cela dit, il s'agit aussi d'assurer l'exécution de cette obligation. C'est le problème de la contrainte.

Il est des mesures d'exécution forcée et des mesures de conservation, qu'on ne peut comprendre qu'après avoir rendu compte des droits offerts à tout créancier et évoqué ainsi la théorie du patrimoine.

Exercice : commenter l'article 814 BGB

« Ce qui a été formé en vue de l'exécution d'une obligation ne peut être réclamé en restitution lorsque le prestataire a su qu'il n'était pas obligé à la prestation ou lorsque cette prestation répondait à une obligation morale ou à un motif de convenance. »

JURISPRUDENCE
L'obligation naturelle

Les exemples **jurisprudentiels** de l'obligation naturelle sont fort divers.

Obligation souscrite par un concubin

L'occupation pendant des années à titre gratuit d'un appartement ne peut constituer la preuve certaine d'un engagement de la part du propriétaire, ancien concubin de la fille des occupants, d'exécuter une obligation naturelle, dès lors qu'il n'existe aucune preuve de ce que le propriétaire aurait contracté une dette d'assistance tenant à l'état de santé ou aux ressources des parents de son ex-concubine (Cass. 1re civ., 18 juill. 1995 : *LPA* 21 juill. 1997, p. 13, note N. Hauksson-Tresch).

Bien qu'il n'existe pas d'obligation alimentaire entre concubins, le concubinage n'entraîne pas, à lui seul, une incapacité de donner ou de recevoir. Un concubin, en vue de résoudre les difficultés relatives à la rupture du concubinage, s'était engagé à verser à la concubine une partie des royalties qu'il percevait d'une société puis, après l'extinction prévisible de cette source de revenus, une pension alimentaire. Après avoir exécuté volontairement son engagement, le concubin a cessé de s'exécuter. Selon la cour d'appel de Paris, l'engagement du concubin est valable, s'agissant d'une obligation naturelle transformée en obligation civile par exécution volontaire de son engagement. L'adage « aliments ne s'arréragent pas » s'appliquant à la créance litigieuse, la concubine restée inactive doit être déboutée de sa demande d'arriérés pour la période antérieure à l'assignation. Enfin, si la demande de la concubine est recevable, elle est mal fondée car l'état de besoin de la concubine ne peut être établi en l'absence de pièces justifiant de ses charges et revenus (CA Paris, 11 juin 1998 : *JCP* G 1999, IV, 1684).

Ne donne pas de base légale à sa décision la cour d'appel qui, pour décider que la demande du concubin tendant à l'expulsion de sa concubine de l'immeuble appartenant au concubin ne se heurtait à aucune contestation sérieuse, retient qu'il n'existe aucune obligation alimentaire naturelle entre concubins, sans rechercher si, compte tenu des circonstances de la cause, le concubin n'avait pas entendu exécuter un devoir de conscience et n'avait pas ainsi transformé une obligation naturelle en obligation civile (Cass. 1re civ., 17 nov. 1999 : *D.* 2000, somm. p. 419, obs. J.-J. Lemouland ; *JCP* G 2001, II, 10458, note S. Chassagnard ; *RTD civ.* 2000, p. 297, n° 10).

V. Cass. 1re civ., 20 mai 2003, n° 01-10.823. – Cass. 1re civ., 23 mai 2006, n° 04-19.099.

De manière générale, la théorie de l'obligation naturelle pourrait être utilisée pour qualifier l'engagement du concubin de réparer le bouleversement moral et matériel que la rupture du concubinage est susceptible de causer à l'autre concubin. La Cour de cassation n'a pourtant pas mentionné l'obligation naturelle dans un arrêt relatif à cette question (Cass. 1re civ., 20 févr. 2008, n° 07-15.978, inédit ; *D.* 2008, p. 1794, pan. « Droit des couples », obs. J.-J. Lemouland et D. Vigneau ; *AJF* 2008, p. 208, obs. F.C ; *RDC* 1er oct. 2008, n° 4, p. 1303, note S. Gaudemet).

« Si donc le raisonnement mené par l'arrêt repose effectivement sur la reconnaissance d'une obligation naturelle, c'est la promesse faite par le concubin, de verser une somme d'argent à sa concubine, qui a transformé cette obligation naturelle en une obligation civile. Il ne devrait dès lors y avoir d'obligation civile de compenser les conséquences d'une rupture qu'à la charge des concubins qui soit ont volontairement exécuté cette obligation naturelle, soit ont promis de le faire. Ceux qui, en revanche, se sont gardés de tout engagement ne pourront être contraints à une quelconque exécution » (note S. Gaudemet, préc.).

Obligations entre époux

Après avoir relevé qu'un époux divorcé n'était plus tenu d'une obligation légale d'entretien à l'égard de ses enfants devenus majeurs, une cour d'appel a pu retenir que, soumis à une procédure de paiement direct dont l'épouse avait refusé de donner mainlevée, l'intéressé n'avait pas effectué après la majorité de ses enfants les paiements litigieux en pleine connaissance de cause et avec la volonté d'acquitter une obligation naturelle, de sorte qu'il était bien fondé à en poursuivre la répétition (Cass. 1re civ., 12 juill. 1994 : *Bull. civ.* 1994, I, n° 253).

Dès lors que la femme a, s'étant mariée en 1969, renoncé après la naissance du deuxième enfant à une vie professionnelle lui assurant une autonomie financière et des perspectives d'avenir ainsi qu'à tous les avantages qui y étaient liés, pour se consacrer à l'éducation des deux enfants et à son foyer, permettant ainsi à son époux de poursuivre ses activités professionnelles qui l'obligeaient à de fréquents déplacements en se reposant sur elle et qu'elle est allée de plus au-delà de ce rôle puisque, si elle n'a pas participé directement au travail de son mari, elle se chargeait cependant de l'encaissement des chèques perçus par ce dernier en paiement de ses commissions et en assurait la distribution entre leurs différents comptes, elle est allée ainsi au-delà de ses obligations et, restant au foyer et apportant son concours à son époux, elle a permis à celui-ci de constituer l'épargne du ménage et de procéder à des acquisitions immobilières. Le mari, en acquérant les biens en cause indivisément avec son épouse alors qu'il en avait seul payé le prix, a ainsi voulu lui attribuer une juste contrepartie en la faisant participer aux économies réalisées du fait de son travail au foyer et de son concours. Ainsi, l'intention libérale qui l'aurait animé n'est pas démontrée. Le mari a ainsi exécuté un devoir moral constituant une obligation naturelle dont il n'est pas établi qu'elle ne pourrait avoir son origine que dans un précédent lien juridique et légal qui aurait perdu sa force exécutoire comme il le prétend. Faute d'intention libérale, il n'y a pas eu donation (CA Paris, 2e ch. A, 20 janv. 1998 : *D.* 1998, jurispr. p. 309, note I. Najjar).

La femme qui forme, à l'encontre de son ancien mari, une demande de paiement direct d'une pension alimentaire est recevable à agir dès lors que l'obligation alimentaire naturelle, novée en obligation civile, n'a plus été exécutée. En l'espèce, les ex-époux avaient, à la suite de leur divorce par consentement mutuel, conclu un accord, homologué par le juge aux affaires matrimoniales, par lequel le mari s'engageait à verser une prestation compensatoire mensuelle et révisable à son ancienne épouse. Par la suite, ils ont saisi, d'un commun accord, le même juge afin que ladite prestation compensatoire soit requalifiée en pension alimentaire d'un montant égal. Le juge saisi a fait droit à cette requête en précisant notamment que l'institution d'une pension alimentaire au profit de l'ancienne épouse, si elle ne répondait pas à une obligation légale, pouvait donner valeur juridique à une obligation naturelle. En exécutant fidèlement cet engagement volontaire pendant huit ans, le mari a transformé son obligation naturelle en une obligation civile que la femme a acceptée (CA Grenoble, 30 mars 1999 : *JCP* G 2000, IV, 1566 ; *RTD civ.* 2000, p. 552, n° 16).

Le jugement de divorce pour faute, devenu définitif, qui n'a pas prévu de pension alimentaire au profit des enfants et au titre de la contribution des parents à l'éducation et à l'entretien des enfants, n'a pas pour effet de priver de valeur juridique l'obligation naturelle et contractuelle constituée par le paiement spontané d'une pension, prévue en outre dans un projet de requête en divorce par consentement mutuel, puisque le débirentier a mis son obligation à exécution malgré le changement de procédure et même après le jugement de divorce pour faute (CA Reims, 9 sept. 1999 : *JCP* G 2000, IV, 2161).

L'épouse qui reconnaît avoir utilisé « pour la consommation de tous les jours du ménage » un crédit obtenu par fraude, la signature du mari ayant été imitée, n'est pas fondée à invoquer une quelconque solidarité à l'encontre de son ex-époux, et dès lors qu'il résulte de ses aveux que l'épouse a contracté à l'égard de la banque l'obligation naturelle de rembourser les sommes utilisées par elle, il y a lieu de la condamner seule au remboursement (CA Versailles, 1re ch., 6 avr. 2001 : *Gaz. Pal.* 2001, somm. p. 1734). Deux époux, divorcés sur requête conjointe le 12 mars 1984, ont repris la vie commune en 1988 pour se séparer à nouveau en juillet 1996. L'épouse divorcée faisant valoir que son compagnon lui avait versé de novembre 1995 à juin 1996 une somme mensuelle de 6 000 F réduite, à compter de cette date et jusqu'en mai 1997 à 3 000 F, a assigné son ex-compagnon en paiement d'une pension alimentaire sur le fondement de l'article 1235 du Code civil au motif que l'obligation naturelle à laquelle il a consenti se serait transformée en obligation civile. Ayant souverainement estimé que de l'ensemble du comportement du défendeur, à défaut de tout écrit en ce sens, il ne résultait aucun engagement volontaire implicite ou explicite de ce dernier à poursuivre, sans limitation de temps, l'aide financière octroyée à son ex-compagne dans les dix mois qui ont suivi leur dernière rupture, la cour d'appel a pu en déduire, pour rejeter la demande, que son devoir de conscience ne s'était pas transformé en obligation civile (Cass. 1re civ., 23 mai 2006. *Bull. civ.* 2006, I, 2006, n° 264 ; *Defrénois* 2007, p. 467, note R. Libchaber).

Engagements entre père et enfants

En l'état d'un document manuscrit remis par un père à sa fille dans le cadre de sa recherche de logement, rédigé dans les termes suivants « Je, soussigné, M. X..., m'engage sur l'honneur à me substituer à ma fille en cas de difficulté de paiement de son loyer, par ailleurs, je déclare... (suivent les renseignements relatifs à sa solvabilité) », il convient, pour savoir si le père est tenu des sommes dues par sa fille au titre du solde locatif laissé impayé, d'indemnité d'occupation et de réparations locatives, de rechercher si ce document peut être qualifié d'engagement unilatéral, créateur d'obligation ou à défaut s'il constitue un contrat unilatéral. De 1804 à 2016, le Code civil ne contient aucune disposition relative à l'admission de l'engagement unilatéral de volonté comme source d'obligation. La jurisprudence n'avait reconnu comme telle que la promesse d'exécuter une obligation naturelle. En tant qu'« engagement innommé », cet acte est soumis par application de l'ancien article 1107 du Code civil aux règles générales du titre du même code relatif aux contrats et obligations conventionnelles en général, c'est-à-dire aux dispositions des anciens articles 1101 à 1369 de ce même code. Cet acte qui ne contient aucun engagement réciproque de la part des parties ne peut être qualifié que de contrat unilatéral auquel il convient d'appliquer les dispositions de l'ancien article 1326 du Code civil. Cet article, avant de préciser les mentions obligatoires pour la validité de l'acte unilatéral, le définit comme « l'acte juridique par lequel une seule partie s'engage envers une autre ». Spécialement, lorsque le père n'a pas précisé envers qui il s'engage et n'a pas participé au bail, l'établissement d'un chèque à l'ordre du bailleur ne saurait suffire pour régulariser l'acte. Enfin, la qualification de garantie à première demande proposée par l'intimé s'analysant en un contrat unilatéral soumis aux dispositions de l'ancien article 1326 du Code civil ne peut donc pas être retenue. En conséquence, l'acte litigieux n'étant susceptible d'être qualifié ni d'engagement unilatéral ni de contrat unilatéral reste sans effet juridique (CA Paris, 6e ch. C., 1er avr. 1997 : *D.* 1997, inf. rap. p. 116).

Le père d'un enfant a-t-il l'obligation naturelle de subvenir à ses besoins durant sa minorité et jusqu'à la fin de ses études ? Telle est la question résultant d'un arrêt du 3 octobre 2006. Une personne a engagé une action en recherche de paternité naturelle à l'encontre de son père présumé, puis s'est désistée de son action, ce dernier s'étant engagé à lui verser, « à titre de subsides », une somme de 3 000 F mensuelle jusqu'à la fin de ses études. Le défendeur a cessé tout paiement au bout de trois ans. La cour d'appel d'Aix-en-Provence avait déclaré irrecevable la demande de l'intéressé tendant à voir condamner son père à reprendre les versements mensuels, au motif, d'une part, qu'elle s'analyse en une action à fins de subsides et qu'elle n'a pas été intentée dans le délai prévu à l'article 342 du Code civil (deux ans à compter de la majorité), d'autre part, que l'accord formalisé avec le défendeur n'est pas une véritable transaction au sens de l'article 2048 du Code civil. La Cour de cassation censure cet arrêt : la cour d'appel aurait dû rechercher si, en s'engageant volontairement à verser au demandeur une somme mensuelle jusqu'à la fin de ses études, le défendeur n'avait pas voulu exécuter un devoir de conscience et n'avait pas ainsi transformé une obligation naturelle en une obligation civile (Cass. 1re civ., 3 oct. 2006, n° 04-14.388 : *Bull. civ.* 2006, I, n° 352 ; *Gaz. Pal.* 2007, somm. p. 1196, note J. Massip ; *Defrénois* 2007, p. 467, note R. Libchaber). Cette transformation résulte de deux constats : le père s'est engagé unilatéralement, par l'accord écrit du 3 septembre 1998, à exécuter l'obligation naturelle consistant à assurer des ressources suffisantes à son enfant pour mener des études ; il a commencé à exécuter cette convention en réglant les sommes promises pendant une certaine période.

Les frais d'entretien et d'éducation d'enfants vivant au foyer mais issus d'une précédente union sont-ils une charge du mariage pesant sur la communauté ? Le nouveau conjoint qui y a participé par le biais de ladite communauté a-t-il exécuté une obligation naturelle ? Face au silence de la loi, la première chambre de la Cour de cassation a rendu une décision laconique qui dévoile le problème qu'elle semble avoir voulu éluder. Elle rejette le pourvoi formé sur le fondement de motifs techniques sans trancher la question posée. Toutefois, ce faisant, elle semble consacrer implicitement l'obligation naturelle du beau-parent de subvenir aux besoins de l'enfant de son conjoint (Cass. 1re civ., 3 févr. 2010, n° 09-65.345 : *Gaz. Pal.* 15 avr. 2010, n° 105, p. 11, note M. Coubrais). Déjà en 2006, la cour d'appel d'Orléans a jugé que le beau-père, second conjoint de la mère, n'était tenu d'aucune obligation alimentaire à l'égard de sa belle-fille, enfant d'un premier lit de son épouse (CA Orléans, 30 mai 2006 : *JurisData* n° 2006-327037). Elle a néanmoins énoncé qu'une obligation naturelle pouvait être reconnue, susceptible de se transformer en obligation civile.

En matière de legs verbal

Il y a obligation naturelle des héritiers à exécuter un legs verbal (Cass. 1re civ., 27 déc. 1963 : *Bull. civ.* 1963, I, n° 573 ; *Gaz. Pal.* 1964, 1, 340. – Cass. 1re civ., 22 juin 2004 : *Bull. civ.* 2004, I, n° 180 ; *D.* 2004, 2953, note Nicod).

Conventions concernant le jeu

Si un engagement de rétrocession de gains éventuellement réalisés à la suite d'une course de chevaux est nul pour cause illicite, en revanche, la promesse faite, après la proclamation des résultats, par le gagnant de rétrocéder une partie des gains réalisés à un ami pour le remercier d'avoir fait valider le bulletin après l'avoir corrigé, ce qui a eu pour effet de le rendre gagnant dans l'ordre, constitue une obligation naturelle de reconnaissance dont la novation en obligation civile, établie par la nature du service rendu, l'importance du gain réalisé, les affirmations des témoins, la loyauté du demandeur, permet à celui-ci de réclamer au gagnant les 10 % promis sur les gains réalisés (CA Metz, 7 oct. 1993 : *JCP* G 1994, IV, 317).

Un joueur ayant pris l'habitude de confier à un collègue de travail le soin de faire valider au PMU les tickets de « quinté » et ayant convenu avec lui qu'il recevrait 10 % des gains éventuels, il ne peut être reproché à une cour d'appel d'avoir condamné ce joueur à payer à cet intermédiaire sa quote-part sur un ticket gagnant dès lors qu'après avoir constaté que le joueur avait tacitement renoncé à l'application de l'ancien article 1341 du Code civil, dont elle relève exactement que ses dispositions ne sont pas d'ordre public, c'est dans l'exercice de son pouvoir souverain d'apprécier la portée des preuves à elle soumises et elle a ainsi retenu que ce joueur avait entendu transformer son obligation naturelle en obligation civile (Cass. 1re civ., 10 oct. 1995 : *Bull. civ.* 1995, I, n° 352 ; *D.* 1996, somm. p. 120, note R. Libchaber ; *D.* 1997, jurispr. p. 155, note G. Pignarre).

En matière de procédure collective

Un créancier ne saurait arguer d'une convention prise par conversion d'une obligation naturelle en obligation civile dès lors que sa créance était éteinte pour n'avoir pas été déclarée dans les délais prévus (Cass. com., 31 mai 1994 : *Bull. civ.* 1994, IV, n° 197 ; *D.* 1995, somm. p. 25, note A. Honorat ; *D.* 1995, somm. p. 90 et la note).

ou de lettre d'intention

La lettre d'intention qu'une société mère adresse à un établissement financier pour conforter sa filiale lors de l'obtention d'un financement peut, selon ses termes, constituer à la charge de la société qui l'a souscrite une simple obligation naturelle ou un engagement juridiquement sanctionnable de faire ou de ne pas faire pour garantir l'exécution des obligations de la filiale (CA Versailles, 12e ch., 17 juin 1999 : *Gaz. Pal.* 18 mars 2000, n° 78, jurispr. p. 11).

En matière de relations avec une banque

Une femme exploite un fonds de commerce et est titulaire d'un compte courant, pour lequel son mari s'est porté caution. L'établissement bancaire consent une ouverture de crédit remboursable par mensualités. Des difficultés apparaissant, les époux débiteurs envisagent la vente de leur droit au bail pour se libérer de leur dette. Un échange de lettres a lieu et ils s'engagent « sur l'honneur à rembourser dans la mesure de leurs possibilités ce solde débiteur, pour la différence entre son montant et le versement à provenir de la cession du droit au bail ». De son côté, la banque suspend la vente judiciaire du fonds de commerce. La Cour de cassation approuve la cour d'appel d'avoir estimé que l'engagement sur l'honneur pris par le mari de rembourser le solde débiteur de son compte à la banque ne peut être considéré comme une obligation naturelle. De plus, eu égard aux disponibilités dont les époux jouissent, ils sont en mesure de payer (Cass. 1re civ., 23 déc. 1968 : *Bull. civ.* 1968, I, n° 374).

En matière d'entreprises concurrentes

« En s'engageant, fût-ce moralement, "à ne pas copier" les produits commercialisés par C.N., la société Camaieu a exprimé sa volonté non équivoque et délibérée de s'obliger envers la société concurrente (...). La cour d'appel en a exactement déduit que cette clause avait une valeur contraignante pour l'intéressé et qu'elle lui était juridiquement opposable » (Cass. com., 23 janv. 2007, n° 05-13.189, *Camaïeu*).

Engagement entre médecins

Le 20 janvier 1992, deux chirurgiens ont conclu un contrat d'association pour une durée de cinq ans qui précisait notamment que leurs honoraires seraient partagés entre eux par parts égales pour cinq ans. Il est apparu très vite que l'un des chirurgiens avait une activité beaucoup plus réduite que celle de son confrère. Le 1er septembre 1996 il adressait à ce dernier un chèque correspondant aux mois de mai, juin et juillet en restitution partielle des émoluments versés pendant les cinq années de leur association et le 1er février 1997, il écrivait encore à son associé qu'en raison d'une activité asymétrique durant leur association, il s'engageait à ne conserver que les sommes correspondant aux actes réalisés par lui et à lui reverser la totalité des honoraires trop perçus, le remboursement devant s'échelonner sur cinq années à venir par parts égales. L'intéressé ayant cessé en mars 1999 les remboursements qu'il effectuait depuis le mois de septembre 1996, la Cour de cassation a cassé l'arrêt qui, pour accueillir l'action en répétition de l'indu, a exclu l'existence d'une obligation naturelle entre les associés et retenu l'absence de cause. « En statuant ainsi sans tenir compte de la manifestation expresse de volonté du médecin à l'égard de son associé de prendre un engagement de restitution d'honoraires, contenue dans la correspondance du 1er février 1997, suivie de plusieurs remboursements des honoraires perçus pendant la période d'association de cinq ans, alors qu'il n'était plus tenu par la convention initiale, ce qui suffisait à établir l'existence d'une obligation naturelle qui s'est mutée en obligation civile, la cour d'appel a violé les art. 1134 et 1235 C. civ. » (Cass. 1re civ., 26 nov. 2006 : *Bull. civ.* 2006, I, n° 503 ; *Defrénois* 2007, p. 467, note R. Libchaber).

CHAPITRE 2

LA THÉORIE DU PATRIMOINE *ALICUJUS REI SOLVENDAE*

12. – Droit de gage général. L'article 2285 du Code civil exprime une règle essentielle : « Les biens du débiteur sont le gage commun de ses créanciers ». Cette règle est annoncée par l'article 2284, d'après lequel « quiconque s'est obligé personnellement est tenu de remplir son engagement sur tous ses biens mobiliers et immobiliers, présents et à venir ».

Est ainsi consacré ce que l'on appelle le droit de gage général, accordé à tout créancier, quels que soient la nature de la créance et son montant. L'ensemble des biens mobiliers et immobiliers d'un débiteur – son patrimoine – est ainsi affecté à la satisfaction de ses créanciers. Les biens répondent donc des dettes. Au besoin, ils seront vendus et les créanciers se paieront sur le prix dégagé par leur vente.

Le gage visé par l'article 2285 n'est pas un « gage » au sens technique du terme. En effet, dans ce dernier sens, le gage est une sûreté réelle (par opposition à la sûreté personnelle) portant sur un bien meuble (par opposition à la sûreté réelle portant sur un immeuble naguère « antichrèse » – aujourd'hui « nantissement immobilier » – ou « hypothèque »). Dans cette conception, le gage est la convention par laquelle un bien particulier est affecté en garantie du règlement de la créance (C. civ., art. 2233). Un organisme de crédit associé à une grande marque de voiture va, par exemple, prendre un gage sur une automobile afin d'être garanti du paiement des mensualités du financement accordé. En pratique, cela permet, par simple déclaration à la préfecture, d'être privilégié lors de la vente du véhicule, et, en outre, de « suivre » ce véhicule en quelques mains qu'il se trouve.

Le gage de l'article 2284 du Code civil n'est en réalité qu'un droit personnel ; il traduit l'idée de contrainte reconnue au créancier à l'encontre du débiteur et contenue dans la notion d'obligation.

13. – Évolution. Le droit de gage général signifie simplement que, si le débiteur est défaillant, son patrimoine répond de ses engagements. Comment l'expliquer ? Le fait est que la contrainte ne porte pas aujourd'hui sur la personne même du débiteur, mais sur son patrimoine.

Les règles étaient différentes en droit romain et dans l'Ancien droit.

En droit romain, le débiteur était personnellement tenu et le créancier pouvait exécuter ses prérogatives en exerçant un droit direct sur la personne même de celui-ci.

Cette exécution *in personam* pouvait prendre deux formes :

– soit *le droit de mort* sur la personne du débiteur : en ôtant la vie de son débiteur, le créancier compensait la dette de celui-ci ; le droit de vie ou de mort sur la personne du débiteur est la marque du pouvoir du créancier sur celui-ci, voire le pouvoir suprême que peut exercer un être humain sur un autre ;

– soit *le droit de réduire le débiteur à l'esclavage* : supprimer son débiteur peut combler un instinct primaire de vengeance, mais ne saurait apporter la moindre satisfaction au créancier ; aussi, l'idée est-elle venue de donner au créancier le pouvoir de se saisir de la personne du débiteur, puis de la vendre comme esclave afin de percevoir le prix et être ainsi satisfait, ne serait-ce que sur le plan pécuniaire.

C'est à propos de ce droit de vie et de mort sur la personne du débiteur qu'est née la notion de *répartition au sol la livre, puis, au marc le franc* : lorsque le débiteur avait contracté plusieurs dettes, les créanciers se répartissaient les parties de sa dépouille à proportion de leurs créances respectives. Ensuite, les mêmes créanciers se sont réparti le prix de la vente du débiteur réduit à l'état d'esclave.

Cette idée anime toujours les procédures modernes, lorsque les créanciers ordinaires se trouvent payés à proportion du montant de leur créance initiale. Imaginons un débiteur Xanthippe laissant pour 100 d'actifs et un montant total de dettes s'élevant à 1 000 : chaque créancier ne percevra que 10 % du montant de sa créance. Ainsi, le créancier Midas, à qui le débiteur devait 300, ne recevra que 30, soit 10 % des 300 dus.

Progressivement – civilisation oblige – l'assiette du droit de gage général s'est déplacée de la personne même du débiteur à son patrimoine. D'où les articles 2284 et 2285 du Code civil.

14. – Exécution *in rem*. Le tiers détenteur d'un bien appartenant à autrui est parfois tenu à raison de la chose qu'il détient : l'obligation est alors *propter rem*.

Le cautionnement réel, fourni par celui qui constitue un gage ou une hypothèque conventionnelle pour garantir le remboursement de la dette d'un tiers, est considéré comme une sûreté réelle, en ce sens que l'étendue d'un tel engagement réel est limitée à la valeur du bien nanti ou hypothéqué (Cass. 1re civ., 27 févr. 2000 : *Bull. civ.* 2000, I, n° 69). L'engagement reste cependant un cautionnement.

Les créanciers de l'armateur non propriétaire du navire qu'il exploite peuvent, sous certaines conditions, exercer leurs droits sur le navire, tenu alors *in rem* (V. Cass. com., 14 oct. 1997 : *DMF* 1997, p. 1094).

En droit des biens, la mitoyenneté (C. civ., art. 655 et 656) ou les servitudes (C. civ., art. 699) créent des obligations particulières.

Doctrine : V. P. Simler : *JCP* G 2006, I, 172

En réalité, si l'on tente une synthèse, la notion d'« obligation réelle » recouvre deux acceptions :

– dans un premier sens, l'obligation réelle, également appelée obligation *propter rem*, est une obligation personnelle dotée de la particularité d'être liée à la propriété d'une chose, de sorte qu'elle pèse sur le propriétaire et suit la chose si elle change de main. C'est une « obligation liée à une chose (et dite *propter rem*) qui pèse non sur un débiteur personnellement mais sur le propriétaire de cette chose en tant que tel » (*Vocabulaire juridique*, ss dir. G. Cornu). Tel est le cas en matière de servitudes. L'obligation peut être de faire (obligation d'entretenir le chemin permettant l'exercice de la servitude de passage, qui donne le droit de traverser le terrain voisin) ou de ne pas faire (interdiction de mettre un obstacle pour empêcher ou gêner le passage). Elle est indéniablement de nature personnelle, mais elle est attachée au fonds grevé et se transmet à tous les propriétaires successifs. C'est une obligation personnelle *propter rem* ;

– dans un second sens, l'obligation réelle est celle d'une personne qui est tenue réellement et non personnellement : « Obligation de certains détenteurs d'une chose grevée d'une sûreté réelle qui, n'étant pas personnellement obligés à la dette, sont seulement tenus de subir, entre leurs mains, la saisie d'un bien par le créancier muni de la sûreté réelle » (*Vocabulaire juridique*, préc.). Ce second sens est donné comme étant une extension du premier, alors que ces deux sens n'ont rien de commun : le débiteur de l'obligation *propter rem* est tenu personnellement (dette personnelle dont une chose est la cause et qui engage l'ensemble du patrimoine) alors que le débiteur réel est tenu d'une obligation sur ou par une chose, qui ne l'engage que sur le bien dont il doit répondre. C'est le cas d'une caution réelle.

JURISPRUDENCE

Cass. 3ᵉ civ., 10 juill. 2013, n° 12-21.910 : *Bull. civ.* 2013, III, n° 102

« Attendu, selon l'arrêt attaqué (Douai, 13 mars 2012), que la société civile immobilière Le Colbert (la SCI) a, sous la maîtrise d'œuvre de M. X..., architecte, fait construire un immeuble ; qu'une mission de contrôle technique a été confiée à la société Socotec ; que le lot revêtements des sols a été confié à la société Solneuf, qui a partiellement sous-traité les travaux à la société Euro-carrelages ; que l'immeuble a été achevé et livré à la fin de l'année 1999 ; qu'après expertise, la SCI a assigné les intervenants à l'acte de construire en indemnisation de ses préjudices ; qu'une précédente décision, devenue définitive, a donné acte à la SCI de son désistement d'instance et d'action contre M. X..., rejeté les demandes de la SCI contre la société Euro-carrelages, alors en liquidation judiciaire, condamné la société Solneuf à payer à la SCI la somme de 3 157,65 euros et condamné la société Socotec à payer à la SCI la somme de 936,45 euros ; que le syndicat des copropriétaires de la résidence Brise Marine (le syndicat) a assigné la SCI, son assureur, la société Albingia, M. X... et la société Socotec pour les faire déclarer responsables *in solidum* des désordres relatifs aux infiltrations d'eau par les terrasses et des non-conformités des garde-corps des terrasses accessibles du premier étage et les faire condamner à lui payer les sommes de 14 836,66 euros et 2 972,85 euros ;

(...)

Mais sur le moyen unique, pris en sa quatrième branche :

Vu l'article 1147 du Code civil ;

Attendu que pour débouter le syndicat de ses demandes formées contre la SCI sur le fondement de sa responsabilité contractuelle de droit commun, l'arrêt retient que la SCI, qui n'a pas participé effectivement à l'acte de construire, ne peut se voir reprocher aucune faute à l'origine des désordres constatés ;

Attendu qu'en statuant ainsi, alors, qu'avant réception, le promoteur est tenu de l'obligation de résultat de livrer un ouvrage exempt de vices, la cour d'appel a violé le texte susvisé ;

(...)

Et sur le moyen unique, pris en ses sixième et huitième branches :

Vu l'article 1147 du Code civil ;

Attendu que pour déclarer irrecevable le syndicat en ses actions dirigées contre M. X... et la société Socotec, l'arrêt retient qu'en l'absence de clause expresse, la vente d'un immeuble n'emporte pas de plein droit cession, au profit de l'acquéreur, des droits et actions à fin de dommages-intérêts qui ont pu naître au profit du vendeur en raison des dommages affectant l'immeuble antérieurement à la vente ;

Qu'en statuant ainsi, alors que, sauf clause contraire, les acquéreurs successifs d'un immeuble ont qualité à agir, même pour les dommages nés antérieurement à la vente et ce nonobstant l'action en réparation intentée par le vendeur avant cette vente, contre les constructeurs sur le fondement de la responsabilité contractuelle de droit commun qui accompagne l'immeuble en tant qu'accessoire, la cour d'appel a violé le texte susvisé ;

PAR CES MOTIFS et sans qu'il y ait lieu de statuer sur la troisième branche du moyen unique : CASSE ET ANNULE (...) »

15. – Caractères. Le droit de gage général ne traduit pas un pouvoir sur les biens du débiteur : il donne aux créanciers des prérogatives très précises qui vont de la simple surveillance de l'administration par le débiteur de ses biens, en passant par leur immobilisation.

Ce droit n'est cependant pas sans limites, car s'il est en principe général et offert à tous les créanciers, sans distinction, et surtout sans discrimination, ces caractères connaissent de larges exceptions. Les développements qui suivent permettront de s'en convaincre.

16. – Caractère de l'article 2284. La jurisprudence a laissé entendre que l'article 2284 du Code civil avait un caractère supplétif et non impératif (sur cette question : Cass. 1re civ., 15 févr. 1972 : *Bull. civ.* 1972, I, n° 50 ; V. *infra*). Toutefois, on ne peut concevoir qu'un débiteur prive, par convention, son créancier de tout pouvoir de contrainte. La loi du 19 février 2007 sur la fiducie règle – partiellement – la question.

SECTION 1

LE CARACTÈRE GÉNÉRAL DU DROIT DE GAGE DES CRÉANCIERS SUR LE PATRIMOINE DU DÉBITEUR

17. – La généralité du droit de gage résulte à la fois de ses sujets, créanciers et débiteurs (Sous-section 1) et de son objet, les biens du débiteur (Sous-section 2).

SOUS-SECTION 1

QUANT AUX SUJETS : LES CRÉANCIERS, LES DÉBITEURS

§ 1. – Les créanciers

18. – Définition. La personne du créancier peut être définie comme une personne physique ou morale disposant d'un titre de créance à l'encontre d'une autre personne, appelée débiteur. Encore faut-il que la personne du créancier ait une réalité juridique : une société en participation, qui n'est pas une personne morale, ne peut être créancière d'une obligation (Cass. com., 20 mai 2008 : *Bull. civ.* 2008, IV, n° 104).

La généralité de la définition du créancier permet de comprendre que le droit de gage général est une prérogative offerte à tous. De surcroît, peu importe la nature de la créance. Civile ou commerciale, il suffit qu'elle existe, c'est-à-dire que son fait générateur se soit concrétisé. Dès cet instant, la créance a une réalité, et, en tant que telle, peut donner lieu à des opérations juridiques (cession, nantissement). Peu importe qu'elle ne soit pas encore parfaite, qu'elle ne soit ni certaine, ni liquide, ni exigible. Dès lors qu'elle est légalement formée, elle peut être l'objet d'une ou de plusieurs conventions juridiques (rappr. CPC ex., art. L. 112-1 : les saisies peuvent porter sur les créances conditionnelles, à terme ou à exécution successive).

Il en va de même lorsque la créance est considérée non plus en tant qu'objet d'une opération, mais en tant que cause d'une mesure (saisie, action…).

Gradation des créances

Créance alléguée	Créance future	Créance en germe	Créance paraissant fondée en son principe	Créance certaine en son principe	Créance non sérieusement contestable	Créance certaine et liquide	Créance certaine et exigible	Créance incontestée	Créance constatée par un titre exécutoire
Saisie de navire (Convention de 1952)	Nantissement (C. civ., art. 2357, 2421)	Jurisprudence (1)	Mesures conservatoires (CPC ex., art. L. 511-1)	Compensation (connexité)	Référé-provision (CPC, art. 809, al. 2)	Susceptible d'être payée Compensation	Susceptible d'être payée Compensation	Règlement n° 805-2004, art. 1 Titre exécutoire européen	Saisies et mesures d'exécution forcée
(1) Cass. 2e civ., 17 mai 2001, n° 99-13.711. – Cass. 2e civ., 25 mars 1998, n° 96-14.706.									

Le fait générateur de la créance n'est pas toujours facile à identifier : si les sommes qui, faisant partie du bénéfice distribuable, sont, après décision de l'assemblée générale, réparties entre les associés, participent de la nature des fruits, ces dividendes n'ont pas d'existence juridique avant l'approbation des comptes de l'exercice par l'assemblée générale, la constatation par celle-ci de l'existence de sommes distribuables et la détermination de la part qui est attribuée à chaque associé (Cass. com., 28 nov. 2006, n° 04-17.486 : *D.* 2006, 3055). La question du fait générateur est aussi importante en matière de procédures collectives, afin de déterminer si la créance est née avant ou après l'ouverture de la procédure. Sur ce point, la chambre commerciale a décidé que la date d'exigibilité de la commission ne se confond pas avec la date du fait générateur de la créance : la créance d'honoraires ne naît pas à la date du paiement mais à celle de l'exécution de la prestation caractéristique (Cass. com., 27 sept. 2011, n° 10-21.277).

19. – Restriction à l'action du créancier. La loi et la jurisprudence ont introduit des restrictions à l'action du créancier, notamment pour tenir compte de son comportement. Le créancier doit être de bonne foi. Cette obligation de bonne foi trouve une illustration en matière de sûretés : en matière de cautionnement, le créancier ne peut agir contre la caution lorsque celle-ci était manifestement dans l'impossibilité de faire face à ses engagements (C. consom., art. L. 314-18). De même, le créancier qui entreprend une procédure de saisie doit-il se garder de toute mesure inutile ou abusive (CPC ex., art. L. 111-7 et L. 121-2).

20. – Capacité et qualité pour agir. La *capacité* pour agir du créancier répond aux exigences de droit commun. En revanche, la *qualité* pour agir varie selon la diversité des classifications :

« L'action est ouverte à tous ceux qui ont un intérêt légitime au succès ou au rejet d'une prétention, sous réserve des cas dans lesquels la loi attribue le droit d'agir aux seules personnes qu'elle qualifie pour élever ou combattre une prétention, ou pour défendre un intérêt déterminé » (CPC, art. 31).

Ainsi le créancier peut :

– être seul ou en compagnie d'autres créanciers (en cas de pluralité de créanciers, la solidarité active fait que l'un d'entre eux peut agir au nom du groupe) ;

– être une personne « civile », « commerciale » ou « publique » ;

– être un professionnel ou un consommateur ;

– être un national ou un étranger : rappelons que, selon l'article 11 du Code civil : « L'étranger jouira en France des mêmes droits civils que ceux qui sont ou seront accordés aux Français par les traités de la nation à laquelle cet étranger appartiendra » ;

– être chirographaire ou titulaire de sûreté ;

– être une personne physique ou une personne morale ;

– dans d'autres situations, le créancier recueille les droits de son auteur et agit en tant qu'ayant cause, à titre universel ou à titre particulier ;

– le créancier peut également agir par lui-même ou par l'intermédiaire d'un mandataire dûment habilité. On s'est interrogé sur la qualité de créancier et de mandataire du créancier lorsqu'il s'est agi d'apprécier la qualité d'un *trustee* déclarant une créance dans une procédure collective ; la qualité de créancier lui a été reconnue en application de la loi régissant la source de la créance (Cass. com., 13 sept. 2011 : *Bull. civ.* 2011, IV, n° 131)...

21. – Protection des créanciers en droit commercial. Conscient de la limite du droit de gage général offert indistinctement à tous les créanciers, le législateur a créé des situations privilégiées au profit de certains d'entre eux.

• Les droits des créanciers dont la créance est rattachée à l'exploitation d'un fonds de commerce sont d'abord protégés par la nécessité de publication :

« La personne assujettie à immatriculation ne peut, dans l'exercice de son activité, opposer ni aux tiers (*i.e.* aux créanciers) ni aux administrations publiques, qui peuvent toutefois s'en prévaloir, les faits et actes sujets à mention que si ces derniers ont été publiés au registre.

En outre, la personne assujettie à un dépôt d'actes ou de pièces en annexe au registre ne peut les opposer aux tiers ou aux administrations, que si la formalité correspondante a été effectuée. Toutefois, les tiers ou les administrations peuvent se prévaloir de ces actes ou pièces » (C. com., art. L. 123-9).

• Les droits de ces créanciers sont encore protégés en cas de vente ou d'apport en société du fonds de commerce en leur permettant de faire opposition sur le prix de l'opération :

« Dans les dix jours suivant la dernière en date des publications visées à l'article L. 141-12, tout créancier du précédent propriétaire, que sa créance soit ou non exigible, peut former au domicile élu, par simple acte extrajudiciaire ou par lettre recommandée avec demande d'avis de réception, opposition au paiement du prix. L'opposition, à peine de nullité, énonce le chiffre et les causes de la créance et contient une élection de domicile dans le ressort de la situation du fonds. Le bailleur ne peut former opposition pour loyers en cours ou à échoir, et ce, nonobstant toutes stipulations contraires. Aucun transport amiable ou judiciaire du prix ou de partie du prix n'est opposable aux créanciers qui se sont ainsi fait connaître dans ce délai » (C. com., art. L. 141-14 ; V. *infra*, n° 97).

• De même, les créanciers de l'acheteur d'un fonds bénéficient d'une préférence :

« Sans préjudice de l'application de l'article L. 144-7 du Code de commerce [relatif à la location-gérance des fonds de commerce et des établissements artisanaux], le commerçant inscrit qui cède son fonds ou qui en concède l'exploitation notamment sous forme de location-gérance ne peut opposer la cessation de son activité commerciale, pour se soustraire aux actions en responsabilité dont il est l'objet du fait des obligations contractées par son successeur dans l'exploitation du fonds, qu'à partir du jour où a été opérée la radiation ou la mention correspondante » (C. com., art. L. 123-8, al. 2).

• En cas de location-gérance, les dettes du loueur du fonds afférentes à l'exploitation du fonds peuvent être déclarées immédiatement exigibles par le tribunal de commerce de la situation du fonds, s'il estime que la location-gérance met en péril leur recouvrement (C. com., art. L. 144-6, al. 1er). Jusqu'à la publication du contrat de location-gérance, le loueur du fonds est solidairement responsable avec le locataire-gérant des dettes contractées par celui-ci à l'occasion de l'exploitation du fonds (C. com., art. L. 144-7).

• Lorsque le propriétaire de l'immeuble abritant le fonds de commerce décide de faire jouer la clause résolutoire inscrite au bail commercial, les créanciers du commerçant ayant publié leur créance au registre du commerce, dits créanciers « inscrits », ont le droit de se substituer au commerçant défaillant et d'accomplir l'obligation (par exemple, de payer les loyers en retard) en ses lieu et place (C. com., art. L. 143-2).

• Le vendeur d'un fonds de commerce bénéficie d'un privilège particulier à condition d'être inscrit sur un registre public tenu au greffe du tribunal de commerce dans le ressort duquel le fonds est exploité (C. com., art. L. 141-5) et d'une action en résolution :

> « Le vendeur, qui a stipulé lors de la vente que, faute de paiement dans le terme convenu, la vente serait résolue de plein droit, ou qui en a obtenu de l'acquéreur la résolution à l'amiable, doit notifier aux créanciers inscrits, aux domiciles élus, la résolution encourue ou consentie, qui ne deviendra définitive qu'un mois après la notification ainsi faite » (C. com., art. L. 141-9).

• Les créanciers du commerçant peuvent être nantis sur l'outillage (C. com., art. L. 525-1 et s.) ou sur le fonds de commerce dans sa globalité (C. com., art. L. 142-1 et s.) : tous bénéficient d'un droit de suite et d'un droit de préférence.

• Le droit des sociétés offre également aux créanciers le droit de faire opposition à certaines décisions qui peuvent affecter leurs droits. C'est le cas, notamment, lorsque la société débitrice fait l'objet d'une fusion (C. com., art. 236-14).

§ 2. – Les débiteurs

22. – Définition. Le débiteur est une personne physique ou morale ayant une dette envers une autre personne, appelée le créancier. Le lexique français reconnaît un caractère général aux mots « créancier » et « débiteur ». En droit de *common law*, les termes *creditor* et *debitor* sont réservés aux dettes de sommes d'argent ; pour les autres obligations, le juriste anglais utilise les vocables *obligor/obligee* ou de *promissor/promissee*.

Les débiteurs ont des droits, notamment celui de s'opposer à toute intrusion dans leur vie privée (même si certaines investigations sont utiles pour cerner les biens compris dans le gage général), ou encore de ne pas supporter les frais d'expertise.

L'article 9 du Code civil leur accorde cependant une protection relative : une cour d'appel ayant considéré, pour débouter une personne de sa demande fondée sur la violation du respect dû à sa vie privée par la publication d'informations relatives à sa situation de fortune, que le patrimoine ne relevait pas de la sphère étroite de la vie privée et que l'intéressé avait publié ces informations dans un livre autobiographique, la Cour de cassation a censuré cette décision au motif que les informations publiées portaient non seulement sur la situation de fortune, mais aussi sur le mode de vie et la personnalité de l'artiste, sans que leur révélation antérieure par l'intéressé soit de nature à en justifier la publication (Cass. 1re civ., 30 mai 2000 : *Bull. civ.* 2000, I, n° 167 ; *D.* 2001, somm. p. 1989, obs. L. Marino ; *JCP* G 2001, II, 10524, note B. Montels).

Ils ont aussi des obligations :

– les obligations issues des clauses contractuelles ;

– l'obligation générale d'exécuter de bonne foi la convention les liant à leur créancier (C. civ., art. 1104).

23. – Qualité. Le débiteur peut intervenir en personne ou être représenté. La représentation ou l'assistance sont obligatoires lorsqu'il s'agit d'un incapable mineur ou majeur. La détermination du régime de protection indique au créancier quel sera son interlocuteur.

La représentation conventionnelle repose sur la technique du mandat (C. civ., art. 1984).

24. – Variété des débiteurs : gradation de l'endettement. La situation du débiteur peut varier avec le temps : il peut devenir à son tour créancier de son créancier et la créance s'éteindra par confusion ou par compensation (C. civ., art. 1289 ; V. *infra*, n° 466).

Le débiteur peut être plus ou moins endetté. Les procédures qui peuvent être ouvertes à son encontre traduisent cette situation :

– *C. com., art. L. 611-4* : « Il est institué, devant le tribunal de commerce, une procédure de conciliation dont peuvent bénéficier les débiteurs exerçant une activité commerciale ou artisanale qui éprouvent une **difficulté juridique, économique ou financière, avérée ou prévisible, et ne se trouvent pas en cessation des paiements depuis plus de quarante-cinq jours** ».

– *C. com., art. L. 620-1, al. 1er* : l'ouverture d'une procédure de sauvegarde suppose que le débiteur n'est pas en mesure de surmonter des difficultés de nature à la conduire à la cessation des paiements – « Il est institué une procédure de sauvegarde ouverte sur demande d'un débiteur mentionné à l'article L. 620-2 qui, **sans être en cessation des paiements, justifie de difficultés qu'il n'est pas en mesure de surmonter.** Cette procédure est destinée à faciliter la réorganisation de l'entreprise afin de permettre la poursuite de l'activité économique, le maintien de l'emploi et l'apurement du passif ».

– *C. com., art. L. 631-1, al. 1er* : « Il est institué une procédure de redressement judiciaire ouverte à tout débiteur mentionné aux articles L. 631-2 ou L. 631-3 qui, **dans l'impossibilité de faire face au passif exigible avec son actif disponible, est en cessation des paiements.** Le débiteur qui établit que les réserves de crédit ou les moratoires dont il bénéficie de la part de ses créanciers lui permettent de faire face au passif exigible avec son actif disponible n'est pas en cessation des paiements ».

– *C. com., art. L. 643-9, al. 2* : « Lorsqu'il n'existe plus de passif exigible ou que le liquidateur dispose de sommes suffisantes pour désintéresser les créanciers, ou lorsque la poursuite des opérations de liquidation judiciaire est rendue impossible en raison de l'insuffisance de l'actif, ou encore lorsque l'intérêt de cette poursuite est disproportionné par rapport aux difficultés de réalisation des actifs résiduels la clôture de la liquidation judiciaire est prononcée par le tribunal, le débiteur entendu ou dûment appelé ».

– *C. consom., art. L. 711-1* : « Le bénéfice des mesures de traitement des situations de surendettement est ouvert aux personnes physiques de bonne foi.

La situation de surendettement est caractérisée par l'impossibilité manifeste de faire face à l'ensemble de ses dettes non professionnelles exigibles et à échoir. Le seul fait d'être propriétaire de sa résidence principale dont la valeur estimée à la date du dépôt du dossier de surendettement est égale ou supérieure au montant de l'ensemble des dettes non professionnelles exigibles et à échoir ne fait pas obstacle à la caractérisation de la situation de surendettement.

L'impossibilité de faire face à un engagement de cautionner ou d'acquitter solidairement la dette d'un entrepreneur individuel ou d'une société caractérise également une situation de surendettement ».

– *C. consom., art. L. 712-2* : « La demande de traitement de la situation de surendettement est portée devant la commission compétente qui peut, soit proposer ou imposer des mesures de traitement dans les conditions prévues au titre III, soit imposer un rétablissement personnel sans liquidation judiciaire ou saisir, avec l'accord du débiteur, le juge du tribunal d'instance aux fins d'ouverture d'une procédure de rétablissement personnel avec liquidation judiciaire dans les conditions prévues au titre IV ».

– *C. consom., art. L. 724-1* : « Lorsqu'il ressort de l'examen de la demande de traitement de la situation de surendettement que les ressources ou l'actif réalisable du débiteur le permettent, la commission prescrit des mesures de traitement dans les conditions prévues aux articles L. 732-1, L. 733-1, L. 733-4 et L. 733-7.

Lorsque le débiteur se trouve dans une situation irrémédiablement compromise caractérisée par l'impossibilité manifeste de mettre en œuvre des mesures de traitement mentionnées au premier alinéa, la commission peut, dans les conditions du présent livre :

1° Soit imposer un rétablissement personnel sans liquidation judiciaire si elle constate que le débiteur ne possède que des biens meublants nécessaires à la vie courante et des biens non professionnels indispensables à l'exercice de son activité professionnelle, ou que l'actif n'est constitué que de biens dépourvus de valeur marchande ou dont les frais de vente seraient manifestement disproportionnés au regard de leur valeur vénale ;

2° Soit saisir, si elle constate que le débiteur n'est pas dans la situation mentionnée au 1°, avec l'accord du débiteur, le juge du tribunal d'instance aux fins d'ouverture d'une procédure de rétablissement personnel avec liquidation judiciaire ».

– *C. consom., art. L. 742-3* : « Lorsque le juge est saisi aux fins d'ouverture d'une procédure de rétablissement personnel avec liquidation judiciaire, il convoque le débiteur et les créanciers connus à l'audience. Le juge, après avoir entendu le débiteur s'il se présente et apprécié le caractère irrémédiablement compromis de sa situation ainsi que sa bonne foi, rend un jugement prononçant l'ouverture de la procédure ».

– *C. consom., art. L. 742-21* : « Lorsque l'actif réalisé est suffisant pour désintéresser les créanciers, le juge prononce la clôture de la procédure.

Lorsque l'actif réalisé est insuffisant pour désintéresser les créanciers, lorsque le débiteur ne possède rien d'autre que des biens meublants nécessaires à la vie courante et des biens non professionnels indispensables à l'exercice de son activité professionnelle, ou lorsque l'actif n'est constitué que de biens dépourvus de valeur marchande ou dont les frais de vente seraient manifestement disproportionnés au regard de leur valeur vénale, le juge prononce la clôture pour insuffisance d'actif ».

– *C. consom., art. L. 742-22* : « La clôture entraîne l'effacement de toutes les dettes non professionnelles du débiteur, arrêtées à la date du jugement d'ouverture, à l'exception de celles dont le montant a été payé en lieu et place du débiteur par la caution ou le coobligé, personnes physiques.

Cette clôture entraîne aussi l'effacement de la dette résultant de l'engagement que le débiteur a donné de cautionner ou d'acquitter solidairement la dette d'un entrepreneur individuel ou d'une société ».

– *C. consom., art. L. 742-23* : « Si la situation du débiteur l'exige, le juge l'invite à solliciter une mesure d'aide ou d'action sociale qui peut comprendre un programme d'éducation budgétaire, notamment une mesure d'accompagnement social personnalisé, dans les conditions prévues par le livre II du Code de l'action sociale et des familles ».

JURISPRUDENCE
La notion de cessation des paiements

La notion d'actif disponible est une notion restrictive qui a été approfondie par l'ordonnance de 2008 en ce que les notions de réserves de crédit et de moratoires ont été ajoutées pour affiner la définition. L'actif disponible traduit la possibilité pour le débiteur de pouvoir disposer d'une trésorerie, de liquidités quasiment sur-le-champ. Les disponibilités se situent en bas de l'actif du bilan.

La Cour de cassation a déjà eu l'occasion de préciser qu'un immeuble, situé en haut de l'actif du bilan, n'est pas un actif disponible (Cass. com., 27 févr. 2007, n° 06-10.170 : *Rev. proc. coll.* 2007/3, n° 109, note C. Delattre). Une réalisation d'immobilisation plus ou moins rapidement ne saurait également constituer un actif disponible (Cass. com., 11 juill. 1988, n° 86-11.191).

Pour se prononcer sur l'existence de l'état de cessation des paiements, il n'y a pas à rechercher si le passif exigible a été effectivement exigé dès lors que le débiteur n'a pas allégué qu'il disposait d'une réserve de crédit ou d'un moratoire de la part de ses créanciers lui permettant de faire face à son passif exigible, étant donné qu'un fonds de commerce, non encore vendu, ne constitue pas un actif disponible (Cass. com., 15 févr. 2011, n° 10-13.625 : *Bull. civ.* 2011, IV, n° 23).

Dans un arrêt rendu le 7 février 2012 (Cass. com., 7 févr. 2012, n° 11-11.347), une débitrice, assignée en liquidation judiciaire par le Trésor public, reprochait l'absence de valorisation de trois appartements qui devaient couvrir la créance fiscale ainsi que l'absence de vérifications sur la validité des hypothèques. Pour la Cour de cassation, un immeuble non vendu ne constitue pas un actif disponible. L'absence d'évaluation des actifs est sans incidences. Bien que se prévalant d'une créance à l'égard du créancier public, la débitrice n'apportait aucun renseignement sur le délai d'encaissement de ladite créance. La cour précise que le montant d'une créance à recouvrer peut, dans certaines conditions exceptionnelles, être ajouté à l'actif disponible. Dans ce cas, encore faut-il que la débitrice transmette des informations précises sur la réalité de la créance ainsi que sur le délai d'encaissement éventuellement compatible avec la notion d'actif disponible. Au contraire, une créance à vue au recouvrement facile et rapide pouvait être prise en compte (CA Versailles, 22 mai 1997 : *Rev. proc. coll.* 1998, p. 33, note J.-M. Calendini).

25. – Variété des débiteurs : qualité et personnalité du débiteur. Les grandes classifications de notre droit trouvent application : le débiteur peut être un professionnel ou un consommateur, un civil ou un commerçant…

La personnalité n'est pas prise en considération : est jugée contraire à l'article 2285 du Code civil la décision qui refuse à un marchand de tableaux, créancier d'un peintre, le droit de faire procéder à la vente forcée des œuvres de son débiteur et ordonne que la vente sera effectuée volontairement et selon les formes prévues par les parties dans des accords antérieurs depuis lors résiliés, au motif qu'une vente massive des tableaux risquerait d'entraîner une dépréciation du talent de leur auteur (Cass. 1re civ., 18 mars 1971 : *Bull. civ.* 1971, I, n° 93).

26. – Variété des débiteurs : le commerçant personne morale. Lorsque le commerçant personne morale est en état de cessation de paiement et qu'une procédure collective est ouverte à son encontre, les droits des créanciers face à une société débitrice varient en fonction de la nature de la société et de l'évolution de celle-ci (transformation, plan de cession, plan de continuation). Les droits contre la société sont parfois doublés par des droits contre les dirigeants, contre les associés, voire contre la société mère de l'entreprise débitrice (confusion de patrimoine).

Quant aux associés tenus solidairement et personnellement des dettes sociales, ils devront répondre des poursuites individuelles des créanciers. Ces poursuites supposent néanmoins que la personne morale ait été vainement appelée (V., pour les associés en nom, C. com., art. L. 221-1, al. 2 ; rappr. en matière de société civile, C. civ., art. 1858 et la jurisprudence afférente). Ainsi, les créanciers d'une société civile de droit commun ne peuvent poursuivre le paiement des dettes sociales contre les associés, débiteurs subsidiaires du passif social envers les tiers, qu'après avoir préalablement et vainement poursuivi la personne morale ; dans le cas où la société est soumise à une procédure de liquidation judiciaire, la déclaration de la créance à la procédure dispense le créancier d'établir que le patrimoine social est insuffisant pour le désintéresser. De plus, l'action peut être régularisée si la créance a été régulièrement déclarée à la procédure (Cass. ch. mixte, 18 mai 2007 : *Bull. civ.* 2007, ch. mixte, n° 4).

Lorsqu'une société est liquidée, il appartient au liquidateur de payer les créanciers de la société, avant de procéder au partage (à défaut, les créanciers pourraient mettre en jeu la responsabilité du liquidateur et exercer une action directe contre les associés – Cass. com., 17 déc. 1979 : *JCP* G 1981, II, 19528, note M. Germain). Les associés sont donc en droit de reprendre leurs apports. S'il reste, après ce remboursement, un boni de liquidation, celui-ci est réparti en fonction des dispositions statutaires (C. civ., art. 1844-9). Lorsque le passif n'a pu être intégralement payé, les associés dont la responsabilité est limitée à leurs apports perdent ceux-ci, en tout ou partie.

27. – Extensions. Le patrimoine d'une personne physique ou morale peut être étendu. La *théorie de l'émanation de l'État*, développée principalement en matière maritime, permet ainsi à tous les créanciers d'un État dont l'économie est fortement socialisée, ou de l'une de ses entités, de saisir les biens que cet État exploite au travers des sociétés nationales. Autrement dit, le créancier de l'entreprise A peut saisir le bien de l'entreprise B au motif que A et B sont de simples émanations de l'État, sont dirigés par l'État et n'ont pas de réelle autonomie. Cette théorie est critiquable : non seulement, elle remet en cause l'organisation économique décidée par un État souverain et traduit une ingérence dans les affaires intérieures d'un pays, mais encore elle atteint la technique de la personnalité morale dont l'écran ne doit céder que dans des cas exceptionnels. La jurisprudence française l'a bien compris : la tutelle, voire le contrôle d'un État sur une personne morale exercé notamment au travers de ses dirigeants, ainsi que la mission de service public dévolue à celle-ci ne suffisent pas à la faire considérer comme une émanation de l'État impliquant son assimilation à celui-ci (Cass. com., 4 janv. 1995 : *Bull. civ.* 1995, IV, n° 6 ; *Defrénois* 1995, p. 747 et la note. – Cass. com., 1er oct. 1997 : *Bull. civ.* 1997, IV, n° 234 ; *DMF* 1998, p. 17 et les obs.).

En matière de procédure collective, la *confusion des patrimoines* permet d'adjoindre au patrimoine de la personne morale en liquidation le patrimoine personnel d'un ou de ses dirigeants (V. *infra*, n° 28).

De même, lorsque l'héritier a confondu ses biens avec ceux du défunt, il ne lui est plus possible de renoncer à la succession.

Dans l'exercice de leur pouvoir souverain d'apprécier les preuves produites, les juges du fond peuvent estimer que la confusion des patrimoines des époux fait tomber des présomptions de propriété inscrites au contrat de mariage (V. C. civ., art. 1538).

28. – Extension de la procédure de redressement ou de liquidation judiciaires. Le but recherché par la jurisprudence est de faire tomber dans le gage commun des créanciers le patrimoine d'autres sociétés que celles contre lesquelles une procédure de redressement ou de liquidation a été ouverte.

Les juges des tribunaux consulaires avaient tendance à étendre une procédure collective d'une société commerciale à une autre en se fondant sur le critère de l'unité économique : dans la mesure où les deux sociétés forment de fait une seule unité économique, il conviendrait d'étendre le patrimoine des premiers créanciers.

La Cour de cassation a souhaité écarter ce critère d'extension de la procédure collective, en distinguant :

– la fictivité de la division en sociétés, ou « fictivité proprement dite », c'est-à-dire le cas où la différenciation entre les entités juridiques est en réalité totalement factice ;

l'écran constitué par la personne morale peut ainsi être percé (cf. *piercing the corporate veil* en *Common Law*) ;

– la confusion des patrimoines, c'est-à-dire une situation définie largement dans laquelle il y a imbrication du passif et de l'actif des entités concernées ou, tout simplement, l'existence de flux financiers anormaux entre les deux sociétés.

Les deux montages les plus courants, permettant l'extension de la procédure collective sont :

– le fait qu'une société civile immobilière, propriétaire des murs d'un fonds de commerce, perçoive un loyer disproportionné de la SARL exploitant ledit fonds (surtout quand les associés des deux entités sont très... proches) ou encore bénéficie sans contrepartie de travaux importants ; en effet, pour des raisons fiscales, beaucoup de commerçants ont tendance à « empiler » trois sociétés : la société civile immobilière (SCI) est propriétaire des murs dans lesquels est exploité le fonds de commerce, une société est propriétaire du fonds de commerce et une troisième société commerciale exploite le fonds, en général selon la technique de la location-gérance ;

– le fait qu'une société locataire-gérante soit en situation de déséquilibre fort défavorable vis-à-vis de la société propriétaire du fonds de commerce.

L'identité des activités ou celle des porteurs de parts ou des administrateurs ne suffit pas à permettre l'extension selon la Cour de cassation, qui tente de canaliser, tant soit peu, les velléités extensives des tribunaux de commerce.

SOUS-SECTION 2

QUANT À L'ASSIETTE : LES BIENS OBJET DU DROIT DE GAGE GÉNÉRAL

§ 1. – Les biens détenus par des tiers

29. – Situation du créancier face au tiers. L'ancien article 2092-1 du Code civil disposait que « les biens du débiteur peuvent être appréhendés alors même qu'ils seraient détenus par des tiers. L'appréhension s'opère selon les règles propres à la nature de chacun d'eux ».

Ce texte avait été abrogé par la loi du 9 juillet 1991 et repris en son article 13, alinéa 1er. C'est, depuis la création du Code des procédures civiles d'exécution, l'article L. 112-1 de ce code :

« Les saisies peuvent porter sur tous les biens appartenant au débiteur alors même qu'ils seraient détenus par des tiers ».

La situation du créancier face au détenteur du bien est variable :

– le créancier peut être face à un rétenteur, lui-même créancier du même débiteur ou encore d'un autre débiteur, ce qui pose le problème de l'opposabilité du droit de rétention ; pour la jurisprudence, cette opposabilité joue *erga omnes* et sans publicité nécessaire (V. Cass. 3e civ., 16 déc. 1998 : *Bull. civ.* 1998, III, n° 253) ; le droit de rétention ne joue pas dans tous les cas : l'entrepreneur chargé de l'édification d'un bâtiment n'est pas titulaire d'un droit réel sur l'immeuble, opposable aux autres créanciers, et il ne bénéficie pas d'un droit de rétention sur le bien construit ou sur le produit de sa vente jusqu'au paiement du prix des travaux (Cass. 3e civ., 23 juin 1999 : *Bull. civ.* 1999, III, n° 150 ; *D.* 2000, somm. p. 22, obs. Jobard-Bachellier ; *RTD civ.* 2000, p. 142, obs. Crocq).

Ce droit de rétention est aujourd'hui dûment consacré à l'article 2286 du Code civil :

« Peut se prévaloir d'un droit de rétention sur la chose :

1° Celui à qui la chose a été remise jusqu'au paiement de sa créance ;

2° Celui dont la créance impayée résulte du contrat qui l'oblige à la livrer ;

3° Celui dont la créance impayée est née à l'occasion de la détention de la chose.

4° Celui qui bénéficie d'un gage sans dépossession.

Le droit de rétention se perd par le dessaisissement volontaire ».

– le créancier peut être face au titulaire d'un droit réel sur le bien objet de convoitise ; avec une difficulté supplémentaire, selon que ce droit est publié, ou ne l'est pas ;

– deux créanciers titulaires d'un droit réel peuvent être en conflit sur un même bien. En principe, celui dont le droit a été publié en premier sera préféré, par application du principe *prior tempore, potior jure* (V. en cas de conflit entre deux créanciers hypothécaires ou deux créanciers gagistes).

JURISPRUDENCE
I. Le droit de rétention et son exercice habituel

Cass. 1re civ., 22 oct. 2008, n° 07-17.544, inédit au bulletin

« *Sur le moyen unique, pris en ses quatre branches, ci-après annexé :*

Attendu que M. Boris X... a confié en octobre 2003, à la société Élance automobiles la réparation d'un véhicule de marque Jaguar, qui présentait des problèmes de freinage et donné son accord pour une purge des freins ; qu'après réparation du véhicule, M. X... a refusé de payer la facture de 3 559,93 €, en soutenant que le garagiste avait réalisé sans son accord préalable des réparations non prévues ; que le garagiste ayant exercé son droit de rétention, M. X... l'a assigné en indemnisation du préjudice causé du fait de l'inexécution par le garagiste de son obligation de renseignement et de conseil, et de l'exercice abusif de son droit de rétention ; que la société Élance a formé une demande reconventionnelle en paiement de sa facture et du coût du gardiennage ;

Attendu que M. X... fait grief à l'arrêt attaqué (Amiens, 5 oct. 2006) de l'avoir condamné à payer à la société Élance automobiles la somme de 3 559,93 € avec les intérêts au taux légal à compter du 13 novembre 2003, ainsi que la somme de 100 € par mois à compter du 13 novembre 2003 jusqu'au jour de la restitution du véhicule après paiement effectif de la créance, d'avoir condamné cette société à lui payer la seule somme de 711,95 € à titre de dommages-intérêts en réparation de la perte de chance de ne pas avoir pu refuser l'exécution des travaux commandés, d'avoir constaté la compensation de plein droit entre les créances respectives des parties et de l'avoir débouté de ses demandes de dommages-intérêts au titre des préjudices matériels, de jouissance et économique et d'avoir dit que le véhicule devait être restitué à compter du jour du paiement de la créance ;

Attendu, d'abord, qu'après avoir relevé que M. X... sollicitait la compensation entre la créance réclamée par le garagiste et la créance de dommages-intérêts, la cour d'appel a estimé, sans dénaturer les conclusions de M. X... ni modifier l'objet du litige, que ce dernier ne contestait pas la créance de la société Élance automobiles, fondée à exercer son droit de rétention pour avoir paiement des travaux de purge des freins commandés ; ensuite que, saisie de la question de la faute commise par le garagiste et du préjudice en résultant, la cour d'appel a pu retenir, sans violer le principe de la contradiction dès lors que le montant de la facture n'était pas contesté, que l'exécution par le garagiste de travaux non commandés mais nécessaires entraînait seulement pour M. X... la perte d'une chance de refuser l'exécution des travaux, compte tenu en particulier de son impécuniosité et fixer souverainement le montant du préjudice ; que le moyen n'est pas fondé ;

Par ces motifs :

Rejette le pourvoi ; »

II. Le droit de rétention et son opposabilité

Pour la jurisprudence, le droit de rétention d'une chose, conséquence de sa détention, est un droit réel, opposable à tous et même aux tiers non tenus de la dette. Il peut être exercé par tout détenteur dont la créance a pris naissance à l'occasion de la chose retenue, de sorte qu'il existe un lien de connexité entre cette créance et cette chose.

Le vendeur et l'acquéreur d'un véhicule automobile avaient, aux termes d'un protocole d'accord, confié à un garagiste le soin d'expertiser ce véhicule dont le fonctionnement s'était avéré défectueux. La cour d'appel a écarté le droit de rétention du garagiste exercé au préjudice de l'acquéreur, au motif que « le garagiste, partie au protocole, s'était désigné le vendeur comme débiteur unique des travaux et ne pouvait de ce fait opérer la rétention de la voiture de l'acheteur pour obtenir paiement des réparations ». L'arrêt a estimé que le garagiste ne pouvait pas non plus exercer son droit de rétention « en raison de son absence de bonne foi », sans pour autant retenir que l'existence ou le montant de sa créance en soient affectés. Sur ces deux motifs, la première chambre civile a cassé cet arrêt (Cass. 1re civ., 7 janv. 1992 : *Bull. civ.* 1992, I, n° 4 ; *JCP* G 1992, II, 21971, note Ramarolanto-Ratiaray).

Le droit de rétention conventionnel sur les pièces administratives relatives à ce véhicule, stipulé au profit du vendeur initial, est opposable au sous-acquéreur : une cour d'appel statuant en référé avait condamné le vendeur d'un camion cédé avec clause de réserve de propriété solidairement avec l'acquéreur du véhicule à remettre sous astreinte au sous-acquéreur les documents nécessaires à l'immatriculation du véhicule, au motif que celui-ci avait acheté en toute bonne foi le véhicule dont il réclamait la remise des papiers administratifs, que le véhicule lui avait été normalement livré et qu'il s'était acquitté immédiatement de l'intégralité du prix, qu'il s'ensuivait que le vendeur était donc mal fondé à lui faire grief d'une quelconque légèreté, alors qu'il était à l'origine du retard apporté dans la remise des documents administratifs afférents au camion, dont il s'était pourtant volontairement dessaisi sans s'entourer des garanties nécessaires, que dans ces conditions c'était à juste titre que le premier juge avait relevé que les conventions passées entre le vendeur et son concessionnaire n'étaient pas opposables au sous-acquéreur et s'était estimé compétent pour faire cesser le trouble manifestement illicite subi par ce dernier qui s'était trouvé dans l'impossibilité pendant plus d'une année d'utiliser un camion acheté pour ses besoins professionnels. Cette solution est censurée par la Cour de cassation : le vendeur exerçait son droit de rétention sur les pièces litigieuses pour garantir le paiement du prix du camion vendu à la société acquéreur et l'exercice de ce droit n'était pas illicite (Cass. com., 14 avr. 1992 : *Bull. civ.* 1992, IV, n° 164 ; *D.* 1993, somm. p. 298, obs. Pérochon).

Un importateur de véhicules ayant vendu et livré à l'un de ses concessionnaires un véhicule, sans être payé, et le concessionnaire l'ayant revendu à un sous-acquéreur qui l'a donné à bail à un tiers, fait l'exacte application de l'article 1612 du Code civil la cour d'appel qui décide que l'importateur avait un droit de rétention licite, opposable au locataire, sur les documents administratifs permettant la mise en circulation du véhicule, qui sont des accessoires de la chose vendue au sens de l'article 1615 du Code civil (Cass. com., 31 mai 1994 : *Bull. civ.* 1994, IV, n° 195 ; *JCP* G 1994, I, 3807, n° 21 et les obs. ; *JCP* G 1996, II, 22622, note Jubault).

Un prêt ayant été accordé à une société pour l'achat d'un véhicule, et la société emprunteuse, depuis en liquidation judiciaire, ayant remis en garantie au prêteur les pièces administratives permettant la mise en circulation du véhicule, ne donne pas de base légale à sa décision la cour d'appel qui, après que le juge des référés a ordonné au prêteur de restituer au liquidateur les pièces litigieuses, refuse de lui attribuer, en règlement de sa créance, le prix de vente du véhicule, en lui déniant tout droit de rétention sur ces pièces, en l'absence de constitution d'un gage automobile, alors que les parties n'avaient pas entendu inscrire un tel gage et que la détention des documents et la créance du prêteur avaient leur source dans un même rapport juridique (Cass. com., 31 mai 1994 : *Bull. civ.* 1994, IV, n° 196 ; *JCP* G 1996, II, 22622, note Jubault).

III. Le droit de rétention et les procédures collectives

Le droit de rétention, qui n'est pas une sûreté et qui n'est pas assimilable au gage, ne permet pas l'attribution en pleine propriété de la chose retenue. Le débiteur ayant été mis en redressement puis en liquidation judiciaire, une cour d'appel a retenu à bon droit que le titulaire du droit de rétention peut refuser la restitution des marchandises sur lesquelles il exerce son droit, mais n'a nullement vocation à se voir attribuer la propriété de ces marchandises, et que seul le liquidateur est habilité à procéder à la vente des marchandises, le droit de rétention étant reporté sur le prix de vente dans les limites du montant de la créance du rétenteur (Cass. com., 9 juin 1998 : *Bull. civ.* 1998, IV, n° 181 ; *D.* 1999, somm. p. 300, obs. S. Piedelièvre ; *D. affaires* 1998, p. 1323, obs. A. L. ; *JCP* G 1999, I, 116, n° 12 et les obs. ; *Gaz. Pal.* 1999, 2, somm. p. 451, obs. Guével).

Dès lors que le rétenteur a déclaré au passif sa créance, le liquidateur judiciaire ne peut retirer la chose retenue qu'en payant, avec l'autorisation du juge-commissaire, cette créance. Il peut aussi procéder à sa réalisation sous la même autorisation dans les six mois du jugement de liquidation, le droit de rétention du créancier étant de plein droit reporté sur le prix. C'est donc à bon droit qu'en l'absence de paiement de la créance de la société, qui avait effectué des travaux sur un véhicule du débiteur en liquidation judiciaire, la cour d'appel a dit opposable son droit de rétention au liquidateur judiciaire (Cass. com., 20 mai 1997 : *Bull. civ.* 1997, IV, n° 141 ; *D.* 1998, somm. p. 102, obs. S. Piedelièvre ; *ibid.* p. 115, obs. Libchaber ; *RTD civ.* 1997, p. 707, obs. Crocq ; *Defrénois* 1997, p. 1427, obs. Aynès ; *JCP* G 1997, I, 4054, n° 10, obs. M. Cabrillac ; *JCP* G 1998, I, 103, n° 23, et les obs. ; *RD bancaire et bourse* 1997, p. 173, obs. Calendini et Campana).

§ 2. – Les biens sortis du patrimoine

30. – Sortie définitive du patrimoine. Des biens, corporels ou incorporels, meubles ou immeubles, peuvent être sortis définitivement du patrimoine du débiteur par suite d'une aliénation, à titre onéreux ou gratuit ; ils sont nécessairement soustraits à l'emprise du droit de gage général. La seule intervention utile du créancier est de s'opposer à l'aliénation ou encore de pouvoir obtenir le paiement de sa créance sur le prix entre les mains du détenteur des fonds. Cela suppose encore que le créancier soit averti de l'aliénation projetée en temps utile.

31. – Sortie fictive du patrimoine. Le droit prend en compte les biens sortis fictivement du patrimoine du débiteur en permettant au créancier d'introduire une action en déclaration de simulation (C. civ., art. 1321 ; V. *infra*, n° 126).

32. – Sortie frauduleuse du patrimoine. Les biens sortis frauduleusement du patrimoine peuvent être réintégrés sur le fondement de l'action paulienne (V. *infra*, n° 109). Toutefois, des restrictions sont posées par la loi en ce qui concerne les actes objet de l'action, les conditions relatives au créancier, les conditions relatives au tiers et les conditions relatives au débiteur. Les effets de l'action sont la réintégration des biens sortis frauduleusement du patrimoine du débiteur afin d'accroître le gage général.

En matière de procédure collective, deux techniques visent à permettre la réintégration des biens sortis en fraude des droits des créanciers :

– les nullités de la période suspecte permettent de mettre à néant toutes les conventions ayant pour but de faire échapper au gage collectif des créanciers des meubles ou des immeubles ; toutes les transactions passées pendant la période suspecte peuvent être annulées et sont, en raison de leur date même, atteintes de suspicion (C. com., art. L. 632-1 et L. 632-2) ;

– l'action paulienne qui peut être utilisée dans les procédures collectives pour les actes conclus en dehors de la période suspecte.

33. – Bien resté dans le patrimoine : la réserve de propriété. En matière de procédure collective, la propriété demeure la meilleure garantie. Depuis une loi du 10 mai 1980, il est permis au fournisseur de prévoir, en garantie du paiement intégral de sa livraison, une clause de réserve de propriété (CRP). Le bien est alors utilisé par son acheteur, mais il n'est pas dans son patrimoine, car le vendeur en conserve la propriété. Le bien est resté juridiquement dans le patrimoine du vendeur.

La CRP est aujourd'hui prévue à l'article 2367 du Code civil :

« La propriété d'un bien peut être retenue en garantie par l'effet d'une clause de réserve de propriété qui suspend l'effet translatif d'un contrat jusqu'au complet paiement de l'obligation qui en constitue la contrepartie.

La propriété ainsi réservée est l'accessoire de la créance dont elle garantit le paiement ».

La jurisprudence, puis la loi, se sont montrées extrêmement favorables à cette technique de garantie : la clause doit être stipulée par écrit, y compris sur les conditions générales de vente ou sur le bon de livraison du produit, mais le consentement peut être tacite. Lorsque les parties sont en relation d'affaires, la clause peut être convenue dans l'écrit régissant cette relation. La Cour de cassation a admis que l'acceptation, même tacite, d'une clause de réserve de propriété stipulée dans plusieurs factures successives vaut pour les clauses stipulées dans les factures subséquentes, adressées postérieurement aux livraisons auxquelles elles correspondent, et qui suggèrent une relation d'affaires entre les parties (Cass. com., 31 janv. 2012, n° 10-28.407).

La générosité du juge et du législateur concerne encore la nature des biens susceptibles d'être revendiqués : ainsi, des objets démontables peuvent être revendiqués par le créancier impayé.

Il en est de même pour des biens fongibles : « La propriété réservée d'un bien fongible peut s'exercer, à concurrence de la créance restant due, sur des biens de même nature et de même qualité détenus par le débiteur ou pour son compte » (C. civ., art. 2369).

Le vendeur titulaire d'une clause de réserve de propriété, et donc d'un droit exclusif, ne court, en principe, aucun risque. Le bien est cependant entre les mains de son acquéreur et celui-ci peut en disposer et spécialement l'affecter en gage : le gagiste aura alors la priorité (Cass. com., 3 oct. 1989 : *Bull. civ.* 1989, IV, n° 244 ; *D.* 1991, somm. p. 44, note F. Pérochon ; *JCP* G 1990, II, 21454, note M. Behar-Touchais).

Lorsqu'une marchandise est représentée par un document (V. connaissement maritime), le porteur ou l'endossataire de ce document a un droit sur ladite marchandise. Seuls ses créanciers sont à même de la saisir, alors pourtant qu'en vertu du rapport fondamental, la propriété aurait changé de mains (Cass. com., 30 oct. 1989 : *Bull. civ.* 1989, IV, n° 269 ; *D.* 1992, somm. p. 83, obs. M. Rémond-Gouilloud).

34. – Conflit entre gage et réserve de propriété. Les dispositions de l'article 2335 ne dérogent pas à celles prévues en faveur du possesseur de bonne foi par l'article 2276 du Code civil.

Une banque – semble-t-il à qui ont été données en gage des marchandises vendues sous réserve de propriété, livrées et entreposées dans les locaux d'un tiers, sans que le prix en ait été payé –, possesseur de bonne foi, bénéficie de la présomption édictée par ledit article 2276, peu important que la possession de son auteur soit entachée d'un vice, et la banque, qui n'a pas effectué des vérifications ou des recherches que ni la loi ni les usages du commerce ne lui imposent, peut opposer son nantissement à la revendication du vendeur (Cass. com., 14 nov. 1989 : *Bull. civ.* 1989, IV, n° 290 ; *D.* 1991, somm. p. 43, obs. Pérochon). Seule une possession exempte de vices par le sous-acquéreur lui-même, ou par autrui pour lui, confère à celui-ci un titre faisant obstacle à toute revendication (Cass. com., 5 mars 1996 : *Bull. civ.* 1996, IV, n° 73 ; *D.* 1996, somm. p. 74, obs. Pérochon et Mainguy ; *D. affaires* 1996, p. 523 ; *JCP* E 1996, I, 584, n° 12, obs. Cabrillac).

§ 3. – Les biens dans le patrimoine

35. – La qualité de débiteur. Le débiteur doit être propriétaire du bien saisi. Le créancier ne peut s'approprier le bien d'autrui, ni saisir le bien d'autrui, si autrui n'est pas son débiteur. La solution est dans la logique du droit de gage général.

Les choses ne sont pas toujours aussi simples. Ainsi, lorsqu'un immeuble est grevé d'une clause de tontine. L'existence d'une clause d'accroissement exclut tout droit privatif de propriété tant que les conditions convenues (condition suspensive de survie et condition résolutoire du prédécès) ne se sont pas réalisées. Aucun des acquéreurs n'est donc propriétaire *pendente conditione,* ne serait-ce qu'en qualité d'indivis (Cass. 1re civ., 27 mai 1986 : *D.* 1987, p. 139, note G. Morin. – Cass. 1re civ., 9 févr. 1994 : *RTD civ.* 1995, p. 159 et 165, obs. J. Patarin). Dès lors, il ne peut être reproché à une cour d'appel d'avoir déclaré nul un commandement de saisie immobilière délivré à un débiteur et portant sur un immeuble acquis par ce dernier et un tiers, grevé d'une clause de tontine aux termes de laquelle ledit immeuble appartiendra en totalité au survivant des acheteurs ; le droit de gage général des créanciers ne pouvant s'exercer que sur les biens dont le débiteur est propriétaire, comme la cour d'appel a relevé que la condition suspensive de survie n'était pas réalisée à la date de délivrance du commandement aux fins de saisie immobilière, elle a décidé valablement que le débiteur n'était pas titulaire d'un droit privatif de propriété sur le bien immobilier ou partie du bien, objet dudit commandement (Cass. 1re civ., 18 nov. 1997 : *Bull. civ.* 1997, I, n° 315 ; *JCP* G 1998, II, 10051, note E. du Rusquec ; *Defrénois* 1998, p. 377, obs. H. Mazeron). La clause de tontine ne viole pas ouvertement ce principe fondamental. Elle ne crée qu'indirectement une insaisissabilité, ce qui n'est en rien condamnable (comp. CPC ex., art. L. 112-2, qui ne reconnaît les clauses d'insaisissabilité que dans les actes à titre gratuit et, de surcroît, sous certaines conditions). De même, dès lors que l'acte de vente d'un appartement par deux concubins comporte une clause de tontine, aucun des coacquéreurs ne peut unilatéralement demander le partage et la licitation du bien. Toute demande en partage sur le fondement de l'article 815 du Code civil est donc irrecevable (CA Versailles, 8 janv. 1998 : *JCP* G 1999, IV, 1210).

Les mêmes idées expliquent que l'on ne puisse pas davantage saisir les sommes dues (rente ou capital) en vertu d'un contrat « épargne-prévoyance-investissement » et subordonnées à deux modalités : l'invalidité ou le décès du souscripteur d'une part, la survenance d'un terme d'autre part. En effet, tant que le contrat n'est pas dénoué, c'est-à-dire tant que l'une ou l'autre de ces circonstances ne s'est pas produite, le souscripteur – débiteur saisi – n'est titulaire d'aucune créance de caractère patrimonial. Il est « seulement investi », comme le précise une jurisprudence, « du droit personnel de faire racheter le contrat et de désigner ou modifier le bénéficiaire de la prestation (et dans la mesure où ce dernier n'a pas encore donné son acceptation) » (Cass. 1re civ., 28 avr. 1998 : *Bull. civ.* 1998, I, n° 153 ; *JCP* G 1998, II, 10112, note J. Bigot ; *JCP* G 1999, I, 137, chron. N. Eymard-Gauclin ; *RGAT* 1998, p. 309, note J. Bigot). Faute de créance objet de la saisie, la saisie-attribution qu'envisage le créancier, fût-il le fisc, ne peut aboutir. Là encore, l'insaisissabilité n'est pas organisée : elle est le résultat de la technique juridique.

36. – Détermination des biens dans le patrimoine. Le patrimoine est composé des biens, *tant dans leur nature principale qu'accessoire*. Il convient, à cet égard, de distinguer deux modes d'agrégation d'un bien à un autre :

– d'une part, la technique de l'*accession*, lorsque deux biens se confondent au point de ne plus pouvoir être séparés. Ainsi, la peinture à l'huile se fond par l'effet du geste de l'artiste à la toile destinée à la recevoir. Il s'agit d'une accession de meuble à meuble, et l'intérêt de cette technique est de déterminer le propriétaire du tout lorsqu'il est différent de celui des choses agrégées. *Les Institutes* de Justinien discutent abondamment des quatre types d'accession possibles : de meuble à meuble (le peintre disposant sa matière sur la toile), de meuble à immeuble (le maçon incorporant des briques afin d'ajouter une pièce à un pavillon ou afin de construire un immeuble sur terrain nu), d'immeuble à meuble (le commerçant achetant les murs de son exploitation afin de l'inclure dans son fonds de commerce) et d'immeuble à immeuble (par l'effet de forts courants d'eau, un morceau de terrain est arraché à un fonds pour être agrégé à un autre fonds) ;

– d'autre part, la théorie de l'accessoire, traduction moderne de l'adage romain *Accessorium sequitur principale* (L'accessoire suit le principal). Le principe signifie qu'un bien, considéré comme l'accessoire d'un autre bien, va suivre le même sort juridique que le premier. En matière de fonds de commerce, le commerçant est parfois conduit à développer une activité accessoire. C'est le cas du pharmacien qui crée, au sein du magasin ou dans un local voisin, une officine de parapharmacie. La jurisprudence a considéré que cette activité était l'accessoire de l'activité de pharmacie. Cette qualification a de nombreuses conséquences : si la pharmacie est un bien propre de la femme commune en biens, la parapharmacie le sera également ; la pharmacienne n'a pas à solliciter l'autorisation du propriétaire des murs abritant le fonds de commerce afin de procéder à cette extension d'activité, qualifiée « d'annexe » (et non de « connexe »). Le droit des baux commerciaux fait le départ entre les activités connexes, qui ne nécessitent pas l'autorisation du bailleur, et les activités annexes qui, elles, requièrent cette autorisation.

La jurisprudence a parfois quelque difficulté à distinguer la technique de l'accession de la théorie de l'accessoire. L'article 1406, alinéa 1er, du Code civil fait référence à la théorie de l'accessoire :

« Forment des propres, sauf récompense s'il y a lieu, les biens acquis à titre d'accessoires d'un bien propre ainsi que les valeurs nouvelles et autres accroissements se rattachant à des valeurs mobilières propres ».

Lorsque l'un des époux construit sur un terrain lui appartenant en propre, il s'agit d'une accession de meuble à immeuble, en incorporant des briques au fonds. Pourtant, les arrêts de principe en la matière ont préféré se fonder sur la théorie de l'accessoire : « Est propre l'immeuble construit par un époux sur un terrain propre, l'immeuble étant l'accessoire de ce terrain » (CA Rouen, 9 juill. 1971 : *D.* 1971, somm. p. 202. – Cass. 1re civ., 6 juill. 1982 : *Bull. civ.* 1982, I, n° 249. – Cass. 1re civ., 6 juin 1990 : *Bull. civ.* 1990, I, n° 134 ; *JCP* G 1991, II, 21652, 1re esp., note Pillebout ; *Defrénois* 1991, p. 862, 1re esp., obs. Champenois).

D'autres articles du Code civil traduisent cette accession, notamment en matière :

– hypothécaire : C. civ., art. 2397 – « Sont seuls susceptibles d'hypothèques :

1° Les biens immobiliers qui sont dans le commerce, et leurs accessoires réputés immeubles ;

2° L'usufruit des mêmes biens et accessoires pendant le temps de sa durée.

L'hypothèque s'étend aux améliorations qui surviennent à l'immeuble ».

– de gage : C. civ., art. 2345 – « Sauf convention contraire, lorsque le détenteur du bien gagé est le créancier de la dette garantie, il perçoit les fruits de ce bien et les impute sur les intérêts ou, à défaut, sur le capital de la dette ».

– de nantissement : C. civ., art. 2359 – « Le nantissement s'étend aux accessoires de la créance à moins que les parties n'en conviennent autrement ».

37. – Biens existants et biens nouveaux. Le patrimoine ne peut être simplement conçu de manière statique : des biens en sortent et d'autres y entrent (ou y rentrent). La technique de la subrogation réelle permet de prendre en compte cette réalité. Encore faut-il qu'un bien en remplace un autre, en lui empruntant ses qualités (C. civ., art. 855, al. 2). Ainsi en matière d'assurances de dommages, l'indemnité due est-elle subrogée à la chose assurée au profit des créanciers privilégiés et hypothécaires (C. assur., art. L. 121-13). Ce mécanisme permet surtout, lorsque ces modifications de patrimoine sont la base de calculs de récompense ou des rapports de donations, de prendre en compte l'érosion monétaire et l'évolution future du bien.

V. également s'agissant de biens fongibles :

– *C. civ., art. 2341* : « Lorsque le gage avec dépossession a pour objet des choses fongibles, le créancier doit les tenir séparées des choses de même nature qui lui appartiennent. À défaut, le constituant peut se prévaloir des dispositions du premier alinéa de l'article 2344.

Si la convention dispense le créancier de cette obligation, il acquiert la propriété des choses gagées à charge de restituer la même quantité de choses équivalentes ».

– *C. civ., art. 2342* : « Lorsque le gage sans dépossession a pour objet des choses fongibles, le constituant peut les aliéner si la convention le prévoit à charge de les remplacer par la même quantité de choses équivalentes ».

En cas de CRP :

– *C. civ., art. 2369* : « La propriété réservée d'un bien fongible peut s'exercer, à concurrence de la créance restant due, sur des biens de même nature et de même qualité détenus par le débiteur ou pour son compte ».

38. – Biens dans le patrimoine mais connaissant un statut particulier. Un certain nombre de biens peuvent être considérés comme faisant partie du patrimoine, en bénéficiant d'un statut particulier :

– *Biens hors du commerce* : selon l'ancien article 1128 du Code civil, « il n'y a que les choses qui sont dans le commerce qui puissent être l'objet des conventions » (V. G. Loiseau, *Typologie des biens hors commerce* : *RTD civ.* 2000, p. 47). La nouvelle rédaction du Code civil, qui ne parle plus d'objet mais de « contenu » du contrat est moins explicite :

– *Art. 1162* : « Le contrat ne peut déroger à l'ordre public ni par ses stipulations, ni par son but, que ce dernier ait été connu ou non par toutes les parties ».

– *Art. 1163, al. 1er et 2* : « L'obligation a pour objet une prestation présente ou future.

Celle-ci doit être possible et déterminée ou déterminable ».

Les clientèles civiles ont longtemps été considérées comme des choses hors du commerce, donc non susceptibles de cession ; aussi, les parties avaient-elles recours à un contrat portant sur un droit de présentation : cette conception a aujourd'hui changé et l'interdiction est levée (V. tome I de cet ouvrage, *Contrat et quasi-contrat*). En droit des personnes, le corps humain est classé comme un bien hors commerce et le principe avait été rappelé avec force à l'occasion de l'annulation des conventions de mère porteuse (Cass. ass. plén., 31 mai 1991 : *Bull. civ.* 1991, ass. plén., n° 4 ; *D.* 1991, p. 417, rapp.

Chartier, note Thouvenin ; *JCP* G 1991, II, 21752, comm. J. Bernard, concl. Downtenwille, note Terré; *RTD civ.* 1991, p. 517, obs. Huet-Weiller; *Defrénois* 1991, p. 948, obs. Massip). Jusqu'au 19 mars 2014, la Cour de cassation refusait la transcription de l'acte de naissance d'un enfant né à l'étranger sur les registres de l'état civil français dès lors que les éléments réunis par le ministère public établissaient l'existence d'une convention de gestation pour le compte d'autrui, caractérisant ainsi un processus frauduleux dont la naissance de l'enfant était l'aboutissement (Cass. 1re civ., 19 mars 2014, n° 13.50.005). Cette position a valu à l'État français d'être condamné par la Cour européenne des droits de l'homme au motif qu'en empêchant totalement l'établissement du lien de filiation entre les enfants nés d'une gestation pour autrui réalisée à l'étranger et leur père biologique, elle portait atteinte à l'identité des enfants au sein de la société française et allait au-delà de ce que permet l'ample marge d'appréciation que la Cour européenne reconnaît aux États dans leurs décisions relatives à la gestation pour autrui (CEDH, 26 juin 2014, n° 65192/11, *Mennesson c/ France* et CEDH, 26 juin 2014, n° 65941/11, *Labassée c/ France* : *JDI* 2014, comm. 16, J. Guillaumé ; *JCP* G 2014, 877, A. Gouttenoire ; *Dr. famille* 2014, comm. 128, C. Neirinck). Se pliant à l'autorité supérieure de la Cour européenne des droits de l'homme, la Cour de cassation a en conséquence modifié sa jurisprudence en autorisant la transcription de l'acte lorsque celui-ci n'est ni irrégulier ni falsifié et que les faits qui y sont déclarés correspondent à la réalité (Cass. ass. plén., 3 juill. 2015, n° 15-50.002 : *JurisData* n° 2015-015881. – Cass. ass. plén., 3 juill. 2015, n° 14-21.323 : *JurisData* n° 2015-015879 ; *JCP* G 2015, 1614, A. Gouttenoire). L'évolution de la Cour de cassation porte sur le changement de motif : le corps humain demeure un objet interdit de l'obligation ; seule la gestation pour autrui n'est plus taboue lorsqu'elle est pratiquée à l'étranger.

Cette solution était connue depuis une autre décision ayant interdit l'exécution forcée d'une convention portant sur un tatouage présent sur le corps de l'un des contractants (TGI Paris, 3 juin 1969 : *D.* 1970, p. 136, note J. P. ; *Gaz. Pal.* 1969, 2, p. 57) ; ces décisions sont fondées juridiquement sur l'article 16 du Code civil.

– *Biens indisponibles* : comme leur nom l'indique, ces biens, quoique faisant partie du patrimoine, ne sont pas susceptibles d'un acte de disposition. Des souvenirs de famille, quelle que soit leur nature, sont indisponibles, leur valeur vénale ne pouvant leur faire perdre cette qualité (Cass. 2e civ., 29 mars 1995 : *Bull. civ.* 1995, II, n° 115 ; *D.* 1995, somm. p. 330, obs. Grimaldi ; *JCP* G 1995, II, 22477, note Hovasse-Banget ; *RTD civ.* 1996, p. 420, obs. Zenati). La récompense éventuellement due par un époux, ne pouvant être déterminée qu'après dissolution de la communauté et entrant dans un compte unique et indivisible, est indisponible et insaisissable (Cass. 1re civ., 18 déc. 1990 : *Defrénois* 1991, p. 1171, note X. Savatier ; *RTD civ.* 1991, p. 786, obs. Lucet et Vareille). Le droit de la construction prévoit également que les fonds versés par l'acquéreur sont indisponibles, tant en matière de location-accession (L. n° 84-595, 12 juill. 1984, art. 3) qu'en matière de vente à terme (CCH, art. L. 261-12). Le principe de la saisie pratiquée est de rendre les biens formant l'objet de la saisie indisponibles (CPC ex., art. L. 111-9).

De même, certains biens du patrimoine ne peuvent être aliénés ou offerts en garantie, du fait qu'ils sont affectés à une opération particulière. Dans le domaine des régimes matrimoniaux, ce fut le sort des biens dotaux, mis à la disposition du mari mais dont celui-ci ne pouvait disposer. Le bien affecté d'une clause d'inaliénabilité ne peut faire l'objet d'une saisie tant que cette clause est en vigueur (en dernier lieu : Cass. 1re civ., 8 févr. 2000 : *Bull. civ.* 2000, I, n° 43 ; *D.* 2000, inf. rap. p. 74 ; *RJPF* juin 2000, p. 23, note Delmas-Saint-Hilaire ; *RTD civ.* 2000, p. 383, obs. Patarin).

– *Biens inaliénables* : la notion d'inaliénabilité est plus précise que celle d'indisponibilité, même si les deux notions se recoupent très largement. L'article 900-1 du Code civil encadre l'inaliénabilité conventionnelle et ses dispositions s'appliquent aux clauses d'inaliénabilité stipulées dans les actes à titre gratuit, mais aussi dans les actes à titre onéreux. Le bien affecté d'une clause d'inaliénabilité ne peut faire l'objet d'une saisie : il est donc insaisissable, du moins tant que la clause est en vigueur. La question de savoir si un créancier pouvait demander la levée de l'inaliénabilité frappant le bien de son débiteur s'est posée : elle a été résolue par la négative (Cass. 1re civ., 3 juin 1988 : *Bull. civ.* 1988, I, n° 192).

– *Biens personnels : la distinction du titre et de la finance.*

Le particularisme de certains biens ne les fait pas échapper à la règle commune. Le caractère personnel de « l'autorisation de stationnement » (nom officiel de la licence de taxi), délivrée par l'administration pour l'exercice de la profession de taxi, n'a pas pour effet d'exclure de la communauté la valeur patrimoniale de la faculté de présenter un successeur qui y est attachée (Cass. 1re civ., 16 avr. 2008, n° 07-16.105 : *D.* 2008, 2264, note Douville). De manière plus générale, il est distingué, dans les régimes de communauté, le titre – attaché à la personne – et la finance, autrement dit la valeur patrimoniale du bien. Cette distinction classique du titre et de la finance a été d'abord appliquée aux parts sociales (qui, à la différence des actions, sont liées à la personne de leur propriétaire), puis aux charges (notaires, huissiers) ou aux professions libérales (par exemple, la clientèle des avocats).

Ainsi, le titre d'avocat demeure la propriété de celui qui remplit les conditions pour exercer cette profession. En revanche, dans le régime de communauté légale, l'époux qui s'installe en tant qu'avocat pendant son mariage voit la valeur patrimoniale de sa clientèle être considérée comme un bien commun. S'il était déjà installé au jour de son mariage, la clientèle demeure un bien propre… Se pose alors la difficile question des accroissements de cette clientèle et de l'application de la théorie de l'accession ou de celle de l'accessoire (V. A. Colomer, *Les époux et les régimes matrimoniaux*, t. 1, *Le fonds de commerce et le régime matrimonial*, Defrénois, 1979).

– *Ouvertures de crédit* : la question de savoir si une ouverture de crédit fait partie du patrimoine du débiteur a été posée. S'agissant d'une promesse de créance, la Cour de cassation et la majorité de la doctrine ont répondu négativement à la possibilité d'une saisie d'une ouverture de crédit, seul le solde disponible pouvant être appréhendé : l'ouverture de crédit en compte courant, à concurrence de sa partie non utilisée, ne constitue qu'une promesse de prêt à une personne dénommée. Il s'ensuit que la fraction inutilisée de l'ouverture de crédit n'est pas saisissable (Cass. 2e civ., 18 nov. 2004 : *Bull. civ.* 2004, II, n° 501). Toutefois, le débat a été relancé (O. Cuperlier, *Réflexions critiques sur l'insaisissabilité d'une ouverture de crédit* : *RTD civ.* 2007, 485. – H. François-Marsal, *Peut-on saisir des ouvertures de crédit ?* : *Rev. Lamy dr. aff.* 2008, 1700). Il faut constater que les termes du débat ont été renouvelés depuis l'ordonnance n° 2006-346 du 23 mars 2006 réformant les sûretés, qui a permis le nantissement des créances futures.

C. civ., art. 2356, *al.* 3 : « Si elles sont futures, l'acte doit permettre leur individualisation ou contenir des éléments permettant celle-ci tels que l'indication du débiteur, le lieu de paiement, le montant des créances ou leur évaluation et, s'il y a lieu, leur échéance ».

Admettre la saisie des ouvertures de crédit reviendrait à remettre en cause le principe de droit bancaire selon lequel seuls les soldes sont saisissables.

39. – Théorie du patrimoine d'affectation. Traditionnellement, la théorie française de l'unicité du patrimoine d'une personne devrait interdire à celle-ci d'affecter des biens à une opération ou à une entreprise particulière. Toutefois, la loi et la jurisprudence ont cédé à la tentation du patrimoine d'affectation, d'inspiration allemande.

La théorie du fonds de commerce, défini comme un meuble incorporel composé de différents meubles, corporels ou incorporels, destinés à l'exploitation d'un commerce, est une ancienne illustration du patrimoine d'affection. Permettre une EURL, entreprise unipersonnelle à responsabilité limitée, est, d'une certaine manière, une consécration légale du patrimoine d'affectation, même si la société dûment constituée a elle-même son propre patrimoine (C. com., art. L. 223-1 et s.).

La création d'une société par un individu respecte en apparence le principe de l'unité du patrimoine ; en réalité, la technique sociétaire permet à une personne de séparer son patrimoine selon ses activités, et ce d'autant plus que la création d'une société est simplifiée (cf. M. Mekki, *Le patrimoine aujourd'hui* : *JCP* G 2011, chron. p. 2256).

Le point de départ fut la création de l'EURL par la loi n° 85-697 (C. com., art. L. 223-1). Il y eut ensuite l'entreprise agricole unipersonnelle (EARL – C. rur. pêche marit., art. L. 324-1), la société par actions simplifiée unipersonnelle ou SASU (L. n° 99-587, 12 juill. 1999). V. sur l'EIRL *infra*, n° 46.

40. – Droit maritime. En droit maritime, la limitation de responsabilité de l'armateur (un temps en nature, aujourd'hui en valeur) est, dans une certaine mesure, une illustration du patrimoine d'affectation :

Loi n° 67-5 du 3 janvier 1967, intégrée au Code des transports :

« *Art. 58/L. 5121-3.* – Les personnes mentionnées à l'article L. 5121-2 peuvent limiter leur responsabilité envers des cocontractants ou des tiers, même s'il s'agit de l'État, si les dommages se sont produits à bord du navire ou s'ils sont en relation directe avec la navigation ou l'utilisation du navire. Les dommages causés par un engin flottant de surface ou sous-marin, à bord duquel aucune personne n'est embarquée, commandé à partir d'un navire, sont réputés être en relation directe avec la navigation ou l'utilisation du navire si l'engin a été embarqué sur le navire ou remorqué par celui-ci.

Les personnes mentionnées au même article L. 5121-2 peuvent, dans les mêmes conditions, limiter leur responsabilité pour les mesures prises afin de prévenir ou de réduire les dommages mentionnés au premier alinéa, ou pour les dommages causés par ces mesures.

Toutefois, elles ne sont pas en droit de limiter leur responsabilité s'il est prouvé que le dommage résulte de leur fait ou de leur omission personnels et qu'il a été commis avec l'intention de provoquer un tel dommage ou commis témérairement et avec conscience qu'un tel dommage en résulterait probablement.

L'assureur qui couvre la responsabilité des personnes mentionnées à l'article L. 5121-2 à l'égard des créances soumises à limitation est en droit de se prévaloir de celle-ci dans la même mesure que l'assuré lui-même ».

« *Art. 60/L. 5121-4.* – La limitation de responsabilité n'est pas opposable :

1° Aux créances d'indemnité d'assistance, de sauvetage, ou de contribution en avarie commune ;

2° Aux créances du capitaine et des autres membres de l'équipage nées de l'embarquement ;

3° Aux créances de toute autre personne employée à bord en vertu d'un contrat de travail ;

4° Aux créances de l'État ou de toute autre personne morale de droit public qui aurait, au lieu et place du propriétaire, renfloué, enlevé, détruit ou rendu inoffensif un navire coulé, naufragé, échoué ou abandonné, y compris tout ce qui se trouve ou s'est trouvé à bord ».

« *Art. 61/L. 5121-5.* – Les limites de la responsabilité prévues à l'article L. 5121-3 sont celles établies par la convention de 1976 sur la limitation de la responsabilité en matière de créances maritimes, faite à Londres le 19 novembre 1976, modifiée.

Toutefois, les limites de la responsabilité du propriétaire du navire dont la jauge est inférieure ou égale à 300 sont égales à la moitié de celles fixées par les dispositions de l'article 6 de la convention, pour les navires dont la jauge est inférieure ou égale à 2 000 ».

« *Art. 69/L. 5121-2.* – Les dispositions du présent chapitre s'appliquent à l'affréteur, à l'armateur, à l'armateur-gérant ainsi qu'au capitaine ou à leurs autres préposés terrestres ou nautiques agissant dans l'exercice de leurs fonctions, de la même manière qu'au propriétaire lui-même.

Elles peuvent être invoquées par le capitaine et les autres membres de l'équipage, même lorsqu'ils ont commis une faute personnelle.

Si le propriétaire du navire, l'affréteur, l'armateur ou l'armateur-gérant est le capitaine ou un membre de l'équipage, les dispositions de l'alinéa précédent ne s'appliquent qu'aux fautes qu'il a commises dans l'exercice de ses fonctions de capitaine ou de membre de l'équipage ».

Autrement dit, puisque la limitation de responsabilité se calcule d'après la capacité du navire, l'armateur ne répond de ses dettes indemnitaires que sur la valeur des biens qu'il engage dans son aventure maritime.

41. – Biens professionnels. Toutefois, le patrimoine n'est pas pour autant désincarné : ainsi l'EURL a-t-elle la personnalité morale et c'est elle qui est titulaire du patrimoine.

En droit civil, le sort des biens professionnels est proche. En matière de cautionnement, à l'occasion de tout concours financier qu'il envisage de consentir à un entrepreneur individuel pour les besoins de son activité professionnelle, l'établissement de crédit, qui a l'intention de demander une sûreté réelle sur un bien non nécessaire à l'exploitation ou une sûreté personnelle consentie par une personne physique, doit informer par écrit l'entrepreneur de la possibilité qui lui est offerte de proposer une garantie sur **les biens nécessaires à l'exploitation** de l'entreprise et indique, compte tenu du montant du concours financier sollicité, le montant de la garantie qu'il souhaite obtenir (C. monét. fin., art. L. 313-21).

Cette notion a été également admise en matière fiscale : une personne qui exploitait un commerce en son nom personnel avait placé sur son compte bancaire personnel en 1990, 1991 et 1992 des sommes provenant de la trésorerie de son exploitation, puis avait compris de 1991 à 1993 ces placements dans l'assiette de son patrimoine soumis à l'impôt de solidarité sur la fortune, mais les avait placés au passif, au titre de dettes envers le fonds de commerce ; or, les liquidités provenant de l'exploitation d'un commerce à titre personnel ne perdent pas leur caractère de biens professionnels par le simple fait qu'elles sont placées en cours d'exercice, dès lors qu'elles restent utilisées pour les besoins de l'exploitation. En l'espèce, les fonds ont été appréhendés par le contribuable en vue de placements à caractère privé (Cass. com., 3 juin 1998 : *Bull. civ.* 1998, IV, n° 176).

Le régime des biens professionnels en matière d'impôt de solidarité sur la fortune ne prévoit pas une dérogation aux règles du droit civil sur l'unicité du patrimoine (Cass. com., 3 juin 1998, préc.).

42. – Insaisissabilité de la résidence principale. La loi du 1er août 2003, dite loi Borloo, a créé un régime spécifique pour la résidence principale à l'article L. 526-1 du Code de commerce.

La loi de modernisation de l'économie dite LME du 4 août 2008 a élargi la protection du patrimoine du débiteur en étendant l'insaisissabilité à tous les biens fonciers bâtis et non bâtis non affectés à un usage professionnel :

« Par dérogation aux articles 2284 et 2285 du Code civil, les droits d'une personne physique immatriculée à un registre de publicité légale à caractère professionnel ou exerçant une activité professionnelle agricole ou indépendante sur l'immeuble où est fixée sa résidence principale sont de droit insaisissables par les créanciers dont les droits naissent à l'occasion de l'activité professionnelle de la personne. Lorsque la résidence principale est utilisée en partie pour un usage professionnel, la partie non utilisée pour un usage professionnel est de droit insaisissable, sans qu'un état descriptif de division soit nécessaire. La domiciliation de la personne dans son local d'habitation en application de l'article L. 123-10 du présent code ne fait pas obstacle à ce que ce local soit de droit insaisissable, sans qu'un état descriptif de division soit nécessaire.

Par dérogation aux articles 2284 et 2285 du Code civil, une personne physique immatriculée à un registre de publicité légale à caractère professionnel ou exerçant une activité professionnelle agricole ou indépendante peut déclarer insaisissables ses droits sur tout bien foncier, bâti ou non bâti, qu'elle n'a pas affecté à son usage professionnel. Cette déclaration, publiée au fichier immobilier ou, dans les départements du Bas-Rhin, du Haut-Rhin et de la Moselle, au livre foncier, n'a d'effet qu'à l'égard des créanciers dont les droits naissent, après sa publication, à l'occasion de l'activité professionnelle du déclarant. Lorsque le bien foncier n'est pas utilisé en totalité pour un usage professionnel, la partie non affectée à un usage professionnel ne peut faire l'objet de la déclaration qu'à la condition d'être désignée dans un état descriptif de division.

L'insaisissabilité mentionnée aux deux premiers alinéas du présent article n'est pas opposable à l'administration fiscale lorsque celle-ci relève, à l'encontre de la personne, soit des manœuvres frauduleuses, soit l'inobservation grave et répétée de ses obligations fiscales, au sens de l'article 1729 du Code général des impôts » (C. com., art. L. 526-1).

Cette possibilité est offerte à tous les entrepreneurs en nom propre, commerçants et artisans, les agents commerciaux, les professionnels libéraux et les agriculteurs. Il s'agit de permettre à ceux qui n'ont pas choisi la forme d'une société de limiter leur responsabilité financière. Cette déclaration d'insaisissabilité ne concerne que les « créances professionnelles », nées à l'occasion de l'activité professionnelle. Elle rend insaisissable toute forme de droits immobiliers.

En la forme, la déclaration est reçue par un notaire à peine de nullité et doit être publiée au service chargé de la publicité foncière.

La déclaration peut, à tout moment, faire l'objet d'une renonciation par acte notarié. La loi LME permet de procéder à une renonciation partielle de l'insaisissabilité au bénéfice de l'un ou de plusieurs des créanciers, à la condition que la créance est née à l'occasion de l'activité professionnelle du chef d'entreprise. L'insaisissabilité avait eu pour effet de limiter le crédit du commerçant; cette renonciation partielle lui permettra d'en retrouver.

Les effets de la déclaration se poursuivent après la dissolution du régime matrimonial. En revanche, le décès du déclarant emporte révocation de la déclaration ; toutefois, par souci de protection du conjoint survivant, la prise d'effet de cette révocation aura lieu à la date du décès de ce dernier. Il convient d'observer que le bénéfice de cette disposition est réservé aux époux et n'est pas étendu aux partenaires d'un PACS.

De plus, l'article L. 526-1 du Code de commerce, d'interprétation stricte, interdit la saisie du bien objet de la déclaration d'insaisissabilité, mais non l'inscription d'une hypothèque judiciaire à titre conservatoire sur ce bien (Cass. com., 11 juin 2014, n° 13-13.643).

43. – Biens indivis. La pratique de l'indivision démontre la distinction entre deux catégories de créanciers :

– *les créanciers de l'indivision et les créanciers antérieurs* : les créanciers qui auraient pu agir sur les biens indivis avant qu'il y eût indivision, et ceux dont la créance résulte de la conservation ou de la gestion des biens indivis, seront payés par prélèvement sur l'actif avant le partage. Ils peuvent, en outre, poursuivre la saisie et la vente des biens indivis (C. civ., art. 815-17) ;

– *les créanciers de l'indivision et les créanciers personnels d'un indivisaire* : ces derniers ne peuvent saisir sa part dans les biens indivis, meubles ou immeubles. Ils ont simplement la faculté de provoquer le partage au nom de leur débiteur ou d'intervenir dans le partage provoqué par lui. Les coïndivisaires peuvent arrêter le cours de l'action en partage en acquittant l'obligation au nom et en l'acquit du débiteur. Ceux qui exerceront cette faculté se rembourseront par prélèvement sur les biens indivis.

44. – Régimes matrimoniaux. En vertu de l'article 1415 du Code civil :

« Chacun des époux ne peut engager que ses biens propres et ses revenus, par un cautionnement ou un emprunt, à moins que ceux-ci n'aient été contractés avec le consentement exprès de l'autre conjoint qui, dans ce cas, n'engage pas ses biens propres ».

Cela a pour conséquence, pour les créanciers, que le défaut de consentement du conjoint interdit de garantir ou d'exécuter la créance sur des biens communs. À défaut de consentement exprès du conjoint à l'engagement de caution pris par un époux, le créancier ne peut être judiciairement autorisé à prendre inscription d'hypothèque sur un immeuble commun. La règle a été rappelée par la jurisprudence, tant pour l'inscription provisoire que pour l'inscription définitive (Cass. 1re civ., 18 nov. 1992 : *Bull. civ.* 1992, I, n° 280. – Cass. 1re civ., 29 mai 1996 : *Bull. civ.* 1996, I, n° 220 ; *JCP* G 1996, I, 3962, n° 12, obs. Simler ; *Defrénois* 1996, p. 1083, obs. Champenois. – Cass. 1re civ., 15 mai 2002 : *Bull. civ.* 2002, I, n° 128 ; *Defrénois* 2002, p. 1322, obs. Champenois. – Cass. 1re civ., 11 mars 2003 : *Bull. civ.* 2003, I, n° 66 ; *JCP* G 2003, I, 158, n° 9, obs. Simler ; *Defrénois* 2003, p. 994, obs. Champenois).

V. cependant l'article 1422 du Code civil dans la rédaction de l'ordonnance n° 2006-346 du 23 mars 2006 :

« Les époux ne peuvent, l'un sans l'autre, disposer entre vifs, à titre gratuit, des biens de la communauté.

Ils ne peuvent non plus, l'un sans l'autre, affecter l'un de ces biens à la garantie de la dette d'un tiers ».

45. – Fiducie. La loi n° 2007-211 du 19 février 2007 a institué la fiducie. La loi n° 2008-776 du 4 août 2008 dite LME a apporté plusieurs améliorations afin de favoriser le recours à cette nouvelle institution.

Cette opération est définie (C. civ., art. 2011) comme « l'opération par laquelle un ou plusieurs constituants transfèrent des biens, des droits ou des sûretés, ou un ensemble de biens, de droits ou de sûretés, présents ou futurs, à un ou plusieurs fiduciaires qui, les tenant séparés de leur patrimoine propre, agissent dans un but déterminé au profit d'un ou plusieurs bénéficiaires ». Cette proposition permet donc à une personne de transférer, par contrat, la propriété de tout type de biens ou de droits à un fiduciaire et d'en fixer la destination dans la plus grande liberté contractuelle possible.

En précisant que la fiducie trouve sa source principalement dans le contrat, la loi la soumet au droit général des obligations, nouvelle preuve de son enracinement dans notre tradition juridique.

Le droit français ne connaissait pas d'institution inspirée du « trust » anglo-saxon qui permet à une personne – le *cestui que trust* – de transférer des biens à une autre – le *trustee* – qui aura pour mission de les gérer dans l'intérêt de bénéficiaires. Le trust, utilisé depuis le Moyen Âge en Angleterre, connaît aujourd'hui un essor remarquable dans de nombreux pays, non seulement auprès de ceux relevant de la sphère anglo-américaine (USA, Canada, Australie), mais aussi auprès de pays de tradition romano-germanique tels que l'Allemagne, la Suisse, le Luxembourg, la province du Québec ou encore l'Italie. La France ne pouvait pas demeurer en retrait. L'ouverture des frontières et l'internationalisation des échanges rendent indispensable la création d'un outil comparable afin de permettre aux investisseurs familiers du trust anglo-saxon de se sentir en confiance avec le droit français, souvent trop mal connu de nos partenaires internationaux. De plus, les entreprises françaises avaient souvent recours à des trusts étrangers faute de pouvoir disposer d'un instrument adapté en droit interne ; cela générait une délocalisation des opérations financières hors de nos frontières.

La fiducie française s'inspire davantage de la *fiducia* de droit romain que du trust anglo-saxon. La *fiducia* y existait sous deux formes : la première, qui consistait à transférer en pleine propriété à un tiers de confiance des biens qu'il devait gérer ; dans la seconde, le débiteur transférait, en garantie à son créancier, la propriété d'un bien qui lui était restituée après apurement de sa dette.

La fiducie est la consécration de la notion de patrimoine d'affectation. Les biens remis en fiducie formeront un patrimoine autonome, qui ne sera plus celui du constituant mais qui ne s'intégrera pas non plus à celui du fiduciaire. Les procédures collectives qui pourraient être ouvertes au bénéfice du constituant ou du fiduciaire n'affecteront pas les biens remis en fiducie.

La fiducie pourra servir de sûreté pour garantir l'exécution d'une obligation avec toute l'efficacité que confère la propriété. C'est la « fiducie sûreté » qui est ici consacrée. Elle pourra également être utilisée pour confier la gestion de biens ou de certaines activités d'une entreprise à un tiers de confiance. C'est la « fiducie gestion » qui est ici envisagée.

La loi LME du 4 août 2008 a ouvert le champ d'application de la fiducie aux personnes physiques, par abrogation de l'article 2014 du Code civil. L'intérêt pratique de la fiducie semble avoir convaincu les pouvoirs publics qui ont compris qu'il n'y a pas de gros risques, ni de blanchiment, ni d'évasion fiscale tant que la fiducie-libéralité est exclue et que la neutralité fiscale domine, traitant la fiducie essentiellement comme une opération intercalaire entre le constituant et le bénéficiaire. De plus, l'article 2015 du Code civil réserve aux établissements de crédit (mentionnés au I de l'article L. 511-1 du Code monétaire et financier), les institutions et services (énumérés à l'article L. 518-1 du même code), les entreprises d'investissement (mentionnées à l'article L. 531-4 du même code), les sociétés de gestion de portefeuille ainsi que les entreprises d'assurance régies par l'article L. 310-1 du Code des assurances.

Les membres de la profession d'avocat peuvent également avoir la qualité de fiduciaire ; les conditions de l'exercice de cette profession ont été précisées par le décret n° 2009-1627 du 23 décembre 2009 relatif à l'exercice de la fiducie par les avocats.

La fiducie pourra trouver une application dans la gestion du patrimoine des personnes vulnérables : personnes handicapées, malades, ou personnes âgées, toujours plus nombreuses en raison de l'augmentation de l'espérance de vie. La loi LME pose des règles strictes afin d'assurer la protection du patrimoine de ces personnes vulnérables (C. civ., art. 2022, al. 2). Les biens et droits des mineurs ne peuvent être transférés dans un patrimoine fiduciaire (C. civ., art. 408-1). Les biens de la communauté ne peuvent être affectés qu'avec l'accord des deux époux (C. civ., art. 1424).

La loi LME introduit une certaine souplesse dans les techniques de remplacement du fiduciaire (C. civ., art. 2027 et 2029). La durée du contrat passe de trente-trois à quatre-vingt-dix-neuf ans.

46. – EIRL. Le statut d'entrepreneur individuel à responsabilité limitée a été instauré par la loi du 15 juin 2010 dont l'adoption a été rapide. L'essentiel des dispositions juridiques régissant l'EIRL figure dans les articles L. 526-6 à L. 526-21 du Code de commerce qui font partie de la section II (*De l'entrepreneur individuel à responsabilité limitée*) du chapitre VI (*De la protection de l'entrepreneur individuel et de son conjoint*) du titre II (*Des garanties*) du livre V (*Des effets de commerce et des garanties*) du Code de commerce.

L'instauration de l'EIRL est due à l'absence de succès de l'EURL. Celle-ci ne représentait que 6 % des entreprises en 2008 et seulement 4 % au premier semestre 2009, tandis que les entreprises individuelles illustraient plus de 74 % des créations d'entreprises. Les chiffres révèlent qu'en 2009, il existait en France 1,4 million d'entreprises en nom propre (360 000 artisans et 1 076 000 commerçants) et 1,5 million d'entreprises sociétaires (1,1 million de SARL et 70 000 SA). En 2011, le nouveau statut de l'EIRL a été choisi par 4 520 créateurs, soit moins de 1,5 % de nouveaux entrepreneurs individuels. Trois EIRL sur dix ont choisi le régime de l'auto-entrepreneur et cinq créateurs sont mineurs.

Le principal avantage de cette institution est de donner la possibilité à l'entrepreneur de soustraire son patrimoine personnel au gage de ses créanciers professionnels et d'opter pour l'impôt sur les sociétés, sans création d'une personne morale. La loi du 15 juin 2010 comportait d'ailleurs un volet fiscal assez simple qui consiste essentiellement à assimiler l'EIRL à une EURL, permettant ainsi l'option pour l'impôt sur les sociétés, ce qui devrait faciliter les conversions d'EURL en EIRL et réciproquement. Les EIRL créées depuis le 30 juillet 2011, date d'entrée de la loi de finances rectificative pour 2011, ne sont plus assimilées à des EURL et ne sont même plus des personnes morales distinctes de celle de l'entrepreneur individuel ; toutefois les EIRL créées antérieurement demeurent assimilées à des EURL.

Le mécanisme a été récemment amélioré par la loi de juillet 2015 sur la croissance, l'activité et l'égalité des chances économiques (loi Macron).

JURISPRUDENCE
Arrêt n° 1
Cass. 1re civ., 15 févr. 1972 : *Bull. civ.* 1972, I, n° 50

« *Sur le premier moyen, pris en ses cinq branches* :

Attendu que selon les énonciations des juges du fond les consorts Atard se sont, par acte du 25 juin 1962, constitués cautions solidaires au profit de la Compagnie algérienne de crédit et de banque (devenue Compagnie française de crédit et de banque), pour garantir jusqu'à concurrence de 3 300 000 F le remboursement de toutes sommes dues ou à devoir, pour quelque cause que ce soit par la Société à responsabilité limitée Atard Frères et Compagnie ayant son siège à Philippeville (Algérie) ; qu'aux termes d'un échange de lettres, portant la même date que ledit acte, il était stipulé, d'une part, que la Compagnie algérienne ne pourrait rechercher les consorts Atard que sur leurs biens sis en Algérie dont la désignation était précisée à l'exclusion de leurs biens sis en France et ce "par dérogation expresse aux prescriptions de l'article 2092 du Code civil" et d'autre part, que les consorts Atard ne pouvaient "disposer de tout ou partie de ce patrimoine algérien ou le grever d'un privilège, d'une hypothèque ou d'une garantie sans l'accord exprès et par écrit de la compagnie" ; que la Société à responsabilité Atard ayant souscrit les 1er et 30 avril 1963 à l'ordre de la Compagnie algérienne deux billets qui ne furent pas réglés à l'échéance, la CFCB a demandé la condamnation solidaire des cautions au paiement du solde dû, soit la contre-valeur en francs de 516 341 dinars algériens et en outre que soit déclarée caduque la clause du contrat de cautionnement limitant le droit de poursuites de la banque aux seuls immeubles sis en Algérie en raison de la vente par les consorts Atard de certains de ces immeubles sans information ni accord préalable de la CFCB ;

Attendu que le pourvoi fait grief à l'arrêt attaqué d'avoir annulé cette clause alors, d'une part, que la CFCB n'ayant pas demandé cette annulation, la cour d'appel aurait d'office substitué une cause et un objet différent à la demande, en violation du contrat judiciaire formé entre les parties, alors, d'autre part, que le contrat de cautionnement n'étant pas un contrat synallagmatique, les juges du second degré auraient faussement appliqué la notion de cause en considérant qu'il y avait eu obligations réciproques de la banque et des consorts Atard et que la violation de l'une de ces obligations devait entraîner l'annulation de la convention ; qu'il est aussi soutenu qu'à supposer que les consorts Atard n'aient pas respecté une clause de leur engagement, cette violation ne pourrait entraîner l'annulation de celui-ci pour absence de cause, la cause d'un contrat devant exister au moment où celui-ci prend naissance et non lors de son exécution, qu'il est, prétendu encore que, le cautionnement pouvant être contracté soit pour une partie de la dette seulement, soit sous des conditions moins onéreuses que le contrat principal, la cour d'appel ne pouvait d'office modifier les stipulations restreignant le droit de poursuite de la banque ; qu'enfin, il est reproché à l'arrêt attaqué de manquer de base légale faute de constater que les cautions avaient disposé de tous leurs immeubles et fait ainsi disparaître la sûreté qu'elles s'étaient engagées à donner ;

Mais attendu que la cour d'appel, après avoir relevé que la demande de la banque tendait à faire juger caduque la clause de l'acte de cautionnement qui ne permettait à la créancière de rechercher les cautions que sur leurs biens sis en Algérie énumérés dans la lettre jointe au contrat du 25 juin 1962, déclare par une interprétation souveraine de cet écrit qu'en contrepartie de cette limitation au droit de gage général de la banque créancière, les cautions s'étaient engagées à ne pas disposer de tout ou partie de leur patrimoine algérien sans l'accord de la banque, que, dès lors, les juges d'appel, qui soulignent que la CFCB n'aurait certainement pas consenti à une pareille limitation de son droit de poursuite et d'exécution des cautions si celles-ci étaient, pour leur part, demeurées libres de réduire à néant la portée de leur engagement en transférant en France leur fortune immobilière, étaient fondés à soutenir que les deux engagements corrélatifs se servaient mutuellement de cause, et après avoir constaté que deux au moins des immeubles indiqués dans la lettre du 25 juin 1962 avaient été vendus l'un le 3 novembre 1962 et l'autre le 13 décembre 1963, sans que la banque ait été avertie ou consultée ou en tout cas qu'elle ait donné l'accord prévu par la convention, a décidé que la limitation qu'elle avait consentie, devenue sans cause, devait cesser d'avoir effet ; qu'ainsi, et sans qu'il y ait lieu de s'attacher à une impropriété de terminologie, laquelle replacée dans son contexte est sans portée, la cour d'appel, a, sans dénaturation de la cause ni de l'objet du litige et sans encourir aucun des griefs du moyen, apprécié souverainement la mesure de la violation par les consorts Atard de leur engagement et partant légalement justifié sa décision sur ce point ;

Que le premier moyen ne peut qu'être écarté. »

Arrêt n° 2
Cass. 1re civ., 4 janv. 1995 : *Bull. civ.* 1995, I, n° 6 ; *Defrénois* 1995, p. 747

« *Sur le premier moyen* :

Vu l'article 2092 du Code civil, ensemble l'article 48 du Code de procédure civile ;

Attendu que le droit de gage général, qui résulte du premier de ces textes au profit des créanciers, ne porte que sur le patrimoine même du débiteur ;

Attendu que la société française Bec frères, créancière de l'État tunisien, a été autorisée, le 24 août 1992, à pratiquer la saisie conservatoire d'une cargaison de blé appartenant à l'Office des céréales de Tunisie ; que l'arrêt attaqué, pour refuser de donner mainlevée de cette saisie, retient que l'Office des céréales, même s'il est doté de la personnalité juridique sous forme d'établissement public industriel et commercial soumis à la tutelle de l'État tunisien, n'est qu'une émanation de celui-ci ; qu'en effet, son président-directeur général et la majorité des administrateurs sont nommés par le gouvernement, qu'il a le monopole du commerce extérieur des céréales et que la cargaison saisie est destinée à l'approvisionnement de la population dans le cadre de décisions gouvernementales ;

Attendu, cependant, que la tutelle, voire le contrôle d'un État sur une personne morale exercé notamment au travers de ses dirigeants, ainsi que la mission de service public dévolue à celle-ci, ne suffisent pas à la faire considérer comme une émanation de l'État impliquant son assimilation à celui-ci ; que la cour d'appel, en statuant comme elle a fait et sans expliquer en quoi l'Office des céréales de Tunisie ne disposait pas d'un patrimoine distinct de celui de l'État tunisien, n'a pas donné de base légale à sa décision ;

Par ces motifs, casse (...) »

V. également :

En vertu de l'article 4 de la convention de Bruxelles du 10 mai 1952 pour l'unification de certaines règles sur la saisie conservatoire des navires de mer, ou de l'article 29 du décret n° 67-967 du 27 octobre 1967 portant statut des navires et autres bâtiments de mer, il ne peut être pratiqué de saisie conservatoire d'un navire sans l'autorisation préalable du juge et, à défaut, la saisie est nulle. Le droit de gage général qui résulte de l'article 2092 du Code civil au profit des créanciers ne porte que sur le patrimoine même du débiteur. Par ailleurs, le contrôle d'un État sur une personne morale ainsi que la mission de service public qui lui est dévolue ne suffisent pas à la faire considérer comme une émanation de l'État impliquant son assimilation à celui-ci et aux autres organismes placés dans la même situation qu'elle par rapport à cet État. N'a pas donné de base légale à sa décision au regard de l'article 2092 du Code civil la cour d'appel qui, pour valider la saisie conservatoire d'un navire appartenant à une autre société que la société débitrice, a retenu que ces deux sociétés étaient toutes deux contrôlées par la République d'Angola, qu'elles exerçaient des activités complémentaires et avaient des intérêts communs, et qu'ainsi elles ne jouissaient pas de l'autonomie patrimoniale, alors que ces motifs sont impropres à établir que la société saisie ne disposait pas d'un patrimoine propre distinct de celui de la société débitrice.

(Cass. com., 1er oct. 1997 : *DMF* 1998, p. 17 et la note. – *Adde* Cass. 1re civ., 15 juill. 1999 : *Bull. civ.* 1999, I, n° 241).

SECTION 2

LE CARACTÈRE ÉGALITAIRE DU DROIT DE GAGE GÉNÉRAL

47. – Principe. Il est posé à l'article 2285 du Code civil. En principe, les biens du débiteur sont le gage commun de ses créanciers, et le prix s'en distribue entre eux par contribution, à moins qu'il n'y ait entre les créanciers des causes légitimes de préférence.

On le voit, la loi n'entend favoriser aucun créancier. Chaque créancier est en concours avec l'autre. Et si les biens du débiteur sont insuffisants pour désintéresser tous les créanciers, chacun doit supporter la perte au prorata de sa créance.

La règle a cependant ses limites :

– les créanciers titulaires de sûretés priment nécessairement les créanciers qui n'ont pas pris cette peine ;

– les créanciers « hors concours », sont, quant à eux, à l'abri de tout conflit.

SOUS-SECTION 1

LE DOMAINE DU PRINCIPE D'ÉGALITÉ ENTRE LES CRÉANCIERS

48. – Présentation. Il faut, avant de préciser le contenu du principe d'égalité, s'interroger sur les hypothèses dans lesquelles il est amené à jouer.

§ 1. – Les créanciers chirographaires

49. – Égalité entre les créanciers chirographaires. Le créancier chirographaire est celui qui ne dispose que d'un papier (d'où l'étymologie) sans aucune garantie particulière. Cette situation est celle de tout créancier ordinaire en vertu de l'adage « Pas de privilège sans texte » (V. Cass. 2e civ., 2 déc. 1992, V. *infra*, n° 59, Jurisprudence I).

Le corollaire de cet adage est le principe d'interprétation stricte des privilèges. Ce principe résulte d'un arrêt ancien, selon lequel les privilèges ne peuvent être établis que par la loi et les dispositions qui les établissent et doivent être interprétés strictement (Cass. soc., 30 nov. 1951 : *D.* 1952, p. 121, note Voirin). La règle a trouvé confirmation dans l'hostilité de la jurisprudence à toute modification conventionnelle de la règle légale. En matière de saisie immobilière, par exemple, le cahier des charges ne peut modifier directement ou indirectement l'ordre de répartition du prix des biens du débiteur (Cass. 3e civ., 6 mars 1991 : *Bull. civ.* 1991, III, n° 76 ; *Defrénois* 1991, p. 1308, obs. Souleau. – Cass. 3e civ., 17 juin 1992 : *Bull. civ.* 1992, III, n° 209. – Cass. 2e civ., 2 déc. 1992 : *D.* 1994, p. 116, note Verschave, V. *infra*, n° 59, Jurisprudence I).

Ce principe d'interprétation stricte avait conduit la Cour de cassation à décider que la priorité de paiement instituée par l'article 40 de la loi du 25 janvier 1985 (C. com., art. L. 632-17), dans sa rédaction antérieure à la loi du 10 juin 1994, qui ne dépend pas de la qualité de la créance, ne constituait pas un privilège au sens de l'ancien article 2095 du Code civil (Cass. com., 5 févr. 2002 : *Bull. civ.* 2002, IV, n° 27 ; *D.* 2002, act. jurispr. p. 805, obs. A. Lienhard ; *JCP* G 2002, II, 10186, note Cuif ; *ibid.*, I, 144, n° 15, obs. M. Cabrillac et Pétel ; *LPA* 9 oct. 2002, note Houtcieff ; *RTD civ.* 2002, p. 337, obs. Crocq ; *RTD com.* 2002, p. 542, obs. Martin-Serf).

La solution est aujourd'hui différente selon l'article L. 622-17 du Code de commerce (dans sa rédaction issue de l'ordonnance n° 2014-326 du 12 mars 2014) :

« I. – Les créances nées régulièrement après le jugement d'ouverture pour les besoins du déroulement de la procédure ou de la période d'observation, ou en contrepartie d'une prestation fournie au débiteur pendant cette période, sont payées à leur échéance.

II. – Lorsqu'elles ne sont pas payées à l'échéance, ces créances sont payées par privilège avant toutes les autres créances, assorties ou non de privilèges ou sûretés, à l'exception de celles garanties par le privilège établi aux articles L. 3253-2, L. 3253-4 et L. 7313-8 du Code du travail, des frais de justice nés régulièrement après le jugement d'ouverture pour les besoins du déroulement de la procédure et de celles garanties par le privilège établi par l'article L. 611-11 du présent code.

III. – Leur paiement se fait dans l'ordre suivant :

1° Les créances de salaires dont le montant n'a pas été avancé en application des articles L. 3253-6, L. 3253-8 à L. 3253-12 du Code du travail ;

2° Les prêts consentis ainsi que les créances résultant de l'exécution des contrats poursuivis conformément aux dispositions de l'article L. 622-13 et dont le cocontractant accepte de recevoir un paiement différé ; ces prêts et délais de paiement sont autorisés par le juge-commissaire dans la limite nécessaire à la poursuite de l'activité pendant la période d'observation et font l'objet d'une publicité. En cas de résiliation d'un contrat régulièrement poursuivi, les indemnités et pénalités sont exclues du bénéfice du présent article ;

3° Les autres créances, selon leur rang.

IV. – Les créances impayées perdent le privilège que leur confère le II du présent article si elles n'ont pas été portées à la connaissance de l'administrateur et, à défaut, du mandataire judiciaire ou, lorsque ces organes ont cessé leurs fonctions, du commissaire à l'exécution du plan ou du liquidateur, dans le délai d'un an à compter de la fin de la période d'observation. Lorsque cette information porte sur une créance déclarée pour le compte du créancier en application de l'article L. 622-24, elle rend caduque cette déclaration si le juge n'a pas statué sur l'admission de la créance ».

Il est donc bien question de privilège.

50. – Renonciation à l'égalité – cession d'antériorité. Si les créanciers sont, en principe, sur le même plan, rien ne s'oppose à ce que l'un d'entre eux renonce à l'égalité. Il peut se placer volontairement dans une situation de sous-chirographaire. La loi, en outre, prévoit des mécanismes dans lesquels le créancier est dans une situation de dernier rang, en contrepartie des avantages qu'il reçoit par ailleurs (titres participatifs, C. com., art. L. 228-36 ; prêts participatifs, C. monét. fin., art. L. 313-13).

En matière hypothécaire, la technique de la cession d'antériorité est largement pratiquée. Lorsqu'une banque, qui s'est engagée en tant que caution d'un prêt, s'est acquittée de la dette auprès du prêteur principal, elle peut demander à celui-ci de lui céder sa place et surtout son rang hypothécaire. La banque caution peut ainsi se retrouver au premier rang, devenant titulaire du privilège de prêteur de deniers ou de vendeurs de fonds de commerce. Imaginons un couple empruntant auprès du LCL afin d'acquérir un logement ; le Crédit logement se porte caution de leur emprunt. Si la déchéance du terme intervient, en raison d'un défaut de paiement des époux, le Crédit logement va devoir payer les sommes dues au LCL mais obtiendra de celui-ci une cession d'antériorité, lui permettant de jouir du privilège de prêteur de deniers.

§ 2. – Les créanciers privilégiés

51. – Privilèges généraux.

• Privilèges doublement généraux

Certains privilèges ont une assiette doublement générale, en ce sens qu'ils grèvent à la fois les meubles et les immeubles du débiteur. Ces privilèges connaissent toutefois une règle : ils ne peuvent s'exercer sur les immeubles qu'à défaut de mobilier (C. civ., art. 2376). Ces privilèges ne sont pas à la fois mobiliers et immobiliers, mais ils sont d'abord mobiliers et, ensuite, immobiliers.

Ils ne concernent *a priori* que les créanciers privilégiés de l'article 2375 du Code civil, c'est-à-dire que les créanciers au titre des frais de justice et des salaires. Toutefois, il convient d'étendre leur bénéfice à tous les privilèges doublement généraux et, en particulier, au superprivilège des salariés.

• Privilèges généraux sur les meubles

Les privilèges généraux sur les meubles sont inventoriés et classés à l'article 2331 du Code civil :

« *Art. 2331.* – (…) 1° Les frais de justice ;

2° Les frais funéraires ;

3° Les frais quelconques de la dernière maladie, quelle qu'en ait été la terminaison, concurremment entre ceux à qui ils sont dus ;

4° Sans préjudice de l'application éventuelle des dispositions des articles L. 143-10, L. 143-11, L. 742-6 et L. 751-15 du Code du travail :

Les rémunérations des gens de service pour l'année échue et l'année courante :

Le salaire différé résultant du contrat de travail institué par l'article 63 du décret du 29 juillet 1939 relatif à la famille et à la natalité françaises, pour l'année échue et l'année courante :

La créance du conjoint survivant instituée par l'article 14 de la loi n° 89-1008 du 31 décembre 1989 relative au développement des entreprises commerciales et artisanales et à l'amélioration de leur environnement économique, juridique et social et la créance du conjoint survivant instituée par l'article L. 321-21-1 du Code rural et de la pêche maritime.

Les rémunérations pour les six derniers mois des salariés, apprentis et l'indemnité due par l'employeur aux jeunes en stage d'initiation à la vie professionnelle, telle que prévue à l'article L. 980-11-1 du Code du travail ;

L'indemnité de fin de contrat prévue à l'article L. 122-3-4 du Code du travail et l'indemnité de précarité d'emploi prévue à l'article L. 124-4-4 du même code.

L'indemnité due en raison de l'inobservation du délai-congé prévue à l'article L. 122-8 du Code du travail et l'indemnité compensatrice prévue à l'article L. 122-32-6 du même code.

Les indemnités dues pour les congés payés ;

Les indemnités de licenciement dues en application des conventions collectives de travail, des accords collectifs d'établissement, des règlements de travail, des usages, des dispositions des articles L. 122-9, L. 122-32-6, L. 761-5 et L. 761-7 du Code du travail pour la totalité de la portion inférieure ou égale au plafond visé à l'article L. 143-10 du Code du travail et pour le quart de la portion supérieure audit plafond ;

Les indemnités dues, le cas échéant, aux salariés, en application des articles L. 122-3-8, deuxième alinéa, L. 122-14-4, L. 122-14-5, deuxième alinéa, L. 122-32-7 et L. 122-32-9 du Code du travail.

5° Les fournitures de subsistances faites au débiteur et à sa famille pendant la dernière année et, pendant le même délai, les produits livrés par un producteur agricole dans le cadre d'un accord interprofessionnel à long terme homologué, ainsi que les sommes dues par tout contractant d'un exploitant agricole en application d'un contrat type homologué.

6° La créance de la victime de l'accident ou de ses ayants droit relative aux frais médicaux, pharmaceutiques et funéraires, ainsi qu'aux indemnités allouées à la suite de l'incapacité temporaire de travail ;

7° Les allocations dues aux ouvriers et employés par les caisses de compensation et autres institutions agréées pour le service des allocations familiales ou par les employeurs dispensés de l'affiliation à une telle institution en vertu de l'article 74 f du livre Ier du Code du travail ;

8° Les créances des caisses de compensation et autres institutions agréées pour le service des allocations familiales à l'égard de leurs adhérents, pour les cotisations que ceux-ci se sont engagés à leur verser en vue du paiement des allocations familiales et de la péréquation des charges résultant du versement desdites prestations ».

52. – Privilège et sûreté. Un privilège général est-il une sûreté ou un simple droit personnel renforcé en raison de la qualité de la créance ? On peut en discuter.

La jurisprudence est, en l'occurrence, assez libérale. Tous les créanciers d'une sûreté ayant fait l'objet d'une publication doivent être avertis personnellement par le représentant des créanciers, en cas de « faillite », d'avoir à lui déclarer leurs créances, sans qu'il y ait lieu de faire de distinction entre les sûretés. Pour la Cour de cassation, cette obligation existe tant à l'égard des créanciers titulaires d'un privilège spécial, qu'à l'égard du Trésor, dont le privilège est général (Cass. com., 9 janv. 2001 : *Bull. civ.* 2001, IV, n° 6).

V. pour l'hypothèque, C. civ., art. 2425 *in fine* :

« Entre les créanciers, l'hypothèque, soit légale, soit judiciaire, soit conventionnelle, n'a rang que du jour de l'inscription prise par le créancier au fichier immobilier, dans la forme et de la manière prescrites par la loi.

Lorsque plusieurs inscriptions sont requises le même jour relativement au même immeuble, celle qui est requise en vertu du titre portant la date la plus ancienne est réputée d'un rang antérieur, quel que soit l'ordre qui résulte du registre prévu à l'article 2453.

Toutefois, les inscriptions de séparations de patrimoine prévues par l'article 2383, dans le cas visé au second alinéa de l'article 2386, ainsi que celles des hypothèques légales prévues à l'article 2400, 1°, 2° et 3°, sont réputées d'un rang antérieur à celui de toute inscription d'hypothèque judiciaire ou conventionnelle prise le même jour.

Si plusieurs inscriptions sont prises le même jour relativement au même immeuble, soit en vertu de titres prévus au deuxième alinéa mais portant la même date, soit au profit de requérants titulaires du privilège et des hypothèques visés par le troisième alinéa, les inscriptions viennent en concurrence quel que soit l'ordre du registre susvisé.

L'inscription de l'hypothèque légale du Trésor ou d'une hypothèque judiciaire conservatoire est réputée d'un rang antérieur à celui conféré à la convention de rechargement lorsque la publicité de cette convention est postérieure à l'inscription de cette hypothèque.

Les dispositions du cinquième alinéa s'appliquent à l'inscription de l'hypothèque légale des organismes gestionnaires d'un régime obligatoire de protection sociale.

L'ordre de préférence entre les créanciers privilégiés ou hypothécaires et les porteurs de warrants, dans la mesure où ces derniers sont gagés sur des biens réputés immeubles, est déterminé par les dates auxquelles les titres respectifs ont été publiés, la publicité des warrants demeurant soumise aux lois spéciales qui les régissent ».

53. – Privilèges spéciaux. Les privilèges spéciaux sont classés en **trois ordres**. En premier lieu, certains créanciers sont privilégiés **parce qu'ils ont en gage, par l'effet de la loi, la chose qui leur sert de sûreté**. C'est le cas du privilège du bailleur d'immeuble (C. civ., art. 2332, 1°), du privilège du syndicat des copropriétaires par appartements (L. 10 juill. 1965, art. 19, al. 5), du privilège du créancier consignataire (C. civ., art. 2350 ; C. civ., art. 75, al. 1er), du privilège de l'hôtelier (C. civ., art. 2332, 5°), du privilège du transporteur (C. com., art. L. 133-7), du privilège du commissionnaire (C. com., art. L. 132-2), des privilèges pour faits de charge accordés aux victimes d'abus et prévarications de certains fonctionnaires (C. civ., art. 2332, 7°).

En deuxième lieu, des créanciers sont privilégiés **parce qu'ils ont fait entrer, par leur fait, une valeur dans le patrimoine de leur débiteur**. À ce titre, le privilège du vendeur de meubles est décliné selon différentes variantes (C. civ., art. 2334, 4°) ; sont encore de cet ordre, le privilège des sociétés d'attribution (L. 16 juill. 1971), le privilège pour frais de récolte (C. civ., art. 2332, 1°), le privilège de la victime sur l'indemnité due par l'assureur du responsable (C. civ., art. 2332, 8°), et le privilège de l'auxiliaire salarié du travailleur à domicile (C. civ., art. 2331, 9°).

Lecture

Le privilège particulier de l'article L. 5114-8 du Code des transports (L. 3 janv. 1967, ancien art. 31 ; mod. L. n° 2013-619, 16 juill. 2013)

« Sont privilégiés sur le navire, sur le fret du voyage pendant lequel est née la créance privilégiée et sur les accessoires du navire et du fret acquis depuis le début du voyage :

1° Les frais de justice exposés pour parvenir à la vente du navire et à la distribution de son prix ;

2° Les droits de tonnage ou de port et les autres taxes et impôts publics de mêmes espèces, les frais de pilotage, les frais de garde et de conservation depuis l'entrée du navire dans le dernier port ;

3° Les créances nées du contrat des gens de mer et de toutes personnes employées à bord ;

4° Les rémunérations dues pour sauvetage et assistance et la contribution du navire aux avaries communes ;

5° Les indemnités pour abordage ou autres accidents de navigation, ou pour dommages causés aux ouvrages d'art des ports et des voies navigables, les indemnités pour lésions corporelles aux passagers et aux équipages, les indemnités pour pertes ou avaries de cargaison ou de bagages ;

6° Les créances provenant des contrats passés ou d'opérations effectuées par le capitaine hors du port d'attache, en vertu de ses pouvoirs légaux, pour les besoins réels de la conservation du navire ou de la continuation du voyage, sans distinguer si le capitaine est ou non en même temps propriétaire du navire et s'il s'agit de sa créance ou de celle des fournisseurs, réparateurs, prêteurs ou autres contractants. Il en est de même pour les créances que font naître contre l'armateur les actes du consignataire, lorsqu'il pourvoit aux besoins normaux du navire au lieu et place du capitaine ».

La chambre commerciale a, le 8 juin 2010 (n° 09-15.009), précisé que le privilège n'établit pas la créance :

« Attendu, selon l'arrêt attaqué, que M. X... a donné le navire "Le Sainte Barbe" dont il est propriétaire en location coque nue sans équipage à M. Y... ; que M. X... a réglé à l'Établissement national des invalides de la marine (l'ENIM), qui lui en faisait la demande, le montant des cotisations sociales impayées par M. Y... ; qu'estimant avoir effectué ce paiement de manière indue, M. X... a assigné l'ENIM en restitution de la somme qu'il lui avait versée ;

Sur le premier moyen, pris en sa première branche :

Vu l'article 31 de la loi du 3 janvier 1967 relative au statut des navires et autres bâtiments de mer ;

Attendu que pour rejeter la demande de M. X..., l'arrêt retient qu'aux termes de l'article 31 de la loi du 3 janvier 1967, sont privilégiés sur le navire, sur le fret du voyage pendant lequel est née la créance privilégiée et sur les accessoires du navire et du fret acquis depuis le début du voyage, notamment, les créances résultant du contrat d'engagement du capitaine, et de l'équipage et des autres personnes engagées à bord, les rémunérations dues pour le sauvetage et assistance et la contribution du navire aux avaries communes ;

Attendu qu'en statuant ainsi, alors que le privilège institué par ce texte offre aux créanciers qui en bénéficient une garantie sur le navire mais n'établit pas l'existence d'une dette de son propriétaire à leur égard, la cour d'appel a violé le texte susvisé ;

Et sur le même moyen, pris en sa quatrième branche :

Vu les articles 1235 et 1376 du Code civil ;

Attendu que pour rejeter la demande de M. X..., l'arrêt retient que c'est volontairement et sans qu'il démontre l'existence d'un quelconque vice de consentement que M. X..., propriétaire du navire, qui voulait bénéficier des mesures de sortie de flotte, a acquitté en lieu et place de M. Y..., défaillant, la dette envers l'ENIM ;

Attendu qu'en statuant ainsi, alors que, sa dette n'étant pas établie, M. X... était en droit, sans être tenu à aucune autre preuve, d'obtenir la restitution du paiement qu'il avait fait à l'ENIM, la cour d'appel à violé les textes susvisés ;

Par ces motifs, et sans qu'il y ait lieu de statuer sur les autres griefs :

CASSE ET ANNULE en toutes ses dispositions l'arrêt rendu le 9 avril 2009, entre les parties, par la cour d'appel de Pau ; remet, en conséquence, la cause et les parties dans l'état où elles se trouvaient avant ledit arrêt et, pour être fait droit, les renvoie devant la cour d'appel de Bordeaux ».

En troisième et dernier lieu, des créanciers sont privilégiés **parce qu'ils ont, par leur industrie ou leur travail, assuré la conservation des biens de leur débiteur**, car ils ont, de ce fait, contribué au maintien du gage commun de tous les créanciers. Tel est le cas du privilège portant sur le prix de la récolte pour garantir les sommes dues au titre des frais de récolte (C. civ., art. 2332, 1°, al. 4 ; ou du privilège de celui qui a engagé des frais pour la conservation de la chose, art. 2332-3°).

Lorsque le droit de préférence dont se prévaut le créancier porte non sur un meuble déterminé, mais sur l'ensemble du patrimoine du débiteur, le privilège du conservateur ne peut trouver application (Cass. 1re civ., 7 janv. 1997 : *Bull. civ.* 1997, I, n° 3).

En fait, malgré cette distinction très pédagogique, vouloir dresser la liste des privilèges reconnus par le droit positif est une tâche impossible...

54. – Conflits de privilèges. De grands principes gouvernent la matière. Le premier principe est celui de la primauté des privilèges spéciaux mobiliers sur les privilèges généraux sur les meubles. L'ordonnance n° 2006-346 du 23 mars 2006 l'a intégré à l'article 2332-1 du Code civil : « Sauf dispositions contraires, les privilèges spéciaux priment les privilèges généraux ».

Selon l'article 2332-2 du même code : « Les privilèges généraux s'exercent dans l'ordre de l'article 2331, à l'exception du privilège du Trésor public, dont le rang est déterminé par les lois qui le concernent, et du privilège des caisses de sécurité sociale, qui vient au même rang que le privilège des salariés ».

En cas de conflit entre privilèges spéciaux mobiliers, les privilèges fondés sur la notion de gage l'emportent sur ceux accordés au créancier qui a fait entrer un bien ou une valeur dans le patrimoine de son débiteur.

Entre deux privilèges fondés sur la notion que les créanciers qui en sont titulaires sont investis d'un droit de gage sur les biens qui en constituent l'assiette (bailleur d'immeuble et créancier nanti sur un fonds de commerce), la préférence à accorder à leurs titulaires respectifs doit être déterminée suivant la date à laquelle chacune des sûretés a été rendue opposable aux tiers.

L'ordonnance du 23 mars 2006 n'a résolu que le problème des privilèges spéciaux au profit du bailleur :

« Les privilèges spéciaux du bailleur d'immeuble, du conservateur et du vendeur de meuble s'exercent dans l'ordre qui suit :

1° Le privilège du conservateur, lorsque les frais de conservation sont postérieurs à la naissance des autres privilèges ;

2° Le privilège du bailleur d'immeuble, qui ignorait l'existence des autres privilèges ;

3° Le privilège du conservateur, lorsque les frais de conservation sont antérieurs à la naissance des autres privilèges ;

4° Le privilège du vendeur de meuble ;

5° Le privilège du bailleur d'immeuble, qui connaissait l'existence des autres privilèges.

Entre les conservateurs du même meuble, la préférence est donnée au plus récent.

Entre les vendeurs du même meuble, elle est donnée au plus ancien.

Pour l'application des règles ci-dessus, le privilège de l'hôtelier est assimilé au privilège du bailleur d'immeuble ; le privilège de l'auxiliaire salarié d'un travailleur à domicile l'est au privilège du vendeur de meuble » (C. civ., art. 2332-3).

55. – Réserve de propriété et bordereau Dailly. La difficulté survient lorsqu'un fabricant vend avec une clause de réserve de propriété une marchandise à un grossiste et que celui-ci la revend à son tour à un détaillant. Lorsque le grossiste cède sa créance en garantie à un établissement de crédit par un bordereau Dailly, il faut savoir quel est le créancier privilégié : le créancier titulaire de la clause de réserve de propriété (qui peut exercer son droit sur le prix de revente par la technique de la subrogation, C. com., art. L. 624-18) ou l'établissement de crédit cessionnaire de la créance par le bordereau.

La jurisprudence a considéré qu'il s'agissait d'un conflit de sûretés et que l'action en revendication du bien ne pouvait être exercée par l'établissement cessionnaire à l'égard du sous-acquéreur, le vendeur initial, bénéficiaire de la clause de réserve de propriété, pouvant se prévaloir d'un droit propre sur la créance du prix de revente dès le jour de la revente (Cass. com., 20 juin 1989 : *Bull. civ.* 1989, IV, n° 197 ; *D.* 1989, p. 431, note Pérochon ; *RTD com.* 1989, p. 702, obs. Martin-Serf ; *Banque* 1989, p. 760, obs. Rives-Lange ; *RJ com.* 1989, p. 364, note Gallet). En revanche, l'action en revendication est exclue en cas de remise d'un effet accepté en règlement du prix de revente (Cass. com., 9 janv. 1990 : *Bull. civ.* 1990, IV, n° 9 ; *D.* 1990, somm. p. 121, obs. Cabrillac).

56. – Bordereau Dailly et bordereau Dailly. Lorsqu'un conflit existe entre deux cessionnaires successifs de bordereaux Dailly, la priorité doit être donnée au plus ancien. Le débiteur ayant reçu notification d'une cession de créance de la part d'une banque doit lui en payer le montant sans avoir à chercher si un autre établissement n'a pas bénéficié d'une cession de créance antérieure. Si avant d'en exécuter le paiement, il a reçu, pour une même dette, notification de deux cessions de créances concurrentes de la part de deux banques, il ne peut en payer le montant qu'à l'établissement dont le titre est le plus ancien (Cass. com., 12 janv. 1999 : *Bull. civ.* 1999, IV, n° 8 ; *D. affaires* 1999, p. 336, obs. X. D. ; *RJDA* 1999, n° 216 ; *RTD com.* 1999, p. 479, obs. Cabrillac ; *RD bancaire et bourse* 1999, p. 95, obs. Crédot et Gérard ; *ibid.* p. 102, obs. Contamine-Raynaud).

57. – Égalité des créanciers inscrits. De manière générale, tous les créanciers inscrits ont des droits identiques :

– *des droits principaux* : ils peuvent obtenir la vente forcée du fonds de commerce, ou, à l'occasion de sa vente, exercer leurs droits de préférence et de suite ;

– *des droits accessoires* : ils peuvent essentiellement être avertis par notification par acte d'huissier de toute opération propre à modifier leur gage : déplacement du fonds, résiliation du bail commercial, action résolutoire du bail exercée par un créancier, saisie d'un élément isolé du fonds, changement d'objet du fonds connu sous le terme de déspécialisation...

Certains créanciers titulaires de sûreté ont cependant des prérogatives particulières qui leur permettent de l'emporter sur les autres : ainsi en est-il lorsqu'ils peuvent se prévaloir d'un pacte commissoire ou peuvent demander l'attribution du bien formant l'objet de leur garantie en pleine propriété (C. civ., art. 2346 et 2459).

Lorsque les inscriptions sont prises le même jour, le principe d'égalité retrouve son empire (Cass. com., 5 mai 2015, n° 14-17.941).

§ 3. – Créanciers chirographaires et créanciers privilégiés

58. – Conflit et procédures collectives. Les créanciers privilégiés sont en principe préférés aux créanciers chirographaires. Ce principe connaît cependant quelques atténuations.

Dans un sens encore plus défavorable aux créanciers chirographaires :

« Il n'est pas procédé à la vérification des créances chirographaires s'il apparaît que le produit de la réalisation de l'actif sera entièrement absorbé par **les** frais de justice et **les** créances privilégiées, à moins que, s'agissant d'une personne morale ou d'un entrepreneur individuel à responsabilité limitée, il n'y ait lieu de mettre à la charge des dirigeants sociaux de droit ou de fait ou de cet entrepreneur tout ou partie du passif conformément à l'article L. 651-2 » (C. com., art. L. 641-4, al. 2. – Cass. com., 17 juin 1997 ; V. *infra*, n° 59, Jurisprudence III).

Ou, à l'inverse, dans un sens favorable aux créanciers chirographaires :

V. C. com., art. L. 651-2, prévoyant que les sommes versées par les dirigeants à la suite d'une condamnation pour insuffisance d'actif entrent dans le patrimoine du débiteur et sont réparties au marc le franc entre tous les créanciers.

V. également en matière de redressement civil, où il a été admis qu'une répartition du prix puise se faire « sans qu'il y ait lieu de distinguer entre les créanciers inscrits et des prêteurs chirographaires » (V. Cass. 1re civ., 9 juill. 1996 : *Bull. civ.* 1996, I, n° 302 ; V. *infra*, n° 59, Jurisprudence IV).

SOUS-SECTION 2

LE CONTENU DU PRINCIPE

59. – **Deux interrogations.**

S'agit-il d'un principe subsidiaire ? Sans doute.

S'agit-il d'un principe général du droit ? Sans doute.

V., pour les réponses pertinentes, M. Cabrillac, *Mélanges Breton et Derrida*, Dalloz, 1991, p. 31 et s.

V., pour des applications en jurisprudence :

– Cass. com., 11 févr. 2004 : *Bull. civ.* 2004, IV, n° 27 : un créancier admis à titre chirographaire ne peut conserver les sommes reçues en violation du principe d'égalité ;

– V. également Cass. com., 2 juill. 2013 : *Bull. civ.* 2013, IV, n° 114. – Cass. com., 12 mai 2009 : *Bull. civ.* 2009, IV, n° 68 ;

– V. aussi *infra*, Jurisprudence.

JURISPRUDENCE
I. Saisie immobilière, cahier des charges et ordre des créanciers (ancien régime)

Dans un arrêt du 2 décembre 1992, la Cour de cassation a refusé que le cahier des charges soit l'instrument de la création de nouveaux privilèges de paiement.

Cass. 2e civ., 2 déc. 1992 : *Bull. civ.* 1992, II, n° 296 ; *D.* 1994, jurispr. p. 116, note J.-P. Verschave ; *Gaz. Pal.* 1993, somm. p. 552, n° 336 ; *Gaz. Pal.* 2 déc. 1993, p. 24, note M. Véron

« LA COUR :

Sur le premier moyen :

Vu l'article 1134 du Code civil, ensemble l'article 2093 de ce code ;

Attendu qu'en matière de saisie immobilière, le cahier des charges ne peut modifier directement ou indirectement l'ordre dans lequel le prix des biens du débiteur, qui constitue le gage commun des créanciers, doit être réparti entre eux ;

Attendu, selon l'arrêt confirmatif attaqué, que la vente d'immeubles appartenant à une société déclarée en liquidation des biens a été poursuivie par le syndic ; que l'avocat poursuivant a inséré au cahier des charges un dire aux termes duquel il annexait copie d'une lettre qui lui avait été adressée par la société Compagnie générale des eaux (la CGE) ainsi que d'une autre lettre adressée par celle-ci à un cabinet précédemment chargé de l'administration des immeubles en cause, étant stipulé que "l'adjudicataire devra faire son affaire personnelle des indications et réclamations contenues dans lesdites lettres et ce, sans aucun recours possible à l'encontre de la partie venderesse et sans diminution de prix" ; que M. Conseil, s'étant porté adjudicataire des immeubles, s'est vu réclamer par la CGE paiement de factures de consommation d'eau afférentes à ces immeubles pour la période antérieure à l'adjudication ; qu'il a été fait droit à cette réclamation par un jugement dont M. Conseil a interjeté appel ;

Attendu que, pour accueillir la demande, l'arrêt se borne à énoncer que les références expresses et précises aux lettres dont s'agit n'autorisent pas M. Conseil à contester leur annexion au cahier des charges ; qu'étant réputé "en avoir eu connaissance", il lui appartenait, s'il n'acceptait pas toutes les clauses et conditions du cahier des charges, de ne pas enchérir ;

Qu'en se déterminant ainsi, sans rechercher si le créancier bénéficiaire du dire était en droit d'être payé avant tout autre, la cour d'appel n'a pas donné de base légale à sa décision ;

Par ces motifs, et sans qu'il y ait lieu de statuer sur le second moyen :

Casse et annule, dans toutes ses dispositions, l'arrêt rendu le 18 avril 1991, entre les parties, par la cour d'appel de Rouen ; remet, en conséquence, la cause et les parties dans l'état où elles se trouvaient avant ledit arrêt et, pour être fait droit, les renvoie devant la cour d'appel d'Amiens. »

D'autres décisions postérieures ont confirmé cette position :

– Viole les articles 2093 et 2094 le tribunal qui avantage spécialement un créancier au détriment des autres en acceptant d'insérer dans le cahier des charges de la vente sur saisie de biens immobiliers une clause par laquelle l'adjudicataire sera tenu de payer, en sus du prix et des frais, le coût des travaux effectués par l'association ayant rénové les immeubles saisis (Cass. 2e civ., 13 mars 1996 : *Bull. civ.* 1996, II, n° 61 ; *JCP* G 1996, I, 3942, n° 6, obs. Delebecque).

– Sont nulles les clauses mettant à la charge de l'adjudicataire la dation en paiement inexécutée du prix de vente et le remboursement de certaines sommes, en ce qu'elles ont pour effet de conférer au vendeur un privilège non prévu par la loi au détriment des autres créanciers et d'aggraver les conditions de la vente en imposant à l'adjudicataire des obligations de nature personnelle prises par le saisi au seul profit du vendeur des biens (Cass. 2e civ., 9 juill. 1997 : *Bull. civ.* 1997, II, n° 217 ; *JCP* G 1998, I, 103, n° 29 et les obs. ; *Gaz. Pal.* 1998, 2, somm. p. 574, obs. Véron ; *RTD civ.* 1998, p. 128, obs. Gautier).

– L'adjudicataire n'est pas recevable à invoquer l'illicéité d'une clause de nature à modifier directement ou indirectement l'ordre dans lequel le prix de vente sera réparti entre les créanciers (Cass. 2e civ., 18 févr. 1999 : *Bull. civ.* 1999, II, n° 30 ; *RTD civ.* 1999, p. 854, obs. Gautier).

II. Interprétation stricte de la notion de privilège

Par un arrêt remarqué, la Cour de cassation avait admis une interprétation stricte de la notion de privilège :

Cass. com., 5 févr. 2002 : *Bull. civ.* 2002, IV, n° 27 ; *D.* 2002, act. jurispr. p. 805, obs. A. Lienhard ; *JCP* G 2002, II, 10186, note Cuif ; *ibid.*, I, 144, n° 15, obs. M. Cabrillac et Pétel ; *ibid.* 162, n° 19 et les obs. ; *LPA* 9 oct. 2002, note Houtcieff ; *RTD civ.* 2002, p. 337, obs. Crocq ; *RTD com.* 2002, p. 542, obs. Martin-Serf

« LA COUR,

Sur le moyen unique :

Attendu, selon l'arrêt déféré (Colmar, 15 mai 1998), que le Crédit industriel d'Alsace et de Lorraine (CIAL) a fait inscrire au livre foncier les

11 janvier 1984 et 14 octobre 1986 deux hypothèques sur un immeuble appartenant à M. Brauneisen ; que celui-ci ayant été mis en liquidation judiciaire le 13 février 1991, son liquidateur a fait procéder à la vente judiciaire du bien hypothéqué ; que le CIAL, ayant été primé par les créanciers bénéficiant de la priorité de paiement instituée par l'article 40 de la loi du 25 janvier 1985, a contesté l'état de collocation ;

Attendu que le CIAL reproche à l'arrêt d'avoir décidé que les créances visées à l'article 40 de la loi du 25 janvier 1985 et nées à compter du 6 janvier 1991 priment sa créance hypothécaire alors, selon le moyen, que l'opposabilité aux tiers du droit de préférence du créancier hypothécaire est soumise à la loi en vigueur au jour de l'inscription de l'hypothèque ; qu'il est constant que la loi en vigueur au jour de l'inscription par le CIAL, de son hypothèque, était l'article 47 de la loi d'introduction du 1er juin 1924, laquelle dispose que les privilèges spéciaux ou généraux sur les immeubles situés dans les départements du Bas-Rhin, du Haut-Rhin et de la Moselle, à l'exception du privilège des frais de justice, ne se conservent que par l'inscription au livre foncier ; qu'il s'ensuit qu'en inscrivant son hypothèque sous l'empire de la loi de 1924, le CIAL a acquis le droit d'être payé par préférence aux autres créanciers privilégiés non inscrits, lequel ne peut pas lui être retiré par la loi du 29 décembre 1990 qui a dispensé les privilèges généraux de toute publicité ; qu'en décidant le contraire, la cour d'appel a violé les articles 2 et 2098 du Code civil ;

Mais attendu que la priorité de paiement instituée par l'article 40 de la loi du 25 janvier 1985 dans sa rédaction applicable à la cause qui ne dépend pas de la qualité de la créance ne constitue pas un privilège au sens de l'article 2095 du Code civil ; que, par ce motif de pur droit, substitué à ceux de la cour d'appel, l'arrêt se trouve justifié ; que le moyen n'est pas fondé ;

Par ces motifs :

Rejette le pourvoi ;

Condamne le CIAL aux dépens ;

Vu l'article 700 du Code de procédure civile, condamne le CIAL à payer à M. Froehlich, ès qualités, la somme de 1 800 € (...) »

La solution de cet arrêt n'a plus cours aujourd'hui, car le législateur a admis que la priorité de paiement de feu l'article 40 est un privilège (cf. C. com., art. L. 641-13).

III. Principe d'égalité entre créanciers

Cass. com., 17 juin 1997 : *Bull. civ.* 1997, IV, n° 192

« *Sur le moyen unique* :

Vu les articles 33 et 47 de la loi du 25 janvier 985 ainsi que le principe de l'égalité entre les créanciers ;

Attendu, selon l'arrêt déféré, qu'après avoir construit et vendu à M. et Mme Rousseau deux bâtiments, la société Groupe Taylord (la société) a exécuté des travaux sur des parcelles contiguës qui ont entraîné des affaissements de terrain mettant en cause la stabilité de la propriété des acquéreurs ; qu'un expert judiciaire, désigné en référé à la requête de M. et Mme Rousseau, a conclu à la nécessité d'exécuter un mur de soutènement ; que la société ayant été mise en redressement puis en liquidation judiciaire, M. et Mme Rousseau l'ont assignée ainsi que son liquidateur pour qu'ils soient condamnés à réaliser le mur de soutènement ;

Attendu que, pour accueillir la demande, l'arrêt énonce que la condamnation de la société et de son liquidateur judiciaire à réaliser ce mur ne se heurte pas à la règle d'ordre public de la suspension des poursuites individuelles édictée par l'article 47 de la loi du 25 janvier 1985 puisque ce texte ne vise que les actions en justice tendant à la condamnation du débiteur au paiement d'une somme d'argent ou à la résolution d'un contrat pour défaut de paiement d'une somme d'argent, ce qui n'est pas le cas en l'espèce ;

Attendu qu'en statuant ainsi, alors que, sous couvert de condamnation de la société et de son liquidateur judiciaire à exécuter une obligation de faire, la demande de M. et Mme Rousseau impliquait des paiements de sommes d'argent pour une cause antérieure au jugement d'ouverture, la cour d'appel a violé les textes et principe susvisés ;

Par ces motifs :

Casse et annule, dans toutes ses dispositions, l'arrêt rendu le 28 janvier 1994, entre les parties, par la cour d'appel de Versailles (...) »

Un autre arrêt du 30 octobre 2000 est allé dans le même sens :

Cass. com., 30 oct. 2000 : *Bull. civ.* 2000, IV, n° 169 ; *D.* 2001, p. 1527, note Pierre ; *JCP* G 2001, I, 298, n° 7, obs. M. Cabrillac ; *ibid.*, 315, n° 20 et les obs. ; *Defrénois* 2001, p. 364, obs. Sénéchal ; *RTD civ.* 2001, p. 142, obs. Mestre et Fages

« *Sur le moyen unique* :

Vu les articles 1376 et 1377 du Code civil ;

Attendu, selon l'arrêt attaqué, qu'après réalisation d'un immeuble grevé dépendant de la liquidation judiciaire de M. Tocqueville, le liquidateur a versé au receveur des impôts de Fécamp (le receveur) une somme représentant sa créance hypothécaire admise au passif de la procédure collective et l'a ultérieurement assigné en restitution de ce paiement qu'il considérait indu ;

Attendu que, pour condamner le receveur à restituer au liquidateur la somme de 81 293 F, l'arrêt, après avoir relevé que le paiement effectué par le mandataire correspondait à une créance admise, retient que ce paiement était indu au regard des règles de la procédure collective puisque "le privilège du receveur venait en rang postérieur à celui du Crédit immobilier de l'Eure" ;

Attendu qu'en statuant ainsi, alors que le paiement était intervenu sans atteinte au principe de l'égalité de créanciers inapplicable aux créanciers privilégiés, et que ce paiement, fait par une erreur sur l'ordre des privilèges, n'ouvrait pas droit à répétition dès lors que l'accipiens n'avait reçu que ce que lui devait son débiteur, la cour d'appel a violé les textes susvisés ;

Par ces motifs :

Casse et annule, dans toutes ses dispositions, l'arrêt rendu le 30 octobre 1997, entre les parties, par la cour d'appel de Rouen ; remet, en conséquence, la cause et les parties dans l'état où elles se trouvaient avant ledit arrêt et, pour être fait droit, les renvoie devant la cour d'appel de Paris. »

IV. Redressement civil et gage général des créanciers

Cass. 1re civ., 9 juill. 1996 : *Bull. civ.* 1996, I, n° 302

« *Sur le moyen unique pris en ses trois branches* :

Attendu que le Comité interprofessionnel du logement de Guyenne et Gascogne (CILG) fait grief à l'arrêt confirmatif attaqué (CA Bordeaux, 8 nov. 1994), statuant en matière de redressement judiciaire civil, d'avoir ordonné la remise totale de la fraction du prêt immobilier restant due par les époux Urso, après la vente de leur logement, aux motifs que le produit de la vente a été entièrement absorbé par le Crédit foncier de France, premier prêteur inscrit, que la remise totale des sommes restant dues au titre des prêts immobiliers est la seule solution permettant le redressement à terme de la situation financière des débiteurs, qui ne disposent pour toutes ressources que d'indemnités versées par les ASSEDIC et d'allocations familiales, et que la réduction à zéro % des taux d'intérêt des crédits à la consommation ne peut constituer un traitement avantageux, alors, selon le moyen, d'une part, que la cour d'appel ne pouvait supprimer sa créance sans constater qu'il bénéficiait d'une inscription sur l'immeuble, que, d'autre part, l'arrêt a dénaturé la décision du premier juge qui n'avait pas supprimé mais réduit à 1 % les taux d'intérêt des crédits à la consommation, qu'enfin, il a violé l'article 12, alinéa 5, de la loi du 31 décembre 1989 en écartant le principe d'égalité entre les créanciers sans tenir compte de la connaissance que pouvait avoir chacun des prêteurs, lors de la conclusion des différents contrats, de la situation d'endettement du débiteur et de leur sérieux dans l'octroi du crédit au regard des usages de la profession ;

Mais attendu, d'abord, que l'ancien article L. 332-6 du Code de la consommation, applicable à la cause, dispose qu'en cas de vente forcée du logement principal du débiteur, grevé d'une hypothèque bénéficiant à un établissement de crédit ayant fourni les sommes nécessaires à son acquisition, le juge peut, par décision spéciale et motivée, réduire le montant de la fraction des prêts immobiliers restant dû aux établissements de crédit après la vente ; qu'il résulte de ce texte que le juge peut après répartition de la totalité du prix de vente entre les créanciers inscrits venus en rang utile, réduire le montant des prêts immobiliers restant dû aux établissements de crédit sans distinguer entre les créanciers chirographaires et ceux qui étaient inscrits ; que la cour d'appel, qui a constaté que le produit de la vente de l'immeuble avait été entièrement absorbé par le Crédit foncier de France, premier inscrit, n'avait pas à rechercher si le CILG bénéficiait également d'une inscription ; qu'ensuite, si le juge peut, pour l'application des dispositions précitées, prendre en compte les circonstances qui ont entouré la conclusion du contrat, il n'est pas tenu d'assurer une égalité de traitement entre les créanciers ; d'où il suit que le moyen, inopérant en sa deuxième branche, est non fondé en ses première et troisième branches.

Par ces motifs :

Rejette le pourvoi. »

CHAPITRE 3

LES SANCTIONS *SECUNDUM NOSTRAE CIVITATIS JURA*

SECTION 1

LES MESURES D'EXÉCUTION FORCÉE

60. – Principe de l'exécution forcée en nature. L'exécution forcée en nature ou exécution *ad ipsam rem* doit être distinguée de la réparation en nature.

(V. W. Jeandidier, *L'exécution forcée des obligations contractuelles de faire* : *RTD civ.* 1976, p. 700. – Cass. com., 3 déc. 1985. – Wery, *L'exécution forcée en nature des obligations contractuelles non pécuniaires*, Kluwer Éditions Juridiques, Belgique, 1993).

SOUS-SECTION 1

LES PRINCIPES

61. – Textes. Pendant longtemps, le droit positif ne fut pas favorable à l'exécution forcée en nature. Il retenait dans l'ancien article 1142 du Code civil une règle différente, celle de l'exécution par équivalent :

« Toute obligation de faire ou de ne pas faire se résout en dommages et intérêts en cas d'inexécution de la part du débiteur ».

L'ordonnance n° 2016-131 du 10 février 2016 portant réforme du droit des contrats a abandonné toute typologie des obligations. La classification entre obligation de faire, obligation de ne pas faire et obligation de donner a disparu du Code civil. De ce fait, la réforme a considérablement élargi la palette des sanctions :

« *Art. 1217.* – La partie envers laquelle l'engagement n'a pas été exécuté, ou l'a été imparfaitement, peut :

– refuser d'exécuter ou suspendre l'exécution de sa propre obligation ;

– poursuivre l'exécution forcée en nature de l'obligation ;

– solliciter une réduction du prix ;

– provoquer la résolution du contrat ;

– demander réparation des conséquences de l'inexécution.

Les sanctions qui ne sont pas incompatibles peuvent être cumulées, des dommages et intérêts peuvent toujours s'y ajouter ».

Il convient de noter que la loi de ratification de l'ordonnance, loi n° 2018-287 du 20 avril 2018, a modifié cet article. Il ne s'agit plus de « solliciter une réduction du prix », mais « d'obtenir une réduction du prix ». L'article 15 de la loi déclare cette disposition interprétative, donc applicable rétroactivement depuis le 1er octobre 2016, date d'entrée en vigueur de l'ordonnance ratifiée.

En réalité, il faut continuer à distinguer entre la condamnation à l'exécution en nature et les condamnations qui s'attachent à l'inexécution d'une obligation de faire.

Le pouvoir du juge de condamner la partie défaillante *ad ipsam rem* est reconnu par de nombreux articles des codes en vigueur. Témoignent de ce pouvoir :

Article L. 111-1 du Code des procédures civiles d'exécution :

« Tout créancier peut, dans les conditions prévues par la loi, contraindre son débiteur défaillant à exécuter ses obligations à son égard.

Tout créancier peut pratiquer une mesure conservatoire pour assurer la sauvegarde de ses droits.

L'exécution forcée et les mesures conservatoires ne sont pas applicables aux personnes qui bénéficient d'une immunité d'exécution ».

Article 1184, alinéa 2, du Code civil :

« Dans ce cas, le contrat n'est point résolu de plein droit. La partie envers laquelle l'engagement n'a point été exécuté, a le choix ou de forcer l'autre à l'exécution de la convention lorsqu'elle est possible, ou d'en demander la résolution avec dommages et intérêts ».

Article 809 du Code de procédure civile :

« Le président peut toujours, même en présence d'une contestation sérieuse, prescrire en référé les mesures conservatoires ou de remise en état qui s'imposent, soit pour prévenir un dommage imminent, soit pour faire cesser un trouble manifestement illicite.

Dans les cas où l'existence de l'obligation n'est pas sérieusement contestable, il peut accorder une provision au créancier, ou ordonner l'exécution de l'obligation même s'il s'agit d'une obligation de faire ».

L'article 1425 du Code de procédure civile prévoit un pouvoir d'injonction :

« Devant le tribunal de commerce, les frais de l'ordonnance portant injonction de payer sont avancés par le créancier et consignés au greffe au plus tard dans les quinze jours de la demande prévue à l'article 1405, faute de quoi celle-ci sera caduque.

L'opposition est reçue sans frais par le greffier. Celui-ci invite sans délai le créancier, par lettre recommandée avec demande d'avis de réception, à consigner les frais de l'opposition au greffe dans le délai de quinze jours à peine de caducité de la demande prévue à l'article 1405 ».

La réforme du droit des contrats et des obligations consacre le principe :

« *Art. 1221.* – Le créancier d'une obligation peut, après mise en demeure, en poursuivre l'exécution en nature sauf si cette exécution est impossible ou s'il existe une disproportion manifeste entre son coût pour le débiteur et son intérêt pour le créancier ».

Il convient de noter que la loi de ratification de l'ordonnance, la loi n° 2018-287 du 20 avril 2018, a modifié cet article. Il ne s'agit plus du « débiteur » mais du « débiteur de bonne foi ». L'article 15 de la loi déclare cette disposition interprétative, donc applicable rétroactivement depuis le 1er octobre 2016, date d'entrée en vigueur de l'ordonnance ratifiée.

Les questions demeurent cependant. On en évoquera quelques-unes ci-après.

La première chambre civile de la Cour de cassation, le 16 janvier 2007, avait rappelé le principe d'exécution en nature :

JURISPRUDENCE

Cass. 1re civ., 16 janv. 2007, n° 06-13.983

« Vu les articles 1134 et 1142 du Code civil, ensemble les articles 4 et 12 du Code de procédure civile ;

Attendu que la partie envers laquelle un engagement contractuel n'a point été exécuté a la faculté de forcer l'autre à l'exécution de la convention lorsque celle-ci est possible ; que le prononcé de mesures d'interdiction et de retrait, sous astreinte, destinées à assurer une telle exécution et le respect des engagements souscrits, entre dans les pouvoirs des juges du fond tenus de trancher le litige, tel que déterminé par les prétentions des parties, conformément aux règles de droit qui lui sont applicables ;

Attendu que par contrat du 7 février 2005, la société Michel Lafon publishing (Michel Lafon) a cédé à la société Librairie générale française (LGF) le droit d'exploiter dans la collection du "Livre de Poche", pour une durée de cinq ans, l'œuvre de Ian X... et Dustin Y... intitulée "La règle de quatre", s'interdisant, pendant la durée du contrat, de publier ou de laisser publier cet ouvrage dans une collection à grande diffusion dont le prix de vente ne serait pas au moins deux fois et demie supérieur à celui du livre de poche ; qu'ayant appris qu'en dépit de ses engagements la société Michel Lafon s'apprêtait à commercialiser l'ouvrage dans une collection dont le prix n'excédait pas 10 €, la société LGF l'a assignée en référé en interdiction, sous astreinte de la poursuite des actes de commercialisation et en retrait de la vente des exemplaires mis sur le marché ; que le juge des référés ayant renvoyé l'affaire au fond, par application de l'article 811 du Code de procédure civile, le tribunal de grande instance a accueilli la demande ;

Attendu que pour annuler la décision des premiers juges et débouter la société LGF de ses demandes, l'arrêt attaqué énonce qu'en interdisant à la société Michel Lafon la poursuite de la commercialisation de l'ouvrage litigieux, alors qu'aux termes de l'article 1142 du Code civil, toute obligation de faire ou ne pas faire se résout en dommages-intérêts, en cas d'inexécution de la part du débiteur, et que le prononcé d'une mesure d'interdiction ressortit exclusivement au pouvoir conféré au juge des référés par l'article 809 du Code de procédure civile, les juges du fond ont excédé leur pouvoir et méconnu les dispositions des articles précités ;

Qu'en statuant ainsi, alors qu'en sollicitant le prononcé d'une mesure visant à interdire, sous astreinte, la poursuite des actes de commercialisation entrepris par la société Michel Lafon en méconnaissance de ses engagements, la société LGF n'avait fait qu'user de la faculté reconnue à toute partie contractante de poursuivre l'exécution forcée de la convention lorsque celle-ci est possible, de sorte que le prononcé d'une telle mesure, en ce qu'elle tendait à l'exécution forcée de la convention, relevait des pouvoirs du juge du fond, la cour d'appel a violé par fausse application l'article 1142 du Code civil et par refus d'application les autres textes ;

Par ces motifs :

Casse et annule (...) »

§ 1. – Le juge peut-il condamner le débiteur *ad ipsam rem* ?

62. – Difficulté de l'exécution forcée. Lorsque la prestation est le versement d'une somme d'argent, il n'y a en général aucune difficulté. Le juge peut aisément condamner la partie débitrice à l'exécution forcée de la prestation. La difficulté portera alors sur les différents procédés d'exécution (quelle saisie choisir pour assurer cette exécution ?).

La difficulté vient lorsque la prestation inexécutée est une obligation de donner un bien spécifique, une obligation de faire ou de ne pas faire.

Lorsque **l'obligation de donner porte sur un corps certain**, le contrat emporte généralement transfert *solo consensu* de la propriété : le bien, dès l'échange des consentements, est la propriété du créancier et la difficulté pour lui est d'en obtenir la délivrance afin d'exercer un pouvoir matériel de faire. L'obligation de donner s'est transformée en obligation de faire, celle de délivrer ou de livrer la chose.

Lorsque **l'obligation de donner porte sur une chose de genre**, le transfert de propriété n'a lieu qu'avec l'individualisation de la chose ; celle-ci n'a lieu qu'au moment de la livraison ou tout au moins lors des préparatifs de celle-ci. L'obligation de donner se transforme encore en obligation de faire, celle d'individualiser la chose.

Pour **les obligations de faire**, l'ancien article 1142 du Code civil condamnait l'exécution forcée en nature et prévoyait une exécution par équivalent sous forme de dommages et intérêts. La raison en est que la liberté qui doit être reconnue à chaque individu interdit de le contraindre à accomplir un acte auquel sa volonté ne se résoudrait pas. Aussi, convient-il de distinguer, parmi les obligations de faire, celles qui portent sur une chose – dans ce cas leur régime sera proche de celui de l'obligation de donner et l'exécution forcée en nature sera possible – et celles qui portent sur un comportement attendu du débiteur, et alors l'exécution forcée en nature serait une atteinte à la liberté individuelle. Par exemple, l'obligation de livrer une chose peut bénéficier de l'exécution forcée en nature : celui qui a commandé une voiture peut exiger en justice la remise du véhicule stocké par le garagiste. La distinction est parfois complexe : lorsqu'un locataire ne restitue pas la chose, c'est-à-dire l'appartement, en fin de bail, il s'agit normalement d'une obligation de remettre une chose ; toutefois, l'exécution de celle-ci suppose un comportement préalable, quitter les lieux. La reconnaissance d'un droit au logement restreint grandement les possibilités d'expulsion.

Il convient d'observer que les obligations négatives, comme l'obligation de ne pas faire, entraînent moins de difficultés. Normalement, ces obligations permettent une exécution forcée en nature ; toutefois, lorsque la situation est irréversible, cette exécution perd son sens et seuls des dommages et intérêts peuvent compenser la violation intervenue. Prenons un exemple : si un commerçant ne respecte pas son obligation de non-concurrence, il est possible d'obtenir en justice la fermeture du commerce contrefaisant pour le futur et, pour le passé, des dommages et intérêts compensant l'exercice illicite de ce commerce en violation de l'obligation.

Les solutions sont les mêmes pour les obligations portant sur des sommes d'argent (cf. Cass. 1re civ., 9 juill. 2003 : *JCP* G 2004, I, 163, n° 4).

§ 2. – Le créancier peut exiger l'exécution forcée

63. – Droit du créancier. Le créancier a le droit d'obtenir la condamnation *ad ipsam rem*.

Le principe résultait de l'ancien article 1243 du Code civil :

« Le créancier ne peut être contraint de recevoir une autre chose que celle qui lui est due, quoique la valeur de la chose offerte soit égale ou même plus grande ».

Auquel, il est vrai, l'article 1184, alinéa 2, précité, apportait un tempérament.

Cette même idée transparaît dans le nouvel article 1221 du Code civil :

« Le créancier d'une obligation peut, après mise en demeure, en poursuivre l'exécution en nature sauf si cette exécution est impossible ou s'il existe une disproportion manifeste entre son coût pour le débiteur et son intérêt pour le créancier ».

64. – Conditions de l'exécution forcée. L'exécution forcée n'est possible que si la créance, qui fonde le droit du créancier, est à la fois **certaine, liquide et, pour les créances portant sur des sommes d'argent, exigible**. L'exigence de la certitude de la dette empêche que le créancier ne soit tenté par l'exécution d'une obligation sous condition suspensive et a pour but d'éviter toute exécution lorsqu'un doute existe concernant la réalité de l'obligation ou lorsque la dette est contestée.

L'exigence de l'exigibilité concerne davantage les obligations assorties d'un terme : il s'agit de vérifier que le moment est venu de payer.

Enfin, l'exigence de liquidité pour les dettes de sommes d'argent vise à s'assurer que le *quantum* de la dette soit fixé (si la victime d'un accident de la circulation a incontestablement droit à des dommages et intérêts, rien ne peut être entrepris tant que le montant de cette indemnisation n'est pas fixé par le juge ou par une expertise acceptée par les parties). Concernant la TVA dans les prestations de service, y compris les travaux immobiliers, l'article 269 du Code général des impôts distingue le fait générateur (constitué par l'exécution des travaux ou de la prestation de service) et l'exigibilité (encaissement des acomptes, du prix ou de la rémunération). Pour la livraison des meubles corporels, la TVA est exigible dès que la délivrance intervient.

L'exécution forcée suppose encore **la carence du débiteur** : nul ne doit être contraint s'il envisage d'agir spontanément. Afin que la défaillance du débiteur ne puisse être contestée, le créancier doit délivrer à celui-ci une mise en demeure. En latin, le mot *mora* signifie « retard ». La mise en demeure est donc une mise en retard : par l'envoi d'une lettre recommandée ou par la signification d'un acte d'huissier, le créancier demande au débiteur de s'exécuter immédiatement ; à défaut, il sera considéré comme en retard ; en réalité, la mise en demeure est un moyen de pression sur la volonté du débiteur et vise à constater que l'obligation n'a pas été exécutée. La simple arrivée du terme ne suffit pas et le débiteur est informé que le créancier attend l'exécution.

L'article 1344 du Code civil prévoit que le « débiteur est mis en demeure de payer soit par une sommation ou un acte portant interpellation suffisante, soit, si le contrat le prévoit, par la seule exigibilité de l'obligation ». La mise en demeure est classiquement effectuée par un acte d'huissier (une sommation de s'exécuter, un commandement préalable à toute saisie, ou la délivrance d'une assignation en justice), une lettre recommandée ou une lettre simple si les termes de ces missives sont clairs et enjoignent au débiteur de s'exécuter. Toutefois, comme il appartient au créancier la charge de démontrer l'existence de cette mise en demeure, ces deux derniers modes ne sont pas sans risques. Comme le dispose l'article 1344 précité, la mise en demeure est inutile « si le contrat le prévoit, par la seule exigibilité de l'obligation ».

Lorsque le débiteur s'est engagé à livrer un corps certain, la mise en demeure transfère la charge des risques de la perte fortuite de la chose : si l'acquéreur d'un tableau ancien supporte normalement les risques liés à la perte du bien (par l'effet combiné du transfert *solo consensu* de la propriété dans le contrat de vente et du principe selon lequel *res perit domino* – la chose périt au risque de son propriétaire), la mise en demeure met cette responsabilité à la charge du débiteur sommé de s'exécuter. Surtout, la mise en demeure autorise l'exécution forcée.

§ 3. – Le débiteur de l'obligation peut-il imposer l'exécution forcée ?

65. – Situation. La Cour de cassation ne permet pas au débiteur fautif d'imposer au créancier l'exécution forcée.

La question se pose souvent en matière de construction. Celui qui a mal construit une maison ou celui qui, à la suite de délais, ne parvient pas à son achèvement, peut-il imposer au maître de l'ouvrage de réparer lui-même ou d'achever lui-même la construction ?

Par un arrêt du 28 septembre 2005, la Cour de cassation a répondu par la négative : l'entrepreneur responsable de désordres de construction ne peut imposer à la victime la réparation en nature du préjudice subi par celle-ci (Cass. 3e civ., 28 sept. 2005 : *Bull. civ.* 2005, III, n° 180 ; *RD imm.* 2005, 458, obs. Malinvaud ; *RTD civ.* 2006, 129, obs. Jourdain, et 311, obs. Mestre et Fages). Le maître de l'ouvrage peut donc décider de confier les réparations (ou l'achèvement) à un autre que l'entrepreneur. Ce choix est souvent fait : en effet, la personne déçue par les travaux effectués par une personne souhaite rarement qu'elle achève ceux-ci.

Cette possibilité a été intégrée au Code civil par la réforme :

« *Art. 1222.* – Après mise en demeure, le créancier peut aussi, dans un délai et à un coût raisonnables, faire exécuter lui-même l'obligation ou, sur autorisation préalable du juge, détruire ce qui a été fait en violation de celle-ci. Il peut demander au débiteur le remboursement des sommes engagées à cette fin.

Il peut aussi demander en justice que le débiteur avance les sommes nécessaires à cette exécution ou à cette destruction ».

§ 4. – Les parties peuvent-elles aménager le principe de l'exécution forcée ?

Il semble difficile d'admettre que les parties puissent renoncer par avance à la sanction de l'exécution forcée, car cette sanction assure l'efficacité de l'engagement. À la réflexion, dans la mesure où les parties n'ont pas renoncé à toutes les sanctions et que le contrat conserve ainsi sa force obligatoire, ce genre de combinaison devrait être considéré comme valable.

À l'inverse, rien ne s'oppose à ce que les parties renforcent les sanctions et prévoient expressément comme sanction l'exécution forcée. On s'est ainsi demandé si les parties pouvaient stipuler, dans un contrat de promesse unilatérale de vente, une clause contractuelle prévoyant l'exécution forcée en nature en cas de rétractation du promettant ? La troisième chambre civile de la Cour de cassation a répondu positivement à cette question dans l'arrêt du 27 mars 2008 ci-dessous rapporté. Cette décision a le mérite de donner aux bénéficiaires des promesses le moyen juridique d'échapper à la jurisprudence, intangible depuis une quinzaine d'années, qui refuse l'exécution forcée sur le fondement de l'article 1142 du Code civil. La parade semble toutefois artificielle (Cass. 3e civ., 27 mars 2008 : *LPA* 13 oct. 2008, p. 13, note A. Lebois).

L'intérêt de la question est limité depuis la nouvelle rédaction de l'article 1124, alinéas 2 et 3 du Code civil :

« La révocation de la promesse pendant le temps laissé au bénéficiaire pour opter n'empêche pas la formation du contrat promis.

Le contrat conclu en violation de la promesse unilatérale avec un tiers qui en connaissait l'existence est nul ».

§ 5. – Le principe de l'exécution forcée connaît-il des limites ?

66. – Caractère personnel de l'obligation. L'exécution forcée sera, par exception, exclue parce qu'elle est impossible (C. civ., art. 1221). Ce sera soit parce qu'elle est impossible matériellement (Cass. com., 12 nov. 1992 : *Bull. civ.* 1992, IV, n° 313), soit parce qu'elle est impossible juridiquement (notamment, en présence de droits acquis...). Dans ce dernier cas, le créancier doit se contenter de la condamnation de ce dernier à des dommages et intérêts.

L'exécution en nature peut être encore exclue en raison d'un abus dans la demande (Cass. 1re civ., 19 nov. 1996 : *Bull. civ.* 1996, I, n° 404, arrêt n° 3) ou d'une incompatibilité avec la nature des relations contractuelles en cause.

Le caractère personnel de la prestation s'oppose à toute exécution et l'arrêt de principe remonte au 14 mars 1900 et concerne le peintre Whistler. Souhaitant venir passer quelque temps à Paris, le peintre américain James Whistler avait accepté la proposition d'un mécène, le riche fabricant de sucre Beghin. Il apprit beaucoup de son séjour parisien et commença à réaliser la « contrepartie » de sa villégiature, soit le portait de l'épouse de son mécène. Il ne devait pas finir le tableau au motif que seule sa mère avait eu l'honneur d'être retenue comme le sujet de sa peinture (ce qui était vrai). M. Beghin voulut obtenir en justice que le peintre fut contraint d'achever son tableau. La Cour de cassation refusa de décider l'exécution en nature de cette obligation très personnelle et le riche sucrier en fut réduit à demander des dommages et intérêts... à un artiste alors impécunieux. Il convient de préciser que, en vertu du droit moral de l'artiste sur son œuvre, M. Beghin ne pouvait pas davantage faire achever le tableau par un autre artiste.

Pour un autre exemple : viole la loi la cour d'appel qui, pour condamner le vendeur à payer à l'agent immobilier titulaire d'un mandat non exclusif de vente d'une licence d'un « bar-tabac » les honoraires prévus par le mandat, retient que celui-ci n'a jamais accepté de se sentir engagé par les termes du contrat de mandat en sursoyant à la vente à chaque fois que le cabinet lui présentait un candidat, alors que le refus du mandant de réaliser la vente avec une personne qui lui est présentée par son mandataire ne peut être assimilé à l'acte écrit contenant l'engagement des parties et que l'agent immobilier n'a donc pas droit à la commission prévue par le mandat, mais seulement à des dommages-intérêts s'il prouve une faute de son mandant qui l'aurait privé de la réalisation de la vente (Cass. 3e civ., 28 oct. 2003 : *Bull. civ.* 2003, I, n° 209 ; *RDC* 2004, p. 270, obs. D. Mazeaud).

En d'autres termes, le créancier peut obtenir l'exécution forcée des obligations de faire. Toutefois, échappent à cette solution de principe les obligations à caractère personnel. Pour celles-ci, toute contrainte, même indirecte par une astreinte, est moralement inadmissible, car elle porte atteinte à une liberté essentielle du débiteur, un droit de l'homme. Cette réserve doit également être nuancée car, pour respecter le droit du créancier à une exécution forcée, la notion d'« obligation à caractère personnel » doit être interprétée de manière restrictive et il convient, au cas par cas, de déterminer si l'exécution en nature est impossible.

(V. A. Lebois, *Les obligations contractuelles de faire à caractère personnel* : *JCP* G 2008, I, 210).

La réforme des contrats consacre, comme a l'a vu, le principe de l'exécution forcée et prévoit, au-delà de la limite tenant au caractère personnel de l'obligation, une autre limite tenant au coût manifestement déraisonnable de cette exécution, ce qui se comprend. Mais, ce n'était sans doute pas à la loi de le dire. Cette question aurait dû rester entre les mains de la jurisprudence.

JURISPRUDENCE
L'exécution forcée

Arrêt n° 1
Cass. com., 3 déc. 1985 : *Bull. civ.* 1985, IV, n° 286

« *Sur le moyen unique, pris en sa première branche* :

Attendu que selon l'arrêt attaqué (CA Saint-Denis de La Réunion, 8 févr. 1983), M. Dupuy, salarié de la Société réunionnaise de commerce et de commissions (SERCA) puis dirigeant social après avoir résigné toutes ses fonctions, a conclu avec la SERCA, le 1er novembre 1980, une convention de non-concurrence moyennant le versement, à partir de cette date, d'une indemnité compensatrice ; que la SERCA n'ayant effectué aucun paiement, M. Dupuy a demandé l'exécution sous astreinte de la convention précitée ;

Attendu que la SERCA fait grief à l'arrêt attaqué d'avoir accueilli cette demande bien qu'elle ait fait connaître, par lettre du 7 avril 1981, qu'elle renonçait à se prévaloir de la convention conclue alors que, selon le pourvoi, est valable, à condition de respecter les conditions prévues par les conventions collectives ou individuelles, la renonciation, par la partie au profit de laquelle elle est stipulée, au bénéfice d'une clause de non-concurrence et que, dès lors, en déclarant irrévocable sur ce point l'accord des parties et obligatoire le versement de l'indemnité qui constituait la contrepartie, pour le débiteur, de son engagement de non-concurrence, l'arrêt attaqué a violé les dispositions de l'article 1134 du Code civil ;

Mais attendu que la cour d'appel ayant retenu que la convention litigieuse, conclue après que les parties aient convenu de mettre fin à leurs rapports antérieurs, revêtait un caractère synallagmatique, en a déduit à bon droit que la SERCA ne pouvait renoncer unilatéralement à la clause de non-concurrence et à l'obligation de payer l'indemnité prévue ; que le moyen n'est pas fondé ;

Sur le moyen unique, pris en ses deux dernières branches ;

Attendu qu'il est fait grief à la cour d'appel de s'être prononcée ainsi qu'elle l'a fait alors selon le pourvoi, d'une part, que la rupture d'un contrat conclu pour une durée déterminée et comportant des prestations successives ouvre droit, au profit de la partie qui souffre de la rupture, à des dommages et intérêts correspondant à son préjudice ; que, dès lors, en ordonnant l'exécution sous astreinte de la convention et en refusant de prononcer une condamnation à dommages et intérêts tenant compte du préjudice effectivement souffert par M. Dupuy, l'arrêt attaqué a violé l'article 1149 du Code civil et, alors, d'autre part, que l'exécution forcée d'une convention ne peut être ordonnée que si elle est susceptible d'exécution en nature, ce qui n'est pas le cas d'une convention qui comporte une obligation de faire ou de ne pas faire ; qu'il suit de là que l'arrêt attaqué ne pouvait, sans violer les articles 1142 et 1184 du Code civil, ordonner l'exécution sous astreinte de la convention de non-concurrence conclue entre les parties ;

Mais attendu, que, d'après les dispositions de l'article 1184, alinéa 2, du Code civil, la partie envers laquelle l'engagement n'a point été exécuté peut forcer l'autre à l'exécution de la convention lorsqu'elle est possible ; qu'il s'ensuit que le moyen n'est fondé en aucune de ses branches ;

Par ces motifs :

Rejette le pourvoi. »

Arrêt n° 2
Cass. com., 12 nov. 1992 : *Bull. civ.* 1992, IV, n° 313

« Attendu, selon l'arrêt attaqué (CA Paris, 3 juill. 1990) que, par un précédent arrêt devenu irrévocable, la société Néoplan France a été condamnée à livrer un véhicule à la société Schiocchet ; que la société Néoplan France, qui a prétendu ne pas être en mesure d'exécuter la condamnation prononcée à son encontre, a, devant le tribunal de grande instance saisi de cette difficulté d'exécution, offert d'indemniser la société Schiocchet de la valeur du véhicule au jour de la vente qu'elle lui en avait consentie ; que la société Schiocchet a réclamé le paiement du prix actuel du véhicule ;

Attendu que la société Néoplan France fait grief à l'arrêt d'avoir accueilli la demande de la société Schiocchet, alors, selon le pourvoi, que, d'une part, en cas d'exécution impossible d'une obligation de délivrance ordonnée par arrêt "définitif", le juge, statuant sur cette difficulté, ne peut qu'octroyer au créancier de l'obligation l'équivalent en argent de la chose qui devait être livrée aux termes du contrat de vente, de sorte qu'en l'occurrence la cour d'appel qui, constatant que, du fait de l'arrêt de fabrication, le car que la société Néoplan France avait été condamnée à remettre à la société Schiocchet au titre de l'exécution de son obligation de délivrance ne pouvait être livré, a alloué à celle-ci, non la valeur de ce car, mais une somme représentant l'équivalent en argent d'un car neuf et tout à fait différent au jour de sa décision, a méconnu l'étendue de ses pouvoirs et violé l'article 570 du Code de procédure civile et l'article 1147 du Code civil ; et alors que, d'autre part, seule peut être allouée par l'arrêt statuant sur les difficultés d'exécution d'un arrêt "définitif" la valeur équivalente en argent d'une obligation d'exécution devenue impossible au jour du prononcé de cet arrêt "définitif", de sorte qu'en fixant à la date de sa décision la valeur du car correspondant à l'équivalent en argent de l'obligation de délivrance de ce véhicule, devenue impossible, la cour d'appel a méconnu les dispositions des articles 1142 et 1147 du Code civil ;

Mais attendu qu'ayant relevé que l'exécution en nature n'était plus possible en raison de l'arrêt de la fabrication du véhicule vendu, c'est à bon droit que la cour d'appel condamne le vendeur à exécuter son obligation de délivrance en deniers en payant à son acheteur une indemnité équivalente à la valeur actuelle de la chose vendue ; que le moyen n'est fondé en aucune de ses branches.

Par ces motifs :

Rejette le pourvoi. »

Arrêt n° 3

Cass. 1re civ., 16 janv. 2007 : *Bull. civ.* 2007, I, n° 19 ; *D.* 2007, p. 1119, note O. Gout

« Vu les articles 1134 et 1142 du Code civil, ensemble les articles 4 et 12 du Code de procédure civile ;

Attendu que la partie envers laquelle un engagement contractuel n'a point été exécuté a la faculté de forcer l'autre à l'exécution de la convention lorsque celle-ci est possible ; que le prononcé de mesures d'interdiction et de retrait, sous astreinte, destinées à assurer une telle exécution et le respect des engagements souscrits, entre dans les pouvoirs des juges du fond tenus de trancher le litige, tel que déterminé par les prétentions des parties, conformément aux règles de droit qui lui sont applicables ;

Attendu que par contrat du 7 février 2005, la société Michel Lafon publishing (Michel Lafon) a cédé à la société Librairie générale française (LGF) le droit d'exploiter dans la collection du "Livre de Poche", pour une durée de cinq ans, l'œuvre de Ian X... et Dustin Y... intitulée "La règle de quatre", s'interdisant, pendant la durée du contrat, de publier ou de laisser publier cet ouvrage dans une collection à grande diffusion dont le prix de vente ne serait pas au moins deux fois et demie supérieur à celui du livre de poche ; qu'ayant appris qu'en dépit de ses engagements la société Michel Lafon s'apprêtait à commercialiser l'ouvrage dans une collection dont le prix n'excédait pas 10 €, la société LGF l'a assignée en référé en interdiction, sous astreinte de la poursuite des actes de commercialisation et en retrait de la vente des exemplaires mis sur le marché ; que le juge des référés ayant renvoyé l'affaire au fond, par application de l'article 811 du Code de procédure civile, le tribunal de grande instance a accueilli la demande ;

Attendu que pour annuler la décision des premiers juges et débouter la société LGF de ses demandes, l'arrêt attaqué énonce qu'en interdisant à la société Michel Lafon la poursuite de la commercialisation de l'ouvrage litigieux, alors qu'aux termes de l'article 1142 du Code civil, toute obligation de faire ou ne pas faire se résout en dommages-intérêts, en cas d'inexécution de la part du débiteur, et que le prononcé d'une mesure d'interdiction ressortit exclusivement au pouvoir conféré au juge des référés par l'article 809 du Code de procédure civile, les juges du fond ont excédé leur pouvoir et méconnu les dispositions des articles précités ;

Qu'en statuant ainsi, alors qu'en sollicitant le prononcé d'une mesure visant à interdire, sous astreinte, la poursuite des actes de commercialisation entrepris par la société Michel Lafon en méconnaissance de ses engagements, la société LGF n'avait fait qu'user de la faculté reconnue à toute partie contractante de poursuivre l'exécution forcée de la convention lorsque celle-ci est possible, de sorte que le prononcé d'une telle mesure, en ce qu'elle tendait à l'exécution forcée de la convention, relevait des pouvoirs du juge du fond, la cour d'appel a violé par fausse application l'article 1142 du Code civil et par refus d'application les autres textes ;

Par ces motifs :

Casse et annule, dans toutes ses dispositions, l'arrêt rendu le 5 avril 2006, entre les parties, par la cour d'appel de Paris (...) »

Arrêt n° 4
Le client d'une agence matrimoniale

Cass. 1re civ., 19 juin 2007 : *LPA* 25 juill. 2007, p. 14, note E. Garaud

L'obligation de résultat qui pèse sur le client d'une agence matrimoniale, débiteur d'une somme d'argent, est susceptible d'exécution forcée, mesure pour laquelle les règles d'évaluation du préjudice, propres à la responsabilité contractuelle, sont inapplicables.

« *Sur le moyen unique ci-après annexé* :

Attendu qu'après avoir souscrit un contrat de courtage matrimonial, Mlle X... s'étant abstenue de payer les frais de souscription, son créancier a demandé l'exécution du contrat ;

Attendu que Mlle X... fait grief au jugement attaqué (Mont-de-Marsan, 2 déc. 2003) d'avoir accueilli la demande ;

Attendu que le moyen qui reproche au tribunal un manque de base légale dans l'évaluation du préjudice, est inopérant dès lors que le contrat n'a pas été résilié ou annulé et que le tribunal s'est borné à en ordonner l'exécution ;

Par ces motifs :

Rejette le pourvoi (...) »

Arrêt n° 5
Le pacte de préférence

Cass. ch. mixte, 26 mai 2006 : *Bull. inf. C. cass.* 1er août 2006, rapp. Bailly, concl. Sarcelet ; *D.* 2006, 1861, note Gautier et note Mainguy ; *JCP* G 2006, II, 10142, note Leveneur ; *ibid.*, I, 176, nos 1 et s., obs. Labarthe ; *JCP* N 2006, 1256, note Thullier ; *JCP* E 2006, 2378, note Delebecque ; *Defrénois* 2006, 1206, obs. Savaux ; *Contrats, conc. consom.* 2006, n° 153, note Leveneur ; *RTD civ.* 2006, 550, obs. Mestre et Fages

Naguère, l'inobservation d'un pacte de préférence entre actionnaires s'analysait comme générateur d'une obligation de faire (Cass. com., 7 mars 1989 : *Bull. civ.* 1989, IV, n° 79 ; *D.* 1989, p. 231, concl. Jéol ; *JCP* G 1989, II, 21316, concl. Jéol, note Reinhard ; *Defrénois* 1989, p. 1271, obs. J. Honorat ; *RTD civ.* 1990, p. 70, obs. Mestre). La même solution valait pour le pacte de préférence en matière de vente d'un immeuble : s'agissant d'un bail de locaux consenti à une association selon un acte comportant une clause aux termes de laquelle « en cas de vente de l'immeuble, le droit de préemption sera en priorité accordé par le bailleur au preneur », a donc violé l'article 1142 du Code civil la cour d'appel qui, pour dire que l'association était substituée au tiers acquéreur dans la vente aux prix et conditions de celle-ci, a retenu que les droits du bénéficiaire d'un pacte de préférence sont opposables au tiers acquéreur du bien dans la mesure où celui-ci a commis une fraude, qu'en l'espèce la collusion entre le cédant et le cessionnaire est évidente et leur mauvaise foi caractérisée et qu'il sera fait droit à la demande de l'association tendant à voir confirmer le jugement en ce qu'il a ordonné sa substitution dans la vente litigieuse (Cass. 3e civ., 30 avr. 1997 : *Bull. civ.* 1997, III, n° 96 ; *D.* 1997, p. 475, note D. Mazeaud ; *Defrénois* 1997, p. 1007 et la note ; *RTD civ.* 1997, p. 673, obs. Jourdain, et p. 685, obs. Gautier ; *ibid.*, 1998, p. 98, obs. Mestre).

Toutes ces solutions sont condamnées par l'arrêt rendu en chambre mixte le 26 mai 2006.

« *Sur le moyen unique* :

Attendu, selon l'arrêt attaqué (Papeete, 13 févr. 2003), qu'un acte de donation-partage dressé le 18 décembre 1957 et contenant un pacte de préférence a attribué à Mme Adèle A... un bien immobilier situé à Haapiti ; qu'une parcelle dépendant de ce bien a été transmise, par donation-partage du 7 août 1985, rappelant le pacte de préférence, à M. Ruini A..., qui l'a ensuite vendue le 3 décembre 1985 à la SCI Émeraude, par acte de M. B..., notaire ; qu'invoquant une violation du pacte de préférence stipulé dans l'acte du 18 décembre 1957, dont elle tenait ses droits en tant qu'attributaire, Mme X... a demandé, en 1992, sa substitution dans les droits de l'acquéreur et, subsidiairement, le paiement de dommages-intérêts ;

Attendu que les consorts X... font grief à l'arrêt d'avoir rejeté la demande tendant à obtenir une substitution dans les droits de la société Émeraude alors, selon le moyen :

1/ que l'obligation de faire ne se résout en dommages-intérêts que lorsque l'exécution en nature est impossible, pour des raisons tenant à l'impossibilité de contraindre le débiteur de l'obligation à l'exécuter matériellement ; qu'en dehors d'une telle impossibilité, la réparation doit s'entendre au premier chef comme une réparation en nature et que, le juge ayant le pouvoir de prendre une décision valant vente entre les parties au litige, la cour d'appel a fait de l'article 1142 du Code civil, qu'elle a ainsi violé, une fausse application ;

2/ qu'un pacte de préférence, dont les termes obligent le vendeur d'un immeuble à en proposer d'abord la vente au bénéficiaire du pacte, s'analyse en l'octroi d'un droit de préemption, et donc en obligation de donner, dont la violation doit entraîner l'inefficacité de la vente conclue malgré ces termes avec le tiers, et en la substitution du bénéficiaire du pacte à l'acquéreur, dans les termes de la vente ; que cette substitution constitue la seule exécution entière et adéquate du contrat, laquelle ne se heurte à aucune impossibilité ; qu'en la refusant, la cour d'appel a violé les articles 1134, 1138 et 1147 du Code civil ;

3/ qu'en matière immobilière, les droits accordés sur un immeuble sont applicables aux tiers dès leur publication à la conservation des hypothèques ; qu'en subordonnant le prononcé de la vente à l'existence d'une faute commise par l'acquéreur, condition inutile dès lors que la cour d'appel a constaté que le pacte de préférence avait fait l'objet d'une publication régulière avant la vente contestée, la cour d'appel a violé les articles 28, 30 et 37 du décret du 4 janvier 1955 ;

Mais attendu que, si le bénéficiaire d'un pacte de préférence est en droit d'exiger l'annulation du contrat passé avec un tiers en méconnaissance de ses droits et d'obtenir sa substitution à l'acquéreur, c'est à la condition que ce tiers ait eu connaissance, lorsqu'il a contracté, de l'existence du pacte de préférence et de l'intention du bénéficiaire de s'en prévaloir ; qu'ayant retenu qu'il n'était pas démontré que la société Émeraude savait que Mme X... avait l'intention de se prévaloir de son droit de préférence, la cour d'appel a exactement déduit de ce seul motif, que la réalisation de la vente ne pouvait être ordonnée au profit de la bénéficiaire du pacte ;

D'où il suit que le moyen n'est pas fondé ;

Par ces motifs :

Rejette le pourvoi (...) »

Cette position a été confirmée par des arrêts postérieurs, notamment deux arrêts des 31 janvier et 14 février 2007.

Cet arrêt dispose ainsi : « Le bénéficiaire d'un pacte de préférence est en droit d'exiger l'annulation du contrat passé avec un tiers en méconnaissance de ses droits et d'obtenir sa substitution à l'acquéreur, à la condition que ce tiers ait eu connaissance, lorsqu'il a contracté, de l'existence du pacte de préférence et de l'intention du bénéficiaire de s'en prévaloir ».

Ayant souverainement retenu qu'il n'existait aucune preuve de ce que l'acquéreur aurait eu connaissance de l'intention du preneur de faire usage de son droit de préférence, la cour d'appel a pu en déduire que la violation du droit de préférence ne pouvait être sanctionnée que par l'allocation de dommages-intérêts (Cass. 3e civ., 31 janv. 2007 : *Bull. civ.* 2007, III, 2007, n° 16 ; *D.* 2007, p. 1698, note D. Mainguy ; *Defrénois* 2007, p. 1048, note R. Libchaber).

Ayant constaté, d'une part, que le pacte de préférence consenti par le bailleur au preneur dans un bail commercial avait été transféré au bénéficiaire de la cession de bail, par acte authentique auquel était intervenu le bailleur qui avait déclaré accepter la société cessionnaire aux lieu et place de l'ancien preneur, et, d'autre part, relevé que le gérant de la SCI acquéreur en avait eu connaissance parce qu'il lui avait été remis un exemplaire du contrat de bail, que le rapport d'expertise produit aux débats par la SCI mentionnait l'existence d'un pacte de préférence au profit du preneur et que selon l'acte notarié il avait eu connaissance du litige judiciaire qui opposait le bailleur à la société cessionnaire dont le représentant légal avait, au cours de la procédure, exprimé la volonté d'acquérir l'immeuble, la cour d'appel, qui en a exactement déduit que le pacte de préférence était opposable à l'acquéreur et qui a souverainement retenu que les parties à l'apport n'avaient cessé de manifester leur volonté de maintenir leurs obligations et droits contenus dans le contrat de bail initial quand bien même le bail avait été renouvelé et que le cessionnaire s'était substitué au preneur initial, a légalement justifié sa décision ayant annulé la vente (Cass. 3e civ., 14 févr. 2007 : *Bull. civ.* 2007, III, 2007, n° 25 ; *D.* 2007, p. 2444, note J. Théron ; *JCP G* 2007, II, 10143, note D. Bert ; *Defrénois* 2007, p. 1048, note R. Libchaber).

SOUS-SECTION 2

LES TECHNIQUES D'EXÉCUTION FORCÉE

67. – Contrainte physique. La contrainte physique (par corps) sur le débiteur est interdite dans notre droit depuis la loi du 12 juillet 1867. Il s'agissait de la possibilité offerte au créancier de mettre en prison son débiteur afin de le contraindre physiquement à s'acquitter de son obligation. La prison pour dettes a donc disparu. Néanmoins, notre système juridique connaît les procédures d'expulsion, notamment contre un locataire dont le bail est rompu ou contre un occupant sans droit ni titre. De même, la contrainte par corps est encore une sanction reconnue par le droit fiscal (LPF, art. L. 270 et L. 271) ou douanier.

68. – Astreinte. Le principe de l'astreinte consiste en une condamnation, distincte des dommages et intérêts, au paiement d'une somme d'argent fixée par jour, mois ou année tant que l'obligation ne sera pas exécutée. Le fabricant d'un téléphone défectueux peut ainsi être condamné au paiement d'une somme de 50 € par jour de retard, si le téléphone n'est pas réparé dans le délai de quinze jours à compter de la notification de la décision. Le juge – et le créancier – espèrent que le débiteur, voyant le montant de l'astreinte augmenter, préférera s'exécuter plutôt que de payer la somme mise à sa charge.

L'astreinte peut être imposée discrétionnairement par tout juge, même être ajoutée par le juge de l'exécution à une décision préalable décidée par une autre juridiction. Elle s'applique à toute obligation, tant que son exécution a encore un sens et à condition que celle-ci ne porte pas atteinte à la liberté individuelle du débiteur. Elle part de la décision elle-même (référé d'heure à heure) ou de la notification de la décision.

La technique de l'astreinte comprend deux phases : la fixation et la liquidation.

Lors de la fixation, le juge fixe le montant de l'astreinte afin d'assurer une contrainte efficace sur le débiteur.

Lors de la liquidation, le juge apprécie le comportement du débiteur et détermine alors la sanction adéquate de cette bonne ou mauvaise foi, en fonction des conditions matérielles ou de l'état d'esprit de celui-ci. L'astreinte, moyen de pression sur le débiteur, devient alors une peine privée sanctionnant la mauvaise foi ou la malice du débiteur.

Deux sortes d'astreintes coexistent :

– l'astreinte provisoire, qui est le principe, laisse entière liberté au juge lors de la liquidation ; le montant de l'astreinte n'est pas la simple multiplication du taux déterminé au départ par le nombre de périodes de retard, mais peut être révisé à la baisse par le juge en fonction du comportement du débiteur (CPC ex., art. L. 131-2) ;

– l'astreinte définitive, comme son nom l'indique, comporte un taux qui « ne peut jamais être modifié lors de sa liquidation » (CPC ex., art. L. 131-4, al. 2). Le montant fixé à l'origine par le juge détermine immédiatement le prix de la résistance pour le débiteur. C'est une technique dangereuse ; aussi le législateur prévoit-il que l'astreinte définitive ne peut être prononcée qu'après l'échec d'une astreinte provisoire : en général, l'astreinte provisoire a échoué en tant que moyen de pression et le juge tire les conséquences de cela en contraignant le débiteur à payer une somme fixe et définitive. L'astreinte définitive est à durée déterminée et doit être renouvelée à son terme.

Le juge de l'exécution liquide l'astreinte, sauf lorsque le juge qui l'a prononcée reste saisi du dossier ou s'est réservé cette faculté (L. 1991, art. 35 ; devenu CPC ex., art. L. 131-3). La liquidation est nécessaire en toute hypothèse ; elle a lieu soit lorsque l'obligation a été exécutée (la mesure a été efficace), soit lorsqu'il n'y a plus de chance pour qu'elle le soit. Le créancier impatient peut demander de temps en temps une liquidation provisoire, ce qui a pour effet de faire prendre conscience au débiteur de l'existence de l'astreinte. Lorsque l'inexécution résulte d'une cause étrangère, le juge liquidateur peut supprimer ou réduire l'astreinte (L. 1991, art. 36, al. 3 ; devenu CPC ex., art. L. 131-4, al. 3).

69. – Contrainte sur le patrimoine. La contrainte sur le patrimoine trouve de nombreuses expressions : exécution en nature, saisies, revendications.

70. – Des anciens articles 1143 et 1144 du Code civil à l'article 1222 du Code civil. Longtemps, le Code civil contenait deux textes afin de moduler cette contrainte sur le patrimoine en fonction de l'objectif fixé : l'article 1143 évoquait la destruction tandis que l'article 1144 traitait de l'exécution positive.

– *Art. 1143 :* « Néanmoins le créancier a le droit de demander que ce qui aurait été fait par contravention à l'engagement soit détruit ; et il peut se faire autoriser à le détruire aux dépens du débiteur, sans préjudice des dommages et intérêts s'il y a lieu ».

– *Art. 1144 :* « Le créancier peut aussi, en cas d'inexécution, être autorisé à faire exécuter lui-même l'obligation aux dépens du débiteur. Celui-ci peut être condamné à faire l'avance des sommes nécessaires à cette exécution ».

Le nouveau texte de l'article 1222 du Code civil intègre les deux situations :

« Après mise en demeure, le créancier peut aussi, dans un délai et à un coût raisonnables, faire exécuter lui-même l'obligation ou, sur autorisation préalable du juge, détruire ce qui a été fait en violation de celle-ci. Il peut demander au débiteur le remboursement des sommes engagées à cette fin.

Il peut aussi demander en justice que le débiteur avance les sommes nécessaires à cette exécution ou à cette destruction ».

Deux décisions sont venues préciser les conditions d'application de ces deux situations.

JURISPRUDENCE
I. Ancien article 1143 du Code civil

Cass. 3e civ., 22 mai 1997 : *Bull. civ.* 1997, III, n° 113

« *Sur le moyen unique* :

Vu l'article 1143 du Code civil ;

Attendu que le créancier a le droit de demander que ce qui aurait été fait par contravention à l'engagement soit détruit ;

Attendu, selon l'arrêt attaqué (CA Versailles, 1er oct. 1993), que les époux Elia, se plaignant d'importants troubles du voisinage causés par la construction, en 1988, par la société Garage du Gymnase, d'une cabine de peinture d'automobiles ont demandé la démolition, sous astreinte, de la construction litigieuse, et des dommages-intérêts pour trouble de jouissance ;

Attendu que, pour débouter les époux Elia de leur demande de suppression de la cabine de peinture, l'arrêt retient que la société Garage du Gymnase a obtenu les autorisations administratives nécessaires pour l'installation, en 1973, d'une première cabine de peinture, puis, en 1976, pour l'exercice de diverses activités afférentes à l'exploitation du garage, enfin, en 1988, pour l'installation d'une nouvelle cabine de peinture, à l'origine du litige et que cette installation n'a pas nécessité la délivrance d'un permis de construire ;

Qu'en statuant ainsi, alors qu'elle avait relevé que le garage et les installations annexes étaient édifiés sur un terrain situé en zone UA au plan d'occupation des sols de la commune, que l'expert avait constaté que les installations étaient visibles de la propriété des époux Elia et étaient les seules installations industrielles existant dans ce quartier résidentiel, que la nouvelle cabine était bruyante et que les gaz rejetés des cheminées révélaient des odeurs d'hydrocarbures, la cour d'appel a violé le texte susvisé ;

Par ces motifs :

Casse et annule, dans toutes ses dispositions, l'arrêt rendu le 1er octobre 1993, entre les parties, par la cour d'appel de Versailles ; remet, en conséquence, la cause et les parties dans l'état où elles se trouvaient avant ledit arrêt et, pour être fait droit, les renvoie devant la cour d'appel de Paris ;

Condamne la société Garage du Gymnase aux dépens (...) »

Un autre arrêt fait application de l'ancien article 1143 du Code civil :

Le bénéficiaire d'un droit de préférence pour la location d'un emplacement dans un centre commercial, soutenant que les offres faites par la société n'étaient pas conformes aux engagements convenus, a demandé la condamnation de la société sous astreinte à lui proposer un choix de locaux correspondant à leur accord et, en cause d'appel, a demandé l'annulation du bail consenti (au mépris de son droit de préférence) par la société à un tiers appelé en intervention. L'arrêt retient, à bon droit, pour déclarer la demande irrecevable, que l'article 1143 du Code civil n'est pas applicable à la violation d'un pacte de préférence qui met une obligation de faire à la charge du débiteur et relève, ensuite, que la demande d'annulation du bail, seulement formée en cause d'appel, n'était justifiée par aucune évolution du litige puisque le demandeur connaissait l'existence du bail consenti à ladite entreprise dès le mois de novembre 1996 (Cass. 1re civ., 10 juill. 2002).

Souvent, les juridictions du fond hésitent à ordonner, par application de l'article 1143, la destruction d'un immeuble. Deux arrêts de 1998 et 2000 rappellent l'intransigeance de la Cour de cassation.

Le créancier a le droit de demander que ce qui aurait été fait par contravention à l'engagement du débiteur soit détruit. Un propriétaire ayant édifié une construction à une distance de 5 mètres de la limite séparative du fonds voisin, alors que la réglementation imposait une distance minimale de 13,5 mètres, a violé l'article 1143 du Code civil la cour d'appel qui, pour rejeter la demande du voisin en démolition de la construction, a retenu que la démolition de la construction entraînerait des inconvénients sociaux, alors qu'elle avait relevé que le permis de construire autorisant la construction avait été annulé pour illégalité, que le demandeur avait subi un préjudice tenant à des nuisances phoniques d'intensité importante et à un défaut d'ensoleillement affectant sept pièces de la maison et que ces nuisances étaient imputables partiellement à la violation de la règle d'urbanisme, la cour d'appel n'ayant donc pas tiré les conséquences légales de ses propres constatations (Cass. 3e civ., 30 sept. 1998 : *Bull. civ.* 1998, III, n° 185).

Ayant constaté que les colotis invoquaient, à titre principal, la violation des règles contractuelles figurant aux articles 14 et 19 du cahier des charges du lotissement et relevé que, suivant une assemblée générale du 14 novembre 1987, les colotis avaient à la fois voté le maintien des règles du lotissement et modifié certaines dispositions du cahier des charges aux fins de les mettre en conformité avec le POS, que spécialement l'article qui prévoyait qu'il ne pourrait être édifié qu'une construction principale à usage d'habitation par lot sauf détachement de parcelle d'une surface minimale de 450 mètres carrés, avait été modifié par un article interdisant tout sous-lotissement en lot d'une surface inférieure à 800 mètres carrés d'un seul tenant, la cour d'appel a retenu, à bon droit, qu'en votant la modification des dispositions initiales pour les adapter au POS, les colotis avaient manifesté leur volonté de s'imposer contractuellement entre eux, à titre réel, les restrictions de droits de propriété édictées par le POS et en a justement déduit que les défendeurs ayant acquis, postérieurement à l'assemblée générale du 14 novembre 1987, un terrain dont la superficie restante pouvant être prise en compte était de 772 mètres carrés, leurs voisins étaient fondés à réclamer, en application de l'article 1143 du Code civil, la démolition de la construction irrégulièrement édifiée sur le lot sans avoir à justifier d'un préjudice (Cass. 3e civ., 21 juin 2000 : *Bull. civ.* 2000, III, n° 124).

De nombreuses décisions sont rendues, sur le fondement de l'ancien article 1143 du Code civil, à la demande de colotis ou de copropriétaires afin d'obtenir la démolition de constructions réalisées en violation du règlement du lotissement ou de copropriété (par. ex. : Cass. 3e civ., 28 janv. 2014, n° 13-11.164). Tout coloti peut obtenir la mise en conformité d'une construction enfreignant un cahier des charges, sans avoir à prouver l'existence d'un préjudice personnel, les clauses du cahier des charges d'un lotissement engageant les colotis entre eux pour toutes les stipulations qui y sont contenues.

II. Ancien article 1144 du Code civil

Cass. 3e civ., 5 mars 1997 : *Bull. civ.* 1997, III, n° 45 ; *Defrénois* 1997, p. 1005 et la note

« *Sur le moyen unique* :

Vu l'article 1144 du Code civil ;

Attendu que le créancier peut, en cas d'inexécution, être autorisé à faire exécuter lui-même l'obligation aux dépens du débiteur ; que celui-ci peut être condamné à faire l'avance des sommes nécessaires à cette exécution ;

Attendu, selon le jugement attaqué (TI Chartres, 19 déc. 1994), statuant en dernier ressort, que Mme Legot, ayant pris à bail un local d'habitation, a procédé au remplacement du chauffe-bain qui l'équipait, puis a demandé la condamnation de la société d'économie mixte de Mainvilliers (société Semma), propriétaire, à lui rembourser le prix des pièces et de la main-d'œuvre ;

Attendu que, pour accueillir cette demande, le jugement retient qu'il ressort des réserves inscrites dans l'état des lieux dressé contradictoirement lors de la conclusion du bail, et de l'indication, dans la facture de plombier produite par Mme Legot, de la nécessité d'installer un nouveau chauffe-bain, que la vétusté de l'appareil en place a imposé son changement ;

Qu'en statuant ainsi, alors qu'à défaut de mise en demeure, adressée à la société Semma, de porter remède à l'état de l'installation, et de décision de justice autorisant la locataire à se substituer de ce chef à la bailleresse, celle-ci n'était pas tenue de supporter la charge du coût de l'opération, le tribunal a violé le texte susvisé ;

Par ces motifs :

Casse et annule, dans toutes ses dispositions, le jugement rendu le 19 décembre 1994, entre les parties, par le tribunal d'instance de Chartres ; remet, en conséquence, la cause et les parties dans l'état où elles se trouvaient avant ledit jugement et, pour être fait droit, les renvoie devant le tribunal d'instance de Versailles ;

Condamne Mme Legot aux dépens ; (…) »

Encore faut-il qu'il y ait mise en demeure ou autorisation par le juge.

Cass. 3e civ., 31 oct. 2012, n° 11-18.635

« (…) *Et sur le deuxième moyen* :

Vu l'article 1144 du Code civil ;

Attendu que pour condamner M. et Mme Y… à payer à Mme X… la somme de 183,50 euros au titre du remboursement d'une cuvette de WC, l'arrêt retient qu'il n'existe aucune constatation objective de la panne affectant le WC, dont l'existence même n'est cependant pas contestée et qu'au titre de l'obligation de délivrance d'un logement décent pesant sur le bailleur en application de l'article 1719 du Code civil, il convient de mettre la dépense à la charge de M. et Mme Y… ;

Qu'en statuant ainsi, sans rechercher, comme il le lui était demandé, si la locataire avait mis en demeure les bailleurs d'effectuer les travaux nécessaires ou si elle avait été autorisée par décision de justice à se substituer à eux, la cour d'appel n'a pas donné de base légale à sa décision ;

Par ces motifs : Casse et annule (…) »

La réforme tente de moderniser les articles 1143 et 1144 du Code civil :

Art. 1222. – « Après mise en demeure, le créancier peut aussi, dans un délai et à un coût raisonnable, faire exécuter lui-même l'obligation ou détruire ce qui a été fait en violation de celle-ci. Il peut demander au débiteur le remboursement des sommes engagées à cette fin.

Il peut aussi saisir le juge pour que le débiteur avance les sommes nécessaires à cette exécution ou à cette destruction ».

71. – Le jugement valant acte. En matière de vente d'immeuble, la première phase consiste en la signature par les parties d'une promesse synallagmatique de vente, dite « compromis » par les professionnels. Que se passe-t-il si l'une des parties refuse de passer à la phase suivante, la signature de l'acte authentique ?

En principe, il n'est pas possible de refuser de signer l'acte authentique, dans la mesure où il y a eu accord sur la chose et sur le prix. Aussi, ce refus de signer peut être surmonté par la délivrance par le tribunal d'un jugement tenant lieu d'acte authentique : l'acte authentique est alors considéré comme un acte formel destiné à assurer l'opposabilité du contrat aux tiers en permettant sa publication au service chargé de la publicité foncière.

72. – **L'exécution en Bourse de l'associé négligent.**

Article L. 228-27 du Code de commerce :

« À défaut par l'actionnaire de libérer aux époques fixées par le conseil d'administration, le directoire ou les gérants, selon le cas, les sommes restant à verser sur le montant des actions par lui souscrites, la société lui adresse une mise en demeure.

Un mois au moins après cette mise en demeure restée sans effet, la société poursuit, sans aucune autorisation de justice, la vente desdites actions.

La vente des actions cotées est effectuée en bourse. Celle des actions non cotées est effectuée aux enchères publiques.

L'actionnaire défaillant reste débiteur ou profite de la différence. Les modalités d'application du présent alinéa sont déterminées par décret ».

73. – Saisies. Objet. Les saisies permettent à un créancier d'obtenir satisfaction. En effet, toute saisie comporte deux temps :

– d'une part, appréhender les biens du débiteur ; puis,

– d'autre part, les faire vendre, à l'issue de la procédure, afin d'être payé en tout ou partie par le prix dégagé lors de la vente des biens. C'est une manière tout à fait concrète d'obtenir satisfaction.

Les saisies varient selon la nature du titre dont dispose le créancier et celle du bien convoité par celui-ci.

74. – Étendue des saisies. Le Code civil, dans l'article 2284, indique que la saisie peut porter sur tout le patrimoine du débiteur, c'est-à-dire les biens mobiliers comme les biens immobiliers, les biens corporels comme les biens incorporels... Il existe cependant des limites. Dans un souci d'humanité tout à fait compréhensible, le législateur a estimé que certains biens devaient être insaisissables.

Il s'agit (CPC ex., art. L. 112-2 et 112-3) :

– d'une partie des salaires : le débiteur doit conserver un minimum pour vivre, ce qui implique l'insaisissabilité du montant requis pour atteindre ce minimum ;

– de tous les biens qui présentent un caractère personnel ou un caractère extrapatrimonial (par exemple, les souvenirs de famille) ;

– des effets personnels.

75. – Variété des saisies. Les saisies offertes aux créanciers sont très nombreuses. Le choix de la saisie se fait selon plusieurs facteurs, avec le conseil de l'huissier qui est le pivot humain de cette procédure.

Le créancier peut s'engager dans des saisies mobilières ou immobilières.

76. – Saisie immobilière. Il n'existe qu'une variété de saisie immobilière.

Naguère, celle-ci aboutissait à la vente aux enchères publiques de l'immeuble, au cours d'une audience du tribunal de grande instance. Cette vente était aussi appelée « vente à la bougie » : c'était le dernier enchérisseur, au troisième feu, autrement dit celui qui avait fait la dernière enchère au cours de l'audience qui devenait adjudicataire. Ensuite, l'huissier audiencier allumait trois bougies et il ne fallait pas qu'une autre personne présente fasse une autre enchère. La procédure de saisie immobilière était régie par l'ancien Code de procédure civile, dans sa rédaction antérieure à la réforme de 1958 et à la création du Code de procédure civile.

L'ordonnance n° 2006-461 du 21 avril 2006 et le décret n° 2006-936 du 27 juillet 2006 ont modifié la procédure de saisie immobilière et ont supprimé la distribution par ordre du prix de vente d'un bien immobilier, ainsi que le juge aux ordres. Cette procédure a été modifiée à son tour par le décret n° 2009-160 du 12 février 2009. L'ordonnance du 21 avril 2006 avait abrogé les chapitres correspondants du Code de procédure civile (appelé souvent « ancien Code de procédure civile » et donc l'application de la procédure par avenir liée à cet ancien code). La distribution de prix suit la procédure civile « moderne » issue du code de 1958 et il ne reste plus aucun vestige de l'ancien Code de procédure civile. L'ordonnance a modifié les articles 2204 à 2218 du Code civil relatifs à l'expropriation forcée et aux ordres entre les créanciers.

Elle repose sur trois grands principes :

– la saisie ne peut être pratiquée qu'en vertu d'un titre exécutoire constatant une créance certaine, liquide et exigible ;

– la saisie s'opère sous le contrôle du juge : soit pour une vente de gré à gré qu'il autorise, soit pour une vente forcée à son audience ;

– le juge compétent est le juge de l'exécution ; aussi certaines dispositions s'inspirent des textes relatifs aux procédures d'exécution.

L'acte même de saisie – le commandement de payer valant saisie – relève de la seule initiative du créancier, sans autorisation du juge. L'innovation de la réforme consiste à faire intervenir le juge avant toute procédure de mise en vente. Dans le droit antérieur à la réforme, cette procédure était poursuivie par le créancier, le juge n'intervenant qu'après le dépôt du cahier des charges, au moment de « l'audience éventuelle », mais uniquement s'il y a des dires et observations du saisi et des créanciers et uniquement pour se prononcer sur ceux-ci. Dans le cas contraire, l'affaire était directement portée à l'audience d'adjudication. Le droit avant la réforme prévoyait la conversion, après publication du commandement ou après le jour de l'audience éventuelle, de la saisie en vente volontaire ; c'était à la seule initiative de la partie saisie. La réforme instaure une audience d'orientation : le juge entend les parties et détermine les modalités de poursuite de la procédure soit par adjudication, soit par vente de gré à gré. Tout dépend de l'attitude du débiteur : soit il est absent lors de cette audience d'orientation et alors le juge fixe la date de la vente par adjudication ; soit le débiteur est présent et propose une vente amiable (évaluation par un agent immobilier, mandats de vente confiés à des agents immobiliers, promesse de vente) et alors le juge décide d'une vente amiable et renvoie à une prochaine audience pour constater celle-ci. Sa décision est susceptible d'appel dans les quinze jours.

Ce dispositif a pour objet :

– de permettre au juge de statuer sur les éventuelles contestations liées à la régularité de la saisie ;

– de vérifier que la vente du bien est inévitable (conformément aux dispositions du CPC ex., art. L. 111-7, qui dispose que l'exécution des mesures ne peut excéder ce qui se révèle nécessaire au paiement de l'obligation) ;

– d'éviter autant que possible la vente aux enchères, facteur de vente à vil prix, en responsabilisant le débiteur pour l'inciter à vendre son bien à l'amiable.

La vente de gré à gré. Le juge accorde un délai pour la vente (le décret le fixe à quatre mois en l'état, plus un délai supplémentaire de deux mois). La vente de gré à gré a lieu sous la surveillance du créancier poursuivant qui peut, à tout moment, assigner le débiteur aux fins de faire constater sa carence. Le prix de vente est consigné sur un compte séquestre et elle produit les effets d'une vente amiable (purge des privilèges et hypothèques).

La vente aux enchères demeure le monopole des avocats. Une large publicité doit permettre l'information du plus grand nombre d'enchérisseurs possible. La mise à prix est fixée par le créancier poursuivant dans le cahier des conditions de vente, qui est déposé au greffe quarante jours après la publication du commandement de payer valant saisie au service chargé de la publicité foncière ; l'assignation d'avoir à comparaître à l'audience d'orientation, délivrée au débiteur saisi huit jours après, mentionne que le cahier des conditions ventes peut être consulté au greffe ou au cabinet de l'avocat du créancier saisissant ; la mise à prix peut toutefois faire l'objet d'une contestation et être alors fixée par le juge lors de l'audience d'orientation.

Il est imposé aux candidats à l'adjudication de remettre à leur avocat une caution de 10 % de la mise à prix. Ce dispositif a pour objet d'éviter la folle enchère.

La vente aux bougies est supprimée, les enchères étant simplement arrêtées quand une minute s'est écoulée depuis la dernière enchère.

Les dispositifs de la déclaration d'adjudicataire dans les trois jours et de command dans les vingt-quatre heures sont supprimés. L'avocat dernier enchérisseur doit déclarer immédiatement l'identité de son mandant.

La surenchère et la folle enchère sont maintenues, sous la réserve de changements de noms. Il est nécessaire, en effet, de conserver les mécanismes qui permettent de vendre le bien au meilleur prix.

Un régime strict de déchéance est prévu en cas d'inobservation des délais de procédure dans lesquels est enfermée la saisie ; ce régime a pour effet de faire annuler toute la procédure ; la déchéance, en effet, est prononcée même en l'absence de préjudice et le juge ne peut pas en prononcer le relevé. À ce régime est substitué le droit commun des nullités qui, notamment, exige l'articulation d'un grief pour que la nullité soit prononcée.

La procédure de distribution. La distribution amiable est favorisée. Le juge n'intervient qu'en cas de contestation et, en l'absence de contestation, pour donner force exécutoire au projet de répartition amiable qui lui est soumis. À défaut de répartition amiable, le juge établit l'état des répartitions.

Le schéma procédural est le suivant :

1. Créancier unique :

– demande de paiement directe, dans un délai de deux mois suivant la publication du titre de vente, par lettre recommandée avec demande d'avis de réception ;

– paiement dans le mois de la demande.

2. Créanciers multiples :

2.1. Créanciers multiples sans contestation :

– la partie poursuivante notifie, dans le mois suivant la publication du titre de vente, une demande d'actualisation des créances aux créanciers inscrits ;

– les avocats produisent un décompte actualisé par conclusions d'avocat, dans les quinze jours suivant la demande d'actualisation ;

– le projet de distribution est établi et notifié aux créanciers et au débiteur, dans un délai d'un mois suivant l'expiration du délai imparti aux créanciers pour actualiser leur créance ;

– dans les quinze jours suivant la réception de la notification, aucune partie n'a contesté ou réclamé à l'encontre du projet de distribution ;

– la requête en homologation doit être formée dans un délai de quinze jours à compter de l'expiration du délai précédent.

2.2. Créanciers multiples avec contestation réglée à l'amiable :

– la partie poursuivante notifie, dans le mois suivant la publication du titre de vente, une demande d'actualisation des créances aux créanciers inscrits ;

– les avocats produisent un décompte actualisé par conclusions d'avocat, dans les quinze jours suivant la demande d'actualisation ;

– le projet de distribution est établi et notifié aux créanciers et au débiteur, dans un délai d'un mois suivant l'expiration du délai imparti aux créanciers pour actualiser leur créance ;

– dans les quinze jours suivant la réception de la notification, une partie a contesté ou réclamé à l'encontre du projet de distribution ;

– la requête en homologation doit être formée dans un délai de quinze jours à compter de l'expiration du délai précédent ;

– convocation des créanciers parties à la procédure et du débiteur pour une réunion ayant lieu dans un délai compris entre quinze jours et un mois suivant la première contestation ;

– les créanciers parties à la procédure et le débiteur parviennent à un accord sur la distribution du prix ;

– homologation par le juge de l'exécution.

77. – Saisies mobilières. En matière **mobilière**, la **saisie-attribution** est actuellement la plus pratiquée : elle est en général faite sur les comptes bancaires du débiteur et débouche sur un transfert de propriété (CPC ex., art. L. 211-2). Le décret du 11 septembre 2002 a institué un dispositif d'accès urgent aux sommes à caractère alimentaire figurant sur un compte saisi – ce qui fut appelé le RMI bancaire et aujourd'hui le RSA bancaire depuis le décret n° 2009-404 du 15 avril 2009 (V. *infra*).

La saisie-appréhension est la saisie « classique » pour le créancier : un huissier va se déplacer au domicile du débiteur et appréhender les biens meubles, puis, dans un second temps les faire vendre aux enchères publiques.

Article L. 222-1 du Code des procédures civiles d'exécution :

« L'huissier de justice chargé de l'exécution fait appréhender les meubles que le débiteur est tenu de livrer ou de restituer au créancier en vertu d'un titre exécutoire, sauf si le débiteur s'offre à en effectuer le transport à ses frais.

Le juge de l'exécution peut établir le titre exécutoire prévu au premier alinéa dans des conditions fixées par décret en Conseil d'État.

Lorsque le meuble se trouve entre les mains d'un tiers et dans les locaux d'habitation de ce dernier, il ne peut être appréhendé que sur autorisation du juge de l'exécution ».

Toutefois, un certain nombre de biens ne sont pas susceptibles d'être saisis, afin de garantir la dignité de l'hébergement après le passage de l'huissier.

78. – Issue de la saisie. Nombre de ces saisies vont s'achever, si le débiteur est toujours récalcitrant, par la vente judiciaire du bien saisi :

– si le créancier saisissant est seul, les produits de la vente lui seront attribués, à concurrence de sa créance, le reliquat éventuel étant restitué au débiteur ;

– la plupart du temps, plusieurs créanciers se manifestent : vendeur ou prêteur de deniers (banque), Trésor public (fisc), sécurité sociale, syndicat des copropriétaires... Dans ce cas, les produits de la vente des biens saisis devront être distribués à l'ensemble des créanciers. La poursuite de la saisie elle-même ne confère aucun droit de préférence au profit du créancier saisissant.

79. – Variété des créanciers. Lors de la distribution des produits de la vente, tous les créanciers ne sont pas forcément sur le même plan. Il existe **trois** classes de créanciers.

1° En effet, la loi accorde à certains créanciers **un droit de préférence** (un privilège) : la répartition des fonds suppose de payer d'abord les créanciers privilégiés.

Les créanciers titulaires d'un droit de préférence sont classés entre eux selon un ordre résultant du classement correspondant de leur privilège : des règles générales (un privilège spécial prime un privilège général sur le bien concerné) et spéciales (V. le « superprivilège » des salariés ou du syndicat des copropriétaires) sont les sources de ce classement.

2° Certains créanciers peuvent avoir pris le soin de se garantir par **une sûreté** (gage, nantissement, hypothèque...). Ces créanciers, titulaires d'une sûreté, sont également payés en priorité. Ils sont également appelés « créanciers inscrits », car, à la différence des privilèges (certains sont inscrits, d'autres pas), les sûretés supposent une mesure de publicité qu'est l'inscription dans un répertoire tenu au service chargé de la publicité foncière ou au registre du commerce.

En général, lorsque plusieurs créanciers sont titulaires d'une même sûreté sur un même bien, l'ordre d'inscription de celle-ci permet d'instaurer un ordre des paiements : le plus anciennement inscrit d'abord, le suivant... jusqu'à épuisement des fonds.

3° Enfin, en dernier rang, interviennent les créanciers démunis de privilège ou de sûreté, appelés **chirographaires**. Le mot « chirographaire » vient de l'ancien grec (*chiros* « papier privé » ; *graphein* « écrire ») pour désigner celui qui a pour seul titre un morceau de papier, autrement dit l'engagement écrit constituant l'obligation (autrefois, tout acte authentique emportait hypothèque).

Il se peut qu'il y ait plusieurs créanciers chirographaires : ceux-ci seront traités sur un pied d'égalité selon la technique du paiement « au marc le franc ». Il s'agit, dans un premier temps, de déterminer les fonds restant à distribuer après le paiement des privilégiés et des titulaires de sûretés (par exemple, 100) ; dans un deuxième temps, il faut faire le total des créances chirographaires (soit 2 000) ; ensuite, cela permet de fixer le pourcentage de paiement des créanciers (pour notre exemple, 100/2 000 = 0,05, soit 5 %) ; enfin, pour savoir ce que chaque créancier doit recevoir, il suffit de multiplier le montant de sa créance par le pourcentage de paiement. Cette méthode signifie concrètement que les créanciers chirographaires sont payés au prorata de leurs créances, sans hiérarchie entre eux.

80. – Caractère individuel et procédures collectives. Normalement, chaque créancier doit faire valoir ses droits individuellement.

Le dicton veut qu'en droit civil « le paiement est le prix de la course ». Ceci veut dire que les règles exposées auparavant sont écartées au profit d'une conception individualiste : les premiers à se présenter seront les premiers servis (et donc payés).

Ce régime individualiste est mis de côté lorsque le débiteur est un commerçant ou une personne morale de droit privé : dans ce cas, les saisies deviennent des saisies collectives ; tous les créanciers qui veulent obtenir un paiement sont obligés de s'intégrer dans une procédure collective connue encore sous le nom de « faillite » (la faillite a disparu depuis 1967, au profit depuis 1985 du règlement judiciaire ou de la liquidation judiciaire). Dans le cadre d'une procédure de faillite, le classement tripartite des créanciers (privilégiés, titulaires de sûretés et chirographaires) retrouve toute sa vigueur.

La plupart du temps, dans une procédure collective, le mandataire liquidateur parvient à payer intégralement les créanciers privilégiés, partiellement les créanciers titulaires de sûretés, mais il ne reste souvent plus rien pour les créanciers chirographaires.

Les créanciers peuvent également se protéger par d'autres mesures, dites de conservation.

JURISPRUDENCE
L'exécution sur les biens

Pour la Cour de cassation, deuxième chambre civile, dans le célèbre arrêt *Tapie* du 19 mai 1998, toute exécution forcée implique que le créancier soit muni d'un titre exécutoire à l'égard de la personne même qui doit exécuter ; par conséquent, le titre délivré à l'encontre d'une société n'emporte pas le droit de saisir les biens des associés, fussent-ils tenus indéfiniment et solidairement des dettes sociales, à défaut de titre exécutoire pris contre eux.

Sur un second point, pour la cour, la procédure de saisie-vente ne s'achève que par la vente des biens saisis qui fait sortir ces biens du patrimoine du débiteur, les dispositions de l'article 54 de la loi n° 91-650 du 9 juillet 1991 n'ayant pour objet que de déterminer les créanciers admis à concourir sur le prix de la vente ; dès lors, une cour d'appel retient exactement que la règle d'ordre public de l'arrêt des poursuites individuelles s'applique tant que cette procédure d'exécution n'a pas, par la vente, produit ses effets.

Deux prêts ont été consentis, le 1er décembre 1986, par la SDBO (Société de banque occidentale) qui sera ultérieurement absorbée par le CDR, organisme chargé de la liquidation de certains actifs du Crédit lyonnais ou de la SDBO. Ces prêts, d'un montant total de 42 millions, ont été consentis à la SNC Tapie et Cie, devenue ensuite la SNC Financière et immobilière Bernard Tapie (FIBT). Ils étaient destinés à l'acquisition d'un hôtel particulier, 52, rue des Saints-Pères à Paris (6e). Ils ont été souscrits par actes notariés par la SNC mais non par les époux Tapie, seuls associés de la SNC.

Les 19, 20 et 26 mai 1994, sur demande de la SDBO, les juges de l'exécution de Paris et Nanterre ont autorisé la saisie conservatoire des meubles des époux Tapie pour un montant de 91 millions, meubles se trouvant dans l'hôtel particulier ou dans un garde-meuble. Conversion des saisies conservatoires en saisies-ventes était faite le 3 juin 1994.

Le trésorier du 6e arrondissement fait également procéder, le 16 juin 1994, à des saisies conservatoires sur ces meubles, pour sûreté d'une créance de 59 millions d'impôts dus par les époux Tapie. La conversion en saisies-ventes était faite le 19 août 1994 pour un montant de 10 millions, impôts non contestés.

Le redressement judiciaire de la FIBT intervenait le 30 novembre 1994 et celui des époux Tapie était prononcé le 14 décembre 1994. Les mandataires Pavec et Pierrel se joignaient à la demande des époux Tapie en nullité des saisies.

Le juge de l'exécution de Paris, par décision du 22 mai 1995, prononçait la nullité des conversions en saisie-vente, la mainlevée des saisies conservatoires devenues sans effets en raison de l'ouverture des redressements judiciaires et ordonnait la restitution des meubles saisis aux mandataires Pavec et Pierrel.

La cour de Paris infirmait cette décision le 12 décembre 1995. Deux pourvois ont été formés contre ce même arrêt : par la CDR et par le trésorier du 6e arrondissement ; il convient d'en ordonner la jonction.

Cass. 2e civ., 19 mai 1998, nos 93-12.944 et 93-13.268

« LA COUR :

Attendu, selon l'arrêt confirmatif attaqué (CA Paris, 12 déc. 1995) et les productions, que des saisies conservatoires ont été pratiquées par la Société de Banque occidentale (la SDBO), après avoir été autorisées par des juges de l'exécution, sur des meubles appartenant à M. Tapie et à Mme Mialet-Damianos son épouse, pour sûreté notamment de sommes restant dues à la SDBO, en vertu d'actes notariés de prêt, par la société Financière et immobilière Bernard Tapie (la FIBT), société en nom collectif ayant pour associés les époux Tapie ; que la SDBO a fait signifier à M. et à Mme Tapie, en vertu de ces actes notariés, la conversion des saisies conservatoires en saisie-vente pour paiement d'une certaine somme ; qu'après qu'il avait été procédé à la vérification des biens saisis, les époux Tapie et la FIBT ont saisi le juge de l'exécution en demandant l'annulation des opérations de saisie ; que les mêmes meubles ont été également l'objet, de la part du trésorier principal du 6e arrondissement de Paris (le trésorier principal), et pour le recouvrement d'impôts dus par les époux Tapie, d'une saisie conservatoire convertie en une saisie-vente ayant donné lieu à des procès-verbaux de vérification ; que devant le juge de l'exécution sont intervenus le trésorier principal, ainsi que les mandataires liquidateurs aux liquidations judiciaires, intervenues en cours de procédure, des époux Tapie et de la FIBT, qui se sont prévalus de la suspension des poursuites ; que le juge de l'exécution a déclaré nulle la conversion en saisie-vente des saisies conservatoires pratiquées à la requête de la SDBO, ordonné la mainlevée de ces saisies, ainsi que la mainlevée de la saisie-vente diligentée à la requête du trésorier principal, et ordonné la restitution aux mandataires liquidateurs, par la SDBO, des meubles de M. et de Mme Tapie ; que la SDBO et le trésorier principal ont interjeté appel de ce jugement ;

Sur le moyen unique du pourvoi n° C 96-12.944 :

Attendu que la société CDR Créances, venant aux droits de la SDBO, fait grief à l'arrêt d'avoir déclaré nulle la conversion en saisie-vente des saisies conservatoires pratiquées à la requête de la SDBO sur les meubles de M. et Mme Tapie, et ordonné la mainlevée de ces saisies conservatoires, alors, selon le moyen, que, d'une part, le titre exécutoire dûment établi à l'encontre d'une société en nom collectif vaut également à l'encontre de l'associé en nom d'une société commerciale de ce type, tenu indéfiniment et solidairement des dettes sociales de ladite société sous la seule exigence d'une vaine mise en demeure de la société par acte extrajudiciaire ; que la cour d'appel, en subordonnant la transformation de la saisie conservatoire pratiquée à l'encontre de l'associé en une saisie-vente à l'obtention d'un titre distinct, n'ayant d'autre objet que de constater judiciairement la carence de la société, qui est pourtant légalement constituée par le seul effet de la mise en demeure, a violé ensemble les articles 10, alinéa 2, de la loi du 24 juillet 1966 et 3, 70 et 76 de la loi du 9 juillet 1991 ; alors que, d'autre part, la solidarité établie par la loi à l'égard de l'associé d'une société en nom collectif, si elle a trait à un engagement subsidiaire, produit tous les effets de la solidarité passive, de sorte que le titre exécutoire dressé contre la société, fût-il constitué par un acte notarié, est opposable audit associé de plein droit et le créancier est fondé à en poursuivre l'exécution contre celui-ci sans recourir à l'exigence d'une décision judiciaire à l'égard de l'associé ; que, dès lors, l'arrêt attaqué, en retenant que la banque ne détenait aucun titre à l'égard des époux Tapie, a aussi violé les articles 10, alinéa 2, de la loi du 24 juillet 1966, 3,

70 et 76 de la loi du 9 juillet 1991, 1200 et suivants du Code civil ;

Mais attendu que toute exécution forcée implique que le créancier soit muni d'un titre exécutoire à l'égard de la personne même qui doit exécuter, et que le titre délivré à l'encontre d'une société n'emporte pas le droit de saisir les biens des associés, fussent-ils tenus indéfiniment et solidairement des dettes sociales, à défaut de titre exécutoire pris contre eux ; – que l'arrêt, après avoir constaté que les actes authentiques sur le fondement desquels la conversion en saisie-vente avait été opérée par la SDBO ne visaient pas les époux Tapie, retient à bon droit que le juge de l'exécution n'a méconnu ni l'article 10 de la loi du 24 juillet 1966 ni les effets secondaires de la solidarité, en décidant que la SDBO ne pouvait poursuivre la vente des meubles, saisis à titre conservatoire, sans avoir préalablement obtenu un titre exécutoire à l'encontre de M. et de Mme Tapie ; d'où il suit que le moyen n'est pas fondé ;

Sur le moyen unique du pourvoi n° E 96-13.268 :

Attendu que le trésorier principal fait grief à l'arrêt d'avoir ordonné la mainlevée des saisies conservatoires et de la saisie-vente diligentées à sa requête, alors que, selon le moyen, le jugement de liquidation n'est pas de nature à arrêter ou interdire le déroulement d'une procédure de saisie-vente dès lors qu'est déjà intervenu le procès-verbal de vérification, lequel, en interdisant toute opposition de la part d'autres créanciers, entraîne le dessaisissement du débiteur et confère nécessairement au créancier saisissant un droit acquis sur le produit de la vente des meubles en cause ; qu'en estimant cependant que la saisie-vente en cours n'avait pas atteint son effet, le créancier ne pouvant se prévaloir d'aucun droit acquis, nonobstant le procès-verbal de vérification, la cour d'appel a violé l'article 47 de la loi du 25 janvier 1985, l'article 54 de la loi du 9 juillet 1991 et les articles 117 et suivants du décret du 31 juillet 1992 ;

Mais attendu que la procédure de saisie-vente ne s'achève que par la vente des biens saisis qui fait sortir ces biens du patrimoine du débiteur, les dispositions de l'article 54 de la loi du 9 juillet 1991 n'ayant pour objet que de déterminer les créanciers admis à concourir sur le prix de la vente ; que dès lors l'arrêt retient exactement que la règle d'ordre public de l'arrêt des poursuites individuelles s'applique tant que cette procédure d'exécution n'a pas, par la vente, produit ses effets ; d'où il suit que le moyen n'est pas fondé ;

Par ces motifs, rejette... »

Lecture

La création d'un RMI bancaire : décrets des 11 septembre 2002 et 15 avril 2009 instituant un dispositif d'accès urgent aux sommes à caractère alimentaire figurant sur un compte saisi

Depuis le décret n° 2009-404 du 15 avril 2009, le RMI bancaire est devenu le RSA bancaire.

(Cf. D. Courtillat et F.-J. Pansier, *La création du RMI bancaire : Gaz. Pal.* 3 oct. 2002).

Le décret du 11 septembre 2002, publié au *Journal officiel* du 13 septembre, avait institué un dispositif d'accès urgent aux sommes à caractère alimentaire figurant sur un compte saisi.

Le principe du dispositif est simple en apparence : « Lorsqu'un compte a fait l'objet d'une saisie, son titulaire peut demander au tiers saisi la mise à disposition immédiate, dans la limite du solde créditeur du compte au jour de réception de la demande, d'une somme à caractère alimentaire d'un montant au plus égal à celui du revenu mensuel minimum d'insertion pour un allocataire » (art. 4, modifiant l'article 46 ; al. 1 du décret du 31 juillet 1992). En 2009, le RMI a été remplacé par le RSA.

C'est aujourd'hui l'article L. 162-2 du Code des procédures civiles d'exécution qui prévoit cela : « Le tiers saisi laisse à disposition du débiteur personne physique, dans la limite du solde créditeur du ou des comptes au jour de la saisie, une somme à caractère alimentaire d'un montant égal au montant forfaitaire, pour un allocataire seul, mentionné à l'article L. 262-2 du Code de l'action sociale et des familles.

Lorsque le débiteur est un entrepreneur individuel à responsabilité limitée, le premier alinéa ne s'applique qu'à la saisie des comptes afférents à son patrimoine non affecté ».

Cette réforme a pour principe directeur d'unifier le droit du débiteur objet d'une saisie : quel que soit le type de saisie opérée sur un compte bancaire ou assimilé (saisie-attribution, saisie conservatoire, avis à tiers détenteur ou opposition à tiers détenteur) et quelle que soit l'origine des fonds se trouvant sur le compte, le titulaire ou le cotitulaire non débiteur peut se faire remettre par le banquier une somme équivalente au RSA par le fait de remplir un formulaire. Cette procédure est à la fois simple et rapide.

Origine

Le décret du 11 septembre 2002 participe du souci du législateur d'aider les personnes dont le compte a été l'objet d'une mesure d'exécution, le plus souvent d'une saisie-attribution. Presque toujours, cette procédure est paralysante pour la partie saisie : elle est privée, brusquement, de l'intégralité des fonds déposés sur son compte bancaire (alors même que la vie moderne impose de détenir un tel compte et le virement de fonds sur celui-ci) nonobstant les nombreuses sommes à caractère alimentaire ou considérées comme insaisissables qui peuvent s'y trouver.

Le droit de conserver des fonds insaisissables existait déjà : la loi n° 88-1088 du 1er décembre 1988, instituant le RMI, avait déclaré celui-ci insaisissable. La réforme des voies d'exécution opérée par la loi n° 91-950 du 9 juillet 1991, dans son article 14 (2°), avait affirmé le caractère insaisissable des « provisions, sommes et pensions à caractère alimentaire, sauf pour le paiement des aliments déjà fournis par le saisissant à la partie saisie ».

Le décret du 31 juillet 1992 prévoyait la procédure à suivre dans son article 43 :

« Pour l'application de l'article 14 (2°) de la loi du 9 juillet 1991, le débiteur qui prétend que les sommes reçues par lui ont un caractère alimentaire peut saisir le juge de l'exécution qui déterminera la fraction insaisissable.

Le juge se réfère en tant que de besoin au barème fixé pour déterminer l'insaisissabilité des rémunérations du travail ».

L'inconvénient majeur de cette procédure était que le débiteur saisi devait attendre l'obtention des documents de la part des organismes payeurs, afin de pouvoir justifier de l'origine des fonds et de leur nature insaisissable ; de plus, pour le débiteur non bénéficiaire de créances insaisissables, il fallait introduire une procédure par assignation devant le JEX pour voir l'assiette de la saisie réduite afin de conserver la somme nécessaire à sa survie financière.

Champ d'application du nouveau dispositif

Le nouveau dispositif permet à toute personne titulaire ou cotitulaire d'un compte bancaire de demander à l'établissement la mise à disposition immédiate d'une somme, sans qu'il soit nécessaire de justifier la présence de sommes insaisissables par nature.

Il est utilisable pour toute forme de saisie.

Quant à l'objet de la demande, il est restreint par une double limite :

– la somme revendiquée est plafonnée au RSA, soit 454,63 € actuellement ;

– le solde du compte bancaire – le droit au RSA bancaire n'est pas un droit au découvert !

Information

Cette possibilité de RSA bancaire, pour connaître le succès, passe par une bonne information des saisis : les articles R. 211-3 et R. 523-3 du Code des procédures civiles d'exécution prévoient une mention aux actes de dénonciation de saisie, qu'elle soit saisie conservatoire ou saisie-attribution – « l'indication, en cas de saisie de compte, du montant de la somme à caractère alimentaire laissée à la disposition du débiteur en application de l'article R. 162-2 ainsi que du ou des comptes sur lesquels cette mise à disposition est opérée ». Ces nouvelles exigences sont requises à peine de nullité de l'acte, donc de la procédure.

Nécessité d'une demande par formulaire

À l'origine, selon l'article 46-1 du décret de 1992, la demande était présentée au moyen d'un formulaire dont le modèle était fixé par arrêté conjoint du ministre chargé de l'économie et du ministre de la Justice. Un arrêté du 11 septembre 2002 fixait le modèle du formulaire de demande de mise à disposition de sommes à caractère alimentaire figurant sur un compte saisi.

Aucune demande du débiteur n'est plus nécessaire lorsqu'il est fait application de ce texte.

Pluralité de comptes et de titulaires

En cas de pluralité de comptes, la demande ne peut être présentée que sur un seul compte : « En cas de pluralité de comptes, il est opéré une mise à disposition au regard de l'ensemble des soldes créditeurs ; la somme est imputée en priorité sur les fonds disponibles à vue ».

En cas de pluralité de titulaires d'un compte, le ou les cotitulaires ne peuvent présenter qu'une seule demande. Il ne peut être présenté qu'une seule demande pour une même saisie. Une autre demande peut être formée en cas de nouvelle saisie à l'expiration d'un délai d'un mois à compter de la précédente demande.

L'hypothèse de pluralité de titulaires de compte présente une particularité pour les personnes mariées, car l'article L. 162-9 du Code des procédures civiles d'exécution prévoit :

« Lorsqu'un compte, même joint, alimenté par les gains et salaires d'un époux commun en biens fait l'objet d'une mesure d'exécution forcée ou d'une saisie conservatoire pour le paiement ou la garantie d'une créance née du chef du conjoint, il est laissé immédiatement à la disposition de l'époux commun en biens une somme équivalant, à son choix, au montant des gains et salaires versés au cours du mois précédant la saisie ou au montant moyen mensuel des gains et salaires versés dans les douze mois précédant la saisie.

Les dispositions du deuxième alinéa de l'article R. 162-4 sont applicables.

Le juge de l'exécution peut être saisi, à tout moment, par le conjoint de celui qui a formé la demande ».

Cette disposition ne fait pas obstacle au cumul des soustractions : l'époux commun en biens peut demander le bénéfice de la mesure, et, en même temps, le cotitulaire du compte, s'il en remplit les conditions, doit pouvoir obtenir son « RSA bancaire ». Que restera-t-il au créancier en cas de compte joint, à l'issue de ce double prélèvement ? Rien ou presque pour un grand nombre de foyers.

Notion de mise à disposition

Lorsque le tiers saisi, établissement bancaire, reçoit la demande, il a l'obligation de mettre la somme à la disposition du titulaire du compte. Cette « mise à disposition » signifie que ce dernier peut tout retirer d'un coup ou demander à la banque de conserver la somme afin d'honorer des paiements par chèque ou par carte bancaire. Le risque d'interdiction bancaire peut être ainsi paré : les demandes de paiement de chèque seront honorées à condition que le titulaire du compte laisse, sur la partie hors saisie du compte, les provisions suffisantes.

La possibilité laissée au débiteur de ne pas tout retirer et de laisser sur son compte une partie des fonds soustraits à l'assiette de la saisie va contraindre la banque, de fait, à gérer deux comptes : la somme bloquée et celle qui fait partie du RSA bancaire.

Les sanctions

Au plan civil, « le titulaire du compte qui se ferait remettre, dans le mois suivant la saisie, un montant supérieur à celui qui peut être mis à sa disposition en application des articles qui précèdent peut être condamné, à la demande du créancier, à restituer les sommes indûment perçues et à des dommages et intérêts ». Il s'agit d'un nouveau cas d'action légale en répétition de l'indu qui est créé, donnant à ce quasi-contrat un nouveau lustre. L'action n'est ouverte que si les sommes indûment distraites ont empêché le paiement du créancier saisissant.

Au plan pénal, deux sanctions sont envisageables : le délit de détournement d'objet saisi réprimé à l'article L. 314-6 du Code pénal ou l'organisation frauduleuse d'insolvabilité prévue à l'article L. 314-7 du même code. De fait, ces infractions connaissent déjà et connaîtront encore peu de poursuites. Aussi, la tentation sera grande pour les débiteurs d'obtenir, par la simple remise d'un formulaire, la remise à disposition de fonds.

En conclusion, cette nouvelle disposition ne crée pas réellement de droits nouveaux au profit de la partie saisie, mais facilite les opérations de distraction des sommes non saisissables d'un compte. La saisie du compte bancaire sera sans doute moins efficace.

SECTION 2

LES MESURES DE CONSERVATION

81. – Distinction. Les mesures de conservation ne sont pas des mesures d'exécution. Il s'agit simplement de donner aux créanciers les moyens de se protéger contre un débiteur négligent ou peu scrupuleux, voire malhonnête.

La réforme contient trois dispositions précisant quelles sont les « actions ouvertes au créancier » d'une obligation. Il s'agit de l'action oblique, de l'action paulienne et de l'action directe. Il s'agit donc d'actions attitrées en faveur du créancier d'une obligation. Peu en importe la source, contractuelle, quasi contractuelle, délictuelle, quasi délictuelle ou légale. Ces dispositions s'inscrivent dans le prolongement des articles 2284 et 2285 du Code civil qui reconnaissent aux créanciers, comme on le sait, un droit de gage général sur le patrimoine de leur débiteur. Elles auraient donc leur place dans des articles 2286 et suivants, si ces derniers articles n'étaient pas déjà consacrés à d'autres prérogatives des créanciers.

Ces mesures de conservation peuvent prendre la forme de mesures conservatoires (Sous-section 1) et trouvent leur expression dans les actions mi-conservatoires mi-exécutoires comme l'action oblique (Sous-section 2) ou l'action paulienne (Sous-section 3). Les actions en déclaration (Sous-section 4) et les actions directes (Sous-section 5) sont de la même veine.

SOUS-SECTION 1

LES MESURES CONSERVATOIRES

82. – Intérêt. Les mesures conservatoires visent à empêcher la dilapidation des biens du débiteur, et donc à maintenir la garantie offerte par le « gage général ».

83. – Sources. De nombreuses mesures conservatoires sont prévues par le Code de procédure civile (CPC). Le créancier va s'adresser au juge des référés, auquel il demande de prendre des mesures conservatoires, pour bloquer tel ou tel bien du débiteur. Par exemple, des mesures de séquestre consistant à demander au débiteur de consigner une certaine somme d'argent à titre de garantie permettent de satisfaire le créancier.

Le créancier peut également, lorsque le recouvrement de sa créance est en péril, s'adresser au juge pour lui demander l'autorisation de pratiquer une saisie conservatoire en matière de meubles (saisie du solde des comptes bancaires à concurrence de la somme due au créancier).

En matière immobilière, il peut être autorisé à inscrire au service chargé de la publicité foncière une hypothèque judiciaire provisoire (qui, une fois le titre de condamnation obtenu, sera substituée par l'hypothèque judiciaire définitive). L'immeuble du débiteur sera alors grevé d'une inscription hypothécaire.

84. – Caractères. La mesure conservatoire peut être négative, visant à empêcher un acte d'administration ou de disposition de la part du débiteur, ou positive, permettant au créancier de passer un acte sur le bien :

– ce peut être un acte juridique ou matériel ;

– conservatoire, c'est-à-dire à la fois nécessaire, préventif et de caractère patrimonial.

Ce qui permet de distinguer, parmi les mesures conservatoires, les catégories suivantes (V. C. Brenner, *L'acte conservatoire*, thèse, Paris II, 1996).

§ 1. – Mesures probatoires

85. – L'inventaire. Il permet de dresser la liste de biens présents en début et en fin d'exercice. Si l'inventaire est réalisé contradictoirement, il permet à la partie qui se plaint de la disparition de tout ou partie des éléments confiés à son cocontractant d'établir l'existence du bien disparu.

Malgré le soin qui peut être apporté à sa rédaction, l'inventaire est plus difficilement utilisable pour démontrer l'état du bien. Il convient de rapprocher de l'inventaire l'état des lieux, document établi par les parties à un bail civil ou commercial lors de l'entrée du preneur. C'est ce document qui sert de référence lorsque, en fin de bail, le comportement de ce dernier doit être apprécié.

V., en cas de procédure collective, l'importance de l'inventaire, C. com. art. L. 622-6.

86. – L'expertise *a posteriori*. Les parties en litige ont souvent recours à l'expertise *a posteriori*. Elles demandent, soit en référé, soit par ordonnance avant dire droit de la mise en état, soit par jugement avant dire droit, qu'un spécialiste indépendant et impartial, choisi par le juge sur la liste des experts établie par les magistrats de la cour d'appel, donne son avis sur des données techniques (origine d'une fuite d'eau ou d'un incendie) et fournisse des éléments sur l'étendue du dommage (propositions d'évaluation des différents chefs de préjudice).

Le Code de commerce, dans son article L. 133-4, prévoit une expertise spéciale en matière de transport terrestre :

« En cas de refus des objets transportés ou présentés pour être transportés, ou de contestation de quelque nature qu'elle soit, sur la formation ou l'exécution du contrat de transport, ou à raison d'un incident survenu au cours même et à l'occasion du transport, l'état des objets transportés ou présentés pour être transportés et, en tant que de besoin, leur conditionnement, leur poids, leur nature, etc., sont vérifiés et constatés par un ou plusieurs experts nommés par le président du tribunal de commerce ou, à son défaut, par le juge du tribunal d'instance et par ordonnance au pied d'une requête ».

V., en jurisprudence, Cass. com., 30 juin 2015, n° 13-27.609.

87. – L'instruction *in futurum*. Les parties tentent parfois d'anticiper sur la survenance d'un préjudice. Les mesures d'instruction *in futurum* sont avant tout des mesures d'instruction, autrement dit des moyens judiciaires de parvenir à la preuve de faits, ordonnées à la demande d'un justiciable dans la perspective d'un éventuel procès. Ainsi les propriétaires mitoyens d'un immeuble devant être démoli peuvent redouter les conséquences de cette destruction sur leur propre bâtiment. D'où la demande faite en référé d'une expertise dite « préventive » afin que l'expert puisse constater l'état de l'immeuble avant la démolition, suivre les opérations de destruction et, éventuellement, soit prêt à intervenir immédiatement en cas de difficulté.

Cette expertise est prévue par le Code de procédure civile, à l'article 145 :

« S'il existe un motif légitime de conserver ou d'établir avant tout procès la preuve de faits dont pourrait dépendre la solution d'un litige, les mesures d'instruction légalement admissibles peuvent être ordonnées à la demande de tout intéressé, sur requête ou en référé ».

La doctrine reconnaît une autonomie complète des mesures d'instruction *in futurum* en affranchissant celles-ci de la réglementation applicable aux mesures incidentes et aux procédures rapides (requête et référé). Les seules exigences prises en compte sont celles posées par l'article 145 précité. Cette autonomie est sans doute moins réelle en pratique.

§ 2. – Mesures de mise en sécurité

88. – Scellés. Placer un objet sous scellés revient à demander à un auxiliaire de justice (un huissier, par exemple) ou à un commissaire de police de prendre possession du bien, de le protéger et enfin de le déposer au greffe du tribunal de grande instance. L'intérêt du scellé est d'ordre probatoire ou sécuritaire ; ainsi, lorsqu'une personne constate que des objets contrefaisant sa marque sont vendus, elle a le choix entre demander (sur requête) :

– soit l'achat d'un objet par l'huissier de justice afin de pouvoir démontrer utilement par la suite que l'objet saisi reproduit sa marque ; l'auxiliaire de justice indique le nombre d'objets identiques présents, sans les saisir ;

– soit la saisie de tous les objets contrefaits par l'huissier de justice ou le commissaire de police, en vue de demander leur destruction au tribunal compétent.

Ces deux demandes correspondent aux deux fonctions du scellé : soit constituer une preuve indiscutable de l'acte de contrefaçon – et alors le scellé a une vocation probatoire –, soit retirer du commerce les objets, et alors le scellé est une « mise en sécurité ».

89. – Séquestre. La technique du séquestre consiste à déposer des fonds sur un compte spécialement ouvert à cet effet auprès d'un tiers de confiance. Le « tiers séquestre » naturel en France est la Caisse des dépôts et consignations. L'intérêt est, en cas de litige, de permettre à une partie de remplir ses obligations sans renoncer à défendre son point de vue. Par exemple, en cas de conflit entre un propriétaire et un locataire, ce dernier, s'il estime que le propriétaire ne lui a pas remboursé des travaux pourtant à sa charge, peut décider de consigner les loyers sur un compte de séquestre.

« Le séquestre est ou conventionnel ou judiciaire » (C. civ., art. 1955). S'il est judiciaire, il peut être demandé de façon indépendante (dans le cadre d'un référé), ou dans le cadre de la procédure au fond (ordonnance du juge de la mise en état ou jugement avant dire droit).

§ 3. – Mesures de surveillance

90. – Contrôle de gestion. Une partie peut souhaiter obtenir en justice le contrôle effectif d'une personne morale (société, syndicat de copropriétaires...). La technique de l'expertise a l'inconvénient de ne concerner que le passé et l'expert ne peut intervenir utilement au fur et à mesure des décisions prises. Aussi, la jurisprudence admet, en droit des sociétés, la nomination d'un contrôleur de gestion (Cass. com., 10 janv. 1972 : *JCP G* 1972, II, 17134, note Guyon).

§ 4. – L'administration provisoire

91. – Gestion substituée. Il est des situations bloquées ou graves dans lesquelles ni l'expertise, ni le contrôle de gestion ne peuvent être utiles. Il faut franchir un nouveau pas et remplacer les organes de gestion en place par une personnalité extérieure. Aussi, les juridictions considèrent qu'en cas de divergences au sein d'une personne morale, il est possible de désigner un administrateur provisoire afin d'éviter la paralysie institutionnelle (V. l'arrêt *Fruehauf* rendu par la cour de Paris, le 22 mai 1965 : *D.* 1968, 147 ; *adde* : V. Cass. com., 25 janv. 2005 : *Rev. sociétés* 2006, 828, note B. Lecourt).

Cet administrateur provisoire est choisi par les magistrats sur la liste officielle des experts parmi les experts-comptables. À Paris, une liste spécifique d'administrateurs provisoires est établie.

En général, le juge, dans sa décision de désignation, fixe la durée du mandat de l'administrateur, ce qui renforce son caractère provisoire, que ce terme soit déterminé (par exemple, trois mois, six mois) ou indéterminé (désignation d'un nouveau syndic de copropriété au cours d'une assemblée générale des copropriétaires convoquée par l'administrateur provisoire). Il faut toutefois observer que la loi sur la rénovation urbaine (dite SRU) prévoit, dans ses dispositions sur la copropriété, la possibilité de désigner un administrateur sans terme précis… si ce n'est un retour devant le juge.

§ 5. – Mesures déclaratives

92. – Protestations et réserves. La formule « protestations et réserves » a une vocation universelle. La plupart des demandes d'expertises *a posteriori* ou *in futurum* présentées par une partie sont suivies des « protestations et réserves » de la partie adverse. Dans cette pratique, la formule est presque rituelle et elle n'a pas une grande conséquence sur le travail de l'expert.

En revanche, dans le domaine du transport terrestre, la technique des réserves (au déchargement) revêt une grande importance puisqu'elle est l'expression d'un mécontentement :

– *L'article L. 133-3 du Code de commerce*

« La réception des objets transportés éteint toute action contre le voiturier pour avarie ou perte partielle si dans les trois jours, non compris les jours fériés, qui suivent celui de cette réception, le destinataire n'a pas notifié au voiturier, par acte extrajudiciaire ou par lettre recommandée, sa protestation motivée.

Si dans le délai ci-dessus prévu il est formé une demande d'expertise en application de l'article L. 133-4, cette demande vaut protestation sans qu'il soit nécessaire de procéder comme il est dit au premier alinéa.

Toutes stipulations contraires sont nulles et de nul effet. Cette dernière disposition n'est pas applicable aux transports internationaux ».

Dans les contrats d'entreprise, le contrat de construction ou de réparation connaît le procès-verbal de réception, dans lequel le maître de l'ouvrage peut faire noter des réserves.

– *L'article 1792-6, alinéa 1er du Code civil*

« La réception est l'acte par lequel le maître de l'ouvrage déclare accepter l'ouvrage avec ou sans réserves. Elle intervient à la demande de la partie la plus diligente, soit à l'amiable, soit à défaut judiciairement. Elle est, en tout état de cause, prononcée contradictoirement ».

La réception purge la chose délivrée de ses défauts apparents.

93. – Interruption de la prescription. La prescription traduit le fait que l'écoulement d'un certain laps de temps fait acquérir (prescription acquisitive) ou perdre (prescription extinctive) un droit. Ce laps de temps peut, sauf pour les délais dits « préfix », être interrompu. Une partie peut donc avoir intérêt à interrompre une prescription extinctive afin de conserver ses droits.

Le Code civil prévoit les conditions de cette interruption aux articles 2241 et 2244 (mod. par L. n° 2008-561, 18 juin 2008) :

– *Art. 2241 :* « La demande en justice, même en référé, interrompt le délai de prescription ainsi que le délai de forclusion.

Il en est de même lorsqu'elle est portée devant une juridiction incompétente ou lorsque l'acte de saisine de la juridiction est annulé par l'effet d'un vice de procédure ».

– *Art. 2244 :* « Le délai de prescription ou le délai de forclusion est également interrompu par un acte d'exécution forcée ».

L'acte interruptif, s'il est possible, est d'autant plus intéressant que la prescription est courte. Ainsi, en matière de diffamation par voie de presse, la prescription est de trois mois. Celui qui veut agir contre un journal l'ayant, selon lui, diffamé doit assigner en justice le « média » dans ce délai, et, une fois l'assignation faite, doit renouveler au maximum tous les trois mois des « conclusions interruptives de prescription ». Faute de quoi, son action est prescrite...

94. – Inscription de sûretés. La plupart des sûretés prises sur un bien nécessitent l'accomplissement de publicité, afin de tenir informés les tiers, et en particulier d'alerter les autres créanciers du débiteur.

L'inscription n'a pas que cette vertu. En effet, le principe général civil de distribution de fonds est fondé sur une répartition en fonction de la date d'inscription de la sûreté. L'inscription de la sûreté permet à celle-ci de « prendre date » vis-à-vis des autres créanciers.

Ainsi, l'inscription d'une hypothèque judiciaire provisoire remplit ce seul rôle puisque la créance n'est pas encore déterminée dans son montant.

95. – Déclaration de créance (C. com., art. L. 622-24). Toutes les lois concernant les procédures collectives ont attaché la plus grande importance à la procédure de déclaration de créance. Il est prescrit à tous les créanciers de la personne faisant l'objet de la procédure collective de se manifester auprès de l'administrateur judiciaire afin de faire état de la somme due par la personne en liquidation. Ce texte a été modifié par l'ordonnance n° 2014-326 du 12 mars 2014.

« À partir de la publication du jugement, tous les créanciers dont la créance est née antérieurement au jugement d'ouverture, à l'exception des salariés, adressent la déclaration de leurs créances au mandataire judiciaire dans des délais fixés par décret en Conseil d'État. Lorsque le créancier a été relevé de forclusion conformément à l'article L. 622-26, les délais ne courent qu'à compter de la notification de cette décision ; ils sont alors réduits de moitié. Les créanciers titulaires d'une sûreté publiée ou liés au débiteur par un contrat publié sont avertis personnellement ou, s'il y a lieu, à domicile élu. Le délai de déclaration court à l'égard de ceux-ci à compter de la notification de cet avertissement.

La déclaration des créances peut être faite par le créancier ou par tout préposé ou mandataire de son choix. Le créancier peut ratifier la déclaration faite en son nom jusqu'à ce que le juge statue sur l'admission de la créance.

Lorsque le débiteur a porté une créance à la connaissance du mandataire judiciaire, il est présumé avoir agi pour le compte du créancier tant que celui-ci n'a pas adressé la déclaration de créance prévue au premier alinéa.

La déclaration des créances doit être faite alors même qu'elles ne sont pas établies par un titre. Celles dont le montant n'est pas encore définitivement fixé sont déclarées sur la base d'une évaluation. Les créances du Trésor public et des organismes de prévoyance et de sécurité sociale ainsi que les créances recouvrées par les organismes visés à l'article L. 5427-1 à L. 5427-6 du Code du travail qui n'ont pas fait l'objet d'un titre exécutoire au moment de leur déclaration sont admises à titre provisionnel pour leur montant déclaré. En tout état de cause, les déclarations du Trésor et de la sécurité sociale sont toujours faites sous réserve des impôts et autres créances non établis à la date de la déclaration. Sous réserve des procédures judiciaires ou administratives en cours, leur établissement définitif doit, à peine de forclusion, être effectué dans le délai prévu à l'article L. 624-1. Toutefois, si une procédure administrative d'établissement de l'impôt a été mise en œuvre, l'établissement définitif des créances qui en font l'objet doit être effectué avant le dépôt au greffe du compte rendu de fin de mission par le mandataire judiciaire. Le délai de cet établissement définitif est suspendu par la saisine de l'une des commissions mentionnées à l'article L. 59 du Livre des procédures fiscales jusqu'à la date de réception par le contribuable ou son représentant de l'avis de cette commission ou celle d'un désistement.

Les institutions mentionnées à l'article L. 3253-14 du Code du travail sont soumises aux dispositions du présent article pour les sommes qu'elles ont avancées et qui leur sont remboursées dans les conditions prévues pour les créances nées antérieurement au jugement ouvrant la procédure.

Les créances nées régulièrement après le jugement d'ouverture, autres que celles mentionnées au I de l'article L. 622-17 sont soumises aux dispositions du présent article. Les délais courent à compter de la date d'exigibilité de la créance. Toutefois, les créanciers dont les créances résultent d'un contrat à exécution successive déclarent l'intégralité des sommes qui leur sont dues dans des conditions prévues par décret en Conseil d'État.

Le délai de déclaration, par une partie civile, des créances nées d'une infraction pénale court dans les conditions prévues au premier alinéa ou à compter de la date de la décision définitive qui en fixe le montant, lorsque cette décision intervient après la publication du jugement d'ouverture.

Les créances alimentaires ne sont pas soumises aux dispositions du présent article ».

Le défaut de déclaration dans les délais n'est plus aujourd'hui une cause d'extinction de la créance.

§ 6. – Mesures d'opposition

96. – Saisies conservatoires. Ces mesures font partie de la grande famille des saisies. Toutefois, contrairement aux saisies ordinaires qui ont pour objectif d'appréhender un bien, ces saisies visent à frapper d'indisponibilité les biens saisis.

La loi du 9 juillet 1991, en son article 74, devenu l'article L. 521-1 du Code des procédures civiles d'exécution prévoit le domaine de cette saisie :

« La saisie conservatoire peut porter sur tous les biens mobiliers, corporels ou incorporels, appartenant au débiteur. Elle les rend indisponibles ».

97. – Sûretés judiciaires. La même loi du 9 juillet 1991, article 77, devenu l'article L. 531-1 du Code des procédures civiles d'exécution, définit cette mesure déjà présentée au travers de l'hypothèque judiciaire provisoire : « Une sûreté judiciaire peut être constituée à titre conservatoire sur les immeubles, les fonds de commerce, les actions, parts sociales et valeurs mobilières ». Ces sûretés judiciaires ne sont que des sûretés, comme l'hypothèque judiciaire conventionnelle et le nantissement judiciaire conventionnel.

98. – Oppositions conservatoires. Le législateur emploie le mot « opposition » à tout propos. Il faut donc d'abord circonscrire la catégorie « opposition conservatoire » en précisant ce qu'elle n'est pas. Le législateur parle parfois de droit d'opposition pour désigner une manière de consentir à l'acte. Puisque avoir le droit de consentir c'est aussi avoir le droit de refuser, c'est donc avoir le droit de s'opposer. Le choix pour le législateur entre un consentement préalable ou un droit d'opposition dépend de la politique législative poursuivie : dans le prélèvement *post mortem*, donner un droit d'opposition plutôt qu'exiger un consentement préalable permet d'avoir plus d'organes si la loi était effectivement appliquée.

Le second obstacle vient du fait qu'il est difficile de découvrir, dans les droits d'opposition qui restent (donc normalement ceux qui sont conservatoires), une unité de régime car il y a une cacophonie des régimes de l'opposition conservatoire.

V. le colloque *Existe-t-il un droit d'opposition, prérogative conservatoire des droits de créance ou des droits intellectuels ?*, CEDAG, 30 mars 2006 : *LPA* avr. 2007, n° 6.

Malgré ces difficultés, la liste des oppositions proprement dites est longue.

Code de commerce :

– *Art. L. 141-14 :* « Dans les dix jours suivant la dernière en date des publications prévues à l'article L. 141-12, tout créancier du précédent propriétaire, que sa créance soit ou non exigible, peut former au domicile élu, par acte extrajudiciaire ou par lettre recommandée avec demande d'avis de réception, opposition au paiement du prix. L'opposition, à peine de nullité, énonce le chiffre et les causes de la créance et contient une élection de domicile dans le ressort de la situation du fonds. Le bailleur ne peut former opposition pour loyers en cours ou à échoir, et ce, nonobstant toutes stipulations contraires. Aucun transport amiable ou judiciaire du prix ou de partie du prix n'est opposable aux créanciers qui se sont ainsi fait connaître dans ce délai ».

– *Art. L. 225-205 :* « Lorsque l'assemblée approuve un projet de réduction du capital non motivée par des pertes, le représentant de la masse des obligataires et les créanciers dont la créance est antérieure à la date de dépôt au greffe du procès-verbal de délibération peuvent former opposition à la réduction, dans le délai fixé par décret ».

– *Art. L. 236-14, al. 2 :* « Les créanciers non obligataires des sociétés participant à l'opération de fusion et dont la créance est antérieure à la publicité donnée au projet de fusion peuvent former opposition à celui-ci dans le délai fixé par décret en Conseil d'État. Une décision de justice rejette l'opposition ou ordonne, soit le remboursement des créances, soit la constitution de garanties si la société absorbante en offre et si elles sont jugées suffisantes ».

– *Art. L. 236-19 :* « Le projet de scission n'est pas soumis aux assemblées d'obligataires des sociétés auxquelles le patrimoine est transmis. Toutefois, l'assemblée ordinaire des obligataires peut donner mandat aux représentants de la masse de former opposition à la scission, dans les conditions et sous les effets prévus à l'article 236-14, alinéas 2 et suivants ».

– *Art. L. 236-21 :* « Par dérogation aux dispositions de l'article précédent, il peut être stipulé que les sociétés bénéficiaires de la scission ne seront tenues que de la partie du passif de la société scindée mise à la charge respective et sans solidarité entre elles.

En ce cas, les créanciers non obligataires des sociétés participantes peuvent former opposition à la scission dans les conditions et sous les effets prévus aux alinéas deuxième et suivants de l'article L. 236-14 ».

Code civil :

En matière de dissolution de la société :

– *Art. 1844-5, al.* 3 : « En cas de dissolution, celle-ci entraîne la transmission universelle du patrimoine de la société à l'associé unique, sans qu'il y ait lieu à liquidation. Les créanciers peuvent faire opposition à la dissolution dans le délai de trente jours à compter de la publication de celle-ci. Une décision de justice rejette l'opposition ou ordonne soit le remboursement des créances, soit la constitution de garanties si la société en offre et si elles sont jugées suffisantes. La transmission du patrimoine n'est réalisée et il n'y a disparition de la personne morale qu'à l'issue du délai d'opposition ou, le cas échéant, lorsque l'opposition a été rejetée en première instance ou que le remboursement des créances a été effectué ou les garanties constituées ».

En matière de succession :

– *Art. 882* : « Les créanciers d'un copartageant, pour éviter que le partage ne soit fait en fraude de leurs droits, peuvent s'opposer à ce qu'il y soit procédé hors de leur présence : ils ont le droit d'y intervenir à leurs frais ; mais ils ne peuvent attaquer un partage consommé, à moins toutefois qu'il n'y ait été procédé sans eux et au préjudice d'une opposition qu'ils auraient formée ».

En matière de copropriété, la loi du 10 juillet 1965, article 20 (mod. L. n° 2014-366, 24 mars 2014), prévoit le privilège du syndicat des copropriétaires en cas de vente de l'immeuble, que la vente soit volontaire ou aux enchères publiques :

« I. – Lors de la mutation à titre onéreux d'un lot, et si le vendeur n'a pas présenté au notaire un certificat du syndic ayant moins d'un mois de date, attestant qu'il est libre de toute obligation à l'égard du syndicat, avis de la mutation doit être donné par le notaire au syndic de l'immeuble par lettre recommandée avec avis de réception dans un délai de quinze jours à compter de la date du transfert de propriété. Avant l'expiration d'un délai de quinze jours à compter de la réception de cet avis, le syndic peut former au domicile élu, par acte extrajudiciaire, opposition au versement des fonds dans la limite ci-après pour obtenir le paiement des sommes restant dues par l'ancien propriétaire. Cette opposition contient élection de domicile dans le ressort du tribunal de grande instance de la situation de l'immeuble et, à peine de nullité, énonce le montant et les causes de la créance. Le notaire libère les fonds dès l'accord entre le syndic et le vendeur sur les sommes restant dues. À défaut d'accord, dans un délai de trois mois après la constitution par le syndic de l'opposition régulière, il verse les sommes retenues au syndicat, sauf contestation de l'opposition devant les tribunaux par une des parties. Les effets de l'opposition sont limités au montant ainsi énoncé.

Tout paiement ou transfert amiable ou judiciaire du prix opéré en violation des dispositions de l'alinéa précédent est inopposable au syndic ayant régulièrement fait opposition.

L'opposition régulière vaut au profit du syndicat mise en œuvre du privilège mentionné à l'article 19-1.

II. – Préalablement à l'établissement de l'acte authentique de vente d'un lot ou d'une fraction de lot, le cas échéant après que le titulaire du droit de préemption instauré en application du dernier alinéa de l'article L. 211-4 du Code de l'urbanisme a renoncé à l'exercice de ce droit, le notaire notifie au syndic de la copropriété le nom du candidat acquéreur ou le nom des mandataires sociaux et des associés de la société civile immobilière ou de la société en nom collectif se portant acquéreur, ainsi que le nom de leurs conjoints ou partenaires liés par un pacte civil de solidarité.

Dans un délai d'un mois, le syndic délivre au notaire un certificat datant de moins d'un mois attestant :

1° Soit que l'acquéreur ou les mandataires sociaux et les associés de la société se portant acquéreur, leurs conjoints ou partenaires liés à eux par un pacte civil de solidarité ne sont pas copropriétaires de l'immeuble concerné par la mutation ;

2° Soit, si l'une de ces personnes est copropriétaire de l'immeuble concerné par la mutation, qu'elle n'a pas fait l'objet d'une mise en demeure de payer du syndic restée infructueuse depuis plus de quarante-cinq jours.

Si le copropriétaire n'est pas à jour de ses charges au sens du 2° du présent II, le notaire notifie aux parties l'impossibilité de conclure la vente.

Dans l'hypothèse où un avant-contrat de vente a été signé préalablement à l'acte authentique de vente, l'acquéreur ou les mandataires sociaux et les associés de la société se portant acquéreur, leurs conjoints ou partenaires liés à eux par un pacte civil de solidarité, dont les noms ont été notifiés par le notaire, disposent d'un délai de trente jours à compter de cette notification pour s'acquitter de leur dette vis-à-vis du syndicat. Si aucun certificat attestant du règlement des charges n'est produit à l'issue de ce délai, l'avant-contrat est réputé nul et non avenu aux torts de l'acquéreur ».

§ 7. – Mesures d'intervention

99. – Intervention au sens procédural. L'intervention est le fait pour une partie tiers au litige de s'inviter à la résolution de celui-ci, soit dans son propre intérêt, soit dans l'intérêt d'une autre partie au litige.

Le terme d'intervention comprend l'intervention volontaire ou forcée d'une personne dans le cadre d'une procédure judiciaire, prévue à l'article 330 du Code de procédure civile.

« L'intervention est accessoire lorsqu'elle appuie les prétentions d'une partie. Elle est recevable si son auteur a intérêt, pour la conservation de ses droits, à soutenir cette partie. »

100. – Intervention à titre principal. Ce type d'intervention ne vient pas conforter la position d'une partie au procès. Elle est autonome et vise à préserver ou à établir le droit de la partie tierce. Elle comprend ainsi toute forme d'intrusion d'un tiers dans un procès, comme, par exemple celle des créanciers de l'usufruitier :

« Les créanciers de l'usufruitier peuvent intervenir dans les contestations, pour la conservation de leurs droits ; ils peuvent offrir la réparation des dégradations commises, et des garanties pour l'avenir » (C. civ., art. 618, al. 2).

Il est possible de qualifier encore d'intervention la surenchère lors d'une vente immobilière : en effet, le bien immobilier adjugé lors d'une audience aux enchères publiques n'est pas définitivement cédé :

« La surenchère prévue par le second alinéa de l'article 459 du Code civil est faite, dans les dix jours qui suivent l'adjudication, par déclaration au greffe du tribunal dans le ressort duquel réside le notaire qui a procédé à la vente » (CPC, art. 1280, al. 1er).

SOUS-SECTION 2

L'ACTION OBLIQUE

101. – Définition. Le créancier peut également se protéger en engageant une action oblique, prévue par l'ancien article 1166 du Code civil :

« Néanmoins les créanciers peuvent exercer tous les droits et actions de leur débiteur, à l'exception de ceux qui sont exclusivement attachés à la personne ».

La technique avait été reprise par le projet de réforme du Code civil :

« *Art. 1331-1.* – Lorsque l'inaction du débiteur compromet les intérêts du créancier, celui-ci peut, au nom du débiteur, exercer tous les droits et actions de celui-ci, à l'exception de ceux qui sont exclusivement attachés à la personne ».

L'ordonnance du 10 février 2016 a réécrit ce texte à l'article 1341-1 du Code civil :

« Lorsque la carence du débiteur dans l'exercice de ses droits et actions à caractère patrimonial compromet les droits de son créancier, celui-ci peut les exercer pour le compte de son débiteur, à l'exception de ceux qui sont exclusivement rattachés à sa personne ».

Il n'était sans doute pas nécessaire de réécrire l'article 1166 du Code civil, car la jurisprudence dégagée depuis de nombreuses années avait apporté pratiquement tous les éclaircissements attendus.

L'action oblique consiste, pour un créancier, à exercer les droits et actions de son débiteur à l'encontre des débiteurs de celui-ci afin de faire entrer dans le patrimoine dudit débiteur les fonds relatifs à ces droits et actions. Il s'agit plus précisément de « faire entrer matériellement dans le patrimoine un droit qui y figure déjà » (V. Mazeaud et Chabas). Le législateur ou, plus exactement, les rédacteurs du projet d'ordonnance, ont choisi d'insérer ces textes dans la partie réservée au régime de l'obligation. Il est vrai que l'on enseigne généralement le droit de l'action oblique ou de l'action paulienne dans le régime de l'obligation et que tous les traités et manuels de droit civil suivent cette tradition. Il n'en demeure pas moins qu'il eût été plus logique de placer les dispositions en cause sous des articles 2285-1 et suivants.

102. – Présentation. Supposons un débiteur et un créancier. Le créancier est titulaire contre son débiteur d'une créance. Il se peut que le débiteur soit lui-même créancier d'autres personnes (ici les débiteurs A, B, et C) et omette d'agir contre celles-ci, soit par pure négligence (le débiteur sait qu'agir contre ses propres débiteurs ne lui rapportera personnellement rien, puisque l'enrichissement de son patrimoine sera prélevé par son créancier), soit par malveillance, voire par fraude (le débiteur principal s'est entendu avec ses propres débiteurs).

Dans ces conditions, le débiteur s'appauvrit : l'action oblique permet ainsi au créancier de se substituer au débiteur pour éviter un dépérissement de la situation. L'action est hybride, à mi-chemin de la mesure conservatoire et de la mesure d'exécution. Elle donne au créancier le moyen d'assurer le paiement de sa créance.

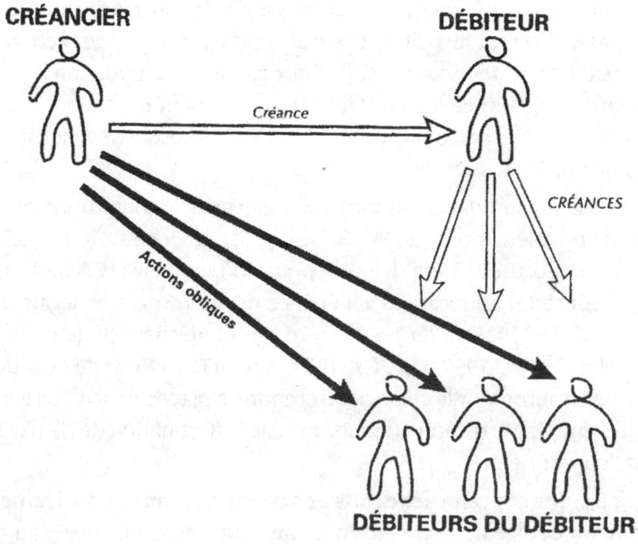

Si l'action oblique aboutit, le patrimoine du débiteur s'enrichit ; tous les créanciers du débiteur en profitent et pas seulement le créancier demandeur.

L'action oblique permet de vaincre l'inertie du débiteur, mais il ne s'agit pas de réduire le débiteur à l'état d'incapacité. Les intérêts des créanciers doivent se combiner avec ceux du débiteur. Cet équilibre explique le mécanisme même de l'action oblique.

L'action oblique est distincte de l'action paulienne : « ayant statué sur une action oblique en application de l'article 1166 du Code civil, quand elle était saisie d'une action paulienne fondée sur l'article 1167 du même code, la cour d'appel a méconnu l'objet du litige » (Cass. 1re civ., 28 mars 2008, n° 07-11.946, inédit).

§ 1. – Domaine de l'action oblique

103. – Domaine. L'ancien article 1166 du Code civil visait tous les « droits et actions du débiteur ». Le nouvel article 1341-1 du Code civil vise, quant à lui, les « droits et actions à caractère patrimonial ».

Le créancier peut, par la voie oblique, mettre en œuvre tous les droits que son débiteur détient sur les tiers. Le texte nouveau a maintenu l'expression « droits et actions » retenue par l'article 1166. L'action oblique n'a donc pas simplement pour objet les actions en paiement dont le débiteur est titulaire. Elle ne vise cependant pas les simples facultés qui permettent au créancier, le cas échéant, d'administrer avantageusement son patrimoine.

Sont visés :

– les créances et droits dont le débiteur est investi ;

– les mesures conservatoires : inscription d'un droit soumis à publicité, interruption de prescription, saisie conservatoire, déclaration de créance ;

– la revendication d'un bien ;

– de même que les mesures d'exécution : action en résolution, action en partage, action en garantie…

104. – Limites. Il y a tout de même deux limites.

En premier lieu, on considère que **les actes de gestion et d'administration** qui ont pu être faits par le débiteur ne peuvent être attaqués par la voie de l'action oblique. Par exemple, le créancier ne peut contester le choix par le débiteur de son locataire, ni, sans doute, l'exercice d'une simple faculté. De même, il ne peut contraindre son débiteur à contracter une assurance non obligatoire. Mais il peut imposer à son locataire le respect d'une clause de non-concurrence.

L'analyse de la jurisprudence montre une ouverture contemporaine de l'action oblique. Dans la première moitié du xxe siècle, la jurisprudence avait décidé qu'un créancier ne pouvait se substituer à son débiteur pour donner congé (CA Paris, 13 déc. 1900 : S. 1904, II, 78), contester au locataire le bénéfice de la prorogation légale du bail (Cass. civ., 26 janv. 1928 : *DH* 1928, p. 216) ou encore agir en déchéance du maintien dans les lieux (T. civ. Seine, 19 déc. 1950 : *Gaz. Pal.* 1951, 1, p. 143). La Cour de cassation a favorisé l'action oblique en autorisant le créancier à prendre la place de son débiteur pour imposer le respect d'une clause de non-concurrence, de la destination des lieux loués ou d'un règlement de copropriété.

Une seconde limite concerne **les droits et actions qui sont exclusivement attachés à la personne du débiteur**. Le créancier, ici, ne peut pas se substituer au débiteur, car l'intervention confinerait à l'immixtion. Cet interdit a été intégré au nouvel article 1341-1 du Code civil, qui limite l'action oblique aux « droits et actions à caractère patrimonial » et « à l'exception de ceux qui sont exclusivement rattachés à sa personne ».

L'exception vise :

– les actions d'État ;

– l'action en révocation d'une donation ;

– l'action en réparation d'un préjudice moral ;

– l'action en révocation d'une stipulation pour autrui.

C'est ce qu'a jugé la première chambre civile, le 3 juin 1998 : ayant relevé que l'opportunité de demander l'autorisation de disposer du bien que le gratifié avait accepté de recevoir frappé d'inaliénabilité était subordonnée à des considérations d'ordre moral et familial inhérentes à la donation, la cour d'appel en a déduit à bon droit que l'action tendant à être autorisée à disposer du bien, prévue par l'article 900-1 du Code civil au profit du donataire, était exclusivement attachée à la personne de celui-ci, de sorte qu'elle ne pouvait être exercée par un créancier à la place de son débiteur (*Defrénois* 1999, art. 36928).

L'action oblique peut être utilisée par une action en répétition de l'indu (Cass. 3e civ., 11 févr. 2015, n° 14 10.266).

Certains auteurs se sont demandé si l'on pouvait, par la voie de l'action oblique, intenter une action visant à défendre la vie privée. Cette action de défense de la vie privée peut avoir des conséquences pécuniaires si le débiteur refuse d'agir : le créancier ne pourra pas se substituer à lui, parce que cette action présente un caractère moral, attaché à la personne.

§ 2. – Conditions d'exercice de l'action oblique

105. – Condition tenant au débiteur. Il faut que le débiteur soit **négligent, voire passif** : si le débiteur exerce lui-même ses droits, le créancier ne peut agir en ses lieu et place.

La première d'entre elles est la carence du débiteur, ce qui se comprend aisément, car si le débiteur exerce ses droits, on ne voit pas quel serait l'intérêt fondant l'intervention des créanciers. Cette carence est au demeurant établie dès l'instant que le débiteur ne justifie d'aucune diligence dans l'exercice de ses droits.

Le texte proposé par la réforme entérinait cette évolution en parlant d'« inaction du débiteur » de nature à « compromettre les droits du créancier ». Le terme inaction est sans doute bien choisi : c'est cette carence qui autorise l'ingérence du créancier dans les affaires du débiteur. Le nouvel article 1341-1 du Code civil a retenu le terme de « carence du débiteur ».

Mais encore faut-il que cette inaction mette en péril les droits du créancier. En utilisant l'expression « compromettre les droits du créancier », le texte s'aligne sur les solutions dégagées par la jurisprudence, tout en répondant à la question de savoir si l'action oblique est une action principale ou subsidiaire. La condition tenant au préjudice dont le créancier doit faire état absorbe une telle question. Le nouveau texte n'exige pas, non plus, que la créance cause de l'action soit une créance de somme d'argent : c'est bien la protection du créancier qui est en cause.

106. – Conditions tenant au créancier. Le créancier qui s'engage dans l'action oblique, et n'ayant pas nécessairement un titre exécutoire, doit néanmoins justifier, au jour du jugement, d'une **créance certaine, liquide et exigible** ; mais peu importe que cette créance soit antérieure aux droits du débiteur.

Le créancier doit également justifier d'un **intérêt pour agir**. En effet, le créancier va s'immiscer dans le patrimoine du débiteur. Le créancier a un intérêt lorsque l'actif du débiteur n'est pas suffisant pour garantir le paiement du créancier.

§ 3. – Effets de l'action oblique

107. – Effet à l'égard du défendeur à l'action oblique. Le créancier qui exerce l'action oblique agit pour le compte de son débiteur et non pour lui-même. Supposons que Fabrice doive 100 € à Frédéric ; Fabrice est, à son tour, créancier d'Alain à hauteur de 200 €. Devant l'inertie de Fabrice pour recouvrer sa créance auprès d'Alain, Frédéric peut réclamer à Alain, au nom de Fabrice, le versement des 200 €.

À l'égard d'Alain (le défendeur à l'action oblique), celui-ci se trouve dans la même situation juridique, que le paiement de sa dette de 200 € lui soit réclamé par Fabrice ou par Frédéric. Ce qui signifie que les exceptions qui pouvaient être invoquées par Alain à l'encontre de Fabrice peuvent être utilement soulevées lorsque Frédéric vient demander son paiement. Alain peut ainsi dire qu'une contre-lettre existe entre Fabrice et lui et, en réalité, la somme de 200 € n'est pas due, s'agissant d'un prêt fictif. Toutes les exceptions que le défendeur à l'action publique pouvait opposer au créancier principal peuvent être invoquées pour refuser le paiement à celui qui agit par action oblique. Peu importe que l'exception existe en raison d'une cause antérieure à la demande en paiement ou qu'elle soit intervenue en cours de procédure.

Quant aux défendeurs, ils ne sont tenus que dans la limite de leurs propres obligations (règle de l'opposabilité des exceptions).

108. – Effet à l'égard du débiteur. De son côté, le débiteur n'est pas dessaisi et rien ne lui interdit d'engager une action même après un jugement de condamnation prononcée contre ses propres débiteurs. Pour reprendre l'exemple précédent, l'action exercée par Frédéric pour obtenir le paiement d'Alain ne dessaisit pas Fabrice. Ce dernier peut, à son tour, exercer une action en paiement contre son débiteur, mais il peut encore renoncer à sa créance ou transiger. Sont ainsi opposables des exceptions qui n'existaient pas le jour où le créancier a décidé d'agir par voie oblique.

La règle vaut même si un jugement est intervenu entre le créancier par voie oblique et le défendeur à l'action ; autrement dit, si Frédéric obtient un jugement définitif de condamnation d'Alain, Fabrice peut-il encore renoncer à sa créance ou transiger ? La jurisprudence a répondu positivement à cette interrogation. Lorsque le créancier agit par voie oblique, il poursuit le débiteur au nom de son débiteur négligent. Toutefois « agir pour le compte » ne signifie pas « représenter ».

L'autorité de la chose jugée ne peut jouer : n'ayant pas été partie au procès, le débiteur ne peut être considéré comme lié par la décision intervenue entre son propre créancier et le défendeur à l'action oblique. Pour que cette autorité puisse jouer, il faut mettre en cause le débiteur. À ce moment-là, le débiteur négligent sera une des parties au jugement et donc tenu par la décision de justice sur l'action oblique.

109. – Succès de l'action. Si l'action oblique aboutit, le créancier n'en retire aucun privilège. Le produit de l'action tombe dans le patrimoine du débiteur et profite à l'ensemble des créanciers. Le créancier peut donc agir même si la créance de son débiteur excède ce qui lui est dû.

Ainsi, si Frédéric obtient le paiement par Alain de la somme de 200 €, il ne peut conserver à son seul profit les 100 € que Fabrice lui doit. Le produit de l'action, les 200 €, n'est pas destiné seulement à Frédéric mais il vient accroître le patrimoine de Fabrice. Il est le gage commun à tous les créanciers de Fabrice.

Cette conséquence vient du fait que l'action oblique est exercée au nom du débiteur : si le débiteur avait poursuivi son propre débiteur, les sommes perçues auraient regagné son patrimoine. C'est ce qui se passe lorsqu'une personne agit par voie oblique. Le créancier qui exerce l'action oblique n'est pas privilégié et c'est ce qui explique le peu de succès de cette action. Elle ne peut être utile que lorsque le créancier qui agit pense, à tort ou à raison, être le seul à pouvoir profiter des sommes qui seront réintégrées dans le patrimoine de son débiteur. Sinon, il est difficile d'imaginer pour quel motif le créancier tenterait de recouvrer une créance… dont il ne profite que modérément.

JURISPRUDENCE
L'action oblique

Il résulte de l'ancien article 1166 du Code civil que le créancier agissant par la voie oblique exerce l'action de son débiteur.

I. Action oblique et donations avec clause d'inaliénabilité

La Cour de cassation a eu l'occasion d'appliquer ce texte aux donations comprenant une clause d'inaliénabilité.

Selon l'article 900-1 du Code civil, le donataire d'un bien affecté d'une clause d'inaliénabilité peut être autorisé à disposer de ce bien si l'intérêt qui avait justifié la clause a disparu ou s'il advient qu'un intérêt plus important l'exige. Une veuve avait fait donation à sa fille en avancement d'hoirie d'un ensemble de maisons et de deux parcelles boisées, en stipulant une réserve d'usufruit à son profit, un droit de retour, ainsi que l'interdiction pour la donataire d'aliéner les biens donnés. Une cour d'appel avait autorisé le liquidateur judiciaire de la donataire à vendre ces biens. Pour ce faire, la cour a retenu que l'intérêt plus important que celui dont peut se prévaloir la donatrice n'est pas forcément celui de la donataire à payer ses créanciers, mais aussi bien celui des créanciers eux-mêmes, et qu'en l'espèce, l'intérêt pour la donatrice au maintien de la clause d'inaliénabilité était moins important que celui des créanciers de la donataire.

La Cour de cassation a censuré cette décision au motif que l'action du liquidateur exercée par la voie oblique est soumise aux conditions de celle ouverte à la débitrice et qu'il incombait au liquidateur de démontrer que l'intérêt de la donataire était supérieur à celui de la donatrice ayant justifié l'insertion de la clause d'inaliénabilité : une veuve ayant fait donation à sa fille en avancement d'hoirie d'un ensemble de maisons et de deux parcelles boisées, en stipulant une réserve d'usufruit à son profit, un droit de retour, ainsi que l'interdiction pour la donataire d'aliéner les biens donnés, a violé les textes précités une cour d'appel qui, pour autoriser le liquidateur judiciaire de la donataire à vendre ces biens, a retenu que l'intérêt plus important que celui dont peut se prévaloir la donatrice n'est pas forcément celui de la donataire à payer ses créanciers, mais aussi bien celui des créanciers eux-mêmes, et qu'en l'espèce, l'intérêt pour la donatrice au maintien de la clause d'inaliénabilité était moins important que celui des créanciers de la donataire, alors que l'action du liquidateur exercée par la voie oblique est soumise aux conditions de celle ouverte à la débitrice et qu'il incombait au liquidateur de démontrer que l'intérêt de la donataire était supérieur à celui de la donatrice ayant justifié l'insertion de la clause d'inaliénabilité (Cass. 1re civ., 12 janv. 2000 : *Bull. civ.* 2000, I, n° 3 ; *LPA* 12 juill. 2000, p. 25, note N. Nevejans ; *Gaz. Pal.* 2000, somm. p. 2543, et les obs.).

Cette jurisprudence a été confirmée par la suite : a été cassé l'arrêt d'une cour d'appel qui a déclaré le représentant des créanciers du donataire, en liquidation judiciaire, recevable et fondé à solliciter l'autorisation d'aliéner un bien donné à celui-ci malgré la clause d'inaliénabilité dont ce dernier était grevé (Cass. 1re civ., 29 mai 2001 : *Bull. civ.* 2001, I, n° 150 ; *JCP* G 2001, I, 360, n° 4, obs. Cabrillac ; *JCP* G 2002, I, 178, n° 10, obs. Le Guidec ; *RJPF* nov. 2001, p. 42, note Casey ; *AJF* 2001, p. 27, et les obs. ; *RTD civ.* 2001, p. 644, obs. Patarin ; *ibid.*, p. 882, obs. Mestre et Fages. – Cass. 1re civ., 3 avr. 2002 : *RJPF* juill.-août 2002, p. 38, obs. Casey ; *Dr. famille* 2002, n° 92, obs. Beignier. – Déjà en ce sens : Cass. 1re civ., 3 juin 1998 : *Bull. civ.* 1998, I, n° 192 ; *JCP* G 1998, II, 10167, note Casey ; *ibid.*, I, 177, nos 14 et s., obs. Loiseau ; *ibid.* 1999, I, 132, n° 6, obs. Le Guidec ; *Defrénois* 1999, p. 93, note X. Savatier ; *Dr. famille* 1998, n° 90, obs. Beignier ; *RTD civ.* 1998, p. 677, obs. Mestre ; *ibid.* p. 963, obs. Patarin).

II. Autres actions concernées par l'action oblique

Ayant relevé que le syndicat était créancier d'un copropriétaire pour les charges que ce dernier lui avait fait indûment supporter, et jugé que le copropriétaire était bien fondé à obtenir, sous forme de dommages-intérêts, la réparation du préjudice occasionné par la mauvaise gestion et les fautes de cet ancien syndic, la cour d'appel a légalement justifié sa décision de ce chef en retenant que, s'agissant de sa demande de quote-part de charges, l'intéressé ne remplissait pas les conditions d'exercice de l'action oblique (Cass. 1re civ., 6 oct. 1999 : *Bull. civ.* 1999, III, n° 200 ; *JCP* G 2000, II, 10242, note A. Perdriau). En revanche, toujours dans le domaine de la copropriété, l'action oblique peut être engagée par le syndicat des copropriétaires à l'encontre des occupants sans titre d'un lot pour le paiement de charges impayées (CA Paris, 6e ch. C, 20 juin 2000 : *D.* 2001, somm. p. 351, obs. C. Atias ; *Loyers et copr.* 2001, comm. 25 ; *Rev. loyers* 2000, p. 508, note J.-M. Gelinet).

L'action oblique est possible pour une action en répétition de l'indu :

Cass. 3e civ., 11 févr. 2015, n° 14-10.266

« Attendu, selon les arrêts attaqués (Rouen, 19 juin 2013 et 6 novembre 2013), que M. et Mme Y...-X... ont cédé, à effet du 30 juin 1990, à leur fille, Mme Martine Y... alors épouse Z..., une partie de leur exploitation pour laquelle ils bénéficiaient d'un bail consenti par les consorts A... ; que le reste de l'exploitation a fait l'objet d'une seconde cession par acte du 1er janvier 1993 ; qu'en 1996, Mme A... épouse B... a donné à bail à M. et Mme Z... les terres qu'ils exploitaient pour une durée de 18 ans avec effet rétroactif au 29 septembre 1995 et leur a vendu le corps de ferme ; que M. Z..., en instance de divorce, a, en 2010, sollicité le remboursement par M. et Mme Y... de sommes versées par les époux entre 1990 et 1996 ;

Sur le premier moyen :

Attendu que M. et Mme Y... font grief à l'arrêt de rejeter le moyen d'irrecevabilité tiré du défaut de qualité de M. Z... à exercer l'action en répétition de l'indu prévue à l'article L. 411-74 du Code rural et de la pêche maritime et de juger en conséquence l'action recevable, alors, selon le moyen :

1°/ que n'a pas qualité à agir sur le fondement de l'article L. 411-74 du Code rural et de la pêche maritime en répétition de l'indu à l'encontre du preneur sortant, le conjoint du preneur entrant, quand bien même ces derniers seraient-ils mariés sous le régime de la communauté de biens réduite aux acquêts, dès lors que l'action prévue par cet article n'appartient qu'au preneur entrant ou à ses héritiers ; qu'en affirmant le contraire, la cour d'appel a violé l'article L. 411-74 du Code rural et de la pêche maritime ;

2°/ que le conjoint du preneur entrant n'est pas plus recevable à agir sur le fondement de l'article L. 411-74 du Code rural et de la pêche maritime à l'encontre du preneur sortant, en se prévalant des dispositions de l'article 1166 du Code civil, dès lors que le bail rural et les droits et actions qui y sont attachés sont des droits personnels exclusivement attachés au titulaire du bail ; qu'en affirmant que M. Z... pouvait, en tout état de cause, se prévaloir de l'article 1166 du Code civil et de l'action oblique qu'il institue pour exercer l'action en répétition de l'indu sur le fondement de l'article L. 411-74 du Code rural et de la pêche maritime, dès lors qu'il ne s'agissait pas "d'une action exclusivement attachée à la personne de son épouse", la cour d'appel a violé les articles L. 411-74 du Code rural et de la pêche maritime et 1166 du Code civil, ensemble l'article 1404 du Code civil ;

Mais attendu que dès lors qu'il agissait contre le preneur sortant et non contre le bailleur, de sorte qu'il ne s'agissait pas d'une action dérivée du bail rural, la cour d'appel a exactement retenu que M. Z... n'exerçait pas une action exclusivement attachée à la personne de son épouse et pouvait se prévaloir des dispositions de l'article 1166 du Code civil pour exercer l'action en répétition de l'indu que cette dernière s'abstenait de mettre en œuvre ;

D'où il suit que le moyen n'est pas fondé (...) »

III. L'action oblique suppose la démonstration de la faute du débiteur

La carence du débiteur de la partie exerçant l'action oblique se trouve établie lorsqu'il ne justifie d'aucune diligence dans la réclamation de son dû.

Cass. 1re civ., 28 mai 2002 : *Bull. civ.* 2002, I, n° 145 ; *D.* 2002, p. 3041, note Perruchot-Triboulet ; *D.* 2002, somm. p. 2836 et les obs. ; *Gaz. Pal.* 2002, somm. p. 1084 ; *D.* 2002, inf. rap. p. 2233

« *Sur le moyen unique, pris en sa première branche* :

Vu l'article 1166 du Code civil ;

Attendu que la carence du débiteur de la partie exerçant l'action oblique se trouve établie lorsqu'il ne justifie d'aucune diligence dans la réclamation de son dû ;

Attendu que, par arrêts des 5 mai et 10 décembre 1991, Albert Murat a été condamné à rembourser aux époux Chabrie le prix d'une vente immobilière annulée, puis de les garantir du remboursement d'un prêt contracté par eux auprès de la Caisse d'épargne Aquitaine-Nord ;

Attendu que, pour débouter la Caisse d'épargne agissant par la voie oblique contre Albert Murat puis contre ses héritiers bénéficiaires, l'arrêt énonce qu'elle n'établit pas l'inertie prolongée et injustifiée des époux Chabrie envers ceux-ci, défendeurs à la procédure, quelque jugement que l'on puisse porter sur l'attitude des consorts Murat, et sans qu'il y ait lieu de prendre en considération l'absence à l'instance des époux Chabrie, régulièrement assignés en reconnaissance de leur carence coupable qui profiterait à l'organisme financier, aucune collusion frauduleuse ne pouvant être retenue entre les défendeurs ; qu'en statuant ainsi, la cour d'appel a violé le texte susvisé ;

(...) Par ces motifs, et sans qu'il y ait lieu de statuer sur la deuxième branche du moyen :

Casse et annule, dans toutes ses dispositions, l'arrêt rendu le 17 novembre 1999, entre les parties, par la cour d'appel d'Agen ; remet, en conséquence, la cause et les parties dans l'état où elles se trouvaient avant ledit arrêt et, pour être fait droit, les renvoie devant la cour d'appel de Pau (...) »

La justification de diligences prive de fondement le recours à l'action oblique :

Cass. 1re civ., 5 avr. 2005 : *Bull. civ.* 2005, I, n° 167 ; *D.* 2005, inf. rap. p. 1176 ; *RTD civ.* 2005, 598, obs. Mestre et Fages

« Attendu que les époux X..., mariés sous le régime de la séparation de biens, ont acquis indivisément, par moitié un immeuble et un fonds de commerce ; qu'après leur divorce, la société Bail équipement (la société), créancière de M. Y..., a assigné ce dernier en partage-licitation des biens immobiliers ; que pour s'opposer à la demande, Mme Z... a invoqué l'existence, au profit de M. Y..., d'une donation déguisée dont elle a sollicité la nullité, en soutenant avoir financé entièrement l'acquisition ;

Sur le premier moyen, pris en ses deux branches (...)

Mais sur le second moyen, pris en sa première branche :

Vu l'article 1166 du Code civil ;

Attendu que la carence du débiteur de la partie exerçant l'action oblique se trouve établie lorsqu'il ne justifie d'aucune diligence dans la réclamation de son dû ;

Attendu que pour déclarer la société fondée à exercer une action oblique à l'encontre de M. Y..., l'arrêt énonce que, si ce dernier justifie avoir agi en révocation de donation à l'encontre de Mme Z..., il s'est abstenu de solliciter le partage requis, caractérisant ainsi son inaction ;

Qu'en se déterminant ainsi alors qu'en assignant Mme Z... en révocation des donations et en inscrivant une hypothèque provisoire sur les biens de celle-ci, M. Y... avait justifié de diligences dans la réclamation de son dû de sorte que le recours à l'action oblique était alors privé de fondement, la cour d'appel a violé le texte susvisé ;

Par ces motifs :

Casse et annule. »

Les procédures collectives suspendent le jeu de l'action oblique : viole l'article 1166 du Code civil et l'article 152 de la loi du 25 janvier 1985 (devenu C. com., art. L. 622-9) la cour d'appel qui déclare recevable l'action oblique exercée par le créancier d'une société en liquidation judiciaire dont le représentant s'abstenait de procéder au recouvrement d'une créance contre l'un de ses débiteurs. Pendant toute la durée de la liquidation, les droits et actions du débiteur concernant son patrimoine sont exercés par le liquidateur auquel aucun créancier ne peut se substituer pour recouvrer, fût-ce par voie oblique, une créance de la personne soumise à cette procédure collective (Cass. com., 3 avr. 2001 : *Defrénois* 2001, p. 1054, note E. Savaux). De même, si les associés d'une société dissoute qui survit pour les besoins de sa liquidation ont un droit ouvert au partage du reliquat de l'actif après paiement du passif, ils ne sont pas pour autant des créanciers habiles à agir en lieu et place de la société par application de l'article 1166 du Code civil (Cass. 1re civ., 2 oct. 2002 : *Rev. sociétés* 2003, p. 291, obs. B. Saintourens).

IV. L'action oblique suppose l'intérêt à agir du débiteur

Le créancier personnel d'un indivisaire dispose d'une action en partage si la carence de son débiteur est de nature à compromettre ses droits. Une société ayant assigné son débiteur et des époux en partage de l'indivision existant entre eux et licitation du bien indivis, doit être cassé l'arrêt qui, pour faire droit à la demande de la société créancière, retient que le fait que son débiteur ait une dette à l'égard de ses coïndivisaires, susceptible d'être supérieure au montant de ses droits dans l'indivision, n'exclut pas qu'il puisse provoquer le partage, ayant en tout état de cause intérêt à sortir de l'indivision pour mettre fin aux charges dont il est redevable envers ses coïndivisaires et qui s'accroissent tant qu'il y demeure et à voir apurer ses dettes. En statuant ainsi, sans faire apparaître que le partage de l'indivision et la licitation du bien présentaient effectivement pour la société un intérêt que la carence de son débiteur aurait compromis, la cour d'appel a privé sa décision de base légale au regard de l'article 815-17 auquel renvoient les articles 1873-15 et 1166 du Code civil (Cass. 1re civ., 11 mars 2003 : *Bull. civ.* 2003, I, n° 65).

Un arrêt de la première chambre civile du 19 septembre 2007 déduit l'intérêt à agir de l'absence d'offre de paiement :

Cass. 1re civ., 19 sept. 2007, n° 06-15.895

« *Sur le premier moyen, pris en ses deux branches, ci-après annexé :*

Attendu que les griefs de ce moyen ne sont pas de nature à permettre l'admission du pourvoi ;

Sur le deuxième moyen, pris en ses deux branches, ci-après annexé :

Attendu que les époux X... font grief à l'arrêt attaqué (Paris, 22 mars 2006) d'avoir ordonné l'ouverture des opérations de comptes, liquidation et partage de l'indivision existant entre eux sur le pavillon situé..., à Saint-Germain-Lès-Corbeil, et dit que, sur poursuites du Crédit lyonnais, il sera procédé à la vente dudit pavillon à la barre du tribunal, sur la mise à prix de 28 000 € ;

Attendu qu'après avoir relevé que le prêt avait été consenti à M. Y... et à Mlle Z... et constaté que les revenus de ceux-ci n'étaient pas précisés, les juges du fond ont souverainement estimé que M. X... n'établissait pas que la situation financière des débiteurs principaux était lourdement obérée ; que la cour d'appel, qui n'a pas inversé la charge de la preuve, a, par ces seuls motifs, légalement justifié sa décision ;

Sur le troisième moyen, pris en ses deux branches, ci-après annexé :

Attendu que les époux X... font le même grief à l'arrêt ;

Attendu qu'ayant constaté, par motifs adoptés, que la mise en demeure adressée à M. X... était restée sans effet, la cour d'appel, qui a fait ressortir que ce dernier n'avait formulé aucune offre de paiement, a caractérisé l'intérêt sérieux et légitime justifiant l'exercice par la banque de l'action oblique en partage ; que le moyen n'est pas fondé ;

Par ces motifs :

Rejette le pourvoi (...) »

Cass. 1re civ., 1er avr. 2015, n° 14-11.554

« Vu les articles 1166 et 815-17 du Code civil ;

Attendu, selon l'arrêt attaqué, que le divorce de M. X... et de Mme Y... a été prononcé en 1993 ; que le Trésor public, poursuivant le recouvrement contre M. X... d'une dette fiscale, est intervenu volontairement à l'instance en partage de leurs intérêts patrimoniaux et a sollicité la licitation d'un immeuble leur appartenant indivisément ;

Attendu que, pour accueillir la demande et rejeter celle de Mme Y... tendant à l'attribution préférentielle de l'immeuble, l'arrêt énonce que le Trésor public a un intérêt à agir, sa créance étant en péril du fait de l'insolvabilité de M. X... ; que l'absence de vocation alléguée de M. X... à percevoir une quelconque somme au titre du partage après la vente du bien ne peut faire échec au droit du créancier hypothécaire de provoquer le partage ou d'intervenir dans celui-ci ;

Qu'en statuant ainsi, alors que le créancier personnel d'un indivisaire est sans intérêt à intervenir au partage de son débiteur lorsque celui-ci est redevable envers l'indivision d'une somme supérieure au montant de ses droits qu'il y tient de sorte qu'aucune attribution ne peut lui être faite, la cour d'appel a violé les textes susvisés ;

Par ces motifs, sans qu'il y ait lieu de statuer sur l'autre grief : Casse et annule (...) »

Un autre arrêt de la chambre commerciale du 12 février 2008 revient sur la nécessité de l'intérêt à agir :

Cass. com., 12 févr. 2008. – P. Mousseron, *Le sort du droit à garantie de l'acheteur-revendeur de droits sociaux : Bull. Joly Sociétés* 1er juin 2008, n° 6

« *Sur le moyen unique* :

Attendu, selon l'arrêt attaqué (Aix-en-Provence, 9 juin 2006), que Mme X..., veuve Y... et M. Z... (les consorts X...-Z...) qui avaient cédé avec clause de garantie de passif, le 1er avril 1985, le capital de la société Hôtel d'Albion (la société) au "groupe" Levando-Wancier, ont été condamnés à payer à celui-ci une certaine somme au titre de cette garantie ; qu'ils ont assigné le 12 novembre 1997 leurs propres cédants, les consorts B... (vente du 7 septembre 1984) ainsi que les cédants des cédants, les consorts D...-E... (vente le 31 mai 1983), demandant leur condamnation "solidaire" au paiement de la somme versée au "groupe" Levando-Wancier ;

Attendu que les consorts X...-Z... font grief à l'arrêt de les avoir déclarés irrecevables à agir tant envers les consorts B... que les consorts D...-E..., alors, selon le moyen :

1°/ qu'en cas de cessions successives de parts sociales, lorsque le cessionnaire cédant garantit lui-même le nouveau cessionnaire, la clause de garantie de passif reste acquise au cessionnaire primitif ; D'où il suit qu'en déclarant Mme Y... et M. Z... irrecevables, faute d'intérêt à agir, aux motifs que "Il a déjà été jugé que la clause de garantie de passif accordée à l'occasion d'une cession d'actions, comme tel a été le cas, est attachée à ces actions et ne peut donc plus être invoquée par le cessionnaire lorsqu'il les a revendues ; que celui-ci n'étant plus actionnaire de la société, il n'a plus d'intérêt à agir", sans rechercher, comme il le lui était demandé, si la commune intention des parties n'était pas de laisser la garantie de passif donnée par le cédant au cessionnaire et à lui seul nonobstant la cession ultérieure des parts sociales, la cour d'appel n'a pas donné de base légale à sa décision au regard de l'article 1134 du Code civil ;

2°/ qu'en tout état de cause, l'engagement des cédants obéit, sauf stipulations contraires, aux règles des obligations solidaires ; de sorte qu'en déclarant Mme Y... et M. Z... irrecevables, faute d'intérêt à agir, motifs pris de ce que la clause de garantie de passif accordée à l'occasion d'une cession d'actions est attachée à ces actions et partant transmise par voie accessoire, sans rechercher si ces derniers, après avoir remboursé le cessionnaire final ne pouvaient néanmoins se retourner contre les précédents cédants, en leur qualité de codébiteurs solidaires, la cour d'appel n'a pas donné de base légale à sa décision au regard de l'article 1214 du Code civil ;

Mais attendu que la convention de passif souscrite par le cédant est attachée à la chose cédée et ne peut plus être invoquée par le cessionnaire après la revente de celle-ci ; qu'ayant relevé que les consorts X...-Z... avaient vendu, en avril 1985, les actions composant le capital de la société au "groupe" Levando-Wiander, la cour d'appel qui n'avait pas à procéder à la recherche mentionnée aux deux branches du moyen, a considéré, à juste titre, que les consorts X...-Z..., lesquels n'étant plus actionnaires de la société, avaient perdu tout intérêt à agir envers leurs propres cédants et, dans le cadre de l'action oblique, envers les cédants de leurs cédants ; que le moyen n'est pas fondé ;

Par ces motifs :

Rejette le pourvoi (...) »

V. Effets de l'inopposabilité

Un premier arrêt ayant déclaré inopposable à la banque, sur le fondement de l'article 1167 du Code civil, l'acte notarié par lequel un débiteur accordait à ses parents un droit d'usage et d'habitation sur un immeuble lui appartenant, il ne peut être reproché à l'arrêt attaqué d'avoir dit que l'acte notarié susvisé sera inopposable à tout adjudicataire de cet immeuble dans le cadre de la procédure de saisie immobilière diligentée par la banque, dès lors, d'une part, que l'inopposabilité de droits portant sur un immeuble, une fois prononcée, confère au créancier la liberté de poursuivre la vente forcée de l'immeuble, libre de tous droits. Il en résulte nécessairement que l'adjudicataire reçoit, à son tour, l'immeuble libre de ces droits et que, d'autre part, la cour d'appel a exactement retenu qu'il incombait à ceux qui contestaient le droit du créancier saisissant de vendre l'immeuble libre de tous droits réels de démontrer que la vente de l'immeuble, même grevé de tels droits, était susceptible de couvrir le montant de la créance de la banque (Cass. 1re civ., 29 janv. 2002 : *Bull. civ.* 2002, I, n° 27 ; *Gaz. Pal.* 2002, somm. p. 423, n° 117 ; *Gaz. Pal.* 27 avr. 2002, p. 17 ; *D.* 2002, jurispr. p. 2153, note G. François ; *D.* 2002, somm. p. 2505, obs. B. Mallet-Bricout ; *Defrénois* 2002, p. 1096, chron. P. Théry).

SOUS-SECTION 3

L'ACTION PAULIENNE

110. – Définition. Aux termes de l'ancien article 1167 du Code civil :

« Ils [les créanciers] peuvent aussi, en leur nom personnel, attaquer les actes faits par leur débiteur en fraude de leurs droits ».

Le projet de réforme n'était pas vraiment plus explicite :

« *Art.* 1331-2. – Le créancier peut aussi agir en son nom personnel pour faire déclarer inopposables à son égard les actes faits par son débiteur en fraude de ses droits, à charge d'établir, s'il s'agit d'un acte à titre onéreux, que le tiers cocontractant avait connaissance de la fraude ».

L'action paulienne vise l'hypothèse dans laquelle le débiteur décide de s'appauvrir. Il dilapide son patrimoine, en consentant, par exemple, de larges donations.

La réforme du droit des contrats opérée par l'ordonnance du 10 février 2016 a intégré cette même définition à l'article 1341-2 du Code civil.

111. – Origine. Le créancier peut intervenir pour se protéger, en exerçant une action dite paulienne (du nom du grand jurisconsulte de droit romain Paul ou encore du nom d'un prêteur dénommé Paulus, dont le nom n'est mentionné au Digeste que dans un seul texte attribué à Paul, le grand juriste).

L'action paulienne est une action en inopposabilité (à distinguer des actions en nullité et en indemnisation) : le créancier pourra obtenir la révocation des actes accomplis en fraude de ses droits.

Ce n'est pas une simple mesure conservatoire.

§ 1. – Domaine de l'action paulienne

112. – Présentation. Ne peuvent être attaqués par le créancier que les actes qui portent préjudice au créancier, c'est-à-dire les actes qui diminuent les droits du créancier, et qui vont rendre plus difficiles les saisies ou actes d'exécution qu'il pourrait entreprendre.

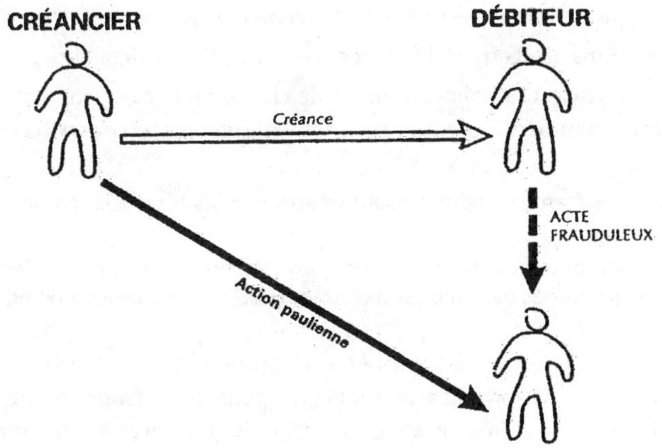

113. – Double conception des actes portant préjudice au créancier. En réalité, il y a deux manières de concevoir les actes qui vont porter préjudice au créancier. Le débiteur peut soit :

– vider son patrimoine par un acte positif ;

– ne pas le remplir par une omission.

Ces deux conceptions sont bien distinctes. D'un côté, l'acte envisagé va provoquer l'appauvrissement du créancier, parce que les biens acquis seront plus difficiles à saisir ou à appréhender (conversion d'un patrimoine immobilier en capitaux), ou parce que la consistance du patrimoine est modifiée afin de le rendre moins identifiable. La modification de la consistance du patrimoine constitue un appauvrissement car le créancier comprend que ses chances d'obtenir le paiement sont fortement diminuées.

D'un autre côté, le débiteur peut refuser de s'enrichir, par exemple en renonçant à une succession (ce qui permet à un autre héritier de la famille de recevoir les biens : un homme criblé de dettes refuse la succession de son père afin que cet héritage profite à ses propres enfants) ou à une donation. Normalement, les actes par lesquels un débiteur refuse de s'enrichir ne peuvent être attaqués par l'action paulienne. En effet, si les créanciers peuvent s'opposer à ce que leur débiteur s'appauvrisse et diminue leur garantie, en revanche ils ne peuvent demander en justice que celui-ci s'enrichisse. Les créanciers n'ont pas d'intérêt à agir par la voie de l'action paulienne. Toutefois, la renonciation à une succession est un acte d'appauvrissement lorsqu'il s'agit d'un héritier qui n'a pas besoin d'un envoi en possession de l'héritage : il continue la personne du défunt et est, dès le décès, automatiquement enrichi de sa part successorale.

Dans un même ordre d'idées, le débiteur peut renoncer à invoquer le bénéfice d'une prescription. Il est difficile de dire si ce refus d'enrichissement est soumis ou pas à l'action paulienne. L'article 2253 du Code civil prévoit alors que les créanciers – ou toute autre personne ayant intérêt à ce que la prescription soit acquise – peuvent l'opposer.

114. – Cas particuliers. D'autres actes réalisés par le débiteur nécessitent une analyse au cas pas cas :

– le débiteur peut contracter de nouvelles dettes : il peut prendre de nouveaux engagements dans la mesure où, contrairement aux procédures collectives applicables aux commerçants, il n'est pas dessaisi ; seule la démonstration d'une fraude par le créancier permet de demander l'annulation des engagements nouveaux ;

– le débiteur peut décider de payer un créancier : sauf si le paiement peut être qualifié d'anormal ou s'il est fictif (règlement à un tiers complice d'une dette qui, en réalité, n'existe pas), les autres créanciers ne peuvent remettre en cause ce paiement.

115. – Exceptions. Deux hypothèses reçoivent un sort particulier.

Selon l'ancien article 1167, alinéa 2, du Code civil, le créancier peut accepter un **partage postcommunautaire** (après une procédure de divorce) ou **postsuccessoral** (après le décès) :

> « Ils peuvent aussi, en leur nom personnel, attaquer les actes faits par leur débiteur en fraude de leurs droits.
>
> Ils doivent néanmoins, quant à leurs droits énoncés au titre "Des successions" et au titre "Du contrat de mariage et des régimes matrimoniaux", se conformer aux règles qui y sont prescrites ».

Rien ne s'oppose, depuis la réforme opérée par l'ordonnance n° 2016-131 du 10 février 2016, à ce que cette solution soit maintenue. On peut se demander pourquoi l'alinéa 2 de l'article 1167 n'a pas été conservé. Cette disposition réserve les règles des partages pour le jeu de l'action paulienne. Elle est parfaitement admise et justifiée. On ne comprend pas sa suppression.

Toutefois, l'article 882 du Code civil indique que les créanciers, pour éviter que le partage ne soit fait en fraude de leurs droits, peuvent s'opposer à ce qu'il soit réalisé en dehors de leur présence :

« Les créanciers d'un copartageant, pour éviter que le partage ne soit fait en fraude de leurs droits, peuvent s'opposer à ce qu'il y soit procédé hors de leur présence : ils ont le droit d'y intervenir à leurs frais ».

L'action paulienne n'est pas possible contre les **jugements** : la raison provient de l'adage « Voies de nullité n'ont lieu contre les jugements », ce qui signifie qu'une action en nullité n'est pas recevable contre une décision de justice. Cependant, le créancier peut faire tierce opposition à un jugement qui lui est défavorable.

En matière **d'assurance-vie**, le mécanisme du droit direct de la stipulation pour autrui interdit au créancier de mettre en cause l'attribution du capital au tiers bénéficiaire : le capital attribué au tiers est réputé n'avoir jamais appartenu au souscripteur de l'assurance.

116. – Variété des actes. Tous les actes juridiques ou presque sont susceptibles d'être attaqués par la voie de l'action paulienne :

– acte unilatéral ou synallagmatique ;

– acte créateur, abdicatif ou translatif... de droits ;

– acte individuel ou collectif ;

– acte diminuant l'actif ou augmentant le passif.

117. – Actes extrapatrimoniaux. De plus, l'action paulienne est étendue aux actes simples concernant le domaine extrapatrimonial, le domaine patrimonial et même le partage.

118. – Caractères. Cela permet de comprendre que l'acte frauduleux que le créancier va attaquer doit remplir **trois** caractères :

– d'une part, l'acte attaquable doit entraîner **un appauvrissement du débiteur**. Il faut supposer par voie de conséquence un acte déséquilibré, comme par exemple une donation (absence de contrepartie) ou une vente à bas prix (absence d'équivalence entre le bien vendu et le prix). C'est le cas plus généralement de tous les actes qui dissimulent un déséquilibre.

Autrement dit, un acte normal ne porte pas préjudice au créancier ;

– d'autre part, cet acte, fait par le débiteur, doit rendre celui-ci **insolvable** ;

– enfin, l'acte doit être **postérieur** à la naissance de la dette entre le débiteur et le créancier.

§ 2. – Conditions de l'action paulienne

119. – Nécessité d'un principe de créance. Le créancier doit justifier d'un principe de créance, autrement dit une créance certaine en son principe au jour de l'acte argué de fraude (Cass. 1re civ., 15 janv. 2015, n° 13-21.174). Il suffit donc que le créancier se prévale d'un principe certain de créance antérieur à l'acte frauduleux attaqué. Cette exigence se comprend aisément, car c'est seulement dans ce genre de situation que l'acte porte préjudice au créancier en compromettant son droit de gage général portant sur le patrimoine de son débiteur. Le créancier dont le droit est postérieur à l'acte ne subit pas de préjudice, car il est engagé avec un débiteur dont le patrimoine a déjà diminué. Cette solution reçoit une exception lorsqu'il est démontré que la fraude a été organisée à l'avance en vue de porter préjudice à un créancier futur. En toute hypothèse, la créance doit être liquidée pour déterminer l'étendue de l'inopposabilité de l'acte attaqué.

Ainsi, il ne peut être reproché à l'arrêt attaqué d'avoir accueilli la demande d'une banque créancière tendant à ce que les baux consentis par la caution lui soient déclarés inopposables, en écartant la faute de la banque pour soutien abusif du débiteur principal, dès lors que la banque justifiant d'un principe certain de créance, la cour d'appel a, à bon droit, retenu que la faute de la banque ne pouvait être invoquée par voie d'exception dans le cadre d'une défense à une action paulienne (Cass. ch. mixte, 21 févr. 2003 : *Bull. civ.* 2003, ch. mixte, n° 2).

La créance ne doit pas être prescrite ou éteinte. Un créancier qui n'a pas déclaré sa créance, laquelle se trouve donc éteinte en application de l'ancien article L. 621-46 du Code de commerce, dans sa rédaction antérieure à la loi de sauvegarde (devenu L. 622-26 mod. par L. n° 2009-526, 12 mai 2009), n'est pas recevable à intenter une action paulienne. La réponse négative de la Cour de cassation est tout à fait logique : « Attendu qu'en statuant ainsi, alors que la créance de M. F., dont il n'était pas contesté qu'elle n'avait pas été déclarée à la procédure collective de M. R. était éteinte, la cour d'appel a violé les textes susvisés » (Cass. com., 10 juin 2008, V. *infra*, n° 126, Jurisprudence II).

Sous l'empire de la loi de sauvegarde, la créance non déclarée n'est plus éteinte, mais inopposable à la procédure collective (en ce sens, Ph. Pétel, *Procédures collectives*, Dalloz, 9e éd. 2017, n° 382. – F. Pérochon, *Entreprises en difficulté. Instruments de crédit et de paiement*, LGDJ, 10e éd. 2014, n° 536. – J.-Ch. Boulay, *Les créanciers antérieurs dans les procédures de sauvegarde, de redressement et de liquidation judiciaires : Rev. proc. coll.* 2006/2, p. 135 et s., spéc. p. 140. – C. Saint-Alary Houin, *Droit des entreprises en difficulté*, Montchrestien, coll. « Domat », 8e éd. 2016, n° 716).

120. – Condition de fraude. Pour pouvoir attaquer l'acte qui lui porte préjudice, le créancier doit établir que cet acte a été inspiré par une fraude. Cette condition de fraude est une condition essentielle. Rien ne s'oppose, depuis la réforme opérée par l'ordonnance n° 2016-131 du 10 février 2016, à ce que cette solution soit maintenue. On peut se demander pourquoi l'alinéa 2 de l'article 1167 n'a pas été conservé. Cette disposition réserve les règles des partages pour le jeu de l'action paulienne. Elle est parfaitement admise et justifiée. On ne comprend pas sa suppression.

La notion de fraude a présenté des difficultés, et la jurisprudence s'est interrogée sur la définition qu'il fallait retenir.

La **fraude** dans la conception romaine et classique (*fraus*) suppose une intention malveillante, le dol (*dolus*).

Aujourd'hui, les tribunaux retiennent une conception plus libérale de la fraude : celle-ci, au sens de l'article 1167 du Code civil, résulte de la seule connaissance qu'a le débiteur du préjudice qu'il cause au créancier en se rendant insolvable ou en augmentant son insolvabilité (Cass. 1re civ., 13 janv. 1993 : *Bull. civ.* 1993, I, n° 5). La fraude réside dans la conscience par le débiteur de ce que l'acte accompli cause un préjudice aux créanciers en les mettant dans une situation d'insolvabilité ou de quasi-cessation des paiements.

Il est plus facile de prouver la simple conscience de nuire que l'intention de nuire car, même sans intention, le débiteur peut avoir conscience de préjudicier aux droits du créancier. La question doctrinale s'est donc posée de savoir s'il s'agit simplement d'une présomption au bénéfice du créancier ou s'il s'agit de modifier la substance de l'élément intentionnel de la fraude. Certains auteurs se rallient à la première interprétation (F. Terré, Ph. Simler et Y. Lequette, *Droit civil. Les obligations*, Dalloz, 11e éd., n° 1176), alors que d'autres sont plutôt favorables à la seconde (H. Capitant, F. Terré et Y. Lequette, *Les grands arrêts de la jurisprudence civile*, t. 2, Dalloz, 2014, n° 237).

121. – Complicité. La question se pose également à propos de la fraude du tiers acquéreur : peut-elle être pareillement prouvée par la simple connaissance du préjudice qu'il cause au créancier ? Est-il nécessaire d'établir **la complicité du tiers**, le tiers étant la personne qui va bénéficier de l'acte accompli ?

En ce qui concerne le tiers, la Cour de cassation maintient le terme de « fraude » pour le tiers acquéreur sans employer le terme plus souple de « connaissance du préjudice causé ». La différence d'appréciation n'est pas liée à la qualité de débiteur ou de tiers complice, mais à la nature de l'acte en cause :

– si l'acte en question est un acte à titre gratuit (comme, par exemple, une donation), la fraude du débiteur est une condition nécessaire et suffisante ; peu importe que le tiers soit ou non de bonne foi ;

– si, en revanche, l'acte est un acte à titre onéreux (par exemple, une vente), doctrine et jurisprudence exigent la complicité, la mauvaise foi du tiers (V. Cass. 1re civ., 28 mars 2008).

L'article 1341-2 du Code civil précise que le créancier a la charge d'établir si l'acte attaqué est à titre onéreux, que le tiers contractant avait connaissance de la fraude. En d'autres termes, si le tiers s'est par exemple rendu acquéreur d'un bien du débiteur, le créancier devra établir qu'il s'est rendu complice de la fraude. En revanche, si ce tiers a reçu à titre gratuit un bien du débiteur, il subira l'action paulienne qu'il soit ou non de mauvaise foi. La distinction est faite depuis longtemps. Elle est simplement confortée par le nouveau texte.

De manière plus générale, lorsque l'acte litigieux apparaît pour le moins suspect, la preuve de l'intention n'est pas nécessairement exigée (Cass. 1re civ., 29 mai 1985 : *Bull. civ.* 1985, I, n° 163, *Defrénois* 1986, 385, n° 14, obs. J.-L. Aubert. – Cass. 1re civ., 18 déc. 2002, n° 99-21.548 : transfert des propriétés des cautions trois mois après leur engagement. – Cass. 1re civ., 11 janv. 2005, n° 02-12.519), alors que l'on exige le plus souvent une preuve complète de la fraude de l'un et de l'autre en présence d'un acte apparemment normal (Cass. req., 24 févr. 1941 : *JCP* G 1942, II, 1918, note E. Becqué. – Cass. 1re civ., 21 nov. 1967 : *D.* 1968, p. 317, note Y. Lambert-Faivre. – Cass. 1re civ., 18 févr. 1971 : *Bull. civ.* 1971, I, n° 56 : *D.* 1972, p. 53, note E. Agostini ; *RTD civ.* 1971, p. 841, obs. Y. Loussouarn. – Cass. com., 3 déc. 2002, n° 99-18.580). L'acte étant apparemment normal, le créancier doit démontrer l'intention de nuire non seulement du débiteur, mais également du tiers acquéreur.

122. – Condition d'insolvabilité. La condition d'insolvabilité traduit l'exigence du préjudice éprouvé par les créanciers. Toutefois, celui-ci ne s'apprécie pas de la même façon selon que le créancier jouit ou non de droits particuliers sur les biens du débiteur.

Dans la **première** situation, et spécialement si le créancier concerné bénéficie d'une inscription hypothécaire, l'action paulienne est recevable dès l'instant que l'acte frauduleux a eu pour effet de réduire la valeur de l'immeuble hypothéqué, sans qu'il soit nécessaire que l'acte rende le débiteur insolvable. L'acte a compromis l'efficacité de la sûreté ; tel est le cas, par exemple, de la délégation de loyer en faveur d'un tiers ou de la conclusion sur le bien grevé de bail à loyer modique ou de bail de longue durée. En effet, le créancier investi de droits particuliers sur certains biens de son débiteur peut, *hors le cas* *d'insolvabilité du débiteur*, faire révoquer les actes frauduleux faits par celui-ci sur ces mêmes biens, dès lors que par cet acte, ce débiteur a réduit la valeur de ces biens de manière à rendre impossible ou inefficace l'exercice des droits des créanciers ; une cour d'appel qui a relevé souverainement que des époux avaient donné à bail pour une durée de douze années, période exceptionnellement longue, des biens hypothéqués qui s'en étaient trouvés diminués considérablement de valeur au point de rendre la sûreté illusoire et que ce bail avait été conclu alors que les époux étaient sur le point d'être poursuivis par leur créancier et que le risque de l'opération litigieuse avait été accepté par tous les participants en connaissance de cause, a, ainsi, caractérisé la fraude de la part tant des bailleurs que des preneurs et justifié sa décision en annulant le bail ainsi consenti sur le fondement de l'action paulienne (Cass. 1re civ., 18 juill. 1995 : *Bull. civ.* 1995, I, n° 324 ; *Defrénois* 1995, p. 1410). Comme le décide la Cour de cassation, « l'action paulienne peut être accueillie indépendamment de toute exigence d'insolvabilité du débiteur, lorsque l'acte critiqué rend frauduleusement inefficace un droit particulier dont est investi le créancier sur des biens particuliers de celui-ci » (Cass. 1re civ., 15 mai 2008, n° 06-18.961, inédit).

Dans la **seconde** situation, il s'agit de protéger le droit de gage général des créanciers. L'action paulienne retrouve son périmètre traditionnel : le demandeur doit démontrer que l'acte attaqué a provoqué ou a aggravé l'insolvabilité de son débiteur. Cette « insolvabilité » doit être entendue de façon souple et ne pas être confondue avec l'exigence comptable d'un passif supérieur à l'actif. Les poursuites sont rendues plus difficiles ou impossibles.

La question de la **preuve** de l'insolvabilité est également déterminante. La condition d'insolvabilité doit s'apprécier au moment de l'exercice de l'action : si, à cette date, le débiteur est en mesure de faire face à ses dettes, les créanciers n'ont pas d'intérêt à agir. Outre cela, la condition d'insolvabilité doit être également remplie au moment de l'acte contesté : l'insolvabilité, parce qu'elle est un des caractères de la fraude, doit être démontrée au moment de l'acte litigieux.

La jurisprudence rappelle parfois que le créancier qui n'est pas investi de droits particuliers sur certains biens de son débiteur ne peut faire révoquer les actes accomplis en fraude de ses droits que s'il établit, au jour de l'acte litigieux, l'insolvabilité au moins apparente du débiteur, outre sa conscience de causer un préjudice au créancier en appauvrissant son patrimoine (Cass. 1re civ., 6 mars 2001 : *Bull. civ.* 2001, I, n° 51 ; *D.* 2001, somm. p. 3244, et les obs.). Aussi, n'a pas donné de base légale à sa décision au regard de l'article 1167 du Code civil la cour d'appel qui, pour déclarer un acte de donation-partage consenti par une caution inopposable à un créancier, a retenu qu'il était constant que la caution ne pouvait ignorer qu'elle portait atteinte aux droits de son créancier en diminuant de manière notable les biens qui pouvaient répondre de ses engagements de caution, sans rechercher si, à la date de la demande, la caution disposait encore de biens suffisants pour désintéresser le créancier (Cass. com., 14 nov. 2000 : *Bull. civ.* 2000, IV, n° 173 ; *Bull. Joly Sociétés* 2001, p. 153, § 40, et la note. – Cass. 1re civ., 18 févr. 2009, n° 07-21.228).

Si c'est au créancier d'établir l'insolvabilité au moins apparente du débiteur, c'est à ce dernier de prouver qu'il dispose de biens de valeur suffisante pour répondre de l'engagement (Cass. 1re civ., 5 juill. 2005 : *Bull. civ.* 2005, I, n° 291).

§ 3. – Effets de l'action paulienne

123. – Inopposabilité. Les effets de l'action paulienne se résument en un seul mot : l'inopposabilité de l'acte frauduleux. On fait comme si le bien était toujours dans le patrimoine du débiteur. Malgré tout, certaines décisions ont parfois fait référence, à tort, à d'autres sanctions : révocation, nullité, anéantissement… Pourtant, l'acte atteint par l'action paulienne n'est pas nul ; il est seulement inopposable. La Cour de cassation rappelle souvent cette solution : l'inopposabilité paulienne autorise le créancier poursuivant, par décision de justice et dans la limite de sa créance, à échapper aux effets d'une aliénation opérée en fraude de ses droits, afin d'en faire éventuellement saisir l'objet entre les mains du tiers ; la cour d'appel ne peut ordonner le retour dans le patrimoine commun des époux du bien immobilier (Cass. 1re civ., 18 juin 2014, n° 13-16.238).

Cette inopposabilité ne vaut qu'entre le créancier, le débiteur et le tiers contractant : elle est donc relative. La Cour de cassation rappelle que l'inopposabilité de l'acte résultant de l'admission de l'action paulienne n'a d'effet qu'à l'égard du créancier qui a agi (Cass. com., 2 nov. 2005 : *Bull. civ.* 2005, IV, n° 214 ; *JCP* E 2006, 1569, n° 11, obs. P. Pétel). D'ailleurs, le nouveau texte laisse également clairement entendre que cette inopposabilité est relative et que le bénéfice de l'action est ainsi personnel. Il est dit que le créancier agit « en son nom » et que l'inopposabilité joue « à son égard ».

Toutefois, lorsqu'en fraude des droits de son créancier, un débiteur commun en biens a passé avec son conjoint un acte portant sur un bien commun qui fait partie du gage du créancier, l'acte est inopposable à celui-ci en son entier (Cass. 1re civ., 6 févr. 2008 : *Bull. civ.* 2008, I, n° 35).

L'acte d'appauvrissement accompli par le débiteur sera inopposable au créancier, mais seul le créancier peut se prévaloir de cette inopposabilité.

124. – Inopposabilité et vente aux enchères publiques. Cet effet relatif connaît une limite : l'inopposabilité de droits portant sur un immeuble, une fois prononcée, confère au créancier la liberté de poursuivre la vente forcée de l'immeuble, libre de tous droits. Il en résulte que, lorsque l'immeuble est vendu par le créancier aux enchères publiques, l'adjudicataire reçoit, à son tour, l'immeuble libre de ces droits. Il incombe à ceux qui contestent le droit du créancier saisissant de vendre l'immeuble libre de tous droits réels, de démontrer que la vente de l'immeuble, même grevé de tels droits, est susceptible de couvrir le montant de la créance (Cass. 1re civ., 29 janv. 2002 : *Bull. civ.* 2002, I, n° 27 : *Defrénois* 2002, p. 1096, note P. Théry).

L'admission de la fraude paulienne n'a pour effet que d'entraîner le retour du bien dans le patrimoine du débiteur où le créancier demandeur pourra seul éventuellement le saisir : viole l'article 1167 du Code civil la cour d'appel qui retient que l'achat effectué par une SCI avec des fonds appartenant au débiteur doit être déclaré inopposable au créancier et qu'il convient donc de faire droit à sa demande tendant à ce qu'il soit procédé à la vente de ce bien aux enchères sur une mise à prix qu'il y a lieu de fixer à 1 400 000 F (Cass. 3e civ., 9 juill. 2003 : *Bull. civ.* 2003, III, n° 142).

L'inopposabilité paulienne autorise le créancier poursuivant, par décision de justice et dans la limite de sa créance, à échapper aux effets d'une aliénation opérée en fraude de ses droits, afin d'en faire éventuellement saisir l'objet entre les mains du tiers. En revanche, une cour d'appel ne peut ordonner le retour des sommes données dans le patrimoine du débiteur (Cass. 1re civ., 30 mai 2006 : *Bull. civ.* 2006, I, n° 268 ; *JCP* G 2006, II, 10150, note R. Desgorces).

125. – Effets de l'inopposabilité dans les rapports entre les parties. Trois situations sont à distinguer.

Dans les rapports entre le créancier agissant et le tiers acquéreur, ce dernier peut éviter la restitution du bien en payant le créancier. L'acte atteint par l'action paulienne retrouve tous ses effets, sauf si un autre créancier se manifeste.

Dans les rapports entre le débiteur et le tiers acquéreur, l'acte demeure valable. Quant au tiers, il peut, si l'action paulienne aboutit, exercer un recours contre le débiteur : cette action récursoire est toutefois théorique, puisque le débiteur est normalement insolvable ; cette insolvabilité peut n'être pas éternelle et le débiteur peut se trouver un jour en état d'indemniser le tiers évincé. Reste la situation des cocontractants du tiers, et notamment des sous-acquéreurs : par principe, ils bénéficient de l'article 2276 du Code civil ; voire de la théorie de l'apparence.

Dans les rapports entre le créancier agissant et les autres créanciers du débiteur, si l'acte est attaqué, il n'aura aucun effet vis-à-vis du créancier agissant, et lui seul. L'action paulienne, contrairement à l'action oblique, profite uniquement à la personne qui agit. Pour les autres créanciers, l'acte demeure valable.

126. – Conclusion : nullités de la période suspecte. En droit commercial, on rencontre des « dérivés » de l'action paulienne. Il faut supposer qu'un commerçant fasse l'objet d'une procédure collective. Dès que l'état de cessation des paiements est prononcé, tous les créanciers sont soumis à une discipline collective.

Dans la période antérieure à la procédure collective, il se peut que le débiteur ait accompli un certain nombre d'actes, qui portent préjudice aux droits des créanciers. La juridiction saisie de la faillite devra fixer la durée de cette période antérieure au prononcé de la liquidation ; ce laps de temps s'appelle la période « suspecte ». Pendant cette période suspecte, il est possible que le commerçant ait pu accomplir certains actes en fraude des droits des créanciers, soit pour favoriser un créancier particulier, soit pour mettre des biens à l'abri de la procédure collective.

Les actes accomplis pendant cette période suspecte peuvent être annulés, en vertu des articles L. 632-1 et L. 632-2 du Code de commerce. Cependant, le droit exclusif que l'article L. 622-20 du Code de commerce confère au représentant des créanciers pour agir au nom et dans l'intérêt de ceux-ci ne fait pas obstacle à ce qu'un créancier exerce l'action paulienne contre tous les actes faits en fraude de ses droits par le débiteur. L'action en « révocation » de la donation de tous les biens immobiliers consentie par le débiteur à ses six enfants, engagée par le receveur des impôts, est ainsi recevable sur le fondement de ce texte. Au jour de la donation, le débiteur ayant été condamné à payer une certaine somme à l'administration fiscale, il en résulte que le receveur possédait à cette date un principe certain de créance (Cass. com., 8 oct. 1996 : *Bull. civ.* 1996, IV, n° 227). Ainsi, l'action paulienne n'est pas concernée par la règle de l'arrêt des poursuites, que tout créancier peut l'exercer et que celle-ci peut également être introduite par le représentant des créanciers, ainsi que par le commissaire à l'exécution du plan, qui agit dans l'intérêt collectif des créanciers (Cass. com., 13 nov. 2001 : *Bull. civ.* 2001, IV, n° 178).

Toutefois, des paiements ne sont pas intervenus par un moyen inhabituel pour avoir été effectués à l'occasion de la procédure de conciliation, ce qui leur confère le caractère de dettes échues exclusif d'un appauvrissement du débiteur (Cass. com., 1er avr. 2008 : *Bull. civ.* 2008, IV, n° 72).

Sur le projet de réforme, V. Ph. Delebecque, *L'action oblique et l'action paulienne,* Nihil novo sub sole : *Dr. et patrimoine* juill.-août 2015, p. 65 et s.

JURISPRUDENCE
L'action paulienne

I. Une créance certaine mais non liquide

Cass. 1re civ., 13 avr. 1988 : *Bull. civ.* 1988, I, n° 91

« LA COUR :

Attendu que M. Joseph Oulouhodjian et M. Bernard Ache ont été condamnés solidairement, par arrêt de la cour d'appel de Versailles du 24 mars 1983, à payer au Syndicat des copropriétaires de la résidence du Parc Montaigne, partie civile, la somme de 1 935 680 F, à titre de restitution de sommes détournées sous la forme de prétendues "avances" s'échelonnant du 28 août 1980 au mois de mai 1981 ; que le syndicat, ayant appris que les époux Oulouhodjian, communs en biens, avaient par actes notariés du 27 juin 1981 et du 16 juillet 1981, donné à leurs enfants deux immeubles dont ils étaient propriétaires, a assigné les donateurs et donataires "en nullité" de ces actes de disposition sur le fondement de l'article 1167 du Code civil ; que l'arrêt confirmatif attaqué (CA Paris, 17 janv. 1986) a accueilli cette demande ;

Sur le premier moyen :

Attendu que les consorts Oulouhodjian font grief à la cour d'appel d'en avoir ainsi décidé, alors que la liquidité de la créance constitue une des conditions de recevabilité de l'action paulienne lorsque celle-ci a pour objet une somme d'argent, de sorte qu'en accueillant l'action sans que la liquidation de la créance ait été effectuée, l'arrêt aurait violé l'article 1167 du Code civil, l'article 551 du Code de procédure civile et les articles 32 et 122 et suivants du Code de procédure civile ;

Mais attendu qu'il suffit, pour l'exercice de l'action paulienne, que le créancier justifie d'une créance certaine en son principe au moment de l'acte argué de fraude, même si elle n'est pas encore liquide ; que le moyen doit donc être écarté ;

Sur le second moyen pris en ses deux branches :

Attendu que les consorts Oulouhodjian reprochent encore à la cour d'appel d'avoir, d'une part, inversé la charge de la preuve en énonçant que M. Joseph Oulouhodjian ne justifiait pas que son patrimoine comportait encore suffisamment de biens pour éteindre sa dette ; d'autre part, en se bornant, selon le moyen, à énoncer que M. Joseph Oulouhodjian ne pouvait avoir aucun doute sur les risques qu'il encourait vis-à-vis du syndicat dont les fonds avaient été détournés, la juridiction du second degré n'a pas caractérisé la fraude paulienne, privant ainsi sa décision de base légale ;

Mais attendu, en premier lieu, que la cour d'appel a souverainement estimé, au vu des documents de la cause, que M. Oulouhodjian s'était rendu insolvable en consentant les donations puisqu'il ne pouvait plus rembourser les sommes détournées ; qu'elle n'a donc pas inversé la charge de la preuve en énonçant ensuite que ce débiteur ne justifiait pas de la possession d'autres biens de nature à remplir le créancier de ses droits ;

Attendu, en second lieu, que l'arrêt attaqué relève aussi que M. Joseph Oulouhodjian, président de la société du Parc Montaigne, et son épouse n'ignoraient pas que la situation très obérée de cette société ne permettait pas de rembourser les sommes versées ; qu'elle a, par ces motifs, établi la connaissance qu'avait ce débiteur de causer un préjudice au créancier en appauvrissant son patrimoine, caractérisant ainsi la fraude paulienne ;

D'où il suit que le moyen n'est fondé en aucune de ses deux branches ;

Par ces motifs, rejette le pourvoi. »

II. Une créance non éteinte

La créance ne doit pas être éteinte et un arrêt de la chambre commerciale du 10 juin 2008 en est une illustration :

Cass. com., 10 juin 2008 : *Gaz. Pal.* 29 juill. 2008, n° 211, note I. Rohart-Messager

« Attendu, selon l'arrêt attaqué, qu'un contrat de franchise ayant lié M. X..., franchisé, à M. Y..., franchiseur, ce dernier a été condamné à payer à M. X... la somme de 146 000 F majorée des intérêts à compter du 5 juin 1989 par un jugement du 20 novembre 1990, confirmé par un arrêt du 21 juillet 1993 ; que M. Y... ayant été mis en liquidation judiciaire le 18 février 1998, la procédure a été clôturée pour insuffisance d'actif le 26 avril 2000 ; que M. X... a demandé l'annulation des donations-partage portant sur différents biens immobiliers faites le 3 janvier 1992 par M. et Mme Y... à leurs deux filles, en fraude de ses droits ; que les consorts Y... ont relevé appel du jugement du 19 janvier 2005 ayant déclaré recevable et fondée l'action paulienne de M. X..., faisant valoir notamment que M. X... était déchu de ses droits faute d'avoir déclaré sa créance à la liquidation judiciaire de M. Y... ;

Sur le moyen unique, pris en sa deuxième branche :

Vu l'article L. 621-46 du Code de commerce dans sa rédaction antérieure à la loi du 26 juillet 2005 de sauvegarde des entreprises ;

Attendu que pour dire que l'action de M. X... était recevable, l'arrêt retient qu'il est détenteur d'une créance sur M. Y... à titre personnel ainsi qu'il ressort des termes de l'arrêt du 21 juillet 1993, que l'activité de commerçant ambulant de M. Y... à l'époque des faits est apparue dénuée de tout rapport avec le prétendu contrat de franchise à l'origine de la condamnation de M. Y... à l'encontre de M. X..., que par ailleurs, n'étant pas établi que M. Y... ait fait l'objet d'une procédure de liquidation judiciaire à titre personnel, celui-ci n'est pas fondé à opposer à la créance personnelle de M. X... à son encontre une déchéance tirée de l'absence de déclaration de cette créance à la procédure de liquidation judiciaire de son entreprise commerciale ;

Attendu qu'en statuant ainsi, alors qu'elle avait relevé que les consorts Y... produisaient un jugement du 18 février 1998 prononçant la liquidation judiciaire de M. Y..., ce dont il résultait que ce dernier faisait l'objet, à titre personnel, d'une procédure collective au passif de laquelle devaient être déclarées toutes les créances nées antérieurement à son ouverture, peu important leur nature civile, la cour d'appel n'a pas tiré les conséquences légales de ses constatations ;

Et sur ce moyen, pris en ses première et troisième branches :

Vu l'article 1167 du Code civil et l'article L. 621-46 du Code de commerce dans sa rédaction antérieure à la loi du 26 juillet 2005 de sauvegarde des entreprises ;

Attendu que le créancier d'une personne soumise à une procédure collective ne peut attaquer un acte pour fraude à ses droits que s'il a déclaré sa créance à cette procédure ;

Attendu que pour dire inopposables à M. X... les actes notariés de donation-partage établis le 3 janvier 1992 par les époux Y... au profit de leurs filles, relatifs aux immeubles ruraux sis à Le Soler et à une maison sise à Perpignan, et condamner *in solidum* les consorts Y... à payer diverses sommes à M. X..., l'arrêt retient, par motifs adoptés, que M. X... est créancier de M. Y... de la somme de 22 359,09 € (146 166 F) majorée des intérêts au taux légal depuis le 5 juin 1989 suivant jugement du 20 novembre 1990 confirmé par un arrêt du 21 juillet 1993, que M. Y... a cependant organisé durant la procédure d'appel son insolvabilité et l'insaisissabilité de ses biens immobiliers en réalisant avec Mme Z... une donation-partage à leurs filles, et par motifs propres, que les consorts Y... ne formulent aucune critique de fond du jugement entrepris, qu'ils ne contestent pas en particulier que les actes de donation-partage ont été passés en fraude aux droits de M. X..., créancier de M. Y... ;

Attendu qu'en statuant ainsi, alors que la créance de M. X..., dont il n'était pas contesté qu'elle n'avait pas été déclarée à la procédure de liquidation judiciaire de M. Y..., était éteinte, la cour d'appel a violé les textes susvisés ; Et vu l'article 627 du Code de procédure civile ;

Par ces motifs :

Casse et annule (...) »

III. Casuistique de l'action paulienne
Cass. 1re civ., 18 févr. 2009 et 11 févr. 2009, inédits

Deux situations sont le lot habituel de l'action paulienne :

– les personnes qui organisent leur insolvabilité en vue d'échapper au paiement de l'impôt ;

– celles qui tentent d'échapper à une procédure collective ou à un créancier particulier.

Un arrêt du 18 février 2009 montre le montage de deux époux afin d'échapper au Trésor public.

Cass. 1re civ., 18 févr. 2009, n° 08-12.306

« LA COUR :

Attendu que, par acte du 28 février 1998, les époux X... ont fait donation, avec réserve d'usufruit, de leur maison d'habitation sise à Albi à leurs enfants Grégory et Aurélie ; que le 18 novembre 2003, ils ont souscrit auprès du Crédit agricole un contrat d'assurance-vie qu'ils ont donné en nantissement au profit d'une banque en garantie d'un prêt souscrit par leur fille ; qu'ayant fait l'objet d'un redressement fiscal au titre des impôts sur le revenu des années 1999 à 2002, par acte du 27 octobre 2005 le trésorier-payeur général les a assignés ainsi que leurs enfants sur le fondement de l'article 1167 du Code civil aux fins de voir déclarer inopposables au Trésor public la donation et le contrat d'assurance-vie ;

Sur le premier moyen :

Attendu que les consorts X... font grief à l'arrêt attaqué d'avoir déclaré inopposable au Trésor public l'acte de donation du 28 février 1998, alors, selon le moyen :

1°/ que le succès d'une action paulienne suppose que le créancier justifie d'une créance certaine en son principe, au moment où est passé l'acte argué de fraude ; que la cour d'appel a relevé que la donation litigieuse avait été passée par acte notarié en date du 28 février 1998, alors que la créance du Trésor public était née d'un redressement fiscal notifié aux époux X... le 25 août 2003 et portait sur les années 1999, 2000 et 2001 ; que la cour d'appel, qui n'a pas justifié en quoi le Trésor public justifiait d'un principe certain de créance au jour de la donation litigieuse, a privé sa décision de base légale au regard de l'article 1167 du Code civil ;

2°/ que si les créanciers peuvent faire révoquer les actes faits par leur débiteur en fraude de leurs droits, cette révocation ne peut être prononcée que si, à la date de la demande, les biens appartenant encore au débiteur ne sont pas d'une valeur suffisante pour permettre au créancier d'obtenir son paiement ; que la cour d'appel a relevé qu'au mois de juillet 1997, les époux X... avaient cédé les parts qu'ils détenaient dans la société Teddy Smith moyennant le prix de 2 521 904,64 € ; qu'ils disposaient ainsi, en apparence au moins, d'actifs patrimoniaux ; que la cour d'appel ne pouvait, dès lors, déclarer inopposable au Trésor public la donation de la nue-propriété de la maison d'Albi consentie le 28 février 1998 par M. et Mme X... à leurs enfants, sans expliquer en quoi ils étaient insolvables ; que ce faisant la cour d'appel a privé sa décision de base légale au regard de l'article 1167 du Code civil ;

Mais attendu, d'une part, que les époux X..., qui n'ont pas critiqué en appel le jugement confirmé pour ne pas avoir constaté leur situation d'insolvabilité à la date de l'acte de donation incriminé, ne sont pas recevables à former pour la première fois cette contestation devant la Cour de cassation ;

Et, d'autre part, qu'après avoir exactement énoncé par motifs propres et adoptés que les dispositions de l'article 1167 du Code civil peuvent s'appliquer si la créance est postérieure à l'acte litigieux dans le cas d'une fraude organisée en vue de porter préjudice à un créancier futur, l'arrêt relève que les époux X..., dans le but d'éluder pour les années à venir le paiement de l'impôt sur le revenu sur le territoire français après avoir placé hors du territoire national, en 1997, le produit de la cession de leurs parts de la société Teddy Smith (16 542 610 F) et pris des dispositions pour donner l'apparence d'une installation en Andorre, avaient fait donation à leurs enfants de la nue-propriété de leur maison d'habitation sise à Albi tout en y conservant leur résidence principale d'où M. X... gérait, en réalité, une société ayant son siège en Andorre ;

D'où il suit que par ces motifs la cour d'appel, qui a caractérisé la fraude, a légalement justifié sa décision de ce chef ;

Mais sur le second moyen, pris en sa troisième branche :

Vu l'article 1167 du Code civil ;

Attendu que, pour déclarer inopposable au Trésor public le contrat d'assurance-vie souscrit le 18 novembre 2003, l'arrêt retient que son nantissement a rendu insaisissables les sommes qui y figurent pendant la durée de cette garantie et que ces sommes peuvent être irrémédiablement acquises au profit de l'établissement bancaire dans le cas où l'emprunteur n'honorerait pas les échéances du prêt ;

Qu'en statuant ainsi, par des motifs se rapportant au seul nantissement, inopérants relativement au contrat d'assurance-vie lui-même, la cour d'appel n'a pas donné de base légale à sa décision ;

Par ces motifs, et sans qu'il y ait lieu de statuer sur les autres branches du second moyen :

Casse et annule. »

Pour un exemple au préjudice d'une banque ou d'un particulier :

Cass. 1re civ., 11 févr. 2009, n° 08-11.662

« *Sur le moyen unique, pris en ses deux branches, ci-après annexé :*

Attendu que M. X..., président-directeur général de la société Auto-Ouest s'est porté caution du remboursement d'un prêt consenti à celle-ci par la Société générale ; que par un arrêt définitif du 12 décembre 2000, l'apport en pleine propriété à la SCI Saint-Thomin de leur immeuble commun, effectué par les époux X..., a été déclaré inopposable à la Société générale ; que cette dernière ayant inscrit une hypothèque définitive sur l'immeuble le 10 novembre 2000, M. et Mme X... l'ont fait assigner aux fins de voir ordonner la main levée de celle-ci ;

Attendu que M. et Mme X... et la SCI Saint-Thomin font grief à l'arrêt attaqué (Rennes, 20 nov. 2007) de les avoir déboutés de leur demande en mainlevée de l'hypothèque judiciaire définitive inscrite par la Société générale sur l'immeuble situé sur la commune de Nostang ;

Attendu qu'ayant constaté que par l'arrêt confirmatif du 12 décembre 2000, l'apport de l'immeuble à la SCI Saint-Thomin par les époux X... avait été déclaré inopposable à la Société générale sur le fondement de l'action paulienne, puis retenu à bon droit que cet immeuble était demeuré la propriété de la SCI, la cour d'appel en a exactement déduit que la Société générale était bien fondée à inscrire une hypothèque sur l'immeuble appartenant au tiers complice de la fraude ; que le moyen n'est fondé en aucune de ses branches ;

Par ces motifs :

Rejette le pourvoi (...) »

Cass. 1re civ., 8 oct. 2008, n° 07-14.262

« Attendu que selon un acte notarié du 7 novembre 1995, Mme X... et son ex-mari, M. Hans Y..., ont constitué la SCI Glyptodonte, en apportant respectivement les 3/4 indivis, et 1/4 indivis d'un immeuble situé à Saint-Raphaël ; que par un second acte notarié du 29 mars 2000, Mme X... a cédé ses parts dans cette SCI à MM. Y... et A... ; que M. Pierre Z..., ayant vécu maritalement de 1984 à 1989 avec Mme X..., divorcée de M. Y... par jugement rendu le 9 mars 1984 par un tribunal suisse, a, en invoquant sa qualité de créancier, intenté une action paulienne en inopposabilité de ces deux actes ;

Attendu que Mme X... fait grief à l'arrêt attaqué (Aix-en-Provence, 20 mars 2006) d'avoir déclaré inopposables à M. Pierre Z..., l'acte notarié du 7 novembre 1995 de constitution de la SCI Glyptodonte, et l'acte notarié du 29 mars 2000 de cession par Mme X... à MM. Y... et A... de ses parts de la SCI, et en conséquence d'avoir constaté que l'immeuble situé, commune de Saint-Raphaël (Var), ..., était demeuré à l'égard de M. Z... l'entière propriété de Mme X... ;

Attendu, d'abord, que l'action paulienne est recevable hors toute exigence d'insolvabilité, dès lors que l'acte frauduleux a pour effet de rendre impossible l'exercice d'un droit spécial dont disposait le créancier sur le bien du débiteur ; qu'ayant constaté que le créancier avait été autorisé à inscrire une hypothèque provisoire sur l'immeuble de Saint-Raphaël, la cour d'appel n'avait pas à rechercher si Mme X... était insolvable ; ensuite, que sans dénaturer le jugement de divorce du 9 mars 1984, la cour d'appel, appréciant souverainement les éléments de preuve qui lui étaient soumis, a estimé, sans encourir les griefs du deuxième moyen, d'une part que la constitution de la SCI Glyptodonte n'était pas une modalité d'exécution du partage de l'indivision selon les modalités de ce jugement de divorce, d'autre part, que Mme X... était bien l'entière propriétaire de l'immeuble de Saint-Raphaël ; enfin qu'il suffit, pour l'exercice de l'action paulienne, que le créancier justifie d'une créance certaine en son principe au moment de l'acte argué de fraude, même si elle n'est pas encore liquide, de sorte qu'en retenant l'existence d'un principe certain de créance, résultant de décisions de condamnation prononcées par les juridictions suisses, antérieures à chacun des deux actes litigieux, la cour d'appel a légalement justifié sa décision ;

D'où il suit que les moyens ne sont pas fondés ;

Par ces motifs :

Rejette le pourvoi (...) »

Cass. 1re civ., 15 janv. 2015, n° 13-21.174

« Attendu, selon l'arrêt attaqué (Paris, 15 mai 2013), que M. Georges X... s'est porté caution solidaire, le 4 mars 1999, de la société Eburnea, dont il était le dirigeant, envers la Banque belgolaise, qui a cédé sa créance à la société Africa Edge (la société), que, le 7 janvier 2005, il a consenti à son épouse séparée de biens, Évelyne X..., ainsi qu'à leurs deux enfants, Mme Florence X... et M. Nicolas X..., une donation-partage de ses droits sur un bien immobilier situé à Paris, qu'Évelyne X... est décédée le 28 décembre 2010, laissant pour lui succéder ses deux enfants ; que la société a assigné les consorts X... aux fins d'inopposabilité à son égard de la donation-partage pour avoir été consentie en fraude de ses droits ;

Sur les deux moyens réunis :

Attendu que les consorts X... font grief à l'arrêt de déclarer la donation-partage inopposable à la société et de condamner Mme Florence X... et M. Nicolas X... à payer à la société la somme de 457 347 euros, alors, selon le moyen :

1°/ que le créancier d'une somme d'argent ne peut agir par la voie paulienne que s'il justifie de la liquidité de sa créance au jour de l'action ; qu'au cas présent, il ressort des motifs de l'arrêt attaqué que la créance de somme d'argent de la société n'était toujours pas liquide à la date à laquelle la cour d'appel statuait ; qu'en reconnaissant néanmoins à cette société la faculté d'exercer l'action paulienne à l'encontre de la donation-partage du 7 janvier 2005, la cour d'appel, qui n'a pas tiré les conséquences légales de ses propres constatations, a violé l'article 1167 du Code civil ;

2°/ que les actes à titre onéreux ne sont attaquables par la voie paulienne qu'à la condition de prouver que le cocontractant du débiteur avait connaissance du préjudice causé au créancier ; que, dans leurs conclusions du 14 mars 2013, les consorts X... faisaient valoir que la donation-partage du 7 janvier 2005 constituait en réalité un acte à titre onéreux, dans la mesure où elle avait été consentie en contrepartie du paiement, par Évelyne X..., d'une dette fiscale personnelle de M. Georges X... ; qu'en retenant la qualification d'acte à titre gratuit, puis en déduisant de cette qualification que la preuve de la complicité des donataires n'avait pas à être rapportée par la société, sans rechercher, comme elle y était invitée, si la donation-partage ne comportait pas une contrepartie propre à lui conférer un caractère onéreux, la cour d'appel a privé sa décision de base légale au regard de l'article 1167 du Code civil ;

3°/ que l'inopposabilité paulienne ne vaut que dans la limite de la créance du poursuivant ; que le cautionnement ne peut excéder ce qui est dû par le débiteur principal ; qu'en l'espèce, il ressort des propres constatations des juges du fond que l'action paulienne de la société reposait sur un engagement de caution de M. Georges X... en garantie des dettes de la société Eburnea, et qu'au jour de leur décision, le montant des sommes dues par la débitrice principale n'était toujours pas déterminé ; qu'en inférant néanmoins de la vente de l'immeuble de la rue Bayen à un sous-acquéreur qu'il y avait lieu de condamner Mme Florence X... et M. Nicolas X..., en tant que bénéficiaires de la donation-partage du 7 janvier 2005, à payer à la société la somme de 457 347 euros, correspondant au plafond de l'engagement de caution de M. Georges X..., la cour d'appel a violé les articles 1167 et 2290 du Code civil ;

4°/ que le créancier, auquel a été déclarée inopposable l'aliénation opérée en fraude de ses droits, ne peut ensuite en saisir l'objet entre les mains du tiers acquéreur qu'à la condition d'être muni d'un titre exécutoire à l'égard du débiteur ; qu'il s'ensuit, en cas d'aliénation subséquente au profit d'un sous-acquéreur, rendant impossible la saisie du bien entre les mains de l'acquéreur intermédiaire, qu'un titre exécutoire contre le débiteur est également nécessaire pour que le créancier puisse se faire payer par l'acquéreur intermédiaire ; qu'en inférant, en l'espèce, de la vente de l'immeuble de la rue Bayen à un sous-acquéreur qu'il y avait lieu de condamner Mme Florence X... et M. Nicolas X..., en tant que bénéficiaires de la donation-partage du 7 janvier 2005, à payer à la société la somme de 457 347 euros, la cour d'appel, qui a prononcé cette condamnation sans constater l'existence d'un titre exécutoire de la société contre M. Georges X..., a privé sa décision de base légale au regard de l'article 1167 du Code civil ;

Mais attendu, d'abord, qu'il suffit, pour l'exercice de l'action paulienne, que le créancier justifie d'une créance certaine en son principe au moment de l'acte argué de fraude ;

Attendu, ensuite, qu'en relevant que la créance du Trésor public sur le bien immobilier objet de la donation-partage, qu'Évelyne X... se serait engagée à rembourser en échange de celle-ci, était manifestement inférieure au montant des droits du donateur sur ce bien, la cour d'appel, qui a procédé à la recherche prétendument omise, a nécessairement écarté l'existence d'une contrepartie propre à conférer à cet acte un caractère onéreux ;

Attendu, enfin, qu'après avoir justement énoncé que l'inopposabilité paulienne autorise le créancier poursuivant, par décision de justice et dans la limite de sa créance, à échapper aux effets d'une aliénation opérée en fraude de ses droits, et relevé, d'une part, que la créance exigible de la société, bien supérieure au montant du cautionnement, résultait de la reconnaissance de dette établie par la société Eburnea et, d'autre part, que les donataires avaient cédé le bien immobilier après l'audience de plaidoiries de première instance, faisant ainsi ressortir leur participation à la fraude, c'est par l'exacte application de l'article 1167 du Code civil que la cour d'appel les a condamnés à payer à la société, en réparation de son préjudice, une indemnité équivalente à l'engagement de caution du donateur ;

D'où il suit que le moyen n'est fondé en aucune de ses branches ;

Par ces motifs : rejette le pourvoi. »

IV. Complicité du tiers

Cass. 1re civ., 28 mai 2008 : *LPA* 1er oct. 2008, p. 10, note M. Burgard

« *Sur le premier moyen pris en ses première et troisième branches* :

Vu l'article 1167 du Code civil ;

Attendu que le créancier, qui n'est pas investi de droits particuliers sur certains biens de son débiteur, ne peut faire révoquer les actes faits par ce dernier en fraude de ses droits que s'il établit, au jour de l'acte litigieux, son insolvabilité au moins apparente, outre sa conscience de causer un préjudice au créancier en appauvrissant son patrimoine ;

Attendu que pour déclarer inopposable à M. X... la vente consentie le 20 novembre 2002 par les époux Z... à la SCI Le Puy-Ouest, l'arrêt retient qu'il n'est pas nécessaire, pour qu'un acte soit considéré comme préjudiciable aux droits d'un créancier, qu'il ait entraîné l'insolvabilité du débiteur ;

Qu'en se déterminant ainsi, sans caractériser au moins l'insolvabilité apparente des débiteurs, alors que le créancier n'était investi d'aucun droit particulier sur leurs biens, la cour d'appel n'a pas donné de base légale à sa décision au regard du texte susvisé ;

Et sur la quatrième branche du premier moyen :

Vu l'article 1167 du Code civil ;

Attendu que lorsque la demande d'inopposabilité porte sur un acte à titre onéreux le créancier qui exerce l'action paulienne doit prouver la fraude du tiers acquéreur ;

Attendu que pour déclarer cette vente inopposable au créancier, l'arrêt retient qu'il suffit pour établir la mauvaise foi que le débiteur ait, lorsqu'il a effectué l'acte, connaissance du préjudice qu'il causait au créancier ;

Qu'en se déterminant ainsi la cour d'appel n'a pas donné de base légale à sa décision au regard du texte susvisé ;

Et sur le second moyen :

Vu l'article 1382 du Code civil ;

Attendu que pour condamner solidairement les époux Z... et la SCI Le Puy-Ouest à payer à M. X... la somme de 5 000 € à titre de dommages-intérêts, l'arrêt retient que le premier juge a justement évalué le préjudice que le créancier est en droit de prétendre au titre du préjudice essentiellement moral causé par les manœuvres employées par les époux Z... pour faire obstacle au recouvrement de la dette ;

Qu'en se déterminant ainsi, sans relever une faute commise par la SCI Le Puy-Ouest, la cour d'appel n'a pas donné de base légale à sa décision au regard du texte susvisé ;

Par ces motifs et sans qu'il y ait lieu d'examiner les autres griefs,

Casse et annule (...) »

V. La nullité ou l'inopposabilité d'actes consentis sur le bien

Cass. 1re civ., 6 févr. 1996 : *Bull. civ.* 1996, I, n° 62 ; *D.* 1997, p. 119, note V. Tardy

« LA COUR :

Sur le moyen unique :

Attendu que Mme Jezior, débitrice de l'Union de banques à Paris (UBP), a fait donation à sa fille de la nue-propriété d'un immeuble ; que, pour s'opposer à l'action paulienne exercée par l'UBP, elle a fait valoir que cette donation n'avait pas affecté son patrimoine puisque elle-même avait reçu ce bien par une donation assortie d'une clause de retour au cas où elle et ses descendants décéderaient avant les donateurs ;

Attendu que Mme Jezior reproche à l'arrêt attaqué (CA Paris, 22 avr. 1992) d'avoir violé l'article 1167 du Code civil en déclarant inopposable à l'UBP la donation alors que, selon le moyen, la clause de retour qui grevait le bien ne lui assurait qu'une propriété conditionnelle sur l'immeuble, ce dont il résultait que la donation à sa fille n'altérait en rien les droits que ses créanciers pouvaient revendiquer sur le bien donné, lesquels étaient limités par cette clause de retour ;

Mais attendu que lorsque la donation d'un bien est consentie sous condition résolutoire pour être assortie d'une clause de retour, le bien donné entre dans le patrimoine du donataire qui peut en disposer sous la même condition ; qu'ayant, dans l'exercice de son pouvoir souverain d'appréciation, estimé que la donation consentie par Mme Jezior à sa fille de l'immeuble qu'elle avait elle-même reçu par donation, avait appauvri son patrimoine, la cour d'appel a justifié sa décision sans encourir les griefs du moyen ;

Et attendu que le pourvoi est abusif ;

Par ces motifs :

Rejette (...) »

Cette question fut posée dans d'autres décisions.

N'a pas donné de base légale à sa décision au regard de l'article 1167 du Code civil la cour d'appel qui, pour déclarer un acte de donation-partage consenti par une caution inopposable à un créancier, a retenu qu'il était constant que la caution ne pouvait ignorer qu'elle portait atteinte aux droits de son créancier en diminuant de manière notable les biens qui pouvaient répondre de ses engagements de caution, sans rechercher si, à la date de la demande, la caution disposait encore de biens suffisants pour désintéresser le créancier (Cass. com., 14 nov. 2000 : *Bull. civ.* 2000, IV, n° 173 ; *Bull. Joly Sociétés* 2001, p. 153, § 40, et la note).

Un premier arrêt ayant déclaré inopposable à la banque, sur le fondement de l'article 1167 du Code civil, l'acte notarié par lequel un débiteur accordait à ses parents un droit d'usage et d'habitation sur un immeuble lui appartenant, il ne peut être reproché à l'arrêt attaqué d'avoir dit que l'acte notarié susvisé sera inopposable à tout adjudicataire de cet immeuble dans le cadre de la procédure de saisie immobilière diligentée par la banque, dès lors, d'une part, que l'inopposabilité de droits portant sur un immeuble, une fois prononcée, confère au créancier la liberté de poursuivre la vente forcée de l'immeuble, libre de tous droits. Il en résulte nécessairement que l'adjudicataire reçoit, à son tour, l'immeuble libre de ces droits et que, d'autre part, la cour d'appel a exactement retenu qu'il incombait à ceux qui contestaient le droit du créancier saisissant de vendre l'immeuble libre de tous droits réels, de démontrer que la vente de l'immeuble, même grevé de tels droits, était susceptible de couvrir le montant de la créance de la banque (Cass. 1re civ., 29 janv. 2002 : *Bull. civ.* 2002, I, n° 27 ; *D.* 2002, jurispr. p. 2153, note G. François).

SOUS-SECTION 4

L'ACTION EN DÉCLARATION DE SIMULATION

127. – De la contre-lettre à la simulation. L'article 1201 du Code civil dispose que les contre-lettres ne peuvent avoir leur effet qu'entre les parties contractantes et n'ont point d'effet contre les tiers. Toutefois, ce texte laisse entendre qu'elles peuvent produire effet à leur profit. Les tiers disposent donc d'une option : ils peuvent soit invoquer la situation juridique résultant de l'acte ostensible ou bien celle provenant de la convention occulte. S'ils décident de faire lever le voile, ils agissent en déclaration de simulation.

« *Art. 1201.* – Lorsque les parties ont conclu un contrat apparent qui dissimule un contrat occulte, ce dernier, appelé aussi contre-lettre, produit effet entre les parties. Il n'est pas opposable aux tiers, qui peuvent néanmoins s'en prévaloir ».

Cette action est autonome. Une SCI, ayant pour associés deux époux, a acquis, le jour de sa constitution, un immeuble dans lequel l'épouse a établi sa résidence principale. Le trésorier ayant intenté une action en déclaration de simulation afin d'obtenir la réintégration du bien dans le patrimoine des époux, la cour d'appel a exactement énoncé que les tiers pouvaient agir en déclaration de simulation même lorsqu'ils n'invoquaient pas la fraude des parties, et constaté que l'épouse et la SCI ne justifiaient pas de l'origine des fonds ayant permis d'acquitter la partie du prix de vente payée, selon les termes de l'acte, au moyen des deniers propres de la société et de régler les échéances du prêt, et que l'épouse associée ne justifiait pas que le bien possédé par la SCI, qui constituait son domicile personnel, était également le siège d'une société. La cour d'appel a pu en déduire l'existence d'une contre-lettre consistant en une acquisition de l'immeuble par les époux, en indivision, retenir que ceux-ci étaient les véritables propriétaires du bien et ordonner sa réintégration dans leur patrimoine (Cass. 3e civ., 4 juin 2003 : *Bull. civ.* 2003, III, n° 123).

L'option réservée au tiers risque de faire surgir un *conflit* entre deux sortes de tiers se prévalant tous de l'ancien article 1321 du Code civil, les uns prétendant ignorer la contre-lettre et les autres voulant en profiter. Le créancier hypothécaire, qui tient ses droits de l'acquéreur apparent, se réclamera de l'acte ostensible pour maintenir la validité de l'hypothèque constituée du chef de celui qui, apparemment, est devenu propriétaire, alors que le créancier du prétendu vendeur invoquera la contre-lettre qui établit le caractère fictif de l'aliénation, afin de saisir l'immeuble dont, en réalité, il n'a jamais cessé d'être propriétaire.

La question est de savoir lequel des deux créanciers doit être préféré. La question fut discutée : quelques arrêts anciens faisaient prévaloir la réalité sur la situation apparente et préféraient le créancier qui réclamait l'application de la contre-lettre (Cass. req., 25 janv. 1847 : *DP* 1847, 1, p. 342. – CA Alger, 8 juill. 1896 : S. 1900, 1, 72. – CA Paris, 3 juin 1905 : *DP* 1908, 2, p. 129). D'autres décisions préféraient au contraire le tiers qui invoquait l'acte apparent (CA Orléans, 16 mai 1846 : *DP* 1846, 2, p. 159. – CA Limoges, 14 oct. 1910 : *DP* 1911, 2, p. 393, note Magnol. – CA Nîmes, 16 mai 1927 : *DP* 1929, 2, p. 68, note Gabolde).

Depuis une décision de principe du 25 avril 1939, la jurisprudence n'est fixée en ce sens qu'en cas de conflit entre les tiers, la préférence étant donnée à celui qui invoque l'acte ostensible. Dans cette espèce, un créancier hypothécaire invoquait l'acte ostensible, une vente simulée pour maintenir l'hypothèque consentie par l'acheteur apparent ; le frère de l'acheteur, héritier réservataire, avait également la qualité de tiers et il s'agissait d'un acte fait en fraude de ses droits, aussi il invoquait la convention véritable, la donation qui avait été annulée, pour faire tomber l'hypothèque. La cour d'appel avait donné gain de cause au créancier hypothécaire et maintenu la validité de l'hypothèque. La Cour de cassation a rejeté le pourvoi formé contre cet arrêt par l'héritier réservataire : alors que les deux adversaires exerçaient en sens opposé la faculté d'option à eux offerte par l'ancien article 1321, les juges du fond ont pu donner la préférence au droit du créancier hypothécaire, en considération de l'erreur que la force invincible des apparences avait provoquée dans l'esprit de ce prêteur sur la valeur et la solidité du titre ostensible sur lequel paraissait reposer la possession paisible et prolongée des emprunteurs constituants de la sûreté réelle.

128. – La simulation et les parties. La fiscalité sur les transactions immobilières induit parfois une simulation sur le prix. Ce sont alors les acquéreurs, qui ont versé un « dessous de table », qui vont agir contre le ou les vendeurs, afin d'obtenir la restitution de cette somme. L'intérêt est partagé : le ou les acquéreurs vont acquitter des frais de mutation moindres tandis que le ou les vendeurs diminuent le montant de leur plus-value taxable.

La simulation peut être prouvée par tout moyen et les juges du fond constatent l'existence d'une fraude en faisant ressortir, par une appréciation souveraine des faits et de la valeur probante des éléments de preuve soumis, qu'une partie du prix de vente du bien immobilier avait été dissimulée et acquittée entre les mains d'un tiers. La conséquence est que les vendeurs peuvent être condamnés à restituer les sommes dissimulées (Cass. 1re civ., 17 déc. 2009, n° 08-13.276 : *Bull. civ.* 2009, I, n° 254).

La réforme a cru bon de réécrire, on se demande pourquoi, l'ancien article 1321 du Code civil.

« *Art. 1202.* – Lorsque les parties ont conclu un contrat apparent qui dissimule un contrat occulte, ce dernier, appelé aussi contre-lettre, produit effet entre les parties. Il n'est pas opposable aux tiers, qui peuvent néanmoins s'en prévaloir. »

JURISPRUDENCE
I. L'action en simulation : fictivité d'une SCI

Cass. 3e civ., 10 oct. 2007, n° 05-18.076

« LA COUR :

Sur le premier moyen, ci-après annexé :

Attendu que l'intérêt à agir n'étant pas subordonné à la démonstration préalable du bien-fondé de l'action, la cour d'appel a exactement retenu que la demande de M. X... tendant à faire constater le caractère fictif de la société Cléa était recevable ;

D'où il suit que le moyen n'est pas fondé ;

Sur le deuxième moyen, ci-après annexé :

Attendu qu'ayant relevé que la société civile particulière Cléa, constituée entre les époux Y..., n'avait pas de compte bancaire, n'avait établi aucune comptabilité ni déposé de liasse fiscale auprès de l'administration fiscale, n'avait pas tenu d'assemblées générales, que M. Y... avait personnellement financé en totalité l'acquisition de l'immeuble social qui lui servait de résidence ainsi qu'à son épouse, que celui-ci s'était comporté comme l'unique propriétaire de cet immeuble en consentant l'inscription sur celui-ci de deux hypothèques pour sûreté d'ouverture de crédit que lui accordaient des banques à l'occasion de ses propres opérations de promotion immobilière et que le prix de vente d'une partie du terrain appartenant à cette société avait été entièrement encaissé par Mme Y..., la cour d'appel, qui n'était pas tenue de répondre à de simples allégations, a légalement justifié sa décision de ce chef ;

Sur le quatrième moyen, ci-après annexé :

Attendu qu'ayant, par motifs adoptés, relevé que l'annulation de la cession de parts sociales intervenue entre M. Y... et son épouse était irrévocable et retenu, sans violer l'article 1536 du Code civil, que la réintégration de ces parts sociales dans le patrimoine du cédant avait pour effet d'entraîner l'inopposabilité des opérations réalisées par la cessionnaire et de la rendre personnellement débitrice de leurs conséquences, la cour d'appel en a exactement déduit que la somme de 55 371,45 € perçue par Mme Y... à la suite d'une réalisation partielle de l'immeuble en 1996 devait être versée à M. X..., à valoir sur la créance détenue par ce dernier sur M. Y... et, par voie de conséquence, qu'à défaut de paiement, la somme saisie à titre conservatoire entre les mains de M. Z..., notaire, consignée à la CARSAN, pourrait être remise entre les mains de M. X... ;

D'où il suit que le moyen n'est pas fondé ;

Et attendu qu'il n'y a pas lieu de statuer sur le troisième moyen qui ne serait pas de nature à permettre l'admission du pourvoi ;

Sur les cinquième et sixième moyens, réunis, ci-après annexés :

Attendu que les quatre premiers moyens n'étant pas fondés, les moyens sont sans portées ;

Par ces motifs

Rejette le pourvoi (...) »

II. L'action en simulation : opération fiscale

Cass. 1re civ., 19 sept. 2007 : *Bull. civ.* 2007, I, n° 297

« LA COUR :

Sur le moyen unique, pris en ses deux branches :

Attendu que par acte notarié en date du 6 mars 1984, et avec l'autorisation du juge des tutelles, les enfants X..., alors âgés de 7, 6 et 2 ans, représentés par M. Georges-Alain X..., leur père, débiteur depuis 1979 d'un important passif fiscal, ont acquis un immeuble de vacances dans les Alpes-Maritimes ; que le trésorier principal du 8e arrondissement de Paris, après renonciation du fisc à la voie paulienne dans une instance administrative les ayant opposés, a agi en déclaration de simulation ; qu'il a ainsi obtenu que la vente lui soit dite inopposable, et le bien réintégré dans le patrimoine paternel ;

Attendu que M. Georges-Alain X... fait grief à l'arrêt attaqué (Paris, 22 juin 2005) d'avoir ainsi statué, alors, selon le moyen, que, sauf à violer les articles 1108, 1124 et 1321 du Code civil, la simulation suppose rapportée la preuve d'une contre-lettre, laquelle ne peut résulter de simples présomptions, et exige que des parties incapables soient autorisées par le juge des tutelles ;

Mais attendu qu'après avoir constaté que M. Georges-Alain X..., mû par une volonté délibérée et persistante de ne pas s'acquitter de ses impôts et d'échapper aux poursuites dont il faisait l'objet à ce titre, avait usé du prête-nom de ses enfants, démunis de toutes ressources personnelles, et avait payé la totalité du prix, puis avoir relevé que l'autorisation initiale du juge des tutelles n'empêchait pas d'établir les manœuvres de dissimulation de l'intéressé pour acquérir à la montagne un appartement de vacances dont il conservait la maîtrise et l'usage du fait du bas âge de ses enfants avec lesquels il était lié par une communauté d'intérêts, la cour d'appel a jugé la simulation établie ; que, par application du principe selon lequel la fraude fait échec à toutes les règles, moyen de pur droit relevé d'office après avertissement donné aux parties, l'arrêt se trouve ainsi légalement justifié ;

Par ces motifs :

Rejette le pourvoi (...) »

Cass. 1re civ., 17 déc. 2009 : *Bull. civ.* 2009, I, n° 254

« LA COUR :

Sur le moyen unique, pris en ses première, deuxième et quatrième branches :

Attendu que par acte notarié du 3 août 2000, M. et Mme X... ont acquis des époux Y... un chalet situé à Courchevel 1850, au prix de 21 000 000 F ; que prétendant avoir acquitté, à la demande des vendeurs et pour leur compte, un supplément de prix occulte, d'un montant de 762 228,93 €, entre les mains de M. A..., avocat suisse installé à Genève, les époux X... les ont, par acte du 18 février 2003, assignés en dissimulation du prix de vente et restitution du supplément de prix versé sur le fondement de l'article 1840 du Code général des impôts (devenu l'article 1321-1 du Code civil) ; qu'à la suite du décès de Jean Y..., sa veuve et ses quatre enfants, ès qualités d'héritiers, ont repris l'instance ; qu'ils font grief à l'arrêt attaqué (Paris, 21 février 2008) d'avoir jugé, au seul vu d'éléments de fait, qu'était établie l'existence d'un mandat entre les vendeurs et l'avocat pour la perception du complément de prix occulte et de les avoir condamnés à en restituer le montant, alors, selon le moyen, que la preuve d'un mandat ne peut être reçue que conformément aux règles générales sur la preuve des conventions, que ces règles sont applicables non seulement dans les rapports du mandant et du mandataire mais encore à l'encontre des tiers qui ont traité avec celui-ci ; qu'en statuant au vu de seuls éléments de fait, la cour d'appel a violé les articles 1341 et 1984 du Code civil ;

Mais attendu qu'en cas de fraude, la simulation peut être prouvée par tout moyen ; qu'il en est ainsi de la dissimulation d'une partie du prix d'une vente d'immeuble, laquelle a notamment pour finalité d'éluder l'application des règles fiscales relatives à l'imposition des transactions immobilières ; qu'ayant constaté l'existence d'une fraude en faisant ressortir, par une appréciation souveraine des faits et de la valeur probante des éléments de preuve soumis à son examen, qu'une partie du prix de vente du bien immobilier avait été dissimulée et acquittée, à la demande des époux Y..., entre les mains de l'avocat suisse qu'ils avaient mandaté à cet effet, la cour d'appel a, par ce seul motif et sans encourir les griefs du moyen, légalement justifié sa décision ;

Et attendu que les griefs des troisième, cinquième, sixième et septième branches ne sont pas de nature à permettre l'admission du pourvoi ;

Par ces motifs :

Rejette le pourvoi (...) »

SOUS-SECTION 5

LES ACTIONS DIRECTES

129. – Action directe et responsabilité. Nous avons déjà présenté l'action directe en droit des contrats, aussi un renvoi peut suffire (V. P. Delebecque et J.-F. Pansier, *Droit des obligations. Contrat et quasi-contrat*, LexisNexis, 2018, n°s 316 à 319).

S'agissant des actions directes en paiement, le nouveau texte (C. civ., art. 1341-3) ne dit rien de neuf et ne dit même rien du tout, puisqu'il se borne à indiquer que « dans certains cas déterminés par la loi, le créancier peut agir directement en paiement contre un débiteur de son débiteur ». Ce n'est que la confirmation de cette règle qui veut, compte tenu de la relativité des conventions, qu'il ne peut y avoir d'actions directes en dehors de ce qui peut être envisagé par un texte.

Rappelons simplement que les actions directes en responsabilité sont soumises à un régime différent compte tenu de la reconnaissance par la jurisprudence des chaînes de contrats.

130. – Action directe et paiement direct. De nombreux textes prévoient l'action directe :

– l'article 1994 du Code civil prévoit, en son alinéa 2 : « Dans tous les cas, le mandant peut agir directement contre la personne que le mandataire s'est substituée » ;

– l'article 1717 du Code civil prévoit que le preneur a le droit de sous-louer ou de céder son bail à un autre ; dans ce cas, le propriétaire dispose d'une action directe à l'encontre du sous-locataire dans la limite du sous-louer (Cass. 3e civ., 19 févr. 1997 : *Bull. civ.* 1997, III, n° 35) ;

– les articles 11 à 14-1 de la loi n° 75-1334 du 31 décembre 1975 organisent l'action directe du sous-traitant contre le maître de l'ouvrage. Cette action lui permet d'éviter la faillite du maître d'œuvre ;

– l'article 1799-1 du Code civil prévoit que le maître de l'ouvrage, qui conclut un marché de travaux privés, doit garantir le paiement des sommes dues à l'entrepreneur, soit en demandant à la banque qui finance les travaux de verser directement les fonds à ce dernier (en fonction de l'achèvement des travaux constaté par des situations successives), soit en demandant à sa banque de se porter caution solidaire du paiement des sommes. Ces dispositions, bien qu'elles soient d'ordre public, sont en pratique peu appliquées ;

– selon l'article L. 132-8 du Code de commerce, le voiturier a une action directe en paiement de ses prestations à l'encontre de l'expéditeur et du destinataire, lesquels sont tous deux garants du prix du transport. Cette garantie est d'ordre public et toute clause contraire est réputée non écrite. Cette action directe est soumise à la prescription annale (Cass. com., 12 juill. 2010, n° 10-18.675).

La réforme a cru utile de préciser (art. 1341-3) que « dans certains cas déterminés par la loi, le créancier peut agir directement en paiement de sa créance contre un débiteur de son débiteur. »

TITRE 2

MODALITÉS DE L'OBLIGATION

131. – Plan. Plusieurs modalités peuvent affecter l'obligation : certaines d'entre elles portent sur le lien de droit entre le créancier et le débiteur (Chapitre 1).

D'autres modalités concernent les personnes impliquées dans un rapport d'obligation (Chapitre 2).

Enfin, d'autres changements peuvent intervenir en cours d'exécution de l'obligation. C'est aborder le thème de la modification de l'obligation (Chapitre 3).

CHAPITRE 1

LES MODALITÉS AFFECTANT LE LIEN D'OBLIGATION

132. – Il s'agit pour l'essentiel du terme et de la condition.

SECTION 1

LE TERME

133. – Définition du terme. Le terme, en droit, désigne un événement futur qui se produira nécessairement. Il peut avoir trois origines : conventionnelle, judiciaire ou légale.

Selon une formule connue, « le terme est un événement futur et certain, tandis que la condition est un événement futur et incertain ».

Cette formule a donné naissance aux articles 1304, alinéa 1er et 1305 du Code civil.

– *Art. 1304 :* « L'obligation est conditionnelle lorsqu'elle dépend d'un événement futur et incertain ».

– *Art. 1305 :* « L'obligation est à terme lorsque son exigibilité est différée jusqu'à la survenance d'un événement futur et certain, encore que la date en soit incertaine ».

134. – Terme certain et incertain. En réalité, cette formule, si elle a le mérite de la simplicité, n'est pas entièrement exacte : il faut en effet compter avec l'ambiguïté du mot « certain » dans la langue française.

– D'une part, « certain » signifie qu'un événement va se produire dans le futur sans aucun doute possible. De ce point de vue, la certitude d'un fait s'oppose, dans le discours aux modalités : par exemple, dire « il va pleuvoir demain » relève du certain, tandis que l'énoncé « il se peut qu'il pleuve demain » est un discours affecté d'une modalité.

Tout locuteur, lorsqu'il parle, « prend en charge » ce qu'il dit par rapport à la certitude : soit il affirme que l'événement va se produire nécessairement (domaine du certain), soit au contraire il émet un doute sur la réalisation du fait et a recours aux modalités de l'incertain.

Les linguistes modernes (adeptes de la théorie de l'énonciation décrite par A. Culioli, *in Pour une théorie de l'énonciation*, 3 vol., Ophrys, 1991) détaillent sept modalités de l'incertain, en allant du plus certain (« il pleuvra demain ») au moins certain (« je ne pense pas qu'il pleuve demain »).

Ces gradations dans la prise en charge de la certitude du discours sont appelées « modalités » parce que dans la langue anglaise, ce sont les verbes modaux qui assurent cette fonction (*will, shall, should, can, could, may, might, must*).

Ainsi, lorsque l'on dit que le terme est un événement futur et certain, cela veut dire que, pour les cocontractants, l'événement conditionnant la réalisation de l'obligation va se produire nécessairement.

– D'autre part, le qualificatif « certain » peut porter non sur l'événement lui-même (qui va arriver nécessairement), mais sur la date à laquelle ledit événement va se produire. En effet, cette date peut être certaine dans sa fixation (un bail commercial à échéance au 30 juin 2006) ou incertaine (« à la mort de l'occupant de l'immeuble »).

L'article 1305 issu de la réforme du Code civil tient compte de cette ambiguïté :

« L'obligation est à terme lorsque son exigibilité est différée jusqu'à la survenance d'un événement futur et certain, encore que la date en soit incertaine ».

135. – Condition purement potestative ou terme à échéance incertaine. La distinction entre condition purement potestative et terme à échéance incertaine a interrogé la doctrine et la jurisprudence. Dans le terme, l'incertitude concerne la date d'exécution de l'obligation, tandis que dans la condition l'obligation est elle-même soumise au doute.

C'est cette solution que reprennent les articles :

– *Art. 1304-2 :* « Est nulle l'obligation contractée sous une condition dont la *réalisation dépend de la seule volonté du débiteur* ».

– *Art. 1305 :* « L'obligation est à terme lorsque son exigibilité est différée jusqu'à la survenance d'un événement futur et certain, *encore que la date en soit incertaine* » *(C'est nous qui soulignons).*

Ainsi, la convention par laquelle l'acquéreur d'un terrain s'est engagé, en paiement du prix de vente, à construire et à délivrer une maison au vendeur, avec constitution d'une caution bancaire destinée à garantir la bonne fin des travaux, n'est pas affectée d'une condition purement potestative mais d'un terme à échéance incertaine pouvant être fixé judiciairement (Cass. 3e civ., 4 déc. 1985 : *Bull. civ.* 1985, III, n° 162).

La jurisprudence a plusieurs fois sanctionné la stipulation de termes incertains : si le terme fixé pour la durée de la société n'est pas perpétuel quand bien même la société peut se proroger indéfiniment (Cass. com., 1er juin 1999, n° 97-14.918), la nullité du bail convenu pour la durée de la société preneuse est prononcée (Cass. 3e civ., 27 mai 1998, n° 96-15.774 : *Bull. civ.* 1998, III, n° 110), et doit être éradiquée la clause du contrat d'exercice médical fixant sa durée pour celle de la société (Cass. 1re civ., 19 mars 2002, n° 99-21.209 : *RTD civ.* 2002, 510, obs. Mestre et Fages). Un contrat d'exercice médical conclu pour vingt-cinq ans n'est pas un contrat perpétuel (Cass. 1re civ., 20 mai 2003 : *Bull. civ.* 2003, I, n° 124 ; *D.* 2004, 598, obs. J. Penneau).

136. – Réalisation du terme certain. Une fois cette double acception du terme certain expliquée, il est aisé de comprendre que le terme, événement certain dans sa réalisation, peut être :

– certain, lorsque la date d'échéance est connue ; autrement dit, lorsque la date de réalisation de l'événement faisant jouer le terme est définie temporellement dès le départ ;

– incertain, lorsque la date à laquelle se produira l'événement ne peut pas être connue, bien que l'événement se produise nécessairement (par exemple, le décès d'une personne ou l'achèvement d'un chantier).

Il existe deux catégories de terme ; celui-ci peut être suspensif ou extinctif.

JURISPRUDENCE
La notion de terme extinctif

Cass. soc., 28 oct. 1992, n° 89-45.500 : *Bull. civ.* 1992, V, n° 521

« *Sur le moyen unique :*

Attendu, selon l'arrêt confirmatif attaqué (Paris, 22 septembre 1989), que M. X..., membre du directoire de la Société générale de coopération de consommation (SGCC), a cessé ses fonctions en 1975 pour se consacrer exclusivement à la Société coopérative de gestion (SCG) et à l'Union coopérative de supermarchés (UCSM) dont il assumait la présidence ; qu'à cette occasion, la SGCC lui a garanti les conditions particulières de retraite accordées aux cadres supérieurs du mouvement coopératif, dans l'hypothèse où les sociétés dans lesquelles il allait exercer son activité ne pourraient plus lui assurer cet avantage ; qu'à la suite de son départ à la retraite et de la défaillance des sociétés SCG et UCSM, M. X... a demandé à la SGCC l'exécution de son engagement ; que la SGCC, après avoir répondu à M. X... qu'elle se substituerait aux sociétés défaillantes tant qu'elle disposerait des moyens pour le faire, l'a informé qu'en raison de l'extrême gravité de la situation du mouvement coopératif, elle ne pouvait pas lui verser le complément de retraite ; que c'est dans ces conditions que M. X... a saisi la juridiction prud'homale pour obtenir le paiement de ce complément ;

Attendu que la SGCC fait grief à l'arrêt confirmatif attaqué de l'avoir condamnée à exécuter son engagement, alors que cet engagement qu'elle avait pris le 30 juin 1975, de garantir à M. X..., en cas de défaillance des sociétés UCSM et SCG, le versement d'une retraite égale à 66 % de la totalité des appointements et avantages perçus annuellement par lui-même ou par ses successeurs à grade égal, avec possibilité de retraite à partir de 60 ans, égale à 61 % des sommes déterminées, soit 1 % d'abattement par année d'anticipation, sous déduction des retraites perçues par l'intéressé au titre de la Sécurité sociale, de l'IPRCA, de l'IPRIS et du Fonds de garantie, avec réversibilité au taux de 60 % au profit du conjoint survivant, constitue un engagement à exécution successive, les prestations garanties étant annuelles, et à durée indéterminée, puisque consenti la vie durant de M. X..., et le cas échéant, celle de son épouse, de telle sorte que, en application de l'article 1134, alinéa 2, du Code civil, la SGCC a, sauf abus, sanctionné par l'alinéa 3 du même texte, la possibilité de le résilier unilatéralement ; et qu'en lui déniant ce droit, la cour d'appel a violé l'article susvisé ;

Mais attendu qu'est pris pour une durée déterminée l'engagement dont le terme est fixé par un événement certain, même si la date de sa réalisation est inconnue, dès lors que cette réalisation est indépendante de la volonté de l'une des parties ; qu'en l'espèce, après avoir fait ressortir, par motifs propres et adoptés, que l'avantage consenti devait être versé au bénéficiaire sa vie durant ou jusqu'au décès de son conjoint survivant, soit jusqu'à un terme certain dont la réalisation ne dépendait pas de la volonté de l'une des parties, la cour d'appel, abstraction faite d'un motif surabondant et inexact sur la classification du contrat dans les contrats à exécution instantanée, a, en décidant qu'il ne pouvait être résilié que par consentement mutuel des parties, légalement justifié sa décision ;

PAR CES MOTIFS : Rejette le pourvoi (...) »

SOUS-SECTION 1

LE TERME SUSPENSIF

137. – Code civil. Le Code civil de 1804 envisageait largement le terme suspensif dans ses articles 1185 et suivants :

– *Art. 1185 :* « Le terme diffère de la condition, en ce qu'il ne suspend point l'engagement, dont il retarde seulement l'exécution ».

– *Art. 1186 :* « Ce qui n'est dû qu'à terme ne peut être exigé avant l'échéance du terme ; mais ce qui a été payé d'avance ne peut être répété ».

– *Art. 1187 :* « Le terme est toujours présumé stipulé en faveur du débiteur, à moins qu'il ne résulte de la stipulation, ou des circonstances, qu'il a été aussi convenu en faveur du créancier ».

– *Art. 1188 :* « Le débiteur ne peut plus réclamer le bénéfice du terme lorsque par son fait, il a diminué les sûretés qu'il avait données par le contrat à son créancier ».

La réforme du Code civil du 10 février 2016 renouvelle l'appréhension du terme :

– *Art. 1305-1 :* « Le terme peut être exprès ou tacite.

À défaut d'accord, le juge peut le fixer en considération de la nature de l'obligation et de la situation des parties ».

– *Art. 1305-2 :* « Ce qui n'est dû qu'à terme ne peut être exigé avant son échéance ; mais ce qui a été payé d'avance ne peut être répété.

Le créancier de l'obligation affectée d'un terme peut exercer tous les actes conservatoires de son droit et agir contre les actes du débiteur accomplis en fraude de ses droits ».

– *Art. 1305-3 :* « Le terme profite au débiteur, s'il ne résulte de la loi, de la volonté des parties ou des circonstances qu'il a été établi en faveur du créancier ou des deux parties.

La partie au bénéfice exclusif de qui le terme a été fixé peut y renoncer sans le consentement de l'autre ».

– *Art. 1305-4 :* « Le débiteur ne peut réclamer le bénéfice du terme s'il ne fournit pas les sûretés promises au créancier ou s'il diminue par son fait celles qu'il lui a données ».

– *Art. 1305-5 :* « La déchéance du terme encourue par un débiteur est inopposable à ses coobligés, même solidaires, et à ses cautions ».

§ 1. – L'objet du terme suspensif

138. – Objet. Le terme suspensif a pour objet de préciser à quelle date l'obligation sera exécutée. Lorsque cette date va survenir, l'obligation deviendra juridiquement exigible : le créancier pourra en demander l'exécution.

Par exemple, le remboursement d'un prêt devra intervenir à une date précise.

Il est possible aussi de retarder la conclusion d'un contrat et de prévoir qu'il prendra effet à telle date.

§ 2. – La fixation du terme suspensif

139. – Fixation. Il appartient normalement aux parties de fixer ce terme suspensif. À défaut de précision, le contrat – l'obligation – produit ses effets immédiatement. Les obligations sont immédiatement exigibles.

Le terme peut être exprès ou tacite (C. civ., art. 1305-1).

La réforme comportait une règle portant exception à l'exception d'exécution immédiate d'une obligation dont le terme existe mais n'est pas déterminé : « À défaut d'accord, le juge peut le fixer en considération de la nature de l'obligation et de la situation des parties ».

La version définitive du texte de l'article 1305-1, alinéa 2 est plus concise : « À défaut d'accord, le juge peut le fixer en considération de la nature de l'obligation et de la situation des parties ».

§ 3. – Les effets du terme suspensif

A. – Avant l'échéance du terme

140. – Pendant le terme. Tant que le terme n'est pas échu, l'obligation n'est pas exigible. C'est ce que rappelle l'article 1305-2 du Code civil : « Ce qui n'est dû qu'à terme ne peut être exigé avant son échéance ».

Par conséquent, le créancier ne peut pas réclamer de paiement, ni s'engager dans des voies d'exécution ou dans des mesures de contrainte.

Toutefois, même si l'obligation n'est pas exigible, le créancier peut parfaitement défendre ses droits. Il pourra prendre des mesures conservatoires pour éviter que le débiteur ne dilapide son patrimoine. Sa créance n'est pas encore certaine, mais elle existe, ne serait-ce que dans son principe. À ce titre, elle mérite d'être défendue.

B. – La libération anticipée

141. – Présomption en faveur du débiteur. Le débiteur peut parfaitement se libérer sans attendre l'échéance du terme. S'il s'agit d'un contrat de prêt, l'emprunteur peut faire un ou des remboursements anticipés, avant la survenance du terme.

Telle est la signification de l'article 1305-2 du Code civil : « ce qui a été payé d'avance ne peut être répété ».

En effet, le Code civil présume que le terme a été conçu en faveur du débiteur ; par conséquent, celui-ci peut renoncer au terme.

« *Art. 1305-3, al. 2.* – La partie au bénéfice exclusif de qui le terme a été fixé peut y renoncer sans le consentement de l'autre ».

Toutefois, cette présomption, selon laquelle le terme est conçu en faveur du débiteur, est une **présomption simple**.

« *Art. 1305-3, al. 1er.* – Le terme profite au débiteur, s'il ne résulte de la loi, de la volonté des parties ou des circonstances qu'il a été établi en faveur du créancier ou des deux parties ».

142. – Intérêt commun. Il se peut que le créancier ait intérêt au terme. Dans ce cas, le terme est conçu dans **l'intérêt commun du créancier et du débiteur** : l'un et l'autre doivent le respecter. Tel est le cas du contrat de prêt à intérêt : le terme est à la fois dans l'intérêt du débiteur, qui peut s'acquitter de sa dette en une ou plusieurs échéances étalées dans le temps, et dans l'intérêt du créancier, qui perçoit un intérêt en fonction de la durée du remboursement.

C. – La déchéance du terme

143. – Définition. Dans certaines hypothèses, le débiteur peut être déchu du bénéfice du terme.

S'il y a déchéance du terme, l'obligation devient immédiatement exigible : le créancier pourra obtenir sur-le-champ son paiement.

144. – Hypothèses. Il y a déchéance du terme, aujourd'hui, dans **trois séries d'hypothèses** :

– le premier cas est la liquidation judiciaire du débiteur ; c'est l'une des deux issues possibles d'une procédure de faillite, lorsque le redressement de l'entreprise est compromis ;

– le deuxième cas se concrétise lorsque le débiteur a diminué les garanties données au créancier ; l'hypothèse est visée par l'article 1305-4 du Code civil (« Le débiteur ne peut réclamer le bénéfice du terme s'il ne fournit pas les sûretés promises au créancier ou s'il diminue celles qui garantissent l'obligation. ») ;

– enfin, la déchéance du terme peut être conventionnelle et résulter d'une clause figurant au contrat.

Selon l'article 1305-5 du Code civil, « La déchéance du terme encourue par un débiteur est inopposable à ses coobligés, même solidaires, et à ses cautions ».

Très souvent, dans les contrats de prêt passés entre les banques et les emprunteurs, figurent des clauses de déchéance du terme : lorsque le débiteur néglige de régler l'une des échéances du prêt, si le débiteur ne donne pas certaines informations au créancier, si le débiteur commet tel ou tel acte préjudiciable au créancier, il ne pourra plus compter sur le terme. Dans ces conditions, le créancier pourra recouvrer ce qu'on lui doit. On parle en pratique de garanties négatives.

SOUS-SECTION 2

LE TERME EXTINCTIF

145. – Cause d'extinction. Le terme extinctif est conçu comme une cause d'extinction de l'obligation. À telle date, l'obligation va prendre fin.

Ainsi, dans un bail conclu pour neuf années, la survenance du terme implique la cessation de toute relation entre bailleur et preneur (sauf l'hypothèse particulière du droit au renouvellement en matière de baux commerciaux).

Dans un contrat de travail à durée déterminée conclu pour trois mois, l'arrivée du terme met fin à la relation de travail. Si l'employeur vient à faire accomplir un jour de plus au salarié, l'ensemble de la relation sera requalifié en contrat de travail à durée indéterminée (à un jour de plus). L'obligation pour le preneur de rendre la chose prêtée après s'en être servie est de l'essence du commodat. Lorsque aucun terme n'a été convenu pour le prêt d'une chose d'un usage permanent, sans qu'aucun terme naturel soit prévisible, le prêteur est en droit d'y mettre fin à tout moment, en respectant un délai de préavis raisonnable.

Enfin, une rente viagère s'éteint avec le décès du crédirentier.

JURISPRUDENCE
I. La distinction du terme et de la condition

Le terme est un événement futur et certain auquel est subordonnée l'exigibilité ou l'extinction d'une obligation.

« Après avoir relevé que la clause qui faisait dépendre le paiement de 70 % du prix de la revente des terrains s'analysait en une condition dans la mesure ou ce n'était pas seulement la date de la revente qui était incertaine mais sa réalisation elle-même qui dépendait de la seule volonté de Rochemont, l'arrêt énonce qu'il importe peu que cette revente ait exigé aussi le consentement d'un tiers acquéreur, cet élément ne suffisant pas pour écarter le caractère potestatif de l'obligation de Rochemont de payer le solde du prix, ce dernier n'ayant, a aucun moment, pris l'engagement de revendre et restant donc libre de le faire ou non ; l'arrêt ajoute que la convention permettait à Rochemont de devenir propriétaire en versant 30 % du prix et qu'il pouvait se soustraire au paiement des 70 % restants aussi longtemps qu'il le voulait ; les juges du fond, appréciant souverainement la portée des clauses du contrat quant a leur influence sur l'étendue des obligations des parties, ont pu en déduire que la vente était nulle en raison du caractère potestatif de la condition » (Cass. 3e civ., 8 oct. 1980, n° 79-11.992 : *Bull. civ.* 1980, III, n° 154 ; *RTD civ.* 1981, p. 851, obs. F. Chabas ; *D.* 1981, inf. rap. p. 441, obs. B. Audit).

« Ayant relevé que le bien, objet de la vente, était encore la propriété d'un tiers non partie à l'acte et dont le consentement, pour le transfert de propriété à la société Iepso, n'était assorti d'aucun délai, ni d'aucune prévision dans le temps, ni dans les démarches à entreprendre, ce qui avait pour conséquence de placer la vente dans le seul pouvoir de la société qui pouvait, à son seul gré, décider ou non d'acquérir, sans être, de surcroît, contrainte par un quelconque délai, la cour d'appel en a exactement déduit que la condition d'acquisition du bien, sous laquelle l'obligation de vente avait été contractée, condition dont la défaillance ne retirait au vendeur aucun des avantages stipulés en sa faveur, était purement potestative et, partant, nulle » (Cass. 3e civ., 13 oct. 1993, n° 91-15.424 : *Bull. civ.* 1993, III, n° 121 ; *JCP* G 1994, II, 22280, note Y. Dagorne-Labbé ; *Defrénois* 1994, 793, obs. Ph. Delebecque ; *RTD civ.* 1994, 606, obs. J. Mestre.

La Cour de cassation a décidé qu'a violé l'article 1185 du Code civil par fausse application une cour d'appel qui, pour débouter une société cinématographique de son appel en garantie tendant à dire qu'une société devrait supporter les charges dues à une association foncière urbaine d'un centre commercial, exploité à usage de cinémas, a retenu sur renvoi après cassation que l'accord du 13 mars 1981 faisant la loi des parties, selon lequel ladite société s'était engagée à supporter ces charges aux lieu et place de la société cinématographique tant que le nombre d'entrées annuelles des cinémas resterait inférieur ou égal à 380 000, comportait un terme et non une condition, dès lors qu'il avait été considéré comme de réalisation certaine par les parties, alors que, l'événement étant incertain non seulement dans sa date mais aussi quant à sa réalisation, il s'agissait d'une condition et non d'un terme (Cass. 1re civ., 13 avr. 1999 : *Bull. civ.* 1999, I, n° 131 ; *D. affaires* 1999, p. 937, obs. J. F. ; *Defrénois* 1999, p. 1001, obs. D. Mazeaud ; *Contrats, conc. consom.* 1999, n° 125, note Leveneur).

Un arrêt du 13 juillet 2004 est revenu sur cette distinction du terme et de la condition :

Cass. 1re civ., 13 juill. 2004 : *Bull. civ.* 2004, I, n° 204

« Vu l'article 1185 du Code civil ;

Attendu que le terme est un événement futur et certain auquel est subordonnée l'exigibilité ou l'extinction d'une obligation ;

Attendu que par une promesse unilatérale d'achat du 1er février 1990 consentie au profit des consorts X..., la société Laho, aux droits de laquelle vient la société Pinault équipement, s'est engagée à acquérir 3 640 actions d'une société Fixator au prix de 1 873 F l'unité, ce prix étant majoré si l'option était levée après le 30 avril 1995 ; qu'il y était stipulé : "la présente promesse est consentie pour une période de 63 mois, qui commencera à courir du jour de la réalisation définitive (inscription au registre du commerce), à intervenir en tout cas avant le 31 décembre 1990, soit de la fusion de Fixator SA avec la SA Usines et fonderies nogentaises UFN, par absorption de cette dernière, soit d'une augmentation en numéraire social du capital de Fixator SA ; le bénéficiaire pourra alors lever l'option entre le 85e jour précédant l'expiration de cette période et le dernier jour, à 24 heures" ;

Que le 5 décembre 1990, Mme Régine X... a cédé 500 actions à la société Laho au prix stipulé à la promesse ; que cette fusion et cette augmentation de capital sont intervenues le 15 novembre 1994 ; que le 26 mars 1996, les consorts X... ont déclaré lever l'option ; que la SA Pinault équipement s'y est refusée en opposant la caducité de la promesse ;

Attendu que pour condamner la SA Pinault équipement à payer aux consorts X... le prix de cession en exécution de la promesse, l'arrêt attaqué retient que cette stipulation avait pour seul objet de déterminer le point de départ du délai d'option à l'intérieur de la période comprise entre la date de la signature de l'acte et celle du 31 décembre 1990, date ultime d'ouverture du délai d'option de 63 mois, de sorte que la réalisation de la fusion ou de l'augmentation de capital avant le 31 décembre 1990 n'avait pas été érigée par les parties comme une condition de la promesse d'achat des titres ;

Attendu qu'en se déterminant ainsi, alors que, l'événement étant incertain non seulement dans sa date, mais aussi quant à sa réalisation, il s'agissait d'une condition et non d'un terme, la cour d'appel a violé le texte susvisé par fausse application ;

Par ces motifs, et sans qu'il y ait lieu de statuer sur les autres branches du moyen :

Casse et annule, dans toutes ses dispositions, l'arrêt rendu le 16 novembre 2000, entre les parties, par la cour d'appel de Versailles ; remet, en conséquence, la cause et les parties dans l'état où elles se trouvaient avant ledit arrêt et, pour être fait droit, les renvoie devant la cour d'appel de Versailles, autrement composée (...) »

Cass. 1re civ., 13 déc. 2005, n° 04-11.572 : *Bull. civ.* 2005, I, n° 489 ; *RTD civ.* 2006, 315, obs. Mestre et Fages

« *Sur le moyen unique :*

Vu les articles 1174 et 1186 du Code civil ;

Attendu que, par acte authentique du 10 juin 1995, M. X... a consenti un prêt de la somme principale de 250 000 francs à Mme Y... qui a constitué hypothèque sur une maison lui appartenant, en garantie du remboursement de ce prêt, lequel, selon ce même acte, "sera remboursable à la vente par Mme Y... de (cette) maison (...) ou au plus tard au décès de Mme Y..." ; que le 19 juin 1998, M. X... a assigné Mme Y... en remboursement dudit prêt ;

Attendu que pour accueillir cette demande, l'arrêt énonce que la clause précitée, qui subordonne la condition de remboursement à la seule volonté de l'emprunteur de décider ou non de vendre sa maison, s'analyse selon les termes de l'article 1174 du Code civil en une clause potestative, qui affecte ainsi de nullité non pas l'existence du prêt, la remise de la chose n'étant pas subordonnée à ladite clause, mais l'obligation de restituer par l'emprunteur, de sorte que la somme prêtée doit être immédiatement restituée ;

Qu'en se déterminant ainsi, alors que le caractère potestatif de la condition prévue par la clause précitée n'affectait pas la validité du terme, savoir le décès de Mme Y..., à la survenance duquel était subordonné, selon la même clause, le remboursement du prêt litigieux, la cour d'appel a violé les textes susvisés, le premier par fausse application, le second par refus d'application ;

Et attendu que, conformément aux prévisions de l'article 627, alinéa 2, du Nouveau Code de procédure civile, il y a lieu, en cassant sans renvoi, de mettre fin au litige par application de la règle de droit appropriée ;

Par ces motifs : Casse et annule, dans toutes ses dispositions, l'arrêt rendu le 14 décembre 2000, entre les parties, par la cour d'appel de Rennes. »

Cass. 3e civ., 9 juill. 2013, n° 12-17.489

« *Sur le moyen unique :*

Attendu, selon l'arrêt attaqué (Aix-en-Provence, 24 novembre 2011), que le 4 avril 1984, les consorts Z... ont confié à M. X... une mission de maîtrise d'œuvre en vue de la réalisation d'un immeuble à usage d'habitation ; que le permis de construire accordé le 28 juin 1984 a été annulé, sur le recours d'un tiers, par décision du 24 février 1986 ; que le 25 avril 2006, M. X... a assigné les consorts Z... en paiement d'honoraires ;

Attendu que M. X... fait grief à l'arrêt de le débouter de ses demandes, alors, selon le moyen :

1°/ que le terme diffère de la condition en ce qu'il ne suspend point l'engagement dont il retarde seulement l'exécution ; qu'en l'espèce, le contrat d'architecte prévoyait que le versement des honoraires de l'architecte pourrait n'intervenir qu'après une précommercialisation et le lancement des travaux de construction ; qu'il n'était pas prévu que les honoraires ne seraient dus que si la précommercialisation et le lancement des travaux de construction intervenait ; que seule la date de paiement des honoraires était ainsi différée, de sorte que l'engagement de payer les honoraires de M. X... était affecté d'un terme incertain et non d'une condition ; qu'en décidant le contraire, la cour d'appel a violé l'article 1185 du Code civil ;

2°/ que, d'autre part M. X... a fait valoir, dans ses conclusions d'appel, qu'il avait été convenu entre les parties qu'en cas d'abandon de l'opération, le paiement de ses honoraires restait dû, d'où il suivait que le versement de ses honoraires n'était nullement conditionnel, seul leur paiement étant susceptible d'être reporté ; qu'en se bornant à affirmer que l'engagement concernant le paiement des honoraires de M. X... avait été passé sous condition suspensive du démarrage de l'opération de la construction, sans prendre en considération les éléments de fait de nature à établir que selon la volonté des parties, le versement des honoraires n'était pas conditionnel, ni répondre aux conclusions d'appel sur ce point, la cour d'appel a violé l'article 455 du Code de procédure civile ;

Mais attendu qu'ayant relevé que le contrat de maîtrise d'œuvre stipulait que "le versement des honoraires pourra n'intervenir qu'après une précommercialisation et le lancement des travaux de construction" et que l'absence de réalisation de l'opération résultait de l'annulation du permis de construire obtenu et de la modification du plan d'occupation des sols, la cour d'appel qui n'était pas tenue de procéder à une recherche inopérante, a pu retenir que le paiement des honoraires était soumis à la condition du lancement effectif de l'opération suivant les résultats de la précommercialisation et qu'en raison de l'impossibilité de réalisation de cette condition la demande en paiement de ces honoraires ne pouvait être accueillie ;

D'où il suit que le moyen n'est pas fondé ;

PAR CES MOTIFS : REJETTE le pourvoi (...) »

Un arrêt plus récent revient sur cette distinction :

Cass. 1re civ., 10 déc. 2014, n° 13-19.313

« Attendu, selon l'arrêt attaqué, que Mme X..., qui s'était engagée, par acte sous seing privé, à verser une certaine somme à M. Y... lors de la vente de sa maison à l'édification de laquelle il avait pris part, a été assignée en paiement par ce dernier alors que la maison n'était toujours pas vendue ;

Sur le premier moyen :

Vu l'article 1134 du Code civil ;

Attendu que pour accueillir la demande, l'arrêt retient que Mme X... ne justifie pas de démarches efficaces pour vendre sa maison, qu'elle ne peut se prévaloir sans fin d'un événement dont elle maîtrise en partie la réalisation et que la reconnaissance de dette est dépourvue d'équivoque ;

Qu'en se déterminant ainsi, tout en relevant que l'acte ne prévoyait le versement de la somme litigieuse que "lors de la vente de la maison", qui n'avait pas eu lieu à la date où elle statuait, la cour d'appel en a dénaturé les termes clairs et précis, en violation de l'article susvisé ;

Et sur le second moyen, pris en sa première branche :

Vu l'article 1185 du Code civil ;

Attendu que pour statuer comme il l'a fait, l'arrêt retient que l'accord conclu par les parties est une reconnaissance de dette précise portant mention du montant de la créance, ainsi que de la contrepartie fournie par M. Y... et que le terme en est la vente de la maison ;

Qu'en statuant ainsi, alors que, l'événement étant incertain non seulement dans sa date, mais aussi quant à sa réalisation, il s'agissait d'une condition et non d'un terme, la cour d'appel a violé, par fausse application, le texte susvisé ;

Par ces motifs, et sans qu'il y ait lieu de statuer sur la seconde branche du second moyen : casse et annule (...) »

II. Terme et droit du travail

La notion de terme revêt une importance capitale en droit du travail. La législation impose, pour qu'un contrat à durée déterminée soit valable, que le terme, certain ou incertain, soit fixé dans ses modalités dès la signature du contrat de travail.

Cass. soc., 19 juin 1987 : *Gaz. Pal.* 1987, pan. p. 232 ; *Bull. civ.* 1987, V, n° 400

« LA COUR :

Sur le moyen unique, pris de la violation de l'article L. 122-1 du Code du travail :

Attendu que la société Proservice qui le 1er janvier 1983 a engagé M. Moulin pour effectuer un travail de caissier jusqu'à automatisation du parking du parc Tourny et qui a mis un terme à ce contrat, qualifié "à durée déterminée", le 30 juin 1983 à l'occasion de la mise en place de trois caisses à péage automatique, fait grief au jugement prud'homal attaqué (Conseil de prud'hommes de Bordeaux, 10 juill. 1984) d'avoir dit que le contrat intervenu devait être réputé à durée indéterminée et de l'avoir condamnée à payer à M. Moulin une somme à titre d'indemnité de préavis, ainsi que des dommages-intérêts pour licenciement abusif, alors, selon le moyen, d'une part, qu'aux termes de l'article L. 122-1 du Code du travail le contrat conclu pour une durée déterminée en vue de l'exécution d'une tâche occasionnelle, précisément définie et non durable, doit comporter un terme fixé avec précision dès sa conclusion, qu'il n'en résulte pas pour autant que le contrat doit être conclu obligatoirement de date à date, que le terme envisagé peut être représenté par la survenance d'un événement certain mais dont la date ne peut être fixée avec une précision absolue lors de la conclusion du contrat, que ce terme peut être soit une date, soit une indication permettant au salarié d'envisager approximativement la date à laquelle le contrat se terminera, qu'en décidant dès lors que le contrat conclu entre la société Proservice et M. Moulin devait être regardé comme à durée indéterminée faute d'avoir indiqué avec précision la date à laquelle il devait expirer, le conseil de prud'hommes a violé, par fausse interprétation le texte susvisé ; et alors, d'autre part, que la mention du terme du contrat à durée déterminée peut être constituée par toute indication permettant au salarié de connaître, même approximativement, la date à laquelle le contrat prendra fin, qu'en l'espèce le terme du contrat à durée déterminée intervenu entre la société Proservice et M. Moulin était l'automatisation des caisses du parc de stationnement où M. Moulin occupait les fonctions d'encaisseur, qu'en ne recherchant pas, ainsi, si cette mention permettait ou non à M. Moulin de connaître la date approximative à laquelle le contrat viendrait à expiration, le conseil de prud'hommes a privé sa décision de toute base légale ;

Mais attendu qu'en l'état des dispositions d'un contrat de travail prévoyant son expiration à l'automatisation de la tâche confiée à M. Moulin, le conseil de prud'hommes a exactement retenu que cette convention ne répondait pas aux exigences de l'article L. 122-1 du Code du travail qui dispose qu'un contrat à durée déterminée doit comporter un terme fixé avec précision dès sa conclusion ;

Par ces motifs :

Rejette le pourvoi. »

III. Terme et prêt à usage

Un premier arrêt concernant le prêt à usage avait mis la doctrine en émoi.

Son attendu de principe du 19 novembre 1996 était le suivant : il résulte de la combinaison des articles 1888 et 1889 du Code civil que le prêteur à usage ne peut retirer la chose prêtée qu'après le terme convenu, ou, à défaut de convention, qu'après que le besoin de l'emprunteur a cessé. N'a pas donné de base légale à sa décision au regard de ces textes la cour d'appel qui, pour condamner l'occupant d'un logement à quitter les lieux, a retenu que ce dernier ne rapportait pas la preuve que le logement ait été mis à sa disposition pour un besoin déterminé requérant une certaine durée et que le prêt à usage litigieux avait été fait pour une durée indéterminée de sorte que, conformément au droit commun, le prêteur pouvait le résilier à tout moment sans avoir à rapporter la preuve d'un besoin pressant et imprévu, statuant ainsi sans rechercher si le besoin de l'occupant avait cessé (*Bull. civ.* 1996, I, n° 407).

Les critiques contre cette solution furent nombreuses :

– s'agissant du prêt d'un logement, cette solution conduit à faire du prêt à usage un contrat viager – le besoin de se loger est un besoin essentiel de son titulaire ;

– le prêteur, qui rend service gratuitement à un tiers, est moins bien traité que le bailleur, qui peut donner congé ou récupérer son bail dans des circonstances spécifiques ;

– cette interprétation fait primer l'article 1889 sur l'article 1888 : le prêt ne peut cesser, faute de terme convenu, que si le besoin de l'emprunteur a cessé (C. civ., art. 1888), alors que le droit de se faire restituer la chose en cas de besoin pressant et imprévu est oublié (C. civ., art. 1889).

En l'espèce, le prêteur avait autorisé son frère à occuper gratuitement l'appartement où avaient vécu leurs parents communs.

Un deuxième arrêt avait atténué la solution.

Lorsque aucun terme n'a été convenu pour le prêt d'une chose d'un usage permanent, sans qu'aucun terme naturel soit prévisible, il appartient au juge de déterminer la durée du prêt. A violé les articles 1875 et 1888 du Code civil une cour d'appel qui, pour rejeter la demande du propriétaire d'un terrain tendant à la résiliation du contrat verbal en vertu duquel ce terrain avait été mis à la disposition d'une fédération d'enseignement religieux, a retenu que l'intention commune des parties avait été de favoriser et de développer cet enseignement en brousse et que la fédération continuait à respecter l'usage ainsi prévu, alors qu'il lui appartenait de fixer le terme du prêt (Cass. 1re civ., 12 nov. 1998 : *Bull. civ.* 1998, I, n° 312 ; *Defrénois* 1999, p. 802, note A. Bénabent ; *D.* 1999, jurispr. p. 414, note J.-P. Langlade-O'Sughrue ; *Defrénois* 1999, p. 802, obs. A. Bénabent ; *JCP* G 1999, II, 10157, note M. Audit).

Le revirement est du 3 février 2004 (Cass. 1re civ., 3 févr. 2004, n° 01-00.004 : *Bull. civ.* 2004, I, n° 34 ; *D.* 2004, jurispr. p. 903, note C. Noblot ; *RDC* 2004, 647, obs. P. Stoffel-Munck ; *Defrénois* 2004, p. 1452, obs. Crône) :

L'obligation pour le preneur de rendre la chose prêtée après s'en être servie est de l'essence du commodat. Lorsque aucun terme n'a été convenu pour le prêt d'une chose d'un usage permanent, sans qu'aucun terme naturel soit prévisible, le prêteur est en droit d'y mettre fin à tout moment, en respectant un délai de préavis raisonnable.

Aussi viole les articles 1875 et 1888 du Code civil la cour d'appel qui, pour rejeter la demande de deux époux tendant à la résiliation du contrat verbal en vertu duquel un appartement dont ils sont propriétaires avait été mis à la disposition d'un tiers, retient que le besoin de l'emprunteur pour la satisfaction duquel son frère l'avait autorisé, en 1976, à occuper gratuitement l'appartement où avaient vécu leurs parents, n'était pas de nature économique mais affective, et qu'il ne saurait être déduit de la situation matérielle actuelle de l'occupant que ce besoin avait pris fin.

Cas pratique

En janvier 2008, M. Jean a vendu un appartement à M. Jacques. Le contrat précise : « La présente vente sera résolue si la société Pierre, dont M. Jean est l'un des principaux actionnaires, vient à être mise en liquidation judiciaire ». Par acte enregistré du 15 mars 2009, M. Jacques a loué l'appartement à M. Paul. Le 10 septembre 2009, la société Pierre est en liquidation judiciaire.

Quel est le sort du locataire, M. Paul ?

SECTION 2

LA CONDITION

146. – Définition et usage. Le mot « condition » a, en droit des obligations, un sens très précis. Il ne peut être employé pour désigner tout événement en entraînant un autre : ceci est la définition non juridique de la condition.

La condition est un événement futur et incertain dans sa réalisation. C'est la définition retenue par la réforme à l'article 1304, alinéa 1er :

« L'obligation est conditionnelle lorsqu'elle dépend d'un événement futur et incertain ».

De cet événement futur et incertain, dépend l'existence même d'une obligation.

Cette condition est très importante pour les parties, notamment dans un contrat. Une personne va décider, par exemple, d'acheter tel terrain à condition d'obtenir un permis de construire un bâtiment, ou encore, d'acheter une maison sous la condition d'obtenir un prêt d'une banque.

La condition est très utile dans la pratique, car elle permet d'introduire une certaine souplesse dans le contrat. Toutefois, pour être valable, elle ne doit pas tenter de faire échec à une disposition légale impérative. C'est ce que rappelle l'article 1304-1 : « La condition doit être licite. À défaut, l'obligation est nulle ». Il en est ainsi des ventes faites sous la condition que la SAFER ou la municipalité n'exerce pas son droit de préemption. En matière agricole, la loi du 29 décembre 1977 répute non écrites les clauses faisant échec au droit de préemption de la SAFER.

À la différence du terme, la condition est un événement incertain, et même parfois un événement aléatoire. Il y a dans la nature même de la condition ce caractère : ainsi, nul ne sait si le permis de construire sera délivré à l'acquéreur du terrain, ou encore si la banque va octroyer le prêt à l'acheteur de la maison.

Même si la condition est incertaine dans sa réalisation, elle doit être licite et possible : l'article 1304-1 du Code civil rappelle cette double condition.

De même, lorsque l'événement prévu par une promesse unilatérale d'achat concernant des actions, à savoir fusion ou augmentation de capital, est incertain non seulement dans sa date, mais aussi quant à sa réalisation, il s'agit d'une condition et non d'un terme (Cass. 1re civ., 13 juill. 2004 : *Gaz. Pal.* 16 sept. 2004, n° 260, p. 18).

147. – La condition comme événement actuellement arrivé. La condition est usuellement définie comme un événement futur et incertain (C. civ., art. 1304). Les exemples topiques de la condition, l'octroi d'un prêt et la délivrance d'un permis de construire, entrent dans cette définition.

Pourtant, l'ancien article 1181 du Code civil prévoyait qu'un « événement actuellement arrivé mais encore inconnu des parties » peut également former l'objet d'une condition, qui a son effet « du jour où elle a été contractée ». En réalité, ce texte est la trace en droit français du contrat de prêt maritime, que les Romains avaient emprunté au droit grec et rebaptisé *nauticum foenus* : il était d'usage, chez les peuples de l'Antiquité, d'obtenir de banquiers des avances de sommes d'argent, garanties sur le chargement à venir d'un navire en errance sur les flots. Il arrivait parfois que, au moment du prêt conclu sous la condition que le navire arrive à bon port, le navire ait déjà sombré dans la mer et la cargaison ait péri avec lui. Ce contrat était possible, bien que la condition fût constituée d'un événement arrivé au jour de la passation du contrat, mais encore inconnu des parties.

Ce contrat a permis au théâtre de connaître un chef d'œuvre, *Volpone*, de Ben Johnson : Volpone, riche marchand vénitien, a vendu les épices transportées par l'un de ses navires à un usurier, aux risques et périls de ce dernier, qui s'inquiète jour après jour du sort de sa cargaison… On le sait, ce n'est pas la seule facétie de Volpone qui, pour déterminer ses vrais amis, va pendant quelques jours agoniser puis se faire passer pour mort, aidé de son fidèle Mosca.

Reste que d'un point de vue doctrinal contemporain, cette exception se conçoit difficilement : un événement qui est déjà survenu ne saurait être considéré comme une condition, car l'aléa, qui est le ressort de la condition, n'existe pas et l'obligation ne peut être que ferme ou non avenue suivant que la condition est suspensive ou résolutoire. Une obligation ne peut être subordonnée à la survenance de tel ou tel fait, puisque ce fait existe déjà même si les parties n'en sont pas informées. Aussi la Cour de cassation, dans un arrêt du 12 avril 1995, est allée au bout de cette logique en épousant cette condamnation de principe (V. *infra*, n° 152, Jurisprudence III).

148. – Variété de la condition. Il est trois types de conditions :

– **la condition casuelle**, qui dépend entièrement du hasard (*casus* en latin voulant dire « hypothèse »). Par exemple, une personne accepte d'acquérir un immeuble si elle gagne au loto… ;

– **la condition mixte**, qui dépend à la fois du hasard et de la volonté des parties. Par exemple, « Je passe contrat si je me marie » ;

– **la condition potestative** dépend de la volonté d'un ou plusieurs cocontractants. La doctrine s'est interrogée sur la validité d'une telle condition potestative, tant elle semble liée à la volonté de l'une des parties.

La condition ne peut pas porter sur **l'élément essentiel** du contrat.

Il convient de porter la plus grande attention à sa **licéité**.

149. – La condition potestative. Il faut s'intéresser à la notion de condition potestative au sens de l'article 1174 du Code civil, au domaine de la prohibition de cette clause et à la sanction de cette prohibition.

150. – Notion de condition potestative. La condition potestative était définie à l'ancien article 1170 du Code civil :

« La condition potestative est celle qui fait dépendre l'exécution de la convention d'un événement qu'il est au pouvoir de l'une ou de l'autre des parties contractantes de faire arriver ou d'empêcher ».

Selon l'ancien article 1174 du même code :

« Toute obligation est nulle lorsqu'elle a été contractée sous une condition potestative de la part de celui qui s'oblige ».

L'article 1306 de la réforme de Code civil reprend ces définitions et en réalise une synthèse :

« Est nulle l'obligation suspendue à une condition dont la réalisation dépend de la seule volonté du débiteur. Cette nullité ne peut être invoquée lorsque l'obligation a été exécutée en connaissance de cause ».

Le droit positif français distingue entre **la condition purement potestative**, qui est nulle, et **la condition simplement potestative**, qui est valable.

Se pose alors une question : à partir de quand peut-on considérer qu'une condition est purement potestative ?

La réponse est théoriquement simple : la condition est purement potestative lorsqu'elle dépend de la seule volonté de la personne qui s'oblige (le débiteur).

Exemple : « J'accepte de payer si je le veux ».

La condition est alors nulle.

En revanche, le fait de stipuler « Je vous paie, si vous le voulez » n'est pas une condition purement potestative, car l'obligation est laissée au bon vouloir du créancier et non du débiteur.

Les exemples ne sont pas toujours aussi nets ; les tribunaux hésitent souvent entre la condition purement potestative et la condition simplement potestative.

La question de la potestativité est l'une des plus délicates du droit français ; l'une des plus confuses aussi.

C'est ainsi que, dans une police d'assurance crédit, contrat par lequel une compagnie d'assurances garantit un assuré contre l'insolvabilité de ses clients, la clause par laquelle l'assureur se réserve le droit de dénoncer ou de réduire à tout moment la limite d'encours accordée sur un ou plusieurs clients n'a pas un caractère purement potestatif, dans la mesure où son application ne dépend pas de la seule volonté de l'assureur, mais de circonstances objectives susceptibles d'un contrôle judiciaire (Cass. 1re civ., 22 nov. 1989 : *Bull. civ.* 1989, I, n° 355).

151. – Domaine. La prohibition de la condition potestative a été élargie aux contrats synallagmatiques, ce que la conception classique refusait. Elle a été également étendue aux clauses particulières.

La réitération à peine de devoir verser un dédit n'est pas une condition résolutoire de la convention ; elle serait potestative et la priverait de sens (Cass. 3e civ., 12 déc. 1968, n° 67-10.017 : *Bull. civ.* 1968, III, n° 548). En revanche, la Cour de cassation a décidé ensuite que faire de la réitération une condition résolutoire de la promesse synallagmatique de vente revient à soumettre cette promesse à une condition potestative (Cass. 3e civ., 7 juin 1983, n° 82-10.281 : *Bull. civ.* 1983, III, n° 132 ; *RTD civ.* 1984, p. 714, obs. J. Mestre ; *Defrénois* 1984, art. 33326, n° 48, p. 805, obs. J.-L. Aubert).

152. – Sanction. La sanction du caractère potestatif d'une clause peut être la nullité de l'obligation tout entière. Ainsi la Cour de cassation a refusé d'utiliser l'article 1174 pour sanctionner une clause du contrat, car ce texte vise expressément le caractère potestatif d'une obligation et non d'une clause (Cass. com., 9 déc. 1980, n° 79-11.550 : *Bull. civ.* 1980, IV, n° 421 ; *RTD civ.* 1981, 851, obs. F. Chabas). On peut se poser aussi la question de l'unité ou de la dualité de la sanction : certains préconisent de retenir à titre de sanction l'inexistence du contrat si la potestativité de l'obligation se transforme en arbitraire exercé sur le débiteur. Pour d'autres, la potestativité repose sur deux fondements distincts, mais s'accompagne d'une seule sanction, la nullité de l'obligation. Cette unité dans la sanction n'est possible que si la nullité est relative : il s'agit de protéger celui qui est soumis à l'arbitraire et la nullité absolue serait une sanction excessive.

JURISPRUDENCE

I. Le caractère potestatif d'une clause est souvent discuté

En voici un exemple simple, loin du droit des successions qui est le domaine de prédilection de tels débats.

Un couple acquiert un immeuble, sous la condition d'avoir vendu celui qu'il possède déjà. La combinaison peut paraître logique. La troisième chambre civile de la Cour de cassation la censure le 22 novembre 1995.

Cass. 3e civ., 22 nov. 1995 : *Bull. civ.* 1995, III, n° 243 ; *D.* 1995, inf. rap. p. 273 ; *D.* 1996, somm. p. 330, note D. Mazeaud ; *D.* 1996, p. 604, note P. Malaurie ; *Defrénois* 1996, p. 348, note D. Mazeaud

« LA COUR :

Sur le moyen unique :

Vu l'article 1174 du Code civil ;

Attendu que toute obligation est nulle lorsqu'elle a été contractée sous une condition potestative de la part de celui qui s'oblige ;

Attendu, selon l'arrêt attaqué (CA Aix-en-Provence, 2 déc. 1993), que, suivant un acte du 21 novembre 1983, M. Chatoney a vendu une villa aux époux Cuvelier, sous la condition suspensive de la vente, par ces derniers, d'un appartement situé à Paris ; que M. Chatoney ayant refusé de régulariser la vente à la date convenue, les époux Cuvelier l'ont assigné aux fins de le faire condamner à signer l'acte authentique ;

Attendu que, pour débouter les époux Cuvelier de cette demande, l'arrêt retient qu'est nul un acte de vente immobilière lorsque l'obligation de l'acquéreur de passer l'acte authentique, en réglant le prix convenu, est subordonnée à la réalisation dans un délai déterminé d'une condition purement potestative consistant en la vente d'un autre immeuble qui lui appartient déjà et que le fait d'avoir chargé un mandataire de cette vente n'empêchait nullement les époux Cuvelier de disposer seuls du droit de procéder à la vente ; qu'en statuant ainsi, alors que la condition qui suspend l'exécution de la vente d'un bien, à celle, par l'acquéreur, d'un autre bien, n'exigeant pas du débiteur qu'une simple manifestation de volonté, mais supposant l'accomplissement d'un fait extérieur, à savoir la découverte d'un acquéreur pour le bien dont il est propriétaire, n'est pas une condition purement potestative, la cour d'appel a violé le texte susvisé ;

Par ces motifs, casse (...), sauf en ce qu'il a confirmé le jugement en ce qu'il a déclaré recevable l'action des époux Cuvelier, (...) renvoie devant la cour d'appel de Montpellier. »

Autre exemple de condition potestative :

Cass. com., 12 mai 1980 : *Bull. civ.* 1980, IV, n° 190

« LA COUR ;

Sur le moyen unique, pris en ses deux branches :

Attendu que, selon les énonciations de l'arrêt attaqué (CA Toulouse, 23 mai 1978), la société des Établissements Aral, à laquelle furent substitués les époux Ifra, a conclu, le 9 septembre 1971, avec le comité d'entreprise de la société Motorola, auquel fut substituée la société Motorola, un contrat d'une durée de cinq ans ayant pour objet la mise en place et l'exploitation dans les locaux de la société Motorola d'appareils distributeurs d'aliments et de boissons, que l'article 9 de ce contrat disposait que "dans le cas où l'exploitation (...) des appareils mis en place s'avérerait déficitaire, les établissements Aral se réservent la possibilité de retirer tout ou partie de ces derniers après en avoir avisé le dépositaire par lettre recommandée quinze jours à l'avance" ; que, par lettre du 19 décembre 1974, la société Motorola a fait connaître aux époux Ifra qu'elle entendait mettre fin au contrat, à compter du 11 janvier 1975, puis, malgré le refus opposé par les époux Ifra, a fait enlever les appareils ; que les époux Ifra ont assigné la société Motorola pour la voir déclarer responsable de la résiliation du contrat conclu pour une durée déterminée et condamner à leur payer diverses indemnités ;

Attendu qu'il est fait grief à la cour d'appel d'avoir accueilli la demande des époux Ifra aux motifs que la condition prévue à l'article 9 du contrat n'était pas, contrairement aux prétentions de la société Motorola, purement potestative, et, au surplus, que cette condition, insérée dans un contrat synallagmatique, était une condition résolutoire n'annulant pas la convention dont les obligations avaient pris naissance dès l'intervention de l'accord des parties, et alors, selon le pourvoi, d'une part, que les juges d'appel ont gravement dénaturé la condition litigieuse en méconnaissant que, liant la poursuite du contrat à la seule appréciation de la rentabilité des appareils pour les époux Ifra sans possibilité de contrôle ni d'opposition pour la société Motorola, ladite clause mettait cette dernière à la discrétion de ses cocontractants, et alors, d'autre part, que la stipulation d'une faculté de résiliation unilatérale d'un contrat synallagmatique à durée déterminée constitue une condition purement potestative et entraîne la nullité de ce contrat par l'application de l'article 1174 du Code civil ;

Mais attendu qu'ayant relevé, par motifs propres et adoptés des premiers juges, que, dès lors que les époux Ifra ne pouvaient retirer les appareils qu'au cas où l'exploitation de ceux-ci serait déficitaire et que rien n'interdisait à la société Motorola de faire vérifier en justice la réalité du déficit, la cour d'appel a pu considérer que la survenance de la condition ne dépendait pas de la seule volonté des époux Ifra et ne revêtait pas, de ce fait, un caractère purement potestatif ; qu'elle a ainsi, abstraction faite du motif surabondant critiqué par la seconde branche du moyen, légalement justifié sa décision ; que le moyen ne peut être accueilli en aucune de ses branches ;

Par ces motifs :

Rejette le pourvoi. »

V. également pour un exemple dans le monde de l'édition (CA Paris, 4e ch. A, 6 sept. 2001 : *Gaz. Pal.* 2001, somm. p. 1721, et la note).

La Convention du 18 janvier 1991, improprement qualifiée de « contrat de commande d'ouvrage », dès lors qu'elle s'est accompagnée, à la signature, de la remise du manuscrit, comporte une cession du droit d'éditer et de vendre précédée d'une option que l'auteur a consentie à l'éditeur pour une durée de trois mois. Quelle que soit la qualification de cette clause et à la supposer potestative, l'auteur, qui a accepté, le 31 juillet 1991, en toute connaissance de cause, le paiement de la somme de 10 000 F à valoir sur sa rémunération et a poursuivi l'exécution du contrat d'édition, laquelle a été conduite à son terme par la publication en mai 1993 de l'ouvrage et par sa réédition de décembre 1994, n'est pas fondé à se prévaloir du bénéfice des dispositions de l'article 1174 précité, ayant, par son comportement, ratifié la convention qui a pris effet, quant à la cession des droits d'exploitation, le 11 juillet 1991.

(...)

II. Terme et condition

Le caractère potestatif de la condition alternative mise au terme n'affecte pas la validité de ce terme.

Cass. 1re civ., 13 déc. 2005, n° 04-11.572

« *Sur le moyen unique* :

Vu les articles 1174 et 1186 du Code civil ;

Attendu que, par acte authentique du 10 juin 1995, M. X... a consenti un prêt de la somme principale de 250 000 F à Mme Y... qui a constitué hypothèque sur une maison lui appartenant, en garantie du remboursement de ce prêt, lequel, selon ce même acte, "sera remboursable à la vente par Mme Y... de (cette) maison (...) ou au plus tard au décès de Mme Y..." ; que le 19 juin 1998, M. X... a assigné Mme Y... en remboursement dudit prêt ;

Attendu que pour accueillir cette demande, l'arrêt énonce que la clause précitée, qui subordonne la condition de remboursement à la seule volonté de l'emprunteur de décider ou non de vendre sa maison, s'analyse selon les termes de l'article 1174 du Code civil en une clause potestative, qui affecte ainsi de nullité non pas l'existence du prêt, la remise de la chose n'étant pas subordonnée à ladite clause, mais l'obligation de restituer par l'emprunteur, de sorte que la somme prêtée doit être immédiatement restituée ;

Qu'en se déterminant ainsi, alors que le caractère potestatif de la condition prévue par la clause précitée n'affectait pas la validité du terme, à savoir le décès de Mme Y..., à la survenance duquel était subordonné, selon la même clause, le remboursement du prêt litigieux, la cour d'appel a violé les textes susvisés, le premier par fausse application, le second par refus d'application ;

Et attendu que, conformément aux prévisions de l'article 627, alinéa 2, du Code de procédure civile, il y a lieu, en cassant sans renvoi, de mettre fin au litige par application de la règle de droit appropriée ;

Par ces motifs :

Casse et annule (...) »

III. L'événement actuellement arrivé constitue-t-il une condition ?

La condition est usuellement définie comme un événement futur et incertain. Pourtant, l'article 1181 du Code civil prévoit qu'un « événement actuellement arrivé mais encore inconnu des parties » peut également former l'objet d'une condition, qui a son effet « du jour où elle a été contractée ». Reste que, d'un point de vue doctrinal contemporain, cette exception se conçoit difficilement : un événement qui est déjà survenu ne saurait être considéré comme une condition, car l'aléa, qui est le ressort de la condition, n'existe pas et l'obligation ne peut être que ferme ou non avenue suivant que la condition est suspensive ou résolutoire. Aussi la Cour de cassation, dans un arrêt du 12 avril 1995, est allée au bout de cette logique en épousant cette condamnation de principe.

En l'espèce, une vente immobilière avait été conclue sous la condition suspensive de la purge de tous droits de préemption et spécialement ceux de la commune. Les premiers juges avaient relevé qu'au moment du décès du vendeur la condition ne s'était pas réalisée et avaient décidé la nullité de la vente. Pour constater cette défaillance, les juges du fond avaient relevé qu'il n'existait sur le territoire considéré aucun droit de préemption. Il y avait dès lors contradiction à soutenir que la vente n'avait pu se réaliser en raison de la défaillance d'une condition et à constater que cette condition n'avait en réalité et dès l'origine aucune consistance. D'où la cassation au motif suivant :

« L'obligation contractée sous une condition suspensive est celle qui dépend ou d'un événement futur et incertain, ou d'un événement actuellement arrivé, mais encore inconnu des parties ; dans le premier cas, l'obligation ne peut être exécutée qu'après l'événement ; dans le second cas, l'obligation a son effet au jour où elle a été contractée.

Ne tire pas les conséquences légales de ses constatations et viole l'article 1181 du Code civil la cour d'appel qui, pour déclarer nulle une vente consentie sous la condition suspensive de la purge de tous droits de suspension, retient qu'au moment du décès du vendeur, la condition n'était pas réalisée et que la vente n'était donc pas parfaite à cette date, alors qu'elle avait relevé que, selon une lettre du maire, il n'avait pas été pris de délibération instituant un droit de préemption dans la commune ».

IV. Incidence fiscale de la condition

Aux termes de l'article 676, alinéa 1er du Code général des impôts, en ce qui concerne les mutations et conventions affectées d'une condition suspensive, le régime fiscal applicable et les valeurs imposables sont déterminés en se plaçant à la date de la réalisation de la condition.

À la suite d'un litige sur le caractère définitif d'une vente soumise à la condition suspensive que la société acquéreur obtienne un arrêté préfectoral de lotissement, un jugement a déclaré imputable à l'acquéreur la non-réalisation de la condition suspensive et a constaté le caractère définitif de la vente au 27 décembre 1979, date de l'acte sous seing privé.

Un arrêt du 14 janvier 1986 a confirmé ce jugement. La société ayant revendu, le 5 octobre 1988, la parcelle sur laquelle aucune construction n'avait été édifiée, l'administration des impôts, considérant que la société n'avait pas respecté son engagement de construire dans le délai de quatre ans, a estimé qu'elle était déchue du régime fiscal de l'article 691 du Code général des impôts et lui a notifié un avis de mise en recouvrement des droits d'enregistrement estimés dus.

Pour la Cour de cassation, a violé l'article 676, alinéa 1er du Code général des impôts, le tribunal qui, pour rejeter l'opposition de la société à l'avis de mise en recouvrement, a retenu que la société bénéficiait, pour remplir les conditions lui permettant de conserver le régime fiscal initialement retenu ou d'opter rétroactivement pour celui régi par l'article 1115 du Code général des impôts, d'un délai de cinq ans à compter du 27 décembre 1979, alors que le caractère définitif de la vente, compte tenu des instances judiciaires engagées, n'avait été réalisé qu'après que l'arrêt de la cour d'appel du 14 janvier 1986 fut passé en force de chose jugée (Cass. com., 23 nov. 1993 : *Bull. civ.* 1993, IV, n° 427 ; *Defrénois* 1994, p. 337 et la note).

153. – Classification. La classification essentielle des conditions reste celle qui oppose les conditions suspensives et les conditions résolutoires.

Comme l'indique l'article 1304 du Code civil, dans ses alinéas 2 et 3 : « La condition est suspensive lorsque son accomplissement rend l'obligation pure et simple. Elle est résolutoire lorsque son accomplissement entraîne l'anéantissement de l'obligation »

SOUS-SECTION 1

LA CONDITION SUSPENSIVE

154. – Utilisation. C'est la modalité la plus utilisée en pratique. Elle cherche à suspendre l'exécution d'une obligation tant que l'événement envisagé ne se réalise pas. Selon l'article 1304, alinéa 2 : « La condition est suspensive lorsque son accomplissement rend l'obligation pure et simple ».

Par exemple, dans la condition « J'achète si j'obtiens des services compétents un permis de construire », la vente n'a aucune réalité tant que le permis de construire n'est pas accordé.

155. – Trois situations. De ce fait, l'examen de la condition suspensive suppose trois situations :

– en attendant que la condition se réalise, ce qui traditionnellement se décrit en reprenant l'expression latine *pendente conditione* ;

– la condition survient et se réalise ;

– la condition survient et ne se réalise pas.

§ 1. – Avant la survenance de la condition : *pendente conditione*

156. – Obligation non exigible. Avant la survenance de la condition, les obligations ne sont pas exigibles. Dans l'exemple de la vente suspendue à la délivrance d'un permis de construire, le vendeur ne pourra pas demander le paiement du prix, car l'obligation n'est pas exigible.

On peut dire, dans ce genre de situation, que le créancier est titulaire d'un droit conditionnel. Ce droit est une réalité : il est susceptible d'opérations juridiques, comme une cession, un nantissement...

Toutefois ce droit conditionnel ne peut pas être exercé concrètement ; il existe cependant dans son principe. Par conséquent, le vendeur pourra prendre des mesures conservatoires pour défendre son droit. Il ne peut pourtant pas requérir l'exécution de l'obligation.

§ 2. – La survenance de la condition

157. – Notion. La survenance de la condition est acquise lorsque, dans notre exemple, le permis de construire est accordé. Il est ainsi mis fin à la période d'attente et à ses incertitudes.

Lorsqu'une obligation est contractée sous la condition qu'un événement arrivera dans un temps fixe, cette condition est censée défaillie lorsque le temps est expiré sans que l'événement soit arrivé. S'il n'y a point de temps fixe, la condition peut toujours être accomplie. Elle n'est censée défaillie que lorsqu'il est devenu certain que l'événement n'arrivera pas (Cass. 3e civ., 24 juin 1998 : *Bull. civ.* 1998, III, n° 139 ; *Defrénois* 1998, p. 1411, note D. Mazeaud).

A. – L'effet rétroactif

158. – Principe. La survenance de l'événement prévu par les parties produit un effet rétroactif. Le contrat prend effet non pas du jour de la survenance de la condition, mais il va prendre naissance rétroactivement au jour de sa conclusion.

Cette rétroactivité de la condition soulève des difficultés.

En effet, il se peut que des actes aient été accomplis avant la survenance de cette condition.

C'est pourquoi la réforme du Code civil inverse la solution : désormais, la survenance de l'événement n'a pas, en principe, d'effet rétroactif ; toutefois les parties peuvent déroger à la règle et prévoir un tel effet.

Article 1304-6 du Code civil :

« L'obligation devient pure et simple à compter de l'accomplissement de la condition suspensive.

Toutefois, les parties peuvent prévoir que l'accomplissement de la condition rétroagira au jour du contrat. La chose, objet de l'obligation, n'en demeure pas moins aux risques du débiteur, qui en conserve l'administration et a droit aux fruits jusqu'à l'accomplissement de la condition.

En cas de défaillance de la condition suspensive, l'obligation est réputée n'avoir jamais existé ».

B. – Le sort des actes accomplis *pendente conditione*

159. – Mécanisme. Supposons que le contrat sous condition soit un contrat de vente. Une personne a acheté sous condition d'obtenir un permis de construire. Quel est le sort des actes accomplis par le vendeur ? Il se peut qu'il ait vendu le bien à des tiers... Si la condition se réalise, le contrat est censé avoir été conclu dès l'origine et les actes accomplis par le vendeur sont considérés comme ayant été faits par une personne sans droit. Donc ces actes doivent être anéantis.

Tel est le principe déduit du caractère rétroactif de l'avènement de la condition. Le droit positif est, en réalité, plus nuancé.

160. – Distinction. La jurisprudence distingue selon la nature des actes :

– si l'acte accompli est un acte d'aliénation (le vendeur sous condition a vendu le bien à un tiers), l'acte est anéanti ;

– si l'acte accompli est un acte d'administration ou un acte conservatoire, il est maintenu.

La rétroactivité a donc une conséquence limitée.

Le nouvel article 1304-5 du Code civil opère une autre distinction, voisine mais pas identique :

« *Art. 1304-5.* – Avant que la condition suspensive ne soit accomplie, le débiteur doit s'abstenir de tout acte qui empêcherait la bonne exécution de l'obligation ; le créancier peut accomplir tout acte conservatoire et attaquer les actes du débiteur accomplis en fraude de ses droits.

Ce qui a été payé peut être répété tant que la condition suspensive ne s'est pas accomplie ».

Sur ces notions : cf. C. Brenner, *L'acte conservatoire*, thèse, LGDJ, 1999.

C. – La condition stipulée dans l'intérêt d'un seul contractant

161. – Mécanisme et exemple. Il se peut que la condition ait été stipulée dans l'intérêt d'un seul des cocontractants. La Cour de cassation reconnaît aux juges du fond un pouvoir souverain pour apprécier si telle clause stipulée dans un contrat l'a été dans l'intérêt d'une seule des parties ou dans leur intérêt commun. Dans le premier cas, la personne qui en bénéficie peut y renoncer unilatéralement. Le contrat prendra alors effet même si la condition ne se réalise pas. En revanche, lorsque la clause a été stipulée dans l'intérêt commun des deux parties, la renonciation ne peut avoir d'effet.

C'est la solution de l'article 1304-4 du Code civil :

« *Art. 1304-4.* – Une partie est libre de renoncer à la condition stipulée dans son intérêt exclusif, tant que celle-ci n'est pas accomplie ».

Il convient de noter que la loi de ratification de l'ordonnance, loi n° 2018-287 du 20 avril 2018, a modifié cet article :

« Une partie est libre de renoncer à la condition stipulée dans son intérêt exclusif, tant que celle-ci n'est pas accomplie ou n'a pas défailli ».

L'article 15 de la loi déclare cette disposition interprétative, donc applicable rétroactivement depuis le 1er octobre 2016, date d'entrée en vigueur de l'ordonnance ratifiée.

Ainsi, l'acquéreur du terrain sous condition suspensive d'obtention du permis de construire (ou du prêt) peut décider que la vente est définitive même s'il n'a pas obtenu son permis de construire (ou son prêt).

Exemple : Des époux ont donné à bail des terres agricoles et un bâtiment, pour une durée de dix-huit ans à compter du 15 juillet 1996. Aux termes du même acte, ils se sont engagés à vendre aux preneurs une bergerie et 5 000 mètres carrés de terrain, sous la condition suspensive de purge de tous les droits de préemption, l'acte de vente devant intervenir au plus tard le 1er novembre 2002. Les vendeurs ayant refusé de régulariser la vente, les acquéreurs les ont assignés en réitération forcée.

Pour les débouter de leur demande, l'arrêt, qui relève que la condition relative à l'absence de purge du droit de préemption de la SAFER n'est pas réalisée, retient que la réalisation de cette condition ne dépend pas exclusivement de la volonté des parties mais de celle des bénéficiaires éventuels du droit de préemption, telle la SAFER, et qu'il ne peut, dès lors, être soutenu par les acquéreurs qu'ils pouvaient renoncer à cette condition stipulée dans leur seul intérêt. Pour la Cour de cassation, en statuant ainsi, par des motifs impropres à caractériser la volonté des parties de stipuler la condition dans l'intérêt des deux ou dans le seul intérêt des acquéreurs, la cour d'appel n'a pas donné de base légale à sa décision au regard des articles 1168 et 1134 du Code civil (Cass. 3e civ., 7 mai 2008 : *Defrénois* 2008, p. 1948, note R. Libchaber).

§ 3. – La renonciation à la condition

162. – Renonciation. Une jurisprudence classique admet qu'il est possible de renoncer unilatéralement à une condition, non seulement *pendente conditione*, mais aussi après la défaillance ou la réalisation de celle-ci. Pour des raisons fiscales, les conditions résolutoires sont devenues rares en matière immobilière, aussi cette situation se rencontre essentiellement à propos de conditions suspensives. Reste à savoir quel est l'effet de cette renonciation : fait-elle naître une convention nouvelle entre les parties ou faut-il donner effet à l'acte initial ?

Prenons un exemple tiré de la jurisprudence : une promesse synallagmatique de vente d'un fonds de commerce subordonnait la vente à la condition suspensive de l'obtention de prêt. Le prêt ne fut pas obtenu et la condition était défaillie. Un acte authentique fut malgré tout dressé. Or l'article L. 141-1 du Code de commerce accorde à l'acquéreur d'un fonds de commerce un délai d'un an pour agir en nullité de la vente. Quel point de départ doit avoir ce délai ? Faut-il compter un an à partir de la promesse synallagmatique ou un an à partir de l'acte authentique ? La chambre commerciale, approuvant les juges d'appel d'avoir déduit des circonstances de la cause que les acquéreurs avaient renoncé à se prévaloir des circonstances juridiques de la défaillance de la condition suspensive stipulée en leur faveur, déclare que le délai pour agir avait commencé à courir du jour de l'acte initial (Cass. com., 6 févr. 1996 : *Bull. civ.* 1996, IV, n° 44 ; *JCP* E 1996, p. 175, note B. Petit).

Autre exemple : un compromis de vente avait été signé sous la condition suspensive d'obtention, par les acquéreurs, d'un permis de construire. L'acte précisait que pour se prévaloir de cette condition (et donc se refuser à signer une vente devenue caduque en cas de défaut d'obtention), ces derniers devraient justifier du dépôt de la demande de permis dans les deux mois à compter de la promesse de vente. Les acquéreurs n'ayant effectué aucune démarche dans le délai requis, le vendeur se prévalut de ce manque de diligence et, s'estimant libéré de ses engagements, refusa de réitérer l'acte chez notaire en demandant le paiement de la clause pénale stipulée dans le compromis. Il fut débouté en appel et condamné en réalisation forcée de la vente, ce qu'approuve la Cour de cassation dans les termes suivants : « Ayant souverainement retenu qu'il résultait des termes clairs de la promesse que la condition suspensive portait sur l'obtention par l'acquéreur d'un permis de construire et que si celui-ci ne procédait pas au dépôt de demande d'un tel permis, il ne pouvait se prévaloir d'un défaut d'obtention de ce permis qu'il sera réputé avoir obtenu, pour ne pas régulariser l'acte, le vendeur pouvant reprendre sa liberté avec application de la clause pénale, qu'il s'agissait d'une clause libellée dans le seul intérêt de l'acquéreur et lui seul étant privé, dans l'hypothèse visée d'une absence de demande de permis de construire, du droit d'invoquer son bénéfice pour ne pas régulariser l'acte authentique, la cour d'appel en a exactement déduit que l'acquéreur pouvait renoncer au bénéfice de cette condition dont la non-réalisation ne pouvait rendre caduque la promesse » (Cass. 3e civ., 12 janv. 2010, n° 08-18.624 : *LEDC* mars 2010, p. 7, obs. G. Guerlin ; *D. actualité* 26 janv. 2010, obs. G. Forest ; *RDC* 1er avr. 2010, n° 2, p. 567, note T. Genicon ; *Rev. sociétés* 2010, p. 165, note A. Couret ; *Gaz. Pal.* 2010, n° 111-112, p. 19, obs. B. Dondero ; *Dr. sociétés* 2010, n° 4, p. 17, note D. Gallois-Cochet. – Cf. M. Latina, *Essai sur la condition en droit des contrats*, préf. D. Mazeaud, thèse, LGDJ, 2009, spéc. nos 570 et s., p. 433 et s.).

L'article 1304-4 de la réforme du Code civil retient celle solution : « Une partie est libre de renoncer à la condition stipulée dans son intérêt exclusif, tant que celle-ci n'est pas accomplie ».

§ 4. – La défaillance de la condition

A. – La caducité du contrat

163. – Absence d'effet. Le contrat reste sans effet ; la doctrine dit que le contrat est caduc. Le nouvel article 1304-6, alinéa 3 du Code civil a choisi une autre solution :

> « En cas de défaillance de la condition suspensive, l'obligation est réputée n'avoir jamais existé ».

Le fait que les parties demeurent inactives ne signifie pas que le délai pour réaliser la condition soit augmenté : ainsi, une demande de prêt, faite postérieurement à l'expiration du délai prévu dans un acte passé en vue d'une vente immobilière contenant une condition suspensive, ne proroge pas cette condition et le maintien du projet de vente entre les parties s'effectue en dehors des conditions de l'acte initial (Cass. 3e civ., 24 mai 1989 : *Bull. civ.* 1989, III, n° 119).

Toutefois, la défaillance de la condition n'opère pas caducité de plein droit du contrat, puisque le bénéficiaire peut y renoncer, y compris après la défaillance. Si la condition ne se réalise pas, le bénéficiaire a le choix : soit invoquer la caducité du contrat, soit renoncer à cette sanction.

B. – Le rôle du débiteur

164. – Rôle négatif. Il faut observer qu'on ne peut pas admettre qu'il y a défaillance de la condition lorsque c'est le débiteur lui-même qui empêche la condition de se réaliser.

Ancien article 1178 du Code civil :

« La condition est réputée accomplie lorsque c'est le débiteur, obligé sous cette condition, qui en a empêché l'accomplissement ».

Le contenu de cet article est repris à l'alinéa premier de l'article 1304-3 de la réforme du 10 février 2016 :

« La condition suspensive est réputée accomplie si celui qui y avait intérêt en a empêché l'accomplissement ».

Par exemple, on ne peut pas considérer qu'il y a défaillance de la condition lorsque l'acquéreur n'a pas présenté la demande de permis de construire ou n'a pas constitué le dossier de prêt.

165. – Rôle positif. Il appartient au débiteur de faire le nécessaire pour que la condition puisse se réaliser. S'il ne le fait pas, la condition est censée s'être réalisée.

C'est la solution de l'article 1304-5 du Code civil :

« Avant que la condition suspensive ne soit accomplie, le débiteur doit s'abstenir de tout acte qui empêcherait la bonne exécution de l'obligation ; le créancier peut accomplir tout acte conservatoire et attaquer les actes du débiteur accomplis en fraude de ses droits.

Ce qui a été payé peut être répété tant que la condition suspensive ne s'est pas accomplie ».

C. – Le délai de survenance

166. – Fixation du délai. Il se peut que les parties elles-mêmes aient fixé le délai de survenance de la défaillance de la condition. Que décider lorsqu'aucun délai n'a été précisé par les parties ?

Les textes du Code civil, notamment l'ancien article 1176, laissent entendre que les parties pourraient rester indéfiniment dans l'expectative, ce qui est très gênant.

Ancien article 1176 du Code civil :

« Lorsqu'une obligation est contractée sous la condition qu'un événement arrivera dans un temps fixe, cette condition est censée défaillie lorsque le temps est expiré sans que l'événement soit arrivé. S'il n'y a point de temps fixe, la condition peut toujours être accomplie ; et elle n'est censée défaillie que lorsqu'il est devenu certain que l'événement n'arrivera pas ».

Malgré ce texte, la jurisprudence est revenue à des solutions plus compréhensives. La stipulation d'une condition suspensive sans terme fixe ne confère pas à l'obligation un caractère perpétuel et le contrat subsiste aussi longtemps que la condition n'est pas défaillie (Cass. 1re civ., 4 juin 1991 : *Bull. civ.* 1991, I, n° 180. – Cass. com., 6 mars 2007, n° 05-17.546 : *Bull. civ.* 2007, IV, n° 78, publié au bulletin).

Ce qui peut se résumer ainsi : lorsqu'une obligation est contractée sous condition qu'un événement arrivera, sans qu'il y ait de temps fixe, cette condition, qui ne confère pas à l'obligation un caractère perpétuel, peut toujours être accomplie et elle n'est censée défaillie que lorsqu'il est certain que l'événement n'arrivera pas.

La réforme du droit des contrats opérée par l'ordonnance n° 2016-131 du 10 février 2016 n'a pas repris la formule de l'article 1176 ancien du Code civil. Ce silence témoigne d'une prudence certaine.

JURISPRUDENCE
Durée de la condition

Par un arrêt publié du 6 mars 2007, la chambre commerciale confirme que la condition demeure pendante sans délai, dans la mesure où les parties n'ont pas fixé de délai.

Cass. com., 6 mars 2007 : *Bull. civ.* 2007, IV, n° 78 ; *D.* 2007, p. 1077, note X. Delpech ; *Defrénois* 2007, p. 1033, note E. Savaux

« Vu les articles 1134 et 1176 du Code civil ;

Attendu que l'engagement affecté d'une condition suspensive sans terme fixe subsiste aussi longtemps que la condition n'est pas défaillie ;

Attendu que pour rejeter les demandes de la société Styl'parquet et de M. de X..., la cour d'appel retient que l'exécution du contrat se trouvait nécessairement différée jusqu'à la réalisation des conditions suspensives, que l'absence de tout accord entre les parties à ce stade sur les modalités précises de la mise en œuvre du financement oblige à considérer, alors même que les conditions d'octroi du financement avaient été acceptées de part et d'autre, que la date du 25 août 2000, au terme de laquelle l'offre devenait caduque à défaut d'acceptation, était nécessairement, également, à défaut de toute convention contraire entre les parties, celle à laquelle la société Styl'parquet devait justifier de la réalisation des conditions suspensives ;

Attendu qu'en statuant ainsi, alors qu'elle constatait que les parties n'avaient pas expressément fixé un terme pour la réalisation des conditions, la cour d'appel a violé les textes susvisés ;

Par ces motifs, et sans qu'il y ait lieu de statuer sur les autres griefs :

Casse et annule, dans toutes ses dispositions, l'arrêt rendu le 24 mai 2005, entre les parties, par la cour d'appel de Limoges (...) »

La condition suspensive d'obtention d'un prêt ou d'une autorisation administrative

Il est parfois difficile pour le juge de distinguer la condition suspensive, visant à subordonner l'achat d'un bien immobilier à l'obtention d'un prêt, d'autres conventions.

Les acquéreurs d'un appartement dans un immeuble à construire ayant fait leur affaire personnelle de l'obtention d'un prêt, les articles R. 261-26 et R. 261-31 du Code de la construction et de l'habitation ne sont pas applicables, et ils ne peuvent prétendre à la restitution du dépôt de garantie versé lors de la signature du contrat préliminaire à la vente d'immeuble à construire, seul le contrat de vente, qui n'avait pas été conclu, étant soumis aux dispositions des articles 16 à 18 de la loi du 13 juillet 1979 imposant cette restitution lorsque la condition suspensive relative à l'obtention du prêt affectant la vente n'est pas réalisée. C'est par une interprétation souveraine, exclusive de dénaturation, des termes du contrat préliminaire, que leur ambiguïté rendait nécessaire, que la cour d'appel a retenu que les parties n'avaient pas placé elles-mêmes ce contrat sous le régime de la condition suspensive d'obtention du prêt ou de la loi du 13 juillet 1979, la clause manuscrite insérée dans l'acte ne précisant pas si elle se rapportait au contrat préliminaire lui-même ou à la future vente (Cass. 3e civ., 6 févr. 2002 : *Bull. civ.* 2002, III, n° 28).

Si l'existence d'une condition suspensive est démontrée, encore faut-il avoir demandé le prêt...

Il appartient à l'acquéreur, bénéficiaire d'une promesse de vente sous condition suspensive de l'obtention d'un prêt, de démontrer qu'il a bien sollicité un prêt conforme aux caractéristiques définies dans la promesse de vente et faute d'avoir demandé l'octroi d'un tel prêt, la condition suspensive doit être réputée accomplie par application de l'article 1178 du Code civil. Ayant relevé que les acheteurs ne produisaient pas les demandes de prêt faites aux établissements de crédit, mais, outre des documents qui ne donnaient pas une vision exacte de leurs revenus à la date de la promesse comme s'appliquant à une période où seul le mari travaillait, des attestations des établissements bancaires qui avaient rejeté leurs demandes de crédit, ce qui ne permettait pas de connaître les éléments d'information qu'ils avaient communiqués à ces établissements et qui étaient à l'origine du rejet des demandes, c'est à bon droit, et sans inverser la charge de la preuve, que la cour d'appel a jugé que l'article 312-16 du Code de la consommation ne pouvait recevoir application dès lors que la condition suspensive était réputée accomplie (Cass. 1re civ., 7 mai 2002 : *Gaz. Pal.* 2002, somm. p. 1246).

La vente est parfois conclue sous la condition suspensive d'obtention d'un acte administratif, comme un permis de construire ou une autorisation. Dans un arrêt concernant cette hypothèse, la Cour de cassation fut amenée à distinguer la clause pénale de l'indemnité d'immobilisation.

Une promesse de vente fut conclue sous la condition suspensive pour le bénéficiaire de l'obtention des autorisations nécessaires à l'implantation et à l'exploitation d'une station-service, l'acte stipulant que dans le cas où la société bénéficiaire ne pourrait pas réaliser son projet, pour quelque raison que ce soit, le promettant conserverait une somme de 200 000 F à titre d'indemnité d'immobilisation. La société ayant renoncé à son acquisition, a violé l'article 1226 du Code civil la cour d'appel qui, pour débouter le vendeur de sa demande en paiement de dommages-intérêts et le condamner à rembourser à la société bénéficiaire un prêt de 500 000 F, sous déduction de l'indemnité de 200 000 F prévue au contrat, a retenu que la clause selon laquelle la société acceptait que la somme de 200 000 F soit conservée par le vendeur constituait, quelle que soit la dénomination donnée par les parties, une clause pénale et la réparation ainsi fixée forfaitairement ne présentait pas un caractère manifestement dérisoire, alors qu'en cas de vente sous condition suspensive pour l'acquéreur de l'obtention d'autorisations administratives, la stipulation d'une indemnité d'immobilisation, qui n'a pas pour objet de faire assurer par l'une des parties l'exécution de son obligation, ne constitue pas une clause pénale (Cass. 3e civ., 30 avr. 2002 : *Gaz. Pal.* 2002, somm. p. 1246).

SOUS-SECTION 2

LA CONDITION RÉSOLUTOIRE

167. – Mécanisme. Le mécanisme est l'inverse de celui de la condition suspensive. La condition résolutoire est définie à l'article 1304, alinéa 3 : « Elle est résolutoire lorsque son accomplissement entraîne l'anéantissement de l'obligation ».

Elle est à éviter compte tenu de ses incidences fiscales, notamment le paiement de double droit de mutation au cas de réalisation de la condition.

§ 1. – Le contrat produit effet

168. – Double effet. Le contrat produit immédiatement ses effets, mais si la condition se réalise, le contrat est résolu : il disparaît rétroactivement.

Cette solution est rappelée par l'article 1304-7 du Code civil, qui prévoit la possibilité pour les parties ou le juge de faire échec à cette rétroactivité :

« L'accomplissement de la condition résolutoire éteint rétroactivement l'obligation, sans remettre en cause, le cas échéant, les actes conservatoires et d'administration.

La rétroactivité n'a pas lieu si telle est la convention des parties ou si les prestations échangées ont trouvé leur utilité au fur et à mesure de l'exécution réciproque du contrat ».

§ 2. – Exemples de conditions légales résolutoires

169. – Donation. L'article 960 du Code civil présume qu'une donation faite par une personne sans descendant est faite sous la condition résolutoire de la survenance d'un enfant.

Article 960 du Code civil :

« Toutes donations entre vifs faites par personnes qui n'avaient point d'enfants ou de descendants actuellement vivants dans le temps de la donation, de quelque valeur que ces donations puissent être, et à quelque titre qu'elles aient été faites, et encore qu'elles fussent mutuelles ou rémunératoires, même celles qui auraient été faites en faveur du mariage par d'autres que par les ascendants aux conjoints, ou par les conjoints l'un à l'autre, demeureront révoquées de plein droit par la survenance d'un enfant légitime du donateur, même d'un posthume, ou par la légitimation d'un enfant naturel par mariage subséquent, s'il est né depuis la donation ».

Si le donateur a un enfant, la donation est rétroactivement anéantie.

170. – Assurance décès. Dans les contrats d'assurance décès, il est souvent prévu que le contrat prend effet immédiatement, mais qu'il sera résolu en cas d'examens médicaux révélant des maladies graves.

Que se passe-t-il avant la réalisation de la condition ?

§ 3. – La survenance ou la défaillance de la condition

171. – Double effet. Tant que la condition ne survient pas, le contrat produit tous ses effets et les obligations créées par le contrat sont exigibles.

Si la condition se réalise, le contrat sera résolu : il sera anéanti de manière rétroactive. Il faudra donc procéder à des restitutions, exactement comme si le contrat était frappé de nullité.

La question est de savoir quel est le sort de la condition résolutoire de l'obligation dont le débiteur a provoqué la survenance : l'article 1178 du Code civil commande-t-il de la réputer défaillie ? Non, lorsque la condition devait survenir : « ayant souverainement retenu qu'il ne pouvait être reproché à la société IMMOBTP de n'avoir pas déposé les demandes de permis administratifs avant l'expiration du délai conventionnel, dès lors qu'un tel dépôt ne pouvait que se heurter à un refus de l'Administration, les terrains étant en zone non constructible et la procédure de classement en zone d'aménagement concerté étant préalable aux demandes et autorisations de démolir et construire, la cour d'appel a, par ces seuls motifs, légalement justifié sa décision » (Cass. 1re civ., 17 déc. 1984, n° 85-10.147).

L'article 1304-3, alinéa 2 du Code civil prévoit que : « La condition résolutoire est réputée défaillie si son accomplissement a été provoqué par la partie qui y avait intérêt ».

CHAPITRE 2

LES MODALITÉS AFFECTANT LES TITULAIRES DE L'OBLIGATION

172. – Modalités. Les modalités peuvent tout d'abord affecter **l'objet de l'obligation.** On distingue :

– les obligations alternatives (C. civ., art. 1307 : « L'obligation est alternative lorsqu'elle a pour objet plusieurs prestations et que l'exécution de l'une d'elles libère le débiteur ») ; le débiteur a le choix de l'obligation qu'il souhaite exécuter ; par exemple, en fin de contrat, l'usager d'une chose peut avoir le choix entre restituer le bien ou le conserver moyennent un prix convenu à l'avance ;

– les obligations conjonctives ou cumulatives (C. civ., art. 1306 : « L'obligation est cumulative lorsqu'elle a pour objet plusieurs prestations et que seule l'exécution de la totalité de celles-ci libère le débiteur ») ;

– les obligations facultatives (C. civ., art. 1308 : « L'obligation est facultative lorsqu'elle a pour objet une certaine prestation mais que le débiteur a la faculté, pour se libérer, d'en fournir une autre »).

Pour illustrer cette distinction, imaginons que nous soyons à table au restaurant et que nous ayons le choix entre de l'eau pétillante et de l'eau plate.

Si l'obligation est facultative, cela signifie que le garçon de café vous doit une bouteille d'eau plate, mais qu'il peut se libérer (à titre de remplacement) en livrant une bouteille d'eau pétillante.

Si l'obligation est alternative, les deux branches de l'alternative sont sur le même plan ; en principe, c'est le débiteur de l'obligation qui choisit – ici, c'est le garçon de café qui décidera si mon repas est accompagné d'eau pétillante ou d'eau plate.

Si l'obligation est conjonctive, je peux exiger du serveur deux bouteilles : une eau pétillante et une eau plate.

On peut parfois hésiter sur la question de savoir si l'obligation est simple ou conjonctive.

Ainsi, lorsque l'on fait ses courses chez un commerçant, passe-t-on autant de ventes qu'il y a de produits achetés ou un seul et même contrat ? Les enjeux de la question ne sont pas neutres, notamment sur le plan fiscal.

La nouvelle rédaction du Code civil reconnaît cette classification tripartite :

« Sous-section 1. La pluralité d'objets

§ 1. – L'obligation cumulative

Art. 1306. – L'obligation est cumulative lorsqu'elle a pour objet plusieurs prestations et que seule l'exécution de la totalité de celles-ci libère le débiteur.

§ 2. – L'obligation alternative

Art. 1307. – L'obligation est alternative lorsqu'elle a pour objet plusieurs prestations et que l'exécution de l'une d'elles libère le débiteur.

Art. 1307-1. – Le choix entre les prestations appartient au débiteur.

Si le choix n'est pas exercé en temps voulu ou dans un délai raisonnable, l'autre partie peut, après mise en demeure, exercer ce choix ou résoudre le contrat.

Le choix exercé est définitif et fait perdre à l'obligation son caractère alternatif.

Art. 1307-2. – Si elle procède d'un cas de force majeure, l'impossibilité d'exécuter la prestation choisie libère le débiteur.

Art. 1307-3. – Le débiteur qui n'a pas fait connaître son choix doit, si l'une des prestations devient impossible, exécuter l'autre.

Art. 1307-4. – Le créancier qui n'a pas fait connaître son choix doit, si l'une des prestations devient impossible à exécuter par suite d'un cas de force majeure, se contenter de l'une des autres.

Art. 1307-5. – Lorsque les prestations deviennent impossibles, le débiteur n'est libéré que si l'impossibilité procède, pour chacune, d'un cas de force majeure.

§ 3. – L'obligation facultative

Art. 1308. – L'obligation est facultative lorsqu'elle a pour objet une certaine prestation mais que le débiteur a la faculté, pour se libérer, d'en fournir une autre.

L'obligation facultative est éteinte si l'exécution de la prestation initialement convenue devient impossible pour cause de force majeure ».

JURISPRUDENCE

I. Application de la théorie de l'obligation alternative en matière de transport

Cass. com., 7 déc. 2004 : *D.* 2005, p. 2392

« *Sur le premier moyen, pris en sa première branche* :

Vu les articles 1170 et 1174 du Code civil ;

Attendu, selon l'arrêt attaqué, que la société Fauba France (société Fauba) a chargé la société GD Express Worlwide (société GD Express) de l'acheminement d'un colis de matériel informatique de Villebon-sur-Yvette à Grassobio (Italie) et de sa livraison à la société COMECO ; que ce colis ayant été perdu, la société Cigna insurance, assureur de la société Fauba (l'assureur), a indemnisé celle-ci de son préjudice et ainsi subrogée dans ses droits, a assigné la société GD Express en réparation du dommage ;

Attendu que pour écarter la clause limitative de responsabilité prévue à l'article 11 des conditions générales et condamner la société GD Express à payer à l'assureur la somme de 112 072,08 € en principal, l'arrêt retient qu'en énumérant successivement l'hypothèse du transport aérien, puis celle du transport par route, cette clause laisse au transporteur la liberté de choisir son terrain juridique de défense en cas de litige, liberté qui donne à cette disposition contractuelle un caractère potestatif et la rend de ce fait inopposable à l'expéditeur ;

Attendu qu'en statuant ainsi, alors que l'obligation du transporteur d'acheminer la marchandise par air ou par route est une obligation alternative, la cour d'appel a violé les textes susvisés ;

Par ces motifs, et sans qu'il y ait lieu de statuer sur les autres griefs :

Casse et annule, dans toutes ses dispositions, l'arrêt rendu le 6 décembre 2002, entre les parties, par la cour d'appel de Paris. »

II. Application de la théorie de l'obligation alternative en matière de dépôt-vente

Cass. 1re civ., 16 mai 2006 : *Bull. civ.* 2006, I, n° 239

« *Sur le moyen unique, pris en sa première branche* :

Vu les articles 1189 et 1170 du Code civil ;

Attendu que par acte du 21 octobre 1999, Mme X... a confié à M. Y... en dépôt-vente un lot de bijoux de fantaisie ; que la convention prévoyait que les marchandises seraient réglées au fur et à mesure des ventes et qu'à l'issue d'un délai de six mois, sauf retour des pièces invendues, le stock restant sera facturé à M. Y... ; que ce délai étant expiré sans que M. Y... ait réglé le prix des marchandises éventuellement vendues ou restitué le stock invendu, Mme X... a sollicité sa condamnation à lui payer ce prix ;

Attendu que pour rejeter cette demande, l'arrêt attaqué retient que l'obligation pour M. Y... de payer les bijoux qui lui ont été confiés a été contractée sous la condition suspensive qu'il n'ait pas restitué les bijoux invendus au terme d'un délai de six mois sans règlement ; que cette condition est purement potestative dès lors qu'elle fait dépendre l'exécution de cette obligation d'achat du non-retour du stock qui dépend de la volonté discrétionnaire de M. Y... de faire ou non réaliser ;

Attendu qu'en statuant ainsi, quand le débiteur était tenu d'une obligation alternative de restitution en nature ou en valeur, la cour d'appel a violé les textes susvisés, le premier par refus d'application et le second par fausse application ;

Et attendu que la Cour de cassation est en mesure, en cassant sans renvoi, de mettre fin au litige par application de la règle de droit appropriée ;

Par ces motifs :

Casse et annule. »

173. – Modalités affectant les titulaires des obligations. L'obligation peut avoir plusieurs titulaires. Cette hypothèse donne lieu à trois situations juridiques :

- l'obligation conjointe ;
- l'obligation solidaire ;
- l'obligation indivisible.

SECTION 1

L'OBLIGATION CONJOINTE OU DISJOINTE

§ 1. – Sources

174. – Obligation divisée. Dans cette situation – normale, c'est-à-dire représentant le droit commun –, l'obligation a plusieurs titulaires. Si l'obligation est conjointe, elle va se diviser entre ses différents débiteurs ou ses différents créanciers.

En droit romain, l'obligation était en principe solidaire : en droit classique, les codébiteurs étaient solidaires et cela résulte des *Institutes* (*De duobus reis*) et la raison en est qu'ils ont promis chacun la même chose. Le caractère conjoint de l'obligation remonte à la *Novelle* 99 (*De reis promittendi*) de l'empereur Justinien. Au XIXe siècle, l'obligation conjointe était appelée « corréale ».

L'article 1309 du Code civil retient, à titre de principe, le caractère conjoint de l'obligation :

« L'obligation qui lie plusieurs créanciers ou débiteurs se divise de plein droit entre eux. La division a lieu également entre leurs successeurs, l'obligation fût-elle solidaire. Si elle n'est pas réglée autrement par la loi ou par le contrat, la division a lieu par parts égales.

Chacun des créanciers n'a droit qu'à sa part de la créance commune ; chacun des débiteurs n'est tenu que de sa part de la dette commune.

Il n'en va autrement, dans les rapports entre les créanciers et les débiteurs, que si l'obligation est solidaire ou si la prestation due est indivisible ».

L'obligation peut se diviser activement ou passivement. Prenons le cas de deux coacheteurs d'une chose : ils sont tous les deux débiteurs du vendeur et propriétaires de la chose. Si nous prenons le cas de deux covendeurs : ils sont tous les deux créanciers de l'acquéreur de la chose.

En cas de succession, si le *de cujus* (personne décédée pour *de cujus successione agitur*) laisse plusieurs héritiers, ceux-ci « ne peuvent demander la dette ou ne sont tenus de la payer que pour les parts dont ils sont saisis ou dont ils sont tenus comme représentant le créancier ou le débiteur » (C. civ., ancien art. 1220).

En effet, au cas de pluralité de créanciers ou de débiteurs, l'obligation se divise normalement entre eux. L'obligation plurale se divise en autant de créances et de dettes qu'il y a de créanciers et de débiteurs.

Chaque créancier conjoint ne peut demander au débiteur que sa part et portion dans la créance ; chaque débiteur ne peut être tenu que pour sa part et portion dans la dette. En principe, la division se fait par parts viriles (« vir » étant l'homme, par opposition à la femme « mulier », et non en tant qu'être humain « homo »), la dette ou la créance se partageant en fonction du nombre de personnes présentes (« par tête de pipe » ou *per capita*).

175. – Présomption. L'obligation conjointe est la règle lorsque les parties n'ont pas stipulé de clause contraire.

Contrairement à une pratique notariale de naguère, les mots « conjoint » et « solidaire » sont de sens contraire et non synonymes. L'expression « une obligation conjointe et solidaire », parfois remarquée sur certains actes, n'a pas de sens juridique ; elle est même dangereuse par la contradiction interne qu'elle renferme.

L'obligation conjointe est tout sauf solidaire, si bien qu'elle échappe à toute règle d'indivisibilité. Chaque obligation est indépendante des autres.

Se pose cependant le problème de la nature juridique de l'obligation conjointe : est-ce un principe ou une exception ? (V., sur ce point, l'excellente thèse de A. Hontbeyrie, *Le fondement de l'obligation solidaire en droit privé français*, préf. L. Aynès, thèse Paris I, Economica, 2004).

§ 2. – Fonctionnement

176. – Mode de division. La division a normalement lieu par parts viriles, ce qui signifie que l'on divise la créance ou la dette en fonction du nombre de personnes tenues (cf. C. civ., art. 1309, al. 2 : « Chacun des créanciers n'a droit qu'à sa part de la créance commune ; chacun des débiteurs n'est tenu que de sa part de la dette commune »).

Toutefois, la loi ou la convention peuvent aménager cette règle et décider que les codébiteurs ou les cocréanciers seront tenus à hauteur de leur participation dans le contrat.

Ainsi, si Guillaume et Alain achètent un scooter de 1 500 € et que Guillaume a participé à hauteur de 1 000 € et Alain à hauteur de 500 €, la règle veut que Guillaume et Alain soient tenus pour moitié en tant que débiteurs conjoints du coût de la location d'un emplacement de stationnement. En revanche, nos deux amis peuvent prévoir que Guillaume sera tenu pour 2/3 et Alain pour 1/3.

177. – Division des poursuites. L'obligation conjointe suppose pour le créancier une division des poursuites. Il y aura autant de poursuites que de débiteurs.

SECTION 2

L'OBLIGATION SOLIDAIRE

178. – La solidarité peut être active ou passive (entre les créanciers ou entre les débiteurs).

SOUS-SECTION 1

LA SOLIDARITÉ ACTIVE

§ 1. – Sources

179. – Définition et exemples. En ce cas, chaque créancier est en droit de réclamer au débiteur la totalité de ce qu'il doit.

La matière était organisée aux articles 1197 à 1199 du Code civil. Ces textes ne définissaient pas la solidarité active, mais traitent des rapports du créancier et des débiteurs et des rapports entre les créanciers.

L'article 1311 du Code civil contient une définition de la solidarité active :

« La solidarité entre créanciers permet à chacun d'eux d'exiger et de recevoir le paiement de toute la créance. Le paiement fait à l'un d'eux, qui en doit compte aux autres, libère le débiteur à l'égard de tous.

Le débiteur peut payer l'un ou l'autre des créanciers solidaires tant qu'il n'est pas poursuivi par l'un d'eux ».

Le meilleur exemple de solidarité active est celui du compte joint. Lorsque deux ou plusieurs personnes ouvrent un compte bancaire (deux époux par exemple), ce compte est soumis à la solidarité active.

Ainsi, la convention de compte joint, qui emporte solidarité active des cotitulaires du compte pour toute opération effectuée sur celui-ci, ne se présume pas (Cass. 1re civ., 16 juin 1992 : *Bull. civ.* 1992, I, n° 179 ; *D.* 1993, somm. p. 216 et la note).

Le fait qu'un acte notarié porte mention de la solidarité entre tous les vendeurs et tous les acquéreurs ne suffit pas à établir la solidarité active. Aux termes de l'ancien article 1197 du Code civil, l'obligation est solidaire entre plusieurs créanciers lorsque le titre donne expressément à chacun d'eux le droit de demander le paiement du total de la créance, et que le paiement fait à l'un d'eux libère le débiteur, encore que le bénéfice de l'obligation soit partageable et divisible entre les divers créanciers.

Deux époux ayant, par acte authentique, vendu un fonds de commerce pour un prix payable en dix ans, viole le texte susvisé la cour d'appel qui, pour accueillir l'action du mari, en instance de divorce, en remboursement intégral de la créance, retient que l'acte notarié de vente stipule, en première page, qu'il y aura « solidarité entre tous les vendeurs d'une part et tous les acquéreurs d'autre part, qu'ils soient personnes physiques ou morales », sans retenir que le titre donnait expressément à chacun des créanciers le droit de demander le paiement du total de la créance (Cass. 1re civ., 27 avr. 2004 : *Bull. civ.* 2004, I, n° 121).

§ 2. – Régime

180. – **Rapport entre les créanciers et le débiteur.**

– *Art. 1197 ancien* : « L'obligation est solidaire entre plusieurs créanciers lorsque le titre donne expressément à chacun d'eux le droit de demander le paiement du total de la créance, et que le paiement fait à l'un d'eux libère le débiteur, encore que le bénéfice de l'obligation soit partageable et divisible entre les divers créanciers ».

– *Art. 1198 ancien* : « Il est au choix du débiteur de payer à l'un ou l'autre des créanciers solidaires, tant qu'il n'a pas été prévenu par les poursuites de l'un d'eux.

Néanmoins, la remise qui n'est faite que par l'un des créanciers solidaires ne libère le débiteur que pour la part de ce créancier ».

La créance ne doit donc pas être divisée avant d'être réclamée par l'un des créanciers. L'obligation solidaire entre plusieurs créanciers donne à chacun d'eux, en application de l'article 1197 du Code civil, le droit de demander le paiement du total de la créance et en conséquence de la déclarer en totalité au passif de la procédure collective du débiteur.

Ayant relevé que la lettre portant déclaration de créance et le tableau récapitulatif faisant ressortir le détail de la créance de chacune des banques qui avaient consenti un prêt avec stipulation de solidarité active étaient signés par le sous-directeur de l'agence de l'une d'elles qui disposait du pouvoir de déclarer les créances de cette banque, la cour d'appel en a déduit à bon droit que la créance de l'autre banque avait été régulièrement déclarée, peu important que l'un des décomptes annexés ait été signé par une personne ne disposant pas de pouvoir (Cass. com., 20 mars 2001 : *Bull. civ.* 2001, IV, n° 61).

181. – **Rapport entre les créanciers entre eux.**

Les anciens articles 1197 et 1198 du Code civil étaient le fondement textuel de ce rapport entre les créanciers et le débiteur :

« *Art. 1199.* – Tout acte qui interrompt la prescription à l'égard de l'un des créanciers solidaires profite aux autres créanciers ».

Ce texte est repris dans la réforme du Code civil, en ajoutant la suspension à l'interruption :

« *Art. 1312.* – Tout acte qui interrompt ou suspend la prescription à l'égard de l'un des créanciers solidaires, profite aux autres créanciers ».

Outre ce bénéfice, partage de la prescription, des recours sont possibles entre les créanciers. Celui qui a tout perçu peut être recherché par les autres afin d'effectuer une meilleure répartition.

C'est le sens du nouvel article 1313 du Code civil :

« La solidarité entre les débiteurs oblige chacun d'eux à toute la dette. Le paiement fait par l'un d'eux les libère tous envers le créancier.

Le créancier peut demander le paiement au débiteur solidaire de son choix. Les poursuites exercées contre l'un des débiteurs solidaires n'empêchent pas le créancier d'en exercer de pareilles contre les autres ».

JURISPRUDENCE
Solidarité active

Cass. 1re civ., 27 juin 2006 : *Bull. civ.* 2006, I, n° 239

« *Sur le moyen unique, pris en ses trois branches* :

Attendu que la Banque hypothécaire européenne, aux droits de laquelle se trouve la Compagnie européenne d'opérations immobilières (BIE), a accordé, solidairement avec le Crédit immobilier et la Matmut, un prêt aux consorts X... garanti par l'inscription de deux privilèges de prêteurs de deniers sur un immeuble appartenant aux emprunteurs ; que le premier privilège était inscrit au profit de la Matmut et du Crédit immobilier européen à hauteur de 150 000 F et le second au profit du Crédit immobilier européen et de la BIE à hauteur de 100 000 F ; qu'à la suite de la défaillance des débiteurs, la BIE, agissant pour le compte des créanciers solidaires, a chargé M. Y..., avocat, de poursuivre la saisie immobilière de l'immeuble ; que, ce dernier ayant omis d'effectuer la production au nom de la BIE dans le cadre de la procédure d'ordre, le prix d'adjudication a été intégralement attribué à la Banque française de l'agriculture, créancier inscrit en troisième rang après les privilèges de prêteurs de deniers bénéficiant à la Matmut, au Crédit immobilier européen et à la BIE ; que cette dernière a assigné M. Y... pour voir dire qu'il avait engagé sa responsabilité professionnelle et le voir condamner à lui payer la somme de 310 000 F, montant du prix d'adjudication, ainsi que des dommages-intérêts complémentaires ;

Attendu que la BIE reproche à l'arrêt attaqué (Bordeaux, 15 déc. 2003) d'avoir limité aux sommes de 15 260 € et 2 000 € en principal les condamnations prononcées à l'encontre de M. Y..., alors, selon le moyen :

1/ qu'en limitant le montant de l'indemnisation allouée à la BIE à la somme de 15 260 € pour laquelle elle bénéficiait d'un privilège de prêteur de deniers perdu par la faute de M. Y..., quand son préjudice consistait en réalité en la perte de la totalité du produit de la vente que la BIE pouvait intégralement appréhender à charge pour elle de la répartir entre les créanciers solidaires, tous titulaires d'un privilège primant celui du créancier finalement colloqué, la cour d'appel aurait violé les articles 1197 et 1147 du Code civil ;

2/ que la faute de M. Y... ayant définitivement fait perdre à la Matmut et au Crédit immobilier européen toute possibilité d'obtenir, sur le prix de la vente de l'immeuble, le remboursement des prêts dont la BIE était fondée, en vertu de la solidarité, à demander le remboursement en leur nom, la cour d'appel qui a considéré que cette faute, consistant dans le fait pour l'avocat de s'être abstenu de représenter la BIE à la procédure d'ordre, n'avait causé préjudice qu'à cette dernière aurait violé l'article 1147 du Code civil ;

3/ qu'en statuant comme elle a fait, cependant que la BIE produisait une lettre de la Matmut et du Crédit immobilier européen d'où il ressortait qu'elle avait expressément reçu délégation de ces deux établissements pour recouvrer les prêts en cause, de sorte que la faute de M. Y... l'exposait à des poursuites de leur part, la cour d'appel aurait violé les articles 1147 et 1991 du Code civil ;

Mais attendu, d'abord, que la solidarité active stipulée à l'acte de prêt ne permettait pas à la BIE d'exercer une action en responsabilité, au nom des créanciers solidaires, à l'encontre d'un tiers à ce contrat et que la cour d'appel a décidé, à bon droit, que le préjudice personnel subi par la BIE, du fait de la faute commise par M. Y..., ne pouvait représenter l'intégralité du prix d'adjudication, dès lors que cette banque n'aurait pas eu vocation à le conserver en totalité dans son patrimoine, mais qu'il était constitué par la perte de sa propre créance telle qu'elle était garantie par la seule inscription lui profitant ; qu'ensuite le moyen tiré d'une délégation reçue par la BIE, aux termes d'une lettre non produite aux débats devant les juges du fond, est nouveau et mélangé de fait ; qu'il s'ensuit que le moyen, non fondé en ses deux premières branches, est irrecevable en sa troisième branche ;

Par ces motifs :

Casse et annule (...) »

SOUS-SECTION 2

LA SOLIDARITÉ PASSIVE

182. – Mécanisme. En cas de solidarité passive, l'obligation pèse sur plusieurs débiteurs sans pour autant se diviser entre chacun de ces débiteurs. Chacun est tenu à la totalité de la dette, quitte pour celui qui a payé à se retourner contre les codébiteurs. L'idée est que les débiteurs sont tenus envers un ou plusieurs créanciers d'une obligation unique.

Ce type de solidarité procure une garantie importante contre l'insolvabilité de tel ou tel codébiteur : chaque codébiteur est tenu pour le tout et supporte l'insolvabilité des autres (C. civ., art. 1214, al. 2). Cette idée est reprise à l'article 1313 du Code civil :

« La solidarité entre les débiteurs contraint chacun d'eux à répondre de toute la dette. Le paiement fait par l'un d'eux les libère tous envers le créancier.

Le créancier peut demander le paiement au débiteur solidaire de son choix. Les poursuites exercées contre l'un des débiteurs solidaires n'empêchent pas le créancier d'en exercer de pareilles contre les autres ».

Le créancier peut donc exiger de l'un quelconque des débiteurs le paiement de l'intégralité de la dette. Pratiquement, il demandera le paiement au débiteur le plus solvable.

La solidarité passive est une **garantie de paiement et équivaut à une sûreté**. Le risque d'insolvabilité de l'un des débiteurs n'est pas supporté par le créancier mais par les codébiteurs. Cette fonction de garantie rend difficile la distinction de l'engagement solidaire passif du cautionnement.

§ 1. – Les sources de la solidarité

183. – Pas de présomption légale. En vertu de l'article 1202 du Code civil :

« La solidarité ne se présume point ; il faut qu'elle soit expressément stipulée.

Cette règle ne cesse que dans le cas où la solidarité a lieu de plein droit, en vertu d'une disposition de la loi ».

Ce texte est directement inspiré de l'adage : *Hoc ità si pactum fuerit speciale unumquemque teneri in solidum.*

L'article 1310 du Code civil reprend ce principe même si la formulation est différente : « La solidarité est légale ou conventionnelle ; elle ne se présume pas ».

Il faut noter que le projet de réforme concevait la solidarité comme une addition : « La solidarité entre débiteurs ou entre créanciers s'ajoute à la division de la dette ou de la créance commune ». Cette conception rejoint la présentation faite en droit de *common law* : l'obligation est normalement conjointe (*joint*) ; parfois, elle est renforcée et devient *joint and several* (conjointe et solidaire). Dans la réforme, la solidarité n'est pas une condition naturelle, c'est un engagement supplémentaire que prend le codébiteur, qui consiste à s'obliger à payer la part des autres, c'est-à-dire la dette d'autrui. Cette réforme rapproche la solidarité de la technique du cautionnement et conduit la jurisprudence à appliquer aux codébiteurs solidaires tout ou partie des dispositions qui régissent le cautionnement, à hauteur de ce qui excède leur intérêt à la dette. C'est la position d'une thèse récente (M. Mignot, *Les obligations solidaires et les obligations* in solidum *en droit privé français*, préf. E. Loquin, Dalloz, 2002).

La réforme telle qu'elle résulte de l'ordonnance n° 2016-131 du 10 février 2016 n'a pas repris cette présentation, sans doute trop contraire à la tradition française.

A. – La solidarité ne se présume pas

184. – Stipulation expresse. L'article 1202 du Code civil pose la règle que la solidarité ne se présume pas. Il ajoute qu'elle doit donc être expressément stipulée dans une clause d'un contrat.

Les deux propositions sont équivalentes : les rédacteurs du Code civil auraient pu se dispenser de la seconde, qui n'a qu'une vertu pédagogique (un souci de clarté) puisée chez Domat.

La première source de solidarité, tant en principe que dans l'observation pratique, est donc l'accord des parties.

Même si dans bien des contrats – contrat de bail civil ou commercial – la solidarité va de pair avec la pluralité, elle est interprétée strictement par la Cour de cassation. L'engagement solidaire souscrit par des copreneurs ne survit pas, sauf stipulation expresse contraire, à la résiliation du bail. Le copreneur qui a quitté les lieux n'est donc pas redevable de l'indemnité d'occupation due en raison de la faute quasi délictuelle commise par celui qui se maintient sans droit dans les lieux (Cass. 1re civ., 5 mai 2004 : *Bull. civ.* 2004, I, n° 87 ; *JCP* G 2004, II, 10099, note J. Casey. – Cass. 3e civ., 1er avr. 2009, n° 08-13.508).

Si la solidarité passive ne se présume pas, elle peut ressortir implicitement de l'acte tel qu'il est interprété par le juge : si la solidarité ne se présume pas, il appartient aux juges du fond de rechercher si elle ressort clairement et nécessairement du titre constitutif de l'obligation, alors même que celle-ci n'a pas été qualifiée de solidaire ; qu'ayant relevé que la convention de maîtrise d'œuvre ne définissait pas de spécificités particulières dans les interventions des cinq professionnels cocontractants du maître de l'ouvrage, lesquels étaient engagés exactement dans les mêmes termes et sans que leurs honoraires soient diversifiés, la cour d'appel, qui a souverainement retenu que chacun des cocontractants s'était engagé solidairement vis-à-vis du maître de l'ouvrage, a, abstraction faite d'un motif surabondant relatif à la faute personnelle de la société RTI, légalement justifié sa décision de ce chef (obligation en nature – Cass. 3e civ., 26 janv. 2005, n° 03-11.646 : *Bull. civ.* 2005, III, n° 14). Le juge se contente parfois d'une preuve implicite (Cass. 1re civ., 17 déc. 2008, n° 07-17.084).

Pour la Cour de cassation, c'est une appréciation souveraine des juges du fond (Cass. 1re civ., 19 févr. 1991, n° 88-19.136 : *Bull. civ.* 1991, I, n° 71).

B. – La disposition de la loi

185. – Textes spécifiques. La loi prévoit dans des textes spécifiques que l'obligation est solidaire.

1° Le droit pénal

186. – Solidarité entre coauteurs. L'article 55 de l'ancien Code pénal prévoyait une solidarité entre les auteurs d'une infraction pénale.

Code pénal ancien, article 55, alinéa 1er :

« Les personnes condamnées pour un même crime ou pour un même délit sont tenues solidairement des restitutions et des dommages-intérêts ».

Les dispositions de cet article se retrouvent dans les articles 375-2, 480-1 et 543 du Code de procédure pénale :

« *Art.* 375-2. – Les personnes condamnées pour un même crime sont tenues solidairement des restitutions et des dommages-intérêts.

En outre, la cour peut, par décision spéciale et motivée, ordonner que l'accusé qui s'est entouré de coauteurs ou de complices insolvables sera tenu solidairement des amendes ».

L'article 480-1 reprend le même texte pour les délits :

« Les personnes condamnées pour un même délit sont tenues solidairement des restitutions et des dommages-intérêts.

En outre, le tribunal peut, par décision spéciale et motivée, ordonner que le prévenu qui s'est entouré de coauteurs ou de complices insolvables sera tenu solidairement des amendes ».

L'article 543 limite la solidarité aux contraventions de la 5ᵉ classe :

« Sont applicables à la procédure devant le tribunal de police les articles 473 à 486 concernant certains frais non payés par l'État et exposés par la partie civile, la restitution des objets placés sous la main de la justice et la forme des jugements.

Toutefois, les dispositions de l'article 480-1 ne sont applicables qu'aux condamnés pour contraventions de la cinquième classe ».

Cette solidarité vaut pour les restitutions et les dommages et intérêts civils (CPP, art. 480-1).

2° Le Code civil

187. – Régimes matrimoniaux. De même, certains textes du Code civil instituent une solidarité, notamment des textes sur les régimes matrimoniaux :

– l'article 220 institue une solidarité des époux s'agissant du paiement des dettes ménagères :

« Chacun des époux a pouvoir pour passer seul les contrats qui ont pour objet l'entretien du ménage ou l'éducation des enfants : toute dette ainsi contractée par l'un oblige l'autre solidairement.

La solidarité n'a pas lieu, néanmoins, pour des dépenses manifestement excessives, eu égard au train de vie du ménage, à l'utilité ou à l'inutilité de l'opération, à la bonne ou mauvaise foi du tiers contractant.

Elle n'a pas lieu non plus, s'ils n'ont été conclus du consentement des deux époux, pour les achats à tempérament ni pour les emprunts à moins que ces derniers ne portent sur des sommes modestes nécessaires aux besoins de la vie courante » ;

– tandis que l'article 1418 traite du régime de la communauté réduite aux acquêts et les effets de la solidarité :

« Lorsqu'une dette est entrée en communauté du chef d'un seul des époux, elle ne peut être poursuivie sur les biens propres de l'autre.

S'il y a solidarité, la dette est réputée entrer en communauté du chef des deux époux ».

188. – Communauté d'intérêt. Outre les époux, les partenaires d'un PACS sont solidaires pour les dettes contractées pour les besoins de la vie courante et les dépenses relatives au logement commun (C. civ., art. 515-4). La loi du 23 juin 2006 a restreint cette solidarité aux dettes de la vie courante : « Les partenaires sont tenus solidairement à l'égard des tiers des dettes contractées par l'un d'eux pour les besoins de la vie courante. Toutefois, cette solidarité n'a pas lieu pour les dépenses manifestement excessives ». Il n'est donc plus question de la notion de « dépense relative au logement commun » et l'excès dans la dépense peut exclure la solidarité. Cette nouvelle rédaction de l'article 515-4, alinéa 2, est manifestement imitée de l'article 220 du Code civil qui règle la solidarité des époux.

Rien de tel pour les concubins malgré la reconnaissance et l'admission de cette situation de fait par le Code civil. La Cour de cassation censure souvent des décisions rendues par des juges du fond tendant à instaurer une solidarité dans le concubinage.

Les coacquéreurs d'une chose assurée sont solidaires pour le paiement des primes (C. assur., art. L. 121-10).

189. – Responsabilité civile et idée de faute commune. L'article 1242, alinéa 4, du Code civil prévoit aussi une obligation solidaire entre les deux parents responsables du fait de leurs enfants :

« Le père et la mère, en tant qu'ils exercent le droit de garde, sont solidairement responsables du dommage causé par leurs enfants mineurs habitant avec eux ».

Dans l'administration légale, les parents répondent solidairement du préjudice causé au mineur par les actes accomplis en son nom (C. civ., art. 389-5).

C. – La coutume du droit commercial

190. – Principe de solidarité. Il faut enfin tenir compte d'une coutume du droit commercial. En effet, en droit commercial, on admet que la solidarité est de principe (V. Cass. civ., 18 juill. 1929 : *DH* 1929, p. 556). Cette règle repose sur les nécessités du crédit.

Ainsi, si plusieurs commerçants sont impliqués dans une même obligation, ils le sont de manière solidaire.

Sont ainsi solidaires les associés en nom collectif (C. com., art. L. 221-1) ; les personnes qui ont agi au nom d'une société en formation avant l'immatriculation sont tenues des obligations nées des actes ainsi accomplis, avec solidarité si la société est commerciale, sans solidarité dans les autres cas (C. civ., art. 1843).

Jusqu'à la publication du contrat de location-gérance et pendant un délai de six mois à compter de cette publication, le loueur du fonds est solidairement responsable avec le locataire-gérant des dettes contractées par celui-ci à l'occasion de l'exploitation du fonds (C. com., art. L. 144-7). Toutefois, le commissionnaire de transport, garant des faits du commissionnaire ou du voiturier intermédiaire, n'est pas solidairement responsable avec eux des avaries ou des pertes survenues à la marchandise, alors du moins qu'aucune faute n'est relevée à sa charge (Cass. com., 5 déc. 1951 : *D.* 1952, p. 449, note Goré).

Il y a solidarité entre le porteur et les signataires d'une lettre de change (C. com., art. L. 511-44), d'un billet à ordre (C. com., art. L. 512-3) ou d'un chèque (C. monét. fin., art. L. 131-51). Le donneur d'aval est tenu comme caution solidaire (C. com., art. L. 511-44, al. 1er).

Toute convention ayant pour objet le maintien du contrôle d'une société commerciale est un acte de commerce, emportant solidarité pour les obligations qui en découlent (Cass. com., 3 juill. 2013, n° 12-17.714).

D. – Le droit fiscal

191. – Nombreuses applications. Le droit fiscal applique souvent la solidarité (CGI, art. 1685 et 1709), notamment entre époux ou entre les héritiers.

§ 2. – Les effets de la solidarité

192. – On peut ramener ces effets à trois règles.

A. – L'unité d'objet

193. – Définition. Cette règle exprime l'idée que **c'est la même créance qui affecte chaque débiteur**.

Ainsi, chaque débiteur solidaire est tenu pour le tout :

« Le créancier d'une obligation contractée solidairement peut s'adresser à celui des débiteurs qu'il veut choisir, sans que celui-ci puisse lui opposer le bénéfice de division » (C. civ., ancien art. 1203).

La nouvelle formulation de l'article 1313 du Code civil est moins explicite :

« Le créancier peut demander le paiement au débiteur solidaire de son choix ».

Si l'un des débiteurs exécute l'obligation, cela va libérer les autres codébiteurs. Cette règle vaut sauf exceptions particulières.

Le créancier peut exercer un recours contre les autres débiteurs :

« Les poursuites exercées contre l'un des débiteurs solidaires n'empêchent pas le créancier d'en exercer de pareilles contre les autres » (C. civ., art. 1313, al. 2).

B. – La pluralité de liens

194. – Exceptions. Malgré l'existence d'une obligation unique, chaque débiteur est dans une situation autonome. Il peut donc opposer au créancier les exceptions qui lui sont personnelles.

Ainsi, un débiteur pourra refuser de payer en disant que le lien de droit est nul pour vice du consentement ou incapacité…

Il y a trois catégories d'exceptions : communes, purement personnelles et simplement personnelles ou mixtes.

Les **exceptions communes** peuvent être invoquées par tous les débiteurs. Le créancier peut choisir n'importe lequel des débiteurs, il se heurtera à la même objection. Sont rangées parmi les exceptions communes les causes de nullité affectant l'obligation (absence de cause ou d'objet, par exemple), les modalités communes (terme ou condition affectant l'obligation) et les causes d'extinction de la dette (paiement, prescription, novation ou remise de dette faite à tous les débiteurs). Ainsi, sauf en matière de cautionnement, lorsque plusieurs codébiteurs s'engagent solidairement, l'un d'eux ne peut invoquer au titre d'exceptions communes que celles affectant l'ensemble des liens obligatoires unissant les débiteurs au créancier ; l'extinction de la créance à l'égard du débiteur faisant l'objet d'une procédure collective laisse subsister l'obligation distincte contractée par son codébiteur solidaire (Cass. com., 17 nov. 1993 : *Bull. civ.* 1993, I, n° 335 ; *D.* 1994, somm. p. 214, et la note).

Un codébiteur peut opposer au créancier les exceptions qui lui sont **purement personnelles** et il est seul à profiter de cette exception. Il ne peut opposer, au contraire, les exceptions purement personnelles à un autre codébiteur. L'incapacité du débiteur ou le vice du consentement subi par lui est, par exemple, une exception purement personnelle.

Il est des exceptions **simplement personnelles ou mixtes**. Elles libèrent entièrement un débiteur et profitent pour partie aux autres en diminuant la dette. L'hypothèse typique est la **remise individuelle de dette** ou la **confusion** (C. civ., art. 1209). Soit trois amis, Guillaume, Alain et Bruno, débiteurs chacun de 10 000 € ; si Guillaume bénéficie d'une remise individuelle de 10 000 €, il ne peut plus être poursuivi ; Alain et Bruno peuvent encore être poursuivis pour 20 000 €. Alain et Bruno ont donc profité de la remise accordée à Guillaume car leur dette est diminuée d'une somme correspondant à la part du bénéficiaire de la remise. Il en est de même en cas de confusion. Si Guillaume hérite de 10 000 € par legs du créancier, Alain et Bruno ne seront tenus que pour 20 000 € vis-à-vis de la succession.

L'article 1315 du Code civil traite de cette question des exceptions :

« Le débiteur solidaire poursuivi par le créancier peut opposer les exceptions qui sont communes à tous les codébiteurs, telles que la nullité ou la résolution, et celles qui lui sont personnelles. Il ne peut opposer les exceptions qui sont personnelles à d'autres codébiteurs, telle que l'octroi d'un terme. Toutefois, lorsqu'une exception personnelle à un autre codébiteur éteint la part divise de celui-ci, notamment en cas de compensation ou de remise de dette, il peut s'en prévaloir pour la faire déduire du total de la dette ».

C. – La représentation réciproque entre les codébiteurs

1° L'idée de représentation

195. – Explication par le mandat. On peut en effet admettre qu'il y a en matière de solidarité une unité d'intérêt entre les différents codébiteurs. Chacun des codébiteurs est donc le mandataire de l'autre. Il est censé représenter l'autre.

Cette idée (critiquée) de représentation entraîne des conséquences techniques.

2° Les conséquences de la représentation mutuelle

196. – Acte valant pour les autres. L'acte accompli par le créancier à l'encontre d'un codébiteur vaut également à l'encontre des autres codébiteurs.

– Ainsi une **mise en demeure** adressée par le créancier à un codébiteur vaut également à l'égard des autres codébiteurs.

– La **perte de la chose** ne libère pas les débiteurs :

« Si la chose due a péri par la faute ou pendant la demeure de l'un ou de plusieurs des débiteurs solidaires, les autres codébiteurs ne sont point déchargés de l'obligation de payer le prix de la chose ; mais ceux-ci ne sont point tenus des dommages et intérêts.

Le créancier peut seulement répéter les dommages et intérêts tant contre les débiteurs par la faute desquels la chose a péri, que contre ceux qui étaient en demeure » (C. civ., ancien art. 1205).

– De même, si **la prescription** est interrompue à l'égard d'un codébiteur, elle l'est également à l'égard des autres codébiteurs :

« Tout acte qui interrompt ou suspend la prescription à l'égard de l'un des créanciers solidaires, profite aux autres créanciers » (C. civ., art. 1312).

La même règle vaut pour la reconnaissance de dette effectuée par l'un des débiteurs (C. civ., art. 2249).

– L'**interpellation** connaît des règles particulières :

« L'interpellation faite, conformément aux articles ci-dessus, à l'un des débiteurs solidaires, ou sa reconnaissance, interrompt la prescription contre tous les autres, même contre leurs héritiers.

L'interpellation faite à l'un des héritiers d'un débiteur solidaire, ou la reconnaissance de cet héritier, n'interrompt pas la prescription à l'égard des autres cohéritiers, quand même la créance serait hypothécaire, si l'obligation n'est indivisible.

Cette interpellation ou cette reconnaissance n'interrompt la prescription, à l'égard des autres codébiteurs, que pour la part dont cet héritier est tenu » (C. civ., art. 2249).

– Le **serment** déféré à l'un des débiteurs solidaires profite aux codébiteurs (C. civ., art. 1365, al. 4 et 5).

« *Art. 1385-4.* – Le serment ne fait preuve qu'au profit de celui qui l'a déféré et de ses héritiers et ayants cause, ou contre eux.

Le serment déféré par l'un des créanciers solidaires au débiteur ne libère celui-ci que pour la part de ce créancier.

Le serment déféré au débiteur principal libère également les cautions.

Celui déféré à l'un des débiteurs solidaires profite aux codébiteurs.

Celui déféré à la caution profite au débiteur principal.

Dans ces deux derniers cas, le serment du codébiteur solidaire ou de la caution ne profite aux autres codébiteurs ou au débiteur principal que lorsqu'il a été déféré sur la dette, et non sur le fait de la solidarité ou du cautionnement ».

– Enfin, si les **intérêts moratoires** courent à l'encontre d'un codébiteur, ils courent également à l'encontre des autres codébiteurs :

« La demande d'intérêts formée contre l'un des débiteurs solidaires fait courir les intérêts à l'égard de tous » (C. civ., art. 1314).

3° Les relations entre codébiteurs

197. – Poursuite et contribution. Il est d'usage, en matière de solidarité comme en matière de régimes matrimoniaux, de distinguer deux moments :

– d'une part, **la poursuite** : la question est de savoir qui peut être poursuivi en tant que débiteur par le créancier. En matière d'obligation solidaire, la réponse est simple : tous les codébiteurs peuvent être poursuivis pour la totalité de la dette.

En matière de régimes matrimoniaux, il s'agit de savoir quelle masse de biens (biens propres du mari ou de la femme, biens communs) doit répondre de la dette. En matière de baux, quand un locataire solidaire quitte l'appartement, il reste solidaire des impayés futurs, même s'il a donné congé (Cass. 3e civ., 8 nov. 1995 : *Bull. civ.* 1995, III, n° 220 ; *Defrénois* 1996, art. 36272, n° 17, obs. Ph. Delebecque et art. 36358, n° 78, note A. Bénabent ; *Dr. et patrimoine* juin 1996, p. 73, n° 1367, obs. F. Macorig-Venier).

Le Code civil traite le cas particulier de la remise de dette à l'article 1316 : « Le créancier qui reçoit paiement de l'un des codébiteurs solidaires et lui consent une remise de solidarité conserve sa créance contre les autres, déduction faite de la part du débiteur qu'il a déchargé » ;

– d'autre part, une fois la dette payée, **la contribution** : qui doit supporter la charge définitive de la dette et pour quel montant ? Autrement dit, le codébiteur qui a payé dispose-t-il d'un recours contre les autres ? En matière de régimes matrimoniaux, si une masse de biens a payé la dette due par une autre à titre définitif, cela entraînera le calcul d'une récompense, c'est-à-dire d'une créance à intégrer dans le processus de liquidation.

198. – Division par parts viriles. Entre les codébiteurs, pour la contribution, l'obligation solidaire se divise. Celui qui a payé, que l'on nomme classiquement le *solvens*, peut obtenir des autres le remboursement de leur part.

Reste à déterminer ce qu'est cette part. Il est deux modes de répartition.

199. – Le partage par tête ou selon la tradition romaine le partage dit par part virile (rappelons que *vir* est la désignation de l'homme ; part virile veut donc dire autant de parts que d'hommes présents). Le débiteur solidaire qui a payé dispose d'une action contre les autres débiteurs afin d'obtenir le remboursement de ce qui excède sa part.

Prenons un exemple. Soit une dette de 1 000 et quatre codébiteurs (A, B, C, D) tenus solidairement. Chacun d'entre eux est tenu pour 1 000 vis-à-vis du créancier Midas. Celui-ci va s'adresser au solvable d'entre eux, soit C (comme Crésus). Crésus paie les 1 000 et est donc le *solvens*. Une fois qu'il a payé, C va pouvoir réclamer à A, B, et D, leur part virile. En l'espèce, cette part est de 1 000 (total de la dette) divisé par 4 (nombre de codébiteurs), soit 250. Crésus peut donc réclamer à A, B, et D, 250.

200. – Le partage en fonction de la participation de chacun à l'obligation solidaire est couramment retenu (V. en droit des sociétés, la responsabilité des associés).

L'article 1317 du Code civil retient cette idée du partage en fonction de la part de chacun :

« Entre eux, les codébiteurs solidaires ne contribuent à la dette que chacun pour sa part.

Celui qui a payé au-delà de sa part dispose d'un recours contre les autres à proportion de leur propre part.

Si l'un d'eux est insolvable, sa part se répartit, par contribution, entre les codébiteurs solvables, y compris celui qui a fait le paiement et celui qui a bénéficié d'une remise de solidarité ».

201. – Action récursoire. Le codébiteur d'une dette solidaire qui l'a payée en entier ne peut répéter contre les autres que les parts et portions de chacun d'eux. Si l'un d'eux se trouve insolvable, la perte qu'occasionne son insolvabilité se répartit, par contribution, entre tous les autres codébiteurs solvables et celui qui a fait le paiement.

Cette solution de principe a été reprise dans un arrêt rendu le 22 juin 1994. Un entrepreneur principal qui avait supporté le coût de certaines reprises, à la suite de désordres, ayant exercé des recours en garantie contre les architectes et les sous-traitants, a violé l'article 1214 du Code civil la cour d'appel qui, pour condamner les architectes à lui payer une certaine somme, a retenu que les architectes avaient commis une faute qui avait concouru à la réalisation du dommage, qu'ils devaient être déclarés responsables *in solidum* avec les sous-traitants des malfaçons constatées et que les sous-traitants étant en liquidation des biens, seuls les architectes pouvaient être condamnés à payer la somme due devant tenir compte de la part de responsabilité de l'entrepreneur principal, alors que les architectes ne pouvaient être condamnés que pour leur part et portion dans les désordres (Cass. 3e civ., 22 juin 1994 : *Defrénois* 1994, p. 1463, et la note). Ainsi, l'obligation contractée solidairement envers le créancier se divise de plein droit entre les débiteurs, qui n'en sont tenus entre eux que chacun pour sa part et portion ; que le codébiteur d'une dette solidaire, qui l'a payée en entier, ne peut répéter contre les autres que les part et portion de chacun d'eux (Cass. 3e civ., 24 juin 1998, n° 96-19.442 : *Bull. civ.* 1998, III, n° 129 ; *RTD civ.* 1998, p. 906, obs. P.-Y. Gautier ; *D.* 1999, somm. p. 115, obs. R. Libchaber).

C'est la solution reprise aux alinéas 2 et 3 de l'article 1316 du projet de réforme du Code civil :

« Celui qui a payé au-delà de sa part dispose d'un recours contre les autres à proportion de leur propre part.

Si l'un d'eux est insolvable, sa part se répartit, par contribution, entre les codébiteurs solvables, y compris celui qui a fait le paiement et celui qui a bénéficié d'une remise de solidarité ».

Ce principe de solidarité dans l'action récursoire est en échec dans deux situations :

– *Art. 1317* : « Si l'affaire pour laquelle la dette a été contractée solidairement ne concerne que l'un des codébiteurs, celui-ci est seul tenu de la dette à l'égard des autres. S'il l'a payée, il ne dispose d'aucun recours contre ses codébiteurs. Si ceux-ci l'ont payée, ils disposent d'un recours contre lui ».

– *Art. 1318* : « Les codébiteurs solidaires répondent solidairement de l'inexécution de l'obligation. La charge en incombe à titre définitif à ceux auxquels l'inexécution est imputable ».

La réponse est différente en matière d'obligation conjointe : un transporteur maritime condamné conjointement avec une partie exécutante à indemniser la victime d'avaries et ayant acquitté l'intégralité de la condamnation dispose-t-il d'un recours contre le débiteur conjoint ? Une société, ayant réglé au créancier l'intégralité des sommes au paiement desquelles elle a été condamnée conjointement avec une autre société, a assigné le créancier en répétition de la moitié de cette somme. La cour d'appel a constaté que le créancier n'avait pas reçu plus qu'il ne lui était dû et a écarté, à bon droit selon la Cour de cassation, tout indu objectif.

La chambre commerciale casse l'arrêt qui, pour rejeter la demande en répétition de la moitié de cette somme, constate qu'une précédente décision judiciaire avait condamné cette société, conjointement avec un autre débiteur, à payer au créancier une certaine somme et retient que, cette décision ayant condamné cette société à payer la totalité de cette somme au créancier, il n'y avait pas lieu de rechercher les raisons qui l'avaient incitée à payer intégralement cette somme. Pour la Cour de cassation, le débiteur conjoint n'étant pas tenu de payer la totalité de la somme fixée, les juges du fond devaient rechercher, ainsi qu'il leur était demandé, si, en effectuant un paiement intégral, la société avait commis une erreur ou agi sous la contrainte, la cour d'appel a violé les articles 1202 et 1377 du Code civil (Cass. com., 5 mai 2004 : *Bull. civ.* 2004, IV, n° 85 ; *DMF* 2005, p. 554).

L'*accipiens* n'ayant pas reçu plus que prévu, le demandeur doit établir le fondement de son recours et donc son erreur.

202. – Conclusion sur la solidarité : obligation solidaire et obligation in solidum. Pour conclure sur la solidarité, il faut remarquer qu'il est une obligation proche de l'obligation solidaire, l'obligation *in solidum*.

Cette obligation existe chaque fois que plusieurs personnes sont tenues pour le tout d'une même dette alors que ni la loi, ni le contrat ne leur imposent une solidarité. L'obligation *in solidum* est apparue afin de contourner deux principes :

– d'une part, l'idée que la solidarité ne se présume pas ;

– d'autre part, le fait que les cas de solidarité légale sont d'interprétation stricte et doivent être interprétés de manière limitative. L'obligation *in solidum* comble un vide : celui des situations exigeant la solidarité sans qu'elle ressorte expressément des textes.

203. – Deux exemples. La notion d'obligation *in solidum* n'est pas toujours bien assumée. Dresser une liste exhaustive relève de la gageure.

L'obligation *in solidum* est admise notamment lorsque plusieurs personnes sont responsables d'un même fait dommageable. Elle va donc peser sur les coauteurs de la responsabilité civile. Longtemps la jurisprudence avait déclaré cette obligation solidaire, par imitation de la situation des coauteurs d'un délit pénal ; depuis l'arrêt de principe du 4 décembre 1939, les coresponsables d'un délit civil peuvent être engagés *in solidum*. Cela signifie que chacun des auteurs est tenu de la totalité du dommage fixé par le juge ; lorsqu'un partage de responsabilité est déterminé dans la décision de justice, ce rapport a pour objectif de dire, dans leurs rapports entre eux, ce que chaque codébiteur doit supporter à titre définitif.

De même, si un contrat de construction est mal exécuté, les tribunaux pourront condamner *in solidum* l'architecte et l'entrepreneur : l'un et l'autre seront tenus solidairement vis-à-vis du maître de l'ouvrage.

L'obligation *in solidum* connaît une autre application importante en matière d'obligation alimentaire (C. civ., art. 203 et 205) : les parents sont tenus *in solidum* vis-à-vis de leurs enfants comme les enfants sont tenus solidairement vis-à-vis de leurs parents.

204. – Effets. Les effets sont les mêmes qu'en matière de solidarité passive. À la différence de la solidarité ordinaire, l'obligation *in solidum* ne comporte aucune représentation réciproque. Elle échappe donc aux effets dits secondaires de la solidarité. La solution ne va pas de soi.

JURISPRUDENCE
I. Solidarité et concubinage

Solidarité et concubinage ne font pas bon ménage ! Le concubinage, et même le fait de se présenter comme l'épouse de son concubin, ne peuvent entraîner, de ce seul fait, solidarité.

La cour d'appel de Paris, 8e chambre, section B, l'a illustré le 21 septembre 1989 :

Le tribunal a considéré : – qu'il ne peut invoquer une quelconque solidarité entre elle et lui dans la mesure où, d'une part, l'intervenante forcée n'a signé aucun acte d'engagement solidaire de l'achat du prêt et où, d'autre part, il n'existe aucune solidarité de droit entre concubins et ce quand bien même Mlle Ravomanana a apposé sa signature sur l'acte de prêt ; – qu'il n'est pas davantage prouvé avoir une société de fait entre les deux défendeurs et que Claudia Ravomanana dément s'être emparée du mobilier de Jean-Claude Cheriki, ce que celui-ci n'établit pas et n'offre pas d'établir.

CA Paris, 8e ch., 21 sept. 1989 : *D.* 1989, inf. rap. p. 272

« LA COUR :

Considérant que c'est à bon droit que le premier juge relève qu'il n'existe aucune solidarité de droit entre les concubins, qu'elle ne peut être déduite de la signature apposée par Mlle Ravomanana à la place où l'époux ou l'épouse a la possibilité de se porter coemprunteur, que le fait qu'elle se soit présentée comme l'épouse ne peut lui conférer une qualité qu'elle ne possède pas et ne peut donc se rendre solidaire de l'engagement que doit seul assumer M. Cheriki ;

Considérant que le télégramme produit aux débats à supposer qu'il émane de Mlle Ravomanana n'établit nullement qu'elle ait conservé le mobilier ; que la preuve de l'engagement qu'elle aurait souscrit à l'égard de son ex-concubin ne peut se déduire de la seule attestation de M. Fericeau, que si M. Cheriki avait entendu que Mlle Ravomanana prenne à l'égard de dettes contractées par lui, durant leur vie commune, un engagement de les satisfaire, il lui appartenait de le faire établir par écrit, qu'ainsi la juridiction se trouverait en présence d'une convention établissant l'intention réelle des parties, qu'un tel contrat fait ici défaut ; qu'en conséquence le jugement déféré doit être confirmé en toutes ses dispositions…

Par ces motifs :

Confirme en toutes ses dispositions le jugement rendu le 5 janvier 1989 par le tribunal d'instance du 2e arrondissement de Paris (…) ».

À maintes reprises, la Cour de cassation a dû lutter contre la résistance des juges du fond. Pour ces derniers, peu de choses séparent le couple marié du couple de partenaires ou de concubins. Ils tentent alors d'étendre le domaine de l'article 220 du Code civil et de l'appliquer au « couple » de manière générale.

Pour l'instant, la Haute juridiction maintient cette distinction et réserve la solidarité aux personnes mariées selon le raisonnement suivant. Aux termes de l'article 1202 du Code civil, la solidarité ne se présume point. Il faut qu'elle soit expressément stipulée. Cette règle ne cesse que dans les cas où la solidarité a lieu de plein droit, en vertu d'une disposition de la loi. L'article 220 du même code, qui institue une solidarité de plein droit des époux en matière de dettes contractées pour l'entretien du ménage ou l'éducation des enfants, n'est pas applicable en cas de concubinage.

Viole les textes susvisés le tribunal qui, pour condamner solidairement un débiteur qui avait vécu en concubinage à payer à une banque le solde d'un prêt, retient que nonobstant le fait que le contrat ne soit pas signé, sa concubine était à l'origine des demandes financières et que l'intéressé ne pouvait ignorer l'existence du prêt puisque les échéances étaient prélevées sur son propre compte et que le couple avait bénéficié de cet argent pour les besoins du ménage (Cass. 1re civ., 27 avr. 2004 : *Bull. civ.* 2004, I, n° 113. – *Adde* : Cass. 1re civ., 11 janv. 1984 : *Gaz. Pal.* 1985, 1, p. 133, note J. M. ; *D.* 1984, inf. rap. p. 275, obs. D. Martin ; *Defrénois* 1984, p. 933, obs. Champenois ; *RTD civ.* 1985, p. 172, obs. Mestre. – Cass. 1re civ., 2 mai 2001 : *Bull. civ.* 2001, I, n° 111 ; *Defrénois* 2001, p. 1003, obs. Massip).

II. Obligation *in solidum*

Cass. civ., 11 juill. 1892 : *Grands arrêts de la jurisprudence civile,* Dalloz, 2005, n° 243

« Attendu, en droit, que le cas où l'abordage a été causé par la faute respective des capitaines des deux navires n'est pas prévu par l'article 407 du Code de commerce ; que, d'autre part, d'après les principes de droit commun, quand il y a participation de plusieurs à un fait dommageable, la réparation doit en être ordonnée pour le tout contre chacun, s'il est impossible de déterminer la proportion dans laquelle chaque faute a concouru à produire le dommage subi par la partie lésée ; Attendu que, dans l'espèce, il est déclaré par l'arrêt attaqué que les capitaines du Charles-Quint et de la Ville-de-Brest sont coauteurs de la collision de ces deux navires et qu'il n'est pas possible de déterminer la part qui incombe à chacun d'eux dans cet accident ; que, dès lors, en condamnant la Compagnie générale transatlantique, en tant qu'armateur de la Ville-de-Brest à payer à Haddah la valeur totale de ses marchandises, ledit arrêt n'a violé aucun des articles de la loi invoqués par le deuxième moyen ;

Par ces motifs :

Rejette (...) »

Cass. com., 14 févr. 1989 : *Bull. civ.* 1989, IV, n° 67

« Vu les articles 1251, alinéa 3, et 2051 du Code civil ;

Attendu qu'en vertu de ces textes, la subrogation a lieu de plein droit au profit de celui qui, étant tenu avec d'autres au paiement d'une dette, avait intérêt à l'acquitter, que l'obligation ait sa source dans un contrat, un délit ou un quasi-délit, et qu'en application du second, si la transaction faite par un coobligé ne lie pas les autres intéressés, elle ne peut être opposée par ceux-ci pour se soustraire à leur propre obligation ;

Attendu que, selon les énonciations de l'arrêt attaqué, le navire Reine Fabiola, appartenant à la société Petrofina, a heurté de son ancre et endommagé des canalisations au fond de la passe de Port de Bouc ; que les propriétaires des canalisations ont assigné en dommages et intérêts la société Petrofina, laquelle a appelé en garantie le port autonome de Marseille ; qu'à la suite des condamnations prononcées contre elles, le port autonome ayant été mis hors de cause, la société Petrofina a transigé avec les propriétaires des canalisations tout en relevant appel du jugement en ses dispositions relatives au port autonome ;

Attendu que, pour déclarer irrecevable l'action de la société Petrofina exercée contre le port autonome, la cour d'appel a retenu que cette action n'était pas celle que tout coobligé peut diriger contre un tiers qui a participé à la réalisation d'un dommage, mais bien celle tendant à se faire substituer par ce tiers en qualité de quasi-assureur et non pas en qualité de coauteur ;

Attendu qu'en statuant ainsi, alors que la société Petrofina alléguait, à l'encontre du port autonome, l'existence d'une faute dans l'installation des canalisations ayant concouru à la réalisation du dommage, et que la transaction litigieuse n'était pas de nature à faire échec à la recevabilité de cette action en responsabilité, la cour d'appel a violé les textes légaux susvisés ;

Sur la demande présentée au titre de l'article 700 du Code de procédure civile : (sans intérêt) ;

Par ces motifs, et sans qu'il y ait lieu de statuer sur les autres branches du moyen :

Rejette la demande présentée par la société Imperial Chemical Industries sur le fondement de l'article 700 du Code de procédure civile ;

Casse et annule, dans toutes ses dispositions, l'arrêt rendu le 22 avril 1986, entre les parties, par la cour d'appel d'Aix-en-Provence ; remet, en conséquence, la cause et les parties dans l'état où elles se trouvaient avant ledit arrêt et, pour être fait droit, les renvoie devant la cour d'appel de Lyon (...) »

III. Obligation à la dette

Cass. 1re civ., 11 févr. 2010, n° 08-20.800 : *Bull. civ.* 2010, I, n° 36

« *Sur le moyen unique :*

Vu l'article L. 311-37 du Code de la consommation, ensemble les articles 1165 et 1208 du Code civil ;

Attendu qu'en cas de réaménagement ou de rééchelonnement des modalités de règlement des échéances impayées d'un crédit à la consommation consenti à plusieurs emprunteurs, le report du point de départ du délai biennal de forclusion, n'est pas opposable à l'emprunteur, fût-il tenu solidairement, qui n'a pas souscrit l'acte de réaménagement ou de rééchelonnement, à moins qu'il n'ait manifesté la volonté d'en bénéficier ;

Attendu que, par acte sous seing privé du 12 novembre 2002, la société Sogefinancement (la banque) a consenti un crédit à la consommation à Mme X... et à M. Y... que ceux-ci se sont solidairement obligés à rembourser ; qu'après avoir conclu avec M. Y... seul, le 23 novembre 2004, un avenant de réaménagement des modalités de règlement des échéances impayées, la banque a, le 10 juillet 2006, assigné en remboursement M. Y... et Mme X..., laquelle s'est prévalue de la fin de non-recevoir tirée de l'expiration du délai biennal de forclusion ;

Attendu que pour rejeter cette fin de non-recevoir et accueillir la demande dirigée contre Mme X..., l'arrêt attaqué, après avoir constaté que la première échéance impayée était celle du mois de mai 2004, énonce que l'action a été engagée dans les deux ans du premier incident non régularisé intervenu après le réaménagement des modalités de paiement de la dette et que dès lors que ce réaménagement avait vocation à profiter à Mme X..., intéressée aux nouvelles stipulations convenues pour l'amortissement progressif du solde du prêt, celle-ci ne pouvait prétendre que l'avenant, quand bien même elle n'y avait pas apposé sa signature, n'aurait d'effet sur la recevabilité de l'action du créancier qu'à l'égard de son coobligé ;

Qu'en se déterminant ainsi, sans rechercher si Mme X... avait manifesté la volonté de bénéficier du réaménagement des modalités de règlement des échéances impayées du crédit litigieux, la cour d'appel n'a pas donné de base légale à sa décision ;

Par ces motifs : Casse et annule, mais uniquement en ce qu'elle a condamné Mme X..., solidairement avec M. Y..., à payer à la société Sogefinancement la somme de 15 435,58 euros, avec intérêts au taux contractuel de 6,30 % l'an à compter du 19 juin 2006, l'arrêt rendu le 26 juin 2008, entre les parties, par la cour d'appel de Douai ; remet, en conséquence, sur ce point, la cause et les parties dans l'état où elles se trouvaient avant ledit arrêt et, pour être fait droit, les renvoie devant la cour d'appel de Douai, autre composée. »

Cass. 1re civ., 5 juill. 2006, n° 03-21.142 : *Bull. civ.* 2006, I, n° 357

« Attendu qu'à la suite de l'annulation de deux prêts qu'elle avait consentis à M. et Mme X..., mariés sous le régime de la séparation de biens, et de l'extinction de sa créance en restitution à l'encontre du mari, en raison du défaut de déclaration régulière de celle-ci au cours de la procédure collective dont il avait fait l'objet, la caisse régionale de crédit agricole mutuel Alpes Provence (le Crédit agricole) a assigné Mme X... en remboursement du capital des prêts annulés augmenté d'intérêts au taux légal ;

Sur le premier moyen :

Attendu que Mme X… fait grief à l'arrêt attaqué (Aix-en-Provence, 17 juin 2003) de l'avoir condamnée à payer au Crédit agricole la somme de 58 192,86 euros avec intérêts au taux légal à compter du 14 octobre 1999 à la suite de l'annulation des deux prêts qu'elle lui avait accordés ainsi qu'à son mari, alors, selon le moyen :

1/ que la convention de compte joint, qui emporte solidarité passive des cotitulaires du compte, pour toute opération effectuée sur celui-ci, ne se présume pas ; qu'en retenant, pour imposer à Mme X… de rembourser la totalité de l'emprunt qu'elle avait contracté avec son mari, que la totalité des fonds avait été versée sur un compte bancaire dont elle était titulaire avec lui, bien que la solidarité stipulée dans l'acte de prêt entre les coemprunteurs soit privée d'effet en conséquence de l'annulation de l'emprunt, la cour d'appel qui n'a pas constaté que la solidarité a été convenue entre les époux X… et la banque, dans la convention d'ouverture de compte, a violé les articles 1134 et 1202 du Code civil ;

2/ que Mme X… rappelait dans ses conclusions que le Crédit agricole reconnaissait avoir reçu paiement de la somme de 100 52,82 francs, dans le commandement de saisie immobilière qu'il avait fait délivrer, par acte du 14 mars 1994 ; qu'en se bornant à constater que les motifs du jugement rendu par le tribunal de grande instance d'Aix-en-Provence, le 27 décembre 1995, n'étaient pas de nature à rapporter la preuve de remboursements supérieurs à la somme de 2 379,85 francs que le Crédit agricole reconnaissait déjà avoir reçue, la cour d'appel qui a omis de s'expliquer sur les mentions du commandement de saisie immobilière délivré par la banque elle-même, n'a pas satisfait aux exigences de l'article 455 du Nouveau Code de procédure civile ;

Mais attendu que l'obligation de restituer inhérente au contrat de prêt demeurant valable tant que les parties n'ont pas été remises en l'état antérieur à la conclusion de leur convention annulée, les coemprunteurs solidaires restent tenus de restituer chacun l'intégralité des fonds qu'ils ont reçus ; que le moyen non fondé en sa première branche, ne tend en sa seconde branche qu'à remettre en cause l'appréciation souveraine, par les juges du fond, des pièces qui leur étaient soumises ;

Sur le second moyen, tel qu'il figure au mémoire en demande et est reproduit en annexe au présent arrêt :

Attendu que le débiteur ne peut imposer au créancier de substituer une garantie à celle dont il dispose ; que la cour d'appel qui, en l'absence d'offres réelles de paiement, a retenu que la banque n'avait pas commis de faute en refusant de donner mainlevée des hypothèques alors que Mme X… devait rembourser des sommes dont le montant était litigieux a légalement justifié sa décision ;

Par ces motifs : rejette le pourvoi (…) »

SECTION 3

L'OBLIGATION INDIVISIBLE

205. – Définition. La notion d'indivisibilité est définie dans le dictionnaire de G. Cornu comme « l'état de ce qui ne peut être divisé sous un rapport donné (spécialement de ce qui ne peut être admis ou fourni en partie) et qui doit être considéré ou payé globalement comme un tout même (s'il s'agit d'une dette) par les héritiers du débiteur ».

L'origine des textes des anciens articles 1217 et suivants du Code civil est assez tourmentée. Dumoulin s'efforça de clarifier la théorie en proposant au lecteur dix clefs et trois fils pour le guider dans le traité spécial qu'il consacra à la question (*Extricatio labyrinthi dividui et individui.* – V. l'édition complète des *Œuvres* de Dumoulin, 1681, t. III, p. 89, où se trouve cette partie). Pothier, deux cents ans plus tard, entreprit de résumer en quelques pages le volumineux traité de Dumoulin (*Traité des obligations*, n° 259), et c'est à Pothier que les rédacteurs du Code civil de 1804 ont emprunté les règles figurant aux anciens articles 1217 et suivants. On s'explique donc que la complexité rencontrée dans les analyses de Pothier se retrouve dans ces textes dont la plupart manquent d'utilité pratique (V. Planiol et Ripert, *Traité pratique de droit civil*, t. VII, par Gabolde, n° 1098).

206. – Applications. La notion d'indivisibilité reçoit de multiples applications :

– en droit constitutionnel : l'indivisibilité du territoire s'oppose à son morcellement ;

– en droit judiciaire privé : elle limite le principe de la divisibilité de l'instance ;

– en droit commercial : l'indivisibilité contestée des comptes bancaires ou des actions d'une société (la société dans ses rapports avec ses actionnaires ne connaît qu'un seul titulaire pour une action) ;

– en droit civil : nul ne peut avoir deux états différents, le patrimoine est indivisible ;

– et en particulier en droit des obligations. Outre le paiement, l'exécution des obligations, l'aveu, les nullités, l'offre de contracter ou la causalité sont autant de notions réputées indivisibles.

207. – Intérêt. L'obligation indivisible ne peut être exécutée qu'en entier.

Elle présente un intérêt déterminant quand plusieurs personnes sont en cause.

Prenons un exemple : un débiteur laisse deux héritiers. Normalement, l'obligation va se diviser entre chacun de ces deux héritiers. Pour éviter pareille conséquence, le créancier a intérêt à stipuler que l'obligation est indivisible : il pourra obtenir le remboursement de l'intégralité de sa créance à l'encontre de chacun des héritiers.

La plupart des obligations sont ainsi stipulées solidaires, mais aussi indivisibles : les héritiers sont tenus exactement comme leur auteur.

208. – Indivisibilité et solidarité. Théoriquement, les institutions ne se recoupent pas. Dans l'obligation *in solidum*, l'objet de la dette ne se divise pas ; il y a plusieurs dettes au tout. Dans l'obligation indivisible, il y a plusieurs dettes, chacune à une fraction comme en cas de solidarité, mais il est impossible de diviser l'objet de l'obligation : le paiement ne peut se faire qu'en totalité. Chaque codébiteur indivisible est tenu d'exécuter le tout, non parce qu'il représente les autres – il ne les représente pas –, ni parce qu'il doit le tout – il ne doit que sa part –, mais parce que l'objet de l'obligation est indivisible.

De surcroît, une obligation solidaire n'est pas pour cela indivisible (V. Cass. com., 21 nov. 1961 : *Bull. civ.* 1961, III, n° 425, jugeant que la matière du paiement d'une lettre de change n'est pas indivisible) ; à l'inverse, une obligation indivisible n'est pas nécessairement solidaire (V. par ex. Cass. 2e civ., 28 oct. 1966 : *Bull. civ.* 1966, II, n° 878).

Pratiquement, cependant, les distinctions sont moins nettes. Les créanciers doublent les stipulations de solidarité de clauses d'indivisibilité. Et, précisément, l'indivisibilité de source conventionnelle prend aujourd'hui le pas sur l'indivisibilité naturelle, à laquelle avaient essentiellement songé les rédacteurs du Code civil. Comme elle produit les mêmes effets – principaux – que la solidarité, on se trouve devant des situations originales qui ont fait dire très justement à un auteur qu'il était peut-être temps « d'harmoniser, pour une bonne fois, les sources de l'obligation au tout » (J. Mestre, obs. : *RTD civ.* 1985, p. 173).

L'indivisibilité-sûreté coexiste donc avec l'indivisibilité traditionnelle liée à la qualité de la créance. À cette diversité des sources, répond une unité de régime. Ce sont ces deux thèmes, des sources et des effets, qu'il faut décrire, en s'inspirant en toute hypothèse d'une formule posée par la Cour de cassation sur le terrain procédural (V. Cass. civ., 12 juin 1872 : *DP* 1873, 1, p. 22 ; « La matière étant indivisible, le litige n'est susceptible que d'une solution à l'égard des trois défendeurs ; mais les conséquences de l'indivisibilité doivent dans leur application s'interpréter plutôt dans le sens qui maintient et vivifie les droits des parties, que dans celui qui tendrait à les anéantir sans examen »).

L'indivisibilité de l'obligation appelle un examen de ses sources, avant de s'attacher à ses effets.

L'obligation indivisible a retenu l'attention des auteurs du projet de réforme du Code civil à l'article 1319 :

« Chacun des créanciers d'une obligation à prestation indivisible, par nature ou par contrat, peut en exiger et en recevoir le paiement intégral, sauf à rendre compte aux autres ; mais il ne peut seul disposer de la créance ni recevoir le prix au lieu de la chose.

Chacun des débiteurs d'une telle obligation en est tenu pour le tout ; mais il a ses recours en contribution contre les autres.

Il en va de même pour chacun des successeurs de ces créanciers et débiteurs ».

SOUS-SECTION 1

LES SOURCES DE L'INDIVISIBILITÉ

209. – Indivisibilité exceptionnelle. La divisibilité étant la règle, l'indivisibilité ne va jouer que dans des cas limitatifs qui découlent soit de la nature des choses, soit de la volonté des parties.

Cette double origine ressort de l'article 1320, alinéa 1er :

« *Art. 1320.* – Chacun des créanciers d'une obligation à prestation indivisible, *par nature ou par contrat,* peut en exiger et en recevoir le paiement intégral, sauf à rendre compte aux autres ; mais il ne peut seul disposer de la créance ni recevoir le prix au lieu de la chose ».

§ 1. – L'indivisibilité naturelle

210. – Distinctions. Une des manières d'envisager l'indivisibilité naturelle est de reprendre la distinction faite par Dumoulin entre indivisibilité absolue et indivisibilité relative.

Toutefois, le classement tripartite entre les indivisibilités matérielle, rationnelle et intellectuelle est plus clair, quoique l'ancien clivage hante encore la matière.

A. – L'indivisibilité matérielle

211. – Exécution partielle. L'exécution partielle de l'obligation indivisible est matériellement inconcevable. L'exemple classique est celui de l'obligation de livrer un cheval : un cheval, objet d'une vente, ne peut être matériellement divisé, sauf à n'être que de la chair.

En réalité, des nuances s'imposent : une personne peut céder une part indivise du cheval ou encore une carcasse de cheval est parfaitement divisible, comme l'était le cadavre du débiteur impécunieux en droit romain antique.

212. – Distinctions. Il faut distinguer avec soin l'objet de l'obligation, la chose faisant l'objet de la prestation promise, qui peut être matériellement indivisible, de l'obligation elle-même, de la prestation elle-même, qui consiste à donner, faire ou ne pas faire.

D'une part, l'objet de l'obligation, conçu en tant que chose, est rarement indivisible. D'autre part, il n'y a pas de corrélation nécessaire entre l'indivisibilité de l'objet et l'indivisibilité de l'obligation. Enfin, quant aux obligations elles-mêmes, peu sont matériellement indivisibles.

Ainsi, l'obligation de faire est généralement divisible, à de rares exceptions près comme l'interdiction de déverser les eaux d'un barrage à l'entrée d'un canal, le droit de tenir un barrage sur un cours d'eau, l'engagement de supprimer des jours ou fenêtres de tolérance, le droit de pacage accordé à plusieurs intéressés ou l'obligation d'éclairer une salle.

B. – L'indivisibilité rationnelle

213. – Certains cas d'indivisibilité se déduisent de la raison, et spécialement de la raison ou des raisons juridiques.

214. – Objet juridiquement indivisible. Cela est vrai lorsque l'objet de l'obligation est juridiquement indivisible.

Illustration classique : les hypothèques ou les servitudes sont des droits indivisibles, les obligations qui s'y rapportent sont elles-mêmes indivisibles.

Ainsi, si plusieurs immeubles sont hypothéqués à la sûreté de la même dette, le créancier peut poursuivre chacun des immeubles pour la totalité de la créance. De même, une servitude grève le fonds servant tout entier et profite au fonds dominant tout entier.

215. – Impossibilité juridique d'exécution partielle. Elle justifie également l'existence d'obligations indivisibles.

Les obligations de ne pas faire ne peuvent pas être exécutées pour partie : une obligation de non-concurrence mise à la charge d'un salarié ou d'un commerçant (interdiction de se rétablir) est exécutée ou ne l'est pas. Par sa nature, l'obligation impose un système du tout ou rien, sauf si l'acte promis est susceptible de division.

De même, pour prendre un exemple d'une obligation de faire indivisible, dans les baux ruraux, d'habitation ou commerciaux, l'indivisibilité empêche au preneur de ne renouveler le bail que pour une partie des biens. Un bail commercial portant à la fois sur des locaux commerciaux et sur un local d'habitation est en principe indivisible et le propriétaire ou le locataire ne peut morceler l'objet du bail.

Traditionnellement, l'obligation de réparation, trouvant son expression dans l'octroi de dommages et intérêts, est divisible ; en revanche, la réparation en nature peut donner lieu à une obligation indivisible par son objet.

Sont encore indivisibles en raison de leur exécution l'obligation de garantie, et ses variantes pour chacun des contrats spéciaux, comme l'obligation du bailleur de faire jouir le preneur de la chose louée dans le contrat de bail.

Enfin, les solutions sont différentes lorsque la réparation s'exprime dans la résolution du contrat. En effet, l'action en résolution est considérée comme indivisible non pas par nature, mais dans son exercice.

C. – L'indivisibilité intellectuelle

216. – Définition. L'indivisibilité intellectuelle, dite encore indivisibilité relative, était prévue à l'article 1218 du Code civil :

« L'obligation est indivisible, quoique la chose ou le fait qui en est l'objet soit divisible par sa nature, si le rapport sous lequel elle est considérée dans l'obligation ne la rend pas susceptible d'exécution partielle ».

Le nouvel article 1309, alinéa 3 reprend, de manière plus timide, cette idée :

« Il n'en va autrement, dans les rapports entre les créanciers et les débiteurs, que si l'obligation est solidaire ou si la prestation due est indivisible ».

Ici, l'objet de l'obligation, envisagé *in abstracto*, n'est pas nécessairement indivisible, mais il le devient en raison du but que les parties ont assigné à l'obligation. L'indivisibilité, toujours naturelle, est ici accidentelle, alors que, précédemment, elle était essentielle.

217. – Exemple classique. L'exemple classique fut utilisé tour à tour par Dumoulin et Pothier. Il s'agit de l'obligation de construire une maison.

On peut concevoir que le travail soit promis pour chaque partie : le maçon s'engage à faire les murs, un couvreur le toit, un plombier la tuyauterie... Cette vision correspond à la réalité de la construction : les différents corps de métiers se succèdent dans la construction de l'édifice. Cependant, l'objet de la promesse demeure une maison. Dans ces conditions, « la forme et la qualité de maison ne pouvant résulter que de la consommation de l'ouvrage, il s'ensuit que l'obligation ne peut s'accomplir que par la construction de la maison entière » (Pothier, *Obligations*, n° 292). Observons que le caractère indivisible de la construction ne rejaillit pas sur le paiement du prix qui est généralement fixé au fil des étapes de la construction (fondations, 1er étage, 2e étage...).

218. – Indivisibilité intellectuelle. L'indivisibilité intellectuelle tient donc au but de l'opération tel qu'il a été façonné par les parties, à la seule volonté des parties. Ceci explique pourquoi elles peuvent y renoncer.

Les exemples d'indivisibilité intellectuelle ne manquent pas, outre celle de la maison en construction : l'obligation incombant aux père et mère d'élever leur enfant, la collaboration à un même ouvrage...

Restons un instant sur cet exemple qui paraît éclairant de l'influence de la volonté des parties sur le caractère indivisible de l'obligation. Il est en réalité deux types d'ouvrages écrits à plusieurs :

– soit le principe : est dite « œuvre de collaboration » toute œuvre à la création de laquelle ont concouru plusieurs personnes physiques (CPI, art. L. 113-2, al. 1er) ; tel est le cas du livre présent ;

– soit l'exception, à savoir que l'œuvre dite « collective » a été divisée en parties avec pour chacune d'entre elles un auteur distinct et identifié ; tel est le cas de certains livres placés sous la direction d'un auteur, avec des chapitres différents rédigés par des auteurs distincts et indiqués dans le plan (CPI, art. L. 113-2, al. 3).

219. – Indivisibilité passive ou active. L'indivisibilité peut être passive – l'éditeur est en droit d'exiger un ouvrage rédigé conjointement par les deux auteurs – ou active : lorsqu'il y a plusieurs collaborateurs d'une œuvre d'art, la période de protection (cinquante ans), après le décès de l'auteur, à la fin de laquelle s'éteint le droit d'auteur ne commence à courir qu'au décès du dernier collaborateur.

220. – Indivisibilité par nature ou par fonction. L'indivisibilité peut résulter de la nature même du contrat en raison de la fonction économique et commerciale de celui-ci. Cela fut soutenu en vain pour le contrat de transport, certaines opérations de Bourse avec reports successifs (une personne désire placer une certaine somme en Bourse et réalise des opérations multiples) ou le contrat de fourniture. En revanche, le cas du crédit-bail semblait avoir séduit les tribunaux : l'indivisibilité servait à refuser aux juges le pouvoir prévu par l'ancien article 1231 du Code civil de modérer la clause pénale. La pratique a levé toute ambiguïté en stipulant de façon expresse une clause d'indivisibilité.

221. – En matière de procédures collectives. L'article L. 622-13 du Code de commerce entend faire cesser l'un des effets de l'indivisibilité : permettre, à propos d'un contrat en cours régulièrement poursuivi après le jugement déclaratif, de faire payer toutes les créances même antérieures en tant que « créances de la masse ».

Article L. 622-13, alinéa 1er du Code de commerce :

« Nonobstant toute disposition légale ou toute clause contractuelle, aucune indivisibilité, résiliation ou résolution du contrat ne peut résulter du seul fait de l'ouverture d'une procédure de sauvegarde ».

Toute utilisation de la notion d'indivisibilité est rejetée de la matière des procédures collectives.

Cette exclusion montre son intérêt dans d'autres domaines et donc l'utilité de l'indivisibilité conventionnelle.

JURISPRUDENCE
Obligation indivisible

I. Indivisibilité par l'effet du décès Cass. 3e civ., 5 avr. 2006 : *Bull. civ.* 2006, III, n° 95

« *Sur le moyen unique* :

Vu l'article 1218 du Code civil, ensemble l'article L. 411-31 du Code rural ;

Attendu que l'obligation est indivisible, quoique la chose ou le fait qui en est l'objet soit divisible par sa nature, si le rapport sous lequel elle est considérée dans l'obligation ne la rend pas susceptible d'exécution partielle ;

Attendu, selon l'arrêt attaqué (Bourges, 2 avr. 2004), que les époux X... ont consenti en 1991 un bail à ferme à M. Y... ;

Qu'à la suite du décès des bailleurs, leurs deux fils, Christian et Roland, ont partagé les biens affermés aux termes d'un acte notarié du 22 mars 1997 ; que M. Christian X... a, en janvier 2003, demandé la résiliation du bail pour non-paiement des fermages ;

Attendu que pour accueillir la demande, l'arrêt retient qu'à la suite de l'acte de partage, chacun des deux frères est devenu bailleur de M. Y... pour les parcelles lui appartenant, sans avoir à recourir à la rédaction d'un nouveau bail, que le preneur ne peut soutenir ignorer cet état de droit puisqu'il en a été averti et qu'il convient de prononcer la résiliation du bail, cette résiliation ne concernant que les parcelles dont M. Christian X... est propriétaire ;

Qu'en statuant ainsi, alors que le partage consécutif aux décès des bailleurs n'avait pas eu pour effet de rendre le bail à ferme divisible, la cour d'appel a violé le texte susvisé ;

Par ces motifs :

Casse et annule (...) »

II. Indivisibilité et droit de la construction Cass. 3e civ., 11 mai 2006 : *Bull. civ.* 2006, III, n° 114

« Attendu, selon l'arrêt attaqué (Aix-en-Provence, 2 déc. 2004), que la société Aubasem a, sous la maîtrise d'œuvre de M. X..., architecte, et du Bureau Berim, assuré auprès de la Caisse industrielle d'assurance mutuelle (CIAM), confié à la société Sormae, la construction d'un groupe d'immeubles ; que la société Sormae a sous-traité une partie des lots ; que des désordres étant apparus, la société Aubasem et le syndicat des copropriétaires de la Résidence Les Arpèges ont assigné les intervenants à l'acte de construire et leurs assureurs en réparation de leur préjudice ;

Sur le moyen unique du pourvoi principal, ci-après annexé :

Attendu, d'une part, que le syndicat des copropriétaires n'ayant pas soutenu que la société Aubasem avait, en qualité de maître d'ouvrage tenu à garantie à l'égard de ses acquéreurs, un intérêt personnel et direct à agir en réparation de désordres affectant les parties communes, le moyen, mélangé de fait et de droit, est nouveau de ce chef ;

Attendu, d'autre part, qu'ayant constaté que la société Aubasem avait intenté son action en qualité de maître de l'ouvrage et non de syndic de la copropriété et qu'elle ne justifiait d'aucun préjudice direct, la cour d'appel, devant qui il n'était pas soutenu que la société, restée copropriétaire de lots, aurait agi en réparation de vices affectant indivisiblement les parties privatives et les parties communes, en a exactement déduit qu'elle ne pouvait avoir interrompu le délai de forclusion décennale au nom du syndicat des copropriétaires ;

D'où il suit que, pour partie irrecevable, le moyen est mal fondé pour le surplus ;

Mais sur le moyen unique du pourvoi incident :

Vu l'article 2223 du Code civil ;

Attendu que les juges ne peuvent suppléer d'office le moyen résultant de la prescription ;

Attendu, que pour déclarer irrecevables comme prescrites les demandes de la SCP Bécheret-Thierry, ès qualités de liquidateur de la société ICS, venant aux droits de la société Sprinks, l'arrêt retient que celui-ci ne justifie d'aucun acte interruptif de la prescription décennale ;

Qu'en statuant ainsi à l'égard de toutes les parties à l'instance alors qu'il résultait des conclusions que certaines d'entre elles n'avaient pas opposé la fin de non-recevoir tirée de la prescription de l'action du liquidateur et que l'obligation des différents constructeurs n'a pas de caractère indivisible, la cour d'appel a violé le texte susvisé ;

Par ces motifs :

Casse et annule (...) »

§ 2. – L'indivisibilité conventionnelle

222. – Stipulation d'indivisibilité. L'obligation dont l'objet est divisible peut être rendue indivisible par une stipulation spéciale des parties : l'obligation est alors indivisible à titre conventionnel.

Par exemple, je prête de l'argent (100) à Fabrice et Guillaume. Cette obligation portant sur une somme d'argent est naturellement divisible et je ne peux réclamer que 50 à l'un et 50 à l'autre. En prévoyant une clause d'indivisibilité de la somme, il m'est possible de réclamer la totalité (100) à l'un quelconque des débiteurs.

223. – Pratique. À la suite de Pothier, grand inspirateur de notre Code civil, l'indivisibilité était présentée à l'ancien article 1221, 4° et 5°, comme une simple exception aux effets de la division des obligations. De nos jours, l'institution est toujours conçue de la même façon, à savoir comme une technique de garantie destinée à renforcer les effets insuffisants de la solidarité. C'est pour cette raison qu'elle connaît un succès, puisque l'indivisibilité peut jouer le rôle d'une sûreté.

Ce type d'indivisibilité est généralement conçu dans le seul intérêt du créancier, qui peut donc y renoncer. Elle va de pair avec le cautionnement, dans la formule presque de style par laquelle le débiteur s'engage « solidairement et indivisiblement ».

Elle prend fin avec la mort de la convention qui lui a donné naissance.

La convention d'indivisibilité peut résulter d'une clause expresse du contrat qui a créé l'obligation ou être tacite.

A. – La convention expresse

224. – Formule contradictoire. En général, la formule est « indivisiblement et solidairement » ou « solidairement et indivisiblement ». Il faut mettre en garde les rédacteurs d'acte de la contradiction interne liée à la formule de style « conjointement et solidairement », puisque les obligations conjointes sont précisément divisibles.

Le Code civil n'impose aucune règle en la matière.

B. – La convention tacite

225. – Convention tacite. L'indivisibilité peut résulter d'une convention tacite, et c'est ce que semblait exprimer l'ancien article 1221, 5° du Code civil :

« Lorsqu'il résulte, soit de la nature de l'engagement, soit de la chose qui en fait l'objet, soit de la fin qu'on s'est proposée dans le contrat, que l'intention des contractants a été que la dette ne pût s'acquitter partiellement ».

Depuis la réforme, l'allusion est toujours implicite :

« *Art. 1320.* – Chacun des créanciers d'une obligation à prestation indivisible, par nature ou par contrat, peut en exiger et en recevoir le paiement intégral, sauf à rendre compte aux autres ; mais il ne peut seul disposer de la créance ni recevoir le prix au lieu de la chose.

Chacun des débiteurs d'une telle obligation en est tenu pour le tout ; mais il a ses recours en contribution contre les autres.

Il en va de même pour chacun des successeurs de ces créanciers et débiteurs ».

226. – Exemples. Deux ou trois exemples sont tirés de la doctrine :

– les héritiers d'un promettant sont tenus de payer la somme destinée à une acquisition faite par l'emprunteur de manière indivisible ;

– si une personne achète un terrain afin d'y construire un immeuble et si les vendeurs sont plusieurs, leur obligation est indivisible.

La jurisprudence a ajouté d'autres hypothèses pratiques laissant présumer une indivisibilité tacite, mais avec prudence. Cette prudence est de mise s'agissant d'interpréter la volonté tacite des parties.

Ainsi la Cour de cassation (Cass. 1re civ., 13 mai 1981 : *Bull. civ.* 1981, I, n° 132) a rejeté une indivisibilité dans le cas d'un mari, séparé de biens, qui avait commandé des travaux « en son nom personnel et comme mandataire de son épouse » sur un immeuble acquis indivisément par les époux, chacun pour moitié.

Encore, la première chambre civile, le 11 janvier 1984 (*Bull. civ.* 1984, I, n° 12), a dénié le caractère indivisible à une obligation de rembourser un emprunt, s'agissant de deux concubins ayant contracté auprès d'une banque au titre d'une offre de crédit dénommée « jeune ménage ». Les projets matrimoniaux avaient échoué, et le concubin qui avait remboursé le prêt avait assigné son compagnon en paiement de la moitié des sommes. L'indivisibilité fut refusée et il ne put obtenir gain de cause.

227. – Réflexion finale. En réalité, indivisibilité intellectuelle et indivisibilité conventionnelle tacite relèvent de la même catégorie juridique. Elles devraient donc toutes deux se déduire du but de l'opération envisagée par les parties. Ce constat doit être le début d'une réflexion.

Le motif serait pris ici en considération en tant que cause de l'indivisibilité parce qu'il est commun aux parties. Mais comme il s'intègre généralement à la prestation caractéristique du contrat, et non à la prestation monétaire, l'indivisibilité tacite ne devrait affecter que l'obligation caractéristique (livrer, transporter, conduire...).

Cela permettrait de mieux ordonner les sources de l'indivisibilité : l'indivisibilité intellectuelle, qui est nécessairement tacite, ne formerait qu'une avec l'indivisibilité tacite *proprio sensu*. Cette entité réfléchirait sur la seule prestation caractéristique du contrat et non sur la prestation monétaire et s'appliquerait dès que les parties ont conçu cette prestation essentielle comme un tout indivisible.

L'indivisibilité conventionnelle pourrait porter sur toutes les obligations, mais devrait être expresse ou ne serait pas.

SOUS-SECTION 2

LES EFFETS DE L'INDIVISIBILITÉ

228. – Indivisibilité et solidarité. Les effets de l'indivisibilité ressemblent beaucoup à ceux de la solidarité : il y a dans un cas comme dans l'autre, une obligation unique et plusieurs créanciers ou plusieurs débiteurs.

La différence est celle-ci : lorsqu'il y a indivisibilité, si chaque débiteur peut se voir réclamer la totalité de la dette et si chaque créancier est en droit de l'exiger, l'obligation au tout tient à la nature de l'objet. Dans le cas de la solidarité, l'obligation au tout s'explique par une union d'intérêts entre les débiteurs.

C'est la différence qu'il y a entre la chose (*res* – obligation tenant à la nature de l'objet) et la personne (*persona* – obligation tenant aux personnes unies).

229. – Nécessité de l'exécution. Il est important de souligner que l'obligation susceptible de division doit être exécutée, entre le créancier et le débiteur, comme si elle était indivisible.

L'indivisibilité ne produit pas exactement les mêmes effets secondaires que la solidarité, tant au fond qu'en matière procédurale.

§ 1. – Les règles de fond

A. – L'indivisibilité active : la pluralité de créanciers

230. – Indivisibilité et lien de droit. Lorsqu'il y a plusieurs créanciers, l'indivisibilité, comme la solidarité, est dite active.

Pour comprendre le texte de l'article 1224 du Code civil qui régit la matière, il faut se souvenir de la distinction faite par Dumoulin entre le *vinculum juris*, le lien de droit caractéristique de l'obligation, et le *commodum*, le profit de la créance.

Le lien de droit qui unit les créanciers au débiteur est indivisible : chaque créancier a le droit d'intenter l'action pour le tout et de réclamer la totalité de l'obligation. C'est le premier alinéa du texte.

La créance n'appartient pas pour autant dans son intégralité au créancier qui agit. Le profit que représente la créance se partage ordinairement par parts égales dans les rapports des créanciers entre eux. C'est le second alinéa du texte.

231. – De l'article 1224 à l'article 1320. L'ancien article 1224 du Code civil disposait :

« Chaque héritier du créancier peut exiger en totalité l'exécution de l'obligation indivisible.

Il ne peut seul faire la remise de la totalité de la dette ; il ne peut recevoir seul le prix au lieu de la chose. Si l'un des héritiers a seul remis la dette ou reçu le prix de la chose, son cohéritier ne peut demander la chose indivisible qu'en tenant compte de la portion du cohéritier qui a fait la remise ou qui a reçu le prix ».

Le nouvel article 1320, alinéas 2 et 3, est moins explicite :

« Chacun des débiteurs d'une telle obligation en est tenu pour le tout ; mais il a ses recours en contribution contre les autres.

Il en va de même pour chacun des successeurs de ces créanciers et débiteurs ».

1° Les rapports entre les créanciers et le débiteur

232. – Indivisibilité légale et conventionnelle. Il résulte de la lettre même de l'article 1224 du Code civil que chaque héritier du créancier d'une dette indivisible peut exiger son exécution en totalité. Le droit successoral n'est qu'un exemple, d'où il faut déduire la règle générale : dans tous les cas de pluralité de créanciers d'une dette indivisible, chaque créancier peut exiger le paiement intégral au débiteur.

Cette règle reçoit une exception en cas d'indivisibilité conventionnelle. En effet, Dumoulin a établi que seule l'indivisibilité naturelle fait obstacle à la division de la créance, soit dès sa formation, soit au moment du décès du créancier originaire. L'indivisibilité n'empêche que la division de la dette et non celle de la créance. Elle a des effets du point de vue passif, et non du point de vue actif.

La raison de cette exception est que les parties n'ont aucun intérêt à empêcher la division des créances : le paiement fractionné à chacun des créanciers les avantage, car il supprime le risque d'une action récursoire contre le créancier qui a reçu le paiement.

2° Les rapports des créanciers entre eux

233. – Division entre créanciers. Entre les créanciers, le profit de la créance se divise. Chaque créancier a droit à sa part : il ne saurait disposer de la part des autres, soit en cédant la totalité de la créance, soit en consentant une remise totale de la dette, soit enfin en acceptant une dation en paiement. Rien n'interdit à chaque créancier de faire de tels actes dans la mesure où c'est à concurrence de leur part.

234. – Action récursoire. En cas de paiements entre les mains d'un seul créancier, les autres peuvent exercer l'action récursoire afin d'obtenir leur part dans le prix ou la valeur de leur part si la dette est indivisible par nature.

235. – Interruption. Les événements qui interrompent (par exemple, mise en demeure du débiteur) ou suspendent (par exemple, minorité de l'un des créanciers) la prescription à l'égard de l'un des créanciers valent pour les autres.

B. – L'indivisibilité passive : la pluralité de débiteurs

1° L'effet principal : l'obligation au tout

236. – Principe. Chaque débiteur est tenu pour le tout, bien que l'obligation n'ait pas été contractée solidairement.

Article 1320, alinéa 1er du Code civil :

« Chacun des créanciers d'une obligation à prestation indivisible, par nature ou par contrat, peut en exiger et en recevoir le paiement intégral, sauf à rendre compte aux autres ; mais il ne peut seul disposer de la créance ni recevoir le prix au lieu de la chose ».

De plus, le créancier peut exiger le paiement tant du débiteur que de ses codébiteurs et des héritiers de celui-ci.

Article 1320, alinéa 3 du Code civil :

« Il en va de même pour chacun des successeurs de ces créanciers et débiteurs ».

237. – Étendue. Les applications jurisprudentielles de la règle sont multiples.

Reste que des difficultés sont survenues au contact de l'indivisibilité avec d'autres mécanismes juridiques :

– lorsqu'une clause pénale accompagne une obligation indivisible, la peine est encourue dès l'instant que l'un des codébiteurs est défaillant, mais elle ne peut être demandée en totalité que contre ledit débiteur défaillant, les autres n'étant tenus que pour leur part (à condition que l'objet faisant la matière de la peine soit lui-même divisible) ;

– le droit des créanciers se convertit en dommages et intérêts à la suite de l'inexécution d'une obligation indivisible, chacun des créanciers ne pouvant plus réclamer que sa part dans la somme qui sera allouée ; toutefois, celui par le refus duquel l'exécution intégrale n'a pu avoir lieu peut être poursuivi pour la totalité.

238. – Mise en œuvre. Le créancier peut assigner simultanément tous les débiteurs à la fois, mais souvent il dirige son action contre l'un d'entre eux. Pothier (*Obligations*, n° 331) avait prévu, au bénéfice du créancier poursuivi, une exception dilatoire afin de mettre en cause ses codébiteurs. L'article 1225 du Code civil a repris la règle et donne un délai au codébiteur (ou cohéritier) pour mettre en cause les autres, quand il lui est réclamé la totalité de l'obligation.

Cette exception est particulière et joue parce que l'obligation est de nature à être exécutée par le créancier poursuivi et par les autres codébiteurs. Elle doit être distinguée de l'exception générale de procédure (CPC, art. 109) qui permet à une personne assignée de mettre en cause des tiers afin de statuer sur un recours ou une garantie.

239. – Limites. Les causes de libération dont bénéficie un des débiteurs agissent au profit de tous dans la mesure où l'obligation est indivisible. L'exécution de l'obligation, la remise de dette totale et la force majeure valent pour tous.

À la différence de la solidarité, la diversité des liens obligatoires en matière d'indivisibilité est préservée. À titre de comparaison, en cas de décès du débiteur solidaire, la dette se divise entre ses héritiers ; en cas de décès du débiteur indivisible, chacun des héritiers est tenu pour le tout.

De ce fait :

– la faute de l'un des codébiteurs indivisibles rejaillit sur les autres (nous avons vu que l'inexécution par l'un des codébiteurs de l'obligation rend la clause pénale exigible de tous) ;

– les moyens de défense qui ne tiennent pas à l'objet de la dette, mais qui relèvent du lien de droit lui-même peuvent être invoqués par tous les codébiteurs indivisibles (c'est la solution contraire pour des codébiteurs solidaires : les exceptions purement personnelles, comme la minorité, bénéficient à la seule personne intéressée).

240. – Contribution. Il faut ici aussi distinguer poursuite et contribution, autrement dit « Qui doit payer ? » et « Qui va supporter la charge définitive de la dette ? ».

Si un seul des codébiteurs a payé (le *solvens*), il dispose d'une action récursoire contre les autres de telle façon que chacun supporte définitivement sa part.

Le *solvens* bénéficie de ce recours subrogatoire dans la mesure où il a acquitté en même temps que la sienne la part contributive des autres.

2° Les effets secondaires

241. – Différence avec la solidarité. Les effets secondaires étudiés en matière de solidarité ne peuvent jouer en matière d'indivisibilité : ces effets s'expliquent par une idée de représentation entre débiteurs solidaires, alors que toute idée de représentation est exclue entre codébiteurs indivisibles, puisqu'ils sont liés en raison du caractère indivisible de la dette.

242. – Solutions. La question se pose peu en pratique, car bien souvent les obligations sont stipulées à la fois indivisibles et solidaires.

L'article 2249, alinéa 1er, prévoit que l'interruption de la prescription à l'égard de l'un des codébiteurs vaut interruption pour tous les autres.

La jurisprudence est hésitante : d'un côté, elle a considéré que la décision de justice obtenue contre l'un des codébiteurs indivisibles n'a pas autorité de la chose jugée pour les autres (Cass. civ., 20 déc. 1927 ; ce qui est la solution contraire à celle retenue pour les débiteurs solidaires) ; d'un autre, elle a admis que la procédure engagée contre l'un des débiteurs était valable pour les autres (Cass. req., 3 janv. 1935. – Cass. 1re civ., 6 juill. 1976).

La cohérence voudrait que l'indivisibilité de l'objet de l'obligation conduise à traiter de la même façon tous les débiteurs, en étendant à tous les effets de l'acte n'en concernant qu'un seul ou en rendant impossible la prise de décisions contradictoires.

§ 2. – Les règles de procédure

243. – Indivisibilité procédurale. En droit judiciaire privé, l'indivisibilité active est celle qui existe du côté des gagnants (qu'ils soient débiteurs ou créanciers), tandis que l'indivisibilité passive est celle qui existe du côté des perdants.

C'est seulement en cas de solidarité ou d'indivisibilité à l'égard de plusieurs parties que l'appel formé par l'une conserve le droit d'appel des autres. A été cassé l'arrêt qui, pour rejeter la fin de non-recevoir tirée de la tardiveté de l'appel formé par une partie plus d'un mois après la signification du jugement, retient que cette décision a condamné également les filles de l'intéressée à payer diverses sommes et qu'en raison de l'indivisibilité du jugement l'appel régulier par l'une des parties relève de la tardiveté l'appel interjeté par une autre. En statuant ainsi, alors que les condamnations au paiement de sommes d'argent, prononcées en première instance, n'étaient pas solidaires et qu'elles ne pouvaient être indivisibles, la cour d'appel, qui n'a pas caractérisé l'existence d'une solidarité ou d'une indivisibilité, n'a pas donné de base légale à sa décision au regard des dispositions de l'article 552, alinéa 1er, du Code de procédure civile (Cass. 2e civ., 18 sept. 2003 : *Bull. civ.* 2003, II, n° 277).

En cas d'indivisibilité, la chose jugée sur la tierce opposition a effet à l'égard de toutes les parties appelées à l'instance (Cass. 2e civ., 30 avr. 2003 : *Bull. civ.* 2003, II, n° 127).

L'indivisibilité procédurale relève davantage du droit judiciaire privé que du régime des obligations. Aussi, il échet de se référer sur ce point aux ouvrages spécialisés en la matière.

JURISPRUDENCE

La théorie des groupes de contrats n'a pas eu le succès qu'elle méritait par son génie en jurisprudence.

Reste que sous l'angle de l'indivisibilité intellectuelle, la Cour de cassation en est très proche, comme dans cet arrêt de la chambre commerciale du 4 avril 1995 :

Cass. com., 4 avr. 1995 : *Bull. civ.* 1995, IV, n° 115 ; *D.* 1995, somm. p. 231, note L. Aynès ; *D.* 1996, p. 141, note S. Piquet

« LA COUR :

Attendu, selon l'arrêt attaqué (CA Douai, 2e ch., 30 juin 1993), que M. Kessler a conclu avec la Sté V conseil application (Sté V conseil) un contrat lui donnant accès, par l'intermédiaire d'un matériel et d'un logiciel spécifiques, au réseau télématique de la Sté d'études, de développements et de recherches industrielles (Sté SEDRI) en vue de la diffusion d'images d'information et de publicité dans son magasin ; que, pour le financement du matériel et du logiciel, sur proposition du représentant de la Sté V conseil, M. Kessler a souscrit un projet de contrat de location auprès de la Compagnie générale de location (Sté CGL), laquelle a ensuite donné son acceptation, avec la garantie d'une assurance à la charge de la Sté SEDRI pour le cas de dommages au matériel ou d'interruption dans le paiement des loyers par le locataire ; que la prise en charge des loyers par la Sté SEDRI a été proposée à M. Kessler en contrepartie de la cession de droits sur certaines images publicitaires le concernant ; qu'en août et septembre 1990, la Sté SEDRI, la Sté V conseil et la compagnie d'assurances garantissant la Sté CGL ont été mises en liquidations judiciaires, à la suite desquelles la diffusion des images sur le réseau a été interrompue et la résiliation des contrats de prestations de services a été notifiée aux commerçants abonnés par le mandataire de justice représentant les sociétés ; que la Sté CGL a réclamé à M. Kessler la poursuite du règlement des loyers ;

Sur le premier et le second moyen, réunis, chacun étant pris en ses deux branches :

Attendu que la Sté CGL fait grief à l'arrêt d'avoir décidé que la cessation des services promis par la Sté SEDRI entraînait résiliation du contrat de location du matériel et du logiciel, alors, selon le pourvoi, d'une part, que, devant la cour d'appel, le commerçant invoquait une indivisibilité objective liant le contrat de location du matériel télématique conclu entre la CGL et le commerçant, et le contrat d'adhésion souscrit par le commerçant auprès du centre serveur SEDRI ; que la CGL, à l'inverse, faisait valoir l'absence de liens entre ces contrats ; qu'après avoir relevé qu'il n'existait pas d'indivisibilité subjective entre ces contrats, la cour d'appel a jugé qu'il existait en revanche, entre ceux-ci, des liens tels que la résiliation de l'un entraînait la résiliation de l'autre ; qu'en statuant ainsi, sans caractériser en quoi ces deux contrats auraient été liés par l'identité de leur objet ou par un rapport de dépendance juridique nécessaire, la cour d'appel a privé sa décision de base légale au regard des articles 1134, alinéa 1er et 1184 du Code civil ; alors, d'une part, qu'elle a, ainsi, également privé sa décision de base légale au regard de l'article 1165 du Code civil ; alors, en outre, que l'obligation d'assurer la maintenance incombait non pas au loueur mais au locataire ; qu'en décidant du contraire, la cour d'appel a violé l'article 1134 du Code civil ; et alors, enfin, qu'en toute hypothèse, l'obligation de maintenance porte sur l'entretien du matériel loué et non sur la fourniture des images délivrées par le centre serveur ; qu'en décidant du contraire, la cour d'appel a violé l'article 1134 du Code civil ;

Mais attendu que l'arrêt relève que les matériels et logiciels ne pouvaient avoir, sans modifications substantielles, d'autre usage que la communication par le réseau SEDRI, que cette spécificité était connue de la société bailleresse et que celle-ci avait participé à l'élaboration de l'ensemble complexe ayant pour objet la mise en place et le financement du système de communication ; qu'en déduisant de ces constatations l'indivisibilité entre les contrats souscrits par M. Kessler tant avec la Sté V conseil et la Sté SEDRI qu'avec la Sté CGL, la cour d'appel a légalement justifié sa décision, indépendamment des motifs critiqués par le second moyen qui sont surabondants ; que les moyens ne peuvent donc être accueillis en aucune de leurs branches ;

Par ces motifs :

Rejette (…) »

CHAPITRE 3

LA MODIFICATION DE L'OBLIGATION

244. – Notion. Le concept de modification de l'obligation a été développé par la doctrine contemporaine (V. A. Ghozi, auteur d'une thèse importante sur le sujet, LGDJ, 1980). La modification n'est rien d'autre que le changement affectant l'un des éléments de l'obligation : report d'échéance ; diminution du taux de l'intérêt convenu... Elle ne se traduit pas par une novation, car aucune obligation nouvelle ne vient se substituer à une obligation antérieure. L'obligation est simplement aménagée ou réaménagée.

La modification de l'obligation peut résulter de l'accord des parties (jeu d'une clause de modification unilatérale, ou du *mutuus dissensus* de l'ancien article 1134, alinéa 2 du Code civil), ou des possibilités offertes en matière de crédit à la consommation (C. consom., art. L. 341-2 et s.).

245. – Sources. La modification a d'abord et avant tout pour source la volonté des parties. Exceptionnellement, elle peut résulter d'une mesure légale ou réglementaire. Il peut arriver aussi que le juge modifie, par délégation de la loi, telle ou telle obligation : ainsi en est-il lorsqu'une clause pénale manifestement excessive est révisée (C. civ., ancien art. 1152).

La modification peut être envisagée par avance et trouver son expression dans une clause particulière autorisant, dans tel ou tel cas, un aménagement des termes du contrat. Ce type de clause n'est pas toujours valable (C. consom., art. R. 132-2).

La modification, il faut le répéter, ne doit porter que sur les modalités du contrat. Affectant l'essence du contrat, elle contiendrait une véritable novation.

Il faut ajouter que la loi encadre certaines modifications : dans les opérations de crédit immobilier, toute modification des conditions d'obtention du prêt donne lieu à la remise à l'emprunteur d'une nouvelle offre préalable (C. consom., art. L. 313-10).

246. – Effets. Si le changement est accepté par les parties, lorsque celles-ci en sont convenues, les nouvelles modalités sont naturellement obligatoires et doivent être respectées.

Puisque la modification n'est pas une novation, elle n'implique aucune extinction du rapport d'obligation. C'est pourquoi les exceptions demeurent, à moins que les parties n'aient décidé de les purger. De même, les sûretés sont maintenues, sauf volonté contraire des parties.

Voir pour un exemple de modification : une partie avait demandé en justice une indemnité pour rupture sans motif légitime d'un contrat ; pour rejeter cette demande, la cour d'appel a retenu qu'un avenant, qui a entraîné novation par changement des obligations respectives des parties, a eu pour effet d'établir entre les parties un mandat d'intérêt commun se substituant au contrat de concession exclusive qui les liait précédemment. La Cour de cassation a censuré cette interprétation : un mandat d'intérêt commun peut être révoqué, notamment suivant les clauses et conditions spécifiées au contrat, et la cour d'appel n'a pas relevé que l'avenant avait expressément annulé la clause de résiliation figurant au contrat d'origine (Cass. com., 3 juill. 2001 : *Bull. civ.* 2001, IV, n° 131 ; *D.* 2001, act. jurispr. p. 2826, obs. E. Chevrier ; *D.* 2001, somm. p. 3245, et les obs. ; *JCP* E 2002, p. 1002, note G. Virassamy ; *LPA* 25 mars 2002, p. 14, note P.-H. Corlay).

La modification de l'obligation principale est sans incidence sur le cautionnement.

DEUXIÈME PARTIE

TRANSMISSION DE L'OBLIGATION

247. – Plan. L'obligation est un lien de droit entre un créancier et un débiteur, mais c'est également, en soi, une valeur.

On peut donc considérer, avec d'autres, l'obligation comme un bien et conclure des conventions ayant l'obligation pour objet.

Les opérations les plus importantes portant sur l'obligation sont la cession de créance, la cession de dette et la subrogation personnelle. La réforme du droit des contrats y ajoute la cession du contrat.

TITRE 1

CESSION DE CRÉANCE

248. – Définition. La cession de créance est la convention par laquelle un créancier, que l'on appelle le cédant, cède à un tiers, cessionnaire, ses droits et actions contre le débiteur, que l'on appelle le débiteur cédé.

C'est la définition en substance retenue par l'article 1321 de la réforme du droit des contrats :

« La cession de créance est un contrat par lequel le créancier cédant transmet, à titre onéreux ou gratuit, tout ou partie de sa créance contre le débiteur cédé à un tiers appelé le cessionnaire ».

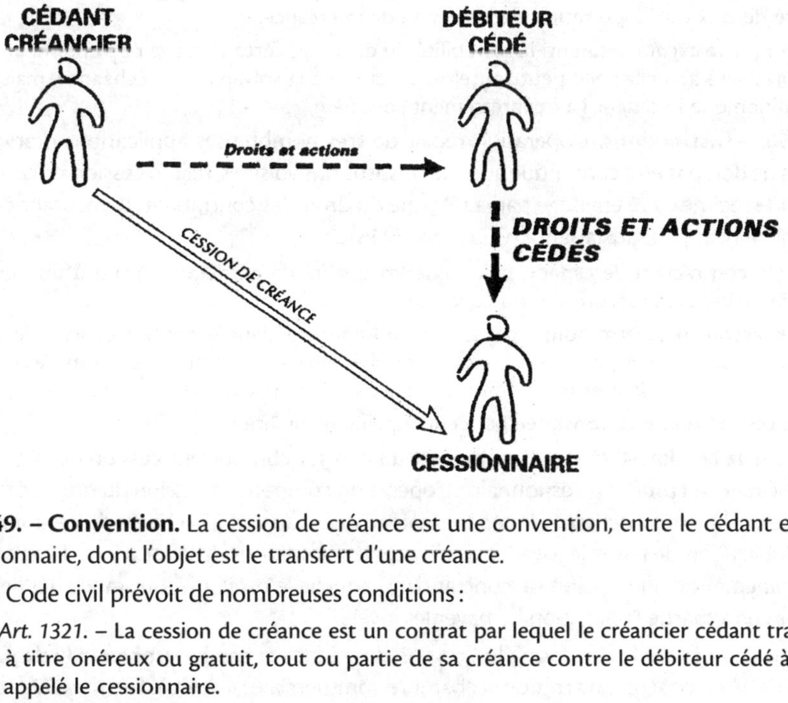

249. – Convention. La cession de créance est une convention, entre le cédant et le cessionnaire, dont l'objet est le transfert d'une créance.

Le Code civil prévoit de nombreuses conditions :

« *Art. 1321.* – La cession de créance est un contrat par lequel le créancier cédant transmet, à titre onéreux ou gratuit, tout ou partie de sa créance contre le débiteur cédé à un tiers appelé le cessionnaire.

Elle peut porter sur tout ou partie d'une ou plusieurs créances présentes ou futures, déterminées ou déterminables.

Sauf clause contraire, elle s'étend aux accessoires de la créance.

Le consentement du débiteur n'est pas requis, à moins que la personne du créancier soit pour lui déterminante ou que la créance ait été stipulée incessible ».

« *Art. 1322.* – La cession de créance doit être constatée par écrit, à peine de nullité ».

« *Art. 1323.* – Entre les parties, le transfert de la créance s'opère à la date de l'acte.

Il est opposable aux tiers dès ce moment. En cas de contestation, la preuve de la date de la cession incombe au cessionnaire, qui peut la rapporter par tout moyen.

Toutefois, le transfert d'une créance future n'a lieu qu'au jour de sa naissance, tant entre les parties que vis-à-vis des tiers ».

« *Art. 1324.* – La cession n'est opposable au débiteur, s'il n'y a déjà consenti, que si elle lui a été notifiée ou s'il en a pris acte.

Le débiteur peut opposer au cessionnaire les exceptions inhérentes à la dette, telles que la nullité, l'exception d'inexécution, ou la compensation des dettes connexes. Il peut également opposer les exceptions nées de ses rapports avec le cédant avant que la cession lui soit devenue opposable, telles que l'octroi d'un terme, la remise de dette ou la compensation de dettes non connexes.

Le cédant et le cessionnaire sont solidairement tenus de tous les frais supplémentaires occasionnés par la cession dont le débiteur n'a pas à faire l'avance. Sauf clause contraire, la charge de ces frais incombe au cessionnaire ».

« *Art. 1325.* – Le concours entre cessionnaires successifs d'une créance se résout en faveur du premier en date ; il dispose d'un recours contre celui auquel le débiteur aurait fait de bonne foi un paiement ».

« *Art. 1326.* – Celui qui cède une créance à titre onéreux garantit l'existence de la créance et de ses accessoires [, à moins que le cessionnaire l'ait acquise à ses risques et périls ou qu'il ait connu le caractère incertain de la créance].

Il ne répond de la solvabilité du débiteur que lorsqu'il s'y est engagé, et jusqu'à concurrence du prix qu'il a pu retirer de la cession de sa créance.

Lorsque le cédant a garanti la solvabilité du débiteur, cette garantie ne s'entend que de la solvabilité actuelle ; elle peut toutefois s'étendre à la solvabilité à l'échéance, mais à la condition que le cédant l'ait expressément spécifié ».

250. – Distinctions. L'opération reçoit de très nombreuses applications pratiques, mais ne doit pas être confondue avec des institutions voisines, telle la cession de contrat, dont le régime a été envisagé par la réforme du droit des contrats, au demeurant d'une manière bien peu satisfaisante (C. civ., art. 1216) :

« Un contractant, le cédant, peut céder sa qualité de partie au contrat à un tiers, le cessionnaire, avec l'accord de son cocontractant, le cédé.

Cet accord peut être donné par avance, notamment dans le contrat conclu entre les futurs cédant et cédé, auquel cas la cession produit effet à l'égard du cédé lorsque le contrat conclu entre le cédant et le cessionnaire lui est notifié ou lorsqu'il en prend acte.

La cession doit être constatée par écrit, à peine de nullité ».

Ainsi, **la cession d'un droit au bail** est un contrat comportant cession de la qualité de locataire au profit du cessionnaire. L'opération comporte la cession du droit de jouissance qui lui est consenti par le cédant mais aussi le transfert à la charge du cessionnaire de l'obligation de payer le loyer et d'exécuter les conditions de la location : il s'agit plus certainement d'une cession de contrat dans laquelle le droit à la jouissance des lieux a pour contrepartie l'obligation de payer les loyers.

Il ne faut pas confondre, non plus, cession de créance et **cession universelle de patrimoine**. V. en ce sens, un arrêt de la chambre commerciale : « A violé l'article 372-1 de la loi du 24 juillet 1966 la cour d'appel qui, pour accueillir la demande du bailleur en résiliation du bail commercial consenti à une société absorbée par une autre société, a retenu que la fusion par absorption s'analysait en une cession de bail et, comme pour toute cession, devait être signifiée au bailleur pour lui être opposable, le défaut de cette formalité entraînant la résiliation du bail, alors que la fusion entre deux sociétés opère transmission universelle du patrimoine de la société absorbée à la société absorbante et que les formalités prescrites par l'ancien article 1690 du Code civil, en matière de transport ou de droits, ne sont pas requises en ce cas » (Cass. com., 1er juin 1993 : *Bull. civ.* 1993, IV, n° 214).

251. – Fonctions de la cession de créance. Dans une cession de créance, la transmission peut avoir lieu à titre gratuit et dans ce cas, elle a pour cause l'intention libérale du cédant. Si elle est faite à titre onéreux, la cession a pour cause l'obligation de payer le prix contracté par le cessionnaire : elle a une fonction spéculative et peut être rapprochée de l'escompte.

Cependant, la cession de créance n'a pas pour seule fonction d'assurer la transmission d'un droit :

– elle peut, aussi, être faite pour garantir une obligation et prend alors un caractère **fiduciaire comme en matière bancaire** (V. loi Dailly ; C. monét. fin., art. L. 313-23 et s.). Dans la cession en garantie de la loi Dailly, la cession de créance sert de garantie à la demande de crédit du cédant. Si l'opération de crédit se termine normalement, la créance donnée à titre de garantie est rétrocédée au cédant (en principe sans formalité particulière) ;

– elle peut enfin constituer un **paiement** et vise alors à éteindre l'obligation que le cédant a à l'égard du cessionnaire : il ne s'agit pas forcément d'un mode de paiement anormal. La cession de créance réalise, à la fois, une dation en paiement de l'obligation cédée, et l'extinction de la dette entre le cédant et le cessionnaire.

CHAPITRE 1

LES CONDITIONS

252. – Les conditions s'apprécient différemment selon les rapports en présence, parties ou tiers.

SECTION 1

LES CONDITIONS DE LA CESSION DE CRÉANCE ENTRE LES PARTIES

253. – Deux éléments sont requis pour que la cession de créances puisse exister. D'une part, le consentement du cédant et du cessionnaire doit exister ; pour cette condition, la cession de créances est soumise au droit commun des obligations (V. *infra*, n° 252). D'autre part, l'objet doit porter sur une créance qui existe, qui doit être cessible et qui n'est pas limitée par une clause d'incessibilité (V. *infra*, n°s 253 à 255).

254. – Contrat soumis au droit commun des obligations. Il s'agit, en premier lieu, d'un **contrat**. Les parties à la cession de créance sont le cédant et le cessionnaire. C'est ce que rappelle le texte issu de la réforme :

« L'article 1321, alinéa 1er, du Code civil dispose que : "La cession de créance est un contrat par lequel le créancier cédant transmet, à titre onéreux ou gratuit, tout ou partie de sa créance contre le débiteur cédé à un tiers appelé le cessionnaire" ».

Entre les parties, le contrat de cession est soumis au droit commun des obligations : il faut que le consentement soit exprimé, que l'objet soit déterminé et que la convention ait une cause. Le prix, s'il n'est pas déterminé, doit être déterminable. Une convention portant cession d'un portefeuille de créances d'une banque à une compagnie d'assurances, pour un prix égal à 80 % du montant des créances effectivement recouvrées, un acompte de 210 millions ayant été versé par l'acheteur au moment de l'acte, est validée par la Cour de cassation, au motif que le « prix était déterminable, pour partie au moment de la cession, et pour partie au fur et à mesure du recouvrement des créances » (Cass. com., 7 avr. 2009, n° 07-18.907).

255. – Créance future ou éventuelle. La créance doit être déterminée ou déterminable. Elle doit exister. Des **créances présentes ou futures, déterminées ou déterminables** peuvent faire l'objet d'un contrat, sous la réserve de leur suffisante identification (cf. C. civ., art. 1321, al. 2) : une société ayant, en garantie du remboursement d'un prêt immobilier, cédé à une banque des loyers concernant des locaux donnés à bail à une entreprise, l'établissement financier a signifié au preneur des locaux la cession des loyers, en lui faisant sommation de s'en acquitter désormais directement entre ses mains. N'a pas donné de base légale à sa décision au regard de l'article 1689 du Code civil la cour d'appel qui, pour débouter la banque de ses demandes, a estimé que la créance cédée n'était ni déterminée ni déterminable (Cass. 1re civ., 20 mars 2001 : *Bull. civ.* 2001, I, n° 76).

En revanche, si au jour de la cession, la naissance de la créance est définitivement exclue, la cession se trouve alors dépourvue de cause : le 13 janvier 2003, lors de l'établissement d'un procès-verbal d'état des lieux, la société d'économie mixte concessionnaire a expressément mentionné que la convention d'occupation arrivait à expiration le 31 janvier ; au jour de la cession, intervenue le 3 février suivant, l'éventualité d'une créance d'indemnité, prévue au profit des époux occupants dans le seul cas où ils auraient fait l'objet d'un retrait d'autorisation pour un motif d'intérêt général, avait disparu et ne pouvait servir de cause à un acte de cession (Cass. 1re civ., 25 mars 2010, n° 09-12.813).

256. – Créance cessible. Il faut que **la créance soit cessible** et puisse faire l'objet d'une cession. Il faut que la créance soit certaine. Une **créance future** peut être cédée. Pour qu'une cession de créance future soit valable, il suffit que la créance soit déterminable au moment où elle prend naissance. L'acte de cession doit contenir tous les éléments qui permettent de déterminer la créance lorsqu'elle naît, mais, une fois cette condition remplie, une spécification ultérieure, telle que la remise d'une liste périodique des débiteurs du cédant, n'est pas nécessaire.

Le fait pour les bénéficiaires d'un « compromis de vente » de se substituer un tiers ne constitue pas une cession de créance et n'emporte pas obligation d'accomplir les formalités de l'article 1324 du Code civil (Cass. 3e civ., 12 avr. 2012, n° 11-14.279).

Il est des créances **incessibles** : ainsi, une créance d'aliments ne peut pas faire l'objet d'une cession compte tenu de son caractère personnel. Les créances connaissent un sort particulier lorsqu'elles interviennent au cours de la relation de travail : le salarié ne peut céder l'intégralité de son salaire à une tierce personne.

En revanche, une créance de somme d'argent (par exemple, une créance de loyers à l'encontre d'un locataire) peut faire l'objet d'une cession.

257. – Sort des clauses d'incessibilité. Il est toujours possible pour les parties de prévoir une clause interdisant la cession de l'obligation. Le sort de telles dispositions et leur effet sont discutés en doctrine. Souvent, la solution est donnée par la loi qui interdit toute clause d'incessibilité. S'agissant de créances professionnelles, l'**article L. 442-6, II, c)**, du Code de commerce prévoit que sont nuls les clauses ou contrats prévoyant pour un producteur, un commerçant, un industriel ou une personne immatriculée au répertoire des métiers, la possibilité « d'interdire au cocontractant la cession à des tiers des créances qu'il détient sur lui ».

En matière de **bail commercial**, l'article L. 145-16 du Code de commerce déclare non écrites, quelle qu'en soit la forme, « les conventions tendant à interdire au locataire de céder son bail ou les droits qu'il tient du présent chapitre à l'acquéreur de son fonds de commerce ou de son entreprise ».

En **droit des sociétés**, l'incessibilité est parfois de rigueur : selon l'article L. 631-10 du Code de commerce, à compter du jugement d'ouverture, les dirigeants de droit ou de fait ne peuvent, à peine de nullité, céder les parts sociales, actions ou certificats d'investissement ou de droit de vote représentant leurs droits sociaux dans la société qui a fait l'objet du jugement d'ouverture. Selon l'article L. 631-10, lorsque la survie de l'entreprise le requiert, le tribunal, sur la demande de l'administrateur, du procureur de la République, ou d'office, peut prononcer l'incessibilité des actions, parts sociales ou certificats de droit de vote détenus par un ou plusieurs dirigeants de droit ou de fait et décider que le droit de vote sera exercé, pour une durée qu'il fixe, par un mandataire de justice désigné à cet effet.

Outre les obligations, **des droits sont également incessibles** : le caractère personnel et l'incessibilité du droit d'usage et d'habitation apparaissent comme des conditions fondamentales de leur maintien. Il s'ensuit que l'occupation continue des lieux par un tiers (personne étrangère à la famille de l'usager), quand bien même elle serait gratuite ou compensée par des contreparties en nature, constitue une infraction aux articles 631 et 634 du Code civil et justifie la déchéance du droit d'usage et d'habitation, en application de l'article 618 du même code.

SECTION 2

LES CONDITIONS DE LA CESSION DE CRÉANCE DANS LES RAPPORTS ENTRE LES PARTIES ET LES TIERS

258. – Code civil. La cession de créance, pour être opposable aux tiers, devait respecter les conditions particulières prévues par l'article 1690 du Code civil.

« *Art. 1690.* – Le cessionnaire n'est saisi à l'égard des tiers que par la signification du transport faite au débiteur.

Néanmoins, le cessionnaire peut être également saisi par l'acceptation du transport faite par le débiteur dans un acte authentique ».

Les formalités sont inutiles entre les parties.

La réforme du droit des obligations a prévu les conditions d'opposabilité de la créance :

« *Art. 1323.* – Entre les parties, le transfert de la créance s'opère à la date de l'acte.

Il est opposable aux tiers dès ce moment. En cas de contestation, la preuve de la date de la cession incombe au cessionnaire, qui peut la rapporter par tout moyen.

Toutefois, le transfert d'une créance future n'a lieu qu'au jour de sa naissance, tant entre les parties que vis-à-vis des tiers ».

« *Art. 1324.* – La cession n'est opposable au débiteur, s'il n'y a déjà consenti, que si elle lui a été notifiée ou s'il en a pris acte.

Le débiteur peut opposer au cessionnaire les exceptions inhérentes à la dette, telles que la nullité, l'exception d'inexécution, la résolution ou la compensation des dettes connexes. Il peut également opposer les exceptions nées de ses rapports avec le cédant avant que la cession lui soit devenue opposable, telles que l'octroi d'un terme, la remise de dette ou la compensation de dettes non connexes.

Le cédant et le cessionnaire sont solidairement tenus de tous les frais supplémentaires occasionnés par la cession dont le débiteur n'a pas à faire l'avance. Sauf clause contraire, la charge de ces frais incombe au cessionnaire ».

SOUS-SECTION 1

LES FORMALITÉS

259. – Formalités et opposabilité. L'opposabilité de la cession de créance aux tiers fut longtemps subordonnée, sauf entente du cédant et du cédé, aux formalités de l'article 1690 du Code civil.

Cet article envisageait deux types de formalités :

– l'acceptation de la cession par le débiteur cédé dans un acte authentique ;

– la signification au débiteur cédé de la cession par le cessionnaire. Cette signification doit être faite par acte d'huissier.

La nouvelle organisation distingue parmi les effets de la cession :

– pour les parties, le transfert de la créance s'opère à la date de l'acte ;

– pour les tiers, le transfert de la créance s'opère également à la date de l'acte ; en cas de difficulté, la preuve de la cession incombe au cessionnaire ;

– pour le débiteur cédé, la cession n'est opposable au débiteur, s'il n'y a déjà consenti, que si elle lui a été notifiée ou s'il en a pris acte. Il y a donc trois modes possible : le consentement du débiteur, la signification par acte d'huissier ou s'il en a « pris acte ».

Il convient de noter que l'article 1690 du Code civil n'a pas été abrogé, mais son domaine d'application est aujourd'hui réduit aux tiers, puisque les articles nouveaux 1323 et 1324 traitent de la situation des parties.

Cependant, la jurisprudence a assimilé à la signification par acte d'huissier l'assignation en paiement adressée au débiteur cédé, quand l'acceptation pouvait revêtir une forme non authentique.

La date de la cession peut être rapportée « par tout moyen », la réforme du droit des contrats se démarque encore du droit antérieur, lequel préférait les actes authentiques (signification par huissier ou acceptation par-devant notaire). Afin d'éviter toute difficulté, le recours à l'acte notarié ou l'enregistrement de l'acte sont toujours vivement recommandés.

SOUS-SECTION 2

LA SANCTION DU DÉFAUT DES FORMALITÉS

§ 1. – Le débiteur cédé

260. – Cession indifférente. Si ces formalités ne sont pas accomplies, le débiteur cédé peut ignorer la cession et donc continuer à payer le créancier originaire (le cédant). Cependant, la cession ne fait naître aucun droit contre lui. La cession lui est donc, en principe, indifférente.

L'article 1324 du Code civil prévoit que le débiteur peut invoquer la cession dès qu'il en a connaissance, mais celle-ci ne peut lui être opposée que si elle lui a été notifiée ou s'il l'a acceptée.

Jusqu'à sa signification au débiteur cédé ou son acceptation par celui-ci, la cession de créance n'a d'effet qu'entre les parties, le cédant et le cessionnaire.

Le débiteur cédé n'est tenu de payer qu'au cédant et peut refuser de s'acquitter entre les mains du cessionnaire. Même informé de la cession, il ne peut refuser de payer au cédant si celui-ci le réclame. Les tiers et notamment le débiteur cédé ne peuvent ni se voir opposer la cession, ni s'en prévaloir (Cass. 3e civ., 12 juin 1985 : *Bull. civ.* 1985, III, n° 95 ; *RTD civ.* 1986, p. 350, obs. Mestre). En d'autres termes, le cédé est toujours débiteur du cédant ; il ne peut refuser de payer le cédant. Le paiement entre les mains du cessionnaire est valable.

La Cour de cassation a récemment rappelé (Cass. 1re civ., 22 mars 2012, n° 11-15.151 : *D.* 2012, p. 1524, note G. Ansaloni ; *RDC* 2012, 835, obs. D. Mazeaud ; *Dr. et patrimoine* juin 2012, p. 89, obs. L. Aynès ; *Lexbase hebdo éd. affaires* 3 mai 2012, n° 294, note A. Bordenave) que la simple connaissance de la cession de créance par le débiteur cédé ne suffit pas à la lui rendre opposable. Il s'agissait de personnes ayant confié leur véhicule automobile à un garagiste pour réparation ; ce dernier leur a fait signer une cession de créance sur l'assureur, qui va donner l'ordre de réparation. L'assureur est informé de cette cession par des lettres recommandées avec demande d'avis de réception. La voiture est réparée et l'assureur s'acquitte du prix entre les mains de l'assuré, au motif que la cession de créance n'a pas eu lieu selon les formes prescrites par l'article 1324 du Code civil. Le garagiste assigne en paiement l'assureur. Débouté par les juges du fond, il forme un pourvoi fondé sur la fraude de l'assureur, qui connaissait l'existence de la cession mais qui a malgré tout payé les cédants pour marquer sa désapprobation. La Cour de cassation répond que les mobiles des parties sont indifférents à la solution du litige. Dans son pourvoi, le garagiste faisait aussi valoir que le paiement fait entre les mains des cédant n'est pas libératoire : la mauvaise foi de l'assureur est évidente puisque la compagnie était informée de la cession. La Cour de cassation, écartant la mauvaise foi, fait valoir que la connaissance de la cession ne saurait valoir la notification de l'article 1324 du Code civil.

Quant au cessionnaire, il peut poursuivre le cédant, ce qui est curieux.

Si la signification de la cession de créance ou l'acceptation authentique de la cession par le débiteur cédé est en principe nécessaire pour que le cessionnaire puisse opposer au tiers le droit acquis par celui-ci, le défaut d'accomplissement de ces formalités ne rend pas le cessionnaire irrecevable à réclamer au débiteur cédé l'exécution de son obligation quand cette exécution ne peut faire grief à aucun droit advenu depuis la naissance de la créance soit audit débiteur cédé, soit à une autre personne étrangère à la cession (Cass. 3e civ., 26 févr. 1985 : *JCP* G 1986, II, 20607, note Petit ; *RTD civ.* 1986, p. 349, obs. Mestre).

Selon l'article 1691 du Code civil,

> « si, avant que le cédant ou le cessionnaire eût signifié le transport au débiteur, celui-ci avait payé le cédant, il sera valablement libéré ».

Enfin, le débiteur cédé qui a su et accepté la cession de façon certaine et non équivoque, ne peut se prévaloir du défaut des formalités prévues par l'article 1324 (Cass. 1re civ., 19 sept. 2007 : *Bull. civ.* 2007, I, n° 276 ; *Bull. Joly Sociétés* 2008, p. 35, § 10, note P. Le Cannu).

Après l'accomplissement de l'une des formalités de l'article 1324, le cédé cesse d'être débiteur vis-à-vis du cédant et devient débiteur vis-à-vis du cessionnaire. Le paiement fait entre les mains du cédant n'est pas libératoire.

La cession de créance transfère au cessionnaire les droits et actions appartenant au cédant et attachés à la créance cédée, notamment le titre exécutoire obtenu par le cédant à l'encontre de la caution garantissant le paiement de la créance. Cette règle a été rappelée à propos de fusions intervenues dans le domaine immobilier : le Crédit d'équipement des petites et moyennes entreprises (le CEPME) a consenti à la société Chrystal un prêt garanti par le cautionnement de M. et Mme X… ; la société Chrystal ayant été mise en liquidation judiciaire, le CEPME a poursuivi les cautions en exécution de leurs engagements ; que le 5 juillet 1994, les cautions ont été condamnées à payer au CEPME une certaine somme ; le 29 octobre 2004, la société Créances conseil a signifié aux cautions la cession à son profit de la créance détenue par le CEPME sur la société

Chrystal intervenue le 13 septembre 2001 puis a formé une demande de saisie des rémunérations de Mme X...

La cour d'appel avait rejeté la demande au motif qu'il résulte des termes de la cession qu'elle concernait la créance détenue par le CEPME à l'égard de la société Chrystal et non celle résultant du jugement du 5 juillet 1994 de sorte que le cessionnaire ne justifie pas d'un titre exécutoire à l'égard de la caution. La Cour de cassation décide que la société Créances conseil, cessionnaire de la créance, était fondée à se prévaloir du titre exécutoire obtenu par le CEPME à l'encontre de Mme X... (Cass. com., 4 mars 2008, n° 06-14.827, inédit au *bulletin*).

La Cour de cassation, dans un arrêt du 19 septembre 2007, a considéré que le débiteur cédé qui a su et accepté la cession de façon certaine et non équivoque, ne peut se prévaloir du défaut des formalités prévues par l'ancien article 1690.

JURISPRUDENCE

Cass. 1re civ., 19 sept. 2007 : *Bull. civ.* 2007, I, n° 276 ; *Bull. Joly Sociétés* 2008, p. 35, § 10, note P. Le Cannu

« *Sur le second moyen, pris en ses deux branches, tel qu'exposé au mémoire en demande :*

Attendu qu'il n'y a pas lieu de statuer sur ces griefs, dont aucun ne serait de nature à permettre l'admission du pourvoi ;

Mais, sur le premier moyen, pris en sa seconde branche :

Vu l'article 1690 du Code civil ;

Attendu que le débiteur cédé qui a su et accepté la cession de créance de façon certaine et non équivoque, ne peut se prévaloir du défaut des formalités prévues par ce texte ;

Attendu que pour dire que M. de Z. ne justifiait pas avoir eu à un moment quelconque depuis 1993 le statut d'associé en capital au sein de la société civile professionnelle "de A... et associés" (la SCP), l'arrêt retient que l'acte de la cession de la part de capital faite au profit de celui-ci le 25 novembre 1993 par M. de A., confié à Mme X., titulaire de toutes les autres parts, avait été signé par l'intéressé seulement le 6 avril 1996, que les formalités de l'article 1690 du Code civil n'avaient jamais été accomplies, et qu'ainsi produisait son plein effet le procès-verbal d'assemblée générale, publié le 4 août 1997, agréant M. Y. comme associé au capital venant aux droits de M. de A. ;

Qu'en statuant ainsi, alors qu'elle avait relevé qu'au printemps 1996, le procès-verbal de l'assemblée générale du 25 novembre 1993, portant adoption des résolutions autorisant la cession envisagée par R. de A., seul coassocié avec Mme X., de son unique part en capital à l'intéressé à compter du 1er décembre 1993 et l'agréant comme associé en capital, avait été remis par elle pour signature à M. de Z., la cour d'appel a méconnu les conséquences de ses propres constatations et violé le texte susvisé ;

Par ces motifs, qui rendent sans objet la première branche du premier moyen :

Casse et annule, mais seulement en ce qu'il a dénié à M. de Z. la qualité d'associé en capital de la société civile professionnelle "de A... et associés", l'arrêt rendu le 16 février 2004, entre les parties, par la cour d'appel de Paris ; remet, en conséquence, sur ce point, la cause et les parties dans l'état où elles se trouvaient avant ledit arrêt et, pour être fait droit, les renvoie devant la cour d'appel de Paris, autrement composée. »

Cass. com., 18 oct. 2011, n° 10-21.800 : *Bull. civ.* 2011, IV, n° 168

« Attendu, selon l'arrêt attaqué, que Mme X..., associée unique et gérante de la société à responsabilité limitée Mod'import, a cédé des parts de cette société à la société Charlène développement ; qu'à la suite du dépôt en annexe du registre du commerce et des sociétés de l'acte de cession par cette dernière, le greffier du tribunal de commerce a invité la société Mod'import, devenue pluripersonnelle, à procéder à la mise à jour de ses statuts ; que faute de régularisation intervenue dans le délai imparti, le juge chargé de la surveillance du registre du commerce et des sociétés a rendu une ordonnance enjoignant à la société Mod'import de procéder à l'inscription modificative ; qu'ayant interjeté appel, cette société a fait intervenir la société Charlène développement ;

Sur le premier moyen :

Attendu que la société Charlène développement fait grief à l'arrêt d'avoir statué au vu de ses conclusions signifiées le 23 mars 2010, alors, selon le moyen :

1/ que l'article 954 du Code de procédure civile, en ce qu'il implique que le juge ne peut statuer que sur les dernières conclusions des parties, est applicable tant en matière contentieuse qu'en matière gracieuse ; qu'aux termes de l'article R. 123-41 du Code de commerce, l'appel des ordonnances rendues par le juge commis à la surveillance du registre du commerce et des sociétés est formé, instruit et jugé comme en matière gracieuse ; qu'au cas d'espèce, en retenant pour statuer les conclusions déposées par la société Charlène développement le 23 mars 2010, quand celle-ci avait déposé de nouvelles conclusions visées par le greffier à l'audience du 28 avril 2010, dont le contenu était enrichi par rapport aux précédentes, notamment en ce qu'elles répliquaient aux écritures adverses, les juges du second degré ont violé les articles 954 du Code de procédure civile et R. 123-141 du Code de commerce ;

2/ qu'à supposer que l'article 954 du Code de procédure civile ne soit pas applicable en matière gracieuse, il n'en demeure pas moins que lorsque le juge décide de tenir une audience en cette matière, il est saisi des prétentions et moyens formulés devant lui par les parties ; qu'en cas de dépôt d'écritures à l'audience auxquelles il est verbalement renvoyé, le juge est tenu de les prendre en considération sans pouvoir s'en tenir à des conclusions antérieurement déposées ; qu'au cas d'espèce, en retenant les conclusions déposées par la société Charlène développement le 23 mars 2010 et non celles du 28 avril 2010, les juges du second degré ont violé les articles 27 et 28 du Code de procédure civile et R. 123-141 du Code de commerce ;

3/ que le juge est tenu de respecter le principe de l'égalité des armes en n'avantageant pas manifestement une partie au détriment de l'autre ; qu'en l'espèce, en prenant en compte les conclusions déposées par la société Mod'Import à l'audience du 28 avril 2010 sans en faire de même pour les conclusions déposées à la même audience par la société Charlène développement, les juges du second degré ont violé l'article 6, § 1 de la Convention de sauvegarde des droits de l'homme et des libertés fondamentales ;

Mais attendu, en premier lieu, que la procédure d'appel des ordonnances du juge chargé de la surveillance du registre du commerce et des sociétés étant orale, en application de l'article R. 123-141 du Code de commerce, les dispositions de l'article 954, alinéa 2, du Code de procédure civile ne s'appliquent pas ;

Attendu, en second lieu, que la cour d'appel a exposé, dans des termes dont la suffisance ni la pertinence ne sont contestées, les moyens et prétentions de la société Charlène développement ;

D'où il suit que le moyen, qui n'est pas fondé en sa première branche, est inopérant pour le surplus ;

Mais sur le second moyen, pris en sa première branche :

Vu les articles L. 223-17 et L. 221-14 du Code de commerce et 1690 du Code civil ;

Attendu que pour infirmer l'ordonnance, l'arrêt retient que la société Charlène développement ne conteste pas l'absence de notification, par huissier de justice, de l'acte de cession et qu'elle ne peut justifier d'une attestation de dépôt de l'acte de cession entre les mains du gérant ; qu'il retient encore que l'acceptation par les associés de la société Mod'import du nantissement des parts de la société Charlène développement au profit d'une banque est sans incidence sur l'opposabilité à la société Mod'import de la cession intervenue entre un associé, fut-il gérant de la société Mod'import et la société Charlène développement ;

Attendu qu'en se déterminant ainsi, sans rechercher, ainsi qu'elle y était invitée, si la signification, faite par une banque à la société Mod'import, d'un acte de nantissement à son profit de parts de cette société détenues par la société Charlène développement, n'emportait pas signification de la cession de parts à la société Mod'import, la cour d'appel a privé sa décision de base légale ;

Par ces motifs, et sans qu'il y ait lieu de statuer sur les autres griefs :

Casse et annule, dans toutes ses dispositions, l'arrêt rendu le 3 juin 2010, entre les parties, par la cour d'appel de Bourges ; remet, en conséquence, la cause et les parties dans l'état où elles se trouvaient avant ledit arrêt et, pour être fait droit, les renvoie devant la cour d'appel d'Orléans. »

§ 2. – Les tiers

261. – Notion de tiers. Ce sont uniquement « ceux qui, n'ayant pas été parties à l'acte de cession, ont intérêt à ce que le cédant soit encore créancier ». Cela vise le débiteur cédé, les créanciers du cédant et le deuxième cessionnaire de la même créance (Cass. 1re civ., 4 déc. 1985 : *Bull. civ.* 1985, I, n° 336). La formule exclut les créanciers ordinaires du cédant, à qui la cession est individuellement opposable (C. civ., art. 2234 et 2235) et les ayants cause à titre universel du cédant (coreprésentants de la personne du cédant).

Cependant, la notion de tiers comprend les ayants cause à titre particulier du cédant. Les ayants cause à titre particulier se définissent comme toutes les personnes ayant acquis du cédant un droit sur la créance : autres créanciers, créanciers saisissants, créanciers en cas de faillite. Si les formalités ne sont pas réalisées, la cession de créance leur est inopposable. En effet, elles peuvent penser que la créance est toujours dans le patrimoine de leur cocontractant. Elle est encore un objet de convoitise. Ne pas les informer sur la cession de créance reviendrait à entamer leur gage sans leur laisser la possibilité de prendre des mesures conservatoires.

La jurisprudence du Conseil d'État a reconnu à l'administration fiscale la qualité de tiers, même si cette qualification peut être discutée : cette administration peut invoquer le défaut de formalisme de l'article 1690 du Code civil même si elle a connaissance de la cession de créance ; cela lui permet de taxer un abandon de créance alors même que la société n'a pas abandonné mais cédé sa créance (M. Sadowsky, *L'administration fiscale est-elle un tiers au sens de l'article 1690 du Code civil ? : Dr. et patrimoine* avr. 2010, n° 191, p. 24).

262. – Variété des effets. Si ces formalités de l'article 1324 du Code civil sont accomplies, la cession est opposable aux tiers.

Depuis la réforme, cette opposabilité s'opère, sans autre formalité, à la date même de l'acte de cession (C. civ., art. 1323). C'est sans doute le point essentiel de la réforme.

L'opposabilité entraîne cette conséquence que les créanciers du cédant ne pourront plus exercer de droit sur la créance qui a été transférée dans le patrimoine du cessionnaire.

Ainsi, la **saisie-attribution** réalisée par le créancier du cédant sera sans objet, ou tout au moins ne pourra pas porter sur la créance cédée, une fois les formalités de l'article 1324 accomplies.

Pour le **créancier chirographaire du cédant**, la cession de créance lui est inopposable si les formalités de l'article 1324 n'ont pas été respectées. L'accomplissement de l'une ou de l'autre des formalités énoncées en l'article 1324 ne peut devenir inutile pour rendre la cession d'un droit au bail opposable au propriétaire que si celui-ci a non seulement eu connaissance de cette cession, mais l'a également acceptée sans équivoque (Cass. ass. plén., 14 févr. 1975 : *D.* 1975, p. 349 ; *Gaz. Pal.* 1975, 1, p. 342, note Brault).

Toutefois, l'absence de signification de la cession de créance au débiteur principal n'affectant pas l'existence de la dette, elle ne saurait avoir pour effet de libérer la **caution solidaire** qui a elle-même reçu signification de cette cession de créance (Cass. 1re civ., 4 mars 2003 : *Bull. civ.* 2003, I, n° 61).

Les tiers, ce sont aussi les cessionnaires successifs de la créance. Le concours entre cessionnaires successifs (dans l'hypothèse où le cédant céderait la même créance à plusieurs personnes) se résout en faveur du premier en date (V., au reste, C. civ., art. 1336, qui ajoute que ce cessionnaire dispose d'un recours contre celui auquel le débiteur aurait fait de bonne foi un paiement).

SOUS-SECTION 3

LE RETRAIT LITIGIEUX

263. – Créance litigieuse. Le retrait en cause résulte de l'article 1699 du Code civil :

« Celui contre lequel on a cédé un droit litigieux peut s'en faire tenir quitte par le cessionnaire, en lui remboursant le prix réel de la cession avec les frais et loyaux coûts, et avec les intérêts à compter du jour où le cessionnaire a payé le prix de la cession à lui faite ».

On aurait pu craindre, à la lecture du projet de réforme du droit des contrats, du régime général et de la preuve des obligations, que le retrait litigieux soit supprimé, mais l'ordonnance n° 2016-131 du 10 février 2016 ne l'a ni supprimé, ni modifié.

Le retrait litigieux naît à l'occasion de la cession d'un droit par son titulaire. Il suppose que le droit soit litigieux, ou selon l'article 1700 du Code civil, « dès qu'il y a procès et contestation sur le fond du droit ». Il faut qu'une contestation existe préalablement – elle a fait l'objet d'un exploit introductif d'instance – et que la contestation mette en question le droit lui-même et non pas seulement les modalités de son exercice, son exécution ou des difficultés procédurales.

Le retrait litigieux permet donc de mettre un terme à un litige portant sur les droits cédés. En cela, il est voisin de la transaction. Toutefois, la transaction est un contrat spécial (parfois étudié parmi les contrats spéciaux), qui nécessite la vérification d'un équilibre entre les parties ; le retrait litigieux est une prérogative individuelle exercée par le débiteur, unilatéralement, discrétionnairement et judiciairement. Par ces qualités, le retrait litigieux occupe une place particulière dans notre droit et fait songer au droit de repentir de l'auteur d'une œuvre, qui souhaite que celle-ci ne soit plus comptée parmi sa production (CPI, art. L. 121-4).

La jurisprudence déduit deux conséquences de ce mécanisme :

– la contestation doit être antérieure à la cession (Cass. com., 15 janv. 2002 : *Bull. civ.* 2002, IV, n° 10) ;

– la contestation doit porter sur un élément essentiel du droit et non sur une modalité accessoire de ce droit.

Le seul fait que la cession ait été faite pour un prix global calculé statistiquement et non créance par créance, n'est pas, en soi, de nature à écarter l'application de l'article 1699 du Code civil (Cass. com., 27 mai 2008 : *Bull. civ.* 2008, IV, n° 109).

De même, la circonstance que la cession des créances litigieuses se réalise au profit d'un fonds commun de créances, aux conditions prévues par la loi n° 88-1201 du 23 décembre 1988, codifiées aux articles L. 214-43 et suivants du Code monétaire et financier, ne fait pas obstacle à l'exercice du droit au retrait litigieux prévu à l'article 1699 du Code civil (Cass. com., 15 avr. 2008 : *Bull. civ.* 2008, IV, n° 88).

Certains auteurs se sont interrogés de manière plus générale sur le prix du retrait litigieux dans les cessions globales de créances (cf. F. Pollaud-Dulian : *D.* 2012, chron. 13). En effet, le contentieux est important en volume dans ce domaine : quel doit être le prix du retrait lorsque la créance litigieuse a été cédée avec un bloc de créances ? Comme le souligne M. Pollaud-Dulian, « c'est précisément dans ce type de situations, où le débiteur est cédé à un fonds ou à un établissement financier spéculant sur la décote d'un portefeuille de créances hétéroclites que le retrait trouve sa vraie utilité ». Si en principe, la cession faite à un prix global ou la cession faite à un fonds commun de placement n'est pas incompatible avec le retrait, en pratique, le caractère global du prix interdit d'exercer ce droit faute de pouvoir établir le prix de la créance objet du retrait. Il ne faut pas oublier que le retrait litigieux suppose que soit payé « le prix réel de la cession ». Ce prix réel est délicat lorsque la créance fait partie d'un lot. En réalité, cela va dépendre des conditions de la cession du lot : si un ensemble de créance est cédé à un pourcentage de leur valeur (ce qui est un usage courant : je rachète toutes vos créances à 15 % de leur valeur), l'application de ce pourcentage permet de déterminer le prix de la créance retirée.

Ayant constaté que la contestation soumise au juge avant la cession de la créance litigieuse portait seulement sur la justification du calcul des intérêts, ce dont il résultait que la discussion était relative à un accessoire du droit cédé sans remettre en cause l'existence même du droit ou son étendue, c'est à bon droit que la cour d'appel a décidé qu'en l'absence de contestation sur le fond de la créance invoquée contre elle, la caution ne pouvait exercer le retrait litigieux (Cass. com., 26 févr. 2002 : *Bull. civ.* 2002, IV, n° 41 ; *Defrénois* 2002, p. 767, chron. E. Savaux).

Le retrait ne peut être exercé que par le défendeur : le retrait litigieux ne peut être exercé que par un défendeur à l'instance en contestation du droit litigieux, les demandeurs à l'instance ne sont pas recevables à exercer leur droit de retrait (Cass. 3e civ., 19 nov. 2014, n° 13-24.372). Si le retrayant doit avoir la qualité de défendeur à l'instance en contestation de la créance, il peut exercer son droit au retrait litigieux sans forme particulière, au besoin par une action engagée à cette fin (Cass. com., 26 mars 2013, n° 11-27.423).

JURISPRUDENCE

I. Cession de créance et caution

L'absence de signification de la cession de créance au débiteur principal n'affectant pas l'existence de la dette, elle ne saurait avoir pour effet de libérer la caution solidaire qui a elle-même reçu signification de cette cession de créance. Aussi, il ne peut être reproché à une cour d'appel d'avoir déclaré valable une saisie-attribution pratiquée au préjudice d'une caution se prévalant de l'absence de signification de la cession de créance au débiteur principal. Ayant retenu que, suivant les dispositions de l'article 1692 du Code civil, la cession d'une créance comprend les accessoires de celle-ci, tels que cautionnement, privilège et hypothèque, et constaté que la cession de créance intervenue au profit du cessionnaire avait été signifiée à l'intéressé en sa qualité de caution solidaire, la cour a ainsi légalement justifié sa décision (Cass. 1re civ., 4 mars 2003 : *Bull. civ.* 2003, I, n° 61 ; *D.* 2003, p. 3041, note A.-S. Barthez ; *Defrénois* 2003, p. 1151, note B. Roman).

V. *infra*, n° 263.

II. Retrait litigieux

Cass. com., 19 déc. 2006, n° 04-15.818

« Attendu, selon l'arrêt déféré (Paris, 6 avr. 2004), que les consorts X…, qui avaient assigné la société Promod, ainsi que la société Barclay's Bank, caution de cette dernière (la caution), en paiement d'une créance, l'ayant cédée en cours de procédure à M. Y…, la société Promod, tandis que l'affaire était toujours pendante, a notifié à M. Y… sa volonté d'exercer le retrait litigieux à son encontre ; que le lendemain de la signification de la décision l'ayant condamnée ainsi que la caution à s'acquitter de la créance, la société Promod a réglé à MM. Y… et X… le prix de la cession calculé dans les termes de l'article 1699 du Code civil ; qu'ultérieurement, la caution a fait connaître à la société Promod qu'elle avait exécuté les termes de la décision entre les mains des consorts X... puis s'est remboursée des sommes versées en vendant les titres appartenant à la société Promod déposés sur un compte gage ; que la société Promod a assigné la caution en restitution de cette somme ;

Sur le moyen unique, pris en sa première branche :

Attendu que la caution reproche à l'arrêt de l'avoir condamnée à payer à la société Promod la somme de 462 675,48 € avec intérêts au taux légal à compter du 25 octobre 2002 alors, selon le moyen, qu'il résulte des articles 1699 et 1700 du Code civil que le retrait litigieux ne s'effectue que par le remboursement du prix réel de la cession, ce qui suppose son paiement accepté du cessionnaire ou des offres réelles de paiement ; qu'en considérant que la société Promod avait valablement réalisé ce retrait en notifiant par lettre recommandée sa volonté au cessionnaire le 6 décembre 2002, peu important que le paiement ne soit intervenu qu'après la signification de cet arrêt passé en force de chose jugée, la cour d'appel a violé les textes susvisés ;

Mais attendu que le retrait litigieux se réalise par la notification de son exercice par le retrayant au retrayé, peu important que le paiement effectif n'intervienne qu'après que la contestation affectant le droit cédé aura été tranchée, et qu'il ne suppose pas d'être accepté par le retrayé ;

Attendu qu'ayant relevé que la société Promod avait notifié à M. Y... sa volonté d'exercer le retrait le 6 décembre 2001 tandis que le litige opposant la société Promod aux consorts X... était pendant, la cour d'appel, qui a retenu qu'il importait peu que le paiement du rachat ait été exercé par la société Promod après que la décision lui ait été signifiée, a fait l'exacte application des règles prétendument violées ; que le moyen n'est pas fondé ;

Et sur la seconde branche :

Attendu que la caution fait encore le même reproche à l'arrêt alors, selon le moyen, que la caution n'encourt aucune responsabilité envers le débiteur lorsque, condamnée par une décision exécutoire et malgré l'opposition du débiteur, elle paye le créancier qui, considérant comme non libératoire un paiement fait par le débiteur, la menace de poursuites ; qu'ainsi, en l'espèce où les créanciers refusaient de considérer comme valable le retrait litigieux effectué par la société Promod et réclamaient à la caution le règlement du solde de la condamnation prononcée par l'arrêt exécutoire du 1er mars 2002, la cour d'appel, en considérant que la caution avait commis une faute en payant malgré l'opposition de la société Promod, a violé les articles 1147, 1699 et 2031 du Code civil ;

Mais attendu qu'ayant relevé que la caution avait payé la dette au cessionnaire retrayé malgré l'interdiction qui lui en avait été faite par le débiteur cédé qui invoquait le retrait litigieux emportant réunion des qualités de créancier et de débiteur dans la même personne et, en application de l'article 1300 du Code civil, confusion de droit éteignant les deux créances, la cour d'appel a légalement justifié sa décision ; que le moyen n'est pas fondé ;

Par ces motifs :

Rejette le pourvoi (...) »

CHAPITRE 2
LES EFFETS

SECTION 1
LA CESSION DE CRÉANCE EMPORTE TRANSFERT DE LA CRÉANCE

264. – Présentation. La cession de créance entraîne un transfert de la qualité de créancier. Le cessionnaire ne devient pas partie au contrat initial : il ne pourrait pas demander l'annulation du contrat. Il récupère la qualité de créancier du cédant.

SOUS-SECTION 1
LES ACCESSOIRES DE LA CRÉANCE

265. – Transmission des accessoires. La cession de créance emporte le transfert de la créance du cédant sur le cédé au cessionnaire. Sont transmis en même temps que la créance **tous les accessoires** de celle-ci. Selon l'article 1692 du Code civil : « La vente ou cession d'une créance comprend les accessoires de la créance, tels que caution, privilège et hypothèque » ; le nouvel article 1321, alinéa 3 dit la même chose : « Elle s'étend aux accessoires de la créance ».

Les accessoires sont les intérêts, mais aussi les garanties et les sûretés qui peuvent renforcer l'efficacité de la créance. Ainsi, l'action oblique, l'action paulienne et les actions en garantie suivent la créance cédée. La cession de créance emporte aussi transfert des actions en responsabilité civile, qu'elle soit contractuelle ou délictuelle. Ce transfert joue de plein droit, sauf convention contraire. Il n'est donc pas nécessaire de prévoir, par une stipulation expresse, la cession de l'action en responsabilité (Cass. 1re civ., 10 janv. 2006 : *Bull. civ.* 2006, I, n° 6 ; *Defrénois* 2006, p. 597, obs. E. Savaux). La règle vaut aussi lorsque l'action en responsabilité est fondée sur la faute professionnelle d'un avocat (Cass. 1re civ., 24 oct. 2006 : *D.* 2006, p. 2787, note Avena-Robardet).

Toutefois, la cession de créance n'a **pas d'effet novatoire**, elle ne donne pas naissance à une obligation et ne crée pas une nouvelle obligation. Les nullités et vices, affectant l'obligation cédée, demeurent.

JURISPRUDENCE
La cession de créance opère *ipso facto* transfert des actions en responsabilité

Cass. 1re civ., 10 janv. 2006 : *Bull. civ.* 2006, I, n° 6

« Attendu que par actes authentiques des 5 et 12 mai 1989 instrumentés par la société civile professionnelle Bonnet-Clerc, (la SCP) notaire, la Caisse régionale de Crédit agricole mutuel de la Guadeloupe (la CRCAM) a consenti à la société Soprotour, un crédit destiné à la réalisation d'un projet immobilier, d'un montant de 4 000 000 F ; qu'à la garantie de ce crédit a été affectée et hypothéquée au profit de la CRCAM une parcelle de terre section AZ n° 164 pour une superficie de 99 a 58 ca ; qu'une inscription d'hypothèque conventionnelle a été requise avec effet jusqu'au 10 avril 1995 ; que par acte authentique du 7 décembre 1990 instrumenté par la même SCP notariale, la CRCAM a consenti à la société Soprotour un second crédit d'un montant de 1 500 000 F ; qu'à sa garantie a été affectée et hypothéquée la même parcelle de terre ; que l'inscription d'hypothèque conventionnelle, requise le 3 juin 1991, a été renouvelée le 3 décembre 1993 ; que cette inscription n'a été réalisée que pour les lots 29 à 50 correspondant à des parties non bâties du terrain ; que l'hypothèque prise en garantie du premier crédit n'a pas été renouvelée ; que le 28 octobre 1994, la société Soprotour a été mise en liquidation judiciaire ; que le 10 janvier 1996, la société Farmimmo a signifié au liquidateur de la société Soprotour un acte du 25 novembre 1995 portant cession de certaines créances de la CRCAM à son profit ; que de février à juin 1997, le juge commissaire a ordonné la cession de gré à gré des lots 2, 4, 10, 23 et 24 de l'ensemble immobilier construit sur la parcelle hypothéquée pour un prix total de 1 255 000 F ; qu'en juillet 1999, la société cessionnaire Farmimmo, reprochant à la SCP d'avoir omis d'effectuer les diligences concernant l'inscription et le renouvellement des inscriptions hypothécaires, a assigné celle-ci ainsi que son assureur, la Mutuelle du Mans, en paiement de diverses sommes en réparation de son préjudice ; que les premiers juges ayant rejeté les demandes de la société Farmimmo, la société NACC, venant aux droits de celle-ci est intervenue volontairement en cause d'appel ; que l'arrêt attaqué (Basse-Terre, 2 juin 2003) a condamné *in solidum* la SCP et son assureur à payer à la société NACC la somme de 191 323,52 € (1 255 000 F) à valoir sur son préjudice global qui sera fixé à la clôture des opérations de liquidation judiciaire de la société Soprotour ;

Sur le premier moyen :

Attendu que la SCP notariale et son assureur font grief à l'arrêt d'avoir déclaré recevable l'intervention volontaire de la société NACC alors, selon le moyen, que pour déclarer recevable l'intervention volontaire de la société NACC et juger bien fondé son recours contre le notaire et son assureur de responsabilité, la cour d'appel s'est, tout à la fois, référée à la transmission d'une créance de responsabilité contre le notaire et à l'existence d'un hypothétique préjudice personnel propre à la société NACC ; qu'en se prononçant par de tels motifs qui laissent incertain le fondement de sa décision et ne permettant pas de vérifier si la société NACC pouvait se prévaloir d'une créance de réparation née directement dans son patrimoine ou de qualité d'ayant droit de la société Farmimmo, la cour d'appel a privé sa décision de base légale au regard de l'article 12 du Nouveau Code de procédure civile ;

Mais attendu que si la cession d'une créance transfère celle-ci au cessionnaire, qui dispose de toutes les actions qui appartenaient au cédant et qui se rattachaient à cette créance avant la cession ; qu'il résulte de l'arrêt qui constate que la société Farmimmo avait cédé sa créance à la société NACC postérieurement à la date du jugement entrepris, que la cession de créance ayant rendu le cessionnaire personnellement titulaire des droits transmis, en acquérant la créance, la société NACC a acquis ses accessoires, donc les sûretés ou les actions en justice qui lui étaient attachées comme résultant de la perte de ces sûretés et justifiant la réparation du préjudice en découlant pour elle ; que l'arrêt est ainsi légalement justifié ;

Sur le deuxième moyen :

Attendu qu'il est encore reproché à l'arrêt d'avoir déclaré recevable l'intervention volontaire de la société NACC alors, selon le moyen, que l'action de la société NACC à l'encontre du notaire et de son assureur de responsabilité était fondée sur l'existence d'un préjudice qui lui était personnel, par définition, distinct du préjudice de la société Farmimmo et, par voie de conséquence, d'une créance différente de celle dont s'est prévalue la société Farmimmo en première instance ; qu'en déclarant néanmoins recevable l'intervention volontaire de la société NACC, bien que la condamnation qui lui était demandée n'eût pas subi l'épreuve des premiers juges, la cour d'appel a violé l'article 554 du Nouveau Code de procédure civile ;

Mais attendu que peuvent intervenir en cause d'appel les personnes qui n'ont été ni parties, ni représentées en première instance ou qui y ont figuré en une autre qualité, dès lors qu'elles y ont intérêt, et que l'intervention se rattache aux prétentions des parties par un lien suffisant ;

que la cour d'appel qui a constaté que l'action exercée par la société NACC tendait à la condamnation de la SCP notariale sur le fondement de sa responsabilité civile professionnelle, en réparation de manquements ayant conduit à la déperdition des sûretés prises en garantie des prêts consentis par la CRCAM, a ainsi relevé l'existence d'un lien dont elle a souverainement apprécié le caractère suffisant ; que le moyen n'est pas fondé ;

Sur le troisième moyen, pris en ses trois branches :

Attendu que la SCP notariale fait grief à l'arrêt de l'avoir condamnée *in solidum* avec son assureur à payer à la société NACC la somme de 191 323,52 € à valoir sur son préjudice à fixer à la clôture des opérations de liquidation judiciaire de la société Soprotour, alors, selon le moyen :

1/que l'acte de cession de créance au profit de la société NACC, sous-cessionnaire des créances du Crédit agricole à l'égard de la société Soprotour, mentionnait précisément le défaut de renouvellement de l'inscription hypothécaire prise en sûreté du prêt de 1989, ainsi que le renouvellement limité de l'inscription hypothécaire prise en sûreté du prêt de 1990 ; qu'en condamnant néanmoins le notaire à qui était imputé l'inefficacité de ces sûretés, sans rechercher, ainsi qu'elle y était invitée, si la société NACC n'avait, en réalité, souffert d'aucun préjudice personnel en relation causale avec le fait de l'officier ministériel, puisqu'elle avait acquis, en connaissance de cause et probablement à moindre coût, une créance dépourvue de toute sûreté opposable aux tiers, la cour d'appel a privé sa décision de base légale au regard de l'article 1382 du Code civil ;

2/qu'en toute hypothèse, est contraire à l'ordre public et entachée d'une nullité absolue la cession d'une créance de responsabilité ; qu'en faisant droit à l'action de la société NACC bien qu'il résultât des éléments versés aux débats qu'une telle créance de responsabilité dont l'officier ministériel et son assureur auraient été débiteurs avait été cédée à la société demanderesse, la cour d'appel, qui a attaché des effets à une cession de créance contraire à l'ordre public, a violé les articles 6 et 1108 du Code civil ;

3/qu'en toute hypothèse, la créance de responsabilité contre le notaire chargé de procéder à l'inscription d'une hypothèque ou à son renouvellement reste, sauf clause contraire, détenue par le créancier victime de la faute du notaire, nonobstant la cession de la créance principale qu'il réaliserait par ailleurs ; qu'en condamnant dès lors le notaire et son assureur de responsabilité sans rechercher, ainsi qu'elle y était invitée, si la société NACC justifiait bien d'un acte stipulant expressément la cession de créance de responsabilité contre le notaire, la cour d'appel a violé les articles 1134 et 1165 du Code civil ;

Mais attendu, d'abord, que la cour d'appel n'avait pas à effectuer une recherche que rendaient inopérantes ses constatations dont il résultait que le cessionnaire de la créance et de ses sûretés exerçait une action qui leur était attachée et qui lui appartenait en propre par l'effet de la cession ; qu'ensuite, une convention de cession peut avoir pour objet, non seulement toute créance mais encore toute action contre un tiers, à moins que ces créances, droit ou action ne soient hors du commerce ou que l'aliénation n'en ait été prohibée par une loi particulière ; que dès lors, n'était pas contraire à l'ordre public la cession d'action tendant à la mise en jeu d'une responsabilité civile professionnelle ne faisant l'objet d'aucune restriction légale ; qu'enfin, la cession de créance, ayant pour effet d'emporter de plein droit transfert de tous les accessoires de ladite créance, et notamment les actions en justice qui lui étaient attachées, la cour d'appel n'avait pas à rechercher si le cessionnaire justifiait d'un acte stipulant expressément la cession de l'action en responsabilité ; que le moyen n'est fondé en aucun de ses griefs ;

Et sur le quatrième moyen, tel qu'énoncé au mémoire en demande et reproduit en annexe :

Attendu que la contradiction dénoncée entre le dispositif et les motifs de l'arrêt résulte d'une erreur matérielle qui peut, selon l'article 462 du Nouveau Code de procédure civile, être réparée par la Cour de cassation à laquelle est déféré cet arrêt dont la rectification sera ci-après ordonnée ;

que le moyen n'est pas fondé ;

Par ces motifs :

Dit que les motifs de l'arrêt attaqué (page 7) seront modifiés comme suit : "La société NACC rapporte la preuve que les lots 2, 4, 10, 23 et 24 ont été vendus pour la somme totale de 1 255 000 F" ;

Rejette le pourvoi (...) »

Cass. 1re civ., 24 oct. 2006 : *D.* 2006, p. 2787, note Avena-Robardet

« Attendu que la société ACR 1, aux droits de laquelle se trouve la société Acofi Investment Management, qui avait acquis, pour le prix symbolique d'un franc, la créance de la société National Westminster Bank (NWB) à l'encontre d'emprunteurs, antérieurement éteinte à l'égard de l'un d'eux, a assigné M. X..., avocat de cette banque, et la SCP Y... X..., dont il est associé, en responsabilité professionnelle aux fins d'indemnisation de son préjudice à concurrence du montant nominal de la créance cédée ;

Sur le premier moyen, pris en sa première branche :

Vu les articles 1615 et 1692 du Code civil ;

Attendu qu'il résulte de ces textes que la cession de créance transfère au cessionnaire les droits et actions appartenant au cédant et attachés à la créance cédée et, notamment, sauf stipulation contraire, l'action en responsabilité, contractuelle ou délictuelle, qui en est l'accessoire, fondée sur la faute antérieure d'un tiers, dont est résultée la perte ou la diminution de la créance, à l'exclusion des actions extrapatrimoniales, incessibles ou strictement personnelles au cédant ;

Attendu que pour déclarer la société ACR 1 irrecevable à agir, l'arrêt retient que la société NWB n'avait, à la date de la cession, engagé aucune action en responsabilité contre son conseil dont les carences fautives étaient acquises à cette date, que l'acte de cession ne faisait nulle part référence ou mention des droits éventuels que la banque aurait cédés à la société ACR 1, laquelle n'avait pas plus de droits que ceux expressément cédés, que l'action en responsabilité contre le conseil ne pouvait être regardée comme l'accessoire de la créance cédée, que si la société ACR 1 avait pu, de son chef, missionner M. X... pour la poursuite de la procédure contre les emprunteurs, elle n'était pas fondée à invoquer l'exécution d'un contrat à exécution successive l'autorisant à se prévaloir des fautes commises par ce conseil dans ses relations avec la société NWB, antérieurement à la cession de créance, et qu'en définitive, la société ACR 1 n'avait aucun lien de droit avec M. X... et la SCP Y... X... et n'était pas recevable à réclamer réparation d'un préjudice subi par la société NWB à raison de fautes commises dans l'exécution de la mission que cette dernière avait confiée à l'avocat ;

Attendu qu'en se déterminant ainsi, la cour d'appel a violé les textes susvisés ;

Et sur le second moyen, pris en sa seconde branche, qui est recevable :

Vu l'article 1690 du Code civil ;

Attendu que pour déclarer la société ACR 1 irrecevable à agir à l'encontre de M. Richard et la SCP Y... X..., l'arrêt retient qu'aucune signification de la cession des droits de la société NWB sur M. X... et la SCP d'avocats n'avait été opérée et que celle faite aux débiteurs de la banque ne concernait que la créance née du prêt consenti à ceux-ci ;

Attendu, cependant, qu'en se déterminant ainsi, alors que la signification, faite par le cessionnaire au débiteur cédé, de la cession de créance rend celle-ci opposable aux tiers, la cour d'appel, qui, au demeurant, se trouvait saisie de conclusions rendant certain le transport de créance invoqué, avec ses accessoires, a violé le texte susvisé ;

Par ces motifs, et sans qu'il y ait lieu de statuer sur les autres griefs :

Casse et annule (...) »

266. – Clause compromissoire et cession de créance. Le cessionnaire est donc investi de toutes les prérogatives du cédant. Une jurisprudence est intervenue en matière de cession de la clause compromissoire contenue dans le contrat. Il ne peut être reproché à une cour d'appel d'avoir déclaré le tribunal de commerce incompétent pour connaître de la demande présentée par une banque cessionnaire, selon un « bordereau Dailly », de la créance d'une société sur une entreprise étrangère en raison de la stipulation dans le contrat liant ces deux sociétés d'une clause compromissoire renvoyant à un arbitrage institutionnel, dès lors que la clause d'arbitrage international, valable par le seul effet de la volonté des contractants, est transmise au cessionnaire avec la créance et telle que cette créance existe dans les rapports entre le cédant et le débiteur cédé. La cour d'appel a, dès lors, justement décidé que la clause d'arbitrage stipulée dans le contrat conclu entre la société cédante et le débiteur cédé s'imposait à la banque, cessionnaire de la créance (Cass. 1re civ., 5 janv. 1999 : *Bull. civ.* 1999, I, n° 1 ; *Defrénois* 1999, p. 752 et la note. – Dans le même sens, pour une clause d'arbitrage interne : Cass. 2e civ., 20 déc. 2001 : *Bull. civ.* 2001, II, n° 198).

SOUS-SECTION 2

LES VICES DE LA CRÉANCE

267. – Exceptions nées antérieurement. Toutefois, le cessionnaire ne doit pas avoir plus de droits que le cédant par application du principe de droit romain : *Nemo plus juris ad alienum transferre potest quam ipse habet* (Nul ne peut transférer plus de droits que ceux dont il dispose lui-même).

Par conséquent, toutes les exceptions qui affectent la créance et qui sont nées antérieurement à la cession sont opposables au cessionnaire. Ainsi, si la créance est nulle en raison d'un vice du consentement, ce vice peut être opposé au cessionnaire. Il en est de même en cas de prescription, de résolution ou d'exception d'inexécution.

Selon l'ancien article 1295, alinéa 1er, du Code civil :

« Le débiteur qui a accepté purement et simplement la cession qu'un créancier a faite de ses droits à un tiers, ne peut plus opposer au cessionnaire la compensation qu'il eût pu, avant l'acceptation, opposer au cédant ».

Le débiteur qui a accepté la cession ne peut plus opposer au cessionnaire les opérations qu'il eût pu opposer au créancier dont il était débiteur lui-même. S'il pouvait invoquer une compensation et s'il accepte la cession, il faut dire qu'il a renoncé à cette compensation.

Selon **l'alinéa 2** de ce même texte :

« À l'égard de la cession qui n'a point été acceptée par le débiteur, mais qui lui a été signifiée, elle n'empêche que la compensation des créances postérieures à cette notification ».

La matière a été renouvelée par l'alinéa 2 de l'article 1324 du Code civil :

« Le débiteur peut opposer au cessionnaire les exceptions inhérentes à la dette, telles que la nullité, l'exception d'inexécution, la résolution ou la compensation des dettes connexes. Il peut également opposer les exceptions nées de ses rapports avec le cédant avant que la cession lui soit devenue opposable, telles que l'octroi d'un terme, la remise de dette ou la compensation de dettes non connexes ».

Il en résulte que l'exception de compensation est opposable si elle est née antérieurement à la signification de la cession. Il ne peut l'invoquer si elle est postérieure, sauf l'hypothèse de la connexité.

En cas de compensation entre des créances connexes : V. C. Laurent, *D.* 1994, p. 269 ; J.-P. Henier, *D.* 1997, p. 95.

Plus délicate est la situation des exceptions nées postérieurement à la cession de créance.

268. – Exceptions postérieures inhérentes à la dette. Le transfert de droits opéré par la cession ne rend pas toutes les exceptions postérieures inopposables au cessionnaire. Le droit du cessionnaire dépend de l'exécution correcte de la convention, à laquelle il n'est pas partie. Il ne peut avoir plus de droits à l'égard du débiteur cédé que n'en avait le cédant. Les exceptions « inhérentes à la créance », autrement dit qui résultent du contrat source de la créance, quelle que soit leur date de naissance, lui sont opposables.

La Cour de cassation a posé le principe dans un arrêt du 12 janvier 2010 (n° 08-22.000 : *Bull. civ.* 2010, IV, n° 2 ; *Dr. et patrimoine* juill. 2010, n° 194, p. 103, obs. L. Aynès ; *RJ com.* 2010, 359, note C. Boillot ; *RDC* 2010, p. 834, obs. Y.-M. Laithier ; *JCP* G 2010,

p. 516, n° 27, obs. A.-S. Barthez ; *RTD civ.* 2010, p. 106, obs. B. Fages). Le bailleur d'un immeuble avait cédé sa créance de loyers pour une durée de trente-six mois. Le locataire, à qui la cession de créances a été signifiée, s'acquitte de sa dette auprès du cessionnaire pendant un temps, puis refuse de payer au motif que le bailleur n'a pas satisfait à son obligation d'assurer une jouissance paisible des lieux loués. Le principal argument du cessionnaire pour réclamer paiement repose sur la date de naissance de l'exception invoquée par le débiteur, celle-ci étant postérieure à la signification de la cession. La Cour de cassation énonce que : « En cas de cession de créance, le débiteur peut invoquer contre le cessionnaire les exceptions inhérentes à la dette même si elles sont apparues postérieurement à la notification de la cession ».

Cette solution constante a notamment été affirmée en matière de cession Dailly (Cass. com., 9 nov. 1993 : *Bull. civ.* 1993, IV, n° 385).

Celle-ci, d'usage plus large que la cession de créance de droit civil, est soumise aux mêmes principes, sauf à ce que le débiteur cédé ait accepté la cession. Dans ce cas, il prend un engagement personnel de payer le cessionnaire et renonce à invoquer les exceptions inhérentes à la créance.

La réforme reprend en substance ces solutions :

« *Art. 1324, al.* 2. – Le débiteur peut opposer au cessionnaire les exceptions inhérentes à la dette, telles que la nullité, l'exception d'inexécution, la résolution ou la compensation des dettes connexes. Il peut également opposer les exceptions nées de ses rapports avec le cédant avant que la cession lui soit devenue opposable, telles que l'octroi d'un terme, la remise de dette ou la compensation de dettes non connexes ».

JURISPRUDENCE
Cession de créance et exception d'inexécution

Cass. com., 12 janv. 2010, n° 08-22.000 : *Bull. civ.* 2010, IV, n° 3

« Attendu, selon l'arrêt attaqué (Fort-de-France, 7 août 2008) que la société Kalenda aux droits de la société Somera bailleresse de la société Sodexca et débitrice envers la Société d'économie mixte d'aménagement de la ville de Lamentin (la Semavil) d'une somme de 900 000 €, a cédé à celle-ci la totalité des loyers futurs dus par sa locataire dans la limite de 36 mois à compter du 1er avril 2005 ; que la cession de créance a été signifiée à la société Sodexca, débiteur cédé, par acte du 1er avril 2005 ; que les loyers ne lui étant plus payés à compter du mois de mai 2006, la Semavil, cessionnaire de la créance, a assigné en référé le débiteur cédé, qui s'est prévalu d'une contestation sérieuse ;

Attendu que la Semavil fait grief à l'arrêt d'avoir, confirmant l'ordonnance déférée, rejeté sa demande visant à voir la société Sodexca condamnée à lui payer à titre provisionnel la somme de 129 017,70 € au titre des loyers échus et celle de 8 143,32 € par mois jusqu'au départ effectif des locaux, alors, selon le moyen :

1°/ que le débiteur cédé ne peut opposer au cessionnaire les exceptions qu'il aurait opposées au cédant que si celles-ci sont nées antérieurement à l'accomplissement de la formalité de l'article 1690 du Code civil ; qu'en jugeant pourtant que la société Sodexca, débiteur cédé, pouvait se prévaloir à l'encontre de la société Semavil, cessionnaire, de l'exception d'inexécution qu'elle pourrait opposer la société Kalenda, cédante, même si l'exception était apparue postérieurement à la notification de la cession, la cour d'appel a violé les articles 1690 du Code civil et 873 alinéa 2 du Code de procédure civile ;

2°/ que le juge ne peut refuser d'allouer une provision lorsque la créance du demandeur n'est pas contestée et que le défendeur se contente d'opposer, pour refuser le paiement, une créance réciproque qui n'est ni certaine, ni liquide, ni exigible ; qu'en l'espèce, la créance de loyers de la société Semavil était incontestable quand la société Sodexca n'invoquait que l'exception d'inexécution pour s'opposer au paiement, sans que la créance née de cette exception d'inexécution soit certaine, liquide et exigible ; qu'en refusant pourtant de faire droit à la demande de provision formée par l'exposante, la cour d'appel a violé l'article 873 alinéa 2 du Code de procédure civile ;

3°/ que le juge ne peut refuser d'allouer une provision qu'après avoir constaté l'existence d'une contestation sérieuse ; qu'en l'espèce, si la société Sodexca se prévalait de l'exception d'inexécution pour tenter d'échapper au paiement, l'exposante expliquait que les conditions d'application de cette exception n'étaient pas réunies, dès lors notamment qu'il n'était pas établi que l'inexécution reprochée à la société Kalenda n'était pas imputable à un défaut de paiement des travaux émanant de la société Sodexca elle-même ; qu'en déboutant pourtant l'exposante de sa demande de provision en se fondant sur l'existence d'un manquement de la société Kalenda à ses obligations, sans rechercher si ce manquement n'était pas imputable à la société Sodexca, la cour d'appel a privé sa décision de base légale au regard de l'article 873 alinéa 2 du Code de procédure civile ;

4°/ que le juge ne peut refuser d'allouer une provision qu'après avoir constaté l'existence d'une contestation sérieuse ; qu'en l'espèce, le premier juge n'avait caractérisé l'existence d'une inexécution par la société Kalenda de ses obligations qu'à compter du mois d'octobre 2006, en se fondant sur un procès-verbal d'huissier en date du 10 octobre et des procès-verbaux ultérieurs, comme l'avait relevé l'exposante dans ses écritures ; qu'en déboutant pourtant l'exposante de sa demande de provision formée, à titre subsidiaire, pour les loyers correspondant aux mois de mai à octobre 2006, sans caractériser l'existence d'une contestation sérieuse au titre de cette période, la cour d'appel a privé sa décision de base légale au regard de l'article 873 alinéa 2 du Code de procédure civile ;

Mais attendu, en premier lieu, qu'en cas de cession de créance, le débiteur peut invoquer contre le cessionnaire les exceptions inhérentes à la dette même si elles sont apparues postérieurement à la notification de la cession ; que la cour d'appel a retenu à bon droit, par motifs adoptés, que la société Sodexca pouvait opposer au cessionnaire l'exception d'inexécution ;

Attendu, en second lieu, qu'ayant relevé par motifs propres et adoptés, que la société Kalenda s'était engagée, nonobstant les travaux en cours, à assurer à la société Sodexca la jouissance paisible des lieux loués dans les termes et conditions définis dans un protocole d'accord, et qu'il résultait de plusieurs constats d'huissier de justice que la première ne respectait pas ses obligations, la cour d'appel a pu en déduire qu'il existait une contestation sérieuse.

D'où il suit que le moyen n'est pas fondé.

Par ces motifs : Rejette le pourvoi. »

SECTION 2

LES OBLIGATIONS À LA CHARGE DU CÉDANT

269. – Garanties dues par le cédant. La cession de créance fait naître des obligations à la charge du cédant. Il a l'obligation de garantir l'existence de la créance ; en revanche, il n'a pas l'obligation de garantir la solvabilité du débiteur.

Les anciens articles 1693 et 1694 du Code civil énonçaient la règle.

L'article 1693 du Code civil :

« Celui qui vend une créance ou autre droit incorporel doit en garantir l'existence au temps du transport, quoiqu'il soit fait sans garantie ».

L'article 1694 du Code civil :

« Il ne répond de la solvabilité du débiteur que lorsqu'il s'y est engagé, et jusqu'à concurrence seulement du prix qu'il a retiré de la créance ».

La réforme du droit des contrats reprend ces solutions :

« *Art. 1326.* – Celui qui cède une créance à titre onéreux garantit l'existence de la créance et de ses accessoires, à moins que le cessionnaire l'ait acquise à ses risques et périls ou qu'il ait connu le caractère incertain de la créance.

Il ne répond de la solvabilité du débiteur que lorsqu'il s'y est engagé, et jusqu'à concurrence du prix qu'il a pu retirer de la cession de sa créance.

Lorsque le cédant a garanti la solvabilité du débiteur, cette garantie ne s'entend que de la solvabilité actuelle ; elle peut toutefois s'étendre à la solvabilité à l'échéance, mais à la condition que le cédant l'ait expressément spécifié ».

Celui qui vend une créance devant en garantir l'existence au temps du transfert, c'est au cédant, qui réclame le prix de cession, d'établir l'existence de sa créance lors de la cession ; il supporte la charge de la preuve de la créance cédée (Cass. com., 29 mars 1994 : *Bull. civ.* 1994, IV, n° 126). La garantie visée par l'article 1693 précité s'étend à l'obligation, pour le vendeur, de garantir qu'au temps du transport de la créance le privilège qui y était attaché existait.

Toutefois, cette obligation de garantie se limite à l'existence de la créance et aux garanties attachées. Ainsi, le cédant ne doit pas à l'acquéreur garantie de la conformité des travaux de construction au devis à lui remis.

270. – Clauses exclusives, limitatives ou extensives de garantie. Les parties peuvent toutefois restreindre la garantie (clause d'acquisition à ses risques et périls) ou l'étendre. Ils peuvent prévoir aussi que le cessionnaire par le jeu de cette dernière clause ne pourrait avoir de recours qu'à concurrence du prix de cession.

Les parties peuvent aussi renforcer la garantie. L'ancien article 1695 du Code civil disposait que :

« Lorsqu'il a promis la garantie de la solvabilité du débiteur, cette promesse ne s'entend que de la solvabilité actuelle, et ne s'étend pas au temps à venir, si le cédant ne l'a expressément stipulé ».

À comparer avec l'alinéa 3 de l'article 1326 du Code civil :

« Lorsque le cédant a garanti la solvabilité du débiteur, cette garantie ne s'entend que de la solvabilité actuelle ; elle peut toutefois s'étendre à la solvabilité à l'échéance, mais à la condition que le cédant l'ait expressément spécifié ».

Exercice : la cession de créance

Sujet

À partir de l'énumération des tiers admis à se prévaloir du défaut de publicité de la cession de créance, expliquez les raisons d'être des formalités de l'ancien article 1690/nouvel article 1324.

Éléments de réponse

Une créance représente une certaine valeur dans le patrimoine de son titulaire, tout comme un bien corporel pour son propriétaire. Cette valeur peut être cédée, remise en gage, saisie par des créanciers. Mais la propriété d'un bien corporel se manifeste extérieurement par la possession, de sorte que les tiers peuvent savoir si la valeur qu'ils envisagent d'acquérir, de prendre en gage, de saisir est encore disponible pour l'opération projetée.

Le propriétaire, qui vend son bien, perd la possession en même temps que la propriété.

Au contraire, aucun signe extérieur ne révèle que celui qui était titulaire d'une créance a cessé de l'être. Les tiers risqueraient d'être trompés si la cession de créance était occulte, car ils croiraient que la valeur de la créance est toujours dans le patrimoine du cédant, quand elle est passée dans celui du cessionnaire. Il faut ajouter que le débiteur de la créance cédée lui-même doit savoir que le créancier a changé, pour connaître la personne à laquelle il doit payer sa dette.

La loi impose donc d'avertir officiellement de la cession de créance le débiteur cédé ; celui-ci étant au courant de la situation pourra répondre aux demandes de renseignements des autres tiers intéressés.

JURISPRUDENCE

La Cour de cassation, dans un arrêt du 4 juin 1996, a considéré que l'acte par lequel le crédit-bailleur cède au crédit-preneur, dans une opération de crédit-bail, les actions en garantie pouvait s'analyser en une cession de créance.

Cass. com., 4 juin 1996 : *Bull. civ.* 1996, IV, n° 156 ; *D.* 1996, p. 630, note M. Billiau ; *JCP* G 1996, II, 22744, note M. Taillens-Dessalle

« LA COUR :

Sur le moyen unique, pris en sa première branche :

Vu les articles 1134 et 1690 du Code civil ;

Attendu, selon les énonciations de l'arrêt attaqué (CA Bordeaux, 16 mars 1994), que la Sté Carrosserie nouvelle a acheté, en avril 1987, à la Sté Geime un banc de contrôle électronique Universal Bench au moyen d'un contrat de crédit-bail conclu, avec la Sté Loca PMI, le 16 octobre 1987 pour une période de cinq ans ; que la Sté Carrosserie nouvelle a assigné les sociétés Loca PMI, Geime et Universal Bench en résolution du contrat de vente, en faisant valoir que le banc de contrôle ne fonctionnait pas, en remboursement des loyers payés et en paiement de dommages-intérêts ;

Attendu que pour déclarer irrecevable la demande de la Sté Carrosserie nouvelle en résolution de la vente, après avoir relevé que la clause litigieuse stipulait que "le locataire bénéficiera des garanties consenties par le constructeur ou le fournisseur et attachées à la propriété du matériel loué. À cet effet, la Sté Loca PMI délègue par les présentes et pour ce faire au locataire tous ses droits et actions contre le constructeur ou le fournisseur concerné", l'arrêt retient que ladite clause ayant pour effet de transférer au locataire l'action en résolution de la vente, le consentement exprès du vendeur à ce transfert des actions du crédit-bailleur acquéreur du matériel au crédit-preneur était nécessaire ;

Attendu qu'en statuant ainsi, alors qu'en l'état de la clause litigieuse du contrat de crédit-bail, par la délégation faite, par la Sté Loca PMI à la Sté Carrosserie nouvelle, le bailleur avait transféré au locataire ses droits contre le fournisseur concernant la garantie des vices cachés et que l'assignation en résolution du contrat de vente du fournisseur par le preneur qui invoquait, avec le bailleur, la clause litigieuse, opérait signification de la cession de créance de garantie, la cour d'appel a violé les textes susvisés ;

Par ces motifs, et sans qu'il y ait lieu de statuer sur la seconde branche du moyen, casse et (...) renvoie devant la cour d'appel de Toulouse (...) »

La Cour de cassation, dans un arrêt du 26 mai 2010, a décidé, lorsque la cession des loyers a été signifiée au locataire, la société de créancier nanti.

La cession des loyers ayant été signifiée par le créancier au locataire, la cour considère que le cessionnaire, requalifié en créancier nanti, avait vocation à recevoir paiement des loyers en lieu et place de la société constituante, quand bien même cette dernière aurait été placée en redressement judiciaire. Le locataire n'aurait jamais dû cesser de s'acquitter des loyers entre les mains du créancier et c'est donc à tort que le représentant des créanciers, désigné par la suite en qualité de liquidateur, n'a pas reversé ces loyers au créancier nanti. C'est une solution bien connue s'agissant du paiement opéré par un tiers, et appliquée en cas de saisie-attribution d'une créance à exécution successive (Cass. ch. mixte, 22 nov. 2002, n° 99-13.935), en cas de cession Dailly (Cass. com., 7 déc. 2004, n° 02-20.732) ou encore en cas de délégation imparfaite (Cass. com., 30 mars 2005, n° 03-15.561).

Cass. com., 26 mai 2010, n° 09-13.388

« LA COUR :

Attendu, selon l'arrêt attaqué, que le Groupement pour le financement des ouvrages de bâtiment, travaux publics et annexes (la société GOBTP), a consenti, le 27 décembre 1990, un prêt relais à la société Fideux, aux droits de laquelle vient la société Auberfi, en vue de l'acquisition d'un bien immobilier ; que la société GOBTP a obtenu en garantie, outre le privilège de prêteur de deniers et une inscription d'hypothèque conventionnelle, la cession des loyers dus à la société propriétaire ; que ce crédit a été remboursé, le 28 février 1992, par un second prêt intervenu entre les mêmes parties et aux mêmes conditions ; que la société GOBTP ayant signifié la cession des loyers à l'un des locataires, ce dernier a versé ses loyers directement à la société GOBTP, jusqu'à l'ouverture d'une procédure de redressement judiciaire, le 30 septembre 1999, à l'encontre de la société Auberfi, convertie en liquidation judiciaire, le 22 juin 2000, M. X... ayant été désigné d'abord représentant des créanciers, puis liquidateur ; que reprochant à ce dernier de ne pas lui avoir reversé ces loyers, la société GOBTP l'a assigné en responsabilité ;

Sur le premier moyen, pris en sa deuxième branche :

Vu les articles 1690, 2071, 2073 et 2075 du Code civil dans leur rédaction antérieure à l'ordonnance du 23 mars 2006 ;

Attendu que pour décider que M. X... n'a pas commis de faute et rejeter les demandes de la société GOBTP, l'arrêt retient que, s'agissant de la cession d'une créance à exécution successive comme l'est celle de loyers, organisée entre l'emprunteur et le prêteur, elle ne constitue qu'une modalité, convenue entre eux, de remboursement du prêt et n'est ni constitutive d'une sûreté, ni assimilable à une saisie-attribution, que dès lors, les loyers à échoir, postérieurement à l'ouverture d'un redressement judiciaire, sont soumis aux règles de cette procédure et qu'il en résulte que les loyers du dernier trimestre 1999 ont été justement payés entre les mains des organes de la procédure, la cession de créance ne constituant pas un privilège entre les mains du prêteur ;

Attendu qu'en statuant ainsi, alors qu'elle avait relevé que la cession des loyers faite par la société Fideux à la société GOBTP en garantie du remboursement du prêt consenti a été signifiée au locataire conformément aux dispositions de l'article 1690 du Code civil, de sorte que la société GOBTP avait la qualité de créancier nanti, la cour d'appel, qui n'a pas tiré les conséquences légales de ses constatations, a violé les textes susvisés ;

(...)

PAR CES MOTIFS, et sans qu'il y ait lieu de statuer sur les autres griefs : CASSE ET ANNULE (...) »

La Cour de cassation, dans un arrêt du 11 octobre 2011, a considéré que lorsque le cessionnaire obtient la condamnation au paiement du débiteur cédé par un jugement assorti de l'exécution provisoire et que la cession de créance, intervenue en période suspecte, fait l'objet d'une action en nullité, le débiteur cédé doit être condamné à s'acquitter de sa dette entre les mains du mandataire de justice plutôt qu'entre celles du cessionnaire.

Cass. com., 11 oct. 2011 : *Bull. civ.* 2011, IV, n° 155

« LA COUR :

Sur le moyen unique :

Attendu, selon l'arrêt attaqué (Douai, 24 novembre 2009), que la Sarl HB La Halle (la cédante), qui avait effectué un dépôt de garantie de 30 849,27 € auprès de l'association du Fonds de garantie des mareyeurs des ports du littoral Nord-Pas-de-Calais (l'association) a cédé, le 25 février 2005, sa créance à la société Fraimer Lux (la cessionnaire) ; que la cédante a été mise en redressement, puis liquidation judiciaires, les 25 avril 2005 et 1er février 2006, la Selarl Soinne étant nommée représentant des créanciers, puis liquidateur judiciaire (le liquidateur) ; que la cessionnaire ayant obtenu condamnation à paiement de l'association par jugement assorti de l'exécution provisoire, le liquidateur, qui avait demandé au tribunal de surseoir à statuer en raison de l'action en nullité diligentée à l'encontre de la cession de créance intervenue en période suspecte, a relevé appel de cette décision ;

Attendu que l'association fait grief à l'arrêt de l'avoir condamnée à payer au liquidateur la somme de 30 849,27 €, alors, selon le moyen, que le payement fait de bonne foi à celui qui est en possession de la créance, est valable, encore que le possesseur en soit par la suite évincé ; qu'en l'espèce, l'association a, en vertu d'un jugement assorti de l'exécution provisoire pris contre elle, effectué un paiement entre les mains du cessionnaire de la créance ; qu'en se fondant, pour la condamner à payer une deuxième fois la même créance entre les mains du liquidateur de la société cédante du fait de l'annulation en cause d'appel de la cession de créance, sur la nullité des actes accomplis pendant la période suspecte ayant un effet *erga omnes* y compris à l'égard des tiers même de bonne foi, quand l'association, qui avait payé entre les mains du cessionnaire sur la foi d'un titre exécutoire provisoire, s'en était pourtant trouvée nécessairement libérée, la cour d'appel a violé l'article 1240 du Code civil, ensemble les articles L. 632-1 et L. 632-4 du Code de commerce ;

Mais attendu que l'infirmation de la décision en vertu de laquelle le paiement forcé a été effectué remet les parties dans la situation où elles se trouvaient avant l'exécution et fait disparaître la cause du paiement, l'obligation de rembourser résultant de plein droit de la réformation ; qu'ayant infirmé la décision de condamnation au profit du cessionnaire pour prononcer condamnation au profit du liquidateur, la cour d'appel, qui a substitué une condamnation à une autre, a écarté, à bon droit, les dispositions de l'article 1240 du Code civil ; que le moyen n'est pas fondé ;

PAR CES MOTIFS : REJETTE le pourvoi. »

CHAPITRE 3
LES CESSIONS DE CRÉANCE SIMPLIFIÉES

271. – Nécessité. Le droit contemporain et la jurisprudence ont cherché à simplifier la cession de créance pour répondre aux besoins de la pratique. Les formalités de l'article 1324 n'ont pas été considérées comme impératives. Le droit commercial connaît ainsi des cessions de créance simplifiées. Tel est le cas lorsque la créance est représentée par un titre ou encore, pour faciliter le crédit, par un bordereau Dailly.

Il est d'autres cessions particulières, comme la cession des rémunérations (V. C. trav., art. R. 3252-45 à R. 3252-49) : le cédant, débiteur d'une somme d'argent, déclare volontairement céder à son créancier, le cessionnaire, une partie de son salaire, en l'occurrence la portion saisissable de ses rémunérations.

SECTION 1
LA CESSION SIMPLIFIÉE DE LA CRÉANCE MATÉRIALISÉE SOUS LA FORME D'UN TITRE NÉGOCIABLE

272. – Titre négociable. La pratique des affaires a créé au fil du temps un instrument juridique très efficace : le titre négociable. Ce titre circule d'une manière originale, car il échappe aux règles civiles. Il confère une protection accrue à son titulaire, qui ne peut, en principe, se voir opposer par le débiteur les exceptions dont celui-ci aurait pu se prévaloir à l'égard du cédant. Mais rien ne s'oppose à l'application de l'article 1324 du Code civil.

Ce titre représente normalement une créance de somme d'argent. Il peut aussi représenter une marchandise (V. le connaissement maritime ou fluvial).

Le titre négociable comporte plusieurs variantes.

SOUS-SECTION 1
LE TITRE EST NOMINATIF

273. – Transfert du titre. Dans un titre nominatif, le créancier et le débiteur sont individuellement désignés par le titre.

Dans ce cas, la cession du titre se fait par voie de *transfert*, à savoir l'inscription du nom du cessionnaire sur un registre tenu par l'organisme émetteur.

SOUS-SECTION 2

LE TITRE EST AU PORTEUR

274. – Incorporation au titre. Dans un titre au porteur (V. billets de banque, billets de loterie…), les personnes ne sont pas nommément désignées. Le titre incorpore une créance : il a une valeur en lui-même.

275. – Forme au porteur. La forme au porteur n'est pas propre au droit commercial. Le droit civil l'admet sauf texte contraire. Par exemple, la loi n° 76-519 du 15 juin 1976 prohibe les « grosses au porteur » : pour permettre au créancier hypothécaire de poursuivre le recouvrement de sa créance, le notaire établit une copie exécutoire, qui rapporte littéralement les termes de l'acte authentique qu'il a dressé. Il la certifie conforme à l'original et la revêt de la formule exécutoire. Or, cette copie exécutoire ne peut pas être au porteur.

276. – *Traditio.* La cession se fait par voie de *tradition* (version moderne de la *traditio* romaine), autrement dit par le passage de la main du cédant à la main du cessionnaire. Ce simple geste, passage d'une main à l'autre, suffit à caractériser la cession.

SOUS-SECTION 3

LE TITRE EST À ORDRE

277. – Titres à ordre. Les effets de commerce, comme le billet à ordre et la lettre de change, sont des titres à *ordre*, à ordre ou nominatif. Cela veut dire que le bénéficiaire du titre est nommément désigné dans celui-ci, à la suite d'une mention spécifique (« Veuillez payer à l'ordre de… »). La technique est très connue du droit commercial ou du droit maritime (V. le connaissement), ou encore du droit des assurances (C. assur., art. L. 112-5). D'une manière générale, on peut se demander si une simple créance civile pouvait être stipulée à ordre.

Pour transmettre le titre, il faut réaliser un endossement – signature apposée par le cédant au dos du titre. Le détenteur d'un billet à ordre n'est considéré comme porteur légitime que s'il justifie de son droit par une suite ininterrompue d'endossements (Cass. 2e civ., 24 mai 1982 : *Bull. civ.* 1982, II, n° 82).

Les valeurs mobilières (actions, obligations…) suivent aujourd'hui un régime dérogatoire puisqu'elles sont « dématérialisées » : elles sont inscrites en compte et dépourvues de toute matérialité. Elles se négocient par ordre de virement de compte à compte.

En droit maritime, le « connaissement » est un titre au porteur par lequel le transporteur, *via* le capitaine du navire, « reconnaît » la marchandise qu'il a chargée à son bord. Il représente la marchandise.

Il peut également être stipulé à ordre. Au porteur ou à ordre, le connaissement est un titre négociable, sauf convention contraire.

SECTION 2

LA CESSION DE CRÉANCES PROFESSIONNELLES PAR LE BORDEREAU DAILLY

278. – Création du bordereau Dailly. La loi n° 81-1 du 2 janvier 1981 (mod. L. 24 janv. 1984), dite « loi Dailly » en hommage au sénateur auteur de la proposition de loi, a voulu faciliter le crédit aux entreprises. Elle a institué le bordereau Dailly qui permet de réaliser des cessions de créance sans avoir à respecter les formalités de l'article 1324 du Code civil. Cette loi est aujourd'hui codifiée aux articles L. 313-23 et suivants du Code monétaire et financier.

La vie des affaires supporte avec difficulté la rigidité des formalités de l'article 1324 du Code civil. Certes, les effets de commerce, et en particulier la lettre de change, ont rendu un service voisin avec un grand succès, mais leur coût de fabrication et de manipulation est devenu très lourd pour les banques.

Les dispositions de la loi ont été intégrées dans le Code monétaire et financier.

279. – Tentatives antérieures. En réalité, la loi Dailly s'explique par l'échec de deux tentatives antérieures de simplification :

– le crédit de mobilisation des créances commerciales (dit CMCC) : le banquier recevait un billet récapitulant des créances commerciales sous forme de liste ou une facture protestable ;

– la lettre de change relevé (dite LCR) soulageant les banques de la paperasserie.

L'échec est venu de l'absence de garantie donnée au cessionnaire et spécialement au banquier, qui ne devient à aucun moment titulaire des créances.

280. – Mécanisme. L'idée de la loi Dailly est simple : la transmission d'une lettre de change réalise de fait une cession de créance sans les formalités de l'article 1324 du Code civil, avec en plus pour le porteur le bénéfice du principe de l'inopposabilité des exceptions.

Or, en matière de LCR, la bande magnétique contenant les informations destinées à la banque était accompagnée d'un bordereau sous un support papier : d'où l'idée de prendre ce bordereau, au départ simple bordereau d'accompagnement, comme support matériel de l'opération juridique d'un transfert de créances. Transfert simplifié puisque la simple remise, *traditio*, vaut transfert sans qu'il soit nécessaire de recourir aux formalités de l'article 1324 précité.

281. – Objectifs. Les objectifs de la loi étaient multiples :

1° assurer l'essor de la LCR (ou lettre de change informatique) en la complétant par ce qui lui manquait, les créances répertoriées sur le bordereau accompagnateur étant transmises en même temps que celui-ci ;

2° permettre la mobilisation des créances de clients étrangers, en évitant le recours à la lettre de change (souvent perçue par les étrangers comme une marque de défiance) ou au billet à ordre souscrit par l'exportateur (qui ne garantit pas la « faillite » de ce dernier) ;

3° institutionnaliser la cession de créance en pleine propriété comme technique de garantie ;

4° permettre aux opérateurs de droit public de financer des marchés de cette façon, alors que le procédé de l'escompte est difficilement compatible avec les règles de la comptabilité publique ;

5° et enfin assurer le refinancement dans les relations interbancaires : une banque désirant se refinancer sur le marché monétaire devait passer par la Banque de France faute de pouvoir garantir l'opération ; désormais, elle pourra le faire en émettant un billet au profit de l'établissement auprès duquel elle se refinance et elle mettra à sa disposition soit les différents bordereaux Dailly primaires, soit un « acte de cession de créances financières ».

L'étude sommaire du bordereau Dailly passe par l'examen des conditions de forme et de fond, puis par celui de ses effets.

Quant à la loi applicable, elle est déterminée par l'article 313-27 du Code monétaire et financier :

« La cession ou le nantissement prend effet entre les parties et devient opposable aux tiers à la date apposée sur le bordereau lors de sa remise, quelle que soit la date de naissance, d'échéance ou d'exigibilité des créances, sans qu'il soit besoin d'autre formalité, et ce quelle que soit la loi applicable aux créances et la loi du pays de résidence des débiteurs ».

La réforme de droit des contrats et des obligations s'est largement inspirée de ce système pour moderniser la cession de créance de droit commun.

SOUS-SECTION 1

LES CONDITIONS DE LA CESSION DU BORDEREAU DAILLY

§ 1. – Les conditions de forme

282. – Mentions. Les mentions que doit comporter le bordereau Dailly sont énumérées à l'article L. 313-23, alinéa 3 et à l'article L. 313-25 du Code monétaire et financier. Cette énumération est voisine de celle prévue pour la lettre de change à l'article L. 511-1 du Code de commerce.

283. – Écrit. Une remarque liminaire s'impose : le bordereau doit être écrit ; en effet, faute d'écrit, il serait impossible de respecter l'exigence de ces mentions obligatoires.

– *C. monét. fin., art. L. 313-23* (mod. Ord. n° 2017-1432, 4 oct. 2017) : « Tout crédit qu'un établissement de crédit, qu'un FIA relevant du paragraphe 2 de la sous-section 3 ou de la sous-section 5 de la section II du chapitre IV du titre Ier du livre II, ou qu'une société de financement consent à une personne morale de droit privé ou de droit public, ou à une personne physique dans l'exercice par celle-ci de son activité professionnelle, peut donner lieu au profit de cet établissement, de ce FIA, ou de cette société, par la seule remise d'un bordereau, à la cession ou au nantissement par le bénéficiaire du crédit, de toute créance que celui-ci peut détenir sur un tiers, personne morale de droit public ou de droit privé ou personne physique dans l'exercice par celle-ci de son activité professionnelle.

Peuvent être cédées ou données en nantissement les créances liquides et exigibles, même à terme. Peuvent également être cédées ou données en nantissement les créances résultant d'un acte déjà intervenu ou à intervenir mais dont le montant et l'exigibilité ne sont pas encore déterminés.

Le bordereau doit comporter les énonciations suivantes :

1. La dénomination, selon le cas, "acte de cession de créances professionnelles" ou "acte de nantissement de créances professionnelles" ;

2. La mention que l'acte est soumis aux dispositions des articles L. 313-23 à L. 313-34 ;

3. Le nom ou la dénomination sociale de l'établissement de crédit, du FIA mentionné au premier alinéa, ou de la société de financement bénéficiaire ;

4. La désignation ou l'individualisation des créances cédées ou données en nantissement ou des éléments susceptibles d'effectuer cette désignation ou cette individualisation, notamment par l'indication du débiteur, du lieu de paiement, du montant des créances ou de leur évaluation et, s'il y a lieu, de leur échéance.

Toutefois, lorsque la transmission des créances cédées ou données en nantissement est effectuée par un procédé informatique permettant de les identifier, le bordereau peut se borner à indiquer, outre les mentions indiquées aux 1, 2 et 3 ci-dessus, le moyen par lequel elles sont transmises, leur nombre et leur montant global.

En cas de contestation portant sur l'existence ou sur la transmission d'une de ces créances, le cessionnaire pourra prouver, par tous moyens, que la créance objet de la contestation est comprise dans le montant global porté sur le bordereau.

Le titre dans lequel une des mentions indiquées ci-dessus fait défaut ne vaut pas comme acte de cession ou de nantissement de créances professionnelles au sens des articles L. 313-23 à L. 313-34 ».

– *C. monét. fin., art. L. 313-25* : « Le bordereau est signé par le cédant. La signature est apposée soit à la main, soit par tout procédé non manuscrit. Le bordereau peut être stipulé "à ordre" ».

284. – Sanction. Une lettre de change irrégulière en la forme ne vaut pas acte de commerce, mais peut être considérée comme une promesse de payer ou une reconnaissance de dette. De la même façon, un bordereau Dailly ne respectant pas ces mentions obligatoires vaut cession ou nantissement de créance valable entre les parties, mais inopposable aux tiers faute d'avoir accompli les formalités de l'article 1324 du Code civil.

Non signé, le bordereau n'a aucune valeur, si ce n'est, comme toute convention, celle d'un projet d'acte. Non daté, il ne peut prendre effet, puisque la cession ou le nantissement prend effet entre les parties et est opposable à l'égard des tiers à la date portée sur le bordereau (C. monét. fin., art. L. 313-27).

Le bordereau de cession de créance doit comporter le nom ou la dénomination sociale de l'établissement de crédit bénéficiaire (Cass. com., 23 oct. 2001 : *Bull. civ.* 2001, IV, n° 172 ; *D.* 2001, act. jurispr. p. 3430, obs. A. Lienhard ; *D.* 2002, somm. p. 2046, obs. J. Lemée).

Ainsi, le bordereau de cession, comportant la dénomination « acte de cession de créance de la loi Dailly » et la mention qu'il est soumis à la « loi du 2 janvier 1984 », n'est pas régulier. Le titre dans lequel une des mentions exigées fait défaut ne vaut pas comme acte de cession au sens de la loi du 2 janvier 1981 et ne peut être invoqué pour demander paiement au débiteur dans les formes établies par cette loi (Cass. com., 11 juill. 2000 : *Bull. civ.* 2000, IV, n° 141).

I. La cession de créance Dailly et le formalisme

De nombreuses décisions ont été rendues en matière de formalisme et de cession Dailly.

À défaut de production des bordereaux de cession de créance revêtus de toutes les mentions exigées par l'article 1er de la loi du 2 janvier 1981, devenu l'article L. 313-23 du

Code monétaire et financier, fût-elle justifiée par une impossibilité matérielle, les cessions litigieuses, à les supposer même établies, ne sont pas opposables aux tiers, ce dont il résulte que le cessionnaire de la créance ne pouvait demander paiement au débiteur cédé sur le fondement de documents qu'il ne représentait pas, quand bien même la preuve de ces cessions résulterait de l'apposition d'un tampon ainsi que du fait que le débiteur cédé avait déjà effectué, sans protester, plusieurs autres paiements de factures portant le même cachet (Cass. com., 25 févr. 2003 : *Bull. civ.* 2003, IV, n° 27 ; *JCP* E 2003, n° 16, p. 681 ; *RD bancaire et fin.* 2003, n° 112, obs. Cerles ; *Banque et droit* nov.-déc. 2003, 55, obs. Bonneau ; *RJDA* 2003, n° 765).

Le titre dans lequel une des mentions exigées fait défaut ne vaut pas comme acte de cession au sens de la loi et ne peut être invoqué pour demander paiement au débiteur dans les formes établies par cette loi (Cass. com., 9 avr. 1991 : *Bull. civ.* 1991, IV, n° 121 ; *D.* 1991, inf. rap. p. 124 ; *RTD com.* 1991, p. 421, obs. Cabrillac et Teyssié). Ainsi, ne vaut pas comme acte de cession de créances professionnelles le bordereau intitulé « bordereau de cession de créances », dans lequel l'adjectif « professionnelles » a été omis (CA Lyon, 7 mai 1992 : *Bull. inf. C. cass.* 1993, n° 157). Dans le même sens, pour des bordereaux ne précisant pas s'il s'agit d'« actes de cessions de créances professionnelles » ou d'« actes de nantissement de créances professionnelles » (Cass. com., 8 nov. 1994 : *RJDA* 1995, n° 320), ou pour un bordereau de cession comportant la dénomination « acte de cession de créance de la loi Dailly » et comportant la mention qu'il est soumis à la loi du 2 janvier 1984 (Cass. com., 11 juill. 2000 : *Bull. civ.* 2000, IV, n° 141 ; *D.* 2000, act. jurispr. p. 339, obs. Lienhard ; *JCP* E 2001, n° 31-35, p. 1331, obs. Stoufflet ; *RTD com.* 2000, p. 992, obs. M. Cabrillac), ou pour un bordereau comportant la mention « Agence République du Groupe X » comme énonciation de la dénomination sociale de l'établissement de crédit bénéficiaire (Cass. com., 23 oct. 2001 : *Bull. civ.* 2001, IV, n° 172 ; *D.* 2001, act. jurispr., p. 3430, obs. Lienhard ; *ibid.* 2002, somm. p. 2046, obs. Lemée ; *Banque et droit* janv.-févr. 2002, p. 47, obs. Bonneau ; *RD bancaire et fin.* 2002, n° 56, p. 75, obs. Cerles ; *RTD com.* 2002, p. 141, obs. Cabrillac). De même, n'est pas valable le bordereau qui, lorsque la transmission des créances cédées est effectuée par un procédé informatique permettant de les identifier, n'indique pas, notamment, le moyen par lequel ces créances sont transmises (Cass. com., 21 mars 1995 : *RJDA* 1995, n° 1013). Cependant, si au cas où l'une des énonciations exigées a été omise, la cession est inopposable aux tiers, elle reste valable entre les parties (CA Rouen, 6 mars 1986 : *D.* 1988, somm. p. 279, obs. Vasseur).

La cession de créances suppose leur individualisation, ce que la cession d'un « poste client » est insuffisant à opérer (Cass. com., 13 nov. 2003, n° 01-10.724). Dans une cession de créance Dailly, les créances cédées doivent pouvoir être identifiées et individualisées concrètement ; leur montant total n'y suffit pas (Cass. com., 5 nov. 1991, n° 90-21.077 : *Bull. civ.* 1991, IV, n° 301 ; *JCP* E 1993, II, 395, note J. Stoufflet).

II. Les effets de la cession de créance Dailly

La cession de créance prend un tour particulier lorsque la loi Dailly est appliquée :

– Une société a, avant sa mise en redressement judiciaire, cédé, à une banque selon les modalités de la loi n° 81-1 du 2 janvier 1981, trois créances qu'elle détenait sur une autre société. Le débiteur cédé auquel la cession avait été notifiée le 9 février 1998, s'est opposé au règlement sollicité par la banque en faisant valoir qu'une saisie-attribution avait été pratiquée entre ses mains, le 6 février 1998, sur les mêmes créances par un tiers. Viole les articles 42 de la loi du 9 juillet 1991, 1 et 4 de la loi n° 81-1 du 2 janvier 1981 devenus les articles L. 313-23 et L. 313-27 du Code monétaire et financier la cour d'appel qui, pour rejeter les demandes en paiement de la banque cessionnaire, retient que le 6 février 1998, le débiteur cédé n'avait pas encore reçu notification par la banque de la cession de créance de sorte qu'il pouvait se libérer valablement entre les mains d'un tiers des sommes dont il était débiteur à l'égard de la société cédante, alors qu'indépendamment de sa notification au débiteur cédé, la cession avait, selon les dispositions de l'article 4, alinéa 1er, de la loi n° 81-1 du 2 janvier 1981 devenu l'article L. 313-27 du Code monétaire et financier, pris effet entre les parties et était devenue opposable aux tiers, le 30 janvier 1998, date portée sur le bordereau, ce dont il résultait que les créances cédées étant sorties, ce même jour, du patrimoine de la société cédante par un acte opposable à la société saisissante, elles n'étaient plus susceptibles d'être appréhendées par cette dernière, le 6 février 1998 (Cass. com., 26 nov. 2003, n° 01-03.685 : *Bull. civ.* 2003, IV, n° 176 ; *D.* 2004, p. 1485, obs. G. Taormina ; *RTD com.* 2004, p. 138 ; *RD bancaire et fin.* mars-avr. 2004, comm. p. 85, obs. S. Piedelièvre).

– À défaut de production des bordereaux de cession de créance revêtus de toutes les mentions exigées par l'article 1er de la loi du 2 janvier 1981, devenu l'article L. 313-23 du Code monétaire et financier, fût-elle justifiée par une impossibilité matérielle, les cessions litigieuses, à les supposer même établies, ne sont pas opposables aux tiers, ce dont il résulte que le cessionnaire de la créance ne pouvait demander paiement au débiteur cédé sur le fondement de documents qu'il ne représentait pas, quand bien même la preuve de ces cessions résulterait de l'apposition d'un tampon ainsi que du fait que le débiteur cédé avait déjà effectué, sans protester, plusieurs autres paiements de factures portant le même cachet (Cass. com., 25 févr. 2003 : *Bull. civ.* 2003, IV, n° 27).

– Le cessionnaire Dailly ne peut pas réclamer au banquier teneur du compte du cédant restitution des fonds versés dessus par le cédé (Cass. com., 4 juill. 1995 : *Bull. civ.* 1995, IV, n° 203 ; *D.* 1995, p. 488, note D.-R. Martin et H. Synvet ; *JCP* G 1995, II, 22553, note Legeais ; *RTD civ.* 1996, p. 442, obs. F. Zenati et 192, obs. crit. P.-Y. Gautier ; *RTD civ.* 1995, p. 934, obs. P. Crocq).

III. La cession de créance Dailly et le droit public

Ces règles valent en droit public : les dispositions des articles 5 et 6 de la loi du 2 janvier 1981, codifiés aux articles L. 313-28 et L. 313-29 du Code monétaire et financier, sont applicables aux créances détenues sur des personnes morales de droit public. La souscription par le débiteur d'une créance cédée, à la demande de l'établissement de crédit cessionnaire, de l'acte d'acceptation prévu à l'article 6 de cette loi a pour effet de créer à l'encontre de ce débiteur une obligation de paiement entre les mains du bénéficiaire du bordereau, détachée de la créance initiale de l'entreprise et contre laquelle il ne peut faire valoir des exceptions tirées de ses rapports avec l'entreprise cédante. En l'absence de délibération du conseil municipal à cet effet, le maire d'une commune n'a pas compétence pour prendre au nom de celle-ci un tel engagement. Cette procédure étant indépendante de la procédure de notification de la cession de créance, à la seule initiative de l'établissement de crédit, prévue par l'article 5 de la loi, elle peut produire l'effet décrit ci-dessus alors même que la notification de la cession de créance n'aurait pas été régulièrement mise en œuvre.

L'établissement de crédit, qui subit un préjudice imputable à la faute commise par le maire en signant l'acte d'acceptation de la cession de créance dans des conditions irrégulières, est fondé à en demander réparation. Dans les circonstances de l'espèce, compte tenu de ce que cet établissement ne pouvait ignorer, lorsqu'il a accepté la cession de la créance puis a sollicité la commune en application de l'article 6 de la loi du 2 janvier 1981, les difficultés financières rencontrées par l'entreprise cédante, il y a lieu d'opérer un partage de responsabilité (CE, 25 juin 2003 : *Gaz. Pal.* 1er avr. 2004, n° 92, p. 17, note P. Graveleau).

§ 2. – Les conditions de fond

Les conditions de fond varient selon qu'il s'agit de céder ou de nantir des créances professionnelles ou des créances financières.

A. – La cession ou le nantissement de créances professionnelles

285. – Portée générale. La loi est fort générale : il est possible de transmettre par voie de bordereau Dailly toute créance qu'une personne peut détenir sur un tiers (C. monét. fin., art. L. 313-23).

Il suffit donc que le cédant soit titulaire d'une créance existant en germe.

286. – Caractère professionnel. Le caractère « professionnel » de la créance a été élargi par la réforme du 24 janvier 1984 :

– il s'agit de la dette d'une personne titulaire de la créance pour la céder, faute de quoi le contrat porterait sur la chose d'autrui, personne physique ou morale de droit privé ou de droit public, professionnelle ou non, sur une autre personne morale ou sur une personne physique, débitrice au titre d'une dette née à la charge de celle-ci dans l'exercice de son activité professionnelle ; ou encore de la dette d'une personne physique, dans l'exercice de son activité professionnelle, sur toute personne morale, de droit privé ou de droit public, ou sur une autre personne physique, elle-même professionnelle ;

– la créance cédée doit être liquide et exigible, même à terme ; elle peut aussi résulter d'un acte déjà intervenu ou à intervenir mais dont le montant et l'exigibilité ne sont pas déterminés.

Malgré la lettre du texte qui emploie le mot « sur un tiers », les créances cédées ne sont pas toutes recouvrables à l'encontre d'une seule et même personne. Plusieurs « tiers » peuvent être l'objet d'un même bordereau.

287. – Vaste domaine. On le voit, le domaine des créances professionnelles susceptibles d'être incluses dans un bordereau Dailly est très vaste : la vraisemblance des documents et la prudence des affaires sont les seuls remparts du banquier pour rejeter une ou plusieurs mobilisations. Reste que c'est un domaine dans lequel la fraude est possible, notamment grâce à des factures fictives ou à des affirmations mensongères de créances. Du point de vue du droit pénal, il faut se souvenir que l'établissement d'une fausse facture est un faux en écriture de commerce, et que sa production en vue d'obtenir du crédit par le bordereau Dailly une escroquerie.

B. – La cession de créances financières

288. – Acte. L'acte de cession de créances financières permet la constatation de créances résultant de crédits à court terme consentis par une banque ou un établissement de crédit. Cet « acte » permet à ce dernier d'obtenir un refinancement, c'est-à-dire d'obtenir des liquidités sur la foi de ce document.

289. – Bordereau et effet de commerce. Le bordereau Dailly, s'il joue parfois le rôle d'un effet de commerce, n'en est pas un : il s'agit, par la transmission facilitée de créances, d'une opération de cession de créance en propriété, à la fois à titre de remboursement du crédit et à titre de sûreté. Le bordereau est une fusion entre escompte et sûreté.

D'ailleurs les créances mentionnées sur le bordereau ne sont pas davantage des effets de commerce (Cass. com., 15 déc. 1992 : *Bull. civ.* 1992, IV, n° 408).

SOUS-SECTION 2

LES EFFETS DU BORDEREAU DAILLY

§ 1. – La cession ou le nantissement de créances professionnelles

290. – Garants solidaires. Depuis la loi de 1984, le constituant du bordereau et le(s) cédant(s) sont garants solidaires du paiement des créances cédées ou nanties.

Article L. 313-24 du Code monétaire et financier :

« Même lorsqu'elle est effectuée à titre de garantie et sans stipulation d'un prix, la cession de créance transfère au cessionnaire la propriété de la créance cédée.

Sauf convention contraire, le signataire de l'acte de cession ou de nantissement est garant solidaire du paiement des créances cédées ou données en nantissement ».

Les sûretés attachées aux créances cédées ou nanties sont transférées de plein droit au cessionnaire, y compris la clause de réserve de propriété. Selon les dispositions de l'article L. 313-24, alinéa 2, du Code monétaire et financier, sauf convention contraire, le signataire de l'acte de cession est garant solidaire du paiement des créances cédées, ce dont il résulte qu'en l'absence de collusion frauduleuse entre le cessionnaire et le cédant, la dette n'a pas une nature délictuelle.

Aussi, a été cassée la décision de la cour d'appel qui, pour rejeter les demandes de la banque cessionnaire de deux créances professionnelles dirigées contre les cautions du cédant, retient que les cautions se sont engagées à garantir les dettes contractuelles du débiteur principal, et que l'acte de cautionnement ne prévoit pas que la garantie pourra s'étendre à des dettes de nature délictuelle qui ne sont pas nées de l'activité normale et loyale du débiteur cautionné, sans constater que les cessions concernées avaient exclu la garantie solidaire de la société cédante (Cass. com., 22 janv. 2002 : *Bull. civ.* 2002, IV, n° 16 ; *D.* 2002, act. jurispr. p. 954, obs. V. Avena-Robardet).

Le cessionnaire Dailly est garant solidaire de la créance cédée, mais encore faut-il que le cédé ait été amiablement requis de payer (Cass. com., 18 sept. 2007, n° 06-13.736 : *Bull. civ.* 2007, IV, n° 193 ; *D.* 2007, p. 2532, obs. X. Delpech).

A. – Le recouvrement

291. – Opposabilité. La cession ou le nantissement de créances est opposable aux tiers, à compter de la date portée sur le titre sans autre formalité (C. monét. fin., art. L. 313-27).

Quant au débiteur, il conserve la possibilité de régler le cédant, créancier originaire. Ce dernier agit en qualité de mandataire du cessionnaire et doit donc non seulement recouvrer la créance, mais encore en assurer le règlement. L'exécution du mandat de recouvrement est généralement confiée au banquier du cédant. En tant que mandataire, le cédant n'assume aucune obligation de garantie. Il est cependant garant de l'existence de la créance et de la solvabilité du cédé en sa qualité de cédant engagé dans une opération Dailly.

292. – Montant de la créance. La cession Dailly à titre de garantie est d'un usage fort répandu.

Un arrêt du 9 février 2011 a eu l'occasion de préciser l'étendue de la dette. Les faits de l'espèce sont simples : un banquier se fait consentir une cession de créance à hauteur de 280 000 € afin de garantir les avances accordées en compte courant et prend la précaution de signifier cette cession au débiteur cédé. Le cédant fait l'objet d'une procédure collective. Le banquier déclare sa créance de remboursement du solde débiteur du compte courant, laquelle est admise à hauteur de 70 000 €. Il se retourne alors vers le cédé. Les juges du fond condamnent ce dernier à payer l'intégralité des sommes cédées « à charge pour [le cessionnaire] de restituer à l'organe de la procédure collective la quote-part excédant le montant de la créance garantie ». La Cour de cassation considère que le cédé ne pouvait être condamné à payer au cessionnaire plus que le montant de la créance de ce dernier sur le cédant : « La cession de créance effectuée à titre de garantie prend fin sans formalité particulière pour les sommes excédant la créance qui reste due à la banque cessionnaire par le cédant » (Cass. com., 9 févr. 2011, n° 09-10.119).

B. – La notification

293. – Notification. Toutefois, à titre facultatif, le cessionnaire peut notifier la cession ou le nantissement afin de prévenir le(s) débiteur(s) et d'exiger un second paiement s'il règle le créancier d'origine. La Cour de cassation semble s'orienter vers la reconnaissance d'une obligation, pour le banquier bénéficiaire du bordereau, de procéder à cette notification aux débiteurs cédés, voire de surveiller les paiements effectués par eux.

La notification aux débiteurs peut se faire *par tout moyen* à condition de remplir les mentions fixées par le décret d'application (D. 9 sept. 1981, Ann. I).

Le débiteur de la créance cédée ne peut, dès l'instant où il a reçu notification, *se libérer entre les mains du signataire du bordereau.*

294. – Compensation. De même, *la notification empêche le jeu d'une éventuelle compensation* : une cession de créance non acceptée – ce qui est le cas du bordereau – empêche seulement la compensation des créances non connexes postérieures à la notification (Cass. com., 26 avr. 1994 : *Bull. civ.* 1994, IV, n° 152). Autrement dit, le cessionnaire a intérêt là encore à notifier, puisque la notification pourra empêcher la compensation par le débiteur d'une créance future (postérieure à la notification) non connexe. Rien cependant ne peut empêcher la compensation de créances connexes.

295. – Exception. La notification au débiteur cédé ne crée *aucune obligation à sa charge* : il n'est pas privé du droit d'opposer une exception, d'invoquer le paiement libératoire d'une lettre acceptée avant notification, ou de nier la réalité de la créance même en présence de la facture jointe au bordereau.

En effet, que la cession ait été ou non notifiée, le débiteur cédé peut toujours opposer au cessionnaire les exceptions inhérentes à la créance cédée et liée à ses rapports personnels avec le cédant : exception d'inexécution du contrat, exception de résolution ou résiliation du contrat, ou encore exception d'inexistence de la créance cédée. Le bordereau Dailly n'est pas un effet de commerce, et il ignore la règle de l'inopposabilité des exceptions. Le débiteur censément cédé n'a pas à informer le cessionnaire de l'inexistence de la créance en cause (Cass. com., 24 mars 1992 : *Bull. civ.* 1992, IV, n° 128, p. 92 ; *JCP* E 1993, II, 336, note D. Legeais).

C. – L'acceptation

296. – Intérêt. Le seul moyen pour le cessionnaire d'éviter tout risque est de faire accepter le nantissement ou la cession par le débiteur cédé.

297. – Forme. L'acceptation a lieu par un écrit intitulé « Acte d'acceptation de la cession ou du nantissement d'une créance professionnelle » (C. monét. fin., art. L. 313-29).

298. – Exceptions. Si cet acte exprès et régulier par la forme est consenti, le débiteur ne peut plus opposer les exceptions fondées sur ses rapports personnels avec le signataire du bordereau.

§ 2. – La cession de créances financières

299. – Refinancement à l'aide du titre de mobilisation. Cela consiste à émettre un billet à ordre ou une lettre de change comme support des créances professionnelles regroupées sur le bordereau.

Le transfert de ces créances est subordonné à « la mise à disposition » du bordereau constatant ces créances.

À compter de cette mise à disposition, les créances ne sont plus disponibles et doivent être transmises par tout moyen à l'organisme de refinancement.

300. – Refinancement à l'aide d'un acte de cession de créances financières. Cela permet au banquier de mobiliser des crédits à court terme.

Cet acte de cession est la matérialisation des créances que la banque détient sur son client professionnel.

Cet acte est également mis à la disposition de l'établissement de refinancement.

TITRE 2

CESSION DE DETTE

301. – Notion. De même que la cession de créance donne le droit au cédant de transmettre à un cessionnaire une créance, la cession de dette doit permettre au cédant de transmettre au cessionnaire une ou plusieurs dettes avec tous leurs accessoires.

Le droit positif, cependant, pose une réserve de principe à cette dernière opération, mais valorise des techniques juridiques qui permettent certaines formes de cessions de dettes.

La réforme du Code civil est allée plus loin en reconnaissant la cession de dette :

« *Art. 1327.* – Un débiteur peut, avec l'accord du créancier, céder sa dette.

La cession doit être constatée par écrit, à peine de nullité ».

« *Art. 1327-1.* – Le créancier, s'il a par avance donné son accord à la cession et n'y est pas intervenu, ne peut se la voir opposer ou s'en prévaloir que du jour où elle lui a été notifiée ou dès qu'il en a pris acte ».

« *Art. 1327-2.* – Si le créancier y consent expressément, le débiteur originaire est libéré pour l'avenir. À défaut, et sauf clause contraire, il est tenu solidairement au paiement de la dette ».

« *Art. 1328.* – Le débiteur substitué, et le débiteur originaire s'il reste tenu, peuvent opposer au créancier les exceptions inhérentes à la dette, telles que la nullité, l'exception d'inexécution, la résolution ou la compensation de dettes connexes. Chacun peut aussi opposer les exceptions qui lui sont personnelles ».

« *Art. 1328-1.* – Lorsque le débiteur originaire n'est pas déchargé par le créancier, les sûretés subsistent. Dans le cas contraire, les sûretés consenties par le débiteur originaire ou par des tiers ne subsistent qu'avec leur accord.

Si le cédant est déchargé, ses codébiteurs solidaires restent tenus déduction faite de sa part dans la dette ».

Il n'est pas certain que cette consécration ait beaucoup de conséquences pratiques.

CHAPITRE 1

LA RÉSERVE DE PRINCIPE

302. – Neutralité. La cession de dette n'était pas, avant la réforme, envisagée par les textes.

La raison en est qu'il peut paraître discutable de permettre à une personne, qui est en situation de débiteur, de se substituer une autre personne. Les dangers de fraude ou ceux qui pourraient résulter d'un manque d'information donné au créancier ont longtemps constitué des objections dirimantes. Comment imposer à un créancier, sans son accord, un nouveau débiteur ? Les sûretés ne sont plus les mêmes. La confiance s'exerce également différemment. Les débiteurs, ou ceux qui veulent bien en jouer le rôle, ne présentent pas les mêmes qualités. Ils n'ont pas les mêmes activités et n'offrent pas les mêmes garanties.

Aussi ne peut-on contraindre un créancier de changer de débiteur (Cass. civ., 12 mars 1946 : *D.* 1946, p. 268).

Cependant, la cession de dette ne manque pas d'intérêt par voie d'exception dans des situations particulières : opérations de crédit, simplification du règlement, situation de partage à la suite des indivisions post-communautaires (liquidation du régime matrimonial entre deux époux) ou successorales... Par exemple, lorsque deux époux ont emprunté auprès d'une banque pour acquérir un immeuble commun et qu'ils divorcent, il convient de mettre un terme à l'engagement commun et de dire, par exemple, que l'époux qui se trouve propriétaire de l'immeuble doit seul supporter la charge des mensualités restant à courir.

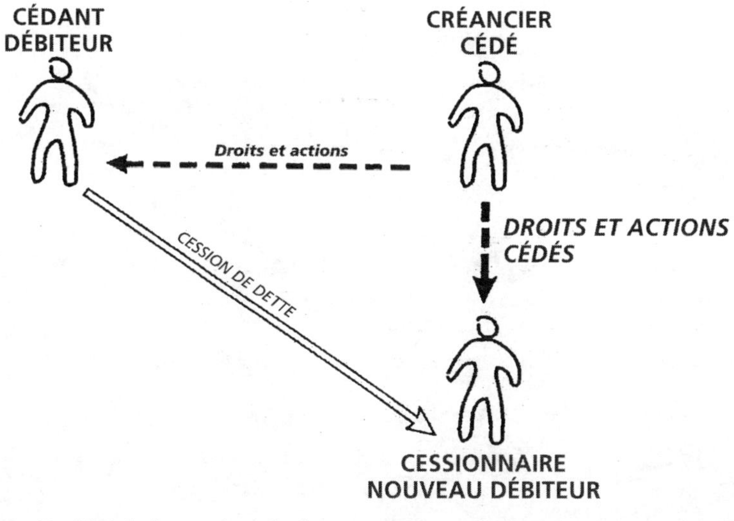

303. – Variété de la cession de dette. La cession de dette peut être imparfaite, parfaite ou plus que parfaite. Tout va dépendre du mécanisme juridique utilisé : *adpromissio* ou *expromissio.*

Dans *l'adpromissio*, le nouveau débiteur vient s'ajouter à l'ancien. Le créancier dispose de deux débiteurs : celui qui a cédé sa dette, à titre secondaire, et celui qui a accepté la dette, à titre principal. C'est la situation de la cession de dette imparfaite : un nouveau débiteur est ajouté à l'ancien.

Dans *l'expromissio*, le nouveau débiteur vient remplacer l'ancien. Le créancier a accepté le remplacement de l'ancien débiteur par le nouveau. C'est la cession de dette parfaite.

La cession de dette est dite « **plus que parfaite** » quand le créancier n'a pas à consentir au changement de débiteur, changement qui s'opère de par la loi.

CHAPITRE 2

LE DÉPASSEMENT DU PRINCIPE

SECTION 1

LE DÉPASSEMENT RÉSULTANT DE LA LOI OU DU CONTRAT

SOUS-SECTION 1

LA LOI

304. – Exception du bail commercial. Prenons l'exemple d'un bail commercial soumis à l'ancien décret du 30 septembre 1953, intégré au Code de commerce (art. L. 145-1 et s.). Les dispositions impératives de ce texte interdisent au bailleur (le propriétaire des murs dans lesquels le commerce est exploité) de s'opposer à la cession du bail commercial par le locataire à un tiers qui acquiert le fonds de commerce.

Notons que le même texte interdit au locataire, encore appelé preneur, de céder le bail commercial seul (sauf autorisation du propriétaire des murs).

En cédant son bail commercial au nouvel acquéreur du fonds de commerce, le cédant va céder des créances (ce que certains clients doivent au jour de la cession), mais aussi des dettes (ce que le propriétaire des murs ou des fournisseurs ont et vont réclamer).

La cession du bail commercial entraîne donc cession de créance et cession de dettes, étant observé que ce phénomène est largement influencé par le particularisme français de la conception des baux commerciaux et du fonds de commerce.

305. – Renvoi. Cette analyse est cependant très sommaire, car la cession de bail est avant tout une cession de contrat. Or la cession de contrat n'est pas une opération comportant une double cession – créances et dettes –, ni même une simple cession – créance ou dette (si le contrat est unilatéral). C'est une opération singulière et autonome (V. tome I de cet ouvrage, *Droit des obligations, Contrat et quasi-contrat*, n°s 327 à 333).

La première chambre civile de la Cour de cassation a assimilé la cession de portefeuille boursier en une cession de contrat, c'est-à-dire, selon l'arrêt, une cession de créance et non en une cession de clientèle. Par conséquent, en décidant qu'un tel acte était soumis aux formalités de l'article 1324 du Code civil, qui exigent la signification du transport faite au débiteur, la cour d'appel a fait une exacte application de ce texte (Cass. 1re civ., 5 févr. 2009, n° 08-10.230).

SOUS-SECTION 2

LE CONTRAT

306. – Possibilité et forme d'une cession. Nul ne conteste aux parties le droit de convenir des cessions de dette par des accords particuliers.

Néanmoins, pour que cette cession soit parfaite, il est nécessaire d'avertir le créancier cédé et d'obtenir son consentement à l'acte, qui sera tripartite : le cédant transmet sa dette au cessionnaire, et, dans le même temps, le créancier du cédant consent à avoir le cessionnaire comme nouveau débiteur.

C'est ce qu'admet la réforme du droit des contrats en reconnaissant que si un débiteur peut céder sa dette à un cessionnaire, ce débiteur, cédant, n'est libéré que si le créancier y consent expressément (C. civ., art. 1327). À défaut de consentement donné par le créancier initial, le cédant est simplement garant des dettes du cessionnaire.

Selon l'article 1327, la cession de la dette n'entraîne la libération du débiteur que dans la mesure où le créancier y a consenti. Cette exigence de consentement rapproche la cession de dette de la délégation novatoire. L'article 1337, alinéa 1er du Code civil soumet néanmoins le consentement du délégataire à la libération du délégant à un contrôle approfondi : « Lorsque le délégant est débiteur du délégataire et que la volonté du délégataire de décharger le délégant résulte clairement de l'acte, la délégation opère novation ». La volonté est sans doute plus exigeante en matière de délégation que pour la cession de dette.

Si le cédant n'est pas déchargé, les garanties prises par le créancier initial subsistent. Dans le cas contraire, les garanties s'éteignent, sauf volonté contraire des parties.

Toutefois, la doctrine a remarqué l'absence de parallélisme entre cession de créance et cession de dette. La cession de créance suppose le respect d'un formalisme exigeant ; en revanche, la cession de dette n'est soumise à aucune formalité. Cette différence de traitement peut surprendre : pour certains, cela ne paraît ni pertinent, ni même cohérent, car « on s'explique mal que la cession de créance ait à être constatée par écrit à peine de nullité tandis que la cession de dette ne nécessite aucune formalité » (D. Houtcieff, *Cession de dette ou délégation : transport de dette ou nouveau débiteur ? : Dr et patrimoine* sept. 2014). La loi n° 2018-287 du 20 avril 2018 a ajouté un second alinéa à l'article 1327 du Code civil : « La cession doit être constatée par écrit, à peine de nullité ». Cette modification est applicable depuis le 1er octobre 2018.

Cette absence de formalisme ne peut s'expliquer que par le peu d'importance de l'opération.

Le second étonnement provient du fait que le problème de l'opposabilité de la cession de dette n'est pas prévu par les textes, alors qu'elle occupe largement la doctrine en matière de cession de créance. Le problème de l'opposabilité est, dans les deux cas, fort important : les droits des tiers, et parmi ceux-ci il convient d'envisager les créanciers du cédé, peuvent en effet être mis en danger par la cession.

307. – Opposabilité des exceptions. La réforme du droit des contrat ajoute que le cessionnaire et le cédant, lorsqu'il n'est pas déchargé, peuvent opposer au créancier les exceptions inhérentes à la dette, chacun pouvant également opposer les exceptions qui lui sont personnelles.

En cette matière, il faut comparer les différents articles :

Pour la cession de dette, l'article 1328 du Code civil prévoit que « Le débiteur substitué, et le débiteur originaire s'il reste tenu, peuvent opposer au créancier les exceptions inhérentes à la dette, telles que la nullité, l'exception d'inexécution, la résolution ou la compensation de dettes connexes. Chacun peut aussi opposer les exceptions qui lui sont personnelles ». Le cessionnaire est tenu de la dette originaire, il peut donc évidemment se prévaloir des exceptions qui lui sont inhérentes.

Pour la cession de créance, l'article 1324, alinéa 2 du Code civil dispose : « Le débiteur peut opposer au cessionnaire les exceptions inhérentes à la dette, telles que la nullité, l'exception d'inexécution, la résolution ou la compensation des dettes connexes. Il peut également opposer les exceptions nées de ses rapports avec le cédant avant que la cession lui soit devenue opposable, telles que l'octroi d'un terme, la remise de dette ou la compensation de dettes non connexes ».

Pour la délégation, l'article 1336, alinéa 2, du Code civil affirme ainsi sans surprise que « Le délégué ne peut, sauf stipulation contraire, opposer au délégataire aucune exception tirée de ses rapports avec le délégant ou des rapports entre ce dernier et le délégataire ». La délégation est plus favorable pour le créancier : d'un côté (négatif), il perd un débiteur ; d'un autre côté (positif), l'obligation est neuve et débarrassée des éventuelles discussions de l'obligation initiale.

La question est donc posée, en pratique, de déterminer quel est le mode de transmission préférable pour le créancier et/ou pour le débiteur. *A priori*, le transfert qu'implique la cession de dette devrait conduire le créancier à la préférer à la délégation, puisque cette cession conduit à la survie des accessoires et en particulier des sûretés.

308. – Effet de la cession de dette. L'effet translatif de la cession de dette ne s'entend pas aux accessoires. L'article 1328-1 du Code civil prévoit que « Lorsque le débiteur originaire n'est pas déchargé par le créancier, les sûretés subsistent. Dans le cas contraire, les sûretés consenties le débiteur originaire ou par des tiers ne subsistent qu'avec leur accord ».

La règle est proche de celle qui s'applique en matière de délégation novatoire : selon l'article 1334, « L'extinction de l'obligation ancienne s'étend à tous ses accessoires ». Cette disposition précise toutefois que « par exception, les sûretés réelles d'origine peuvent être réservées pour la garantie de la nouvelle obligation avec le consentement des titulaires des droits grevés ».

La différence la plus saisissable se manifeste du côté des codébiteurs. Selon l'article 1335, « la novation convenue entre le créancier et l'un des codébiteurs libère les autres », tandis que selon l'article 1328-1, alinéa 2, « Si le cédant est déchargé, ses codébiteurs solidaires restent tenus déduction faite de sa part dans la dette ». Les codébiteurs étant tenus de la même obligation, il est logique que son extinction en conséquence de la novation produise identiquement ses effets sur chacun d'eux. Les conséquences de la cession de dette à leur égard paraissent en revanche plus équitables que techniques : il s'agit de ne pas contraindre les codébiteurs solidaires à garantir la solvabilité d'un débiteur qui n'était guère présent au rapport originel.

309. – Cession imparfaite. On peut imaginer aussi une cession imparfaite conclue entre le débiteur cédant et le cessionnaire. Celui-ci peut s'engager à payer le créancier cédé, ce dernier conservant son recours contre son débiteur initial (TGI Strasbourg, 24 mars 1971 : *D.* 1973, p. 16).

SECTION 2

LE DÉPASSEMENT RÉSULTANT DU RECOURS À DES TECHNIQUES ORIGINALES

310. – On en retiendra deux :

– l'indication de paiement ;

– la délégation ;

étant précisé que la stipulation pour autrui (V. tome I de cet ouvrage, préc., n°s 306 à 312) peut aussi servir de support à une cession de dette.

SOUS-SECTION 1

L'INDICATION DE PAIEMENT

311. – Exemple. Prenons un exemple pour comprendre le mécanisme de l'indication de paiement.

Supposons qu'une personne ait reçu une facture de la part de la société Orange, et qu'elle a donc une dette de téléphone envers cet opérateur. Étant indisponible, le débiteur peut demander à quelqu'un (un voisin, un ami) de payer la facture à sa place, et ainsi dire à Orange que la note sera payée par cette personne qui devient le nouveau débiteur.

312. – Mécanisme. Le débiteur indique simplement à son créancier qu'une tierce personne paiera pour son compte :

« La simple indication faite, par le débiteur, d'une personne qui doit payer à sa place, n'opère point novation » (C. civ., ancien art. 1277, al. 1er).

La réforme du Code civil reprend la règle :

« *Art. 1340.* – La simple indication faite par le débiteur d'une personne désignée pour payer à sa place n'emporte ni novation, ni délégation. Il en est de même de la simple indication faite, par le créancier, d'une personne désignée pour recevoir le paiement pour lui ».

Le créancier ne peut en principe s'y opposer. Mais il n'a aucun droit particulier contre le mandataire. De même, le débiteur n'est pas libéré tant que le paiement n'est pas intégralement intervenu.

L'indication de paiement peut également concerner **le créancier**, lequel désigne un tiers qui doit recevoir paiement en son nom (C. civ., art. 1340). Cette intervention confère simplement au créancier désigné la qualité de mandataire du créancier initial. Il reste que si le débiteur accepte la désignation et s'engage envers le créancier indiqué, une délégation est conclue.

Ainsi, une cour d'appel avait rejeté la demande en paiement d'un entrepreneur dirigée contre son client, au motif que cet entrepreneur avait convenu de se faire payer par l'assureur du débiteur, sans rechercher si la compagnie d'assurances s'était engagée à régler le demandeur. La Cour de cassation devait casser cette décision, car « (...) il n'y avait pas de délégation faute d'acceptation par la personne déléguée » (Cass. 1re civ., 7 avr. 1998 : *Bull. civ.* 1998, I, n° 144). En l'absence d'engagement du délégué de régler le créancier, il n'y a pas de délégation, le bon de délégation remis au créancier ne constituant qu'une simple indication de paiement.

C'est donc l'accord du délégué et son engagement qui distinguent la délégation de créance de l'indication de paiement : le consentement du délégué à la délégation de créance, s'il doit être certain pour distinguer celle-ci de l'indication de paiement, peut être tacite (Cass. com., 16 avr. 1996 : *Bull. civ.* 1996, IV, n° 120 ; *D.* 1996, p. 571, note Larroumet ; *D.* 1996, somm. p. 333, obs. Aynès ; *JCP* G 1996, II, 22689, note Billiau ; *Defrénois* 1996, p. 1018, obs. D. Mazeaud ; *RTD civ.* 1997, p. 132, obs. Mestre).

V. L. Godon, *La distinction entre délégation de paiement et indication de paiement : Defrénois* 2000, p. 193. – Grua, *Sur les ordres de paiement en général : D.* 1996, chron. p. 172.

313. – Distinction de la délégation d'avec l'indication de paiement. Il n'y a pas délégation, mais indication de paiement lorsque la nouvelle personne désignée au créancier pour effectuer le paiement n'est qu'un mandataire. La raison en est fort simple et tient au mécanisme du mandat : la personnalité juridique du mandant se confond avec celle du mandataire et la relation entre créancier/débiteur mandant/mandataire du débiteur n'est plus une relation entre trois personnes mais entre deux acteurs juridiques, d'un côté le créancier, et, de l'autre, le débiteur accompagné de son mandataire.

Par exemple, la cour d'appel, qui a relevé que l'engagement résultant de la lettre litigieuse se limitait à un mandat emportant pour une société qui avait sous-traité l'exécution d'un contrat de transport l'obligation de désintéresser la société qui avait loué les véhicules au sous-traitant, mais seulement dans la mesure où le solde du compte de celui-ci le rendrait créditeur de la société susvisée, a déduit de cette appréciation souveraine de la portée du document contractuel en cause que l'existence de la délégation dont se prévalait la société de location n'était pas établie. Ayant constaté que le compte n'avait jamais été créditeur, elle a donc légalement justifié sa décision et débouté la société de location de sa demande de paiement des loyers dirigée contre la société en cause (Cass. com., 9 mai 1990 : *Bull. civ.* 1990, IV, n° 137).

À la différence du cautionnement, la délégation suppose un engagement nouveau. C'est ce qu'a décidé un arrêt du 10 mai 2000 : une personne s'était portée caution des engagements d'une SARL envers une banque à concurrence d'une somme de 500 000 F ; la cour d'appel a débouté la banque de son action contre la caution, à la suite de la mise en liquidation de la société, et a déchargé cette caution de ses obligations. Les motifs des juges d'appel sont que l'établissement de crédit avait fait preuve de négligence dans le recouvrement de la somme correspondant à une délégation faite à son profit, comme ayant été consentie par l'avocat du gérant de la SARL, dans une lettre par laquelle il indiquait que le montant de l'indemnité de résiliation, due par une commune et revenant à cette société, serait affecté à son découvert bancaire à la BNP. La Cour de cassation rejeta cette qualification : « En se déterminant ainsi sur le fondement d'une prétendue délégation, sans même caractériser l'engagement du débiteur délégué, la commune, au profit de la banque, la cour d'appel a violé l'article 1275 du Code civil » (Cass. 1re civ., 10 mai 2000 : *Bull. civ.* 2000, I, n° 137).

SOUS-SECTION 2

LA DÉLÉGATION

§ 1. – La notion commune de délégation

314. – Mécanisme de la délégation. La délégation est une opération tripartite par laquelle un débiteur, appelé délégant, va donner l'ordre à son propre débiteur, le délégué, de régler pour lui son créancier, le délégataire (C. civ., ancien art. 1275 ; C. civ., art. 1336, al. 1er : « La délégation est une opération par laquelle une personne, le délégant, obtient d'une autre, le délégué, qu'elle s'oblige envers une troisième, le délégataire, qui l'accepte comme débiteur »).

La délégation « porte » sur une personne et non sur une créance.

Le délégant va demander au délégué de payer le délégataire. Si le délégué est d'accord pour s'intégrer dans la délégation, il va s'engager à payer le délégataire. Une obligation entre le délégué et le délégataire naît de la délégation. Le délégataire accepte ainsi le délégué comme débiteur (cf. art. 1348, préc.).

Toutefois, la délégation est un mécanisme qui relève avant tout de la liberté contractuelle. Par conséquent, elle n'implique pas nécessairement l'existence de deux rapports préexistants (délégataire-délégant et délégué-délégant). Elle peut se nouer alors qu'il n'y avait qu'un rapport de type (délégataire-délégant ou délégué-délégant) ou même aucune obligation antérieure.

Elle a pour fonctions de permettre un paiement anticipé ou de constituer une garantie.

315. – Schéma explicatif. Illustrons ce propos d'un schéma :

Soit un créancier Charles et un débiteur Albert. Le débiteur Albert est lui-même créancier d'un tiers Bernard. Albert, le débiteur, peut demander à son propre débiteur, Bernard, de payer son créancier Charles.

Le débiteur originaire (Albert) est le délégant ; le créancier originaire (Charles) est le délégataire et le tiers, débiteur du débiteur, est le délégué (Bernard).

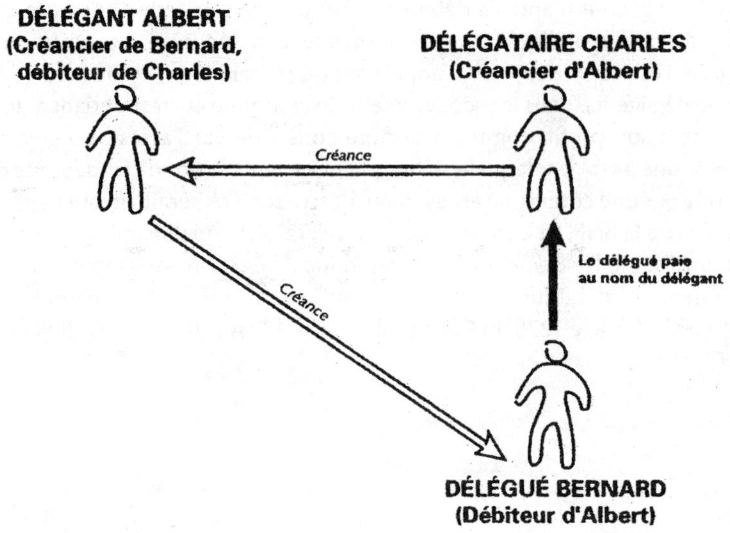

316. – Un exemple de délégation : la carte bancaire de paiement. Les paiements par carte bancaire s'opèrent sur la base d'une délégation.

Une personne achète des vêtements chez un commerçant. Elle peut la payer par carte de paiement. Une délégation est alors mise au point.

Le délégant est l'acheteur, le délégataire est le commerçant et le délégué est le banquier qui crédite le commerçant.

Pour reprendre la définition : l'acquéreur, débiteur du commerçant en raison des achats effectués, appelé délégant, va donner l'ordre à son propre débiteur, le délégué, en l'espèce le banquier qui est son débiteur en raison du compte dont le solde est créditeur, de régler pour lui son créancier, le commerçant, ici jouant le rôle de délégataire.

JURISPRUDENCE

Une cliente, ayant réservé par téléphone une chambre d'hôtel pour deux nuits, au prix de 800 F, en communiquant à l'hôtel le numéro de sa carte bancaire, ne peut reprocher au jugement attaqué d'avoir rejeté sa demande de restitution de la somme de 800 F prélevée par l'hôtelier sur son compte bancaire alors qu'elle soutenait avoir annulé en temps utile sa réservation. La détermination de la nature juridique d'un paiement, fut-il effectué au moyen d'une carte bancaire, résulte de l'intention des parties, peu important sa date. En l'absence de convention écrite, le tribunal a retenu qu'en communiquant à l'hôtelier le numéro de sa carte bancaire, alors qu'elle pouvait adresser par voie postale une réservation accompagnée d'arrhes ou d'un acompte, selon l'option choisie par les parties, la cliente avait autorisé l'hôtelier à percevoir, soit un acompte égal au montant minimal du prix, le tout à valoir sur le prix final, soit le paiement du prix minimal de la prestation réservée, si la cliente n'annulait pas en temps raisonnable la réservation. Ayant relevé que l'intéressée n'établissait pas avoir procédé en temps utile à cette annulation, c'est dans l'exercice de son pouvoir souverain que le tribunal a déduit de ces constatations que la cliente avait autorisé le débit dans la seule limite du prix convenu, y compris en cas d'absence d'annulation de la réservation (Cass. 1re civ., 19 oct. 1999 : *Bull. civ.* 1999, I, n° 285 ; *Defrénois* 2000, p. 717 et la note).

Le droit connaît d'autres exemples de délégation : le contrat de sous-traitance, la lettre de change, le bail conclu par une banque au profit de son directeur... Encore faut-il que les conditions d'une délégation soient remplies.

Par exemple, un sous-traitant, non réglé de ses travaux et qui avait été débouté de son action directe exercée à l'encontre du maître de l'ouvrage par un arrêt devenu irrévocable au motif que le sous-traité avait été conclu postérieurement à la cession par l'entrepreneur principal de sa créance, a assigné le maître de l'ouvrage en réparation sur le fondement des articles 14-1 de la loi du 31 décembre 1975 et 1382 du Code civil (remplacé par l'article 1240 au 1er octobre 2016). La Cour de cassation a censuré l'arrêt qui, pour rejeter cette demande, retient qu'en acceptant les conditions du marché, les parties sont convenues d'une véritable délégation de paiement emportant paiement direct par le maître de l'ouvrage des sommes dues en exécution du marché, et qu'en conséquence, aucune faute ne peut donc être reprochée au maître de l'ouvrage pour n'avoir pas exigé de l'entrepreneur principal la fourniture d'une caution. Pour la troisième chambre civile, « ... l'acceptation du sous-traitant et l'agrément des conditions de paiement du contrat de sous-traitance par le maître de l'ouvrage n'impliquent pas l'existence d'une délégation de paiement et, sans caractériser l'accord du maître de l'ouvrage sur la délégation de paiement proposée par l'entrepreneur principal, la cour d'appel n'a pas donné de base légale à sa décision » (Cass. 3e civ. 26 sept. 2007 : *Bull. civ.* 2007, III, n° 151). L'acceptation du sous-traitant et l'agrément des conditions de paiement du contrat de sous-traitance par le maître de l'ouvrage n'impliquent pas l'existence d'une délégation de paiement (Cass. com., 11 févr. 2014, n° 13-10.146).

317. – Distinction de la délégation d'avec la novation. Le Code civil a traité de la délégation sous la rubrique de la novation. Il suit en cela la confusion des deux notions réalisée par Pothier. Il convient de noter que la délégation et la novation sont des survivances du droit romain primitif : la délégation était alors un mode de réalisation de la novation. Cette origine commune rend la distinction difficile à appréhender.

La délégation peut entraîner la novation. Pour cela, deux conditions doivent être remplies : d'une part, le délégant est débiteur du délégataire et créancier du délégué ; d'autre part, ils ont entendu éteindre ces deux dettes en les remplaçant par une nouvelle, née entre le délégataire et le délégué.

La seconde condition est rarement remplie. Ce qui fait que, de manière générale, il n'y a aucun rapport entre la délégation et la novation. La délégation est une institution autonome, sans lien avec la novation.

La réforme du Code civil reprend cette distinction :

« *Art. 1337.* – Lorsque le délégant est débiteur du délégataire et que la volonté du délégataire de décharger le délégant résulte clairement de l'acte, la délégation opère novation.

Toutefois, le délégant demeure tenu s'il s'est engagé à garantir la solvabilité future du délégué ou si ce dernier se trouve soumis à une procédure d'apurement de ses dettes lors de la délégation ».

318. – Distinction de la délégation d'avec la cession de créance. La délégation ne peut être confondue avec la cession de créance. C'est la raison pour laquelle elle s'opère toujours *solo consensu*, par le seul consentement des personnes qui participent à l'opération, et ne doit pas respecter les formalités de l'article 1324 du Code civil.

319. – Distinction de la délégation d'avec le cautionnement. La différence essentielle entre le cautionnement et la délégation tient au fait que le délégué contracte avec le délégataire une obligation nouvelle et indépendante de celle du délégant ; la caution, au contraire, s'oblige à payer la dette du débiteur. C'est le caractère accessoire qui fournit la clé de la distinction. Tandis que l'obligation de la caution n'est autre que celle du débiteur, l'obligation du délégué envers le délégataire est nouvelle et n'est pas dépendante des rapports préexistants entre les parties. Contrairement à la technique de cautionnement, le délégué ne peut se prévaloir ni du bénéfice de discussion, ni du bénéfice de division ; de plus, il ne peut opposer les oppositions résultant des obligations délégant/délégataire ou délégué/délégant. Il est vrai que, souvent, une dette du délégué existe envers le délégant : le premier n'a, après exécution de son obligation nouvelle, aucun recours contre le second. En payant le délégataire, le délégué éteint sa propre dette envers le délégant.

Une indéniable parenté existe entre délégation imparfaite et **garantie autonome** : l'autonomie de l'obligation du délégué envers le délégataire par rapport à celle liant le délégataire au délégant, l'inopposabilité des exceptions sont deux indices de cette parenté.

320. – Utilité de la délégation. Son utilité dépend des relations initiales existant entre les trois parties.

Lorsque les trois parties ne sont pas liées par **une relation juridique préexistante**, la délégation sert alors à réaliser une libéralité ou un prêt d'argent. Imaginons que Bruno ait envie de faire une donation de 10 000 € à Franck, sans avoir les fonds disponibles en compte. Bruno va s'adresser à sa banque, le Crédit agricole, en lui demandant de s'engager envers Franck à lui payer la somme de 10 000 €. Un autre exemple est celui des lettres de crédit : un banquier remet à son client un tel document qui sera exécuté sur l'un de ses correspondants, en France ou à l'étranger.

Lorsque les trois parties sont liées par **une relation juridique préexistante**, le délégant est débiteur du délégataire et le délégué débiteur du délégant. La délégation joue alors le rôle de paiement abrégé, sans prise de risque lié à un déplacement inutile. Si Bruno est débiteur de Frédéric et que Franck est débiteur de Bruno, la délégation va permettre à Franck de payer Frédéric. Un seul paiement (celui de Franck à Frédéric) va permettre d'éteindre deux dettes : celle de Bruno envers Frédéric et celle de Franck envers Bruno. Cet avantage – faciliter le paiement – se cumule avec un autre important principe de la délégation : l'inopposabilité des exceptions au délégataire. Ces deux éléments positifs ont ouvert la voie à de nombreuses applications en droit commercial : le transfert des titres nominatifs, la commission de transport et la lettre de change ne sont que des applications de la délégation.

Réforme de la délégation.

« *Art. 1336.* – La délégation est une opération par lequel une personne, le délégant, obtient d'une autre, le délégué, qu'elle s'oblige envers une troisième, le délégataire, qui l'accepte comme débiteur.

Le délégué ne peut, sauf stipulation contraire, opposer au délégataire aucune exception tirée de ses rapports avec le délégant ou des rapports entre ce dernier et le délégataire ».

« *Art. 1337.* – Lorsque le délégant est débiteur du délégataire et que la volonté du délégataire de décharger le délégant résulte clairement de l'acte, la délégation opère novation.

Toutefois, le délégant demeure tenu s'il s'est expressément engagé à garantir la solvabilité future du délégué ou si ce dernier se trouve soumis à une procédure d'apurement de ses dettes lors de la délégation ».

« *Art. 1338.* – Lorsque le délégant est débiteur du délégataire et que la volonté du délégataire de décharger le délégant résulte expressément de l'acte, la délégation opère novation.

Toutefois, le délégant demeure tenu s'il s'est expressément engagé à garantir la solvabilité future du délégué ou si ce dernier se trouve soumis à une procédure d'apurement de ses dettes lors de la délégation ».

« *Art. 1338.* – Lorsque le délégant est débiteur du délégataire mais que celui-ci ne l'a pas déchargé de sa dette, la délégation donne au délégataire un second débiteur.

Le paiement fait par l'un des deux débiteurs libère l'autre, à due concurrence ».

« *Art. 1339.* – Lorsque le délégant est créancier du délégué, sa créance ne s'éteint que par l'exécution de l'obligation du délégué envers le délégataire et à due concurrence.

Jusque-là, le délégant ne peut en exiger ou en recevoir le paiement que pour la part qui excéderait l'engagement du délégué. Il ne recouvre ses droits qu'en exécutant sa propre obligation envers le délégataire.

La cession ou la saisie de la créance du délégant ne produisent effet que sous les mêmes limitations.

Toutefois, si le délégataire a libéré le délégant, le délégué est lui-même libéré à l'égard du délégant, à concurrence du montant de son engagement envers le délégataire ».

§ 2. – Les conditions de la délégation

A. – Consentement des parties

321. – Consentement. La délégation est une convention tripartite, qui requiert l'accord des trois intéressés : délégant, délégué et délégataire. Contrairement à l'indication de paiement qui relève d'un simple accord entre débiteur et *solvens*, la délégation suppose un **acte tripartite**. Elle n'obéit à **aucun formalisme**. C'est la différence entre la délégation du droit romain classique et la délégation du droit civil moderne. Dans un système formaliste, comme celui du droit romain, le débiteur ne pouvait être obligé envers un nouveau créancier que par le respect du rituel. C'est l'accomplissement du rite qui fait que la nouvelle dette naissait et remplaçait la dette originaire éteinte par novation. L'ordre du créancier ordinaire était nécessaire, même si celui-ci demeurait en marge de la nouvelle promesse. La délégation avait pour *causa* la forme du rite à respecter. Justinien avait noté une évolution de la notion : la novation, comme la délégation, pouvait résulter du seul consentement (*voluntate solo*).

322. – Rapport délégataire/délégué. Dans les rapports entre délégataire et délégué, le plus souvent le premier est créancier du second, mais ce n'est pas une obligation. La chambre commerciale a décidé qu'il importe peu que le délégué ait été ou non débiteur à l'égard du délégant : après avoir retenu que l'opération litigieuse était une délégation de paiement et que le délégué s'était engagé en toute connaissance de cause à l'égard du délégataire, la cour d'appel a pu faire application des règles de la délégation (Cass. com., 21 juin 1994, n° 91-19.281 : *Bull. civ.* 1994, IV, n° 225 ; *Defrénois* 1994, p. 1468, note D. Mazeaud ; *RTD civ.* 1995, p. 113, obs. J. Mestre).

C'est le délégataire qui a l'initiative de l'opération. Le consentement du délégué à la délégation de créance, s'il doit être certain pour distinguer celle-ci de l'indication de paiement, peut être tacite (Cass. com., 16 avr. 1996 : *Bull. civ.* 1996, IV, n° 120).

Lorsque la délégation est **simple**, elle peut être **certaine** et alors l'acte est **abstrait**. Elle peut être **incertaine** et la **cause** de la délégation doit être trouvée dans les **rapports fondamentaux** existant entre les parties.

323. – Rapport délégant/délégataire. Le plus souvent, le délégant est le débiteur du délégataire. Par la délégation, le délégant solde tout ou partie de sa dette.

324. – Rapport délégué/délégataire. Il faut un engagement du délégué ; mais l'engagement peut être tacite. Le délégataire doit accepter. Il peut décharger le délégant ou ne pas décharger le délégant de cette acceptation.

B. – Objet de la délégation

325. – Objet. Son objet doit être déterminé ; il peut être certain ou incertain. Par conséquent, on distingue :

– la **délégation certaine :** l'obligation du délégué consiste dans une obligation certaine ;

– et la **délégation incertaine**, par laquelle le délégué s'engage à payer ce qu'il doit au délégant ou encore à payer ce que le délégant doit au délégataire.

La seule acceptation par le créancier de la substitution d'un nouveau débiteur au premier, même si elle n'est assortie d'aucune réserve, n'implique pas, en l'absence de déclaration expresse, qu'il ait entendu décharger le débiteur originaire de sa dette (Cass. com., 12 déc. 1995 : *Bull. civ.* 1995, IV, n° 294 ; *D.* 1996, somm. p. 333, obs. Mazeaud ; *RTD civ.*

1996, p. 617, obs. Mestre. – Cass. 1re civ., 13 nov. 1997 : *Bull. civ.* 1997, I, n° 307 ; *D.* 1998, somm. p. 117, et les obs. – Cass. 1re civ., 21 mars 2000 : *Contrats, conc. consom.* 2000, n° 122, note Leveneur. – Cass. 3e civ., 12 déc. 2001 : *Bull. civ.* 2001, III, n° 153 ; *Defrénois* 2002, p. 775, obs. Libchaber ; *D.* 2002, Point de vue p. 1555, Larroumet).

L'article 1339 du Code civil est dans le même sens. Le texte reconnaît que :

« Lorsque le délégant est créancier du délégué, sa créance ne s'éteint que par l'exécution de l'obligation du délégué envers le délégataire et à due concurrence.

Jusque-là, le délégant ne peut en exiger ou en recevoir le paiement que pour la part qui excéderait l'engagement du délégué. Il ne recouvre ses droits qu'en exécutant sa propre obligation envers le délégataire.

La cession ou la saisie de la créance du délégant ne produisent effet que sous les mêmes limitations.

Toutefois, si le délégataire a libéré le délégant, le délégué est lui-même libéré à l'égard du délégant, à concurrence du montant de son engagement envers le délégataire ».

C. – Cause de la délégation

326. – Novation. La cause de la délégation peut être de nover la relation. La création d'un rapport entre le délégué et le délégataire fait disparaître l'obligation entre le délégant et le délégataire. Ainsi, lorsqu'un client paie au moyen d'une carte bancaire, le fait de composer son code secret établit une relation entre la banque détentrice du compte et le magasin, et fait disparaître, dans le même temps, la relation entre le client et le magasin.

§ 3. – Les effets de la délégation

A. – Absence d'effet translatif

327. – Effet principal. L'effet principal de la délégation réside dans l'obligation qui est contractée par le délégué vis-à-vis du délégataire. Elle n'a pas d'effet translatif ou extinctif : la créance que le délégant détient contre le délégué survit dans son patrimoine, malgré l'acceptation de la délégation par le délégué. Contrairement à la cession de créance, le délégué ne transmet pas au délégataire sa créance : la délégation n'entraîne pas transmission au délégataire des sûretés constituées par le débiteur délégué, au profit du créancier délégant ; le délégataire ne peut, en conséquence, se prévaloir de l'inscription d'hypothèque garantissant la créance déléguée.

Le délégataire a désormais *deux débiteurs*. Il a, d'une part, le débiteur originaire (la créance n'a pas disparu) et il obtient, d'autre part, un nouveau débiteur en la personne du délégué.

Si le délégué paie, le délégataire est désintéressé : les obligations disparaissent.

Si le délégué ne paie pas, le délégataire conserve son action contre le débiteur originaire.

En ce qui concerne la première hypothèse (paiement par le délégué), il fut considéré dans un premier temps que la créance du délégant sur le délégué est dans les limbes le temps de la délégation (Cass. com., 16 avr. 1996, n° 94-14.618 : *Bull. civ.* 1996, IV, n° 120 ; *D.* 1996, jurispr. p. 517, note C. Larroumet ; *D.* 1996, somm. p. 333, obs. L. Aynès ; *JCP G* 1996, II, 22689, note M. Billiau ; *RTD civ.* 1977, p. 132, obs. J. Mestre ; *Defrénois* 1996, p. 1018, obs. D. Mazeaud). Par la suite, un arrêt de principe du 4 février 2006 a considéré que ni le délégant ni ses créanciers ne peuvent obtenir paiement de la créance tant que le délégué paye le délégataire (Cass. com., 4 févr. 2006, n° 03-17.457 : *Bull. civ.* 2006, IV, n° 37 ; *D.* 2006, act. jurispr. p. 650, obs. X. Delpech ; *RTD civ.* 2006, p. 319, obs. J. Mestre et B. Fages ; *RD bancaire et fin.* mai-juin 2006, p. 23, obs. A. Cerles ; *Dr. et proc.* 2006, p. 228, obs. E. Putman ; *Banque et droit* mai-juin 2006, n° 107, p. 74 et s., obs. N. Rontchevsky ; *JCP* G 2006, II, 10145, note M. Roussille ; *Dr. et patrimoine* oct. 2006, n° 152, p. 95, obs. P. Stoffel-Munck ; *D.* 2006, p. 2862, obs. Crocq ; *RJDA* 2006, p. 689, rapp. Tric ; *Dr. et patrimoine* juill.-août 2006, p. 95, note Crocq ; *Defrénois* 2007, p. 553, obs. Ph. Théry).

B. – Inopposabilité des exceptions

328. – Double règle. L'obligation du délégué vis-à-vis du délégataire est considérée comme *autonome*. Ainsi, l'engagement pris par le délégué est complètement indépendant de celui qui le liait au délégant (Cass. com., 7 déc. 2004, n° 03-13.595 : *Bull. civ.* 2004, IV, n° 214 ; *D.* 2005, p. 79 ; *Defrénois* 2005, p. 628, obs. E. Savaux ; *Dr. et patrimoine* oct. 2005, p. 102, obs. PSM ; *D.* 2005, act. jurispr. p. 80, obs. A. Lienhard, et pan. p. 1424, obs. A. Boujeka, M. Bourassin, E. Claudel et B. Thullier ; *RTD com.* 2005, p. 175, obs. J.-L. Vallens ; *RTD civ.* 2005, p. 400, obs. Mestre et Fages). La portée de l'inopposabilité des exceptions est double.

D'une part, le délégué ne peut opposer au délégataire les exceptions qu'il pourrait tirer de ses relations personnelles avec le délégant. La délégation ne peut donc pas être remise en cause par l'existence d'exceptions affectant les rapports entre le délégué et le délégant (Cass. com., 22 avr. 1997 : *Bull. civ.* 1997, IV, n° 98 ; *Defrénois* 1997, p. 1002, note D. Mazeaud ; *JCP* G 1998, II, 10050, note C. Lachièze). L'engagement du délégué envers le délégataire est nouveau et personnel. Cependant, si le délégué s'est engagé dans la mesure de ce qu'il devait au délégant, il n'est tenu que dans la limite de cette dernière dette. En particulier, l'erreur du délégué, qui se croit à tort débiteur du délégant et accepte dans cette croyance erronée de s'engager vis-à-vis du délégataire, est qu'il ne peut demander l'annulation de son engagement : il est tenu et s'il a payé, il s'est valablement acquitté de son obligation.

D'autre part, le délégué ne peut se prévaloir des exceptions affectant les rapports du délégant et du délégataire, à moins qu'il ne se soit engagé dans les limites de ce que devait le délégant. Sauf convention contraire, le délégué est seulement obligé au paiement de la dette du délégant envers le délégataire et se trouve déchargé de son obligation lorsque la créance de ce dernier est atteinte par la prescription. A violé l'article 1275 du Code civil une cour d'appel qui, pour condamner le délégué à payer au délégataire une somme d'argent, a estimé que l'engagement du délégué courait du jour de la délégation et que peu importait la date à laquelle avait pris naissance la créance qui avait fait l'objet de la délégation, alors qu'elle avait constaté que la prescription décennale applicable à la créance du délégataire était acquise à la date de l'assignation délivrée par ce dernier au délégué (Cass. 1re civ., 17 mars 1992, n° 90-15.707 : *Bull. civ.* 1992, I, n° 84 ; *D.* 1992, p. 481, note L. Aynès ; *JCP* G 1994, II, 21922, note M. Billiau).

La solution est cependant curieusement controversée. La chambre commerciale a repris la solution classique : en cas de délégation de paiement imparfaite, le délégué ne peut, sauf clause contraire, opposer au délégataire les exceptions dont le délégant pouvait se prévaloir à l'égard de celui-ci (Cass. com., 25 févr. 1992 : *JCP* G 1992, II, 21922, note M. Billiau).

La réforme consacre la règle de l'inopposabilité des exceptions dans ses deux dimensions : « Le délégué ne peut, sauf stipulation contraire, opposer au délégataire aucune exception tirée de ses rapports avec le délégant ou des rapports entre ce dernier et le délégataire » (art. 1336, al. 2).

329. – Cause et objet. La question de l'inopposabilité des exceptions n'est pas liée à la **cause** de l'obligation du délégué (pourquoi le délégué s'est-il engagé envers le délégataire ?) mais à **l'objet** de cette obligation (dans quelle mesure le délégué s'est-il engagé envers le délégataire ?).

L'objet de l'obligation conduit à reprendre la distinction entre **obligation certaine et obligation incertaine**. Lorsque l'obligation est certaine, le délégué souscrit un engagement autonome et l'objet de cet engagement n'est pas lié aux rapports existant entre les parties. Il ne peut donc invoquer une exception tirée de ces rapports. Lorsque l'obligation est incertaine, le délégué fixe l'étendue de son engagement en considération d'un rapport préexistant. Le délégué peut alors résister à la demande d'exécution pour les mêmes causes que le délégant quand il s'engage à payer ce que ce dernier doit au délégataire ; le délégué peut opposer les exceptions tirées de ses rapports avec le délégant lorsqu'il s'engage à payer au délégataire ce qu'il doit au délégant.

330. – Nouveauté de l'obligation. Raisonner sur le seul objet de l'obligation ne suffit pas. Il faut prendre en compte sa nouveauté. L'obligation est nouvelle par sa source et par sa cause.

Si l'on retient la nouveauté de la source, les exceptions relatives au lien unissant le débiteur au créancier, au pouvoir de contrainte de l'obligation, ne peuvent être opposées au délégataire, en raison même de la nouveauté du lien entre délégataire et délégué ; les exceptions relatives à l'obligation elle-même (*debitum* – comme le paiement, la remise de dette, la prescription) sont en revanche opposables, en raison de l'identité d'objet des dettes, sauf celles pour lesquelles la délégation vaut confirmation ou renonciation de l'ancien débiteur (nullité relative, compensation).

331. – Liberté de l'engagement. En réalité, le délégué s'engage généralement à payer la dette du délégant. Il peut aussi s'engager dans la limite de ce qu'il doit au délégant. Mais rien ne s'oppose à ce qu'il s'engage sans référence à telle ou telle dette préexistante. Son engagement est librement déterminé avec son cocontractant, le délégataire.

§ 4. – Les délégations imparfaite et parfaite

332. – Délégation imparfaite. Normalement, la délégation est imparfaite ; le délégataire a deux débiteurs : le débiteur originaire est toujours engagé envers lui, le débiteur délégué nouvellement tenu. Il y a adjonction d'un débiteur à un autre. La délégation imparfaite est donc une garantie pour le créancier. C'est une sûreté personnelle analogue à la solidarité : chacun des débiteurs peut être poursuivi pour le tout, en première ligne, sans bénéfice de discussion.

L'article 1338 du Code civil décrit la délégation imparfaite :

> « Lorsque le délégant est débiteur du délégataire mais que celui-ci ne l'a pas déchargé de sa dette, la délégation donne au délégataire un second débiteur.
>
> Le paiement fait par l'un des deux débiteurs libère l'autre, à due concurrence ».

Au point de vue de son fonctionnement, **la délégation imparfaite se rapproche de la stipulation pour autrui** : dans les deux cas, le créancier va disposer de deux actions, l'action initiale contre son débiteur et l'action née de la stipulation pour autrui contre le promettant ou l'action née de la délégation contre le délégué. Imaginons que Guillaume possède un immeuble et souhaite donner à son créancier, Philippe, une action contre l'acquéreur de ce bien, Antoine : Guillaume peut soit déléguer Antoine à Philippe, sans novation, soit stipuler l'engagement d'Antoine au profit de Philippe. La différence entre délégation et stipulation pour autrui n'apparaît qu'en ce qui concerne le moment auquel le créancier se trouve investi d'un droit vis-à-vis de son nouveau débiteur : dans la délégation, ce transfert n'a lieu que lors du consentement donné par le créancier à cette opération ; dans la stipulation pour autrui, le droit du tiers contre le promettant naît dès que le stipulant et le promettant ont conclu la convention – l'acceptation du promettant n'est que l'adhésion à l'opération déjà effectuée et le moyen d'assurer son irrévocabilité.

La stipulation pour autrui est donc, en un sens, plus rapide que la délégation : la première convention ne requiert que l'accord du débiteur primitif et du nouveau débiteur ; la délégation est une convention tripartite qui exige la présente et l'accord des trois parties.

Dans certains actes ayant pour objet le transfert de biens ou de droits (notamment la vente d'un immeuble), l'acquéreur déclare « faire son affaire personnelle » de telle ou telle obligation pesant sur le cédant ou de telle ou telle contestation, née ou éventuelle, à laquelle il se heurte. Les hypothèses les plus classiques concernent le litige opposant le vendeur d'un immeuble à ses voisins (à cause d'un empiétement, d'un trouble de voisinage...) ou à son propre vendeur (pour vice caché, ou défaut de contenance, etc.) ou du paiement de l'indemnité pour rupture d'un contrat due par le cédant d'un fonds de commerce. Cette stipulation pose une difficulté de qualification : pour répondre à cette question, il convient de s'interroger sur l'intention des parties.

Dans un arrêt du 5 mars 2008, la Cour de cassation a décidé que la clause de l'acte de vente d'un immeuble loué à usage commercial par laquelle l'acquéreur déclare faire son affaire personnelle de l'indemnité d'éviction due à un locataire et s'oblige à en prendre à sa charge le payement s'analyse en une délégation imparfaite de payement (Cass. 3e civ., 5 mars 2008. – V. *infra*, n° 334, Jurisprudence I).

Reste à savoir si cette adjonction permet au délégataire d'agir indifféremment contre ses deux débiteurs ou si cette opération crée un ordre parmi les débiteurs, un débiteur principal et un débiteur accessoire.

333. – Sort de la créance du délégant dans la délégation imparfaite. Lorsque le délégant est créancier du délégué, la créance s'éteint-elle par le seul effet de la délégation ou survit-elle à celle-ci ?

Lorsque la délégation est imparfaite, le délégant reste exposé à l'action du délégataire ; il a donc réservé sa créance primitive contre le délégué pour le cas où il subirait cette action. Le délégué a désormais deux créanciers.

En présence de ces deux débiteurs, il convient de déterminer dans quelle mesure chacun d'eux est obligé à l'égard du créancier (délégataire) et peut être poursuivi par lui. Pour une première partie de la doctrine, le délégant est un débiteur accessoire et le délégataire doit agir prioritairement contre le délégué. Pour d'autres auteurs, le délégué et le délégant sont tous deux des débiteurs principaux et que le délégataire peut agir à son choix contre l'un ou l'autre. La jurisprudence est indécise. Un arrêt du 5 mars 2008 décide que le délégué ne jouit pas du bénéfice de discussion et il ne peut pas contraindre le délégataire à agir d'abord contre le délégant : « une telle stipulation autorise le preneur à réclamer le paiement de l'indemnité à l'acquéreur de l'immeuble, sans être tenu de s'adresser au vendeur et sans que puisse lui être opposée la règle de l'effet relatif des conventions » (*D.* 2008, p. 849, obs. Y. Rouquet ; *Defrénois* 2008, p. 1353, note E. Savaux).

Si la créance du délégant sur le délégué s'éteint, non pas du fait de l'acceptation par le délégataire de l'engagement du délégué à son égard, mais seulement par le fait de l'exécution de la délégation, ni le délégant, ni ses créanciers ne peuvent, avant la défaillance du délégué envers le délégataire, exiger le paiement (V. Cass. com., 16 avr. 1996 : *Bull. civ.* 1996, IV, n° 120 ; *D.* 1996, somm. p. 333, note L. Aynès ; V. *infra*, n° 334, Jurisprudence II. – V. cependant, Cass. com., 29 avr. 2002 : *Bull. civ.* 2002, IV, n° 72 ; *D.* 2002, p. 2673, note Houtcieff ; *Defrénois* 2002, p. 1239, obs. Libchaber ; V. *infra*, n° 334, Jurisprudence II, commentaires).

Il convient de noter que, à la suite d'un arrêt rendu en chambre mixte du 8 juin 2007, le cautionnement a été analysé comme une délégation imparfaite : « Le cautionnement est une délégation imparfaite et incertaine. C'est d'abord une délégation puisqu'un délégant, le débiteur, obtient l'engagement d'un délégué, la caution, au profit d'un délégataire, le créancier. C'est ensuite une délégation imparfaite car le cautionnement n'opère pas novation : le débiteur-délégant n'est pas libéré envers le créancier-délégataire. C'est enfin une délégation incertaine en ce que l'engagement de la caution-délégué a le même objet que l'engagement dont est tenu le débiteur-délégant : il porte sur la même obligation » (C. Grimaldi : *RDC* 1er juill. 2008, n° 3, p. 702).

La réforme du 10 février 2016 précise utilement que lorsque le délégant est créancier du délégué, l'extinction de la créance n'a lieu que par l'exécution de l'obligation du délégué envers le délégataire et à due concurrence (C. civ., art. 1339).

334. – Délégation parfaite. Il se peut, par exception, que la délégation soit stipulée parfaite. Dans cette hypothèse, le délégataire renonce à son droit contre le délégant (le débiteur originaire) et accepte de ne conserver pour seul débiteur que le délégué. La délégation est alors **novatoire** par changement de débiteur, du point de vue du délégataire et, par changement de créancier, du point de vue du délégué.

C'est ce que rappelle l'article 1337 du Code civil :

« Lorsque le délégant est débiteur du délégataire et que la volonté du délégataire de décharger le délégant résulte clairement de l'acte, la délégation opère novation.

Toutefois, le délégant demeure tenu s'il s'est engagé à garantir la solvabilité future du délégué ou si ce dernier se trouve soumis à une procédure d'apurement de ses dettes lors de la délégation ».

Dans cette hypothèse, **l'intention de nover** devrait s'établir de la même façon que pour la novation proprement dite : elle pourrait être tacite à condition de ne pas être équivoque. Pourtant, l'article 1337 du Code civil exige une déclaration expresse du créancier pour la délégation novatoire. Une volonté formellement exprimée est donc nécessaire et le juge ne peut déduire celle-ci de présomptions factuelles. Cette différence de régime n'a pas toujours été suivie. Pothier comprenait l'ancien article 1275 au sens de l'ancien article 1273 et affirmait qu'il suffisait que la volonté de nover résulte suffisamment de l'acte, qu'il s'agisse d'une novation isolée ou d'une novation par délégation, pour que la novation soit juridiquement établie. Pourtant, la jurisprudence opère une distinction entre les deux articles : à la différence de la novation, la délégation novatoire suppose une convention expresse et formelle.

La **libération du délégant** par la délégation parfaite connaît deux limites posées par l'article 1276 du Code civil :

– le délégataire, sauf s'il a été payé par le délégué, peut exercer un recours contre le délégant lorsque l'opération a eu lieu à un moment où le délégué était déjà en faillite (procédure collective des commerçants) ou en déconfiture (cessation des paiements des non-commerçants) ; la faillite ou la déconfiture doivent être préalables à la délégation ;

– le délégataire peut exercer un recours contre le délégant lorsqu'il se l'est réservé par convention expresse, afin de garantir la solvabilité future du délégué.

JURISPRUDENCE
I. La qualification de délégation imparfaite de paiement

Cass. 3e civ., 5 mars 2008, n° 06-19.237 : *Bull. civ.* 2008, III, n° 39 ; *JCP* G 2008, I, 179, n° 19, obs. A.-S. Barthez ; *Dr. et patrimoine* mai 2008, p. 93, obs. L. Aynès ; *Defrénois* 2008, p. 1353, obs. E. Savaux ; *JCP* E 2008, p. 1774, note R. Marty ; *Rev. loyers* 2008, p. 887, note C. Quément

« *Sur le premier moyen du pourvoi n° F 06-20.223 :*

Attendu, selon l'arrêt attaqué (Paris, 15 sept. 2004), que, par acte du 29 juin 1998, le Crédit foncier de France (le CFF), propriétaire de locaux à usage commercial pris à bail par la société Bank Sepah (la banque Sepah), lui a donné congé avec offre de renouvellement à compter du 1er janvier 1999, moyennant un certain loyer ; que, par acte du 25 novembre 1998, le CFF a notifié à sa locataire la rétractation de son offre de renouvellement et lui a offert le paiement d'une indemnité d'éviction ; que, par acte authentique du 4 février 1999, la société The Ritz Hotel Limited (The Ritz Hotel) a acquis du CFF la propriété de l'immeuble loué ; que la banque Sepah a assigné la société The Ritz Hôtel pour voir constater à titre principal, le renouvellement de son bail et obtenir, à titre subsidiaire, le paiement d'une indemnité d'éviction ; que le CFF a été appelé en intervention forcée ;

Attendu que la société The Ritz Hotel fait grief à l'arrêt de déclarer recevable la demande d'indemnité d'éviction formée à son encontre par la banque Sepah et de fixer à une certaine somme le montant de cette indemnité, alors, selon le moyen :

1°/ que tenu en toutes circonstances de faire observer et d'observer lui-même le principe de la contradiction, le juge ne peut fonder sa décision sur un moyen relevé d'office sans avoir au préalable invité les parties à présenter leurs observations ; qu'en relevant d'office, et sans inviter préalablement les parties à présenter leurs observations, le moyen, mélangé de fait et de droit, pris de ce que la clause du contrat de vente par laquelle la société The Ritz Hotel Limited avait déclaré faire son affaire personnelle et décharger le Crédit foncier de France de l'indemnité d'éviction que celui-ci pouvait devoir à la société Banque Sepah, était constitutive d'une délégation imparfaite de payement par laquelle le Crédit foncier de France (délégant) avait transmis à la société The Ritz Hôtel (délégué) la charge du payement de l'indemnité d'éviction due à la société Banque Sepah, et qu'une telle stipulation autorisait le preneur, délégataire, à réclamer le payement de l'indemnité à la société The Ritz Hotel, acquéreur de l'immeuble, sans être tenu de s'adresser au CFF vendeur et sans que puisse lui être opposée la règle de l'effet relatif des conventions, la cour d'appel a méconnu ces principes et violé l'article 16 du Code de procédure civile ;

2°/ que sous une rubrique intitulée "propriété jouissance", l'acte de vente notarié du 4 février 1999, après avoir précisé qu'un "congé avec offre de renouvellement suivi d'une dénonciation de cette offre ont été signifiés à la Banque Sepah à la demande du Crédit foncier de France" et qu'à la "suite une procédure a été intentée par le locataire", stipulait que "l'acquéreur déclare faire son affaire personnelle déchargeant le vendeur de toutes les conséquences financières" et "s'oblige à prendre à sa charge le paiement de l'indemnité d'éviction ainsi que les frais et honoraires de cette procédure" ; qu'en estimant que cette clause issue d'un acte conclu entre les seules sociétés CFF et Ritz Hôtel devait s'analyser en une "délégation imparfaite de payement par laquelle le CFF (délégant)" avait "transmis à la société The Ritz Hotel (délégué) la charge du payement de l'indemnité d'éviction due à la société Banque Sepah", là où, au-delà d'une simple cession de dette interne entre le Crédit foncier de France et la société Ritz Hotel Ltd, aucun engagement personnel de la société Ritz Hotel de payer directement à la société Bank Sepah l'indemnité d'éviction que le Crédit foncier de France pourrait lui devoir ne résultait des termes clairs et précis de cette clause, la cour d'appel l'a dénaturée et de ce chef violé l'article 1134 du Code civil ;

3°/ que la délégation imparfaite est l'opération triangulaire par laquelle un débiteur donne au créancier un autre débiteur, qui s'oblige envers ce dernier ; que ne saurait être ainsi qualifiée la clause par laquelle une partie déclare faire son affaire personnelle de la dette d'une autre et l'en décharger dès lors qu'elle ne comporte aucun engagement nouveau et personnel directement souscrit par le délégué au profit du délégataire et qu'ainsi la volonté certaine de ce dernier de souscrire un tel engagement personnel, nouveau et direct à l'égard du délégataire n'est pas caractérisée ; qu'en déduisant de la clause du contrat de vente par laquelle la société The Ritz Hotel Limited avait déclaré faire son affaire personnelle de l'indemnité d'éviction due par le Crédit foncier de France à la société Bank Sepah, l'existence d'une délégation autorisant cette dernière, en sa qualité de prétendue délégataire, à réclamer le payement de cette indemnité à la société The Ritz Hotel, prétendu délégué, sans être tenue de s'adresser au Crédit foncier de France, prétendu délégant, sans constater que le "délégué" avait souscrit au profit du "délégataire" l'engagement personnel et direct de lui payer ce que lui devait ou pourrait lui devoir le "délégant", la cour d'appel a violé les articles 1134 et 1275 du Code civil, ensemble l'article 8 du décret du 30 septembre 1953 ;

Mais attendu qu'ayant constaté que l'acte de vente conclu le 4 février 1999 entre le CFF et la société The Ritz Hotel comprenait une stipulation ainsi rédigée : "Étant précisé qu'un congé avec offre de renouvellement suivi d'une dénonciation de cette offre ont été signifiés à la société Banque Sepah à la demande du Crédit foncier de France. Qu'à la suite, une procédure a été intentée par le locataire M. X... au nom de The Ritz Hôtel Limited déclare avoir parfaite connaissance de ces location et procédure dont les éléments lui ont été remis dès avant ce jour par le vendeur et déclare, ès qualités, en faire son affaire personnelle déchargeant le vendeur de toutes les conséquences financières notamment l'acquéreur s'oblige à prendre à sa charge le payement de l'indemnité d'éviction ainsi que les frais et honoraires de cette procédure", la cour d'appel, sans violer le principe de la contradiction et sans dénaturation, a pu en déduire qu'une telle clause s'analysait en une délégation imparfaite de payement par laquelle le CFF avait transmis à la société The Ritz Hotel la charge du payement de l'indemnité d'éviction due à la société Banque Sepah et qu'une telle stipulation autorisait le preneur, à réclamer le paiement de l'indemnité qui y était visée à la société The Ritz Hotel, acquéreur de l'immeuble, sans être tenue de s'adresser au CFF, vendeur, et sans que puisse lui être opposée la règle de l'effet relatif des conventions ;

D'où il suit que le moyen n'est pas fondé ;

Et attendu qu'il n'y a pas lieu de statuer sur le moyen unique du pourvoi n° J 06-19.237 et sur le second moyen du pourvoi n° F 06-20.223, qui ne seraient pas de nature à permettre l'admission de ces pourvois ;

Par ces motifs :

Rejette les pourvois (...) »

II. Le conflit entre le délégataire et les créanciers du délégant

Le consentement du délégué à la délégation de créance peut être tacite.

De plus, le délégué n'est pas libéré par la consignation d'une somme, saisie-arrêtée par les créanciers du délégant. Il est encore tenu vis-à-vis du délégataire.

En voici une illustration en matière de fret maritime.

Cass. com., 16 avr. 1996 : *Bull. civ.* 1996, IV, n° 120 ; *D.* 1996, somm. p. 333, note L. Aynès ; *D.* 1996, p. 571, note C. Larroumet ; *JCP* G 1996, II, 22689, note M. Billiau ; *Defrénois* 1996, p. 1018, note D. Mazeaud

« LA COUR :

Sur le deuxième moyen, pris en ses quatre branches :

Attendu que la Sté Sollac reproche encore à l'arrêt de l'avoir condamnée à payer le fret dû aux fréteurs malgré l'existence des saisies conservatoires opérées entre ses mains alors, selon le pourvoi, d'une part, que la délégation imparfaite laisse intacte, en l'absence de toute novation, la dette du délégué envers le délégant et ne peut avoir pour effet d'éteindre le lien de droit subsistant entre eux ; qu'en décidant le contraire, la cour d'appel a violé l'article 1275 du Code civil ; alors, d'autre part, que la délégation imparfaite laisse intacte, en l'absence de toute novation, la dette du délégué envers le délégant et ne peut faire obstacle à la saisie opérée entre les mains du délégué par un créancier du délégant ; qu'en décidant le contraire, la cour d'appel a violé l'article 1275 du Code civil ; alors, en outre, que le débiteur délégué, entre les mains duquel les créanciers du délégant saisissent la créance dont celui-ci dispose à son égard, a nécessairement la qualité de tiers saisi vis-à-vis des créanciers saisissants ; qu'il peut se libérer valablement de son obligation en consignant unilatéralement les sommes litigieuses dès lors que le délégataire ne dispose pas de droit exclusif mais simplement concurrent sur ces mêmes sommes ; qu'en décidant le contraire, la cour d'appel a violé les articles 1275 du Code civil et 1428, alinéa 2, du Code de procédure civile ; et alors, enfin, qu'en toute hypothèse, le droit du délégataire n'est mis en échec par la saisie opérée par les créanciers du délégant entre les mains du débiteur délégué que si la délégation de paiement est donnée et acceptée "antérieurement" à la saisie ; qu'en l'espèce, s'agissant du fret du navire Ocean Star, la cour d'appel a déduit l'acceptation par Sollac de la délégation de paiement litigieuse d'un certain nombre d'éléments, tous postérieurs à la saisie opérée par les créanciers de Sonmez ; qu'en estimant, néanmoins, que la consignation du fret consécutive à la saisie est irrégulière au regard des droits du délégataire, la cour d'appel n'a pas tiré les conséquences légales qui s'imposaient de ses propres constatations, violant par là même l'article 1275 du Code civil ;

Mais attendu que si la créance du délégant sur le délégué s'éteint, non pas du fait de l'acceptation par le délégataire de l'engagement du délégué à son égard, mais seulement par le fait de l'exécution de la délégation, ni le délégant, ni ses créanciers, ne peuvent, avant la défaillance du délégué envers le délégataire, exiger le paiement ; qu'il en résulte que la saisie-arrêt effectuée entre les mains du délégué par les créanciers du délégant ne peut avoir pour effet de priver le délégataire, dès son acceptation, de son droit exclusif à un paiement immédiat par le délégué, sans concours avec les créanciers saisissants et que la consignation des sommes saisies-arrêtées, que le délégué prétendrait opérer sur le fondement de l'article 1428, alinéa 2, du Code de procédure civile, ne le libère pas envers le délégataire ;

Attendu qu'ayant fait état, pour se prononcer sur l'existence de l'acceptation par la Sté Sollac et les fréteurs de la délégation de créance, de faits à la fois antérieurs et postérieurs aux dates des saisies, sans qu'il en résultât que ces acceptations auraient été données après celles-ci, la cour d'appel en a exactement déduit que la consignation effectuée par la Sté Sollac était inopposable aux fréteurs ; d'où il suit que le moyen n'est fondé en aucune de ses branches ;

Et sur le troisième moyen, pris en ses trois branches : (sans intérêt) ;

Par ces motifs ;

Rejette (...) »

Si, dans cet arrêt du 16 avril 1996, la Cour de cassation avait réalisé quelques avancées en matière de délégation imparfaite, un arrêt du 29 avril 2002 opère un revirement (?) sur un point : l'arrêt revient sur l'idée que la créance du délégant sur le délégué est comme neutralisée, tant que la défaillance de ce dernier envers le délégataire n'est pas constatée.

Une délégation de loyers ayant été consentie par une SCI au profit d'un établissement financier, le Trésor public a notifié des avis à tiers détenteur au preneur concernant le paiement des taxes foncières par la SCI. Les fonds versés au délégataire ayant été consignés, et le délégant ayant été mis en redressement, puis en liquidation judiciaire, il ne peut être reproché à l'arrêt attaqué d'avoir débouté l'établissement financier de ses demandes tendant à obtenir la mainlevée des avis à tiers détenteur et l'attribution des loyers dus antérieurement. L'arrêt retient que la délégation de paiement des loyers a pris effet et qu'elle était opposable aux tiers à compter de la date d'acceptation par le délégataire du paiement fait par le preneur, mais que cette délégation imparfaite a laissé subsister la créance de la SCI délégante qui n'est pas sortie de son patrimoine, ce qui a permis, d'un côté, au liquidateur de la SCI de revendiquer les sommes consignées et, d'un autre côté, au Trésor public de bénéficier de l'effet attributif des avis à tiers détenteur sur les loyers dus par le preneur, débiteur de loyers envers la SCI (Cass. com., 29 avr. 2002 : *Bull. civ.* 2002, IV, n° 72 ; *D.* 2002, p. 2673, note Houtcieff ; *Defrénois* 2002, p. 1239, obs. Libchaber).

III. Une lettre de change imparfaite n'emporte pas délégation de débiteur

La souscription par un débiteur d'une mention d'acceptation sur un titre à ordre, intitulé lettre de change mais n'en ayant pas la valeur en l'absence de certaines des mentions obligatoires énoncées à l'article 110 du Code de commerce, n'emporte pas contre ce débiteur les effets d'une délégation de créance au profit d'un tiers qui ne serait qu'ultérieurement désigné. Telle est la leçon d'un arrêt de la chambre commerciale du 24 mars 1998.

Une lettre de change incomplète ne peut valoir comme lettre de change, mais comme simple engagement civil ou commercial, voire un mode de preuve de l'engagement contracté par les signataires suivant le droit commun. En ce cas, le droit cambiaire ne s'applique plus aux rapports nés de l'opération et le tiré peut opposer au porteur l'absence de cause de l'engagement, sans avoir à prouver sa mauvaise foi. Il peut en aller différemment si le tiré s'engage en tant que délégué, c'est-à-dire s'engage à l'égard du bénéficiaire, délégataire, à payer ce qu'il doit au tireur, délégant. Encore faut-il que le bénéficiaire soit identifié, pour qu'il puisse exprimer son consentement à l'opération, ce qui n'est pas le cas lorsque, comme dans cet arrêt, le titre est à ordre.

Cass. com., 24 mars 1998 : *Bull. civ.* 1998, IV, n° 114, p. 91

« LA COUR :

Sur le moyen unique ;

Attendu, selon l'arrêt attaqué (CA Paris, 30 juin 1995), que la Caisse régionale de Crédit agricole mutuel de l'Yonne a pris à l'escompte des lettres de change, ne comportant pas d'indication de date, qui avaient été tirées sur la SNC Le Petit Bedon et revêtues d'une mention d'acceptation par elle ; que la SNC Le Petit Bedon a invoqué la nullité des lettres de change et l'exception d'inexécution de ses obligations par le tireur ; que la banque a soutenu que, bien que nuls, les titres emportaient délégation de créance à son profit et engagement de la SNC Le Petit Bedon au profit du porteur ;

Attendu que la banque fait grief à l'arrêt du rejet de sa prétention, alors selon le pourvoi, qu'il est constant que l'escompte d'un effet accepté, même irrégulier au sens de l'article 110 du Code de commerce, constitue une délégation de créance au sens de l'article 1275 du Code civil et qu'en conséquence le délégué ne peut opposer au délégataire les exceptions issues de son rapport juridique avec le délégant ; qu'en l'espèce la SNC Le Petit Bedon, débiteur délégué, a refusé de payer la CRCAM de l'Yonne, délégataire titulaire d'une créance issue d'un titre à échéance du 11 janvier 1992, au motif que son contrat avec la société Domaine Lue Sorin avait été annulé le 31 janvier 1992 ; que dès lors, la cour d'appel qui a exonéré le délégué de son obligation de paiement à l'égard du délégataire, en considérant que l'exception d'annulation dont disposait le délégué à l'encontre du délégant pouvait être opposée au délégataire, a violé l'article 1275 du Code civil ;

Mais attendu que si un titre qualifié lettre de change n'en a pas la valeur en l'absence de certaines des mentions obligatoires énoncées à l'article 110 du Code de commerce, son acceptation par le débiteur désigné peut être retenue, selon le droit commun, comme preuve écrite de sa promesse de payer le tireur, voire tout tiers ultérieurement indiqué par lui s'il est établi à son ordre ; qu'un tel titre n'emporte néanmoins pas délégation de créance au profit d'un tel tiers porteur, faute de sa désignation lors de l'engagement du débiteur, lequel peut ensuite lui opposer les exceptions résultant de ses rapports avec le tireur ; que l'arrêt n'encourt, dès lors, pas le grief du moyen ;

Par ces motifs :

Rejette le pourvoi (...) »

Lecture

Délégation et cautionnement en matière de sous-traitance

Les garanties de paiement, telles que le cautionnement, sont obligatoires à peine de nullité du sous-traité, par application de l'article 14 de la loi du 31 décembre 1975 relative à la sous-traitance. La nullité est relative (elle ne peut être demandée que par le sous-traitant) et se prescrit par cinq ans. Ce n'est que depuis 1989 que la jurisprudence applique cette sanction avec rigueur.

Quelles sont ces obligations ?

D'une part, l'entrepreneur principal doit garantir le paiement du sous-traitant « par une caution personnelle et solidaire obtenue par l'entrepreneur d'un établissement qualifié agréé dans des conditions fixées par décret » (L. 31 déc. 1975, art. 14).

D'autre part, le maître d'ouvrage, pour sa part, doit « exiger de l'entrepreneur principal qu'il justifie avoir fourni la caution » (L. 31 déc. 1975, art. 14-1), si aucune garantie de paiement n'a été mise en place.

Cependant, l'étendue de cette dernière obligation n'est pas précisée et, si une mise en demeure semble obligatoire, l'attitude du maître d'ouvrage après mise en demeure reste floue : doit-il user d'autres moyens de pression. Peut-il suspendre tout paiement à l'entrepreneur principal ? Jusqu'à quand ? Autant de questions sur lesquelles la jurisprudence n'est pas fixée. Le sous-traitant, conformément à la loi, n'a pas l'obligation de solliciter un cautionnement ou une délégation, mais il y a intérêt.

a) La délégation se présente ainsi : l'entrepreneur principal (délégant) demande au maître d'ouvrage (délégué) de payer en son nom les travaux sous-traités directement au sous-traitant (délégataire).

Les mécanismes classiques de la délégation jouent : l'acte doit comporter le consentement des trois parties ; le sous-traitant peut décharger l'entrepreneur de ses obligations à son égard (délégation parfaite) ou non (délégation imparfaite) ; le maître d'ouvrage ne peut opposer au sous-traitant aucune exception tirée de ses rapports avec l'entrepreneur principal. Le sous-traitant est ainsi payé au fur et à mesure de l'évolution du chantier.

Dans la pratique, la délégation est faiblement usitée, car aucun acteur de la sous-traitance n'a d'intérêt à se priver du moyen de pression fantastique qu'est l'exception d'inexécution. La nature humaine est ainsi faite que l'exception est le stimulant idéal de l'assiduité des parties.

b) Le cautionnement est un acte particulier signé par un établissement bancaire qui s'engage à payer le sous-traitant en cas de défaillance de l'entrepreneur principal. L'article 14 de la loi de 1975 interdit les promesses de caution et exige un acte de caution ; encore, il demande que la caution s'engage sur « toutes les sommes dues par l'entrepreneur principal ».

La caution doit intervenir dès la signature du contrat de sous-traitance et ne peut être recherchée après la mise en demeure de l'entrepreneur principal par le sous-traitant.

Dès que les délais de paiement prévus par les parties sont échus, le sous-traitant peut solliciter le paiement de ses prestations auprès de la caution.

En conclusion, le cautionnement et la délégation sont les premiers instruments mis en place par la loi de 1975 pour garantir le paiement des sous-traitants. Théoriquement, ils doivent intervenir chronologiquement avant l'action directe. La pratique est généralement fixée en sens inverse.

La sanction des obligations légales pose encore des difficultés. La responsabilité de l'entrepreneur peut être mise en cause, mais le cas est rare du moins lorsqu'il est solvable.

En revanche, la responsabilité du maître d'ouvrage est plus souvent engagée, s'il n'a pas exigé de l'entrepreneur la conclusion d'une caution. Sur le fondement de l'article 1382 du Code civil, le préjudice du sous-traitant est évalué à « la différence entre les sommes qu'il aurait dû percevoir si un établissement financier avait cautionné son marché et celles qu'il a effectivement perçues » (Cass. 3e civ., 5 juin 1996 : *Bull. civ.* 1996, III, n° 134 ; *Gaz. Pal.* 5 mai 1998, 1, somm. p. 999, n° 125, p. 21, note M. Peisse ; *JCP* G 1996, 22715, note H. Périnet-Marquet).

TITRE 3

CESSION DE CONTRAT

335. – Création de la cession de contrat. La réforme opérée par l'ordonnance du 10 février 2016 a introduit la cession de contrat dans notre droit positif :

« *Art. 1216.* – Un contractant, le cédant, peut céder sa qualité de partie au contrat à un tiers, le cessionnaire, avec l'accord de son cocontractant, le cédé.

Cet accord peut être donné par avance, notamment dans le contrat conclu entre les futurs cédant et cédé, auquel cas la cession produit effet à l'égard du cédé lorsque le contrat conclu entre le cédant et le cessionnaire lui est notifié ou lorsqu'il en prend acte.

La cession doit être constatée par écrit, à peine de nullité ».

« *Art. 1216-1.* – Si le cédé y a expressément consenti, la cession de contrat libère le cédant pour l'avenir.

À défaut, et sauf clause contraire, le cédant est tenu solidairement à l'exécution du contrat ».

« *Art. 1216-2.* – Le cessionnaire peut opposer au cédé les exceptions inhérentes à la dette, telles que la nullité, l'exception d'inexécution, la résolution ou la compensation de dettes connexes. Il ne peut lui opposer les exceptions personnelles au cédant.

Le cédé peut opposer au cessionnaire toutes les exceptions qu'il aurait pu opposer au cédant ».

« *Art. 1216-3.* – Si le cédant n'est pas libéré par le cédé, les sûretés qui ont pu être consenties subsistent. Dans le cas contraire, les sûretés consenties par le cédant ou par des tiers ne subsistent qu'avec leur accord.

Si le cédant est libéré, ses codébiteurs solidaires restent tenus déduction faite de sa part dans la dette ».

336. – Notion de cession de contrat. La cession de contrat n'est pas une cession ordinaire. Le mot « cession » fait habituellement référence au transfert de propriété d'un bien corporel. Pourtant, la cession de contrat n'est pas « la cession d'une chose que l'on appellerait "contrat", ni l'addition d'une cession de créance et d'une cession de dette » (L. Aynès, *La cession de contrat : Dr. et patrimoine* sept. 2014).

Comme nous l'avons vu, le contrat est une convention créant des obligations entre des personnes : c'est l'essence même du contrat que de créer des obligations entre les patries contractantes. En réalité, la cession de contrat a pour objet de permettre le remplacement d'une de ces personnes par un tiers, sans rupture du lien contractuel. Il n'y a donc pas de véritable « cession de contrat », il s'agit de la succession d'un tiers à une partie dans le lien contractuel.

Une fois cette définition admise, nous utiliserons l'expression « cession de contrat ». Cette terminologie est inexacte, mais la technique est d'une grande utilité pratique. Toutefois, la cession de contrat lui permet de survivre à la survenance d'événements qui privent l'une des parties de son intérêt au contrat ou des moyens de l'exécuter.

337. – La cession de contrat et le fonds de commerce. La « cession de contrat » ainsi entendue est très souvent utilisée dans le cadre de la cession d'un fonds de commerce. Le fonds de commerce est l'application en droit de la théorie mathématique des ensembles : il est un ensemble d'éléments mis au service de l'exploitation d'un commerce. Parmi ces éléments, le plus important est sans doute le droit au bail, autrement dit le droit pour le commerçant de se maintenir dans les lieux loués.

De manière générale, lorsque le commerçant cède son entreprise, il cède en même temps tous les contrats utiles à l'exploitation du fonds de commerce : outre la cession du droit au bail déjà évoquée, le commerçant vendeur peut également « céder » un contrat de crédit, les contrats de fourniture, les contrats de travail, les contrats de licence. Cela va permet au cessionnaire de bénéficier immédiatement de ces contrats sans encourir l'aléa d'une renégociation ; le nouveau commerçant peut chausser les bottes de son vendeur et reprendre l'activité.

338. – Les apports de la réforme. Les auteurs sont critiques sur la disposition nouvelle introduite par la réforme. Le nouvel article 1216 comporte deux inexactitudes juridiques : 1°/ elle met l'accent sur la libération du cédant (al. 2 et 3), alors que c'est une question accessoire. La cession de contrat peut exister avec ou sans libération du cédant ; 2°/ elle affirme que les règles de la cession de créance et de la cession de dette sont applicables « en tant que de besoin », alors que la cession de contrat est par nature différente de ces deux institutions.

La nouvelle disposition fait deux fois appel à l'accord du cédé, sans réellement expliquer l'utilité et l'effet de ce double accord.

En particulier, s'agissant de l'épineuse question du consentement du cocontractant cédé, les textes proposés distinguent :

– la cessibilité du contrat, c'est-à-dire son aptitude à perdurer en dépit du changement de l'une des parties, qui tient à sa nature et constitue le principe ; mais comporte des exceptions, notamment conventionnelles ;

– la réalisation de la cession qui nécessite une autorisation du cédé – par avance ou au moment de la cession –, laquelle n'est pas un consentement discrétionnaire à la continuation du contrat avec un tiers, mais une autorisation susceptible de contrôle, afin de ne pas ruiner la cessibilité du contrat, par hypothèse admise préalablement.

TITRE 4

SUBROGATION PERSONNELLE

339. – Définition. La subrogation personnelle est l'institution par laquelle la personne qui paye la dette d'autrui acquiert, dans la mesure de son paiement, la créance payée. Il faut supposer un rapport d'obligation entre un créancier et un débiteur. Une tierce personne intervient et se subroge dans les droits du créancier : en payant à la place du débiteur, elle recueille la créance. Il s'agit d'une technique de remplacement.

C'est la définition retenue par la réforme :

« *Art. 1346.* – La subrogation a lieu par le seul effet de la loi au profit de celui qui, y ayant un intérêt légitime, paie dès lors que son paiement libère envers le créancier celui sur qui doit peser la charge définitive de tout ou partie de la dette ».

Cette formule pose le principe que la subrogation est avant tout pragmatique. Elle vise à favoriser le remboursement du *solvens* s'il n'a pas, en équité, vocation à conserver la charge définitive du paiement.

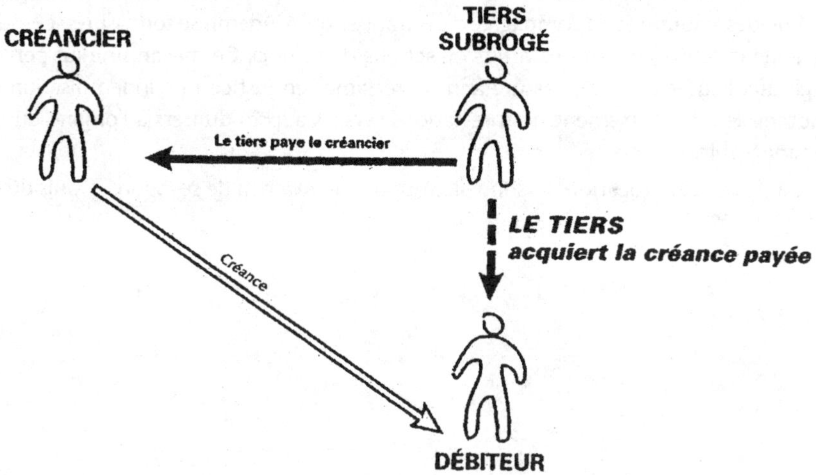

340. – Subrogation réelle et subrogation personnelle. La *subrogation réelle* est connue : il s'agit de prendre en compte un bien nouveau qui prend la place d'un bien plus ancien, vendu ou échangé. La technique de la subrogation réelle est largement reconnue en matière de régimes matrimoniaux : à l'intérieur de chacune des trois masses de biens (biens propres du mari, biens propres de la femme, biens communs), toute aliénation peut donner lieu à subrogation réelle (si l'époux fait une déclaration de remploi) ou à récompense. Ailleurs, on la retrouve en droit des sûretés : une hypothèque grève un immeuble. Celui-ci est détruit par un incendie et des indemnités d'assurance sont versées au profit du propriétaire de l'immeuble. Dans ces conditions, l'hypothèque est reportée sur les indemnités d'assurance : le créancier hypothécaire conserve ainsi ses droits (C. assur., art. L. 121-13).

La *subrogation personnelle* se distingue de la subrogation réelle en ce sens qu'elle joue entre des personnes. C'est là la déduction de l'étymologie : en latin, *res* signifie la « chose », tandis que *persona* est le masque de scène que portaient les acteurs au théâtre et par extension la personne au sens moderne. L'histoire de la langue nous montre ainsi que, bien avant Shakespeare (V. « Le monde est un théâtre et nous sommes ses comédiens »), la mise en scène de la vie quotidienne a toujours évoqué le monde du théâtre.

La subrogation personnelle peut être décrite ainsi : dans le rapport d'obligation entre le créancier et le débiteur, une tierce personne intervient et se subroge à l'une ou à l'autre de ces deux personnes.

Lorsque la subrogation est une subrogation réelle, un autre changement intervient, mais il concerne un bien. C'est ainsi que l'assiette d'une sûreté est modifiée par le remplacement d'un bien par un autre.

341. – Domaine de la subrogation personnelle. La subrogation personnelle a pris ces dernières années un essor considérable : elle explique les mécanismes d'assurance, de sécurité sociale, de fonds de garantie ou encore de cautionnement.

La subrogation personnelle est un mécanisme de transmission de l'obligation et non une cause d'extinction de celle-ci.

Elle est présentée traditionnellement comme une cause d'extinction d'une obligation. Toutefois, de nos jours, elle se présente davantage comme un mécanisme de circulation d'une obligation : la créance va se trouver cédée au subrogé qui va pouvoir en profiter.

L'article L. 121-12 du Code des assurances est un exemple de subrogation personnelle en droit des assurances : la compagnie d'assurances, qui a indemnisé son assuré, se trouve légalement subrogée dans les droits et actions de celui-ci. Ce mécanisme lui permet d'agir aux lieu et place de l'assuré afin de réclamer en justice une indemnisation ou d'obtenir le remboursement des prestations versées auprès du tiers à l'origine du fait dommageable.

L'étude de la subrogation personnelle suppose un examen de ses sources, puis de ses effets.

CHAPITRE 1

LES SOURCES

342. – La subrogation personnelle peut résulter de l'accord des parties ou de la loi elle-même.

SECTION 1
LA SUBROGATION CONVENTIONNELLE

SOUS-SECTION 1
LA SUBROGATION PERSONNELLE CONSENTIE PAR LE CRÉANCIER LUI-MÊME : SUBROGATION *EX PARTE CREDITORIS*

§ 1. – Définition et pratique de la subrogation *ex parte creditoris*

343. – Description. Le créancier conclut un accord avec le subrogé et il substitue le subrogé à sa propre personne dans le rapport d'obligation.

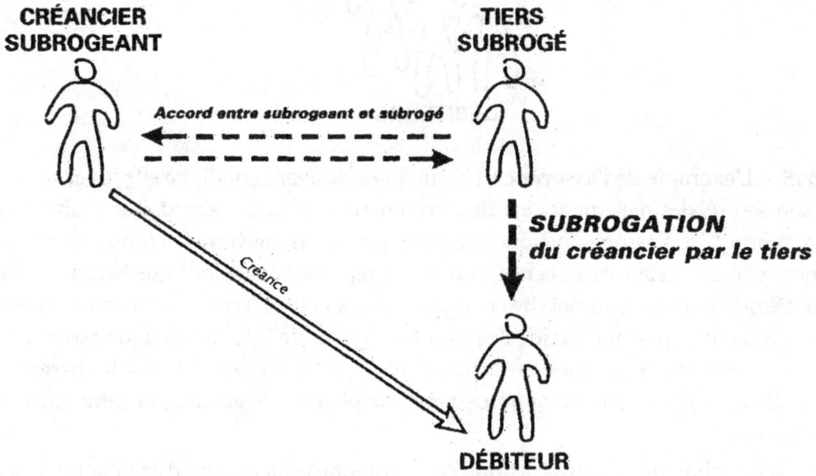

Cette convention est assez fréquente, notamment dans l'hypothèse où le créancier a accordé un délai à son débiteur. Lorsque le créancier préfère être payé immédiatement, il sera payé par le tiers subrogé qui va prendre sa place en tant que créancier du débiteur.

C'est l'hypothèse de l'ancien article 1250-1° du Code civil.

Curieusement, la réforme a supprimé ce type de subrogation. Elle devrait néanmoins être rétablie, car cette suppression n'a aucun sens, si ce n'est sur un plan purement académique.

344. – L'exemple de l'affacturage. Cela est assez fréquent dans la vie des affaires, et notamment en matière de recouvrement de créances, selon la technique de l'affacturage.

Supposons une entreprise qui a des créances sur plusieurs clients. Elle a le choix entre deux modes de recouvrement :

– soit elle agit elle-même directement à l'encontre de ses clients, et leur demande individuellement de bien vouloir régler leur dette ;

– soit elle s'adresse à une société d'affacturage.

À ce moment-là, elle transmet ses factures à la société de *factoring* qui les règle. En contrepartie, cette société se fait subroger dans les droits de l'entreprise créancière. La société *solvens* a réglé à l'entreprise la valeur des factures (moins sa commission) et obtient en échange le droit d'être subrogée en tant que créancier vis-à-vis des différents débiteurs.

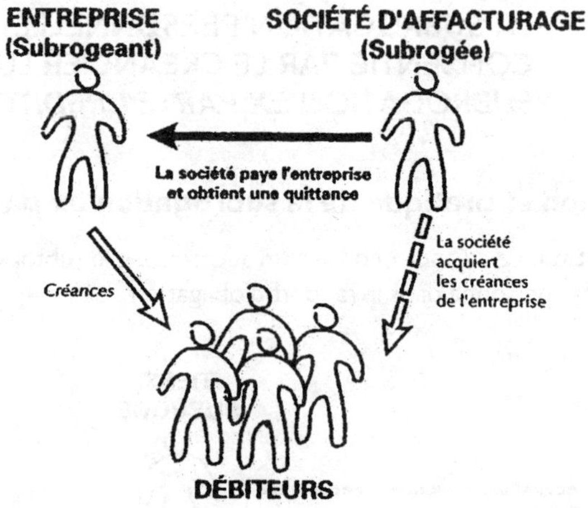

345. – L'exemple de l'assurance. L'assureur est souvent conduit à effectuer, au profit de son assuré, des règlements « à titre commercial ». Tout d'abord, il souhaite verser une somme à son assuré alors que le risque n'était pas couvert : la complexité de certaines polices d'assurance et la nécessité d'une réponse rapide font que l'assureur règle, consciemment ou pas, au-delà de l'engagement résultant du contrat. Ensuite, l'assureur, pour un client important, décide de payer le montant de la franchise à son assuré (alors que normalement la franchise est la partie des réparations demeurant à la charge définitive de l'assuré) ou encore ne respecte pas le plafond de garantie et rembourse son client au-delà.

Seule la technique de la subrogation conventionnelle lui permet d'agir contre le débiteur final afin d'obtenir le remboursement des sommes payées au-delà des limites de la police.

§ 2. – Conditions de la subrogation *ex parte creditoris*

346. – Les conditions de la subrogation personnelle conventionnelle. Ce premier type de subrogation personnelle obéit à cinq conditions simples.

347. – Première condition : une convention limitée au subrogeant et au subrogé. La subrogation doit être consentie entre le subrogeant (créancier) et le subrogé (*solvens*) : le débiteur reste tiers à l'accord.

348. – Deuxième condition : le moment de la convention. La convention de subrogation conclue entre le subrogeant et le subrogé doit être établie *au plus tard au moment du paiement*. Ceci est dans la logique des choses : à quoi bon subroger un tiers afin que celui-ci obtienne paiement du débiteur si ce dernier a déjà payé ? Ce serait au mieux un défaut d'objet du contrat, au pire une escroquerie pénale.

Pourtant cette condition pose souvent, en pratique, des difficultés. En théorie, elle signifie que l'acte de subrogation et le chèque de règlement portent la même date, ce qui est difficilement réalisable. Prenons l'exemple de l'assurance. L'assurance établit un chèque de règlement le 10 janvier. Elle poste à son assuré le chèque et la quittance subrogative à lui retourner signée. Ce n'est que le 10 février que la quittance sera signée par le client assuré et retournée effectivement. On le voit, la quittance subrogative porte la date de sa régularisation, postérieure à la date mentionnée sur le chèque. Une autre manière de procéder peut consister, pour l'assureur, à adresser la quittance subrogative à l'assuré et à n'envoyer le chèque de paiement qu'une fois cette quittance signée. Dans ce cas, la quittance subrogative porte une date antérieure à celle du chèque de règlement.

La jurisprudence a dû distinguer deux situations :

– la subrogation est consentie après le paiement.

La Cour de cassation a considéré, dans cette hypothèse, que la preuve de la concomitance n'était pas rapportée et a décidé que la subrogation ne pouvait être efficace.

Ainsi, elle considère qu'a légalement justifié sa décision la cour d'appel qui a dit que le contre-assureur d'une société, en cas de défaillance de l'assureur principal d'une marchandise transportée à l'étranger, était irrecevable à réclamer au commissionnaire de transport le remboursement de la somme versée à la société en raison des dommages subis par la marchandise, dès lors que l'arrêt a énoncé d'abord que, ni la société assurée propriétaire du matériel endommagé, ni l'assureur ne justifiaient que l'indemnisation partielle des dommages consentie par l'assureur principal procédât d'une erreur ou de la mauvaise foi de cette compagnie, et relève ensuite que la société n'avait émis aucune réserve à la réception du règlement fait par celle-ci et ne l'avait à aucun moment mise en demeure de s'expliquer sur le bien-fondé de l'abattement de 60 % qu'elle avait opéré, ayant ainsi vérifié que l'assureur avait payé sans y être obligé et constaté que celui-ci avait consenti un « geste commercial ». La quittance subrogative par laquelle l'assuré déclare subroger l'assureur de responsabilité dans ses droits contre les tiers responsables ne fait pas preuve par elle-même de la concomitance de la subrogation et du paiement, laquelle doit être, aux termes de l'article 1250, 1° du Code civil, spécialement établie. C'est à bon droit, et sans inverser la charge de la preuve, que la cour d'appel a estimé qu'il incombait au subrogé d'établir la concomitance de la subrogation qu'il invoquait et du paiement fait au prétendu subrogeant (Cass. 1re civ., 23 mars 1999 : *Bull. civ.* 1999, I, n° 105 ; *RGAT* 1999, p. 618, note J. Kullmann).

La Cour de cassation maintient cette solution : la subrogation doit être expresse et faite en même temps que le paiement. Aussi, elle a censuré la cour d'appel qui, pour dire que la condition de concomitance de la subrogation au paiement est remplie, retient que, même si chronologiquement, la quittance de règlement établie par le représentant habilité d'une banque, créancier hypothécaire, qui reconnaît avoir reçu la somme de 142 000 € d'une compagnie d'assurance, est intervenue antérieurement à la subrogation, soit le 19 août 2002, alors que l'acte de subrogation lui-même est en date du 4 août 2003, la lecture de la quittance de règlement révèle que cette dernière fait état de la subrogation et qu'ainsi la condition de concomitance était convenue d'avance, alors que, après le paiement, la subrogation est impossible, en raison de l'effet extinctif de celui-ci (Cass. 1re civ., 28 mai 2008 : *Bull. civ.* 2008, I, n° 160).

La raison de cette inefficacité est simple dans son raisonnement : le paiement par l'assureur éteint les droits de l'assuré ; par conséquent, si l'assuré est payé, il ne peut plus subroger l'assureur dans ses droits au nom du principe que l'on ne peut transmettre plus de droits que ceux dont on dispose (*Nemo plus juris ad alienum transferre potest quam ipse habent*) ;

– la subrogation est convenue antérieurement au paiement.

La subrogation conventionnelle anticipée est aujourd'hui admise en jurisprudence. L'intention de subroger peut être antérieure au paiement (une convention-cadre pourrait donc la prévoir ; Cass. com., 29 janv. 1991 : *Bull. civ.* 1991, IV, n° 48 ; *RTD civ.* 1991, p. 531, obs. J. Mestre. – Cass. com., 3 mars 1992 : *RGAT* 1993, p. 295, note Ph. Rémy). En matière de subrogation conventionnelle, si l'article 1250, 1° du Code civil exige que la subrogation soit faite en même temps que le paiement, la condition de concomitance est satisfaite par une manifestation de volonté du subrogeant antérieure au paiement.

Dans une opération de transport, dès lors que le destinataire de la marchandise a donné quittance subrogative de l'indemnisation de la perte des marchandises à l'un des assureurs, agissant tant pour son propre compte que pour celui des autres compagnies, et que celles-ci justifient avoir réglé à l'assuré – dans le cadre du contrat d'assurance des facultés transportées souscrit par lui – une somme déterminée au bénéfice du destinataire, les compagnies en cause se trouvent régulièrement subrogées, tant conventionnellement que légalement, dans les droits du destinataire (CA Versailles, 31 mai 2001 : *JCP* E 2001, p. 1985).

De même, a légalement justifié sa décision la cour d'appel qui a autorisé une société de crédit à revendiquer à l'occasion de la procédure collective ouverte contre la société acheteuse le véhicule dont elle avait fait l'acquisition, après avoir relevé que la société vendeuse avait, par acte du 1er mars 1995 antérieurement à la remise de fonds par le prêteur, subrogé la société de crédit dans ses droits avec effet au moment du paiement (Cass. 1re civ., 28 mai 2002 : *Bull. civ.* 2002, I, n° 154).

Une société a confié à une entreprise le transport de marchandises qui ont été détruites au cours du voyage. Le 14 août 2002 ladite société a donné une quittance subrogative à sa compagnie d'assurance qui acceptait de l'indemniser. Le 21 août 2002 la société qui n'avait encore reçu aucune indemnité a assigné le transporteur et son assureur en réparation de son préjudice. Le 4 novembre 2003, la compagnie d'assurance précitée est intervenue à l'instance en faisant valoir qu'elle avait indemnisé son assurée le 12 septembre 2002 et qu'elle était subrogée dans les droits de celle-ci. La Cour de cassation a censuré l'arrêt qui, pour déclarer la société victime du sinistre et son assureur irrecevables en leurs demandes retient, d'abord, que, par le seul acte du 14 août 2002, la société expéditrice des marchandises endommagées qui n'invoque aucun vice du consentement, s'est dépouillée pour l'avenir de toute qualité et intérêt à agir au sujet du sinistre dont elle reconnaissait avoir été indemnisée et, qu'en conséquence, elle n'avait plus ni qualité ni intérêt à agir le 21 août 2002 contre le transporteur et son assureur, peu important que son assureur produise un relevé de compte semblant établir que le paiement aurait eu lieu le 12 septembre 2002 au profit de l'assurée, ensuite, qu'à la date du 4 novembre 2003, l'action qu'aurait pu exercer cet assureur était prescrite. Pour la première chambre civile, la subrogation transmet la créance au subrogé à la date du paiement qu'elle implique et la cour d'appel avait relevé que le paiement était intervenu postérieurement à l'assignation (Cass. 1re civ., 11 juin 2008 : *Bull. civ.* 2008, I, n° 171).

La Cour de cassation laisse entendre que la preuve de la date du paiement peut être rapportée par tous moyens : le paiement est un fait et non un acte juridique (Cass. 1re civ., 6 juill. 2004 : *Bull. civ.* 2004, I, n° 202. – Cass. 1re civ., 16 avr. 2008, n° 06-21.260, inédit. – *Contra* : Cass. 1re civ., 16 mars 2004, n° 01-11.274, inédit).

349. – Troisième condition : une convention expresse. La subrogation doit être *expresse* : elle est généralement consentie dans une quittance. Cette quittance subrogative est un papier signé par le créancier d'origine qui reconnaît avoir été payé et donne quittance au tiers de ce paiement, autrement dit le tient « quitte » du paiement.

La formule peut être la suivante : « En considération de ce paiement, nous subrogeons les compagnies d'assurances précitées dans tous nos droits, actions et recours contre toutes personnes responsables en raison desdits dommages », ou encore : « Nous donnons tous pouvoirs à la compagnie d'assurances pour engager et poursuivre toute action récursoire aux fins d'obtenir en nos lieu et place l'indemnisation de chefs de préjudice qui n'ont pas été réparés par l'assureur au titre des clauses de ladite police ; notamment, nous autorisons l'assureur à percevoir, en nos lieu et place, le montant de la franchise restée à notre charge ».

Des arrêts refusent parfois le jeu de la subrogation du fait qu'elle ne soit pas expresse : « (...) en s'abstenant de communiquer au cours des débats une copie de la police d'assurance, l'assureur ne rapporte pas la preuve du caractère contractuel de l'indemnité qu'il a versée et ne peut bénéficier, dès lors, de la subrogation légale (...) "l'accusé de réception" reçu par l'assureur suite au versement de l'indemnité d'assurance se rattache à l'exécution du contrat d'assurance et établit tout au plus l'exécution par celui-ci d'une obligation dont il n'a pu démontrer le caractère contractuel ; ce document ne peut donc valoir pour établir une quelconque subrogation conventionnelle » (CA Aix-en-Provence, 7 mai 2002 : *DMF* 2002, p. 830).

La subrogation conventionnelle doit être expresse et ne peut résulter d'une seule reconnaissance de dette (Cass. 1re civ., 18 oct. 2005, n° 04-12.513 : *Bull. civ.* 2005, I, n° 374 ; *Defrénois* 2006, p. 614, obs. R. Libchaber).

De même, le bail ne créant entre les parties que des droits personnels, l'acquéreur de l'immeuble ne peut agir contre le preneur pour des manquements au bail antérieurs à la vente que s'il bénéficie d'une subrogation expresse dans l'acte de vente. La seule mention des procédures en cours ne saurait valoir subrogation (CA Paris, 16e ch. A, 2 nov. 1991 : *Gaz. Pal.* 1993, p. 60, note P. de Belot).

350. – Quatrième condition : un paiement émanant du subrogé. Le paiement doit *émaner du subrogé* lui-même et non du débiteur.

351. – Cinquième condition : l'absence d'autres formes. La subrogation n'exige *pas de signification* : le subrogé n'a pas à avertir le débiteur de l'existence de la subrogation. Les formalités de l'article 1324 du Code civil n'ont pas lieu d'être.

Ceci a pour conséquence que la subrogation peut résulter d'un autre contrat formant un ensemble : dès lors qu'il résulte de ses constatations qu'un contrat de concession, comportant une clause de réserve de propriété en faveur du concédant sur les marchandises livrées par lui au concessionnaire et stipulant que leur prix sera payable par l'intermédiaire d'un organisme de financement agréé par le concédant, forme, avec le contrat de financement conclu entre le concessionnaire et l'organisme de financement et qui prévoit que ce dernier sera subrogé dans les droits du concédant après paiement, un ensemble indivisible dans la commune intention de toutes les parties, une cour d'appel justifie légalement sa décision de déclarer irrecevable la demande en revendication de marchandises présentée par le concédant, cette action ayant été transmise à l'organisme de financement par la subrogation qui est opposable au concédant (Cass. com., 2 févr. 1993 : *Bull. civ.* 1993, IV, n° 38).

SOUS-SECTION 2

LA SUBROGATION PERSONNELLE CONSENTIE PAR LE DÉBITEUR : SUBROGATION *EX PARTE DEBITORIS*

352. – Définition. C'est l'hypothèse de l'ancien article 1250, 2° du Code civil :

« Cette subrogation est conventionnelle : (…) Lorsque le débiteur emprunte une somme à l'effet de payer sa dette, et de subroger le prêteur dans les droits du créancier. Il faut, pour que cette subrogation soit valable, que l'acte d'emprunt et la quittance soient passés devant notaires ; que dans l'acte d'emprunt il soit déclaré que la somme a été empruntée pour faire le paiement, et que dans la quittance il soit déclaré que le paiement a été fait des deniers fournis à cet effet par le nouveau créancier. Cette subrogation s'opère sans le concours de la volonté du créancier ».

La réforme y consacre l'article 1346-2 :

« La subrogation a lieu également lorsque le débiteur, empruntant une somme à l'effet de payer sa dette, subroge le prêteur dans les droits du créancier avec le concours de celui-ci. En ce cas, la subrogation doit être expresse et la quittance donnée par le créancier doit indiquer l'origine des fonds.

La subrogation peut être consentie sans le concours du créancier, mais à la condition que la dette soit échue ou que le terme soit en faveur du débiteur. Il faut alors que l'acte d'emprunt et la quittance soient passés devant notaire, que dans l'acte d'emprunt il soit déclaré que la somme a été empruntée pour faire le paiement, et que dans la quittance il soit déclaré que le paiement a été fait des deniers fournis à cet effet par le nouveau créancier ».

Ces dispositions devraient favoriser les renégociations de prêt fréquentes dans la pratique.

Dans cette hypothèse, la subrogation doit être constatée dans un acte authentique, afin d'éviter d'éventuelles fraudes.

353. – Remboursement anticipé d'un prêt. Imaginons qu'une personne ait contracté un prêt doté d'un taux d'intérêt de 15 %. Par la suite, une autre banque lui fait une meilleure proposition, soit un taux d'intérêt de 10 %. Si la seconde banque rembourse à la première le montant du prêt, sera-t-elle subrogée dans les garanties prises contre le débiteur ?

La réponse négative s'impose. Tant et si bien que la seconde banque va demander à la première une quittance subrogative notariée lui permettant, par exemple, de prendre son rang parmi les créanciers hypothécaires. En réalité, le notaire va, dans un premier temps, constater le remboursement du prêt à la première banque dans un acte authentique, et va dresser une double déclaration d'origine des fonds (les fonds destinés à rembourser proviennent de la seconde banque) et de destination des fonds (les fonds ont pour finalité de rembourser le prêt consenti par la première banque). Dans un second temps, le notaire va établir la quittance notariée entre la première banque et la seconde.

En toute hypothèse, dans les relations entre l'emprunteur et la première banque, le remboursement anticipé ne peut être imposé à une banque.

354. – Subrogation et terme du prêt. Sur la question de savoir si la subrogation *ex parte debitoris* peut avoir lieu lorsque le terme du prêt n'est pas échu, une controverse doctrinale a vu le jour : les arguments pertinents de M. Philippe Malaurie permettent de conclure qu'il ne peut y avoir de retrait d'une partie tant que le prêt n'est pas échu.

V. chronique, *Baisse des taux d'intérêt, prêts à long terme et renégociation* : *D.* 1998, chron. p. 317. – Comp. J. Huet : *D.* 1999, chron. p. 303.

SECTION 2

LA SUBROGATION LÉGALE

355. – Code civil. L'ancien article 1251 du Code civil prévoyait la subrogation dans quatre séries de cas :

« 1° Au profit de celui, qui, étant lui-même créancier, paye un autre créancier qui lui est préférable à raison de ses privilèges ou hypothèques ;

2° Au profit de l'acquéreur d'un immeuble, qui emploie le prix de son acquisition au paiement des créanciers auxquels cet héritage était hypothéqué ;

3° Au profit de celui qui, étant tenu avec d'autres ou pour d'autres au paiement de la dette, avait intérêt de l'acquitter ;

4° Au profit de l'héritier bénéficiaire qui a payé de ses deniers les dettes de la succession ».

Il convient de noter que le Code Napoléon de 1804 comportait un cinquième cas :

« 5° Au profit de celui qui a payé de ses deniers les frais funéraires pour le compte de la succession ».

Le projet de la Chancellerie, en l'état en février 2015, était formulé ainsi :

« *Art. 1324 (projeté)* : La subrogation a lieu par le seul effet de la loi au profit de celui qui paie dès lors que son paiement libère envers le créancier celui sur qui doit peser la charge définitive de tout ou partie de la dette ».

L'ordonnance n° 2016-131 du 10 février 2016 a confirmé la suppression des quatre hypothèses au profit d'une vision unitaire :

Article 1346 du Code civil :

« La subrogation a lieu par le seul effet de la loi au profit de celui qui, y ayant un intérêt légitime, paie dès lors que son paiement libère envers le créancier celui sur qui doit peser la charge définitive de tout ou partie de la dette ».

Cette formule, issue de la jurisprudence (Cass. 1re civ., 23 févr. 1988, n° 85-14.390 : *Bull. civ.* 1988, I, n° 50), valorise à l'extrême la subrogation et peut favoriser des fraudes, sans parler des difficultés qu'elle peut soulever.

356. – Autres textes. D'autres textes, plus spécifiques, ont institué de nouveaux cas de subrogation.

La subrogation légale est aujourd'hui largement reconnue, car ses conditions sont assez extensives. Il est sans doute plus facile de déterminer les cas dans lesquels elle est exclue (le *solvens* est étranger à la dette, ou il s'agit d'un débiteur à part entière) que les hypothèses dans lesquelles elle joue.

Article L. 121-12 du Code des assurances :

« L'assureur qui a payé l'indemnité d'assurance est subrogé, jusqu'à concurrence de cette indemnité, dans les droits et actions de l'assuré contre les tiers qui, par leur fait, ont causé le dommage ayant donné lieu à la responsabilité de l'assureur.

L'assureur peut être déchargé, en tout ou en partie, de sa responsabilité envers l'assuré, quand la subrogation ne peut plus, par le fait de l'assuré, s'opérer en faveur de l'assureur.

Par dérogation aux dispositions précédentes, l'assureur n'a aucun recours contre les enfants, descendants, ascendants, alliés en ligne directe, préposés, employés, ouvriers ou domestiques, et généralement toute personne vivant habituellement au foyer de l'assuré, sauf le cas de malveillance commise par une de ces personnes ».

Article L. 421-3 du Code des assurances :

« Le fonds de garantie est subrogé dans les droits que possède le créancier de l'indemnité contre la personne responsable de l'accident ou son assureur. Il a droit, en outre, à des intérêts calculés au taux légal en matière civile et à des frais de recouvrement.

Lorsque le fonds de garantie transige avec la victime, cette transaction est opposable à l'auteur des dommages, sauf le droit pour celui-ci de contester devant le juge le montant des sommes qui lui sont réclamées du fait de cette transaction. Cette contestation ne peut avoir pour effet de remettre en cause le montant des indemnités allouées à la victime ou à ses ayants droit ».

Article L. 422-1 du Code des assurances :

« Pour l'application de l'article L. 126-1, la réparation intégrale des dommages résultant d'une atteinte à la personne est assurée par l'intermédiaire du fonds de garantie des victimes des actes de terrorisme et d'autres infractions.

Ce fonds, doté de la personnalité civile, est alimenté par un prélèvement sur les contrats d'assurance de biens dans les conditions suivantes.

Ce prélèvement est assis sur les primes ou cotisations des contrats d'assurance de biens qui garantissent les biens situés sur le territoire national et relevant des branches 3 à 9 de l'article R. 321-1, dans sa rédaction en vigueur à la date de publication de la loi n° 2013-1279 du 29 décembre 2013 de finances rectificative pour 2013, et souscrits auprès d'une entreprise mentionnée à l'article L. 310-2.

Le montant de la contribution, compris entre 0 € et 6,50 €, est fixé par arrêté du ministre chargé des assurances.

Cette contribution est perçue par les entreprises d'assurance suivant les mêmes règles et sous les mêmes garanties et sanctions que la taxe sur les conventions d'assurance prévue à l'article 991 du Code général des impôts. Elle est recouvrée mensuellement par le fonds de garantie.

Il est subrogé dans les droits que possède la victime contre la personne responsable du dommage.

Le fonds est également alimenté par des versements prévus au II de l'article 728-1 du Code de procédure pénale. Lorsque ces versements sont effectués, la victime est alors directement indemnisée par le fonds à hauteur, le cas échéant, des versements effectués et, à hauteur de ces versements, l'avant-dernier alinéa du présent article n'est pas applicable ».

SOUS-SECTION 1

LA SUBROGATION JOUE AU PROFIT DE LA PERSONNE QUI PAIE, ALORS QUE CETTE PERSONNE ÉTAIT TENUE AVEC D'AUTRES OU POUR D'AUTRES

357. – Cette hypothèse est celle de la solidarité ou du cautionnement. Autrement dit, il s'agit de l'hypothèse visée au 3° de l'ancien article 1251 du Code civil : « 3° Au profit de celui qui, étant tenu avec d'autres ou pour d'autres au paiement de la dette, avait intérêt de l'acquitter ».

§ 1. – La subrogation dans la solidarité

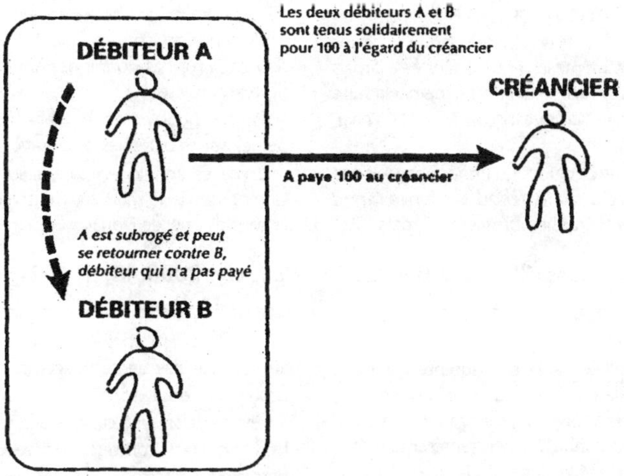

358. – Présentation. Supposons deux débiteurs solidaires A, et B, pour 100. Le créancier adresse le paiement aux deux débiteurs ou à l'un d'entre eux. Toujours est-il que A désintéresse le créancier et paie la somme de 100. D'après les règles de la solidarité, il doit payer la totalité de la somme due, soit 100.

Il dispose alors d'une subrogation personnelle : A est subrogé dans les droits du créancier. A peut alors se retourner contre B, le débiteur qui n'a pas payé.

De même, la subrogation a lieu de plein droit au profit de celui qui, étant tenu avec d'autres ou pour d'autres au paiement de la dette, avait intérêt à l'acquitter. Il en est ainsi, notamment, dans le cas d'obligation *in solidum*.

JURISPRUDENCE

Cass. 1re civ., 31 mars 2004 : *Bull. civ.* 2004, I, n° 103

« *Sur le moyen unique du pourvoi principal, présenté par M. X..., et, pris en sa deuxième branche :*

Vu les articles 1134, 1236 et 1382 du Code civil ;

Attendu que celui qui, sans être subrogé, acquitte une dette dont il sait n'être pas tenu et qui ne démontre pas que la cause dont procédait ce paiement impliquait l'obligation du débiteur de lui rembourser la somme ainsi versée, ne peut ni agir à cette fin, ni se prévaloir d'un dommage juridiquement réparable ;

Attendu que le 23 août 1992, à Deauville, le cheval Amiral Horthy, présenté aux enchères publiques par l'Agence française de vente de pur-sang, en a été retiré faute d'atteindre le prix de réserve ; qu'il a été directement cédé, le surlendemain, pour 350 000 F à "Patrick X..., agent", en présence de l'Agence précitée, laquelle, ayant alors réglé elle-même le vendeur sans être jamais remboursée par l'acheteur effectif, mis par la suite en liquidation judiciaire, a assigné M. X... en paiement ;

Attendu que pour le condamner à payer ladite somme, l'arrêt attaqué, rendu sur renvoi après cassation (première chambre civile, 30 mars 1999, M 97-11.300) relève que l'intéressé, mandataire de l'acheteur, s'était dolosivement abstenu d'en indiquer le nom afin d'occulter sa situation financière particulièrement précaire et que ce comportement fautif avait été déterminant de la réalisation de la vente et en relation directe avec le préjudice de non-paiement invoqué par l'Agence ; qu'en statuant ainsi, il a violé les textes visés au moyen ;

Et sur le moyen unique du pourvoi incident de l'Agence française de vente de pur-sang :

Vu l'article 455 du Code de procédure civile ;

Attendu que l'Agence faisait état de deux chefs de préjudices, tirés l'un du non-remboursement du prix du cheval, l'autre de frais et droits de vente supportés pour un montant de 41 405 F ; que la cour d'appel, en s'abstenant de dire la raison pour laquelle elle excluait l'indemnisation correspondant à ces dernières dépenses, n'a pas donné de motifs en violation du texte susvisé ;

Par ces motifs et sans qu'il soit besoin d'examiner les autres branches du pourvoi principal :

Casse et annule, en toutes ses dispositions, l'arrêt rendu le 19 mars 2001, entre les parties, par la cour d'appel de Douai. »

Cass. 3e civ., 3 déc. 2008 : *Bull. civ.* 2008, III, n° 192

« LA COUR :

Constate la déchéance du pourvoi en tant que dirigé contre la société X... architecteur en liquidation judiciaire et M. Y..., mandataire judiciaire, pris en sa qualité d'ancien représentant des créanciers au redressement judiciaire de la société X... architecteur et d'actuel liquidateur à la liquidation judiciaire de ladite société X... architecteur ;

Donne acte à la société Covéa caution de ce qu'elle se désiste du premier moyen de son pourvoi ;

Sur le troisième moyen :

Attendu, selon l'arrêt attaqué (Nîmes, 2 oct. 2007), rendu sur renvoi après cassation (27 sept. 2006, pourvoi n° 05-17.774), que la société X... architecteur (RA), représentée, depuis sa liquidation judiciaire, par M. X..., agissant en qualité de mandataire *ad hoc*, constructeur de maisons individuelles, a souscrit auprès de la société Le Mans caution (LMC), nouvellement dénommée Covéa caution, une garantie de livraison des immeubles dans les termes de l'article L. 231-6 du Code de la construction et de l'habitation ; qu'à la suite de la défaillance du constructeur, le garant ayant versé des dédommagements à plusieurs acquéreurs dont les maisons n'avaient pas été livrées, a déclaré une créance à la procédure collective ouverte contre la société RA, que cette dernière a contestée ;

Attendu que la société Covéa caution fait grief à l'arrêt de la débouter de sa demande en remboursement des sommes versées à des maîtres de l'ouvrage et en conséquence de ne pas accueillir sa déclaration de créance, alors, selon le moyen, que celui qui s'acquitte d'une dette qui lui est propre peut néanmoins prétendre bénéficier de la subrogation, s'il a, par son paiement, libéré envers leur créancier commun celui sur qui doit peser la charge définitive de la dette ; que, si le garant de la livraison qui paie le maître de l'ouvrage acquitte une dette qui lui est personnelle, la charge définitive de cette dette pèse sur le constructeur ; qu'ainsi, le garant subrogé dans les droits du maître de l'ouvrage, peut se retourner contre le constructeur pour être remboursé (violation de l'article 1251-3° du Code civil) ;

Attendu qu'un garant de livraison, qui remplit une obligation qui lui est personnelle est tenu, dans ses rapports avec le constructeur, de la charge définitive de la dette qu'il a acquittée à la suite de la défaillance de celui-ci ; qu'ayant à bon droit retenu que le garant avait rempli une obligation qui lui était propre par application des dispositions de l'article L. 231-6 du Code de la construction et de l'habitation, la cour d'appel en a exactement déduit que la société Covéa caution ne disposait pas contre la société RA du recours subrogatoire de l'article 1251-3° du Code civil ;

D'où il suit que le moyen n'est pas fondé ;

Et attendu qu'il n'y a pas lieu de statuer sur le deuxième moyen qui ne serait pas de nature à permettre l'admission du pourvoi ;

Par ces motifs :

Rejette le pourvoi (...) »

« Le recours en contribution à la dette exercé par le coemprunteur qui acquitte celle-ci est fondé sur la subrogation légale prévue par l'article 1251, 3°, du Code civil et non sur l'existence, entre les coobligés, d'un lien contractuel supposant une cause » (Cass. 1re civ., 1er juill. 2010, n° 09-12.849). Un coemprunteur soutenait dans son pourvoi que la dette contractée avec celle qui était alors sa concubine, était sans cause puisque les fonds prêtés auraient été remis à celle-ci, seule propriétaire du bien immobilier financé. Après la fin du concubinage, du fait que le prêt a exclusivement bénéficié à la concubine, l'ex-concubin souhaitait ne pas rembourser celle-ci. La Cour de cassation décide que la concubine bénéficie de la subrogation légale et se retrouve créancière de son ex-concubin. Cet arrêt a été critiqué parce qu'il met à la charge d'une personne une dette qui ne lui a pas profité...

§ 2. – La subrogation dans le cautionnement

359. – Subrogation et cautionnement. La subrogation peut jouer au profit d'une personne qui paie, lorsque cette personne est tenue pour une autre.

C'est l'hypothèse du cautionnement.

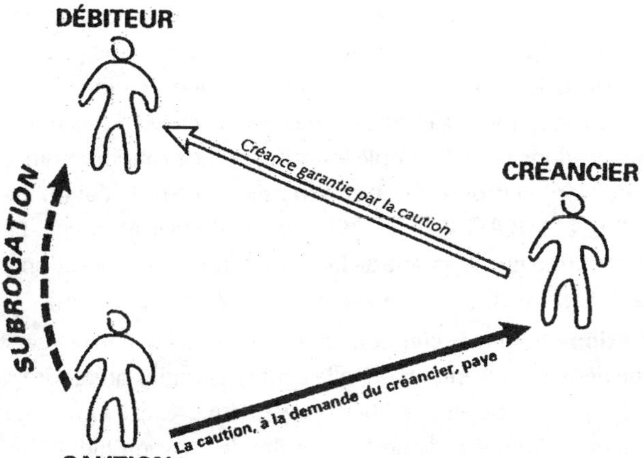

Soit une relation de crédit existant entre un créancier et un débiteur. Ce crédit est garanti par un cautionnement. La caution est tenue pour le compte du débiteur : elle se substitue à celui-ci, s'il est défaillant.

Si tel est le cas, le créancier réclame le paiement.

Si la caution paie le créancier, elle se trouve subrogée dans les droits du créancier. Elle pourra se retourner contre le débiteur et lui réclamer le paiement des sommes qu'elle a versées pour son compte.

§ 3. – Limites

360. – Critères jurisprudentiels. En principe, le *solvens*, étranger à la dette, ne saurait être subrogé. Toutefois, la jurisprudence a posé en principe le fait qu'il incombe à celui qui a sciemment acquitté la dette d'autrui, sans être subrogé dans les droits du créancier, de démontrer que la cause dont procédait ce paiement impliquait pour le débiteur l'obligation de lui rembourser les sommes ainsi prêtées (Cass. 1re civ., 17 nov. 1993 : *Bull. civ.* 1993, I, n° 332 ; *Defrénois* 1994, p. 810, obs. D. Mazeaud ; *RTD civ.* 1993, p. 130, obs. J. Mestre. – Déjà en ce sens : Cass. 1re civ., 2 juin 1992 : *D.* 1992, comm. p. 407 ; *JCP* G 1992, I, 3632, n° 6, obs. M. Billiau ; *RTD civ.* 1993, p. 130, obs. J. Mestre). Le tiers qui gère les affaires d'une autre personne, et notamment qui paie la dette souscrite par cette dernière à l'égard de son créancier, ne bénéficie pas nécessairement d'un recours contre le débiteur. Il ne suffit pas au juge de constater que le *solvens* a payé la dette d'autrui pour qu'il y ait subrogation (Cass. 1re civ., 25 mars 2003, n° 00-14.873 : *Defrénois* 2003, p. 857, obs. J.-L. Aubert).

Le fondement juridique du recours du *solvens* peut être contractuel : un mandat, ou un quasi-contrat, la gestion d'affaires… ou encore l'intention libérale, qui est la cause présumée en l'absence de subrogation conventionnelle.

Le Code de la construction et de l'habitation contraint les constructeurs de maisons individuelles à fournir une garantie de remboursement et de livraison aux maîtres de l'ouvrage (CCH, art. L. 231-2, *k*). Aux termes de l'article L. 231-6, la garantie de livraison « est constituée par une caution solidaire donnée par un établissement de crédit ou une entreprise d'assurance agréés à cet effet ». Malgré la lettre de ce texte, la jurisprudence décide pourtant que la garantie de livraison ne constitue pas un authentique cautionnement. Suivant un important arrêt du 4 octobre 1995, une telle garantie « a pour but de protéger le maître de l'ouvrage contre les risques d'inexécution ou de mauvaise exécution de la construction », le garant s'obligeant « à achever l'exécution du contrat ». L'engagement n'est donc pas « la simple fourniture d'une caution ordinaire [et en l'exécutant, le garant paye] sa propre dette et non celle d'autrui » (Cass. 3e civ., 4 oct. 1995 : *Bull. civ.* 1995, III, n° 213 ; *JCP* G 1995, II, 22545, obs. H. Périnet-Marquet). En 2008, la Cour de cassation a confirmé que le garant de livraison tenu d'une obligation personnelle ne dispose pas de ce recours (Cass. 3e civ., 3 déc. 2008 ; V. *infra*, Lectures).

361. – Libération d'un créancier commun. En outre, de manière générale, celui qui s'acquitte d'une dette qui lui est personnelle peut néanmoins prétendre bénéficier de la subrogation s'il a, par son paiement, libéré envers leur créancier commun ceux sur qui doit peser la charge définitive de la dette. Il résulte de l'article 1250, 1° du Code civil que celui qui s'acquitte d'une dette qui lui est personnelle peut néanmoins prétendre bénéficier d'une subrogation conventionnelle s'il a, par son paiement et du fait de cette subrogation, libéré envers leur créancier commun celui sur qui doit peser la charge définitive de la dette (Cass. 1re civ., 22 juill. 1987, n° 85-18.842 : *Bull. civ.* 1987, I, n° 257 ; *GAJ civ.* Dalloz, 2005, n° 240 ; *RTD civ.* 1988, p. 350, obs. J. Mestre).

362. – Exemples. La jurisprudence fournit des exemples variés de cette subrogation.

Une société qui avait payé les travaux de remise en état des installations de l'usine de traitement des ordures ménagères appartenant à une commune, détériorées par une explosion suivie d'un incendie, ayant, sur le fondement de la subrogation légale, demandé le remboursement de ses frais à l'assureur de la commune, doit être cassé l'arrêt qui, pour la débouter de cette prétention, a relevé que le contrat d'exploitation de l'usine stipulait qu'à l'égard de la commune, l'exploitant fera seul son affaire du maintien en bon état de l'installation, a retenu que la police souscrite par la commune n'était pas une assurance pour compte, mais une assurance de dommages, et a estimé qu'il en résultait que, dans les rapports de l'exploitant et de l'assureur de la commune, la charge définitive de la dette incombait à l'exploitant, en sorte que ce dernier ne pouvait bénéficier de la subrogation, alors que la société s'était prévalue de ce que l'assureur avait renoncé à tout recours contre les occupants et utilisateurs des bâtiments assurés et qu'en ne recherchant pas si, en considération de cette stipulation, l'assureur n'était pas tenu de la charge définitive de la dette, la cour d'appel n'a pas donné de base légale à sa décision au regard de l'article 1251, 3° du Code civil (Cass. 1re civ., 27 mars 2001, n° 98-16.723 : *Bull. civ.* 2001, I, n° 90 ; *RTD civ.* 2001, p. 592, obs. J. Mestre et B. Fages).

Lecture

Cass. 3e civ., 13 nov. 2003, n° 02-14.500

« *Sur le moyen unique :*

Attendu, selon l'arrêt attaqué (Toulouse, 28 janv. 2002), que les époux X... ont chargé la société SA Constructions de l'édification d'une maison individuelle ; que cet entrepreneur a souscrit auprès de la Société mutuelle d'assurance du bâtiment et des travaux publics (SMABTP) une assurance dommages-ouvrage pour le compte des maîtres de l'ouvrage, et obtenu une garantie de livraison à prix et délais convenus de la part de la Compagnie européenne de garanties immobilières (CEGI) ; que, la société SA Constructions ayant abandonné le chantier avant réception, la CEGI, compte tenu de la présence de malfaçons importantes nécessitant la démolition et la reconstruction de l'ouvrage, a dédommagé les époux X... puis, invoquant sa subrogation dans leurs droits, a assigné la SMABTP pour obtenir remboursement des sommes correspondant à l'indemnisation des désordres de nature décennale ;

Attendu que la SMABTP fait grief à l'arrêt d'accueillir cette demande, alors, selon le moyen :

1° que la subrogation légale ne peut jouer qu'au profit du débiteur qui se trouvait tenu, avec un autre, au paiement de la même dette, ce qui n'est pas le cas du garant de la livraison d'une maison individuelle, dont la dette est radicalement différente de celle qui pèse sur l'assureur dommages-ouvrage ; qu'en l'espèce, la cour d'appel, qui a décidé le contraire, a violé les articles 1251, alinéa 3, du Code civil, L. 242-1 du Code des assurances et L. 231-6 du Code de la construction et de l'habitation ;

2° qu'un recours subrogatoire ne peut être exercé qu'à l'encontre du débiteur final de la dette ; qu'en l'espèce, la cour d'appel, qui a décidé que la CEGI disposait d'un recours subrogatoire à l'encontre de la SMABTP, pour la réparation des désordres de nature décennale, alors que la livraison effective de la maison individuelle commandée par M. et Mme X..., constituait la dette du seul garant du constructeur, ce dernier en étant le débiteur final, a violé les articles 1251, alinéa 3, du Code civil, L. 242-1 du Code des assurances et L. 231-6 du Code de la construction et de l'habitation ;

Mais attendu, d'une part, que le débiteur qui s'acquitte d'une dette qui lui est personnelle peut néanmoins prétendre bénéficier de la subrogation s'il a, par son paiement, libéré envers leur créancier commun celui sur lequel doit peser la charge définitive de la dette ;

Attendu, d'autre part, qu'ayant relevé que le constructeur était défaillant, la cour d'appel a retenu, à bon droit, que l'assureur dommages-ouvrage, pour les désordres de nature décennale, avait la charge de supporter le risque d'insolvabilité inhérent à cette défaillance ;

D'où il suit que le moyen n'est pas fondé ;

Par ces motifs :

Rejette le pourvoi (...) »

Cass. com., 29 janv. 2008, n° 06-20.997

« *Sur le moyen unique, pris en sa première branche :*

Attendu, selon l'arrêt attaqué (Paris, 19 sept. 2006), que les sociétés Banexo et Promangre, associées de la société Restomagre, ont cédé leurs parts à M. Charles X... et à Mmes Valérie et Éloïse X..., lesquelles ont cédé ultérieurement les leurs à Mme Danielle X... ; que, par jugement du 20 février 2002, une procédure de liquidation judiciaire a été ouverte à l'encontre de la société Restomagre et de la société Banexo, laquelle apparaissait toujours son associée à raison de l'omission de son avocat de procéder aux formalités de cession de parts auprès du registre du commerce et des sociétés ; qu'à la suite de la condamnation de l'avocat de la société Banexo à payer à cette dernière une certaine somme en réparation du préjudice résultant de sa faute professionnelle, son assureur, la société anonyme Mutuelles du Mans assurances IARD (la société MMA), après règlement de cette somme au profit de la société Banexo, s'est fait remettre une quittance subrogative et a assigné M. Charles X... et Mme Danièle X... (les consorts X...) devant le tribunal sur le fondement des dispositions de l'article 1251, 3° du Code civil ; que leurs demandes, accueillies en première instance, ont été rejetées par la cour d'appel ;

Attendu que la société MMA fait grief à l'arrêt d'avoir ainsi statué, alors, selon le moyen, que le débiteur qui s'acquitte d'une dette qui lui est personnelle peut néanmoins prétendre bénéficier de la subrogation s'il a, par son paiement, libéré envers leur créancier commun celui sur qui doit peser la charge définitive de la dette ; qu'à ce titre, l'assureur en responsabilité civile qui, en exécutant une obligation qui lui est propre, a éteint une dette qui devait reposer définitivement sur un tiers bénéficie d'un recours contre ce dernier ; qu'en affirmant néanmoins que la subrogation de l'assureur n'a lieu dans les droits et actions de la victime qu'à l'égard des tiers, qui par leur fait, ont causé un dommage ayant donné lieu à indemnisation de l'assureur qui ne dispose d'aucun autre recours, quand l'assureur pouvait exercer toutes les actions dont disposaient la victime indemnisée et non pas seulement celle susceptible d'être exercée contre un coresponsable du dommage, la cour d'appel a violé l'article 1251, 3° du Code civil ;

Mais attendu que la subrogation n'est admise que si, par son paiement, le *solvens* a libéré le débiteur de sa dette à l'égard d'un créancier qui leur est commun ; qu'après avoir relevé que les consorts X... n'avaient à aucun moment été déclarés responsables du préjudice subi par la société Banexo, de sorte qu'ils ne pouvaient être considérés débiteurs de cette dernière, l'arrêt en déduit à bon droit que la société MMA était irrecevable à exercer un recours subrogatoire à leur encontre sur le fondement des dispositions de l'article 1251, 3° du Code civil ; que le moyen, pris en sa première branche, n'est pas fondé ;

(...)

Par ces motifs :

Rejette le pourvoi (...) »

Autre exemple : Cass. 1re civ., 12 juill. 2006 : *Bull. civ.* 2006, I, n° 402

« Attendu que de novembre 1989 à juin 1990, la Société parisienne de couverture et de plomberie (SPCP), associée dans la société civile immobilière "Le Clos de Chambrun" (la SCI), a acquitté les dettes souscrites par celle-ci auprès du Crédit commercial de France (CCF) et de la Banque populaire de Toulouse ; que, se prétendant subrogée dans les droits de ces deux établissements, elle a été remboursée de l'une et l'autre créances sur le produit de la vente ultérieure d'un terrain de la SCI ; que l'arrêt attaqué, reconnaissant la seconde subrogation mais déniant l'existence de la première, a ordonné la restitution à la SCI de la somme correspondante ;

Sur le moyen unique du pourvoi principal, pris en ses deux branches :

Attendu qu'il est fait grief à l'arrêt attaqué (Paris, 11 mai 2004), d'avoir écarté toute subrogation de la SPCP dans les droits du CCF, alors, d'une part, qu'il aurait ainsi dénaturé la quittance subrogative délivrée par cette banque le 20 mai 1994 rappelant que par lettre du 9 octobre 1990 elle lui avait donné quittance comme conséquence du remboursement effectué, de sorte que la subrogation conventionnelle était survenue dès cette date, et d'autre part, violé l'article 1251-3 du Code civil, la subrogation légale prévue par ce texte pouvant être invoquée par l'obligé *solvens* même si sa dette demeure virtuelle au moment du paiement, telle étant la situation de l'associé d'une société civile au regard des dettes de celle-ci ;

Mais attendu, sur la première branche, que la concomitance nécessaire du paiement et de la subrogation conventionnelle, dont la preuve incombe au subrogé, est souverainement appréciée par les juges du fond ; que la cour d'appel, qui a relevé que la lettre du 9 octobre 1990 se limitait à donner quittance, la volonté subrogative n'apparaissant que dans l'acte du 20 mai 1994, n'a pu que conclure à l'inexistence de la subrogation alléguée ; et attendu, sur la seconde branche, que l'arrêt retient exactement que la subrogation légale de l'article 1251-3 du Code civil ne peut être invoquée par l'associé appelé à éventuellement acquitter les dettes de la société civile dont il est membre, dès lors que, comme en l'espèce, ne sont établies ni l'insuffisance de l'actif social ni par voie de conséquence la somme contributive mise à sa charge, de sorte que son obligation n'est ni certaine ni liquide ; que le moyen n'est pas fondé ;

Et sur le moyen unique du pourvoi incident :

Attendu qu'il est fait grief à l'arrêt d'avoir dit la SPCP en conséquence de sa subrogation conventionnelle régulière dans les droits de la BPT, fondée à conserver la somme perçue de la SCI à ce titre, alors qu'en lui permettant d'éviter de concourir avec les autres associés à l'occasion du règlement du passif social, et de jouir ainsi d'un droit préférentiel, il violerait l'article 1832, alinéa 3, du Code civil et la règle "fraus omnia corrumpit" ;

Mais attendu que la cour d'appel, qui a relevé que le remboursement de la dette sociale effectuée auprès de la BTP par la SPCP avait eu pour fin de sauvegarder, outre ses propres intérêts, ceux de la SCI en lui permettant d'éviter la saisie d'un immeuble puis de le céder ultérieurement de gré à gré pour un prix non critiqué, en a souverainement déduit l'absence de toute fraude ; que le moyen n'est pas davantage fondé ;

Par ces motifs :

Rejette les pourvois principal et incident (...) »

SOUS-SECTION 2

LA SUBROGATION JOUE AU PROFIT DE PERSONNES QUI, SANS ÊTRE TENUES À LA DETTE, ONT NÉANMOINS INTÉRÊT À ACQUITTER LA DETTE D'AUTRUI

363. – Hypothèque. Pour comprendre, prenons l'exemple de l'hypothèque.

La subrogation joue en faveur de l'acquéreur d'un immeuble hypothéqué. L'acquéreur, bien qu'il ne soit pas tenu à la dette, a intérêt à payer le créancier.

Une personne a contracté un prêt auprès d'une banque pour acquérir une maison. La banque a pris une hypothèque sur la maison (notons que l'hypothèque est une sûreté immobilière qui doit être réalisée par acte notarié et inscrite au service chargé de la publicité foncière du lieu de situation de l'immeuble).

Ensuite, le débiteur cherche à vendre la maison. Une personne est intéressée. Cet acquéreur, qui n'est pas tenu par le contrat de prêt conclu, a tout intérêt à payer la banque : s'il ne le fait pas, l'hypothèque demeure inscrite sur la maison.

S'il paie la banque, il sera subrogé dans les droits de celle-ci.

364. – Conditions de l'ancien article 1251, 2° du Code civil. Selon l'ancien article 1251, 2°, la subrogation avait lieu « au profit de l'acquéreur d'un immeuble, qui emploie le prix de son acquisition au paiement des créanciers auxquels cet héritage était hypothéqué ».

La subrogation légale prévue par l'article 1251-2° supposait, pour être réalisée, que le subrogé disposât d'une créance à faire valoir contre le débiteur dont il a payé la dette (Cass. 1re civ., 28 juin 1978 : *D.* 1979, p. 333 [2e esp.], note Mestre). Ce texte conférait à l'acquéreur les droits des créanciers qu'il a désintéressés contre les créanciers de rang ultérieur qui voudraient le contraindre comme tiers détenteur à payer au-delà de son prix.

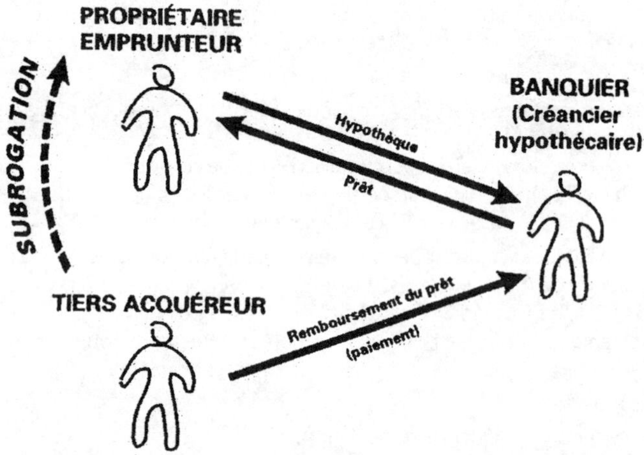

SOUS-SECTION 3

LA SUBROGATION JOUE EN FAVEUR DES PERSONNES NON TENUES À LA DETTE

365. – Cas de subrogation. Le législateur a multiplié les cas de subrogation.

C'est le cas notamment en matière d'assurance ou de sécurité sociale.

Lorsqu'un assureur désintéresse la victime, il se trouve subrogé dans les droits de la victime (Cass. civ., 21 déc. 1943 : *DC* 1944, p. 39, 2e esp.). Il pourra se retourner contre l'auteur du dommage (C. assur., art. L. 121-12. En matière d'assurance maritime, C. assur., art. L. 172-29).

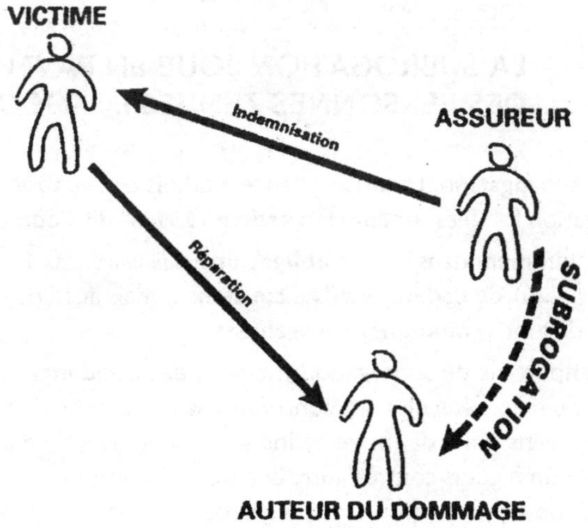

366. – Conditions. Il résulte de ces exemples que pour bénéficier de la subrogation légale, trois conditions sont nécessaires :

– **un paiement**. En matière d'assurances, l'assureur verse l'indemnité à son assuré qui est le lésé ; ensuite, grâce à la subrogation, il se retourne contre le tiers responsable. Toutefois, en matière d'assurance de choses, le règlement n'est pas toujours fait entre les mains de l'assuré, mais pour son compte (entre les mains de l'entreprise qui a réalisé les travaux de remise en état). En matière d'assurance de responsabilité, le règlement a lieu directement entre les mains des victimes. L'assureur peut alors agir contre la personne qui a causé le dommage et contre lequel son assuré disposait d'une action. La difficulté est de savoir dans quels droits l'assureur de responsabilité est subrogé : est-il subrogé dans les droits des victimes indemnisées ou dans les droits de son assuré ? ;

– **un paiement justifié**. Le candidat à la subrogation doit pouvoir en justifier. Cette justification résulte souvent de la quittance signée. Cette preuve n'est pas aussi parfaite qu'elle le paraît, pour la raison déjà évoquée que les compagnies d'assurances font signer la quittance avant le paiement. Elle n'a donc plus valeur libératoire. Ainsi, la cour de Rouen a décidé que le paiement effectif de l'indemnité n'est pas démontré, la photocopie du recto du chèque établi à l'ordre du destinataire réel de même que l'attestation de paiement de l'indemnité reçue en blanc par le courtier ne prouvant pas que le chèque ait été effectivement remis à son bénéficiaire et encaissé par celui-ci (CA Rouen, 13 sept. 2001 : *DMF* 2002, p. 819 et la note) ;

– **un paiement obligé**. L'assureur ne bénéficie de la subrogation légale que pour les sommes qu'il règle en exécution de ses obligations contractuelles et non pas pour celles qu'il paie sans être tenu.

SOUS-SECTION 4

LA SUBROGATION JOUE EN FAVEUR DES PERSONNES TENUES *IN SOLIDUM*

367. – Cas de subrogation. La jurisprudence a admis de nombreuses autres hypothèses de subrogation fondées sur **l'ancien article 1251, 3° du Code civil**.

Il en est ainsi notamment dans le cas **d'obligation** *in solidum* (Cass. 1re civ., 23 oct. 1984 : *Bull. civ.* 1984, I, n° 276), de **codébiteurs**, de **cautions**... mais aussi de victimes d'infractions pénales ou de fonds communs de placement.

Un domaine important de subrogation est celui des **accidents de la circulation**. Ainsi, dans le cas où deux véhicules ont contribué à la production du même dommage, celui des deux gardiens qui a désintéressé intégralement la victime a, par l'effet de la subrogation légale, un recours contre l'autre coauteur. Dès lors que les circonstances de l'accident sont inconnues, ce recours doit s'exercer pour moitié (Cass. 2e civ., 11 févr. 1981 : *D.* 1982, p. 255, note Agostini).

Lorsque deux coauteurs ont par leurs fautes contribué à la production du même dommage, celui qui a désintéressé intégralement la victime n'a, par l'effet de la subrogation légale, un recours contre l'autre coauteur que dans la mesure de la responsabilité de celui-ci (Cass. 2e civ., 1er oct. 1975 : *Bull. civ.* 1975, II, n° 235).

Le conducteur d'un véhicule terrestre à moteur impliqué dans un accident de la circulation, et condamné à réparer les dommages causés à un tiers, ne peut exercer un recours contre un autre conducteur impliqué que sur le fondement des anciens articles 1382 et 1251 du Code civil. La contribution à une dette a lieu en proportion des fautes respectives et, en l'absence de faute prouvée à la charge des conducteurs impliqués, la contribution se fait entre eux à parts égales (Cass. 2e civ., 14 janv. 1998 : *Bull. civ.* 1998, II, n° 6).

L'action récursoire d'un coobligé fautif contre le conducteur impliqué dans un accident de la circulation ne peut s'exercer que dans les conditions prévues par les anciens articles 1382 et 1251 du Code civil et la contribution à la dette a lieu en proportion des fautes respectives. Un jugement ayant conduit le conducteur d'un véhicule à payer à la victime d'un accident de la circulation les indemnités en réparation de son préjudice, celle-ci, qui avait constaté qu'elle avait contracté le virus d'immunodéficience humaine (VIH) lors d'une transfusion sanguine, au cours d'une intervention chirurgicale qu'elle avait dû subir à la suite de l'accident, au moyen de produits sanguins fournis par le centre régional de transfusion sanguine, a assigné en réparation du préjudice causé par cette contamination l'Établissement français du sang (EFS) venant aux droits du Centre. Un arrêt ayant condamné cet organisme à verser diverses indemnités aux ayants droit de la victime décédée entre-temps, l'Établissement français du sang (EFS) a assigné l'auteur de l'accident et son assureur aux fins de garantie de cette condamnation. Pour débouter l'Établissement français du sang (EFS) de sa demande, l'arrêt retient que l'accident, s'il peut être entendu comme le fait générateur du préjudice de contamination du point de vue de la victime, ne saurait être retenu comme « cause exonératoire » de la responsabilité découlant pour le Centre de transfusion sanguine de la fourniture des produits sanguins contaminés, que l'Établissement français du sang (EFS) « n'établit pas que la faute du conducteur constitue également à son encontre un manquement, de nature quasi délictuelle qui puisse fonder utilement son action récursoire ». En statuant ainsi, sans caractériser la faute personnelle du conducteur impliqué qu'elle relevait, la cour d'appel, qui n'a pas mis la Cour de cassation en mesure d'exercer son contrôle, n'a pas donné de base légale à sa décision au regard des articles 1382 et 1251 du Code civil (Cass. 2e civ., 6 mars 2003 : *Bull. civ.* 2003, II, n° 57 ; *RTD civ.* 2003, p. 310, obs. Jourdain). Dès lors qu'il n'a commis aucune faute, l'auteur d'un dommage, condamné en raison de ses obligations contractuelles à le réparer, se trouve subrogé aux droits de la victime dans l'action que celle-ci aurait pu exercer contre un tiers responsable sur le fondement de l'ancien article 1384, alinéa 1er du Code civil (Cass. 2e civ., 11 juill. 1983 : *Bull. civ.* 1983, II, n° 152).

368. – Obligation *in solidum* et droit pénal. Le comptable d'une société ayant détourné à son profit le montant de chèques signés en blanc par le directeur de la société avant son départ en vacances et ledit directeur ayant versé à la société le montant des sommes détournées, les juges du fond, ayant relevé qu'il avait été de l'intérêt de ce dernier de procéder au dédommagement de la société dès lors que son imprudence et le défaut de surveillance, ayant consisté à laisser, en son absence, des chèques en blanc à la disposition du comptable, l'exposaient à une condamnation *in solidum* avec celui-ci, en a justement déduit que l'intéressé était tenu avec le comptable, au sens de l'article 1252, 3° du Code civil et que, ayant acquitté la dette de ce dernier, il se trouvait subrogé de plein droit dans les droits et actions de la société (Cass. 1re civ., 9 oct. 1985 : *Bull. civ.* 1985, I, n° 255).

L'employée d'une association ayant été condamnée pénalement pour des détournements commis au préjudice de plusieurs caisses d'assurance-maladie, tandis que sa mère a été condamnée pour recel, l'association, ayant indemnisé les caisses, a assigné les intéressées en remboursement des sommes qu'elle avait réglées sur le fondement de la subrogation légale, ainsi que des dommages et intérêts. L'arrêt relève que les deux femmes ont été condamnées pour escroquerie ou recel de ces délits commis au préjudice des caisses d'assurance-maladie ; que l'association, étant l'employeur de l'une d'elles, était civilement responsable de celle-ci ; que la mère, par ses agissements de receleuse, a permis à sa fille d'escroquer les caisses, et était ainsi responsable solidairement avec sa fille des détournements et avait l'obligation d'indemniser les caisses ; qu'étant tenue avec la mère et pour son employée, l'association, qui était également obligée au paiement de ces indemnités sur le fondement de l'ancien article 1384, alinéa 5, du Code civil, avait intérêt à acquitter la dette envers les caisses et était habile à se prévaloir de la subrogation légale à l'égard de la mère. De ces constatations et énonciations, la cour d'appel a pu déduire que les conditions de la subrogation légale prévues par l'article 1251, 3° du Code civil, étaient réunies sans que l'obligation de l'association ait été reconnue par une décision judiciaire (Cass. 2e civ., 13 déc. 2001, n° 99-18.327 : *Bull. civ.* 2001, II, n° 196 ; *D.* 2002, somm. p. 1312, obs. P. Jourdain).

CHAPITRE 2

LES EFFETS

SECTION 1

AMPLEUR DE L'EFFET TRANSLATIF

369. – Réforme. La réforme apporte ici quelques précisions (C. civ., art. 1346-5) :

S'agissant du débiteur, il peut invoquer la subrogation dès qu'il en a connaissance. Toutefois, la subrogation ne peut lui être opposée que si elle lui a été notifiée.

Quant aux tiers, la subrogation leur est opposable dès le paiement qui la produit.

Pour le reste, les solutions classiques demeurent, aussi bien sur l'ampleur de l'effet translatif que sur le jeu de l'opposabilité des exceptions.

Antérieurement à la réforme, l'opposabilité de la subrogation résultait entièrement du paiement, aussi bien à l'égard des tiers que du débiteur. Cette opposabilité sans formalité était un avantage de la subrogation par rapport à la cession de créance. Comme l'alinéa 3 de l'article 1346-5 reprend les dispositions du texte sur l'opposabilité des exceptions dans la cession de créances, l'avantage de la subrogation disparaît, et ce d'autant plus que la différence de traitement entre le débiteur et les tiers est source de complications, au mieux.

370. – Effet translatif. La subrogation personnelle transfère, à celui qui a payé, la créance avec tous ses accessoires et tous ses caractères.

La caution qui paie le créancier va récupérer la créance avec ses qualités et ses défauts. La subrogation « investit le subrogé de toutes les actions qui appartenaient au créancier et qui se rattachaient à cette créance immédiatement avant le paiement ».

L'article 1346-4 du Code civil conçoit de manière extensive cette transmission :

« La subrogation transmet à son bénéficiaire, dans la limite de ce qu'il a payé, la créance et ses accessoires, à l'exception des droits exclusivement attachés à la personne du créancier.

Toutefois, le subrogé n'a droit qu'à l'intérêt légal à compter d'une mise en demeure, s'il n'a convenu avec le débiteur d'un nouvel intérêt. Ces intérêts sont garantis par les sûretés attachées à la créance, dans les limites, lorsqu'elles ont été constituées par des tiers, de leurs engagements initiaux s'ils ne consentent à s'obliger au-delà ».

Le paiement avec subrogation, s'il a pour effet d'éteindre la créance à l'égard du créancier, la laisse subsister au profit du subrogé, qui dispose de toutes les actions qui appartenaient au créancier et qui se rattachaient à cette créance immédiatement avant le paiement (Cass. 1re civ., 7 déc. 1983 : *Bull. civ.* 1983, I, n° 29).

371. – La créance est d'abord transmise avec toutes ses qualités. Les qualités sont essentiellement les sûretés qui garantissent la créance.

Cette règle vaut même si les règles de la publicité foncière n'ont pas été respectées : a violé l'article 2149 du Code civil l'arrêt qui, pour ordonner la radiation de toutes les inscriptions prises du chef d'une banque, en sa qualité de prêteur de deniers, à l'occasion de l'achat d'un appartement, a retenu que, faute d'avoir été publiée en marge des inscriptions existantes, la subrogation légale dont bénéficiait la caution solidaire qui s'était acquittée de certains remboursements était inopposable aux acquéreurs de l'immeuble, alors que la subrogation dont se prévalait la caution, qui comportait modification dans la personne du titulaire de l'inscription sans aggraver la situation du débiteur, avait pour effet d'investir le subrogé de la créance primitive avec tous ses avantages et accessoires (Cass. 3e civ., 20 déc. 1989 : *Bull. civ.* 1989, III, n° 246).

Encore, l'assureur qui, en vertu de l'article L. 121-12 du Code des assurances, invoque la subrogation dans les droits et actions de son assuré contre les tiers qui ont causé le dommage ayant donné lieu à sa garantie, peut exercer les droits et actions que cet assuré tient des **articles 1 à 6 de la loi du 5 juillet 1985**. Après avoir indemnisé la victime du dommage causé à son immeuble contre lequel un véhicule était venu s'écraser, l'assureur était subrogé dans les droits et actions de son assuré contre le propriétaire du camion impliqué dans l'accident (Cass. 1re civ., 25 nov. 1992 : *Bull. civ.* 1992, I, n° 289).

La subrogation conventionnelle a pour effet d'investir le subrogé, non seulement de la créance primitive mais aussi de tous les avantages et accessoires de celle-ci, notamment de **la réserve de propriété** assortissant la créance du prix de vente et affectée à son service exclusif pour en garantir le paiement (Cass. com., 15 mars 1988 : *D.* 1988, jurispr. p. 330, note F. Pérochon).

Seuls les droits exclusivement attachés à la personne du débiteur ne sont pas transmis (Cass. com., 25 avr. 1983 : *Bull. civ.* 1983, IV, n° 105 ; *D.* 1984, p. 417), notamment la faculté de demander le prononcé du règlement judiciaire ou la liquidation de biens d'un dirigeant de société (Cass. com., 12 nov. 1985 : *Bull. civ.* 1985, IV, n° 269).

On notera encore que l'insertion d'une clause de juridiction étrangère dans un contrat international fait partie de l'économie de celui-ci, de sorte qu'elle s'impose à l'assureur subrogé (Cass. 1re civ., 12 juill. 2001 : *D.* 2001, somm. p. 3246 et la note ; *DMF* 2001, p. 994 et les obs.).

372. – La créance est également transmise avec ses défauts. Pour désigner ces défauts, ces vices, on utilise le terme d'« exception » (le terme « exception » est polysémique en droit selon le domaine étudié ; V. par exemple, les exceptions entendues en matière de procédure civile).

Pour une dette, les exceptions sont, par exemple, les vices du consentement, le défaut de cause ou d'objet, la prescription..., tous les éléments du droit des obligations qui peuvent remettre en cause la validité ou l'effectivité d'une obligation.

Sont également opposables au subrogé les clauses d'exonération ou de compétence incluses dans le contrat conclu avec le subrogeant (Cass. 1re civ., 25 nov. 1986 : *Bull. civ.* 1986, I, n° 277).

SECTION 2

LIMITES DE L'EFFET TRANSLATIF

373. – Ampleur de l'effet translatif. La transmission de la créance est limitée : elle est cantonnée au montant de ce qu'a payé le subrogé. La subrogation n'a lieu que dans la mesure du paiement.

SOUS-SECTION 1

LE PAIEMENT PARTIEL

374. – Le concours entre le subrogeant et le subrogé. La situation de concours correspond au cas où le subrogeant n'a reçu qu'un paiement partiel sans renoncer au surplus de sa créance. Le subrogeant reste donc créancier pour la portion non payée ; le subrogé le devient pour la portion acquittée.

Pour le paiement, le subrogé et le subrogeant devraient être traités à égalité, puisque leur droit porte sur le même bien.

Pourtant, le subrogé ne peut réclamer le montant total de la créance : il doit se cantonner au remboursement de ce qu'il a payé. Dans cette situation, le subrogé risque d'être en concours avec le subrogeant. Ce dernier a alors, sauf convention contraire, la priorité : en accordant la subrogation, le créancier a entendu se réserver la meilleure part. C'est ce qu'exprime l'adage *Nemo contra se subrogasse censetur* (« On n'est pas censé avoir subrogé contre soi »). Cet adage a trouvé son expression dans l'article 1252 du Code civil :

« La subrogation établie par les articles précédents a lieu tant contre les cautions que contre les débiteurs : elle ne peut nuire au créancier lorsqu'il n'a été payé qu'en partie ; en ce cas, il peut exercer ses droits, pour ce qui lui reste dû, par préférence à celui dont il n'a reçu qu'un paiement partiel ».

La règle est reprise dans l'article 1346-3 du Code civil :

« La subrogation ne peut nuire au créancier lorsqu'il n'a été payé qu'en partie ; en ce cas, il peut exercer ses droits, pour ce qui lui reste dû, par préférence à celui dont il n'a reçu qu'un paiement partiel ».

Cette règle s'applique surtout dans le cas de la subrogation légale ou de la subrogation consentie par le débiteur. Lorsque la subrogation est consentie par un créancier, la convention contraire est fréquente : il est prévu que le subrogé ou le subrogeant viendront à égalité (technique du marc le franc) et même que le subrogé primera le subrogeant. La liberté des parties est entière.

La règle de l'article 1346-3 et son application aux subrogations légales ou *ex parte debitoris* s'explique du fait que le paiement partiel laisse intactes les sûretés dont le créancier bénéficie.

Toutefois, le subrogeant ne peut poursuivre le paiement de sa créance à l'encontre du débiteur que s'il est le mandataire du subrogé (Cass. 1re civ., 4 févr. 2003, n° 00-11.023 : *Bull. civ.* 2003, I, n° 31 ; *RTD civ.* 2003, p. 298, obs. J. Mestre et B. Fages).

375. – Exemple. Prenons l'exemple d'une créance hypothécaire de 200 000 €. Le subrogé, assureur décès, a payé 50 000 €. Faute de vente volontaire, l'immeuble est vendu aux enchères publiques 100 000 €. On pourrait songer à une répartition au marc le franc. Le rapport entre les fonds disponibles (100 000 €) et les sommes dues (200 000 €) étant de la moitié, le subrogé recevrait 25 000 € (1/2 de 50 000 €) et le subrogeant 75 000 € (1/2 de 150 000 € restant dus). Pourtant, le subrogé va prendre tous les 50 000 € et le subrogeant aura 50 000 €.

376. – Limites de l'article 1346-3. La jurisprudence a une conception stricte de l'article 1346-3 du Code civil. La préférence pour le subrogeant ne joue qu'au cas d'insuffisance des sûretés garantissant la créance et ne saurait être utilisée lorsque subrogeant et subrogé agissent à titre chirographaire.

Lorsque le subrogé est tenu avec d'autres, il est en partie le débiteur définitif de la dette. Il doit donc supporter une partie du poids définitif de la dette et est alors dépourvu de tout recours : la subrogation ne lui fait acquérir qu'une fraction de la créance.

Si nous reprenons l'exemple précédent d'une dette solidaire de 200 000 € acquittée par le subrogé alors qu'il y a deux autres codébiteurs. Dans la mesure où il est partie à la dette, le subrogé doit conserver définitivement une part à sa charge (soit 1/3 de la somme ou 66 667 €). Il n'a de recours que pour le surplus de la dette, soit 133 333 €.

Le subrogé doit encore diviser son recours contre les coobligés. Pour suivre l'exemple, le subrogé ne peut réclamer, aux deux autres responsables, que la moitié de 133 333 €.

SOUS-SECTION 2

LES INTÉRÊTS

377. – Point de départ des intérêts. Il résulte de l'article 1346-4, alinéa 2 du Code civil que la personne tenue au paiement d'une somme envers une autre ne lui en doit les intérêts qu'après **avoir été mise en demeure et non à compter de l'établissement de la quittance**.

S'agissant du recours de l'assureur, subrogé dans les droits de son assuré, contre le tiers responsable et son assureur, les intérêts au taux légal ne sont pas dus par la personne tenue à réparation à compter de la quittance subrogative. C'est la solution de la jurisprudence actuelle depuis un arrêt du 7 mai 2002 (Cass. 1re civ., 7 mai 2002 : *Bull. civ.* 2002, I, n° 118. – Cass. com., 5 déc. 2006, n° 04-18.621 – par opposition à Cass. ass. plén., 7 févr. 1986 : *Bull. civ.* 1986, ass. plén., n° 2).

378. – Intérêts au taux légal. Le subrogé ne peut prétendre, en outre, qu'aux intérêts produits au **taux légal** par la dette qu'il a acquittée lesquels, en vertu de l'article 2033 du même code, courent de plein droit à compter du paiement. Dans un premier temps, la Cour de cassation avait admis la possibilité d'une subrogation y compris dans les intérêts conventionnels (Cass. 1re civ., 3 mai 1978 : *Bull. civ.* 1978, I, n° 178). Le revirement résulte de deux arrêts du 29 octobre 2002 (Cass. 1re civ., 29 oct. 2002, n° 00-12.703. – Cass. 1re civ., 18 mars 2003 : *Bull. civ.* 2003, I, n° 86). Ainsi, en condamnant les débiteurs principaux à payer à la caution, qui avait remboursé le créancier, une certaine somme augmentée des intérêts conventionnels, la cour d'appel a violé les textes susvisés (Cass. 1re civ., 18 mars 2003, préc.).

Adde : C. Simler, *Le droit aux intérêts du créancier subrogé* : *JCP* G 2009, I, 113.

SOUS-SECTION 3

L'OPPOSABILITÉ DES EXCEPTIONS

379. – Présentation de la règle. Il est de principe qu'un débiteur ne peut se prévaloir de la compensation à l'égard d'une société subrogée à son créancier en vertu d'un contrat d'affacturage que si cette compensation s'est produite antérieurement à la subrogation. Pour rejeter la demande du *factor*, la cour d'appel a dit que cette limite au droit du débiteur d'opposer une exception n'était effective qu'autant que ce débiteur avait été régulièrement informé du transfert de la propriété des créances au *factor* et que, dès lors, il n'était pas justifié que le cédé ait été informé du contrat d'affacturage, le transfert des créances au *factor* lui étant inopposable. Cette solution a été censurée par la Cour de cassation (Cass. com., 3 avr. 1990 : *Bull. civ.* 1990, IV, n° 116). Le *factor* ne peut se voir opposer les exceptions nées ultérieurement à la subrogation (Cass. com., 26 juin 2004, n° 01-10.108).

Le subrogé dans les droits du créancier peut se voir opposer par le débiteur la compensation que celui-ci aurait pu opposer au subrogeant à raison d'une dette connexe (Cass. com., 5 déc. 1989 : *Bull. civ.* 1989, IV, n° 308. – Cass. com., 4 juin 1996 : *Bull. civ.* 1996, IV, n° 163 ; *RTD civ.* 1997, p. 134, obs. Mestre).

Selon l'article 1346-5, alinéa 3 du Code civil :

« Le débiteur peut opposer au créancier subrogé les exceptions inhérentes à la dette, telles que la nullité, l'exception d'inexécution, la résolution ou la compensation de dettes connexes. Il peut également lui opposer les exceptions nées de ses rapports avec le subrogeant avant que la subrogation lui soit devenue opposable, telles que l'octroi d'un terme, la remise de dette ou la compensation de dettes non connexes ».

JURISPRUDENCE

I. La subrogation personnelle est d'application quotidienne dans les relations entre assureurs et assurés

L'arrêt rendu le 25 octobre 1994 par la première chambre civile en est un exemple.

Cass. 1re civ., 25 oct. 1994, n° 92-18.972

« LA COUR :

Sur le moyen unique :

Attendu, selon les énonciations des juges du fond, que le GAN incendie accident a versé à son assuré, M. Saint-Jours, une somme de 62 500 F correspondant à la valeur du véhicule qui lui avait été volé ; que, par la suite, le tribunal correctionnel a condamné M. Béchemin pour recel de ce véhicule et a alloué une indemnité de 2 000 F à M. Saint-Jours qui s'était constitué partie civile ; qu'enfin, le GAN, invoquant la subrogation légale dans les droits de son assuré, a assigné M. Béchemin en remboursement de la somme de 62 500 F ;

Attendu que M. Béchemin fait grief à l'arrêt attaqué (CA Bordeaux, 5e ch., 18 juin 1992) d'avoir accueilli la demande du GAN sans rechercher si les dommages-intérêts qu'il avait été condamné à verser à M. Saint-Jours laissaient subsister au bénéfice de l'assureur un droit à réparation qu'il pouvait exercer par voie de subrogation, de sorte que l'arrêt serait dépourvu de base légale au regard de l'article L. 121-12 du Code des assurances ;

Mais attendu qu'en application des dispositions combinées des articles L. 121-12 du Code des assurances, 1382 et 2279, alinéa 2, du Code civil, le GAN était subrogé contre le receleur du véhicule à concurrence de l'indemnité qu'il avait payée à son assuré ; que la circonstance que ce dernier se soit vu allouer par la juridiction pénale une somme de 2 000 F au titre du préjudice, non indemnisé par son assureur, que lui avait causé le recel, ne pouvait faire obstacle à l'action subrogatoire de ce dernier en remboursement de la somme de 62 500 F qu'il avait versée à l'assuré ; qu'ainsi, le moyen ne peut être accueilli ; et attendu qu'il est équitable d'allouer au GAN la somme de 10 000 F qu'il sollicite sur le fondement de l'article 700 du Code de procédure civile ;

Par ces motifs :

Rejette (...) »

II. La subrogation de l'article 1250, 2°

La subrogation légale prévue par l'article 1251, 2° suppose, pour être réalisée, que le subrogé dispose d'une créance à faire valoir contre le débiteur dont il a payé la dette.

L'article 1251, 2°, confère à l'acquéreur les droits des créanciers qu'il a désintéressés contre les créanciers de rang ultérieur qui voudraient le contraindre comme tiers détenteur à payer au-delà de son prix. Le créancier hypothécaire de second rang, qui s'est porté adjudicataire de l'immeuble et a payé une partie du prix au créancier de premier rang, bénéficie de ces dispositions, mais ne peut se prévaloir de l'article 1251, 1° pour invoquer d'autres sûretés attachées à la créance du créancier de premier rang, ce qui aurait pour effet de permettre à l'adjudicataire de se faire rembourser une partie de son prix (T. civ. Toulouse, 15 juill. 1936, confirmé par CA Toulouse, 16 juin 1938 : *Gaz. Pal.* 1938, 2, p. 598).

Pour exercer son recours subrogatoire, l'assureur de responsabilité doit justifier que le paiement fait entre les mains de la victime est intervenu en vertu d'une garantie légalement souscrite.

Cass. 2e civ., 5 juill. 2006, inédit

« Attendu, selon l'arrêt attaqué, que le 28 juin 1985, Mme X..., qui se trouvait sur un quai de Fos-sur-Mer, à hauteur du navire "American-Oklahama" dont l'armateur est la société United States Line (US Line), a été blessée par la chute d'une barre de saisissage alors que la société Somotrans qui avait été requise par l'armateur procédait au déchargement de ce navire ; que la société US Line et son assureur, The United Kingdom Mutuel Steamship assurance association limited (société UK assurance), ont indemnisé la victime de son préjudice ; qu'ainsi, subrogés dans ses droits, ils ont assigné en responsabilité et en paiement la société Somotrans et l'assureur de cette dernière, la société GAN IARD ;

Sur les deux moyens du pourvoi principal :

Attendu qu'il n'y a pas lieu de statuer sur ces moyens dont aucun ne serait de nature à permettre l'admission du pourvoi ;

Mais sur le moyen unique, pris en sa première branche, du pourvoi incident qui est recevable :

Vu l'article L. 121-12 du Code des assurances ;

Attendu que pour déclarer recevable l'action de la société UK assurance et faire droit partiellement à sa demande, l'arrêt énonce que, justifiant avoir versé une indemnité d'assurance, elle est, par l'effet de la loi, subrogée dans les droits et actions de la victime à l'encontre du responsable de l'accident et de son assureur ;

Attendu qu'en se déterminant ainsi, tout en constatant que les condamnations pécuniaires sollicitées correspondaient à l'indemnité en contrepartie de laquelle Mme X... avait, à la suite d'une transaction, expressément renoncé à tous ses droits et actions dont elle pouvait bénéficier à l'encontre de la société US Line et de la société UK assurance, sans rechercher, alors que la qualité à agir de ces sociétés était contestée, si le paiement était intervenu en vertu d'une garantie régulièrement souscrite, pouvant seule lui conférer la qualité d'indemnité d'assurance, et alors qu'elle relevait que le contrat liant la société UK assurance et la société US Line n'avait pas été produit, la cour d'appel n'a pas donné de base légale à sa décision au regard du texte susvisé ;

Par ces motifs, et sans qu'il y ait lieu de statuer sur la seconde branche du pourvoi incident :

Casse et annule, en ses seules dispositions fixant la créance de la société UK assurance au passif de la société Somotrans à la somme de 50 000 € et condamnant la société GAN à payer cette somme à la société UK assurance, l'arrêt rendu le 8 novembre 2004, entre les parties, par la cour d'appel de Lyon ; remet, en conséquence, sur ce point, la cause et les parties dans l'état où elles se trouvaient avant ledit arrêt et, pour être fait droit, les renvoie devant la cour d'appel de Lyon, autrement composée (...) »

TROISIÈME PARTIE

EXTINCTION DE L'OBLIGATION

380. – Plan. Le plan de cette partie est guidé par le libellé de l'ancien article 1234 du Code civil :

« Les obligations s'éteignent :

– par le paiement,

– par la novation,

– par la remise volontaire,

– par la compensation,

– par la confusion,

– par la perte de la chose,

– par la nullité ou la rescision,

– par l'effet de la condition résolutoire, qui a été expliquée au chapitre précédent,

– et par la prescription, qui fera l'objet d'un titre particulier ».

C'est pourquoi nous reprendrons ces causes d'extinction de l'obligation selon cinq titres :

– la satisfaction du créancier, soit par le paiement, par la compensation ou la confusion ;

– la novation ;

– la prescription ;

– la déconfiture du débiteur ;

et les *variae causarum figurae*, regroupant notamment la remise volontaire de dette, la perte de la chose.

TITRE 1

SATISFACTION DU CRÉANCIER

381. – Plan. Le créancier peut être satisfait – au sens juridique du terme – de deux manières : soit en obtenant le paiement de sa créance, soit en réalisant une compensation avec une somme due à son propre débiteur.

La satisfaction peut ainsi être directe (Chapitre 1). Elle peut aussi être indirecte (Chapitre 2).

CHAPITRE 1

LA SATISFACTION DIRECTE : LE PAIEMENT

382. – Définition. Le paiement est une cause d'extinction des obligations. Intégral, il entraîne la libération du débiteur et prive de leur raison d'être les sûretés qu'il a pu consentir. Le paiement est donc libératoire. C'est le sens de l'article 1342 du Code civil :

« Le paiement est l'exécution de la prestation due.

Il doit être fait sitôt que la dette devient exigible.

Il libère le débiteur à l'égard du créancier et éteint la dette, sauf lorsque la loi prévoit une subrogation dans les droits du créancier ».

383. – Nature juridique. Le paiement est en principe un acte juridique ; il s'inscrit plus précisément dans une mécanique d'offre et d'acceptation. La solution est générale, mais comporte des exceptions ou des aménagements spécialement pour régler des questions de preuve. Ainsi, lorsqu'on paie par chèque, seul l'encaissement définitif vaut libération, mais on peut tenir compte du simple envoi pour épargner au débiteur certaines sanctions contractuelles.

La jurisprudence considère néanmoins que « la preuve du paiement, qui est un fait, peut être rapportée par tous moyens » (Cass. 1re civ., 6 juill. 2004 : *Bull. civ.* 2004, I, n° 202).

384. – Réforme. Le paiement a fait l'objet de nombreuses dispositions dans la nouvelle rédaction du Code civil, dont les principales sont les suivantes :

« Sous-section 1 Dispositions générales

Art. 1342. – Le paiement est l'exécution de la prestation due.

Il doit être fait sitôt que la dette devient exigible.

Il libère le débiteur à l'égard du créancier et éteint la dette, sauf lorsque la loi ou le contrat prévoit une subrogation dans les droits du créancier.

Art. 1342-1. – Le paiement peut être fait même par une personne qui n'y est pas tenue, sauf refus légitime du créancier.

Art. 1342-2. – Le paiement doit être fait au créancier ou à la personne désignée pour le recevoir.

Le paiement fait à une personne qui n'avait pas qualité pour le recevoir est néanmoins valable si le créancier le ratifie ou s'il en a profité.

Le paiement fait à un créancier dans l'incapacité de contracter n'est pas valable, s'il n'en a tiré profit.

Art. 1342-3. – Le paiement fait de bonne foi à un créancier apparent est valable.

Art. 1342-4. – Le créancier peut refuser un paiement partiel même si la prestation est divisible.

Il peut accepter de recevoir en paiement autre chose que ce qui lui est dû ».

Art. 1342-5. – Le débiteur d'une obligation de remettre un corps certain est libéré par sa remise au créancier en l'état, sauf à prouver, en cas de détérioration, que celle-ci n'est pas due à son fait ou à celui de personnes dont il doit répondre.

Art. 1342-6. – À défaut d'une autre désignation par la loi, le contrat ou le juge, le paiement doit être fait au domicile du débiteur.

Art. 1342-7. – Les frais du paiement sont à la charge du débiteur.

Art. 1342-8. – Le paiement se prouve par tous moyens.

Art. 1342-9. – La remise volontaire par le créancier au débiteur de l'original sous signature privée ou de la copie exécutoire du titre de sa créance vaut présomption simple de libération.

La même remise à l'un des codébiteurs solidaires produit le même effet à l'égard de tous.

Art. 1342-10. – Le débiteur de plusieurs dettes de même nature peut indiquer, lorsqu'il paie, celle qu'il entend acquitter.

À défaut d'indication par le débiteur, l'imputation a lieu comme suit : d'abord sur les dettes échues ; parmi celles-ci, sur les dettes que le débiteur avait le plus d'intérêt d'acquitter. À égalité d'intérêt, l'imputation se fait sur la plus ancienne ; toutes choses égales, elle se fait proportionnellement.

Sous-section 2 Dispositions particulières aux obligations de sommes d'argent

Art. 1343. – Le débiteur d'une obligation de somme d'argent se libère par le versement de son montant nominal.

Le montant de la somme due peut varier par le jeu de l'indexation.

Le débiteur d'une dette de valeur se libère par le versement de la somme d'argent résultant de sa liquidation.

Art. 1343-1. – Lorsque l'obligation de somme d'argent porte intérêt, le débiteur se libère en versant le principal et les intérêts. Le paiement partiel s'impute d'abord sur les intérêts.

L'intérêt est accordé par la loi ou stipulé par le contrat. Le taux de l'intérêt conventionnel doit être fixé par écrit. Il est réputé annuel par défaut.

Art. 1343-2. – Les intérêts échus, dus au moins pour une année entière, produisent intérêt si le contrat l'a prévu ou si une décision de justice le précise.

Art. 1342-3. – Le paiement, en France, d'une obligation de somme d'argent s'effectue dans la monnaie qui y a cours. Toutefois, le paiement peut avoir lieu en une autre devise si l'obligation ainsi libellée procède d'un contrat international ou d'un jugement étranger.

Art. 1343-4. – À défaut d'une autre désignation par la loi, le juge ou le contrat, le lieu du paiement de l'obligation de somme d'argent est le domicile du créancier.

Art. 1343-5. – Le juge peut, compte tenu de la situation du débiteur et en considération des besoins du créancier, reporter ou échelonner, dans la limite de deux années, le paiement des sommes dues.

Par décision spéciale et motivée, il peut ordonner que les sommes correspondant aux échéances reportées porteront intérêt à un taux réduit au moins égal au taux légal, ou que les paiements s'imputeront d'abord sur le capital.

Il peut subordonner ces mesures à l'accomplissement par le débiteur d'actes propres à faciliter ou à garantir le paiement de la dette.

La décision du juge suspend les procédures d'exécution qui auraient été engagées par le créancier. Les majorations d'intérêts ou les pénalités prévues en cas de retard ne sont pas encourues pendant le délai fixé par le juge.

Toute stipulation contraire est réputée non écrite.

Les dispositions du présent article ne sont pas applicables aux dettes d'aliment.

Sous-section 3 La mise en demeure

§ 1. – La mise en demeure du débiteur

Art. 1344. – Le débiteur est mis en demeure soit par une sommation ou un acte portant interpellation suffisante, soit, si le contrat le prévoit, par la seule exigibilité de l'obligation.

Art. 1344-1. – La mise en demeure de payer une obligation de somme d'argent fait courir l'intérêt moratoire, au taux légal, sans que le créancier soit tenu de justifier d'un préjudice.

Art. 1344-2. – La mise en demeure de délivrer une chose met les risques à la charge du débiteur, s'ils n'y sont déjà.

§ 2. – La mise en demeure du créancier

Art. 1345. – Lorsque le créancier, à l'échéance et sans motif légitime, refuse de recevoir le paiement qui lui est dû ou l'empêche par son fait, le débiteur peut le mettre en demeure d'en accepter ou d'en permettre l'exécution.

La mise en demeure du créancier arrête le cours de l'intérêt dû par le débiteur et met les risques de la chose à la charge du créancier.

Elle n'interrompt pas la prescription.

Art. 1345-1. – Si l'obstruction n'a pas pris fin dans les deux mois de la mise en demeure, le débiteur peut, lorsque l'obligation porte sur une somme d'argent, la consigner à la Caisse des dépôts et consignations ou, lorsque l'obligation porte sur la livraison d'une chose, séquestrer celle-ci auprès d'un gardien professionnel.

Si le séquestre de la chose est impossible ou trop onéreux, le juge peut en autoriser la vente amiable ou aux enchères publiques. Déduction faite des frais de la vente, le prix en est consigné à la Caisse des dépôts et consignations.

La consignation ou le séquestre libère le débiteur à compter de leur notification au créancier.

Art. 1345-2. – Lorsque l'obligation porte sur un autre objet, le débiteur est libéré si l'obstruction n'a pas cessé dans les deux mois de la mise en demeure.

Art. 1345-3. – Les frais de la mise en demeure et de la consignation, du séquestre ou du dépôt sont à la charge du créancier.

Sous-section 4 Le paiement avec subrogation

Art. 1346. – La subrogation a lieu par le seul effet de la loi au profit de celui qui, y ayant un intérêt légitime, paie dès lors que son paiement libère envers le créancier celui sur qui doit peser la charge définitive de tout ou partie de la dette.

Art. 1346-1. – La subrogation conventionnelle s'opère à l'initiative du créancier lorsque celui-ci, recevant son paiement d'une tierce personne, la subroge dans ses droits contre le débiteur.

Cette subrogation doit être expresse.

Elle doit être consentie en même temps que le paiement, à moins que, dans un acte antérieur, le subrogeant n'ait manifesté la volonté que son cocontractant lui soit subrogé lors du paiement. La concomitance de la subrogation et du paiement peut être prouvée par tous moyens.

Art. 1346-2. – La subrogation a lieu également lorsque le débiteur, empruntant une somme à l'effet de payer sa dette, subroge le prêteur dans les droits du créancier avec le concours de celui-ci.

La subrogation peut être consentie sans le concours du créancier, mais à la condition que la dette soit échue ou que le terme soit en faveur du débiteur. Il faut alors que l'acte d'emprunt et la quittance soient passés devant notaire, que dans l'acte d'emprunt il soit déclaré que la somme a été empruntée pour faire le paiement, et que dans la quittance il soit déclaré que le paiement a été fait des sommes versées à cet effet par le nouveau créancier.

Art. 1346-3. – La subrogation ne peut nuire au créancier lorsqu'il n'a été payé qu'en partie ; en ce cas, il peut exercer ses droits, pour ce qui lui reste dû, par préférence à celui dont il n'a reçu qu'un paiement partiel.

Art. 1346-4. – La subrogation transmet à son bénéficiaire, dans la limite de ce qu'il a payé, la créance et ses accessoires, à l'exception des droits exclusivement attachés à la personne du créancier.

Toutefois, le subrogé n'a droit qu'à l'intérêt légal à compter d'une mise en demeure, s'il n'a convenu avec le débiteur d'un nouvel intérêt. Ces intérêts sont garantis par les sûretés attachées à la créance, dans les limites, lorsqu'elles ont été constituées par des tiers, de leurs engagements initiaux s'ils ne consentent à s'obliger au-delà.

Art. 1346-5. – Le débiteur peut invoquer la subrogation dès qu'il en a connaissance mais elle ne peut lui être opposée que si elle lui a été notifiée ou s'il en a pris acte.

La subrogation est opposable aux tiers dès le paiement.

Le débiteur peut opposer au créancier subrogé les exceptions inhérentes à la dette, telles que la nullité, l'exception d'inexécution, la résolution ou la compensation de dettes connexes. Il peut également lui opposer les exceptions nées de ses rapports avec le subrogeant avant que la subrogation lui soit devenue opposable, telles que l'octroi d'un terme, la remise de dette ou la compensation de dettes non connexes ».

385. – Plan. On posera ici cinq questions :

– quelles sont les parties au paiement ?

– quel est l'objet du paiement ?

– quelles sont les modalités du paiement ?

– comment prouver le paiement ?

– quels sont les incidents du paiement ?

SECTION 1

LES PARTIES AU PAIEMENT

SOUS-SECTION 1

LES QUALITÉS DU CRÉANCIER

386. – Qualités requises. Le créancier, pour recevoir son dû, doit justifier de plusieurs qualités. Ces qualités sont conçues plus strictement que naguère.

Celles-ci ne sont pas toujours faciles à déterminer et se brouillent quelque peu lorsque le créancier n'est pas seul, spécialement lorsqu'il est en concours ou en concurrence avec d'autres.

§ 1. – L'hypothèse dans laquelle le créancier est seul

A. – Le créancier doit d'abord être capable

387. – Nécessité d'être capable. Titulaire actuel de la créance, il doit être capable de la recevoir (C. civ., ancien art. 1241). La règle est complétée par la réforme :

« *Art. 1342-2.* – Le paiement doit être fait au créancier ou à la personne désignée pour le recevoir.

Le paiement fait à une personne qui n'avait pas qualité pour le recevoir est néanmoins valable si le créancier le ratifie ou s'il en a profité.

Le paiement fait à un créancier dans l'incapacité de contracter n'est pas valable, s'il n'en a tiré profit ».

« *Art. 1320-3.* – Le paiement fait de bonne foi à un créancier apparent est valable ».

388. – Sanction. Si le créancier n'est pas capable de recevoir, le paiement est nul et le débiteur tenu de payer une nouvelle fois, à moins qu'il ne prouve que la chose payée a tourné au profit du créancier incapable, qu'il ne prouve l'emploi utile que l'incapable a fait des fonds versés (acquisition d'un bien, accomplissement de travaux nécessaires ou productifs).

Il faut aussi tenir compte de l'apparence.

Le paiement doit être fait au créancier, ou à quelqu'un ayant un pouvoir de lui, ou qui soit autorisé par la justice ou par la loi à recevoir pour lui. À défaut, le paiement est inopposable au créancier et le débiteur s'expose à payer une deuxième fois, à moins que le créancier ne ratifie l'opération.

B. – Le créancier doit être identifié

389. – Créancier en personne ou mandataire. On ne se soucie guère de cette condition, lorsque le créancier agit en personne. Mais rien ne s'oppose à ce que le créancier confie à un **mandataire** le soin de recevoir paiement.

L'existence même de ce mandat doit être établie selon les règles du droit commun, c'est-à-dire, en principe, par écrit. Il faut tenir compte, toutefois, des circonstances.

On admet ainsi que la remise de pièces en vue d'une exécution forcée à un huissier fait présumer un mandat de recevoir paiement, mais on considère que le fait pour un notaire de passer un acte de vente ne lui confère pas le pouvoir de recevoir le prix au nom du vendeur. De même, il incombe au débiteur d'exiger la justification du mandat et cette preuve ne résulte pas de la seule détention du titre (Cass. civ., 22 mars 1921, *Berdoulet c/ Fontan*).

La théorie du **mandat apparent** est parfois appliquée, notamment au profit du notaire ou de l'un de ses clercs (cf. C. civ., art. 1301).

Quant aux obligations du mandataire, elles résultent naturellement de la volonté des parties, mais pas uniquement (C. civ., ancien art. 1135). C'est ainsi que le banquier qui procède à l'encaissement d'effets de commerce doit respecter les prescriptions cambiaires, et notamment celles qui concernent les délais.

De même, les agences de recouvrement de créances doivent respecter une certaine déontologie. Ainsi la loi du 9 juillet 1991 portant réforme des procédures civiles d'exécution prévoit dans son article 32, alinéa 5 (CPC ex., art. L. 124-1), que l'activité de ces agences doit faire l'objet d'une réglementation fixée en Conseil d'État (V. D. n° 2012-783, 30 mai 2012 ; CPC ex., art. R. 124-1 à R. 124-7).

C. – La désignation par le créancier d'un autre créancier

390. – Possibilité. Rien ne s'oppose non plus à ce que le créancier désigne un autre créancier.

391. – Délégation ou indication de paiement. Si le créancier est lui-même débiteur, il peut demander à son propre débiteur de payer à sa place. Si les parties sont d'accord, une délégation est convenue.

Le créancier, délégant, s'adresse à son débiteur, le délégué, pour que celui-ci règle à sa place la dette qu'il a vis-à-vis de son propre créancier, le délégataire. Grâce à ce mécanisme, le créancier confère à son propre créancier, le délégataire, une garantie, mais d'une efficacité relative. On rappellera que (V. *supra*, n° 306), dans un arrêt de principe du 17 mars 1992, la première chambre civile de la Cour de cassation a décidé que le délégué était, sauf convention contraire, seulement obligé au paiement de la dette du délégant envers le délégataire et se trouve déchargé de son obligation lorsque la créance de ce dernier est atteinte par prescription. Autrement dit, l'engagement du délégué est nouveau par sa source, mais identique à celui du délégant par son objet. Il reste qu'il est possible de prévoir d'autres combinaisons : le délégué peut s'engager à payer ce qu'il doit au délégant ou encore s'engager à payer une somme déterminée. Ses obligations dépendent, liberté contractuelle oblige, de la volonté des parties, mais lorsque les parties ne se sont pas expressément manifestées, le délégué est tenu uniquement de payer ce que doit le délégant.

Ainsi conçue, et logiquement conçue, la délégation s'apparente davantage à un mécanisme de paiement qu'à une technique de garantie.

D. – Enfin, le créancier doit se comporter de bonne foi

392. – Obligations du créancier. Le créancier n'a pas que des droits, il a aussi des obligations, et doit comme tout contractant agir de **bonne foi** (C. civ., art. 1104, al. 1).

Le créancier ne peut se faire justice à lui-même, sauf à justifier d'un droit de rétention. Ainsi, la chambre criminelle a-t-elle considéré que se rend coupable de vol le créancier qui arrache un bien à son débiteur en vue de se constituer un gage (Cass. crim., 2 août 1866 : *DP* 1866, 1, p. 456. – Cass. crim., 7 oct. 1959 : *D.* 1960, p. 9).

Le créancier doit, s'il est engagé dans des liens cambiaires, demander le paiement dans les délais requis (C. com., art. L. 511-26, al. 1er). Il ne doit pas aggraver la situation de sa caution, sauf à perdre ses recours (C. civ., art. 2314).

393. – Discernement du créancier. De même, s'il a normalement le choix des mesures propres à assurer l'exécution ou la conservation de sa créance, **il doit agir avec discernement** : l'exécution de ces mesures ne peut, en effet, excéder ce qui se révèle nécessaire pour obtenir le paiement de l'obligation (L. 9 juill. 1991, art. 22 ; devenu CPC ex., art. L. 111-7). Cette dernière obligation est stricte et conduit à dire que le créancier peut engager sa responsabilité s'il poursuit des mesures conservatoires ou des mesures d'exécution forcée inutiles ou abusives. La jurisprudence antérieure, relativement modérée, était déjà en ce sens ; aussi les prévisions de cet article ne sont nullement révolutionnaires :

> « Le créancier a le choix des mesures propres à assurer l'exécution ou la conservation de sa créance. L'exécution de ces mesures ne peut excéder ce qui se révèle nécessaire pour obtenir le paiement de l'obligation ».

§ 2. – L'hypothèse d'une pluralité de créanciers

A. – L'absence de préférence au profit du premier saisissant

394. – Loi du concours. Lorsque plusieurs créanciers réclament en même temps leur dû, ils sont normalement en situation de concours.

Cependant, cette loi du concours est très souple et nombreuses sont les situations dans lesquelles – sans compter le droit des sûretés – les créanciers y échappent. Certes, la troisième chambre civile de la Cour de cassation a rappelé dans un arrêt du 26 mai 1992 (*Bull. civ.* 1992, III, n° 173) que le créancier chirographaire saisissant ne bénéficiait pas, par le seul fait de son commandement de saisie, d'une cause de préférence à l'égard des autres créanciers chirographaires du saisi. La solution est traditionnelle. Le droit a toujours refusé, du moins depuis 1807, de reconnaître un privilège au créancier premier saisissant. L'adage selon lequel « Le paiement est le prix de la course » n'est plus vrai dès lors qu'une mesure d'exécution forcée est nécessaire.

La loi du 9 juillet 1991 avait apporté quelques nuances à cette position classique (V. *supra*, n° 150).

B. – La saisie-attribution

395. – Attribution des sommes. L'article L. 211-2 du Code des procédures civiles d'exécution dispose que l'acte de saisie portant sur une créance de somme d'argent emporte, à concurrence des sommes pour lesquelles elle est pratiquée, attribution immédiate au profit du saisissant de la créance saisie entre les mains du tiers saisi. Il ajoute que la signification ultérieure d'autres saisies, même émanant de créanciers privilégiés, ne saurait remettre en cause cette attribution.

L'innovation est importante : aucun créancier, quel qu'il soit, même alimentaire, ne peut venir attaquer les droits ainsi acquis sur la créance par le premier créancier saisissant.

396. – Privilège du premier saisissant. D'une certaine façon, c'est consacrer ou reconsacrer le privilège du premier saisissant bien connu de l'Ancien droit et de la Coutume de Paris (art. 178 ; « Le paiement est le prix de la course »). Le premier saisissant retrouve ainsi ses prérogatives, tout en les consolidant, car il acquiert, à travers la saisie-attribution, un véritable droit de propriété sur les créances saisies. Il en est, dès l'acte de saisie, attributaire et tout se passe comme si, dès l'acte de saisie, la créance saisie était cédée en pleine propriété au créancier saisissant qui n'a plus, dans ces conditions, à redouter le concours avec d'autres créanciers.

397. – Refus de délais. Le juge de l'exécution ne peut accorder des délais de paiement, puisque la saisie-attribution, ayant pour effet de transmettre la propriété des fonds saisis au créancier, le paiement fait au créancier ne peut être remis en cause (Cass. 2e civ., 4 oct. 2001 : *Bull. civ.* 2001, II, n° 150 ; *D.* 2002, p. 1658, note P. Soustelle).

Lorsque la conversion en saisie-attribution a été effectuée avant le jugement d'ouverture de la procédure collective, la cour d'appel, juge de l'exécution, a fait l'exacte application des dispositions de l'article 43, alinéa 2, de la loi du 9 juillet 1991 (CPC ex., art. L. 211-2), et n'a pas à se prononcer sur l'application de l'article L. 621-107, 7° du Code de commerce, pour rejeter une demande de mainlevée de la saisie conservatoire et de l'acte de conversion en saisie-attribution (Cass. com., 10 déc. 2002 : *Bull. civ.* 2002, IV, n° 191 ; *D.* 2003, somm. p. 1473, obs. G. Taormina).

C. – La pluralité des saisies conservatoires

398. – Interdiction. L'article L. 523-1 du Code des procédures civiles d'exécution prévoit qu'une même créance ne peut pas ou peut difficilement faire l'objet de plusieurs saisies conservatoires.

Lorsque la saisie porte sur une créance ayant pour objet une somme d'argent, l'acte de saisie la rend indisponible à concurrence du montant autorisé par le juge ou, lorsque cette autorisation n'est pas nécessaire, à concurrence du montant pour lequel la saisie est pratiquée. La saisie conservatoire sur une créance emporte de plein droit consignation des sommes indisponibles et produit les effets prévus à l'article 2350 du Code civil.

L'article L. 521-1, alinéa 3 du Code des procédures civiles d'exécution ajoute que, sous réserve des dispositions précédentes, un bien peut faire l'objet de plusieurs saisies conservatoires. Il en résulte que c'est seulement sur la portion qui – après détermination de l'assiette de l'indisponibilité et déduction faite des sommes correspondant à celle-ci – restera disponible, que pourront s'exercer les poursuites des créanciers ultérieurs.

C'est dire qu'en pratique, le concours de saisies conservatoires sur créances devient impossible.

399. – Paradoxe. La situation est d'autant plus paradoxale que certains créanciers, pourtant bien garantis, ne peuvent plus compter sur leurs prérogatives et se trouvent en concours avec d'autres. Ainsi en est-il du créancier qui s'est fait consentir une cession de salaires, puisqu'en vertu des dispositions de l'article L. 3252-12 du Code du travail, ce créancier doit désormais, en cas de saisie, concourir avec le créancier saisissant. Sa qualité de propriétaire ne lui confère plus de priorité. Il n'a plus de droit exclusif sur la créance de rémunération qui lui a été cédée.

SOUS-SECTION 2

LES QUALITÉS DU DÉBITEUR

§ 1. – Règles générales

400. – Débiteur capable. Quant au débiteur, il n'a pas, sous réserve des dispositions spécifiques de l'ancien article 1238 du Code civil, à justifier d'une capacité particulière. Ce qui ne veut pas dire que l'on ne requiert de lui aucune qualité.

401. – Débiteur de bonne foi. Le débiteur doit agir de bonne foi et peut engager sa responsabilité lorsqu'il résiste « abusivement » à la procédure d'exécution diligentée contre lui. L'article L. 121-3 du Code des procédures civiles d'exécution dispose en effet : « En cas de résistance abusive, le débiteur peut être condamné à des dommages-intérêts par le juge de l'exécution ».

La cour d'Aix, par un arrêt du 20 janvier 1982, avait retenu la responsabilité d'un débiteur et de son mandataire ayant opéré des discriminations dans le paiement des créanciers. La notion de bonne foi du débiteur est généralement liée à la notification du jugement créant la dette : nul jugement, nul acte ne peut être mis à exécution que sur présentation d'une expédition revêtue de la formule exécutoire, à moins que la loi n'en dispose autrement. Une cour d'appel avait accueilli la demande de dommages-intérêts d'une partie en raison de la résistance abusive de son adversaire à exécuter l'accord entériné par le jugement, au motif que la date de signification de celui-ci importait peu, seul comptant le délai convenu pour que les parties exécutent leurs obligations respectives.

Cette motivation a été justement censurée par la Cour de cassation : une partie, débitrice d'une obligation, ne peut résister abusivement à l'exécution de celle-ci que si le jugement qui l'authentifie lui a préalablement été signifié (Cass. 2e civ., 28 oct. 1999 : *Bull. civ.* 1999, II, n° 16). Seul celui qui sait être débiteur peut être taxé de « résistance » et être donc considéré comme étant de mauvaise foi.

402. – Débiteur propriétaire. En outre, le débiteur doit être propriétaire des biens que convoite son créancier.

Cette qualité ressort de l'ancien article 1238 du Code civil :

« Pour payer valablement, il faut être propriétaire de la chose donnée en paiement, et capable de l'aliéner.

Néanmoins le paiement d'une somme en argent ou autre chose qui se consomme par l'usage, ne peut être répété contre le créancier qui l'a consommée de bonne foi, quoique le paiement en ait été fait par celui qui n'en était pas propriétaire ou qui n'était pas capable de l'aliéner ».

La première chambre civile de la Cour de cassation, le 6 juillet 1988 (*Bull. civ.* 1988, I, n° 227), a justement rappelé que le droit de gage du créancier ne pouvait porter que sur le patrimoine du débiteur. L'allégation selon laquelle un État a eu pour but, dans la création de sociétés d'armement, de limiter le gage de ses créanciers maritimes, ne démontre pas, par elle-même, que ces sociétés seraient fictives et ne constitueraient que des émanations de cet État, dès lors qu'elles possèdent un patrimoine propre (Cass. com., 23 nov. 1999 : *Bull. civ.* 1999, IV, n° 204 ; *D.* 2000, somm. p. 296, obs. B. Mercadal ; *DMF* 2000, p. 719, obs. N. Molfessis).

Dans la même perspective, la Cour de cassation a reconnu que le créancier d'un agent d'affaires ne pouvait saisir les créances des clients de ce dernier, fussent-elles inscrites en compte.

403. – Identification du débiteur. Ces solutions attestent que la personne du débiteur comme celle du créancier ne sont pas toujours faciles à identifier. Le débiteur est de moins en moins le débiteur en personne et de plus en plus quelqu'un d'autre.

Ces situations étaient prévues aux anciens articles 1235 et 1236 du Code civil :

« *Art. 1235.* – Tout paiement suppose une dette : ce qui a été payé sans être dû, est sujet à répétition.

La répétition n'est pas admise à l'égard des obligations naturelles qui ont été volontairement acquittées ».

« *Art. 1236.* – Une obligation peut être acquittée par toute personne qui y est intéressée, telle qu'un coobligé ou une caution.

L'obligation peut même être acquittée par un tiers qui n'y est point intéressé, pourvu que ce tiers agisse au nom et en l'acquit du débiteur, ou que, s'il agit en son nom propre, il ne soit pas subrogé aux droits du créancier ».

L'article 1342-1 du Code civil reprend cette règle :

« Le paiement peut être fait même par une personne qui n'y est pas tenue, sauf refus légitime du créancier ou opposition justifiée du débiteur ».

Toute personne peut donc acquitter la dette d'autrui. Deux situations sont alors possibles :

– **soit il sait quel est le véritable débiteur.** La Cour de cassation a posé le principe général suivant : celui qui, sans être subrogé, acquitte une dette dont il sait n'être pas tenu et qui ne démontre pas que la cause dont procédait ce paiement impliquait l'obligation du débiteur de lui rembourser la somme ainsi versée, ne peut ni agir à cette fin, ni se prévaloir d'un dommage juridiquement réparable.

Un cheval ayant été directement cédé à un acquéreur en présence de l'Agence française de vente de pur-sang et celle-ci ayant réglé elle-même le vendeur sans être jamais remboursée par l'acheteur effectif mis en liquidation judiciaire, viole les articles 1134, 1236 et 1382 du Code civil la cour d'appel qui, pour faire droit à l'action en paiement formée par l'agence contre l'acquéreur, relève que l'intéressé, mandataire de l'acheteur, s'était dolosivement abstenu d'en indiquer le nom afin d'occulter sa situation financière particulièrement précaire et que ce comportement fautif avait été déterminant de la réalisation de la vente et en relation directe avec le préjudice de non-paiement invoqué par l'agence (Cass. 1re civ., 31 mars 2004 : *Bull. civ.* 2004, I, n° 103 ; V. *supra*, n° 356) ;

– **soit il ne sait pas, et il se trompe de créancier ou il n'est pas débiteur,** et alors le mécanisme de la répétition de l'indu peut jouer. Pour obtenir la restitution de l'indu, celui qui a payé n'est pas tenu de démontrer l'erreur commise par lui ; le seul fait qu'il ne soit pas débiteur et qu'il ait effectué un paiement suffit. Toutefois, celui qui a reçu le paiement peut démontrer l'existence d'une intention libérale, ce qui donne une cause au paiement.

404. – Refus du paiement par un tiers débiteur d'une obligation de donner. Si la règle posée par l'ancien article 1236 du Code civil reçoit exception lorsque débiteur et créancier sont d'accord pour refuser le paiement, cette exception ne saurait être admise lorsque la personne qui a intérêt légitime à payer ne se voit opposer aucune raison légitime de ce refus (Cass. 2e civ., 29 mai 1953 : *D.* 1953, p. 516). Par exemple, si un propriétaire refuse qu'un bail contracté avec Pierre soit cédé à Emmanuel, il est en droit de refuser le paiement des loyers par Emmanuel et d'exiger que les loyers soient réglés par Pierre. Admettre le paiement des loyers par Emmanuel reviendrait à admettre la transmission du bail à ce dernier.

La jurisprudence admet qu'un bailleur est en droit de refuser, comme de nature à constituer un commencement de preuve de prétentions abusives, des versements faits à titre personnel par l'ancien fermier après cession du bail à son fils, et d'exiger le paiement par le preneur lui-même (Cass. 3e civ., 23 févr. 1972 : *Bull. civ.* 1972, III, n° 126).

405. – Refus du paiement par un tiers débiteur d'une obligation de faire. Comme le souligne l'ancien article 1237 du Code civil, le créancier a parfois intérêt à ce que ce soit le débiteur en personne qui exécute l'obligation :

> « L'obligation de faire ne peut être acquittée par un tiers contre le gré du créancier, lorsque ce dernier a intérêt qu'elle soit remplie par le débiteur lui-même ».

Si je commande à Michel-Ange la réalisation de trois sculptures d'esclaves, j'ai le droit d'exiger qu'il les réalise lui-même et qu'il n'en confie pas la réalisation à des élèves de son atelier. Toute la difficulté est que beaucoup de peintres, hier comme aujourd'hui, développent des ateliers au sein desquels les élèves réalisent les parties les moins nobles d'une œuvre d'art. Au temps de la Renaissance, les grands peintres se réservaient la peinture des mains et du visage et confiaient aux membres de leur atelier la peinture des fonds de tableau (peu formateur) ou des vêtements (très formateur sur le plan technique).

406. – Gestion de la dette. L'article L. 322-1 du Code de la consommation limite les interventions en ce domaine :

> « Il est interdit pour un intermédiaire de se charger ou de se proposer moyennant rémunération :
>
> 1° D'examiner la situation d'un débiteur en vue de l'établissement d'un plan de remboursement ;
>
> 2° De rechercher pour le compte d'un débiteur l'obtention de délais de paiement ou d'une remise de dette.
>
> 3° D'intervenir, pour le compte du débiteur, sous quelque forme que ce soit, pour les besoins de la procédure de surendettement ».

La jurisprudence est aussi hostile à tout gestionnaire d'une dette. Ainsi, le mandataire qui traite en son nom propre avec un tiers devient le débiteur de ce dernier, sauf son recours contre le mandant (Cass. 1re civ., 17 nov. 1993 : *Bull. civ.* 1993, I, n° 329 ; *Defrénois* 1994, p. 791 et la note).

§ 2. – Règles spéciales

407. – Plan. Les questions les plus difficiles se posent lorsque le débiteur n'est pas ou n'est plus seul. On distinguera les deux situations suivantes.

A. – Le débiteur originaire n'est pas le seul à être tenu

408. – Contrat de transport et solidarité. Cette hypothèse recouvre la plupart des contrats à trois personnes, et notamment le contrat de transport. Elle concerne également la solidarité entre obligés.

1° Premier cas : le contrat de transport

409. – Mécanisme. Analysons cette situation.

Lorsque l'expédition est faite en port dû, il appartient au destinataire de payer le fret. Bien qu'il n'ait pas conclu le contrat, le destinataire est tenu par le contrat, du moins en matière terrestre (C. com., art. L. 132-8).

Ce n'est pas qu'il y ait une exception au principe de l'effet relatif des conventions, c'est tout simplement qu'il y a, en l'occurrence, un contrat à trois personnes (même si la Cour de cassation avait naguère pensé à la stipulation pour autrui dans une décision du 1er février 1955, infirmée par une autre du 26 février 1984).

Il n'y a pas non plus de substitution de débiteur, car si le destinataire est défaillant, l'expéditeur demeure redevable envers le voiturier (arrêts de la chambre commerciale des 24 décembre 1957 et 25 octobre 1960).

410. – Droit positif. Aujourd'hui, c'est-à-dire depuis une réforme de 1998 (L. n° 98-69, 6 févr. 1998 ; C. com., art. L. 132-8), l'expéditeur est garant du destinataire et inversement le destinataire est garant de l'expéditeur.

Selon la rédaction de l'article L. 132-8 du Code de commerce :

« La lettre de voiture forme un contrat entre l'expéditeur, le voiturier et le destinataire ou entre l'expéditeur, le destinataire, le commissionnaire et le voiturier. Le voiturier a ainsi une action directe en paiement de ses prestations à l'encontre de l'expéditeur et du destinataire, lesquels sont garants du paiement du prix du transport. Toute clause contraire est réputée non écrite ».

411. – Action directe du voiturier. Cette nouvelle perception de la relation de transport a permis la naissance d'une action directe.

Sur les autres actions directes, V. *supra*, nos 127 et s.

Le voiturier qui exécute, en qualité de substitué, l'expédition, a une action directe en paiement de ses prestations contre l'expéditeur, garant du prix du transport sauf si ce dernier a interdit à son cocontractant toute substitution (Cass. com., 28 janv. 2004 : *D.* 2004, p. 944, note J.-P. Tosi). Cette action directe ouverte au voiturier contre le destinataire, partie au contrat de transport, n'est pas subordonnée à la constatation préalable d'un obstacle définitif au recouvrement de la créance du voiturier à l'encontre de l'expéditeur (CA Paris, 18 déc. 2003 : *D.* 2004, act. jurispr. p. 698 [2 arrêts]).

Le voiturier qui n'a pas été réglé de ses prestations peut en exiger directement le paiement auprès de l'expéditeur, qui n'est pas fondé à lui opposer les paiements faits par lui antérieurement au commissionnaire, même s'il ignorait, lors de ces paiements, l'existence du transporteur : en sa qualité d'expéditeur, il est garant du paiement du prix du transport envers le voiturier substitué (Cass. com., 26 nov. 2002 : *Bull. civ.* 2002, IV, n° 181 ; *JCP* E 2003, n° 4, p. 154).

Par application de ce principe, viole l'article L. 132-8 du Code de commerce le tribunal qui, pour déclarer la société destinataire de marchandises fondée en son opposition à l'ordonnance portant injonction de payer le prix du transport au transporteur substitué, retient que l'expéditeur ayant réglé le commissionnaire, il appartient au transporteur affrété de se retourner contre ce dernier et non de réclamer double paiement au destinataire, alors que le destinataire de la marchandise est, en cette qualité, garant du paiement du prix du transport envers le voiturier (Cass. com., 4 févr. 2003 : *Bull. civ.* 2003, IV, n° 16 ; *RTD com.* 2003, p. 561, obs. B. Bouloc).

Une solution contraire a été retenue en matière de mandat : si le mandataire substitué dispose d'une action directe contre le mandant d'origine pour obtenir le remboursement de ses avances, cette action ne peut toutefois être exercée qu'autant que l'action du mandataire intermédiaire n'est pas elle-même éteinte. L'arrêt qui retient que le commissionnaire agréé en douane a reçu les fonds destinés au paiement des droits de dédouanement et que l'extinction de sa créance sur la société expéditrice fait obstacle à l'action directe dont cette dernière fait l'objet, a appliqué à bon droit l'article 1994, alinéa 2, du Code civil (Cass. com., 3 déc. 2002 : *Bull. civ.* 2002, IV, n° 188 ; *D.* 2003, p. 786, note Mallet-Bricout ; *D.* 2003, inf. rap. p. 39 et les obs. ; *JCP* E 2003, n° 36, p. 1381, obs. Bon-Garcin ; *Contrats, conc. consom.* 2003, n° 55, obs. Leveneur ; *RTD com.* 2003, p. 214, obs. Delebecque).

L'action directe du transporteur contre le destinataire de la marchandise n'est pas subordonnée à la déclaration de sa créance au passif du donneur d'ordre (Cass. com., 17 déc. 2003 : *BRDA* 2004, n° 2, p. 7) et la procédure collective dont le commissionnaire fait l'objet est, à cet égard, sans incidence sur l'action du transporteur (CA Versailles, 21 nov. 2002 : *RJDA* 2003, n° 719).

La nature de l'action a été en partie confirmée par un arrêt du 12 juillet 2011 : un transporteur avait déclaré sa créance à la procédure de liquidation judiciaire ouverte à l'encontre de l'expéditeur. Il tentait d'agir en garantie auprès du destinataire. Les juges du fond estimèrent toutefois que son action en garantie était prescrite, celle-ci étant soumise au délai d'un an de l'article L. 133-6 du Code de commerce. La question était de savoir si la déclaration de créance faite par le transporteur était susceptible d'interrompre la prescription à l'égard de l'action en garantie. Si l'expéditeur et le destinataire sont considérés comme codébiteurs solidaires à l'égard du transporteur, on peut voir dans la déclaration de créance une « interpellation » faite à l'un des débiteurs solidaires et susceptible d'interrompre la prescription à l'égard de tous les autres comme le prévoit l'article 2245 du Code civil. Par cet arrêt, la Cour de cassation refuse ici d'assimiler la garantie de paiement prévue par l'article L. 132-8 du Code de commerce à un cas de solidarité ou même de cautionnement et de décider que la déclaration de créance ne pouvait interrompre la prescription de l'action en garantie (Cass. com., 12 juill. 2011, n° 10-18.675 : *Bull. civ.* 2011, IV, n° 124).

2° Second cas : la solidarité

412. – Cas classique. La solidarité correspond également à un cas de figure classique. Ses rouages sont bien rodés (V. *supra*, n°s 176 et s.), sauf, peut-être, lorsque le créancier décide de transiger avec un seul des codébiteurs.

Dans une telle situation, on peut se demander si les autres codébiteurs, qui n'ont pas été parties à la transaction, restent tenus dans les termes originaires de l'obligation (C. civ., ancien art. 1251).

B. – Le débiteur originaire s'efface derrière d'autres débiteurs

413. – Trois hypothèses. Il faut évoquer des hypothèses plus originales qui rendent compte de ce phénomène de dilution, voire d'évanescence de la personne du débiteur. Elles sont au nombre de trois.

1° Le débiteur du débiteur

414. – Présentation de la situation. Les créanciers cherchent souvent grâce auprès du débiteur du débiteur. Lorsqu'une saisie-attribution est exercée, elle l'est à l'encontre d'un tiers saisi qui, aujourd'hui, est soumis à de lourdes obligations, notamment de renseignements. Ainsi, s'il ne fournit pas les renseignements prévus, il s'expose à payer les sommes dues au créancier (CPC ex., art. R. 211-3, al. 1er). Il reste que l'intervention du tiers n'entraîne pas une novation ; si le créancier saisissant n'est pas payé par le tiers saisi, il conserve néanmoins ses droits contre le débiteur (CPC ex., art. R. 211-8, al. 1er).

2° L'opposition

415. – Hypothèses légales. Un autre cas de figure intéressant est celui des oppositions (V. également *supra*, n° 97).

416. – Opposition et privilège. La pratique est loin d'être nette. De mauvaises habitudes ont été prises au point de donner à penser aux créanciers opposants qu'ils ont tous les droits.

La jurisprudence reste stricte : *l'opposition ne crée pas de privilège* (Cass. civ., 3 juin 1935 : *DH* 1937, somm. p. 6. – Cass. 3e civ., 6 mars 1991 : *D.* 1992, p. 113, note Souleau). *Toutefois, la loi peut décider le contraire.*

Elle l'a fait en 1991 en décidant que l'acte de saisie conservatoire sur créance emporte privilège. Elle l'a fait encore en 1994 en créant un superprivilège et un privilège au profit des syndicats de copropriété lors de toute mutation, y compris lors d'une vente sur saisie immobilière.

Loi n° 65-557 du 10 juillet 1965 (mod. L. n° 2014-366, 24 mars 2014), art. 19-1 :

« Sont garantis par le privilège immobilier spécial prévu à l'article 2374 du Code civil : l'obligation de participer aux charges et aux travaux mentionnés aux articles 10 et 30, les cotisations au fonds de travaux mentionné à l'article 14-2, les créances afférentes aux travaux de restauration immobilière réalisés en application du *c* du II de l'article 24, les dommages et intérêts alloués par les juridictions au syndicat des copropriétaires, ainsi que le remboursement des dépens ».

C. civ., art. 2374 (mod. D. n° 2007-42, 11 janv. 2007) :

« Les créanciers privilégiés sur les immeubles sont :

(...)

1° *bis* Conjointement avec le vendeur et, le cas échéant, avec le prêteur de deniers mentionné au 2°, le syndicat des copropriétaires, sur le lot vendu, pour le paiement des charges et travaux mentionnés aux articles 10 et 30 de la loi n° 65-557 du 10 juillet 1965 fixant le statut de la copropriété des immeubles bâtis, relatifs à l'année courante et aux quatre dernières années échues.

Toutefois, le syndicat est préféré au vendeur et au prêteur de deniers pour les créances afférentes aux charges et travaux de l'année courante et des deux dernières années échues ».

Ce dernier exemple est d'autant plus intéressant qu'il est une « réponse » du législateur à l'arrêt du 6 mars 1991 précité : celui-ci avait considéré comme inefficaces les clauses des cahiers des charges (document établi lors de toute procédure de vente sur saisie immobilière) assurant au syndicat de copropriété un paiement prioritaire au cas d'adjudication d'un lot de copropriété, au motif qu'il n'y a pas de privilège sans texte.

Le texte est venu avec la loi du 31 juillet 1994 prévoyant au profit du syndicat un superprivilège (pour les deux dernières années et l'année en cours) et un privilège (pour les trois années précédentes). Le terme « superprivilège » signifie qu'il ne vient pas en concours avec d'autres privilèges (celui de prêteur de deniers ou celui de vendeur), mais passe avant tout le monde, comme le superprivilège des salariés en matière de procédure collective. Certains préfèrent le terme « privilège hors concours ».

La reconnaissance d'un « superprivilège » ou « privilège hors concours » signifie que le syndicat des copropriétaires sera payé avant le bénéficiaire du privilège de prêteur de deniers (la banque ayant prêté l'argent pour l'acquisition immobilière) pour les trois années précédant la cession ; le privilège simple permet au syndicat des copropriétaires d'être en concours avec le prêteur de deniers. Si l'argent ne suffit pas à désintéresser tous les créanciers notamment les deux créanciers privilégiés (le syndicat des copropriétaires et la banque qui a fourni les fonds), une répartition au marc le franc doit avoir lieu.

417. – Forme. *L'opposition doit être contenue dans un acte extrajudiciaire.* Toutefois, certaines juridictions sont plus libérales et admettent qu'un acte d'huissier irrégulier en la forme peut être maintenu, faute de grief démontré.

La forme de la production des créances du syndicat des copropriétaires qui, depuis 1994, bénéficie d'un superprivilège et d'un privilège avec concours, est plus exigeante. En effet, celui-ci prime les créanciers inscrits, qui, pour cette raison, vérifient la créance du syndicat avec minutie. Cette opposition, pour être régulière et donc recevable, doit répondre à des exigences de fond et de forme, et notamment comprendre la ventilation par année et type de privilège (CA Paris, 10 oct. 2000 : *Gaz. Pal.* 2001, 1, 89, note F.-J. Pansier). La jurisprudence fait une applicable stricte de ces règles tant en matière d'ordre amiable que d'attribution de prix (CA Paris, 4 mars 2003 : *Gaz. Pal.* 6 juin 2003, p. 26).

Le privilège spécial institué au profit du syndicat des copropriétaires porte sur le lot vendu pour le paiement des charges et travaux relatifs à certaines périodes. S'agissant d'un privilège exceptionnel, ce texte doit être interprété de manière stricte. Dans une espèce, la Cour de cassation a approuvé la cour d'appel d'en avoir exactement déduit « que le syndicat ne pouvait réclamer sa créance que pour les charges afférentes aux lots 9001, 9002, 9003 et 9004 qui avaient fait l'objet de la vente » (Cass. 3e civ., 6 mars 2003, n° 02-10.712 : *Bull. civ.* 2003, III, n° 96).

418. – Nature de la créance. *La créance invoquée doit être certaine, liquide et exigible.*

419. – Droit strict. *Les oppositions sont de droit strict* et ne peuvent jouer que dans les cas limitativement envisagés par le législateur. Si le créancier veut se défendre et s'il ne peut justifier qu'il se trouve dans l'un des cas en question, il lui appartient de s'engager dans les voies d'exécution ordinaires et spécialement dans une saisie conservatoire sur créance ou dans une saisie-attribution.

3° La substitution d'un tiers

420. – Mécanisme. Il se peut que le paiement soit recherché auprès d'un tiers ou plus exactement qu'un tiers se substitue au débiteur.

S'il est intéressé à la dette, le tiers *solvens* dispose certainement d'un recours contre le débiteur.

S'il n'est pas intéressé à la dette, une décision montre qu'il peut en être pour ses frais et qu'ainsi le débiteur peut être épargné.

Il s'agissait d'une personne invalide qui vivait avec son beau-père. Elle décède et le beau-père demande aux héritiers de celle-ci de lui rembourser la taxe d'habitation (7 773 F) qu'il avait dû régler pendant qu'elle était domiciliée chez lui, bien qu'elle ne fût pas personnellement imposable. Les premiers juges déboutent le beau-père, considérant qu'il lui appartient de prouver l'existence d'un accord entre lui et l'invalide pour justifier le recours. La première chambre civile le 2 juin 1992 rejette le pourvoi, car le beau-père, s'il veut être remboursé, doit établir à quel titre il a payé la taxe due par l'invalide. Plus généralement, il est énoncé que le tiers *solvens* doit, pour triompher dans son recours, démontrer que « la cause dont procède son paiement implique, pour le débiteur, l'obligation de lui rembourser les sommes ainsi versées » (*D.* 1992, somm. p. 407 et les obs.).

Autant dire que l'intention libérale se présume, ce qui met, pratiquement, le débiteur à l'abri de tout recours.

De même, le cédé *solvens* s'expose à payer deux fois s'il connaissait le risque de nullité de la cession de créance (Cass. com., 11 oct. 2011, n° 10-11.938 : *D.* 2012, p. 1107, note A. Hontebeyrie).

Par un arrêt du 9 février 2012 (n° 10-28.475), la Cour de cassation a confirmé cette présomption : « il incombe à celui qui a sciemment acquitté la dette d'autrui, sans être subrogé dans les droits du créancier, de démontrer que la cause dont procédait ce paiement impliquait, pour le débiteur, l'obligation de lui rembourser la somme ainsi versée ».

Est-ce vraiment s'enrichir que de payer ses dettes ?

JURISPRUDENCE
Paiement de la dette d'autrui, enrichissement injuste et gestion d'affaires

De nombreux arrêts font application du principe selon lequel nul ne peut s'enrichir injustement aux dépens d'autrui : celui qui, par erreur, a payé la dette d'autrui de ses propres deniers a, bien que non subrogé aux droits du créancier, un recours contre le débiteur.

I. Lorsque celui qui a payé l'a fait pour le seul intérêt du tiers, il peut agir sur le terrain de l'enrichissement injuste

Des fissurations de la dalle en sous-sol et d'un mur s'étant produites, après la réception de l'ouvrage, une compagnie d'assurances a versé aux propriétaires de la maison une certaine somme, au titre du contrat garantissant leur habitation, en imputant alors la cause de ces désordres à un phénomène naturel de sécheresse. Un rapport d'expertise judiciaire ayant établi, ultérieurement, que ces désordres ne provenaient pas de la sécheresse mais avaient pour seule cause des vices de construction portant atteinte à la solidité de l'ouvrage imputables au constructeur, la compagnie a fait assigner celui-ci et son assureur pour obtenir le remboursement de la somme versée. L'arrêt attaqué a fait droit à sa demande en estimant que les conditions de la subrogation légale étaient réunies.

En application du principe général du droit selon lequel nul ne peut s'enrichir injustement aux dépens d'autrui, celui qui, par erreur, a payé la dette d'autrui, a, bien que non subrogé aux droits du créancier, un recours contre le débiteur. Par ces motifs de pur droit substitués à ceux de l'arrêt dans les conditions de l'article 1015 du Code de procédure civile, l'arrêt attaqué, qui a constaté que l'assureur avait payé dans la croyance erronée que les désordres avaient pour cause un phénomène naturel de sécheresse, se trouve légalement justifié (Cass. 1re civ., 4 avr. 2001 : *Bull. civ.* 2001, I, n° 105 ; *D.* 2001, p. 1824, note Billiau ; *JCP* G 2002, I, 134, nos 18 et s., obs. Barthez ; *Defrénois* 2001, p. 721, obs. Aubert ; *Resp. civ. et assur.* 2001, chron. 15, par Groutel ; *RGDA* 2001, p. 689, note Mayaux).

Des arrêts antérieurs avaient déjà posé le problème :

Il ne peut être reproché à une cour d'appel d'avoir condamné les acquéreurs d'un immeuble à payer à une étude de notaires une somme de 260 000 F que celle-ci avait versée à leur vendeur en règlement du prix d'un immeuble qu'ils avaient acquis, dès lors que le tiers qui, par erreur, a payé la dette d'autrui de ses propres deniers, a, bien que non subrogé aux droits du créancier, un recours contre le débiteur et que la cour d'appel a statué comme elle l'a fait, après avoir constaté que les extraits de la comptabilité de l'étude établissaient la réalité de l'erreur invoquée par la SCP, et que le prix d'achat de l'immeuble n'avait pas été payé par les acquéreurs de l'immeuble (Cass. 1re civ., 13 oct. 1998 : *Bull. civ.* 1998, I, n° 299 ; *D.* 1999, somm. p. 116, obs. Aynès).

La Caisse, qui a payé à un tiers saisissant le montant des prestations en nature relatif à des soins infirmiers prodigués par un praticien à un patient qui, pour les mêmes soins, l'avait payé directement, peut exercer l'action en répétition de l'indu contre ledit praticien (Cass. soc., 20 déc. 2001 : *Bull. civ.* 2001, V, n° 395).

L'action en répétition de l'indu ne peut être engagée que contre celui qui a reçu le paiement ou contre celui pour le compte duquel il a été reçu ; la cour d'appel qui a relevé que la Caisse primaire d'assurance maladie avait remboursé aux assurés le montant des honoraires payés directement au médecin et que celui-ci n'avait reçu aucun paiement de la Caisse, et qui a fait ressortir que les paiements litigieux n'avaient pas été reçus pour son compte, en a exactement déduit que la Caisse n'était pas fondée à agir en répétition de l'indu contre le praticien (Cass. soc., 31 oct. 2002 : *Bull. civ.* 2002, V, n° 333).

Après l'arrêt de principe de 2001, la Cour de cassation a appliqué cette règle dans l'hypothèse particulière du paiement de la dette d'autrui, lorsque le *solvens* était en réalité le tiers saisi (Cass. 2e civ., 8 déc. 2011, n° 10-23.399).

Toutefois, lorsque le *solvens* a payé sa dette d'autrui et sa dette personnelle en vertu d'une décision de justice qui est anéantie rétroactivement par la suite, la demande de remboursement est écartée. Lorsque le paiement devient indu en raison de l'annulation de la condamnation du *solvens*, débiteur *in solidum*, l'*accipiens* ne doit restituer les sommes au *solvens* que si la condamnation relative à l'autre débiteur *in solidum* a été également remise en cause. C'est la situation de l'arrêt rendu le 29 février 2012 (Cass. 3e civ., 29 févr. 2012, n° 10-15.128).

II. Lorsque celui qui a payé l'a fait pour son propre intérêt et l'intérêt du tiers, il peut agir sur le terrain de la gestion d'affaires

Un arrêt du 12 janvier 2012 vient illustrer cette solution.

Cass. 1re civ., 12 janv. 2012, n° 10-24.512 : *D.* 2012, p. 639, obs. C. Creton ; *D.* 2012, p. 1592, note A. Gouëzel ; *JCP* G 2012, p. 362, note P. Cassou ; *RDC* 2012, p. 831, obs. J. Klein

« Attendu, selon l'arrêt attaqué (Paris, 13 janvier 2010), que, par contrat du 22 mai 2002, les époux X… ont confié la maîtrise d'œuvre de la construction d'une maison à M. Z… ; que le lot gros-œuvre a été confié à la société GBR et le lot charpente à la société Charpentes Escaliers Chatillonnais (CEC) ; que les travaux ont commencé en janvier 2003 ; qu'en avril 2003, les époux X… ont fait appel à M. Y…, décorateur, pour l'aménagement intérieur ; que, par lettre du

14 octobre 2003, M. Z… a notifié sa renonciation à la poursuite de sa mission en raison de l'immixtion de M. Y… dans la maîtrise d'œuvre ; qu'après expertise, les époux X… ont assigné M. Z… et son assureur, la société Souscripteurs des Llyod's de Londres, aux droits de laquelle se trouve la société Lloyd's de France, la société GBR, la société CEC et leurs assureurs en indemnisation de leur préjudice et que des appels en garantie ont été formés ;

Sur le second moyen, ci-après annexé :

Attendu qu'ayant constaté que les époux X… demandaient le paiement d'une somme correspondant à des imprévus et à des travaux supplémentaires qu'ils entendaient justifier par la production d'une note de M. A… qui avait dirigé les travaux de reprise, et relevé que l'expert avait procédé à des évaluations réalistes sur la base de devis des entreprises, la cour d'appel, qui a souverainement retenu que rien ne justifiait que ces évaluations eussent été dépassées, a légalement justifié sa décision de ce chef ;

Mais sur le premier moyen, qui est recevable s'agissant d'un moyen de pur droit :

Vu les articles 1376, 1377 et 1236, alinéa 2, du Code civil ;

Attendu que pour dire que l'infirmation du chef du jugement déféré condamnant les souscripteurs du Lloyd's de Londres *in solidum* avec M. Z… constituait le titre de remboursement de cet assureur, sa créance portant intérêts à compter de la notification du jugement, l'arrêt retient qu'il convient de condamner les Souscripteurs du Lloyd's de Londres *in solidum* avec M. Z… à concurrence du plafond de garantie et que les époux X… ne soutenant pas, pour s'opposer à la demande de remboursement de l'assureur, que M. Z… fût le seul bénéficiaire du paiement indu par l'assureur, au-delà du plafond de garantie, rien ne s'oppose à ce que l'obligation de remboursement, résultant de plein droit du présent arrêt, prenne effet ;

Qu'en statuant ainsi, alors que l'assureur s'étant acquitté pour le compte de son assuré du paiement d'une indemnité à laquelle la victime du dommage avait droit, ne peut, étant ensuite déclaré non tenu à garantie, obtenir de la victime le remboursement des sommes versées pour le compte de l'assuré, la cour d'appel, qui n'a pas remis en cause les condamnations de M. Z…, a violé les textes susvisés ;

PAR CES MOTIFS : CASSE ET ANNULE, mais seulement en ce qu'ayant condamné les souscripteurs du Lloyd's de Londres *in solidum* avec M. Z… à concurrence de 304 898 €, il a rappelé que l'infirmation de ce chef du jugement déféré constitue le titre de remboursement des souscripteurs du Lloyd's de Londres, leur créance portant intérêts à compter de la notification du jugement, l'arrêt rendu le 13 janvier 2010, entre les parties, par la cour d'appel de Paris ; remet, en conséquence, sur ce point, la cause et les parties dans l'état où elles se trouvaient avant ledit arrêt et, pour être fait droit, les renvoie devant la cour d'appel de Paris, autrement composée. »

Cass. 1re civ., 12 janv. 2012, n° 10-24.512

« Vu les articles 1236 et 1372 du Code civil ;

Attendu, selon les énonciations des juges du fond, que faisant valoir que, pour éviter la saisie d'un immeuble appartenant à Mme X…, il avait réglé les dettes de celles-ci envers le Crédit foncier et le Trésor public, M. Y… l'a assignée en remboursement de ces sommes ;

Attendu que pour débouter M. Y… de ces demandes, l'arrêt, après avoir exactement énoncé qu'il incombe à celui qui a sciemment acquitté la dette d'autrui, sans être subrogé dans les droits du créancier, de démontrer que la cause dont procédait ce paiement impliquait, pour le débiteur, l'obligation de lui rembourser les sommes ainsi versées, retient que M. Y…, dont l'intention libérale est exclue, invoque comme cause de son paiement l'objectif de préserver le patrimoine de Mme X…, qui constituait le gage garantissant ses créances à l'égard de celle-ci mais que la gestion d'affaires sur laquelle celui-ci fonde sa demande doit être écartée dès lors que le seul paiement de la dette d'autrui ne suffit pas à la caractériser ;

Attendu qu'en statuant ainsi, sans tirer les conséquences légales de ses constatations dont il résultait que M. Y… avait agi à la fois dans son intérêt et dans celui de la débitrice, et que les paiements litigieux avaient été utiles à celle-ci non seulement en permettant l'extinction de ses dettes mais en outre en évitant la saisie de ses biens immobiliers, ce qui caractérisait une gestion d'affaires, la cour d'appel a violé les textes susvisés ;

PAR CES MOTIFS et sans qu'il y ait lieu de statuer sur les autres griefs, CASSE ET ANNULE, mais seulement en ce que, réformant le jugement du 29 mai 2008 qui avait condamné Mme X… à payer à M. Y… la somme de 57 226,39 €, il déboute M. Y… de la demande en paiement de cette somme, l'arrêt rendu le 9 juin 2010, entre les parties, par la cour d'appel de Nîmes ; remet, en conséquence, sur ce point, la cause et les parties dans l'état où elles se trouvaient avant ledit arrêt et, pour être fait droit, les renvoie devant la cour d'appel de Montpellier (…) »

SECTION 2

L'OBJET DU PAIEMENT

§ 1. – Règles générales

421. – Paiement intégral. Le débiteur doit payer l'intégralité de sa dette.

L'ancien article 1248 du Code civil prévoyait la règle :

« Les frais du paiement sont à la charge du débiteur ».

Le même libellé a été repris à l'article 1342-7 du Code civil.

La règle est cependant supplétive et les parties peuvent y déroger.

Outre les frais, le débiteur doit encore supporter toutes les taxes et impositions, notamment la TVA.

L'article L. 112-5 du Code monétaire et financier prévoit qu'en cas de paiement en billets et pièces, il appartient au débiteur de faire l'appoint. Cette règle provient de l'article 7 du décret du 22 avril 1790 imposant au débiteur de faire l'appoint en numéraire ; c'est une règle d'ordre dans les comptes que l'usage a détachée de son contexte d'origine pour la retenir à propos du paiement par le débiteur. Par application de ce texte, il a été décidé que l'usager d'un parcmètre est tenu de se conformer aux modalités de paiement fixées par l'autorité publique : il ne saurait excuser son défaut de paiement par l'absence de monnaie (Cass. crim., 27 oct. 1993 : *Bull. crim.* 1993, n° 317).

422. – Identité du paiement. L'ancien article 1243 du Code civil exigeait que la chose promise soit donnée :

« Le créancier ne peut être contraint de recevoir une autre chose que celle qui lui est due, quoique la valeur de la chose offerte soit égale ou même plus grande ».

La réforme dit en substance la même chose (art. 1342-4, al. 2 : « Le créancier peut accepter de recevoir en paiement autre chose que ce qui lui est dû »).

Lorsqu'il s'agit d'un **corps certain**, cette disposition doit être complétée par l'ancien article 1245 du Code civil :

« Le débiteur d'un corps certain et déterminé est libéré par la remise de la chose en l'état où elle se trouve lors de la livraison, pourvu que les détériorations qui y sont survenues ne viennent point de son fait ou de sa faute, ni de celle des personnes dont il est responsable, ou qu'avant ces détériorations il ne fût pas en demeure ».

La réforme est dans le même sens (art. 1342-5) :

« Le débiteur d'un corps certain est libéré par sa remise en l'état au créancier, sauf à prouver, en cas de détérioration, que celle-ci n'est pas due à son fait ou à celui de personnes dont il doit répondre ».

Lorsqu'il s'agit d'une **chose de genre**, l'ancien article 1246 du Code civil apportait un complément :

« Si la dette est d'une chose qui ne soit déterminée que par son espèce, le débiteur ne sera pas tenu, pour être libéré, de la donner de la meilleure espèce ; mais il ne pourra l'offrir de la plus mauvaise ».

423. – Paiement partiel. Le créancier peut parfaitement refuser un paiement partiel, même si la dette est divisible (C. civ., ancien art. 1244 : « Le débiteur ne peut forcer le créancier à recevoir en partie le paiement d'une dette, même divisible » ; dans le même sens, art. 1342-4 de la réforme : « Le créancier peut refuser un paiement partiel même si la prestation est divisible »).

Par combinaison des deux règles précédentes, la jurisprudence a décidé qu'un débiteur ne peut forcer son créancier à recevoir le paiement d'une partie de la dette, même divisible, et les intérêts sont dus sur la totalité de celle-ci si l'offre faite par le débiteur n'a pas été jugée satisfactoire (Cass. 3e civ., 13 juin 1972 : *Bull. civ.* 1972, III, n° 390).

La poursuite d'une saisie-exécution ne peut être reprochée à un créancier qui s'est contenté de prendre acte des propositions du débiteur d'accomplir un paiement échelonné, sans s'engager à renoncer aux poursuites (Cass. 2e civ., 15 nov. 1995 : *Gaz. Pal.* 29 avr. 1997, note D. Talon).

La réforme du droit des obligations avait permis le paiement partiel de la dette :

L'article 1223 du Code civil prévoyait :

« Le créancier peut, après mise en demeure, accepter une exécution imparfaite du contrat et solliciter une réduction proportionnelle du prix.

S'il n'a pas encore payé, le créancier notifie sa décision de réduire le prix dans les meilleurs délais ».

Il convient de noter que la loi de ratification de l'ordonnance, loi n° 2018-287 du 20 avril 2018, a modifié cet article :

« En cas d'exécution imparfaite de la prestation, le créancier peut, après mise en demeure et s'il n'a pas encore payé tout ou partie de la prestation, notifier dans les meilleurs délais au débiteur sa décision d'en réduire de manière proportionnelle le prix. L'acceptation par le débiteur de la décision de réduction de prix du créancier doit être rédigée par écrit.

Si le créancier a déjà payé, à défaut d'accord entre les parties, il peut demander au juge la réduction de prix ».

L'article 15 de la loi déclare que cette disposition sera applicable à compter du 1er octobre 2018, date d'entrée en vigueur de la loi de ratification.

424. – Lettre de change. En matière de lettre de change, le paiement partiel est possible.

Article L. 511-27 du Code de commerce :

« Le tiré peut exiger, en payant la lettre de change, qu'elle lui soit remise acquittée par le porteur.

Le porteur ne peut refuser un paiement partiel.

En cas de paiement partiel, le tiré peut exiger que mention de ce paiement soit faite sur la lettre et que quittance lui en soit donnée.

Les paiements faits à compte sur le montant d'une lettre de change sont à la décharge des tireur et endosseur.

Le porteur est tenu de faire protester la lettre de change pour le surplus ».

425. – Autres cas de divisibilité du paiement. La règle de l'indivisibilité du paiement est encore écartée.

– En cas de compensation (C. civ., ancien art. 1289 et 1290) :

« *Art. 1289.* – Lorsque deux personnes se trouvent débitrices l'une envers l'autre, il s'opère entre elles une compensation qui éteint les deux dettes, de la manière et dans les cas ci-après exprimés ».

« *Art. 1290.* – La compensation s'opère de plein droit par la seule force de la loi, même à l'insu des débiteurs ; les deux dettes s'éteignent réciproquement, à l'instant où elles se trouvent exister à la fois, jusqu'à concurrence de leurs quotités respectives ».

– En cas de cautionnement :

« *Art. 2303, al. 1er*. – Néanmoins chacune d'elles peut, à moins qu'elle n'ait renoncé au bénéfice de division, exiger que le créancier divise préalablement son action, *et la réduise à la part et portion de chaque caution* ».

– En cas d'assurance :

Sauf convention contraire, lorsque le souscripteur d'un emprunt destiné à l'acquisition d'un bien indivis a adhéré à une assurance garantissant le remboursement du prêt, la mise en œuvre de l'assurance à la suite de la survenance d'un sinistre a pour effet, dans les rapports entre les acquéreurs indivis, d'éteindre, à concurrence du montant de la prestation de l'assureur, la dette de contribution incombant à l'assuré concerné (Cass. 1re civ., 15 déc. 2010, n° 09-16.693 : *Bull. civ.* 2010, I, n° 261).

Lecture

Cass. 1re civ., 15 déc. 2010, n° 09-16.693

« *Sur le moyen unique :*

Vu les articles 1121 et 1213 du Code civil ;

Attendu que selon acte notarié du 14 février 1992, M. X... et Mme Y..., ont fait l'acquisition en indivision, chacun pour moitié, d'un immeuble ; qu'ils ont à cette fin souscrit solidairement un emprunt en garantie duquel M. X... a adhéré à une assurance perte d'emploi pour la totalité du prêt ; que le risque couvert s'étant réalisé, l'assureur a remboursé des échéances au prêteur ; qu'après la vente du bien, M. X... a demandé l'inscription sur son compte d'indivision des sommes réglées par l'assureur à la banque au titre du contrat garantissant le risque de perte d'emploi souscrit à 100 % sur sa seule tête ;

Attendu que pour écarter cette demande l'arrêt énonce que lorsqu'un prêt a été souscrit solidairement par deux coïndivisaires, l'indivisaire victime d'un sinistre pris en charge par une garantie d'assurance, fût-elle souscrite à 100 % sur sa seule tête, n'est pas fondé à soutenir que la dette indivise ayant été éteinte à l'aide de deniers personnels, il convient de lui en tenir compte, alors que seul le bénéficiaire du contrat d'assurance – la banque prêteuse – a droit à l'indemnité destinée au remboursement de la dette et que cette indemnité n'a jamais fait partie du patrimoine de la victime du sinistre qui ne s'est donc pas appauvri en l'acquittant ;

Qu'en statuant ainsi, alors que sauf convention contraire, lorsque le souscripteur d'un emprunt destiné à l'acquisition d'un bien indivis a adhéré à une assurance garantissant le remboursement du prêt, la mise en œuvre de l'assurance à la suite de la survenance d'un sinistre a pour effet, dans les rapports entre les acquéreurs indivis, d'éteindre, à concurrence du montant de la prestation de l'assureur, la dette de contribution incombant à l'assuré concerné, la cour d'appel qui s'est fondée sur des motifs inopérants, a violé les textes susvisés ;

PAR CES MOTIFS : CASSE ET ANNULE, mais seulement en ce qu'il a dit que le notaire liquidateur devra seulement inscrire au crédit du compte indivis de M. X... les sommes de 9 146,94 € et de 13 415,51 €, l'arrêt rendu le 13 décembre 2007, entre les parties, par la cour d'appel de Paris ; remet, en conséquence, sur ce point, la cause et les parties dans l'état où elles se trouvaient avant ledit arrêt et, pour être fait droit, les renvoie devant la cour d'appel de Versailles (...) »

§ 2. – Règles sur l'imputation des paiements

426. – Difficulté. Sous ce libellé, se cachent deux questions simples : que se passe-t-il lorsque le créancier reçoit paiement d'un débiteur qui est tenu à son égard de plusieurs dettes ? Quelle est la dette qui a été payée ?

On le voit, il s'agit ici du problème de l'imputation des paiements.

Par exemple : une personne souscrit plusieurs contrats d'assurance avec une même compagnie. Elle paie une seule des primes d'assurance. Quelle est la dette qui a été payée : l'assurance de la voiture, celle de la maison ? Si la maison a pris feu, l'assuré prétendra avoir réglé la prime de l'assurance de son domicile, tandis que la compagnie soutiendra que c'est l'assurance pour la voiture qui a été réglée.

427. – Imputation du paiement. En d'autres termes, comment imputer le paiement lorsqu'il n'y a pas assez d'argent pour payer toutes les dettes ?

Un principe général est que la créance qui a été payée est celle que le débiteur avait le plus d'intérêt à régler.

Le problème de l'imputation des paiements était réglé par les anciens articles 1253 à 1256 du Code civil ; la réforme a synthétisé les solutions en un seul article 1242-10.

« *Art. 1253.* – Le débiteur de plusieurs dettes a le droit de déclarer, lorsqu'il paye, quelle dette il entend acquitter ».

La règle de l'article 1253 est générale et doit recevoir application quelle que soit la modalité des dettes, sous la seule réserve du cas où l'imputation n'aurait pas été faite pour satisfaire un intérêt légitime, mais aurait eu pour but unique de nuire à un autre créancier (Cass. civ., 14 nov. 1922 : *DP* 1925, 1, p. 145, note Josserand).

« *Art. 1254.* – Le débiteur d'une dette qui porte intérêt ou produit des arrérages, ne peut point, sans le consentement du créancier, imputer le paiement qu'il fait sur le capital par préférence aux arrérages ou intérêts : le paiement fait sur le capital et intérêts, mais qui n'est point intégral, s'impute d'abord sur les intérêts ».

« *Art. 1255.* – Lorsque le débiteur de diverses dettes a accepté une quittance par laquelle le créancier a imputé ce qu'il a reçu sur l'une de ces dettes spécialement, le débiteur ne peut plus demander l'imputation sur une dette différente, à moins qu'il n'y ait eu dol ou surprise de la part du créancier ».

« *Art. 1256.* – Lorsque la quittance ne porte aucune imputation, le paiement doit être imputé sur la dette que le débiteur avait pour lors le plus d'intérêt d'acquitter entre celles qui sont pareillement échues ; sinon, sur la dette échue, quoique moins onéreuse que celles qui ne le sont point.

Si les dettes sont d'égale nature, l'imputation se fait sur la plus ancienne ; toutes choses égales, elle se fait proportionnellement ».

La réforme a quelque peu simplifié ces dispositions :

« *Art. 1342-10.* – Le débiteur de plusieurs dettes peut indiquer, lorsqu'il paie, celle qu'il entend acquitter.

À défaut d'indication par le débiteur, l'imputation a lieu comme suit : d'abord sur les dettes échues ; parmi celles-ci, sur les dettes que le débiteur avait le plus d'intérêt d'acquitter. À égalité d'intérêt, l'imputation se fait sur la plus ancienne ; toutes choses égales, elle se fait proportionnellement ».

Cette liberté d'imputation est un droit, réserve étant faite de la théorie de l'abus de droit. La règle de l'ancien article 1253 du Code civil était et demeure générale et doit recevoir application quelle que soit la modalité des dettes, sous la seule réserve du cas où l'imputation n'aurait pas été faite pour satisfaire un intérêt légitime, mais aurait eu pour but unique de nuire à un autre créancier (Cass. civ., 14 nov. 1922 : *DP* 1925, 1, p. 145, note Josserand).

La difficulté survient lorsque le débiteur ne dit rien. Supposons que Pierre soit copropriétaire dans un immeuble et doive 10 000 € de charges par an au syndicat des copropriétaires. Sa dette correspond à quatre années de charges, lorsqu'il décide de payer 20 000 € (sur les 40 000 dus). Faut-il imputer ce paiement partiel sur les charges les plus anciennes (deux premières années dues) ou les plus récentes (deux dernières années) ? La réponse est qu'il convient de prendre en compte l'intérêt du débiteur et donc d'imputer le paiement sur les dettes les plus anciennes, car ce sont elles qui portent intérêt.

En matière de crédit mobilier à la consommation, l'action se prescrit rapidement : les actions en paiement engagées devant lui à l'occasion de la défaillance de l'emprunteur doivent être formées dans les deux ans de l'événement qui leur a donné naissance à peine de forclusion (C. consom., art. L. 742-10). Le créancier, forclos dans son action, est parfois tenté d'imputer le paiement à cette dette. La Cour de cassation a refusé cette pratique. Une banque ayant consenti à des époux un crédit à la consommation que ceux-ci n'ont pas ponctuellement remboursé, il ne peut être reproché à l'arrêt attaqué d'avoir déclaré prescrite l'action en paiement formée par l'établissement financier, dès lors que les dispositions du Code civil relatives à l'imputation des paiements sont supplétives de la volonté des parties. La cour d'appel qui, par une appréciation souveraine des éléments de preuve versés aux débats, et notamment des décomptes établis par le créancier lui-même, a constaté que les sommes versées postérieurement au 6 février 1993 avaient été affectées, par les parties, au règlement des intérêts de retard et des mensualités échues de mars à septembre 1993, sans que la mensualité de février 1993 soit régularisée, a exactement décidé que l'action, introduite par acte du 3 mai 1995, était irrecevable (Cass. 1re civ., 29 oct. 2002 : *Bull. civ.* 2002, I, n° 252).

428. – Volonté des parties en matière d'imputation. Il convient de noter que les dispositions de l'article 1342-10 du Code civil sont supplétives de la volonté des parties : une banque ayant consenti à des époux un crédit à la consommation que ceux-ci n'ont pas ponctuellement remboursé, la cour d'appel a déclaré prescrite l'action en paiement formée par l'établissement financier : par une appréciation souveraine des éléments de preuve versés aux débats et notamment des décomptes établis par le créancier lui-même, elle a constaté que les sommes versées postérieurement au 6 février 1993 avaient été affectées, par les parties, au règlement des intérêts de retard et des mensualités échues de mars à septembre 1993, sans que la mensualité de février 1993 soit régularisée, et a exactement décidé que l'action, introduite par acte du 3 mai 1995 était irrecevable (Cass. 1re civ., 29 oct. 2002 : *Bull. civ.* 2002, I, n° 252).

En général, dans le contrat de prêt, il est stipulé que les paiements s'imputent d'abord sur les intérêts, puis sur le capital. Seul le consentement du créancier peut permettre l'imputation de paiements partiels sur le capital par préférence aux intérêts (Cass. com., 20 oct. 1992 : *Bull. civ.* 1992, IV, n° 319. – Cass. 1re civ., 24 janv. 1995 : *ibid.*, I, n° 45 ; *RTD civ.* 1996, p. 400, obs. Mestre. – Cass. 1re civ., 10 juill. 1995 : *Bull. civ.* 1995, I, n° 313 ; *RTD civ.* 1996, p. 400, obs. Mestre. – Cass. 1re civ., 10 déc. 1996, arrêt n° 4 : *Bull. civ.* 1996, I, n° 446 ; *Defrénois* 1997, p. 332, obs. D. Mazeaud ; *D.* 1997, somm. p. 178, obs. Aynès).

JURISPRUDENCE
I. Le droit de choisir du débiteur de plusieurs dettes

En raison de l'importance de cette manifestation de volonté, certaines décisions avaient écarté une simple manifestation tacite de volonté. Cette solution a été écartée par la première chambre civile de la Cour de cassation (Cass. 1re civ., 6 oct. 1993 : *RTD civ.* 1994, p. 608) instituant une faveur pour le débiteur dans l'imputation des paiements : s'agissant d'un assuré, qui avait effectué des règlements concernant une police sans indiquer sur quelle échéance ils devaient être imputés, l'article 1256, alinéa 2, permettait à la cour d'appel d'imputer les versements opérés sur la dette la plus ancienne. La Cour de cassation a reproché aux juges du second degré de n'avoir pas recherché si, en raison de son refus passé de régler la dette ancienne en raison d'une contestation quant à son montant, l'assuré ne voulait pas (implicitement) imputer son paiement sur les primes les plus récentes.

De la même façon, par un autre arrêt, en présence de deux dettes, la Cour de cassation déduit l'imputation du paiement d'un principe de faveur pour le garant : des époux avaient souscrit deux prêts auprès d'une banque et l'un d'entre eux est cautionné. Un paiement partiel est opéré et la banque l'impute sur le prêt non cautionné et se retourne vers la caution. Cette dernière invoque les dispositions du Code civil, et en particulier les articles 1253 et 1256. La Cour de cassation censure les juges du fond qui, faute de manifestation de volonté de la part du débiteur, avaient admis l'imputation faite par la banque, alors qu'il fallait déterminer quelle dette « les débiteurs principaux avaient entendu acquitter ou, à défaut de manifestation de volonté de leur part, quelle dette ils avaient le plus d'intérêt d'acquitter » (Cass. 1re civ., 19 janv. 1994 : *Bull. civ.* 1994, I, n° 29 ; *D.* 1994, somm. p. 213 ; *Defrénois* 1994, p. 1174, note L. Aynès ; *RTD civ.* 1994, p. 609).

Un arrêt tente de concilier ces différents principes avec la solution du Code civil :

Cass. 1re civ., 10 déc. 1996 : *Bull. civ.* 1996, I, n° 446 ; *D.* 1997, somm. p. 178, note L. Aynès ; *Defrénois* 1997, p. 332, note D. Mazeaud

« LA COUR :

Sur le moyen unique pris en sa deuxième branche :

Vu l'article 1254 du Code civil ;

Attendu, selon ce texte, que le débiteur d'une dette qui porte intérêt ne peut pas, sans le consentement du créancier, imputer le paiement qu'il fait sur le capital par préférence aux intérêts et que le paiement fait sur le capital et les intérêts, qui n'est pas intégral, s'impute d'abord sur les intérêts ;

Attendu que M. Bodineau a obtenu, le 14 février 1990, de la société Cofica un prêt à la consommation de 110 000 F, remboursable en 60 mensualités, destiné à financer l'acquisition d'un véhicule ; que Mme Bodineau s'est portée caution ; qu'à la suite d'incidents de paiement et après une mise en demeure demeurée infructueuse, la société Cofica a assigné, le 10 septembre 1992, les époux Bodineau en paiement du solde du prêt susvisé ;

Attendu que, pour constater la forclusion de l'action du prêteur, la cour d'appel retient que la première mensualité n'a pas été réglée à son échéance le 20 avril 1990, que si des paiements ont ensuite été effectués, selon l'article 1256 du Code civil, lorsque la quittance ne porte aucune imputation, le paiement doit être imputé sur la dette que le débiteur avait le plus intérêt à acquitter entre celles qui sont pareillement échues, et que l'imputation ne se fait sur la plus ancienne que si les dettes sont d'égale nature ; que s'agissant en l'espèce d'un prêt, les débiteurs avaient le plus intérêt à régler l'échéance la plus proche de son paiement dès lors qu'ils réglaient ainsi une part plus importante du capital ;

Attendu qu'en statuant ainsi, la cour d'appel a violé le texte ;

Par ces motifs et sans qu'il y ait lieu de statuer sur les autres branches du moyen :

Casse et annule (...) »

II. Les règles relatives à l'imputation des paiements sont supplétives de la volonté des parties

Un arrêt rappelle cette règle.

Cass. 1re civ., 29 oct. 2002 : *Bull. civ.* 2002, I, n° 252

« *Sur le moyen unique, pris en ses deux branches* :

Attendu que la société Cofinoga a consenti aux époux Jouglain un crédit à la consommation que ceux-ci n'ont pas ponctuellement remboursé ; que l'établissement de crédit les ayant assignés en paiement des sommes restant dues, les emprunteurs ont opposé la forclusion ;

Attendu que Cofinoga fait grief à l'arrêt attaqué (Nîmes, 23 nov. 1999) d'avoir déclaré son action irrecevable, alors que :

1° le paiement fait sur le capital et les intérêts, qui n'est point intégral, s'impute d'abord sur les intérêts ; que les échéances successives de remboursement d'un prêt ne constituent pas des dettes distinctes, mais des modalités de remboursement d'une dette unique ; que les paiements partiels de ces échéances doivent donc s'imputer par priorité sur les intérêts, sans que puissent interférer les dispositions de l'article 1256 du Code civil relatives à l'imputation des paiements dans des hypothèses de pluralité de dettes ; que les paiements des échéances d'une même dette doivent donc s'imputer sur les échéances les plus anciennes, comportant plus d'intérêts et moins de capital que les échéances les plus récentes ; que tout paiement effectué ultérieurement au défaut de paiement d'une échéance doit donc s'imputer sur celle-ci et en constitue une régularisation ; qu'en considérant que la première échéance impayée non régularisée, marquant le point de départ du délai de forclusion, remontait à février 1993, quand elle constatait elle-même que des paiements avaient été effectués ultérieurement par le débiteur, la cour d'appel aurait violé les articles 1254 du Code civil et L. 311-37 du Code de la consommation ;

2° seul un consentement exprès et non équivoque du créancier peut permettre de déroger à l'imputation des paiements sur les intérêts, et donc sur l'échéance la plus ancienne, résultant de l'article 1254 du Code civil ; qu'en considérant que les paiements postérieurs à l'échéance de février 1993 ne s'étaient pas imputés sur cette échéance, quand cela était de droit, en se fondant sur un simple décompte établi par la société Cofinoga, document de gestion interne et établi postérieurement à l'imputation des paiements et ne valant pas consentement donné au débiteur pour imputer ses paiements ultérieurs sur les échéances les plus récentes, sans rechercher ni caractériser l'existence d'un consentement non équivoque du créancier en ce sens, la cour d'appel aurait privé sa décision de base légale au regard de l'article 1254 du Code civil et de l'article L. 311-37 du Code de la consommation ;

Mais attendu que les dispositions des articles 1253 à 1256 du Code civil relatives à l'imputation des paiements sont supplétives de la volonté des parties ; que la cour d'appel qui, par une appréciation souveraine des éléments de preuve versés aux débats et notamment des décomptes établis par le créancier lui-même, a constaté que les sommes versées postérieurement au 6 février 1993 avaient été affectées, par les parties, au règlement des intérêts de retard et des mensualités échues de mars à septembre 1993, sans que la mensualité de février 1993 soit régularisée, a exactement décidé que l'action, introduite par acte du 3 mai 1995, était irrecevable ; qu'en aucune de ses branches, le moyen n'est fondé ;

Par ces motifs :

Rejette le pourvoi ; (...) »

III. Seul le consentement du créancier peut permettre l'imputation de paiements partiels sur le capital par préférence aux intérêts

• A violé ce texte la cour d'appel qui, pour décider que les acomptes versés sur le prix d'un fonds de commerce s'imputeraient d'abord sur le capital, a relevé que les griefs formulés par l'acquéreur contre les vendeurs ont été reconnus partiellement fondés, alors que le consentement des créanciers peut seul permettre l'imputation des paiements sur le capital par préférence aux intérêts (Cass. com., 20 oct. 1992 : Bull. civ. 1992, IV, n° 319) ;

• Il résulte de l'article L. 111-2 du Code des assurances que, parmi les dispositions contenues dans les articles du même code qu'il énumère, au nombre desquels figure l'article L. 122-2, seules peuvent être modifiées par conventions celles qui donnent aux parties une simple faculté. Si répondent à cette condition les dispositions de l'alinéa 1er de l'article L. 122-2, qui permettent aux parties de convenir, dans un contrat d'assurance contre l'incendie, que la garantie de l'assureur ne sera pas limitée aux seuls dommages matériels, tel n'est pas le cas des dispositions du second alinéa du même article qui accordent à l'assuré le droit de faire courir les intérêts moratoires par sommation si, dans les trois mois à compter de la remise de l'état des pertes, l'expertise n'est pas terminée. Par suite, est légalement justifié l'arrêt qui a fait prévaloir les dispositions précitées du second alinéa de l'article L. 122-2, lesquelles sont d'ordre public, sur les stipulations du contrat d'assurance qui accordaient expressément à l'assureur un délai de trente jours à compter de l'accord amiable ou de la décision judiciaire pour régler les indemnités, ce qui repoussait d'autant la date d'exigibilité des intérêts (Cass. 1re civ., 24 janv. 1995 : *Bull. civ.* 1995, I, n° 45 ; *Gaz. Pal.* 1995, somm. p. 289, note H. Margeat, A. Favre-Rochex et B. Cerveau ; *RTD civ.* 1996, p. 400, obs. Mestre).

• A violé l'article 1254 du Code civil la cour d'appel qui, pour fixer la dette restant à la charge d'une caution, a déduit de la somme de 577 180 F, montant de la dette en principal, l'ensemble des sommes que le créancier avait reçues, tant de la débitrice principale que de la caution elle-même, sans distinguer selon les paiements effectués, et sans avoir constaté le consentement du créancier à l'imputation des paiements qu'il avait reçus du débiteur principal sur le principal de la dette (Cass. 1re civ., 10 juill. 1995 : *Bull. civ.* 1995, I, n° 313 ; *D.* 1996, somm. p. 266, note L. Aynès ; *Defrénois* 1995, p. 1468, note L. Aynès ; *RTD civ.* 1996, p. 400, obs. Mestre).

• A violé ce texte une cour d'appel qui, pour déclarer forclose une banque dans son action en paiement dirigée contre le débiteur principal et une caution au titre d'un prêt consenti le 14 février 1990 et non remboursé intégralement, a retenu que la première mensualité n'avait pas été réglée à son échéance le 20 avril 1990, que si des paiements avaient ensuite été effectués selon l'article 1256 du Code civil, lorsque la quittance ne porte aucune imputation, le paiement doit être imputé sur la dette que le débiteur avait le plus intérêt à acquitter entre celles qui sont pareillement échues et que l'imputation ne se fait sur la plus ancienne que si les dettes sont d'égale nature et que, s'agissant en l'espèce d'un prêt, les débiteurs avaient le plus intérêt à régler l'échéance la plus proche de son paiement dès lors qu'ils réglaient ainsi une part plus importante du capital (Cass. 1re civ., 10 déc. 1996 : *Bull. civ.* 1996, I, n° 446 ; *Defrénois* 1997, p. 332, obs. D. Mazeaud ; *D.* 1997, somm. p. 178, obs. Aynès).

SECTION 3

MODALITÉS DU PAIEMENT

§ 1. – Le montant et les intérêts

429. – Principal, intérêts et accessoires. La première somme due est le principal : celui-ci résulte du montant nominal de l'opération juridique, ou lorsqu'il s'agit d'opérations plus complexes, comme un prêt, du capital restant dû au jour du paiement selon le tableau d'amortissement.

La réforme qui, une fois de plus, ne change rien au droit positif, prévoit (C. civ., art. 1343) que le débiteur d'une somme d'argent se libère par le versement de son montant nominal. S'il a emprunté 500 €, il doit donc rembourser 500 €. Il se peut cependant que la dette ait été indexée : en ce cas, le débiteur est tenu de la somme empruntée et de la somme supplémentaire résultant de l'indexation.

Il se peut, et c'est l'hypothèse courante, que l'obligation de somme d'argent porte intérêt, soit en vertu de la loi, soit en vertu de l'accord des parties (accord qui doit être écrit) : le débiteur se libère alors en versant le capital et les intérêts, le paiement partiel s'imputant d'abord sur les intérêts (C. civ., art. 1343-1).

Les intérêts échus, dus au moins pour une année entière, produisent intérêt si le contrat l'a prévu ou si une décision de justice le précise : c'est ce que l'on appelle la capitalisation des intérêts ou l'anatocisme (art. 1342-2 ; C. civ., ancien art. 1154).

430. – Intérêts moratoires. L'ancien article 1153 du Code civil distingue ensuite les intérêts compensatoires des intérêts moratoires, qui sont dus en raison du retard pris pour effectuer le paiement (al. 1er à 4), des intérêts supplémentaires (al. 4).

« Dans les obligations qui se bornent au paiement d'une certaine somme, les dommages-intérêts résultant du retard dans l'exécution ne consistent jamais que dans la condamnation aux intérêts au taux légal, sauf les règles particulières au commerce et au cautionnement.

Ces dommages et intérêts sont dus sans que le créancier soit tenu de justifier d'aucune perte.

Ils ne sont dus que du jour de la sommation de payer ou d'un autre acte équivalent, telle une lettre missive s'il en ressort une interpellation suffisante, excepté dans le cas où la loi les fait courir de plein droit.

Le créancier auquel son débiteur en retard a causé, par sa mauvaise foi, un préjudice indépendant de ce retard, peut obtenir des dommages et intérêts distincts des intérêts moratoires de la créance ».

La réforme dispose de manière voisine à l'article 1231-6 du Code civil :

« *Art. 1231-6.* – Les dommages et intérêts dus à raison du retard dans le paiement d'une obligation de somme d'argent consistent dans l'intérêt au taux légal, à compter de la mise en demeure.

Ces dommages et intérêts sont dus sans que le créancier soit tenu de justifier d'aucune perte.

Le créancier auquel son débiteur en retard a causé, par sa mauvaise foi, un préjudice indépendant de ce retard, peut obtenir des dommages et intérêts distincts de l'intérêt moratoire ».

Les intérêts moratoires sont donc dus au taux légal, sauf stipulation particulière dans le contrat. La clause contraire est de style dans les contrats de prêt bancaire, avec pour seule limite le taux de l'usure. Selon l'ancien article L. 313-2 du Code de la consommation, le taux de l'intérêt légal est, en toute matière, fixé par décret pour la durée de l'année civile, et est égal, pour l'année considérée, à la moyenne arithmétique des douze dernières moyennes mensuelles des taux de rendement actuariel des adjudications de bons du Trésor à taux fixe à treize semaines.

Enfin, outre le capital restant dû et les intérêts, il est souvent prévu une « pénalité accessoire » de 4 à 8 %, qui est analysée comme une clause pénale visant à sanctionner la rupture anticipée ou fautive du contrat.

Lorsque le contrat est assorti d'une sûreté, l'engagement de la caution ou l'inscription hypothécaire doit nettement distinguer ces quatre engagements : le capital garanti, les intérêts au taux légal dont la loi conserve le rang, éventuellement les intérêts au taux conventionnel et les accessoires.

431. – Point de départ des intérêts moratoires. L'article 1231-7 du Code civil traite de cette question :

« En toute matière, la condamnation à une indemnité emporte intérêts au taux légal même en l'absence de demande ou de disposition spéciale du jugement. Sauf disposition contraire de la loi, ces intérêts courent à compter du prononcé du jugement à moins que le juge n'en décide autrement.

En cas de confirmation pure et simple par le juge d'appel d'une décision allouant une indemnité en réparation d'un dommage, celle-ci porte de plein droit intérêt au taux légal à compter du jugement de première instance. Dans les autres cas, l'indemnité allouée en appel porte intérêt à compter de la décision d'appel. Le juge d'appel peut toujours déroger aux dispositions du présent alinéa ».

En fixant à une date autre que celle de sa décision le point de départ des intérêts, le juge ne fait qu'user de la faculté remise à sa discrétion par l'article 1231-7 du Code civil. Ainsi, il ne saurait dès lors être reproché à l'arrêt, qui a réduit l'indemnité accordée à la victime d'un accident par le premier juge, d'avoir assorti sa condamnation des intérêts au taux légal à compter d'une date antérieure à sa décision (Cass. ass. plén., 3 juill. 1992 : *Bull. civ.* 1992, ass. plén., n° 7). Cette solution, posée par l'arrêt d'assemblée plénière, a été réitérée à de nombreuses reprises. Les intérêts alloués en application de l'article 1231-7 pour une période antérieure à la date de la décision qui fixe l'indemnité ont nécessairement un caractère moratoire (Cass. 1re civ., 28 avr. 1998 : *Bull. civ.* 1998, I, n° 152 ; *Defrénois* 1998, p. 1049, obs. Aubert ; *RTD civ.* 1998, p. 920, obs. Jourdain. – Cass. 3e civ., 15 mars 2000 : *Bull. civ.* 2000, III, n° 59. – Cass. 1re civ., 11 juill. 2001 : *Bull. civ.* 2001, I, n° 21).

L'article 1231-7 du Code civil s'applique à l'indemnité d'éviction en matière de baux commerciaux, de sorte que le juge a la faculté de fixer discrétionnairement le point de départ des intérêts moratoires produits par cette indemnité (Cass. 3e civ., 4 juill. 2001 : *Bull. civ.* 2001, III, n° 93).

Toutefois cette liberté est parfois restreinte en raison de la nature même de la créance : une créance née d'un enrichissement sans cause n'existe et ne peut produire d'intérêts moratoires que du jour où elle est judiciairement constatée (Cass. com., 23 févr. 1988 : *Bull. civ.* 1988, IV, n° 83).

432. – Interdiction de l'indexation sur les salaires. L'article L. 112-2 du Code monétaire et financier (mod. L. n° 2011-525, 17 mai 2011) interdit une indexation générale.

« Dans les dispositions statutaires ou conventionnelles, est interdite toute clause prévoyant des indexations fondées sur le salaire minimum de croissance, sur le niveau général des prix ou des salaires ou sur les prix des biens, produits ou services n'ayant pas de relation directe avec l'objet du statut ou de la convention ou avec l'activité de l'une des parties. Est réputée en relation directe avec l'objet d'une convention relative à un immeuble bâti toute clause prévoyant une indexation sur la variation de l'indice national du coût de la construction publié par l'Institut national des statistiques et des études économiques ou, pour des activités commerciales ou artisanales définies par décret, sur la variation de l'indice trimestriel des loyers commerciaux publié dans des conditions fixées par ce même décret par l'Institut national de la statistique et des études économiques.

Est également réputée en relation directe avec l'objet d'une convention relative à un immeuble toute clause prévoyant, pour les activités autres que celles visées au premier alinéa ainsi que pour les activités exercées par les professions libérales, une indexation sur la variation de l'indice trimestriel des loyers des activités tertiaires publié par l'Institut national de la statistique et des études économiques dans des conditions fixées par décret.

Les dispositions des précédents alinéas ne s'appliquent pas aux dispositions statutaires ou conventionnelles concernant des dettes d'aliments.

Doivent être regardées comme dettes d'aliments les rentes viagères constituées entre particuliers, notamment en exécution des dispositions de l'article 759 du Code civil ».

§ 2. – Les délais de paiement

433. – Délais de grâce. Les glossateurs, comme les Romains, admettent le principe de la mise en demeure : ils considèrent, au regard du Code de Justinien (D. 8, 38, 12), que le débiteur est en demeure par la seule échéance du terme. Ce que rejettent les canonistes, qui préconisent un délai de grâce. Aujourd'hui le débiteur peut bénéficier de délais dits « de grâce », que lui accorde le juge compétent dans les conditions des articles 1244-1 et suivants du Code civil.

« *Art. 1343-5.* – Le juge peut, compte tenu de la situation du débiteur et en considération des besoins du créancier, reporter ou échelonner, dans la limite de deux années, le paiement des sommes dues.

Par décision spéciale et motivée, il peut ordonner que les sommes correspondant aux échéances reportées porteront intérêt à un taux réduit au moins égal au taux légal, ou que les paiements s'imputeront d'abord sur le capital.

Il peut subordonner ces mesures à l'accomplissement par le débiteur d'actes propres à faciliter ou à garantir le paiement de la dette.

La décision du juge suspend les procédures d'exécution qui auraient été engagées par le créancier. Les majorations d'intérêts ou les pénalités prévues en cas de retard ne sont pas encourues pendant le délai fixé par le juge.

Toute stipulation contraire est réputée non écrite.

Les dispositions du présent article ne sont pas applicables aux dettes d'aliment ».

434. – Juge des référés et juge de l'exécution. Ces textes sont issus de la réforme du 9 juillet 1991. Ils supprimaient la compétence dérogatoire reconnue au juge des référés pour accorder un délai de grâce, et ce depuis la loi du 25 mars 1936 (V. J.-M. Pansier, *Le délai de grâce*, thèse, Montpellier, 1937. – A.-K. Osman, *Le traitement des difficultés financières du débiteur civil*, thèse, Paris I, 2009). Ce qui avait pour conséquence de confier le contentieux du délai de grâce au juge de l'exécution. Le décret du 18 décembre 1996 a rendu au juge des référés la compétence pour statuer sur le délai de grâce et un partage des compétences entre le juge des référés et le juge de l'exécution.

L'article 510 du Code de procédure civile a permis cette double compétence :

« Sous réserve des alinéas suivants, le délai de grâce ne peut être accordé que par la décision dont il est destiné à différer l'exécution.

En cas d'urgence, la même faculté appartient au juge des référés.

Après signification d'un commandement ou d'un acte de saisie, selon le cas, le juge de l'exécution a compétence pour accorder un délai de grâce. Cette compétence appartient au tribunal d'instance en matière de saisie des rémunérations.

L'octroi du délai doit être motivé ».

La demande de délai de paiement de cotisations sociales ne se rattache que pour partie à des mesures d'exécution forcée et, lorsque cette fraction n'a donné lieu à la délivrance d'aucun commandement, la cour d'appel n'a pas compétence pour accorder un délai de grâce à l'assuré par application des articles 8 du décret n° 92-755 du 31 juillet 1992 et 1244-1 du Code civil (Cass. soc., 16 sept. 2003 : *Cah. soc. barreau Paris* 2004, n° 156, S 41, obs. F. Hanne).

La demande d'un délai de grâce formée devant le juge de l'exécution, avant la signification d'un commandement ou d'un acte de saisie, est irrecevable comme prématurée (TGI Bobigny, 27 mai 1997 : *Gaz. Pal.* 1998, 1, p. 138).

L'article 1343-5, alinéa 6 du Code civil exclut son application aux dettes d'aliments ; toutefois, aux termes de l'article L. 313-3 du Code monétaire et financier, qui s'applique aux dettes d'aliments à défaut d'exclusion expresse, le juge de l'exécution peut, à la demande du débiteur ou du créancier, et en considération de la situation du débiteur, exonérer celui-ci de la majoration du taux de l'intérêt légal ou en réduire le montant (Cass. 1re civ., 22 mars 2012, n° 11-13.915). La règle vaut pour la prestation compensatoire en matière de divorce (Cass. 1re civ., 29 juin 2011, n° 10-16.096. – Cass. 1re civ., 7 sept. 2011, n° 10-16.858).

V. P. Soustelle, *La compétence du juge des référés pour octroyer un délai de grâce* : *D.* 1999, chron. p. 517.

§ 3. – Les temps et lieu du paiement

435. – Époque. Le débiteur doit payer au terme convenu ; rien ne s'oppose cependant à ce qu'il règle par anticipation. En l'absence de terme, le débiteur peut attendre, avant de payer, la mise en demeure du créancier.

La réforme (C. civ., art. 1342, al. 2) précise que le paiement doit être fait sitôt que la dette devient exigible.

436. – Lieu du paiement. La solution classique ressortait de l'ancien article 1247 du Code civil :

« Le paiement doit être exécuté dans le lieu désigné par la convention. Si le lieu n'y est pas désigné, le paiement, lorsqu'il s'agit d'un corps certain et déterminé, doit être fait dans le lieu où était, au temps de l'obligation, la chose qui en fait l'objet.

Les aliments alloués en justice doivent être versés, sauf décision contraire du juge, au domicile ou à la résidence de celui qui doit les recevoir.

Hors ces cas, le paiement doit être fait au domicile du débiteur ».

La réforme de 2016 a modifié la règle :

« *Art. 1343-4.* – À défaut d'une autre désignation par la loi, le contrat ou le juge, le lieu du paiement de l'obligation de somme d'argent est le domicile du créancier ».

437. – Évolution : les dettes étaient quérables. Avant la réforme, toutes les dettes étaient en principe quérables. Le paiement, pour être valable, devait être fait au domicile du débiteur. On dit que les dettes sont « quérables » ; mot qui vient du verbe « quérir ». Le créancier doit aller chercher le paiement de sa créance chez le débiteur. Aussi la dette est qualifiée de quérable.

438. – Évolution : depuis 2016, les dettes sont portables. Avant la réforme de 2016, certaines dettes, notamment les dettes alimentaires, étaient portables chez le créancier. Le débiteur – c'est de son côté qu'il convient de se placer cette fois-ci – doit porter le paiement de sa dette chez le créancier, aussi la dette est dite alors « portable », au sens de « devant être transportée ».

439. – Réforme. La réforme a jugé bon de modifier ces règles.

Pour les obligations ordinaires, le paiement doit être fait au domicile du débiteur, à défaut d'une autre désignation par la loi, le juge ou le contrat (art. 1342-6). L'article 1342-6 indique qu'« à défaut d'une autre désignation par la loi, le juge ou le contrat, le paiement doit être fait au domicile du débiteur ». C'est la même solution que celle exprimée par l'ancien article 1247 du Code civil. La solution est valable sauf exception prévue par le contrat, la loi ou le juge.

Pour les obligations de sommes d'argent, le lieu de paiement est le domicile du créancier, à défaut d'une autre désignation par la loi, le juge ou le contrat (art. 1343-4). L'article 1343-4 dispose : « à défaut d'une autre désignation par la loi, le juge ou le contrat, le lieu du paiement de l'obligation de somme d'argent est le domicile du créancier ». La règle de l'ancien article 1247 est donc renversée : le paiement d'une obligation monétaire devient, sauf exceptions, portable ; elle n'est plus quérable. Le recours quasi systématique aux moyens de paiement scripturaux (virements, prélèvements, chèques) font que le créancier n'a plus à se déplacer physiquement au domicile de son débiteur.

§ 4. – Le mode de paiement

440. – Liberté de paiement. Le paiement se fait normalement en espèces. Le paiement par chèque ou par carte bancaire n'est pas un paiement libératoire.

En principe, le créancier peut refuser le paiement par chèque ou par carte. La remise d'un chèque ne vaut paiement que sous la condition de son encaissement (Cass. 1re civ., 4 avr. 2001 : *Bull. civ.* 2001, I, n° 102).

441. – Mode imposé. Toutefois, la loi impose parfois le paiement par chèque barré, virement ou carte de paiement. Dans les relations entre commerçants, ces modes de paiement sont obligatoires au-delà d'un montant de 1 000 € en espèces et 3 000 € lorsque le paiement est effectué par monnaie électronique (V. C. monét. fin., art. L. 112-6 et D. 112-3).

Il en est de même pour les règlements qui excèdent la somme de 450 € ou qui ont pour objet le paiement par fraction d'une dette supérieure à ce montant, portant sur les loyers, les transports, les services, fournitures et travaux ou afférents à des acquisitions d'immeubles ou d'objets mobiliers, ainsi que le paiement des produits de titres nominatifs et des primes ou cotisations d'assurance (C. monét. fin., art. L. 112-6 et s.).

Encore, les salaires doivent être réglés selon ces trois moyens quand ils excèdent 1 500 €.

De plus, les commerçants sont tenus d'accepter le paiement par chèque ou par carte bancaire quand ils font partie d'un centre de gestion agréé.

442. – Carte bancaire. L'article L. 133-7 du Code monétaire et financier traite du paiement à distance sans utilisation physique de la carte bancaire (mod. par Ord. n° 2017-1252, 9 août 2017). Lorsqu'il fait ses achats sur Internet, le consommateur est invité à donner le numéro de sa carte bancaire, la date d'expiration de cette date et trois chiffres figurant au dos de la carte (cryptogramme). Parfois, ce dispositif est complété par la nécessité de saisir un code envoyé par SMS sur le téléphone (technique dite 3D secure).

L'article L. 133-23 du Code monétaire et financier dispose qu'il ne suffit pas que le paiement et l'opération contestés aient été enregistrés par le prestataire de services de paiement pour prouver que l'opération a été autorisée par le client ou que celui-ci n'ait pas satisfait intentionnellement ou par négligence grave aux obligations lui incombant en la matie?re. De même, la directive 2015/2366 du 25 novembre 2015 concernant les services de paiement dans le marché intérieur prévoit que, dans le cas de paiements en ligne, il convient que le prestataire de services de paiement soit tenu d'apporter la preuve de la négligence alléguée. La responsabilité du titulaire de la carte ne peut être engagée si un paiement contesté par ce dernier a été effectué frauduleusement, à distance, sans présentation physique de la carte dont il est resté en possession. Cette disposition vise à protéger le titulaire de la carte, qui conteste par écrit avoir effectué un paiement ou un retrait. La charge de la preuve de l'usage frauduleux ne repose plus sur le titulaire de la carte bancaire. C'est au contraire la banque qui doit établir la négligence.

Les sommes détournées doivent lui être restituées sans frais, au plus tard dans le délai d'un mois à compter de la contestation.

Pour que ce mécanisme de remboursement puisse fonctionner, il suffit que certains éléments soient présents : paiement à distance, absence de présentation physique de la carte, et absence de signature du titulaire ou absence de saisine du code confidentiel. L'essentiel demeure ce dernier élément : la saisine du code secret ou l'apposition de la signature matérialise le consentement du titulaire de la carte à l'opération (C. monét. fin., art. L. 133-18 et L. 133-24).

Toutefois, malgré le caractère d'ordre public de ces dispositions, la Cour de cassation semble admettre que les établissements bancaires puissent prévoir, au sein des conditions générales d'utilisation des cartes bancaires, que la restitution ne sera pas intégrale (Cass. com., 12 déc. 2006, n° 05-15.481). L'article L. 133-2 du Code monétaire et financier permet aux parties de déroger aux dispositions de l'article L. 133-19 du me?me code, selon lequel le titulaire de l'instrument de paiement supporte toutes les pertes occasionnées par des opérations de paiement non autorisées si ces pertes résultent d'un agissement frauduleux de sa part ou s'il n'a pas satisfait intentionnellement ou par négligence grave aux obligations de prudence mentionnées aux articles L. 133-16 et L. 133-17. Toutefois, le banquier ne saurait prévoir une telle clause si l'utilisateur est une personne physique agissant pour des besoins non professionnels. De plus, l'article L. 133-16 du Code monétaire et financier rappelle les obligations principales des titulaires de cartes bancaires : ils doivent prendre toute mesure raisonnable pour préserver la sécurité de ses dispositifs de sécurité personnalisés et utiliser l'instrument de paiement conformément aux conditions régissant sa délivrance et son utilisation. En 2012, la chambre commerciale avait considéré que constitue une imprudence grave le fait pour un client d'avoir laissé comme d'habitude la carte bancaire dans son véhicule, accompagnée de son confidentiel, dans la boîte à gants dans un lieu sans surveillance (Cass. com., 16 oct. 2012, n° 11-19.981). Par un arrêt du 25 octobre 2017, la Cour de cassation a considéré que le juge de proximité se devait d'observer si le fait d'avoir communiqué son nom, son numéro de carte bancaire, la date d'expiration de celle-ci et le cryptogramme figurant au verso de la carte, ainsi que des informations relatives à son compte SFR permettant à un tiers de prendre connaissance du code 3D Secure ne caractérisait pas un manquement par négligence grave excluant tout remboursement (Cass. com., 25 oct. 2017, n° 16-11.644).

La fraude aux cartes de paiement pour régler des achats est importante. En 2016, l'Observatoire de la sécurité des moyens de paiement soulignait que la carte de paiement, qui est utilisée dans pre?s de la moitié des transactions scripturales, supporte plus de la moitié de la fraude aux moyens de paiement scripturaux émis en France, soit un montant de l'ordre de 400 millions d'euros en 2016 pour les cartes franc?aises (Rapport annuel de l'Observatoire de la sécurité des moyens de paiement 2016).

Des escrocs tentent d'obtenir des numéros de carte de paiement (et des codes confidentiels) afin d'opérer des prélèvements frauduleux. La fraude est accrue par le phénomène du « hameçonnage » ou *phishing* : c'est une technique de fraude par laquelle le fraudeur se fait passer pour un organisme (tel qu'une banque, le service des impo?ts, la CAF, etc.), en utilisant le logo et le nom de cet organisme et envoie un mail demandant généralement de « mettre à jour » ou de « confirmer des informations à la suite d'un incident technique », notamment les coordonnées bancaires (numéro de compte, codes personnels, etc.).

JURISPRUDENCE
Le virement

Le virement ne vaut paiement que lorsqu'il a été effectivement réalisé par l'inscription de son montant au compte du bénéficiaire. Par suite, un crédirentier est fondé à se prévaloir de la clause résolutoire incluse dans son contrat pour défaut de règlement dans les délais requis, dès lors qu'au terme convenu, si le débirentier avait bien donné un ordre de virement, le compte n'était toujours pas crédité (Cass. 1re civ., 23 juin 1993 : *Bull. civ.* 1993, I, n° 220).

Par acte authentique du 31 octobre 1980, Mlle Nicolas a vendu un immeuble aux époux Rieu moyennant le prix de 200 000 F converti en une rente annuelle et viagère de 20 000 F. Une clause de l'acte stipule qu'à défaut de paiement à son échéance d'un seul terme de la rente, et trente jours après une simple mise en demeure rappelant cette clause, la crédirentière serait en droit de faire prononcer la résiliation de la vente. Les époux Rieu n'ayant pas payé le terme échu, le 1er mai 1983, Mlle Nicolas leur a fait délivrer, le 7 mai 1985, un commandement de payer la somme due dans les trente jours, en se référant à la clause résolutoire. Le 11 mai 1989, la cour d'appel de Nîmes a constaté la résolution de la vente en se fondant sur le fait que le compte des époux Mosnier, qui avaient reçu mandat de percevoir la rente viagère, n'avait été crédité que le 11 juin 1985 et qu'ainsi les époux Rieu qui avaient pourtant donné leur ordre de virement le 5 juin 1985, donc dans le délai prévu, s'étaient acquittés tardivement du paiement mis à leur charge.

La solution correspond parfaitement à la conception que l'on se fait du virement. L'opération n'est pas une cession de créances parfaite entre les parties par le seul échange des consentements. Elle ne contient pas davantage une délégation. Le virement est un « transfert de monnaie » (Cabrillac et Rives-Lange, *Rép. com.* Dalloz, V° *Virement*, n° 81). L'échange des consentements est certes nécessaire, mais il doit s'accompagner d'un double jeu d'écritures pour que l'opération se dénoue. Par l'inscription au débit de son compte, le donneur d'ordre se dessaisit de ses fonds. Par l'inscription au crédit de son compte, le bénéficiaire reçoit la propriété des fonds. Les écritures sont au transfert de monnaie scripturale ce que la tradition est à la circulation d'espèces (Cabrillac et Rives-Lange, *ibid.*). Le virement est ainsi une opération réalisant un « transfert réel de fonds » par un double jeu d'écritures. En raisonnant en termes contractuels, il n'est pas interdit de dire que le virement est une forme de contrat réel translatif de propriété. Le transfert de fonds ne résulte donc pas du seul échange de volontés : il suppose l'accomplissement d'écritures. Dans cette analyse, les fonds ne sont transférés au bénéficiaire qu'à compter de l'inscription au crédit de son compte.

Bien entendu, tant que cette inscription au crédit n'est pas faite, le bénéficiaire n'est pas pour autant dépourvu de toute prérogative dès l'écriture au débit du compte du donneur d'ordre, il jouit d'un droit sur le donneur d'ordre, qui lui permet d'exiger de celui-ci qu'il respecte son engagement.

Cependant, le bénéficiaire ne devient propriétaire de la monnaie qu'au jour de l'écriture passée au crédit de son compte. Seule l'inscription au crédit réalise le paiement. Seule cette inscription est de nature à remplir pleinement le créancier de ses droits.

Cette analyse est classique et reconnue depuis longtemps par la jurisprudence (Cass. req., 9 juill. 1924 : S. 1925, 1, p. 5, note Lyon-Caen. – Cass. com., 29 nov. 1954 : *Bull. civ.* 1954, III, n° 369. – Cass. soc., 9 avr. 1992 : *Bull. civ.* 1992, V, n° 272).

On ne s'étonnera pas, dans ces conditions, de voir la Cour de cassation rejeter en l'espèce le pourvoi formé contre l'arrêt précité de la cour d'appel de Nîmes.

La carte bancaire

Une cliente, ayant réservé par téléphone une chambre d'hôtel pour deux nuits, au prix de 800 F, en communiquant à l'hôtel le numéro de sa carte bancaire, ne peut reprocher au jugement attaqué d'avoir rejeté sa demande de restitution de la somme de 800 F prélevée par l'hôtelier sur son compte bancaire alors qu'elle soutenait avoir annulé en temps utile sa réservation. En effet, la détermination de la nature juridique d'un paiement, fut-il effectué au moyen d'une carte bancaire, résulte de l'intention des parties, peu important sa date. En l'absence de convention écrite, le tribunal a retenu qu'en communiquant à l'hôtelier le numéro de sa carte bancaire, alors qu'elle pouvait adresser par voie postale une réservation accompagnée d'arrhes ou d'un acompte, selon l'option choisie par les parties, la cliente avait autorisé l'hôtelier à percevoir, soit un acompte égal au montant minimal du prix, le tout à valoir sur le prix final, soit le paiement du prix minimal de la prestation réservée, si la cliente n'annulait pas en temps raisonnable la réservation. Ayant relevé que l'intéressée n'établissait pas avoir procédé en temps utile à cette annulation, c'est dans l'exercice de son pouvoir souverain que le tribunal a déduit de ces constatations que la cliente avait autorisé le débit dans la seule limite du prix convenu, y compris en cas d'absence d'annulation de la réservation (Cass. 1re civ., 19 oct. 1999 : *Bull. civ.* 1999, I, n° 285 ; *Defrénois* 2000, p. 717 et la note).

Un arrêt de la chambre commerciale de la Cour de cassation du 12 décembre 2006 est revenu sur la nature juridique du paiement par carte bancaire et sur l'erreur survenue lors du règlement d'une facture :

Cass. com., 12 déc. 2006, n° 05-15.481

« *Sur le moyen unique :*

Attendu, selon le jugement attaqué rendu en dernier ressort (TI Sables-d'Olonne, 3 mai 2004), que le 28 novembre 2001, Mme X..., qui était titulaire d'un compte à la Caisse d'épargne et de prévoyance des Pays-de-Loire (la Caisse d'épargne) a réglé à un hôtel de Las Vegas aux États-Unis où elle comptait séjourner quelques mois plus tard un acompte de 49,05 USD par Internet en lui communiquant le numéro de sa carte bancaire ; qu'ayant constaté, le 3 janvier 2002, que son compte avait été en réalité débité d'une somme de 224,47 USD, Mme X..., qui n'avait pas obtenu de la Caisse d'épargne la restitution des fonds, l'a fait assigner en paiement sur le fondement de l'article L. 132-4 du Code monétaire et financier ; que le tribunal a accueilli ses prétentions en retenant que la fraude exigée pour l'application du texte invoqué était caractérisée ;

Attendu que la Caisse d'épargne fait grief au jugement d'avoir statué ainsi, alors, selon le moyen :

1/qu'en dehors de l'hypothèse de falsification et de contrefaçon, la fraude postule l'existence de manœuvres ; qu'en faisant état d'une simple erreur qui peut être le fruit d'une inadvertance, quand une fraude est exigée, le juge du fond a violé les articles L. 132-2 et L. 132-4 du Code monétaire et financier ;

2/que faute de mettre en évidence l'existence de manœuvres, le juge du fond a, en toute hypothèse, entaché sa décision d'un défaut de base légale au regard des articles L. 132-2 et L. 132-4 du Code monétaire et financier ;

3/que la fraude suppose à tout le moins la conscience chez l'agent de ce qu'il réalise une opération irrégulière ; qu'en faisant état d'une simple erreur, qui peut être le fruit d'une inadvertance, quand une fraude est exigée, le juge du fond a violé les articles L. 132-2 et L. 132-4 du Code monétaire et financier ;

4/qu'en tous cas, faute de mettre en évidence la conscience chez l'agent de ce qu'il réalisait une opération irrégulière, le juge du fond a en toute hypothèse entaché sa décision d'un défaut de base légale au regard des articles L. 132-2 et L. 132-4 du Code monétaire et financier ;

Mais attendu que la Caisse d'épargne ayant elle-même indiqué au juge du fond que la somme litigieuse avait été débitée du compte de Mme X... après une erreur de l'hôtel et pour régler le séjour d'une personne qui lui était étrangère, il s'en déduisait que le paiement effectué à distance, par simple communication du numéro de la carte bancaire, sans utilisation de son code confidentiel ni signature du titulaire, avait été réalisé sans mandat de cette dernière de sorte qu'à défaut de stipulations contractuelles contraires non invoquées, l'établissement de crédit, dépositaire des fonds, était tenu de les restituer à due concurrence de ce qu'il avait payé ainsi irrégulièrement ; que le jugement se trouvant ainsi justifié par ces seuls motifs, le moyen ne peut être accueilli en aucune de ses branches ;

Par ces motifs :

Rejette le pourvoi (...) »

§ 5. – Somme d'argent

443. – Modalités. Le paiement peut s'effectuer par le versement d'une somme d'argent : la monnaie est alors une monnaie de paiement. La monnaie peut être une monnaie de compte.

444. – La monnaie, instrument de paiement et de compte. Deux importantes décisions (Cass. civ., 11 févr. 1873 : *DP* 1873, 1, p. 177, note Boistel, et Cass. civ., 17 mai 1927 : *DP* 1928, 1, p. 25, concl. Matter, note Capitant) rendent compte des deux clauses classiquement utilisées en pratique. Ces arrêts excluent le caractère libératoire de la monnaie française : dans le premier, il est dit que le paiement effectif doit se faire en or ; dans le second, le paiement est effectué dans une monnaie étrangère.

Pendant longtemps, la monnaie française – comme celles d'autres pays – fut convertible en or. Autrement dit, tout citoyen pouvait se présenter à la Banque de France afin d'obtenir, en échange des billets de banque, une contre-valeur en or. La convertibilité fut un mythe économique mais une réalité juridique. Aussi, il était admis que les clauses de paiement en or étaient licites du fait de cette convertibilité. En revanche, les clauses stipulant le paiement effectif en monnaie étrangère étaient davantage discutées. Ce n'est pas la même démarche que de permettre à des parties de choisir entre deux formes de monnaie nationale (billets de banque ou or) et de leur permettre d'exclure la monnaie nationale au profit d'une devise étrangère. La licéité des clauses prévoyant le paiement en monnaie étrangère est soutenue, du fait que « la monnaie étrangère est une marchandise quelconque susceptible d'être prise comme instrument de libération ».

Toutefois, en soulignant que le prêt présentait un « caractère interne », un arrêt du 12 janvier 1988 (*Defrénois* 1989, p. 169, note P. Malaurie) indique que la réglementation des indexations, prévue par le droit interne, ne s'applique pas aux contrats internationaux. Cette décision redonne son importance à la jurisprudence classique, qui considérait que le choix de la monnaie de compte comme celui de la monnaie de paiement sont libres en droit international. Posée autrefois au nom de l'ordre public international, la solution est devenue une règle matérielle de droit international privé. La raison de cette règle est qu'il faut répondre aux nécessités du commerce international. La difficulté revient alors dans la distinction entre contrat national et contrat international (comp. Cass. com., 22 mai 2001 : *Bull. civ.* 2001, IV, n° 98).

La réforme précise (art. 1343-3) que « le paiement, en France, d'une obligation de somme d'argent s'effectue en euros ».

Tout en ajoutant que, dans un second alinéa :

« Toutefois, le paiement peut avoir lieu en une autre monnaie si l'obligation ainsi libellée procède d'une opération à caractère international ou d'un jugement étranger. Les parties peuvent convenir que le paiement aura lieu en devise s'il intervient entre professionnels, lorsque l'usage d'une monnaie étrangère est communément admis pour l'opération concernée ».

445. – Indexation permise et indexation interdite. L'article 1895 du Code civil semble interdire l'indexation :

« L'obligation qui résulte d'un prêt en argent n'est toujours que de la somme numérique énoncée au contrat.

S'il y a eu augmentation ou diminution d'espèces avant l'époque du paiement, le débiteur doit rendre la somme numérique prêtée, et ne doit rendre que cette somme dans les espèces ayant cours au moment du paiement ».

En droit interne, l'article L. 112-2 du Code monétaire et financier développe cette interdiction :

« Sous réserve des dispositions du premier alinéa de l'article L. 112-2 et des articles L. 112-3 et L. 112-4, l'indexation automatique des prix de biens ou de services est interdite.

Est réputée non écrite toute clause d'un contrat à exécution successive, et notamment des baux et locations de toute nature, prévoyant la prise en compte d'une période de variation de l'indice supérieure à la durée s'écoulant entre chaque révision.

Est interdite toute clause d'une convention portant sur un local d'habitation prévoyant une indexation fondée sur l'indice "loyers et charges" servant à la détermination des indices généraux des prix de détail. Il en est de même de toute clause prévoyant une indexation fondée sur le taux des majorations légales fixées en application de la loi n° 48-1360 du 1er septembre 1948, à moins que le montant initial n'ait lui-même été fixé conformément aux dispositions de ladite loi et des textes pris pour son application ».

Si le principe reste celui du nominalisme, rien ne s'oppose cependant à ce que les parties anticipent les effets de l'inflation et stipulent des clauses d'adaptation dans les limites prévues par les textes du Code monétaire et financier.

446. – Dette de valeur. L'article 1343, alinéa 3 du Code civil prévoit que le débiteur d'une dette de valeur se libère par le versement de la somme d'argent résultant de sa liquidation. La dette de valeur est une notion que ne connaissait pas le Code civil, mais qui est aujourd'hui largement reconnue. Le montant de l'obligation est calculé sur la valeur du bien qui en forme l'objet et non pas sur une somme déterminée. Ainsi en est-il d'une dette de dommages-intérêts : elle naît au jour du dommage, mais son montant est calculé d'après la valeur du préjudice qui sera fixée par le jugement de condamnation. C'est ce jugement qui liquide la valeur du préjudice.

Ce système connaît de très nombreuses applications. Ainsi en est-il de la dette de rapport dans une succession : le bien qui forme l'objet de cette dette – le rapport – est estimé dans son état au jour de la donation, mais la dette est calculée d'après sa valeur au jour du partage.

SECTION 4

PREUVE DU PAIEMENT

SOUS-SECTION 1

LA NÉCESSITÉ D'UNE PREUVE PAR ÉCRIT

447. – Nécessité d'une preuve par écrit. Comme tous les actes juridiques, le paiement est soumis à la disposition de l'article 1359 du Code civil qui impose une preuve écrite toutes les fois que la valeur de l'objet sur lequel l'acte porte excède 1 500 €.

Les exceptions à la règle – impossibilité physique ou morale de se procurer un écrit (C. civ., art. 1360) ou commencement de preuve par écrit (C. civ., art. 1361) – trouvent également application en matière de paiement.

La jurisprudence avait cependant admis que le paiement était, en tant que fait, susceptible d'être prouvé par tous moyens (V. *supra*, n° 383).

La réforme a consacré cette solution : « Hors les cas où la loi en dispose autrement, la preuve peut être apportée par tout moyen » (C. civ., art. 1358).

SOUS-SECTION 2

LA CHARGE DE LA PREUVE

§ 1. – Les principes classiques en matière de charge de la preuve

448. – Charge de la preuve. Conformément à l'article 1316 du Code civil, il appartient au débiteur de prouver qu'il a exécuté sa prestation.

449. – Principe et exception. D'une part, et c'est l'alinéa premier de l'article, le demandeur en preuve – et ici le demandeur est le débiteur de l'obligation – subit la charge de la preuve. Traduction en droit français de l'adage *Actori incumbit probatio.*

D'autre part, et c'est l'alinéa second de l'article, lorsque le défendeur fait valoir une exception ou tout autre argument, la charge de la preuve passe sur ses épaules. Version française du non moins classique : *Reus in excipiendo fit actor.*

§ 2. – La distorsion liée au caractère spécifique du paiement

450. – Dessaisissement. Lorsqu'un titre constate la créance, il se peut que le créancier se soit dessaisi de ce titre.

451. – Remise volontaire. La remise volontaire du titre par le créancier équivaut à une présomption de libération, avec une distinction :

– si la créance est constatée par un acte notarié, la remise de cet acte équivaut à une présomption simple de libération ;

– si la créance est constatée dans un acte sous seing privé, la remise de l'acte vaut présomption irréfragable de libération.

Ainsi, une société civile professionnelle de chirurgiens-dentistes a été déboutée de sa demande tendant à voir condamner une patiente à lui payer la somme de 40 048,50 F à titre d'honoraires. Après avoir constaté que cette dernière s'était fait remettre, sans fraude ni violence et sans dissimulation de sa véritable identité, l'original du titre qu'elle avait transmis à la Sécurité sociale pour se faire rembourser, la cour d'appel a décidé que la signature par le praticien de la feuille de soins constatait le paiement (Cass. 1re civ., 20 déc. 2000 : *Bull. civ.* 2000, I, n° 340 ; *Defrénois* 2001, p. 710, note R. Libchaber).

452. – Chèque, virement, carte de crédit, paiement en ligne. La remise d'un **chèque** a un effet libératoire et un effet extinctif de la dette. Toutefois, la remise d'un chèque en paiement d'une dette n'a valeur libératoire, pour le débiteur, que sous réserve d'encaissement effectif par le créancier, et le bénéficiaire d'un chèque égaré ou non encaissé pour cause de forclusion peut en réclamer un second au tireur, quitte à supporter les frais éventuels occasionnés par la délivrance du nouveau chèque.

Il ne peut être reproché à l'arrêt attaqué d'avoir condamné une compagnie d'assurances à garantir un assuré pour un accident d'automobile survenu le 24 août 1995 : c'est à bon droit que la cour d'appel, qui a constaté que le chèque remis le 14 juin 1995 en paiement de la prime à échéance du cinq du même mois avait été rejeté faute de provision, a considéré que la mise en demeure du 12 juin 1995 avait continué à produire ses effets. Ensuite, ayant constaté que l'assuré avait, le 8 juillet 1995, donc dans le délai imparti par la mise en demeure du 12 juin 1995, versé en espèces le règlement des causes de celle-ci de sorte que la suspension n'était pas intervenue et, d'autre part, que la mise en demeure du 5 juillet suivant visait, pour le reste, une dette qui n'était pas encore échue, c'est encore à bon droit que la cour d'appel a retenu la garantie de l'assureur, cette dernière mise en demeure n'ayant pu produire d'effets (Cass. 1re civ., 4 avr. 2001 : *Bull. civ.* 2001, I, n° 102).

Le **virement** ne vaut paiement que lorsqu'il a été effectivement réalisé par l'inscription de son montant au compte du bénéficiaire. Spécialement, une cour d'appel, saisie d'une action en résiliation d'une vente d'immeuble moyennant le paiement d'une rente viagère, qui a constaté que la somme due au crédirentier n'avait été inscrite que le 11 juin 1985 au crédit du compte de la personne ayant reçu mandat de percevoir cette somme, en a justement déduit que le paiement qui aurait dû intervenir au plus tard le 6 juin 1985 était tardif et que l'intéressé était fondé à se prévaloir de la clause résolutoire figurant dans l'acte de vente (Cass. 1re civ., 23 juin 1993 : *Defrénois* 1994, p. 344 et la note ; V. également *supra*, n° 441).

En signant le formulaire « **carte bancaire** » et en utilisant cette carte, le titulaire a renoncé implicitement mais nécessairement au système de preuve légale. Ainsi, étant établi que le titulaire d'une carte bancaire a passé commande d'un ordinateur à une société et accepté de procéder au règlement de la transaction au moyen de sa carte bancaire dont il a communiqué le numéro, l'absence de facture signée par le titulaire de la carte bancaire ou l'absence de communication du code confidentiel importe peu dès lors que la commande verbale a été passée (CA Paris, 8 juin 1999 : *D.* 2000, somm. p. 337, obs. Thullier). Une cliente, ayant réservé par téléphone une chambre d'hôtel pour deux nuits, au prix de 800 F, en communiquant à l'hôtel le numéro de sa carte bancaire, ne peut reprocher au jugement attaqué d'avoir rejeté sa demande de restitution de la somme de 800 F prélevée par l'hôtelier sur son compte bancaire alors qu'elle soutenait avoir annulé en temps utile sa réservation. En effet, la détermination de la nature juridique d'un paiement, fût-il effectué au moyen d'une carte bancaire, résulte de l'intention des parties, peu important sa date. En l'absence de convention écrite, le tribunal a retenu qu'en communiquant à l'hôtelier le numéro de sa carte bancaire, alors qu'elle pouvait adresser par voie postale une réservation accompagnée d'arrhes ou d'un acompte, selon l'option choisie par les parties, la cliente avait autorisé l'hôtelier à percevoir, soit un acompte égal au montant minimal du prix, le tout à valoir sur le prix final, soit le paiement du prix minimal de la prestation réservée, si la cliente n'annulait pas en temps raisonnable la réservation. Ayant relevé que l'intéressée n'établissait pas avoir procédé en temps utile à cette annulation, c'est dans l'exercice de son pouvoir souverain que le tribunal a déduit de ces constatations que la cliente avait autorisé le débit dans la seule limite du prix convenu, y compris en cas d'absence d'annulation de la réservation (Cass. 1re civ., 19 oct. 1999 : *Bull. civ.* 1999, I, n° 285 ; *JCP* E 1999, 1845, obs. Bouteiller ; *Defrénois* 2000, p. 717, et la note ; *Contrats, conc. consom.* 2000, n° 1, note Leveneur ; *RTD civ.* 2000, p. 116, obs. Mestre et Fages ; *ibid.* p. 354, obs. Gautier).

Le paiement en ligne au moyen d'**Internet** passe par la carte de crédit. En l'absence de standards de paiement, la vente à distance se satisfera souvent du paiement effectué au moyen d'une carte de crédit ; en vue du prélèvement du prix sur son compte, l'acheteur, en passant une commande, transmettra les informations nécessaires, dites sensibles (établissement bancaire, numéro de la carte, date d'expiration, nom du porteur). Ce système présente l'inconvénient de manquer de confidentialité et d'exposer le titulaire de la carte au risque, qui s'est parfois réalisé, d'un piratage (un pirate américain, en 1997, a pu intercepter 120 000 cartes dont il s'est servi pour effectuer des achats). D'autre part, l'ordre de paiement par carte de crédit est, en pratique, difficilement révocable. Il est possible d'éviter ces risques en intégrant, comme le fait le navigateur Netscape, un procédé cryptographique, ou en utilisant un codage, mais cela ne peut concerner qu'un petit nombre d'opérations (V. sur ce risque, E. Jez et F.-J. Pansier, *La criminalité informatique*, PUF, coll. « Que sais-je ? », 2e éd. 2001).

453. – Compte bancaire. Le premier problème est de déterminer à quel moment a lieu le paiement lors de la remise d'un chèque ou d'espèces sur un compte bancaire. Bien souvent le contrat de compte de dépôt ou de compte courant détermine certaines règles.

Une distinction est faite entre la **date de remise** (des espèces ou du chèque) et la **date de valeur** : c'est à cette deuxième date que le paiement est considéré comme effectué. Depuis le 1er avril 1966, le Conseil national du crédit ne donne plus aux banques de recommandations concernant la pratique bancaire dite « des dates de valeur ». En l'absence de texte législatif ou réglementaire régissant cette question, les usages bancaires ne sauraient être opposables aux clients en cette matière que dans la mesure où ceux-ci auraient expressément accepté de s'y soumettre. Il appartient donc au juge de se référer en l'espèce aux termes de la convention de compte courant intervenue entre la banque et son client. En prévoyant que « les chèques remis pour être portés au crédit du compte ne le seront que sous réserve d'encaissement », les parties ont accepté sans nul doute que la date de valeur retenue pour les opérations de crédit d'un compte par remise d'effet soit postérieure à la date effective de cette remise. La date de valeur est alors celle de l'encaissement du chèque. Il importe dès lors peu à cet égard que la provision ait été, dès la remise de l'effet, garantie par un chèque certifié ou par un chèque de banque. Les chèques certifiés ou « assimilés » remis à l'encaissement par le client sont donc à juste titre affectés d'une date de valeur postérieure à celle de leur remise.

En revanche, dès lors que la convention de compte courant ne prévoit aucune disposition de nature à établir que la remise d'espèces au guichet de la banque soit affectée d'une date de valeur postérieure à cette remise, l'évolution des techniques bancaires, notamment par l'introduction et le développement des moyens informatiques, permettant à la banque de créditer immédiatement le compte de son client des sommes ainsi déposées tout en lui permettant sur un plan pratique d'utiliser éventuellement cet encaissement supplémentaire afin de répondre aux demandes de liquidités formulées par d'autres clients, il ne saurait être admis que la banque puisse affecter une remise d'espèces d'une date de valeur qui lui soit postérieure. La date de valeur affectant ainsi les débits ne pouvant être fixée à une autre date que celle des débits eux-mêmes, il convient de condamner l'établissement bancaire à la restitution des agios indûment retenus, outre les intérêts y afférents à compter de la date de la citation.

SECTION 5

INCIDENTS

454. – Convention. Le paiement est une convention qui suppose un accord entre le débiteur et le créancier, c'est donc un acte juridique.

Certains incidents peuvent émaner de l'une ou l'autre des parties.

§ 1. – Le créancier peut refuser le paiement

455. – Consignation. Dans ce cas, le débiteur peut pallier ce refus du créancier en obtenant du juge (en général, du juge des référés) une autorisation de consigner le paiement. Le débiteur va alors consigner, c'est-à-dire déposer, la somme due à la Caisse des dépôts et consignations ou entre les mains de toute autre personne (dite « séquestre ») désignée par le juge. Lors du dépôt, le débiteur obtient contre les fonds la remise d'un récépissé comportant le nom du dépositaire, le motif de l'opération, la date, le montant et le numéro du compte créé pour recevoir les fonds. Tant qu'ils sont consignés, les fonds sont **indisponibles** et portent intérêt au taux légal. Les fonds peuvent être retirés à tout moment par le porteur du récépissé ou par la production d'un jugement.

Cette procédure, par laquelle le débiteur propose de consigner les fonds que le créancier refuse de recevoir, s'appelle la « procédure d'offre réelle ».

Ancien article 1257 du Code civil :

« Lorsque le créancier refuse de recevoir son paiement, le débiteur peut lui faire des offres réelles, et au refus du créancier de les accepter, consigner la somme ou la chose offerte.

Les offres réelles suivies d'une consignation libèrent le débiteur ; elles tiennent lieu à son égard de paiement, lorsqu'elles sont valablement faites, et la chose ainsi consignée demeure aux risques du créancier ».

456. – Notion de refus de paiement. Le refus de donner satisfaction à une demande de justificatif de l'existence et du montant de la créance, émanant d'un débiteur dans l'impossibilité d'en avoir autrement connaissance, équivaut à un refus de recevoir le paiement proposé.

A donc violé l'article 1257 du Code civil la cour d'appel qui, pour rejeter la demande présentée par une banque, qui s'était portée caution des engagements d'un commissionnaire en douane, tendant à ce que soit constaté le caractère libératoire d'une offre réelle de paiement, retient que les douanes n'avaient pas refusé le paiement, mais que c'était la banque, caution, qui avait refusé de régler sans avoir les justificatifs de la réalité de la créance (Cass. com., 9 oct. 2001 : *Bull. civ.* 2001, IV, n° 163).

457. – Extinction de la dette. Lorsque le créancier refuse de recevoir son paiement, le débiteur peut lui faire des offres réelles et, au refus du créancier de les accepter, consigner la somme offerte. Les offres réelles ne libèrent le débiteur et ne tiennent lieu, à son égard, de paiement que lorsqu'elles sont suivies de la consignation de la somme offerte (Cass. req., 27 févr. 1849 : S. 1849, 1, 412).

A violé l'article 1257 du Code civil la cour d'appel qui, pour interrompre non au jour de sa décision mais au 23 mars 1990 le cours des intérêts moratoires de la somme de 20 170 000 lires au paiement desquels elle avait condamné le débiteur, a retenu qu'à cette date ce dernier avait assigné son adversaire en donné acte de ce qu'elle était prête à s'acquitter de cette somme (Cass. 1re civ., 11 juin 2002 : *Bull. civ.* 2002, I, n° 162).

La consignation consistant en un dépôt réalisant dessaisissement effectif du débiteur, elle est valablement faite par chèque, dès lors que l'émission de celui-ci emporte transmission irrévocable de la propriété de la provision au porteur (Cass. 1re civ., 10 févr. 1998 : *Bull. civ.* 1998, I, n° 50 ; *Defrénois* 1998, p. 735 et la note). L'offre réelle n'est pas conditionnelle quand le payeur exige simplement du créancier justification de sa créance (Cass. com., 9 oct. 2001 : *Bull. civ.* 2001, IV, n° 163 ; *D.* 2001, act. jurispr. p. 3272, obs. V.-A. Robardet ; *RTD civ.* 2002, p. 102, obs. B. Fages et J. Mestre).

458. – Réforme : la fin des offres réelles. L'article 1345, alinéa premier, du Code civil prévoit que : « Lorsque le créancier, à l'échéance et sans motif légitime, refuse de recevoir le paiement qui lui est dû ou l'empêche par son fait, le débiteur peut le mettre en demeure d'en accepter ou d'en permettre l'exécution ». La réforme crée donc la mise en demeure du créancier, la *mora creditoris* (C. Robin, *La mora creditoris : RTD civ.* 1998, p. 607 et s.). Cette technique est déjà connue du Code des obligations suisse (CO, art. 91 à 96) et du Code civil allemand (BGB, § 293 à 304).

La mise en demeure du créancier produit des effets inclus dans la suite de l'article 1345 du Code civil. Si « elle n'interrompt pas la prescription » (art. 1345, al. 3), elle « arrête le cours de l'intérêt dû par le débiteur et met les risques de la chose à la charge du créancier » (art. 1345, al. 2). Restée sans effet après deux mois, elle ouvre la voie à une mesure de dépossession qui libère le débiteur à compter de sa notification au créancier (art. 1345-1, al. 3). Le Code civil propose trois formes de dépossession qui sont indiquées entre crochets : la consignation, le séquestre ou le dépôt de l'objet de la prestation auprès d'un gardien professionnel (art. 1345-1). Le séquestre est la solution la plus simple et conforme à l'état actuel du droit.

459. – Vente sur saisie immobilière. Il faut observer qu'en matière de vente sur saisie immobilière, le prix d'adjudication est également consigné par l'adjudicataire à la Caisse des dépôts et consignations. Une fois l'ordre entre les créanciers établi par le juge aux ordres, le greffier délivre à chacun des créanciers des « mandements de collocation » qui leur permettent de retirer les fonds à la Caisse.

§ 2. – La mise en demeure du créancier

460. – Réforme. La réforme reprend les solutions habituelles sur la mise en demeure du débiteur (art. 1345 et 1345-1).

Le Code civil, d'une manière plus originale, envisage la mise en demeure du créancier (art. 1345 et s.).

Ainsi, si le créancier refuse, à l'échéance et sans motif légitime, de recevoir le paiement qui lui est dû ou l'empêche par son fait, le débiteur peut le mettre en demeure d'en accepter ou d'en permettre l'exécution (art. 1345).

Cette mise en demeure arrête le cours de l'intérêt dû par le débiteur et met les risques de la chose à la charge du créancier.

Elle n'interrompt pas la prescription.

La réforme comprend d'autres dispositions :

« *Art. 1345-1.* – Si l'obstruction n'a pas pris fin dans les deux mois de la mise en demeure, le débiteur peut, lorsque l'obligation porte sur une somme d'argent, la consigner à la Caisse des dépôts et consignations ou, lorsque l'obligation porte sur la livraison d'une chose, séquestrer celle-ci auprès d'un gardien professionnel.

Si le séquestre de la chose est impossible ou trop onéreux, le juge peut en autoriser la vente amiable ou aux enchères publiques. Déduction faite des frais de la vente, le prix en est consigné à la Caisse des dépôts et consignations.

La consignation ou le séquestre libère le débiteur à compter de leur notification au créancier ».

« *Art. 1345-2.* – Lorsque l'obligation porte sur un autre objet, le débiteur est libéré si l'obstruction n'a pas cessé dans les deux mois de la mise en demeure ».

CHAPITRE 2

LA SATISFACTION INDIRECTE

461. – Définition. Nous avons vu que la satisfaction directe du débiteur résultait du paiement ou de la tradition du corps certain objet du contrat.

Le créancier peut parfois être indirectement satisfait.

462. – Plan. Il est trois techniques qui contribuent à satisfaire, ne serait-ce qu'indirectement, le créancier :

– la dation en paiement ;

– la compensation ;

– la confusion.

SECTION 1

DATION EN PAIEMENT

463. – Définition. La dation en paiement est le fait pour le débiteur de satisfaire son créancier en remettant une autre chose que celle conventionnellement due.

Par exemple, si Fabrice me doit 20 €, au lieu de me donner cette somme, il peut s'estimer quitte en me remettant un CD. La difficulté est, on le comprend, d'apprécier la valeur de la chose remise en paiement.

464. – Caractère exceptionnel. Nous avons déjà rencontré l'ancien article 1243 du Code civil : « Le créancier ne peut être contraint de recevoir une autre chose que celle qui lui est due, quoique la valeur de la chose offerte soit égale ou même plus grande ».

Le principe est celui de la nécessité pour le débiteur de se libérer par le paiement ou par la chose attendue. La dation en paiement va à l'encontre de ce principe ; elle nécessite donc l'accord du créancier. C'est une convention qui permet de faire échec à la règle, non impérative, de l'ancien article 1243. Ce texte est du reste le seul du Code civil qui concerne la dation en paiement… et encore indirectement ou *a contrario*.

La réforme dit la même chose avec une tournure positive cette fois (art. 1342-4, al. 2) : « Le créancier peut accepter de recevoir en paiement autre chose que ce qui lui est dû ».

465. – Distinction. La dation en paiement doit être distinguée du paiement partiel.

Si le débiteur remet une partie de la chose initialement prévue, ce n'est pas une dation en paiement mais un paiement partiel. Il n'y a pas dation en paiement lorsque l'objet du paiement n'est autre que l'objet de l'obligation, ne serait-ce que partiellement.

La dation en paiement suppose la remise d'une chose autre que celle initialement prévue. Au lieu de payer sa note de restaurant, le client propose à l'aubergiste de faire la vaisselle.

Elle suppose la remise d'un autre bien que celui formant l'objet prévu au contrat. Ainsi, un dividende peut être versé soit en numéraire, soit en nature. Si la délibération de la société le prévoit, c'est une obligation alternative et non une dation (Cass. com., 6 juin 1990, n° 88-17.133 : *Bull. civ.* 1990, IV, n° 166 ; *RTD civ.* 1991, p. 741, obs. J. Mestre ; *Bull. Joly Sociétés* 1990, n° 813, note Ph. Derouin ; *JCP* E 1991, II, p. 166, note M. Marteau-Petit).

466. – Conditions. La dation en paiement est une convention, soumise en tant que telle au régime général des conventions. Le débiteur doit être capable de disposer du bien et surtout être propriétaire de celui-ci. Le créancier doit être capable de recevoir.

La dation en paiement, comme le paiement, suppose évidemment l'existence d'une dette préalable.

467. – Nécessité d'un transfert immédiat. La question est discutée en doctrine de savoir si la dation en paiement suppose le transfert immédiat de la chose donnée et la livraison instantanée de celle-ci. La jurisprudence s'est éloignée d'une conception étroite de cette notion :

– d'une part, la dation en paiement peut être réalisée par un autre mode que la tradition d'une chose corporelle, et il est admis la compensation par substitution, l'accomplissement d'un travail, le changement de nature de l'obligation ;

– d'autre part, elle peut porter sur des choses futures, c'est-à-dire être réalisée à terme (Cass. 3e civ., 12 janv. 1988, n° 86-14.562 : *Bull. civ.* 1988, III, n° 5).

Il convient d'observer que, en toute hypothèse, la dation en paiement opère transfert de propriété, non pas lorsque la chose est effectivement reçue par celui à qui elle est donnée (*traditio*), lorsque les parties n'avaient pas manifesté la volonté de déroger à la règle du transfert de propriété par l'effet du seul consentement (Cass. 1re civ., 27 janv. 1993, n° 91-12.115 : *Bull. civ.* 1993, I, n° 39 ; *RTD civ.* 1993, p. 583, obs. J. Mestre).

468. – Effet. La dation en paiement est d'abord un **mode de paiement**. Elle satisfait totalement le créancier et éteint la dette. Cet effet ne vaut que si la dation est valable.

Toutefois, elle n'est pas un **mode normal de paiement** et est considérée comme nulle par le droit des procédures collectives, lorsqu'elle intervient en période suspecte. Par exemple, la remise d'un navire au prêteur, à la place des sommes d'argent dues en exécution du contrat de crédit, opération non prévue au contrat, constitue une dation en paiement, opération nulle en application de l'article L. 621-107, 4° du Code de commerce (Cass. com., 18 févr. 2003 : *DMF* 2003, p. 370, obs. J.-P. Rémery. Pour la remise d'animaux à titre de paiement : Cass. com., 2 févr. 1999 : *Bull. civ.* 1999, IV, n° 37).

La dation en paiement suppose l'acceptation du créancier : le débiteur ne saurait se libérer en remettant une chose autre que celle due (restitution monétaire), même d'une valeur supérieure (Cass. 3e civ., 3 avr. 2005, n° 04-10.774 : *RTD civ.* 2005, p. 783, obs. B. Fages et J. Mestre).

Cette anormalité de la dation en paiement explique qu'elle puisse être attaquée par l'action paulienne.

Enfin, l'anéantissement rétroactif d'une dation en paiement emporte résurrection de la créance qu'elle venait éteindre (Cass. 1re civ., 18 nov. 1997, n° 95-20.471).

469. – Dation en paiement et caution. L'article 2315 du Code civil protège toutefois la caution contre le créancier évincé : « L'acceptation volontaire que le créancier a faite d'un immeuble ou d'un effet quelconque en paiement de la dette principale décharge la caution, encore que le créancier vienne à en être évincé ».

I. La détermination du prix de vente dans une dation en paiement

La dation en paiement consiste à payer une dette par une prestation autre que celle prévue au contrat ; elle est assimilée à la vente et soumise à son régime.

Faut-il lui appliquer l'article 1591 du Code civil qui prévoit que le prix de vente doit être déterminé et désigné par les parties ?

Dans un arrêt du 7 octobre 1998 (*Bull. civ.* 1998, III, n° 202), la Cour de cassation ne juge pas le prix indéterminé ou indéterminable.

II. Dation en paiement et enrichissement injuste

La Cour de cassation a eu l'occasion, naguère, de rappeler que « Nul ne peut s'enrichir injustement aux dépens d'autrui ».

Des époux ont promis de vendre à une société un terrain dont le prix de vente devait être payé par la dation en paiement d'une parcelle sur laquelle devait être construite par l'acquéreur une villa. Un entrepreneur a réalisé les fondations avant d'être remplacé par un autre entrepreneur. La société bénéficiaire de la promesse ayant été mise en redressement judiciaire puis en liquidation de biens, le compromis n'a pas été réitéré, la vente intervenant alors avec une autre société dans des conditions analogues. N'ayant pas obtenu paiement de ses travaux, l'entrepreneur a fait assigner les époux promettants sur le fondement de l'enrichissement sans cause. Viole l'article 1371 du Code civil la cour d'appel qui rejette la demande, motif pris de ce que le paiement des travaux devait être pris en charge par le bénéficiaire de la promesse, alors qu'elle avait relevé que le compromis avait été annulé, qu'un autre acte de vente des biens objet de la promesse était intervenu et que la société bénéficiaire de la promesse était en liquidation judiciaire, de sorte que l'action de l'entrepreneur contre cette société était rendue inopérante et que l'enrichissement des promettants ne pouvait plus avoir pour cause légitime ce compromis de vente.

(Cass. 1re civ., 14 janv. 2003 : *Gaz. Pal.* 5 avr. 2003, n° 95, p. 28).

SECTION 2

COMPENSATION

470. – Définition. La compensation intervient lorsque deux personnes sont réciproquement débitrices et créancières l'une de l'autre. Elle a pour effet d'éteindre simultanément les deux obligations (C. civ., ancien art. 1289 ; C. civ., art. 1347).

En effet, le bon sens interdit au premier débiteur de verser 100 au second, qui devrait immédiatement lui verser 100 à son tour.

La compensation est, à la fois, un moyen de paiement et une technique de garantie.

471. – Réforme. La compensation voit ses règles organisées par la réforme (Ph. Simler, *La compensation, in* L. Andreu [ss dir.], *La réforme du régime général des obligations*, Dalloz, 2011, p. 55. – D. Robine, *Consolidation des « règles générales » et consécration des « règles particulières » de la compensation : un projet de réforme à parfaire : Dr. et patrimoine* sept. 2015).

« Section 2 La compensation

Sous-section 1 Règles générales

Art. 1347. – La compensation est l'extinction simultanée d'obligations réciproques entre deux personnes.

Elle s'opère, sous réserve d'être invoquée, à due concurrence, à la date où ses conditions se trouvent réunies.

Art. 1347-1. – Sous réserve des dispositions prévues à la sous-section suivante, la compensation n'a lieu qu'entre deux obligations fongibles, certaines, liquides et exigibles.

Sont fongibles les obligations de somme d'argent, même en différents devises, pourvu qu'elles soient convertibles, ou celles qui ont pour objet une quantité de choses de même genre.

Art. 1347-2. – Les créances insaisissables et les obligations de restitution d'un dépôt, d'un prêt à usage ou d'une chose dont le propriétaire a été injustement privé ne sont compensables que si le créancier y consent.

Art. 1347-3. – Le délai de grâce ne fait pas obstacle à la compensation.

Art. 1347-4. – S'il y a plusieurs dettes compensables, les règles d'imputation des paiements sont transposables.

Art. 1347-5. – Le débiteur qui a pris acte sans réserve de la cession de la créance ne peut opposer au cessionnaire la compensation qu'il eût pu opposer au cédant.

Art. 1347-6. – La caution peut opposer la compensation de ce que le créancier doit au débiteur principal.

Le codébiteur solidaire peut se prévaloir de la compensation de ce que le créancier doit à l'un de ses coobligés pour faire déduire la part divise de celui-ci du total de la dette.

Art. 1347-7. – La compensation ne préjudicie pas aux droits acquis par des tiers.

Sous-section 2 Règles particulières

§ 1. – Règles particulières à la compensation judiciaire

Art. 1348. – La compensation peut être prononcée en justice, même si l'une des obligations n'est pas encore liquide ou exigible. À moins qu'il n'en soit décidé autrement, la compensation produit alors ses effets à la date de la décision.

Art. 1348-1. – Le juge ne peut refuser la compensation de dettes connexes aux seuls motifs que l'une des obligations ne serait pas liquide ou exigible.

Dans ce cas, la compensation est réputée s'être produite au jour où les créances ont coexisté.

Dans le même cas, l'acquisition de droits par un tiers sur l'une des obligations n'empêche pas son débiteur d'opposer la compensation.

Art. 1348-2. – Les parties peuvent librement convenir d'éteindre toutes obligations réciproques, présentes ou futures, par une compensation ; celle-ci prend effet à la date de leur accord ou, s'il s'agit d'obligations futures, à celle de leur coexistence ».

472. – Compensation totale ou partielle. Cette extinction a lieu en totalité, et la compensation est dite totale, lorsque les deux obligations sont d'un même montant ; cette extinction n'a lieu qu'en partie, et la compensation est dite partielle, lorsque les dettes sont de montants différents, et elle n'a lieu qu'à hauteur du plus faible des deux montants.

Par exemple, Guillaume a demandé à Fabrice de lui acheter un Code civil à la librairie la plus proche. Guillaume a donc consenti un mandat à Fabrice et lui doit 30 € à ce titre.

De son côté, Fabrice a demandé à Guillaume de lui acheter un disque CD à 20 €. Il est évident que la compensation va jouer et qu'il suffira que Guillaume verse 10 € à Fabrice pour que nos deux amis soient quittes.

Dans ce cas, les deux dettes s'éteignent à concurrence de la plus faible et il s'agit de compensation partielle.

En revanche, si le disque CD acquis par Guillaume avait également coûté 30 €, la compensation aurait été totale et Fabrice n'aurait rien dû à Guillaume et Guillaume n'aurait rien dû à Fabrice.

473. – Compensation, argent et paiement. En raison de l'exigence de l'identité de nature des obligations, il est très rare que la compensation puisse jouer pour des dettes autres que celles de sommes d'argent.

Ceci a pour conséquence une très forte parenté entre le paiement et la compensation. À tel point que beaucoup de praticiens parlent de « paiement par compensation » et s'imaginent que la compensation est une sorte de double paiement automatique. C'est du reste le mécanisme utilisé pour expliquer les exemples ci-dessus.

474. – La compensation est un quasi-privilège. Cependant, la compensation ne se réduit pas à ce double paiement et à un simple aspect pratique : elle est aussi une garantie, un privilège sans texte, ce qui se manifeste surtout dans l'hypothèse de la faillite de l'un des deux débiteurs. Le constat du contentieux judiciaire montre qu'aujourd'hui c'est ce rôle de privilège qui est l'essentiel. Le créancier qui peut faire jouer la compensation échappe à l'aléa du recouvrement de sa créance et au concours des autres créanciers d'une procédure collective.

Pour reprendre notre exemple, non seulement Guillaume n'aura pas à verser la totalité de la somme mais le reliquat, mais si Fabrice est en liquidation judiciaire, il pourra par compensation se payer à hauteur de sa propre créance 20 ou 30 sans transiter par le patrimoine du débiteur failli, donc sans être exposé aux risques de la procédure collective.

En effet, normalement, Guillaume devrait verser 30 entre les mains du syndic, puis produire pour 20 ou 30 à la procédure collective. Sachant que la moyenne des pourcentages de paiement est de 5 %, il ne toucherait alors effectivement que 20 × 5 % ou 30 × 5 %... : la différence est de taille.

475. – Le domaine d'élection. La compensation trouve son domaine d'élection en droit commercial et elle explique, en particulier, la fusion des articles du compte courant en droit bancaire.

L'inscription d'une créance en compte courant équivaut au paiement.

476. – Terminologie. Le terme de « compensation » est parfois utilisé en droit du commerce international pour désigner des accords de livraison réciproque, d'échange ou de troc conclus entre pays. Le but visé est de faire l'économie d'un référent monétaire. Ce sens est sans rapport avec celui envisagé ici, si ce n'est qu'il s'agit d'un mécanisme permettant d'éviter de sortir de l'argent.

477. – Plan. La compensation légale est celle qui vient naturellement à l'esprit. C'est celle, du reste, dont la réforme parle en premier. Cependant, la compensation peut être également conventionnelle ou judiciaire lorsque manque l'une ou l'autre des conditions exigées.

SOUS-SECTION 1

LA COMPENSATION LÉGALE

La compensation légale suppose le respect de conditions pour produire effet.

§ 1. – Les conditions de la compensation légale

478. – Conditions. Les conditions de la compensation légale résultent des articles 1347 (réciprocité) et 1347-1 (les trois autres conditions) du Code civil.

A. – Les dettes doivent être réciproques

479. – Définition. L'ancien article 1289 du Code civil disposait :

« Lorsque deux personnes se trouvent débitrices l'une envers l'autre, il s'opère entre elles une compensation qui éteint les deux dettes, de la manière et dans les cas ci-après exprimés ».

Le nouveau texte de l'article 1347 du Code civil adopte une solution voisine :

« La compensation est l'extinction simultanée d'obligations réciproques entre deux personnes ».

C'est la définition même de la compensation : il faut que les deux personnes soient en même temps créancières et débitrices l'une de l'autre.

480. – Qualité des parties. Les discussions portent souvent sur le point suivant : une personne peut être créancière d'une autre à un titre, et être débitrice sous une autre qualité. Par exemple, la mère d'un enfant mineur peut être créancière d'un tiers en tant que représentante de celui-ci et débitrice à titre personnel. Le même exemple vaudrait pour le gérant d'une société, et par extension pour tout représentant. La solution est que la compensation ne joue pas. Dette et créance doivent être détenues en la même qualité.

B. – Les dettes doivent être fongibles, autrement dit de même nature (interchangeables)

481. – Texte. *Ancien article 1291 du Code civil* :

« La compensation n'a lieu qu'entre deux dettes qui ont également pour objet une somme d'argent, ou une certaine quantité de choses fongibles de la même espèce et qui sont également liquides et exigibles.

Les prestations en grains ou denrées, non contestées, et dont le prix est réglé par les mercuriales, peuvent se compenser avec des sommes liquides et exigibles ».

L'article 1347-1 du Code civil reprend ces conditions :

« Sous réserve des dispositions prévues à la sous-section suivante, la compensation n'a lieu qu'entre deux obligations fongibles, certaines, liquides et exigibles.

Sont fongibles les obligations de somme d'argent, même en différentes devises, pourvu qu'elles soient convertibles, ou celles qui ont pour objet une quantité de choses de même genre ».

482. – Objet de la compensation. La compensation suppose qu'il s'agisse de choses fongibles de la même espèce, ce qui exclut *a contrario* une compensation entre choses de genre ou entre choses fongibles d'une espèce différente.

En effet, la compensation repose sur une fiction : il faut faire comme si chacun des cocontractants avait reçu ce à quoi il prétendait (c'est le mécanisme de la compensation, oublions un temps le privilège).

Cette condition fait qu'il n'y a pratiquement de compensation qu'entre sommes d'argent, le bien fongible par essence.

L'alinéa second de l'article signifie qu'il est indifférent pour l'acquéreur de grains de recevoir le grain et son équivalent en argent (équivalent calculé grâce à la cotation des mercuriales). Cette équivalence était démentie à l'époque du Code civil par des famines cycliques. En réalité, il s'agissait d'éviter la panique lors de mauvaises récoltes et de pouvoir remplacer le blé par l'argent. Ce texte a eu peu d'applications pratiques, en raison d'une réception restrictive par la jurisprudence.

S'il y a plusieurs dettes compensables, les règles d'imputation des paiements sont transposables (C. civ., art. 1347-4).

C. – Les dettes doivent être liquides

483. – Définition. La dette est liquide lorsqu'elle est susceptible d'être évaluée en argent. Autrement dit, il faut qu'elle soit à la fois déterminée dans son *quantum* et hors de toute contestation sérieuse (Cass. 3e civ., 24 avr. 2003, n° 01-13.439 : *Bull. civ.* 2003, III, n° 81).

Dès lors qu'il y a contestation, le juge établira la dette (il liquide celle-ci), puis fera droit à la demande de compensation.

D. – Les dettes doivent être exigibles

484. – Définition. Il faut que la dette soit exigible, c'est-à-dire susceptible d'être payée, ou, de façon négative, il ne faut pas que les dettes soient assorties d'un terme conventionnel ou légal, ou d'une condition suspensive non survenue.

485. – Exigibilité et délai de grâce. Le juge a le droit d'accorder un délai de grâce ou terme de grâce au débiteur de bonne foi. Qu'en est-il ?

L'ancien article 1292 du Code civil :

« Le terme de grâce n'est point un obstacle à la compensation ».

Dans le même sens : article 1347-3 du Code civil (« Le délai de grâce ne fait pas obstacle à la compensation »).

La solution est logique : l'intervention du juge se justifie pour le débiteur qui n'a pas les moyens de payer. Or, si la compensation est possible, c'est que le débiteur a justement les moyens de payer. D'où le caractère exigible d'une telle dette.

486. – Les interdits. Malgré la réunion de toutes les conditions, la compensation ne peut avoir lieu dans les cas suivants :

– *s'agissant de créances alimentaires et autres créances insaisissables*, le débiteur est privé du droit de compensation, article 1347-2 du Code civil :

« Les créances insaisissables et les obligations de restitution d'un dépôt, d'un prêt à usage ou d'une chose dont le propriétaire a été injustement privé ne sont compensables que si le créancier y consent » ;

– *pour les créances de salaire*, article L. 3251-1 du Code du travail :

« L'employeur ne peut opérer une retenue de salaire pour compenser des sommes qui lui seraient dues par un salarié pour fournitures diverses, quelle qu'en soit la nature » ;

– lorsque la compensation mettrait en échec le droit du propriétaire de récupérer le bien remis par contrat ou soustrait par délit pénal, ancien article 1293, 1° et 2° du Code civil :

« La compensation a lieu, quelles que soient les causes de l'une ou l'autre des dettes, excepté dans le cas :

1° De la demande en restitution d'une chose dont le propriétaire a été injustement dépouillé ;

2° De la demande en restitution d'un dépôt et du prêt à usage ; » (V. égal. C. civ., art. 1347-2 : « Les créances insaisissables et les obligations de restitution *d'un dépôt, d'un prêt à usage* ou *d'une chose dont le propriétaire a été injustement privé* ne sont compensables que si le créancier y consent » [c'est nous qui soulignons]) ;

– pour les créances fiscales de l'État et des collectivités territoriales, leur revenu étant destiné à l'ensemble des citoyens ;

– lorsque la compensation, mécanisme de paiement, mettrait en péril les droits d'un tiers. Est visée par cette exception la saisie puisque cette mesure rend indisponible le bien concerné au profit du saisissant :

« La compensation ne préjudicie pas aux droits acquis par des tiers. » (C. civ., art. 1347-7) ;

– enfin, en cas d'ouverture d'une procédure collective : les créances nées antérieurement au jugement d'ouverture ne peuvent être réglées, que le paiement soit réel ou par compensation. L'ouverture de toute procédure collective interdit le paiement de créances nées antérieurement au jugement d'ouverture du redressement judiciaire, que ce paiement soit réel ou par compensation.

Cela ne vaut que si les conditions de la compensation ne sont réunies qu'après la date du jugement d'ouverture ; si elles ont été réunies avant cette date, la compensation a automatiquement fait son œuvre et joué son rôle de privilège. La compensation s'opère de plein droit, même en l'absence de lien de connexité, entre les dettes réciproques des parties, dès lors qu'elles sont certaines, liquides et exigibles avant le prononcé du jugement d'ouverture de la procédure collective de l'une ou l'autre des parties, peu important le moment où elle est invoquée (Cass. com., 27 sept. 2011, n° 10-24.793).

487. – Compensation et dette prescrite. La compensation légale opère sans qu'il soit besoin d'en réclamer le jeu, mais suppose que la créance invoquée ne soit pas prescrite (Cass. req., 21 mars 1934 : *DP* 1934, 1, 129, note R. Savatier ; S. 1934, I, 136, rapp. Pilon, note F. Gény). Une dette prescrite n'est plus exigible : conformément à la règle selon laquelle le point de départ d'un délai à l'expiration duquel une action ne peut plus s'exercer se situe nécessairement à la date d'exigibilité de l'obligation qui lui a donné naissance, le délai biennal de forclusion prévu par l'article L. 311-37 du Code de la consommation court, dans le cas d'une ouverture de crédit consentie sous forme d'un découvert en compte reconstituable, à compter de la date à laquelle prend fin l'ouverture de crédit (Cass. 1re civ., 4 févr. 2003 : *Gaz. Pal.* 5 avr. 2003, n° 95, p. 27).

§ 2. – Les effets de la compensation légale

488. – Plan. La compensation a deux effets majeurs :

– elle a un effet extinctif ;

– elle joue de plein droit, mais doit être invoquée.

Précisons aussi, comme le fait la réforme, que :

– le débiteur qui a accepté sans réserve la cession de créance ne peut opposer au cessionnaire la compensation qu'il eût pu opposer au cédant (art. 1347-6) ;

– le codébiteur solidaire et la caution peuvent opposer au créancier la compensation intervenue entre ce dernier et leur coobligé (art. 1347-7).

A. – L'effet extinctif

489. – Extinction de la dette. L'effet extinctif résultait de la lettre de l'ancien article 1290 du Code civil : « (...) ; les deux dettes s'éteignent réciproquement, à l'instant où elles se trouvent exister à la fois, jusqu'à concurrence de leurs quotités respectives ». Même non reprise par la réforme, cette règle demeure.

L'extinction a lieu entre les dettes, et leurs accessoires ou sûretés. Elle arrête le cours des intérêts et interrompt la prescription. La compensation opère un **double paiement**.

Depuis un revirement du 13 mars 2012, cette position doit parfois être nuancée : « La compensation opérée entre une créance de dommages-intérêts, résultant du comportement fautif du créancier à l'égard de la caution lors de la souscription de son engagement, et celle due par cette dernière, au titre de sa garantie envers ce même créancier, n'éteint pas la dette principale garantie mais, à due concurrence, l'obligation de la caution ». Même si le comportement fautif de la banque est sanctionné en anéantissant son recours contre la caution par l'effet d'une condamnation pécuniaire se compensant avec sa propre dette, le recours de la banque contre la SCI débitrice principale demeure intact (Cass. com., 13 mars 2012, n° 10-28.635 : *JCP* E 2012, n° 616, p. 1005, note P. Simler).

490. – L'extinction peut être totale ou partielle.

B. – L'effet de plein droit sur demande

491. – Loi. L'article 1290 précité prévoyait encore :

« La compensation s'opère de plein droit par la seule force de la loi, même à l'insu des débiteurs ».

492. – Origine historique. Cet effet ne peut être compris que par le droit romain. La compensation était inconnue en tant que mécanisme général de paiement en droit romain classique. Seule existait l'*exceptio doli* qui permettait à la victime du dol de s'opposer, à proportion de son dol, à l'action en paiement de l'auteur du dol. Comme toutes les *exceptiones* (par opposition aux *actiones*), elle devait être invoquée au début du litige et selon des règles rigoureuses. Ce qui est d'ailleurs toujours la règle pour les exceptions en procédure civile.

Justinien, dans ses *Institutes*, a voulu créer le mécanisme de compensation de façon autonome et lui faire jouer un rôle de plein droit (en latin, *ipso jure*) toutes les fois que cela était possible.

493. – Notion de « plein droit ». Pour autant « de plein droit » ne veut pas dire automatique sans possibilité d'intervention du bénéficiaire. La compensation joue de plein droit à condition que ce soit *in favorem debitoris*, en faveur de celui qui est libéré par elle.

En d'autres termes, un débiteur peut y renoncer de façon expresse ou tacite dans la seule limite de ne pas porter atteinte aux droits des tiers.

De plus, elle doit être invoquée en justice par le bénéficiaire et les juges ne peuvent la soulever de plein droit.

La compensation peut être soulevée lors du procès en cour d'appel, mais ne peut être invoquée pour la première fois devant la Cour de cassation (Cass. soc., 25 avr. 2001 : *Gaz. Pal.* 2001, somm. p. 1940, note A. Perdriau).

La Cour de cassation a décidé que viole par refus d'application les articles 4, 1289 et 1290 du Code civil la cour d'appel qui, pour débouter un crédirentier de sa demande en paiement par deux époux des arrérages impayés de la rente viagère dont ils étaient débiteurs, énonce que le nombre et l'importance des contentieux ayant opposé les parties sont tels que de très nombreuses décisions sont intervenues, engendrant de multiples créances réciproques, et qu'il s'avère en pratique impossible, au vu des décisions et pièces produites, d'établir sans expertise un compte retraçant les rapports pécuniaires en découlant et, certaines des décisions les plus récentes n'étant pas définitives ou mêmes exécutoires, de dire si la demanderesse se trouve effectivement créancière, à la date du présent arrêt, d'une somme supérieure au capital litigieux. D'une part, il incombait à la cour d'appel de vérifier, par elle-même ou par expert, le montant et l'exigibilité des créances alléguées et, d'autre part, la compensation opère par la seule force de la loi, même à l'insu des débiteurs, au moins jusqu'à concurrence de la dette la plus faible (Cass. 1re civ., 25 mai 2004 : *Bull. civ.* 2004, I, n° 143 ; *RTD civ.* 2004, p. 513, obs. Mestre et Fages).

L'affirmation que la compensation « s'opère de plein droit par la seule force de la loi, même à l'insu des débiteurs », disparaît du Code civil avec cette réforme. En réalité, la formule est fausse, car la compensation n'opère pas automatiquement. Elle doit être invoquée par la partie et cette dernière peut y renoncer après que ses conditions ont été réunies. Pour ces deux raisons, il n'y a pas d'effet de plein droit par la seule force de la loi.

L'article 1347-6 du Code civil est une véritable innovation : il dispose que « Le codébiteur solidaire peut se prévaloir de la compensation de ce que le créancier doit à l'un de ses coobligés pour faire déduire la part divise de celui-ci du total de la dette ». Il faut comprendre que le terme de « coobligé » inclut également le débiteur principal dans le cadre du cautionnement. Toutefois, cela ne vaut qu'une fois la compensation « intervenue ».

494. – Interprétation in favorem. L'ensemble peut paraître contradictoire, mais il ne l'est pas en fait : la compensation est un mécanisme soumis au principe de l'interprétation *in favorem*, un peu comme la hiérarchie des normes en droit du travail.

Elle joue de plein droit au moment où les deux créances présentent les conditions voulues, et ce à condition que ce soit en faveur de son bénéficiaire ; ainsi, celui-ci peut y renoncer rétroactivement soit en ne l'invoquant pas en justice, soit en manifestant sa renonciation.

Comme le salarié licencié qui découvre qu'une partie de la convention collective est moins favorable que la loi et qui réclame des années après le bénéfice de telle ou telle mesure prévue par le Code du travail…

SOUS-SECTION 2

LA COMPENSATION CONVENTIONNELLE

495. – Définition. La compensation conventionnelle est prévue par le contrat et la compensation judiciaire est opérée par le juge. Elle est une manifestation de la liberté contractuelle, principe fondateur de notre Code civil.

L'article 1348-2 du Code civil consacre cette analyse : les parties peuvent librement convenir d'éteindre toutes obligations réciproques, présentes ou futures, par une compensation.

496. – Mécanisme. Il faut imaginer que deux personnes se trouvent réciproquement créancières et débitrices, mais que les conditions de la compensation légale ne se trouvent pas remplies. Ce peut être une dette à terme qui sera compensée avec une dette exigible ; ou encore, une créance de corps certain avec une créance de chose de genre.

Il est possible pour elles, par contrat, de décider de compenser leurs dettes afin d'éviter d'autres tracas. C'est une application de la liberté contractuelle.

Il est juridiquement difficile de distinguer la compensation d'une double dation en paiement.

497. – Exemple. Reprenons notre exemple de l'acquéreur d'une automobile que le vendeur doit garantir. Afin d'éviter tout procès, le vendeur et l'acquéreur peuvent tomber d'accord sur la valeur monétaire de cette « garantie », la déduire du reliquat du prix dû par l'acquéreur et ainsi opérer une compensation… La vie quotidienne est remplie de telles situations.

498. – Convention d'unité de compte. La pratique bancaire connaît la technique et permet de compenser un solde débiteur du compte de dépôt avec le solde créditeur du compte sur livret. C'est la clause dite « convention d'unité de comptes » ou « convention de fusion ».

Après avoir admis, comme hypothèse, qu'une lettre, qualifiée par la banque de convention de fusion, vaille comme telle ou comme convention d'unité de comptes, une cour d'appel a retenu que les trois comptes « cabinet », « syndicats de copropriété », et « gérance d'appartement » d'une société, ayant chacun des numéros propres, avaient fonctionné simultanément, que la banque ne pouvait ignorer les activités de syndic de copropriété de la société lors de l'ouverture et au cours du fonctionnement des comptes, qu'il lui était impossible de se méprendre sur la nature et l'origine des fonds déposés sur les comptes « copropriété » et « gérance » par ce syndic au nom de ses mandants, et que, de même, elle ne pouvait ignorer les règlements de la caisse de garantie du syndic soumettant la garantie consentie à ses adhérents à l'ouverture de compte de tiers. En l'état de ces constatations, la cour d'appel a décidé à bon droit que, pour les comptes « copropriété » et « gérance », le syndic n'intervenait qu'en qualité de mandataire de ses clients et qu'en l'absence d'accord de ceux-ci, la convention litigieuse et, par voie de conséquence, la compensation qui aurait pu en résulter, leur étaient inopposables (Cass. com., 10 févr. 1998 : *Bull. civ.* 1998, IV, n° 64).

499. – Réciprocité. La seule condition essentielle pour que la compensation ne soit pas dénaturée est celle de la réciprocité des dettes : la compensation est un jeu à deux et ne supporte pas les tiers.

500. – Date. La compensation conventionnelle ne peut produire effet qu'à compter de l'acte qui l'établit.

Le Code civil reprend cette idée :

« *Art. 1348-2.* – Les parties peuvent librement convenir d'éteindre toutes obligations réciproques, présentes ou futures, par une compensation ; celle-ci prend effet à la date de leur accord ou, s'il s'agit d'obligations futures, à celle de leur coexistence ».

SOUS-SECTION 3

LA COMPENSATION JUDICIAIRE

501. – Origine légale. Cette compensation provient de deux articles du Code de procédure civile, les articles 70 et 564.

« *Art. 70.* – Les demandes reconventionnelles ou additionnelles ne sont recevables que si elles se rattachent aux prétentions originaires par un lien suffisant.

Toutefois, la demande en compensation est recevable même en l'absence d'un tel lien, sauf au juge à la disjoindre si elle risque de retarder à l'excès le jugement sur le tout ».

« *Art. 564 (Mod., D. n° 81-500, 12 mai 1981).* – Les parties ne peuvent soumettre à la cour de nouvelles prétentions si ce n'est pour opposer compensation, faire écarter les prétentions adverses ou faire juger les questions nées de l'intervention d'un tiers, ou de la survenance ou de la révélation d'un fait ».

La compensation judiciaire est expressément envisagée par le texte issu de la réforme :

« *Art. 1348.* – La compensation peut être prononcée en justice, même si l'une des obligations, quoique certaine, n'est pas encore liquide ou exigible. À moins qu'il n'en soit décidé autrement, la compensation produit alors ses effets à la date de la décision ».

« *Art. 1348-1.* – Le juge ne peut refuser la compensation de dettes connexes au seul motif que l'une des obligations ne serait pas liquide ou exigible.

Dans ce cas, la compensation est réputée s'être produite au jour de l'exigibilité de la première d'entre elles.

Dans le même cas, l'acquisition de droits par un tiers sur l'une des obligations n'empêche pas son débiteur d'opposer la compensation ».

L'intérêt de la compensation judiciaire est de permettre à l'un des débiteurs de demander au juge de prononcer la compensation alors que les dettes réciproques ne remplissent pas certaines des conditions exigées par le Code civil pour les autres formes de compensation. Comme nous l'avons indiqué, cette compensation judiciaire est mentionnée aux articles 70 et 564 du Code de procédure civile ; c'est ce qui explique qu'elle ne puisse être invoquée que dans le cadre d'une demande reconventionnelle. L'ordonnance n° 2016-131 du 10 février 2016 a généralisé la compensation judiciaire dans le Code civil. Cette consécration ne permet pas, en l'état des textes, de lever des incertitudes entourant les solutions posées par la jurisprudence.

502. – Exemple. Fabrice a travaillé tout l'été au profit d'Alain. Il doit à Alain 1 500 € d'un voyage en Grèce. La compensation ne peut avoir lieu, car la première créance n'est pas liquide. Fabrice doit assigner Alain en justice pour voir fixer le montant de son travail. S'il obtient 2 000 € du juge d'instance, il peut alors demander à ce dernier une compensation avec les 1 500 € qu'il doit.

Telle est souvent la situation entre propriétaire et locataire. Avant l'entrée dans les lieux loués, le propriétaire a exigé une somme à titre de « garantie ». Son montant est connu. Il refuse de restituer cette garantie, à la fin du bail, au motif que le locataire a commis des dégâts dans l'appartement. C'est au juge que revient le devoir de fixer le montant des travaux qui sont la conséquence de l'occupation fautive du locataire, puis de compenser cette somme avec la somme laissée en garantie par le locataire en début de bail.

503. – Compensation comme *exceptio*. Cela a peu à voir avec l'hypothèse de la compensation légale. C'est ici que la compensation retrouve son origine romaine, celle d'une *exceptio*, celle d'un argument en défense, permettant de limiter l'ampleur de l'action en paiement. Cette « exception » ne doit pas être soulevée *in limine litis*.

Ainsi, les juges du fond se reconnaissent, même si le moyen est invoqué pour la première fois devant la cour d'appel, le droit discrétionnaire d'accorder le bénéfice d'une compensation entre les sommes demandées à titre principal et celles à titre discrétionnaire. Le juge aura alors tous les rôles : établir cette créance quant à son fondement, la rendre liquide et exigible, puis compenser. Il suffit que la demande reconventionnelle fasse état d'une créance certaine (une certitude soumise à l'appréciation du juge), fongible et réciproque.

La raison de cette compensation judiciaire est que l'attaque est bien souvent un artifice de procédure ou une stratégie : en réalité le défendeur mérite considération. Quelle audace pour un garagiste peu scrupuleux d'attaquer un acquéreur victime de son dol ! Le magistrat retrouve ici son *imperium*, se préoccuper du plus misérable, afin d'éviter des jugements de cour trop noirs.

Cette compensation judiciaire ne doit pas être confondue avec la compensation légale étendue aux créances connexes : dans l'un et l'autre cas, il s'agit d'un pouvoir du juge, mais la première est de droit et prend effet au moment où les dettes ont rempli les conditions requises, tandis que la seconde est de fait et ne vaut qu'au jour du prononcé du jugement. Enfin, le juge peut compenser toutes dettes, même non connexes.

Toutefois, lorsque deux dettes sont connexes, le juge ne peut écarter la demande de compensation au motif que l'une d'entre elles ne réunit pas les conditions de liquidité et d'exigibilité (Cass. 3e civ., 20 nov. 2002 : *Gaz. Pal.* 2003, somm. p. 549).

La compensation juridique précise la date de la compensation.

504. – Compensation et équité. La compensation judiciaire est la manifestation la plus exacerbée du sentiment d'équité et d'humanité qui parcourt toute la compensation : elle est la trace au cœur du juge qu'il s'agit d'une mesure de faveur pour le débiteur (et en général celui qui doit le plus), soit parce qu'il l'accepte ou la revendique comme un privilège, soit parce qu'il la refuse comme un piège. C'était ainsi qu'avait voulu le législateur romain en créant *l'exceptio doli*... L'évolution juridique est sinusoïdale.

505. – Conditions de la compensation judiciaire. La doctrine était divisée, avant la réforme, sur les conditions que doit présenter la créance. Pour certains auteurs, la seule condition manquante était celle de liquidité ; pour d'autres, la compensation judiciaire pourrait également permettre de surmonter l'absence d'exigibilité.

Le projet d'article 1326 permettait de retenir la seconde branche de l'option. Certains ne sont pas convaincus de ce choix : « si l'on conçoit aisément qu'un juge puisse rendre une créance liquide, il nous semble, en revanche, qu'un débiteur ne peut être privé du terme dont il bénéficie au seul motif, et faute notamment de connexité, que son créancier est réciproquement son débiteur. Il serait donc préférable de limiter la compensation judiciaire à l'hypothèse d'une absence de liquidité de l'une ou des deux créances » (D. Robine, *Consolidation des « règles générales » et consécration des « règles particulières » de la compensation : un projet de réforme à parfaire : Dr. et patrimoine* sept. 2014). En réalité, la critique ne porte pas si l'on considère, comme nous l'avons fait précédemment, que la compensation judiciaire est la trace de l'équité dans le cœur du juge. Nul doute que son choix sera le bon.

L'article 1348 du Code civil a confirmé cette analyse :

« La compensation peut être prononcée en justice, même si l'une des obligations, quoique certaine, n'est pas encore liquide ou exigible. À moins qu'il n'en soit décidé autrement, la compensation produit alors ses effets à la date de la décision ».

Une autre question délicate est celle de la date des effets de la compensation judiciaire. Cette date fait l'objet d'un débat doctrinal. Pour certains auteurs, la compensation judiciaire doit avoir un effet rétroactif, alors que pour d'autres il faut retenir le jour du jugement. La Cour de cassation fixe la date des effets au jour de la décision du juge : cela est logique dans la mesure où c'est le juge, statuant en équité, qui fixe les limites et les conditions de la compensation. La décision du juge est autonome et est déliée de toutes les règles ; il est difficile de faire rétroagir les effets à une autre date que celle de la décision.

SOUS-SECTION 4

LA COMPENSATION POUR CONNEXITÉ

506. – **Réforme.**

« *Art. 1348-1.* – Le juge ne peut refuser la compensation de dettes connexes au seul motif que l'une des obligations ne serait pas liquide ou exigible.

Dans ce cas, la compensation est réputée s'être produite au jour de l'exigibilité de la première d'entre elles.

Dans le même cas, l'acquisition de droits par un tiers sur l'une des obligations n'empêche pas son débiteur d'opposer la compensation ».

Cette disposition consacre les solutions qui se dégagent du droit positif : la connexité est une sorte de « passe-partout juridique » qui ouvre la possibilité d'une compensation, alors que ses conditions ne seraient pas parfaitement remplies.

507. – Compensation et procédure collective. Le terme d'élection de la connexité est la procédure collective qui frappe le débiteur. La compensation est normalement interdite en matière de procédure collective, car elle est une forme de paiement. L'accepter reviendrait à favoriser un créancier par rapport aux autres. Toutefois, la Cour de cassation avait déjà, avant l'intervention de la loi du 10 juin 1994, jugé qu'il résultait des dispositions combinées des articles 33 et 37, alinéa 4 (C. com., art. L. 622-7 et s.), que l'interdiction de payer toute créance née antérieurement au jugement d'ouverture du redressement judiciaire ne faisait pas obstacle, même pendant la période d'observation, à ce que la compensation opérât entre dettes connexes. La solution est désormais posée par la loi : l'article L. 622-7 dispose, dans son premier alinéa : « Le jugement ouvrant la procédure emporte, de plein droit, interdiction de payer toute créance née antérieurement au jugement d'ouverture. Cette interdiction ne fait pas obstacle au paiement par compensation de créances connexes ».

La créance connexe du débiteur peut elle-même être née postérieurement à l'ouverture de la procédure collective (Cass. com., 21 févr. 2012, n° 11-18.207). Ce mécanisme exorbitant du droit a suscité la critique : en refusant de transmettre une question prioritaire de constitutionnalité, la Cour de cassation a décidé que cette compensation par connexité ne portait pas atteinte aux principes d'égalité et de sécurité juridique (Cass. com., 14 sept. 2010 : *RTD com.* 2011, 798, obs. Martin-Serf).

Avant le prononcé du règlement judiciaire, la compensation s'opère de plein droit, sans avoir à rechercher si les dettes réciproques des parties présentent un lien de connexité, dès lors que celles-ci sont certaines, liquides et exigibles (Cass. com., 18 févr. 1975 : *Bull. civ.* 1975, IV, n° 50. – Cass. com., 29 nov. 1988 : *Bull. civ.* 1988, IV, n° 325).

Toutefois, l'obligation pour tout créancier d'une somme d'argent née antérieurement au jugement d'ouverture de déclarer sa créance au passif du débiteur, sanctionnée, en cas de défaut, par l'inopposabilité de cette créance à la procédure collective, subsiste même dans le cas où est invoquée la compensation pour créances connexes (Cass. com., 12 juin 2012, n° 11-17.344).

Après le prononcé du règlement judiciaire, la recherche de la connexité est une obligation pour le juge. Toutefois, la compensation fondée sur la connexité des créances, si elle requiert que la créance opposée au débiteur en procédure collective ou son ayant droit soit certaine dans son principe et ne soit pas éteinte, n'exige pas la réunion des conditions de liquidité et d'exigibilité. Cette solution avait été posée sous l'empire du texte antérieur à la réforme du 26 juillet 2005 (C. com., ancien art. L. 621-24) par un arrêt du 28 septembre 2004 (n° 02-21.446) et a été rappelée par un arrêt du 28 avril 2009 (n° 08-14.756). Il suffit donc que la créance soit certaine et connexe, sans que les conditions de la compensation légale, posées à l'article 1291 du Code civil (1347-1 à compter du 1er octobre 2016), soient remplies.

Une commune, actionnaire d'une société d'économie mixte mise en liquidation judiciaire, ayant été mise en demeure de verser la fraction du capital souscrite, mais non libérée, et ayant prétendu compenser cette dette avec une créance contre la société, la cour d'appel qui, se fondant sur les dispositions de l'article 33 de la loi du 25 janvier 1985, devenu l'article L. 622-7 du Code de commerce, a énoncé que la dette de la commune dérivait du contrat de société, tandis que sa créance était née d'un contrat de mandat, et qui en a déduit qu'il n'y avait pas connexité entre cette créance et cette dette, a rejeté à bon droit la demande de compensation (Cass. com., 17 juill. 2001 : *Bull. civ.* 2001, IV, n° 148). La question de la connexité est également discutée en matière de cautionnement. La jurisprudence a plusieurs fois décidé que la créance de l'actionnaire contre la société constituée par le solde créditeur du compte ouvert à son nom dans les livres de la société (compte courant) est née du prêt consenti à celle-ci, tandis que la dette de l'actionnaire envers ladite société, au titre de l'obligation de libérer l'intégralité du capital social, dérive du contrat de société. À défaut de connexité, la compensation n'est pas possible.

D'autres applications de la compensation par connexité ont eu lieu en matière de compte bancaire ou d'effet de commerce. En effet, l'entrée en compte courant d'une créance entraîne sa compensation avec le solde du compte, sauf à admettre la contre-passation de l'opération.

508. – L'extension de la compensation aux créances connexes. C'est dans le cadre d'une procédure collective que la jurisprudence a étendu le champ d'application de la compensation aux créances connexes. Cette conception élargie de la compensation a parlé de « supercompensation », et elle fut par la suite appliquée à bien d'autres domaines.

Voici l'acquéreur d'un véhicule auprès d'un garage. Trois mois après l'achat, la voiture se révèle de moindre valeur (accidentée). Deux obligations sont nées : d'une part, celle pour l'acquéreur de payer le prix ou le reliquat du prix, et, d'autre part, celle pour le vendeur de garantir le bien vendu. La première obligation répondrait aux conditions de la compensation, la seconde non, faute d'être liquide et exigible. Faut-il exiger de l'acquéreur la totalité du prix, sachant qu'il risque de n'obtenir jamais la garantie de son véhicule ?

La jurisprudence a répondu par la négative et a créé la notion de créance connexe, à la fois pour un souci d'équité évident, mais aussi pour contrarier l'aléa inhérent à certaines compensations : des dettes susceptibles de compensation ont moins de lien entre elles que les dettes connexes...

509. – Notion de connexité. La connexité peut se définir comme le lien étroit qui unit deux créances réciproques et trouve son exemple lorsque les deux obligations réciproques sont issues ou nées à l'occasion d'un même contrat ou ensemble de contrats, parce qu'elles sont économiquement indissociables.

La connexité ne concerne pas nécessairement une créance déjà admise par le juge-commissaire : il suffit que la créance avancée comme étant « connexe » soit « vraisemblable » (Cass. com., 30 juin 2009 : *Bull. civ.* 2009, IV, n° 90). Ce caractère vraisemblable de la créance relève du pouvoir souverain des juges du fond. Ces derniers doivent l'apprécier, même dans le cadre d'une procédure d'exécution ou d'urgence, et ne peuvent surseoir à statuer en attendant la décision d'admission, ou de refus d'admission, du juge-commissaire (Cass. com., 21 févr. 2012, n° 11-18.207).

La connexité peut résulter de :

– l'exécution du contrat : le locataire est tenté de compenser la dette de loyer (les deux derniers mois de loyer avant son congé) avec la somme laissée à titre de « caution » lors de l'entrée dans l'appartement ;

– son inexécution : le solde dû d'un contrat de construction peut être ainsi compensé avec les intérêts de retard dus par la construction à raison du retard pris pour la réalisation des travaux (V. Cass. com., 3 juin 1967 ; V. *infra*, n° 510, Jurisprudence I) ;

– d'un ensemble contractuel : sont connexes des créances réciproques nées d'un même contrat ou de contrats distincts correspondant à une volonté commune de réaliser une même opération économique dans le cadre d'un accord global (CA Paris, 29 avr. 1994 : *Dr. sociétés* 1994, n° 173, obs. Y. Chaput). Les dettes contractuelles réciproques dérivant de contrats distincts mais s'inscrivant dans un ensemble unique sont connexes (Cass. com., 9 mai 1995 : *Bull. civ.* 1995, IV, n° 130 ; *D.* 1996, p. 322, note G. Loiseau ; *JCP* G 1995, II, 22448, rapp. J.-P. Rémery ; *RTD civ.* 1996, p. 164, obs. J. Mestre). Un arrêt de la Cour de cassation s'est référé à la notion de « contrats économiquement liés » (Cass. 3e civ., 4 juin 2003 : *RD bancaire et fin.* 2003, n° 194, obs. F.-X. Lucas). Elle a admis la connexité de créances nées de deux contrats de vente, dans l'hypothèse où l'acheteur, qui ne pouvait faire face aux échéances, avait revendu à la société venderesse une partie des biens qu'il avait acquis (Cass. com., 16 oct. 2001 : *Rev. proc. coll.* 2002, p. 179, obs. P. Lebel).

En revanche, la compensation est interdite entre une créance contractuelle et une créance délictuelle : « Ayant relevé que l'une des créances réciproques dérivait du contrat ayant uni les parties tandis que l'autre était dépourvue de fondement contractuel, la cour d'appel en a justement déduit que lesdites créances n'étaient pas connexes » (Cass. com., 22 avr. 1997 : *Bull. civ.* 1997, IV, n° 101).

En l'absence d'une décision ayant déjà statué sur la compensation, le juge de l'exécution est compétent pour se prononcer sur l'exception de compensation en raison de la connexité, présentée à l'appui d'une demande de mainlevée de saisie (Cass. com., 21 févr. 2012, n° 11-18.207).

510. – Effets de la connexité. Un arrêt de principe du 18 janvier 1967 a posé trois conséquences : « Lorsque deux dettes sont connexes, le juge ne peut écarter la demande en compensation au motif que l'une d'entre elles ne réunit pas les conditions de liquidité et d'exigibilité. Il est tenu de constater le principe de cette compensation qui constitue, pour les parties, une garantie, sauf à ordonner toutes mesures pour parvenir à l'apurement des comptes » (Cass. 1re civ., 18 janv. 1967 : *Bull. civ.* 1967, I, n° 27 ; *D.* 1967, p. 358, note J. Mazeaud ; *JCP* 1967, II, 15005, note J. A. ; *RTD civ.* 1967, p. 812, obs. J. Chevallier ; *GAJ civ.*, 12e éd., n° 251).

• Comme la compensation légale, la compensation connexe peut se produire entre des créances qui ne sont pas liquides ou exigibles.

• Le juge est tenu de constater le principe de cette compensation (alors que la compensation judiciaire est facultative) ; toutefois, la compensation par connexité n'est pas d'ordre public et le juge ne peut la prononcer de sa propre initiative.

• La connexité est une garantie : cette connexité des obligations permet d'affecter la dette de chacune des parties à la garantie du paiement de sa créance.

• La compensation pour dettes connexes a un effet rétroactif : elle produit des effets au jour où les créances ont coexisté. La compensation pour dettes connexes opère malgré la cession de l'une d'elles (Cass. com., 15 juin 1993, n° 91-19.677 : *Bull. civ.* 1993, IV n° 242). Il existe toutefois une différence entre la jurisprudence de la Cour de cassation et la réforme. En effet, en 2007 (Cass. com., 20 févr. 2007, n° 05-19.858 : *Bull. civ.* 2007, IV, n° 50), la Haute juridiction a considéré qu'en cas de connexité « l'effet extinctif de la compensation ordonnée [est] réputé s'être produit au jour de l'exigibilité de la première » des créances. Or la date de coexistence des créances n'est pas nécessairement identique à celle de l'exigibilité de l'une d'elles.

En revanche, la compensation pour dettes connexes survit à la cession Dailly, à condition que la connexité ait été invoquée (Cass. com., 14 déc. 1993, n° 91-22.033 : *Bull. civ.* 1993, IV, n° 469).

JURISPRUDENCE
I. Compensation et procédure collective

La compensation est souvent invoquée comme moyen d'échapper à la procédure collective du débiteur.

En voici un exemple, l'arrêt rendu par la chambre commerciale le 3 juin 1997 :

Cass. com., 3 juin 1997, n° 95-13.365

« LA COUR :

Sur le moyen unique :

Attendu, selon l'arrêt attaqué (CA Paris, 13 janv. 1995), qu'en garantie d'une facilité de trésorerie que lui avait accordée la Banque Worms (la banque), la société L'Âge d'or a remis à celle-ci une certaine somme d'argent productive d'intérêts par plusieurs actes intitulés chacun "gage de numéraire" ; qu'à l'échéance, la banque a assigné la société débitrice en paiement de sa créance au titre du crédit consenti et a demandé que les espèces constituées en gage lui soient attribuées ; que le tribunal a accueilli ces prétentions par un jugement dont la société L'Âge d'or a relevé appel avant d'être mise en redressement, puis en liquidation judiciaires ; qu'après mise en cause du liquidateur de la procédure collective, la cour d'appel a confirmé le jugement entrepris ;

Attendu que le liquidateur reproche à l'arrêt de s'être ainsi prononcé, alors, selon le pourvoi, que la liquidation judiciaire de la société L'Âge d'or ayant été prononcée et le liquidateur étant intervenu à l'instance, la cour d'appel devait appliquer d'office les dispositions d'ordre public des articles 47, 48 et 50 de la loi du 25 janvier 1985 qui obligent le créancier d'un débiteur dont la liquidation judiciaire a été prononcée à se soumettre, concernant une demande tendant au paiement d'une somme d'argent pour une cause antérieure à l'ouverture de la procédure collective, à la procédure de vérification des créances et font obligation à la juridiction saisie de suspendre l'instance en cours jusqu'à ce que le créancier poursuivant ait procédé à la déclaration de sa créance et valablement repris l'instance contre le liquidateur judiciaire du fait du dessaisissement du débiteur ; d'où il suit qu'en statuant comme elle l'a fait, la cour d'appel n'a pas donné de base légale à sa décision par violation des textes susvisés ;

Mais attendu qu'il résulte des constatations de l'arrêt que la créance de la banque bénéficiaire de la garantie était devenue certaine, liquide et exigible au plus tard à la date du jugement entrepris et que les actes constitutifs de la sûreté dispensaient la banque, en cas de non-paiement à l'échéance, de son obligation de restituer les sommes d'argent dont la propriété lui avait été transférée à titre de garantie ; qu'il s'ensuit que la créance de la banque s'était trouvée éteinte, dès avant l'ouverture de la procédure collective, par la voie d'une compensation conventionnelle avec sa dette de restitution et n'avait pas, dès lors, à être déclarée ; que le moyen n'est pas fondé ;

Par ces motifs :

Rejette (...) »

Dans le même esprit, la Cour de cassation a décidé que la cour d'appel, qui a constaté que les matériels dont le prix était revendiqué, et qui avaient été revendus, étaient censés avoir fait l'objet d'un paiement par compensation, autre que par compte courant, avant l'ouverture de la procédure collective, a exactement retenu, en application de l'article 122 de la loi du 25 janvier 1985, devenu l'article L. 621-124 du Code de commerce, qu'il ne s'agissait pas d'un des modes de paiement mettant obstacle à la revendication du vendeur (Cass. com., 8 janv. 2002 : *Bull. civ.* 2002, IV, n° 6).

En l'état d'un bail consenti à une société mise en redressement judiciaire, a donc violé l'article 1289 du Code civil et l'article 33, alinéa 1er de la loi du 25 janvier 1985, devenu l'article L. 621-24 du Code de commerce la cour d'appel qui, pour condamner les bailleurs à faire l'avance du montant des travaux préconisés par l'expert judiciaire, mis à leur charge, a retenu que leur demande de compensation entre cette dette et leur créance de loyers était sans objet (Cass. 3e civ., 3 févr. 2003 : *Bull. civ.* 2003, III, n° 37).

La Cour de cassation a eu, le 12 octobre 2000, une conception généreuse de la compensation : la demande de compensation est fondée, lorsqu'il s'agit de créances connexes procédant de l'indemnisation des séquelles du même accident.

Cass. 2e civ., 12 oct. 2000, n° 98-21.085

« LA COUR :

Sur le moyen unique ;

Attendu, selon l'arrêt attaqué (CA Montpellier, 29 juin 1998), rendu sur renvoi après cassation, que M. Colonna d'Istria, agent communal, a été victime d'un accident dont M. Gavini, assuré auprès des AGF, a été déclaré responsable ; qu'il a demandé à ceux-ci réparation de son préjudice ; que la Caisse des dépôts et consignations (la Caisse), qui a versé une pension de retraite anticipée à M. Colonna d'Istria, en a demandé le remboursement ; que l'arrêt a dit que cette mise à la retraite anticipée était imputable pour 2/3 à l'accident ;

Attendu que la Caisse fait grief à l'arrêt d'avoir, après évaluation de sa créance, ordonné une compensation entre celle-ci et un trop-perçu par M. Colonna d'Istria en vertu de l'exécution provisoire de précédentes décisions, alors, selon le moyen :

1° que lorsque le décès, l'infirmité ou la maladie d'un agent de l'État est imputable à un tiers, l'État dispose de plein droit contre ce tiers, par subrogation aux droits de la victime ou de ses ayants droit, d'une action en remboursement de toutes les prestations versées ou maintenues à la victime ou à ses ayants droit à la suite du décès, de l'infirmité ou de la maladie ; qu'en ordonnant la compensation entre la dette de répétition de l'indu de la victime envers le tiers responsable et le recours subrogatoire de la Caisse contre ledit tiers responsable, la cour d'appel a méconnu le recours subrogatoire prioritaire pour toutes les prestations versées à la victime par la Caisse, violant les articles 1er et 5 de l'ordonnance du 7 janvier 1959 et 29 à 31 de la loi du 5 juillet 1985 ;

2° que l'effet translatif de la subrogation interdit de porter atteinte à la créance ainsi transférée par un acte postérieur à la subrogation ; qu'il résulte des constatations de l'arrêt attaqué que la créance subrogatoire de la Caisse contre les AGF et M. Gavini sur le préjudice de droit commun et M. Colonna d'Istria a été constituée par le jugement rendu le 10 décembre 1992 par le tribunal de grande instance d'Ajaccio et que la dette de restitution de M. Colonna d'Istria envers les AGF et M. Gavini a été constituée par l'arrêt attaqué ; qu'en ordonnant dès lors une compensation entre la créance du subrogé (la Caisse des dépôts et consignations) et une dette de restitution du subrogeant (M. Colonna d'Istria), née postérieurement à la subrogation légale de la Caisse dans les droits de la victime contre le tiers responsable, la cour d'appel a violé l'article 1298 du Code civil par refus d'application et l'article 1252 du même code par fausse application ;

Mais attendu qu'après avoir énoncé à bon droit que, par dérogation aux dispositions de l'article 1298 du Code civil selon lesquelles la compensation n'a pas lieu au préjudice des droits acquis à un tiers la demande de compensation était fondée, s'agissant de créances connexes procédant de l'indemnisation des séquelles du même accident, c'est sans encourir les griefs du moyen que la cour d'appel a statué comme elle l'a fait ;

D'où il suit que le moyen n'est pas fondé ;

Par ces motifs : Rejette le pourvoi (...) »

II. Compensation et compte courant d'associé

Souvent, un associé a ouvert un compte courant au sein de la société. Le solde de ce compte ne peut être que positif ; à défaut, l'associé pourrait être poursuivi pénalement pour abus de bien social. Lorsque la société est sous le coup d'une procédure collective, il est tentant pour l'associé de compenser cette créance avec une autre dette que celui-ci a envers la société.

Un associé d'une société mise en liquidation judiciaire assigné par le liquidateur en paiement de la fraction non libérée du capital social a fait valoir qu'il s'était libéré, avant le jugement d'ouverture, par compensation avec le solde de son compte courant dans les livres de la société.

A privé sa décision de base légale au regard des articles 1289, 1290 et 1291 du Code civil la cour d'appel qui, pour le condamner néanmoins au paiement, a retenu que sa créance en tant qu'associé était née du prêt consenti à la société, tandis que sa dette dérivait du contrat de société, sans rechercher, comme elle y était invitée, si la compensation de plein droit invoquée ne s'était pas produite avant le jugement d'ouverture de la procédure collective.

(Cass. com., 8 janv. 2002 : *Bull. civ.* 2002, IV, n° 4 ; *Bull. Joly Sociétés* 2002, p. 477, § 102, note F.-X. Lucas).

III. Compensation et rescription de la dette

Conformément à la règle selon laquelle le point de départ d'un délai à l'expiration duquel une action ne peut plus s'exercer se situe nécessairement à la date d'exigibilité de l'obligation qui lui a donné naissance, le délai biennal de forclusion prévu par ce texte court, dans le cas d'une ouverture de crédit consentie sous forme d'un découvert en compte reconstituable, à compter de la date à laquelle prend fin l'ouverture de crédit.

Une banque ayant consenti à des époux un crédit permanent de 30 000 F remboursable par prélèvements mensuels sur leur compte et clôturé le compte le 30 juin 1997, viole l'article L. 311-37 du Code de la consommation la cour d'appel qui, pour déclarer forclose l'assignation en paiement des sommes restant dues, au titre de ce crédit, formée le 15 décembre 1997 par l'établissement de crédit, énonce que l'événement donnant naissance à une action en remboursement d'impayé dans le cadre d'un contrat de crédit permanent consiste dans le premier incident de paiement non régularisé qui a eu lieu le 12 décembre 1995, que la clôture du compte ne peut être retenue comme cet événement du fait qu'elle n'a aucune influence sur l'exigibilité de la dette acquise échéance après échéance, qu'il ne peut en être autrement que dans le cas d'un compte courant avec des opérations réciproques entre les parties et des paiements par des tiers avec une compensation continue et que le compte des époux n'était pas un compte courant puisque les relevés démontrent qu'il a servi uniquement à réaliser le crédit consenti et à recevoir les remboursements (Cass. 1re civ., 4 févr. 2003 : *Gaz. Pal.* 5 avr. 2003, n° 95, p. 27).

Le délai de prescription peut être suspendu ou interrompu.

Un entrepreneur ayant réclamé à un exploitant de station-service le paiement d'un solde de travaux, il ne peut être reproché à l'arrêt attaqué d'avoir écarté la prescription décennale de l'article 189 bis du Code de commerce invoquée par le débiteur, dès lors qu'il résulte de l'arrêt que les parties étaient expressément convenues, en 1986 et 1987, de procéder à la compensation entre les factures de carburant émises mois par mois et le solde des travaux, ce dont il résulte que la demande de compensation était antérieure à l'expiration du délai de prescription. Ayant relevé que le dernier paiement par compensation était intervenu le 30 juin 1987, date de la dernière facture de carburant compensée, la cour d'appel en a exactement déduit que la prescription avait été interrompue à cette date et qu'ayant fait courir un nouveau délai de prescription expirant le 30 juin 1997, la demande en paiement n'était pas prescrite, lors de l'assignation en référé du 2 janvier 1997 (Cass. 1re civ., 22 oct. 2002 : *Bull. civ.* 2002, I, n° 238).

SECTION 3

LA CONFUSION

511. – Notion. Aux termes de l'ancien article 1300 du Code civil :

« Lorsque les qualités de créancier et de débiteur se réunissent dans la même personne, il se fait une confusion de droit qui éteint les deux créances ».

La confusion se réalise ainsi par la réunion sur une même tête des qualités de débiteur et de créancier. L'effet est simple : la dette est éteinte, car nul ne peut être son propre créancier ou son propre débiteur.

La confusion s'opère pour toutes les obligations : obligation de faire, de ne pas faire, de donner et de ne pas donner.

Elle nécessite la réunion de deux conditions :

– la créance et la dette se retrouvent dans le même patrimoine ;

– la créance doit être disponible.

Deux articles du Code civil sont consacrés à la confusion :

« *Art. 1349.* – La confusion résulte de la réunion des qualités de créancier et de débiteur d'une même obligation dans la même personne. Elle éteint la créance et ses accessoires, sous réserve des droits acquis par ou contre des tiers ».

« *Art. 1349-1.* – Lorsqu'il y a solidarité entre plusieurs débiteurs ou entre plusieurs créanciers, et que la confusion ne concerne que l'un d'eux, l'extinction n'a lieu, à l'égard des autres, que pour sa part.

Lorsque la confusion concerne une obligation cautionnée, la caution est libérée. Lorsque la confusion concerne l'obligation d'une des cautions, les autres sont libérées à concurrence de sa part ».

512. – Exemples. Prenons l'exemple de Fabrice qui doit 900 à Guillaume. Ce dernier décède et lègue tous ses biens à Fabrice. Ce dernier cumule donc sur sa tête la qualité de débiteur de 900 (il a emprunté à Guillaume cette somme et est donc son débiteur) et de créancier de 900 (en tant qu'héritier de Guillaume, il est devenu titulaire de la créance et peut réclamer paiement à son débiteur..., autrement dit à lui-même). Les qualités de débiteur et de créancier sont confondues : la dette n'existe plus.

Le cas le plus fréquent de confusion pour les personnes physiques est celui de l'héritage. Un enfant a emprunté à son père alors que celui-ci était en vie ; à son décès, il recueille dans l'héritage la créance.

Ce n'est pas le seul ; ainsi la confusion des droits locatifs et de propriété sur la même tête éteint le droit au bail (Cass. 3e civ., 15 juill. 1971 : *Bull. civ.* 1971, III, n° 459). Quant aux personnes morales, les hypothèses de fusion ou d'absorption entre sociétés sont les plus caractéristiques.

513. – Effet de la confusion. L'effet principal est l'extinction de l'obligation dont une seule personne cumule sur sa tête les qualités de débiteur et de créancier. Les sûretés, accessoires de l'obligation, s'éteignent avec elle.

Ainsi la confusion, qui s'opère dans la personne du débiteur principal, profite à ses cautions.

Cependant, la confusion qui s'opère dans la personne de la caution n'entraîne point l'extinction de l'obligation principale (C. civ., ancien art. 1301, al. 2).

Trois analyses de l'effet de la confusion sont possibles. Dans une première analyse, la confusion éteindrait définitivement le rapport d'obligation (**thèse de l'effet extinctif absolu**). Dans une deuxième analyse, la confusion ne ferait que suspendre l'action du créancier contre le débiteur, sans effet extinctif (**thèse de l'effet suspensif**), et le rapport d'obligation peut reprendre force en cas de nouvelle séparation des qualités de créancier et de débiteur. Enfin, et c'est l'analyse retenue par la jurisprudence, la confusion a un **effet extinctif**, mais cet **effet est relatif**. Le rapport d'obligation éteint par confusion ne peut renaître au cas de nouvelle disjonction des qualités de créancier et de débiteur ; les tiers ne peuvent opposer au créancier l'effet extinctif de la confusion pour limiter les droits que celui-ci tient des droits acquis antérieurement à celle-ci, et, symétriquement, le titulaire de la confusion ne peut invoquer son effet extinctif pour contrarier les droits acquis antérieurement à celle-ci par des tiers. Ainsi, le sous-locataire d'un bail ne peut invoquer l'effet extinctif de la confusion, du fait de l'acquisition par le locataire principal de l'immeuble, pour prétendre que le bail principal a disparu et se soustraire à son obligation de payer le sous-loyer.

§ 1. – La confusion partielle

514. – Définition et exemples. La confusion n'est que partielle dans l'hypothèse de pluralité de créanciers ou de débiteurs.

Reprenons notre exemple : imaginons que, à la suite du décès de Guillaume, Fabrice ne soit pas le seul héritier et doive partager à parts égales la succession avec Frédéric et Stéphane. C'est le cas de beaucoup de dévolutions successorales, soit parce qu'il y a plusieurs enfants, soit parce que l'enfant est en concours avec une autre personne (conjoint survivant ou tiers). À ce moment-là, Fabrice ne pourra confondre qu'à hauteur d'un tiers sa dette, soit 300 et il devra 600 à la succession.

Le même raisonnement vaut lorsqu'il y a plusieurs codébiteurs solidaires : si Frédéric et Fabrice se sont engagés à payer solidairement 100 à Guillaume et que celui-ci décède laissant pour seul héritier Fabrice, Fabrice va « confondre » sur sa tête la moitié de la dette (50) et va pouvoir réclamer 50 à Frédéric.

C'est la règle posée à l'article 1301 du Code civil en son troisième alinéa : la confusion qui s'opère dans la personne du créancier ne profite à ses codébiteurs solidaires que pour la portion dont il était débiteur.

Il en est ainsi, si la confusion des droits locatifs et de propriété sur la tête de la même personne éteint le droit au bail, que cette réunion résulte d'une vente (Cass. 3e civ., 15 juill. 1971 : *Bull. civ.* 1971, III, n° 459), d'un legs (Cass. 1re civ., 19 juill. 1984 : *Bull. civ.* 1984, I, n° 226), du fait que l'un est l'héritier de l'autre (Cass. 1re civ., 8 déc. 1965 : *D.* 1967, p. 407, note J. Savatier) ou du jeu du mécanisme de l'attribution préférentielle (Cass. 1re civ., 17 mars 1987 : *Bull. civ.* 1987, I, n° 100). Lorsque le locataire devient propriétaire indivis, la confusion ne s'opère qu'à concurrence de ses droits dans l'indivision (Cass. 3e civ., 27 oct. 1971 : *Bull. civ.* 1971, I, n° 523). Toutefois, la réunion dans la même personne des qualités de propriétaire et de locataire principal n'opère pas, au sens de l'article 1300 du Code civil, réunion des qualités de créancier et de débiteur des obligations nées du contrat de sous-location : la disparition du bail principal n'entraîne pas la résiliation de la sous-location (Cass. 3e civ., 2 oct. 2002 : *Bull. civ.* 2002, III, n° 188).

§ 2. – Différence entre extinction et disparition

515. – Effet de la confusion. L'extinction ne veut pas dire disparition. L'obligation éteinte laisse des traces.

Selon la jurisprudence, la confusion n'éteint pas d'une manière absolue le droit qu'elle concerne mais laisse au titulaire de celui-ci la faculté de l'opposer aux tiers (Cass. civ., 8 déc. 1965 : *D.* 1967, p. 407).

Ainsi, dans l'hypothèse où Fabrice est seul héritier de Guillaume, sa dette est prise en compte pour tous les calculs successoraux (droits de mutation, réserve, quotité disponible). De même, lorsque le locataire achète le logement qu'il loue, la valeur de l'immeuble sera celle d'un bien occupé, alors que par définition le bail n'existera plus une fois l'acquisition faite.

Lorsque, à l'inverse, un créancier bénéficie d'un nantissement sur un fonds de commerce exploité dans l'immeuble loué et que le propriétaire du fonds devient propriétaire de l'immeuble, le nantissement du tiers continue à porter sur le droit au bail, bien que la confusion ait éteint les obligations nées du bail. De même, la réunion dans la même personne des qualités de propriétaire et de locataire principal n'opère pas, au sens de l'article 1300 du Code civil, réunion des qualités de créancier et de débiteur des obligations nées du contrat de sous-location : la disparition du bail principal n'entraîne pas la résiliation de la sous-location (Cass. 3e civ., 2 oct. 2002 : *Bull. civ.* 2002, III, n° 188 ; *Rev. loyers* 2002, p. 623, note M.-O. Vaissié ; *D.* 2003, p. 937, obs. Y. Dagorne-Labbé).

Lorsque l'acte opérant confusion est annulé ou résolu, la dette ou la créance revit par application du retour au *statu quo ante* lié à cette sanction.

De même, rien n'empêche que, même lorsqu'une confusion a été produite par le fait volontaire d'une personne, les droits, paralysés par cette confusion, puissent renaître lorsque cette confusion vient à cesser (Cass. req., 12 déc. 1934 : *Gaz. Pal.* 1935, 1, p. 203. – T. civ. Marseille, 15 févr. 1957 : *D.* 1957, somm. p. 74).

TITRE 2

NOVATION

516. – Définition. La novation est l'opération juridique par laquelle une obligation est éteinte pour renaître immédiatement avec un contenu différent. Il y a donc double mécanisme : d'une part, l'extinction de l'obligation ancienne ; d'autre part, la création d'une obligation nouvelle. Tout l'intérêt de la novation se réduit à la simultanéité des deux opérations.

Prenons l'exemple du propriétaire qui loue un appartement et qui se présente comme créancier de loyers. Le propriétaire peut nover cette créance et refuser de demander le paiement des loyers, étant entendu que cette somme d'argent sera prêtée au locataire. On transforme la créance de loyers en une créance de prêt.

517. – Histoire. La novation avait un rôle essentiel en droit romain : dettes et créances étaient incessibles ; aussi la novation permettait de réaliser cette cession en faisant intervenir le nouveau débiteur ou créancier en remplacement du premier. En droit français, la cessibilité des créances a ôté tout intérêt à la novation dans cette perspective ; en revanche, elle conserve un rôle essentiel en l'état de l'impossibilité de la cession des dettes.

Ce n'est qu'au Moyen Âge que la novation fut utilisée pour modifier non les parties au contrat (créancier ou débiteur), mais le contenu de celui-ci : ce ne sont pas les parties qui changent, mais l'obligation elle-même. C'est cette troisième variété de novation, parfois utile, qui est souvent confondue à tort avec la modification de l'obligation.

La réforme comprend de nouveaux articles sur la novation :

« *Art. 1329.* – La novation est un contrat qui a pour objet de substituer à une obligation, qu'elle éteint, une obligation nouvelle qu'elle crée.

Elle peut avoir lieu par substitution d'obligation entre les mêmes parties, par changement de débiteur ou par changement de créancier ».

« *Art. 1330.* – La novation ne se présume pas ; la volonté de l'opérer doit résulter clairement de l'acte ».

« *Art. 1331.* – La novation n'a lieu que si l'obligation ancienne et l'obligation nouvelle sont l'une et l'autre valables, à moins qu'elle n'ait pour objet déclaré de substituer un engagement valable à un engagement entaché d'un vice ».

« *Art. 1332.* – La novation par changement de débiteur peut s'opérer sans le concours du premier débiteur ».

« *Art. 1333.* – La novation par changement de créancier requiert le consentement du débiteur. Celui-ci peut, par avance, accepter que le nouveau créancier soit désigné par le premier.

La novation est opposable aux tiers à la date de l'acte. En cas de contestation de la date de la novation, la preuve en incombe au nouveau créancier, qui peut l'apporter par tout moyen ».

« *Art. 1334.* – L'extinction de l'obligation ancienne s'étend à tous ses accessoires.

Par exception, les sûretés d'origine peuvent être réservées pour la garantie de la nouvelle obligation avec le consentement des tiers garants ».

« *Art. 1335.* – La novation convenue entre le créancier et l'un des codébiteurs solidaires libère les autres.

La novation convenue entre le créancier et une caution ne libère pas le débiteur principal. Elle libère les autres cautions à concurrence de la part contributive de celle dont l'obligation a fait l'objet de la novation ».

518. – Novation et modification. Il faut bien distinguer la novation de la modification de l'obligation. Le critère est apparemment simple : dans la novation, la première obligation disparaît sans laisser de traces, tandis que dans la modification, l'obligation première subsiste avec ses caractères et accessoires. La modification n'est qu'un aménagement de l'obligation (V. *supra*, n° 242).

519. – Preuve. Si l'intention de nover ne se présume pas, il n'est pas nécessaire qu'elle soit exprimée en termes formels dès lors qu'elle est certaine et résulte des faits de la cause (cf. C. civ., art. 1342). Elle peut aussi être prouvée par tout moyen.

S'agissant d'un VRP dont le contrat prévoyait un fixe, des commissions et des indemnités de déplacement forfaitaires, qui, dès le début des relations contractuelles, a perçu mensuellement une somme fixe, le juge du fond qui constate qu'aucune régularisation mensuelle n'a eu lieu, estime, dans le cadre de son pouvoir souverain d'appréciation, qu'une novation de rémunération est intervenue et que l'employeur ne peut réclamer à l'intéressé un trop-perçu à titre d'avance sur commissions (Cass. soc., 15 oct. 2002 : *Bull. civ.* 2002, V, n° 308).

Examinons les conditions et les effets de la novation.

CHAPITRE 1

LES CONDITIONS DE LA NOVATION

Les conditions de la novation sont au nombre de trois.

SECTION 1

LA PREMIÈRE OBLIGATION ET LA DEUXIÈME DOIVENT ÊTRE VALABLES

520. – Double validité. Si la première obligation est nulle, la novation ne peut la remplacer par une autre : il s'agit d'une création pure et simple. Si la deuxième obligation est nulle, l'extinction de la première obligation est privée d'effet et celle-ci retrouve toute sa force.

En général, la nouvelle obligation est à terme, et c'est en ce sens que la novation procure au créancier une satisfaction.

Cette solution est rappelée par l'article 1331 du Code civil :

« La novation n'a lieu que si l'obligation ancienne et l'obligation nouvelle sont l'une et l'autre valables, à moins qu'elle n'ait pour objet déclaré de substituer un engagement valable à un engagement entaché d'un vice ».

SECTION 2

LA DEUXIÈME OBLIGATION EST DIFFÉRENTE DE LA PREMIÈRE OBLIGATION

521. – Obligation nouvelle ou différente. En droit romain, la deuxième obligation devait être nouvelle : *aliquid novi*, soit « quelque chose de nouveau ». En réalité, le terme « nouveau » a pris en français une acception différente (le nouveau est souvent le travestissement de l'ancien), si bien qu'il est préférable, dans un souci de clarté, de parler de « différent ». La différence suppose qu'aucune référence ne soit faite à l'obligation première.

522. – Changements possibles. La novation peut par conséquent se traduire par les trois changements suivants.

SOUS-SECTION 1

LE CHANGEMENT DE CRÉANCIER

523. – Définition et usage du changement de créancier. L'ancien article 1271, 3°, du Code civil disposait :

« (...) lorsque, par l'effet d'un nouvel engagement un nouveau créancier est substitué à l'ancien, envers lequel le débiteur se trouve déchargé ».

Le nouvel article 133 du Code civil reprend la possibilité d'une novation :

« La novation par changement de créancier requiert le consentement du débiteur. Celui-ci peut, par avance, accepter que le nouveau créancier soit désigné par le premier ».

La possibilité d'avoir recours à la cession de créance a marginalisé cette hypothèse et seuls les mérites comparés de l'une et l'autre technique permettent de faire un choix.

Il demeure des différences entre novation et cession de créances :

– la novation suppose le consentement du débiteur, tandis que la cession de créance suppose le respect de formalités (notamment la signification) ;

– la novation crée une créance distincte de celle qui appartenait à l'ancien, tandis que la cession de créance opère la transmission au cessionnaire de la créance même du cédant, avec tous ses accessoires.

SOUS-SECTION 2

LE CHANGEMENT DE DÉBITEUR

524. – Définition du changement de débiteur. L'ancien article 1271, 2° du Code civil :

« (...) lorsqu'un nouveau débiteur est substitué à l'ancien qui est déchargé par le créancier ».

Comment changer de débiteur ? Il faut se souvenir qu'en droit français il n'est pas possible de céder une dette sans l'accord du créancier. Le fait pour le créancier de poursuivre judiciairement son contractant initial en exécution du contrat, après avoir eu connaissance de la cession de celui-ci à un tiers, est la preuve qu'il n'a pas accepté la novation par substitution de débiteur (Cass. com., 22 mai 2001 : *Gaz. Pal.* 2002, somm. p. 755).

Ce principe ne connaît que deux exceptions.

525. – Deux exceptions. *La délégation parfaite.* Un débiteur demande à son propre débiteur de prendre sa place vis-à-vis du créancier, qui dans le même temps accepte de libérer le premier débiteur. La délégation suppose un double accord : d'une part, entre le débiteur primitif (délégant) et le nouveau débiteur (délégué) et, d'autre part, entre le nouveau débiteur (délégué) et le créancier (délégataire).

Le second cas est réellement une novation et a gardé son nom issu du droit romain : l'*expromissio*. Il s'agit ici d'une véritable novation : sans le concours du premier débiteur, un tiers accepte de se reconnaître débiteur envers le créancier, et, dans le même temps, ce dernier accepte de libérer le premier débiteur.

526. – Deux exemples. Prenons deux exemples pour expliquer ces mécanismes :

1° Baptiste doit 500 à Stéphane. Baptiste va trouver son propre débiteur Boris, et va solliciter son accord pour prendre sa place. C'est le premier accord. Ensuite, Boris doit être accepté par Stéphane comme nouveau débiteur.

La délégation parfaite fonctionne ainsi : Baptiste, délégant, désigne Boris, délégué, afin d'être le débiteur de Stéphane (délégataire) ;

2° Baptiste doit toujours 500 à Stéphane. Boris accepte de se reconnaître débiteur envers Stéphane, qui, dans le même temps, accepte de libérer Baptiste.

527. – Changement de débiteur et cession de dette. Comme la novation par changement de créancier est une branche alternative de la cession de créance, la novation par changement de débiteur est un autre choix par rapport à la cession de dette. Une différence entre la novation par changement de débiteur et la cession est que le premier mécanisme nécessite l'accord du premier débiteur, ce qui n'est pas le cas du second mécanisme. Une autre différence est que la novation emporte extinction de la première obligation, tandis que la cession emporte transfert de celle-ci.

En revanche, la novation par changement de débiteur peut s'opérer sans le concours du premier débiteur (cf. C. civ., art. 1333).

SOUS-SECTION 3

LE CHANGEMENT D'OBLIGATION

528. – Utilité. Il s'agit d'une hypothèse non prévue par le droit romain et reconnue par la réforme (C. civ., art. 1329, al. 2). Les parties restent les mêmes et changent la cause ou l'objet de l'obligation.

Beaucoup de modifications n'entraînent aucune novation, car il ne s'agit que d'une modification de l'obligation : ainsi, le changement du montant d'une dette, de la monnaie de paiement (passage du franc à l'euro), de l'étendue des travaux de réparation, l'octroi d'un délai de paiement, la modification du contrat de travail... ne sont que les premiers cas d'une longue liste tenue par la jurisprudence. Quelle que soit l'intention des parties, une modification dans le montant de la dette ne suffit pas à caractériser la novation (Cass. 1re civ., 20 nov. 1967 : *D.* 1969, jurispr. p. 321, note N. Gomaa).

La Cour de cassation a rendu, le 26 janvier 2010 (Cass. com., 26 janv. 2010, n° 08-21.210), un arrêt illustrant cette nécessité d'une expression non équivoque du changement d'obligation : des époux avaient souscrit un engagement de caution garantissant un emprunt de la société ; la BNP n'avait pas informé annuellement les époux du montant des sommes restant dues par la société. La cour d'appel a rejeté la demande de déchéance des intérêts des époux, qui est la sanction du défaut d'information, la cour d'appel a décidé que les époux s'étaient engagés dans un protocole d'accord de 1996 en qualité de codébiteurs solidaires. La Cour de cassation reproche aux juges du second degré de n'avoir pas recherché si l'engagement des époux avait éteint leur cautionnement initial et leur avait dès lors retiré la qualité de cautions. La novation ne se présume pas.

Dès lors que deux pactes d'actionnaires, ayant pour objet le rachat des actions d'un cadre, signés à trois ans d'intervalle et qui contiennent des dispositions incompatibles entre elles, le dernier pacte signé emporte novation du premier (CA Paris, pôle 8, ch. 5, 1er févr. 2012, n° 11/01362 : *Rev. sociétés* 2012, 366, note A. Couret).

La novation peut même survivre à une modification de la qualification juridique du contrat (substitution d'un mandat d'intérêt commun à une concession : Cass. com., 3 juill. 2001, n° 98-16.691 : *Bull. civ.* 2001, IV, n° 131 ; *D.* 2001, p. 2826, obs. E. Chevrier ; *ibid.*, somm. p. 3245, obs. Ph. Delebecque ; *JCP G* 2002, I, 134, n° 10, obs. G. Virassamy ; *JCP* E 2002, p. 640, n° 32, obs. P. Mousseron).

SOUS-SECTION 4

LE CHANGEMENT DE CAUSE

529. – Hypothèse. Il s'agit ici de la **cause du contrat** : la raison juridique pour laquelle une obligation existe. Imaginons qu'un locataire soit débiteur de loyers envers son propriétaire ; lors de son départ des lieux, il décide de s'acquitter de son arriéré ; le propriétaire continue de le considérer comme son débiteur en raison des dégâts commis à l'intérieur de l'appartement et soutient que des sommes sont dues sur le fondement de devis établis par des entreprises de remise en état.

Le changement de cause de l'obligation a pour conséquence de **modifier son régime** : le propriétaire des locaux loués peut-il conserver la somme versée à titre de « caution » par le locataire lors de son entrée dans les lieux ?

La novation par changement de cause n'est pas sans difficulté : la meilleure illustration en est le **compte courant**. L'entrée en compte courant d'une créance est-elle une novation ? Selon une opinion classique, la réponse positive s'impose. Toutefois, la jurisprudence refuse aujourd'hui cette conception.

Il est encore permis de se demander si la **transaction** est une novation.

SOUS-SECTION 5

LE CHANGEMENT DE MODALITÉS D'EXÉCUTION

530. – Interrogation. Selon la doctrine dominante, la novation ne vaut que lorsque l'existence même de l'obligation est en question. Les auteurs évoquent l'adjonction ou la suppression d'une condition suspensive ou résolutoire.

Les autres changements ne donnent pas lieu à novation : ce peut être l'adjonction, la modification ou la suppression d'un terme, l'adjonction de sûretés, la modification des modalités de paiement, la modification du taux d'intérêt.

En réalité, la novation ne joue pas car l'ancienne obligation demeure : il n'y a pas de nouvelle obligation pour remplacer celle qui viendrait à disparaître.

En cas d'emprunt, il ne suffit pas, pour opérer novation, de modifier les modalités de remboursement (Cass. 1re civ., 2 déc. 1997 : *Bull. civ.* 1997, I, n° 345 ; *Defrénois* 1998, p. 335, et la note) ; ne caractérise pas non plus la novation un réaménagement de la dette pour l'exécution d'un plan de règlement de surendettement (Cass. 1re civ., 20 mai 2003 : *Bull. civ.* 2003, I, n° 122).

SECTION 3

IL FAUT QU'IL Y AIT UNE INTENTION DE RÉALISER CETTE NOVATION : *ANIMUS NOVANDI*

531. – Notion. Autrement dit, il faut que les parties soient d'accord pour transformer l'obligation.

La lettre de l'article 1330 du Code civil l'impose :

« La novation ne se présume pas ; la volonté de l'opérer doit résulter clairement de l'acte ».

532. – Preuve. La solution est logique : le silence ne vaut point consentement et une renonciation ne saurait se présumer. L'*animus novandi*, cependant, se prouve par tous moyens.

Toutefois, l'*animus novandi*, quand bien même serait-il parfaitement exprimé, ne saurait transformer en novation ce qui n'en est pas. Une simple modification du contrat (par exemple, l'octroi de délais) ne peut jamais être une novation.

S'agissant d'une salariée engagée en qualité de directrice commerciale par son mari, gérant de la société, et licenciée à la suite de la mise en liquidation judiciaire de la société, il est impossible de décider que, détenant avec son mari et sa fille la majorité du capital, elle avait accepté le risque économique de l'entreprise et que son attitude démontrait sa volonté de nover, par changement de cause et d'objet, une créance salariale en créance civile, alors que la novation ne se présume pas et qu'il ne résulte pas des constatations de la cour d'appel un acte positif et non équivoque de la volonté de nover (Cass. soc., 10 janv. 2001 : *Cah. soc. barreau Paris* 2001, n° 128, S 135, obs. C. Charbonneau).

La novation par changement d'objet suppose l'*animus novandi* : un changement du local et du loyer ne fait pas nécessairement novation du bail (Cass. 3e civ., 24 avr. 2013, n° 11-26.597).

533. – Abus de la novation. Ayant constaté que des cautions n'avaient pas employé dans la formule manuscrite apposée sur l'acte la formule spécialement prévue par la banque pour le cas où le cautionnement contracté se serait ajouté à un précédent engagement, puis ayant en outre relevé que cette formule manuscrite ne faisait aucune allusion à une garantie antérieurement donnée et que la caution avait rayé les mots « s'y ajoutant » qu'elle avait portés de sa main et avait approuvé cette rature, une cour d'appel a souverainement retenu de ces constatations que les parties avaient une volonté de nover qui était certaine et non équivoque. Les juges du fond ont pu en conséquence décider que la convention litigieuse ne s'ajoutait pas à l'obligation précédemment souscrite (Cass. com., 12 mai 1992 : *Bull. civ.* 1992, IV, n° 184 ; *D.* 1992, somm. p. 409, note L. Aynès).

La novation consiste à contracter une nouvelle dette afin d'éteindre l'ancienne : la volonté de nover suppose donc une double démonstration. D'une part, il faut démontrer la réalité d'une nouvelle obligation ; d'autre part, il faut démontrer que cette obligation nouvelle a eu pour cause l'extinction de la première.

CHAPITRE 2

LES EFFETS DE LA NOVATION

534. – Substitution d'obligations et inopposabilité des exceptions. L'effet principal s'induit du mécanisme : la novation éteint l'obligation ancienne et au même instant crée une obligation nouvelle. Reste le problème de l'inopposabilité des exceptions.

L'obligation nouvelle est substituée à l'obligation ancienne, aussi les exceptions liées à cette dernière deviennent inopposables au créancier. La jurisprudence doit souvent rappeler que la première obligation ne saurait survivre même en partie (clauses spécifiques).

535. – Disparition des sûretés. Les sûretés disparaissent également :

Ancien article 1278 du Code civil :

« Les privilèges et hypothèques de l'ancienne créance ne passent point à celle qui lui est substituée, à moins que le créancier ne les ait expressément réservés ».

La réforme du Code civil conserve cette solution, mais prévoit la possibilité du transfert des sûretés :

« *Art. 1334.* – L'extinction de l'obligation ancienne s'étend à tous ses accessoires.

Par exception, les sûretés d'origine peuvent être réservées pour la garantie de la nouvelle obligation avec le consentement des tiers garants ».

Ancien article 1281 du Code civil :

« Par la novation faite entre le créancier et l'un des débiteurs solidaires, les codébiteurs sont libérés.

La novation opérée à l'égard du débiteur principal libère les cautions.

Néanmoins, si le créancier a exigé, dans le premier cas, l'accession des codébiteurs, ou, dans le second, celle des cautions, l'ancienne créance subsiste, si les codébiteurs ou les cautions refusent d'accéder au nouvel arrangement ».

Les solutions de ce texte sont reprises à l'article 1335 du Code civil :

« La novation convenue entre le créancier et l'un des codébiteurs solidaires libère les autres.

La novation convenue entre le créancier et une caution ne libère pas le débiteur principal. Elle libère les autres cautions à concurrence de la part contributive de celle dont l'obligation a fait l'objet de la novation ».

Selon l'article L. 231-6 du Code de la construction et de l'habitation, la garantie de livraison couvre le maître de l'ouvrage, à compter de la date d'ouverture du chantier, contre les risques d'inexécution ou de mauvaise exécution des travaux prévus au contrat, à prix et délai convenus. Cette garantie, qui constitue une garantie légale d'ordre public, distincte d'un cautionnement, ne peut être privée d'efficacité par l'effet d'une novation du contrat de construction de maison individuelle (Cass. 3e civ., 4 juin 2003 : *Bull. civ.* 2003, III, n° 120).

536. – Clauses permettant le transfert des sûretés. Ces deux textes prévoient que, par convention spéciale, les différentes sûretés peuvent être maintenues malgré la novation.

Lorsqu'il y a **novation par changement de créancier** ou lorsque la novation opère entre les mêmes parties, le débiteur, qui n'a pas changé, peut consentir à affecter les sûretés à la créance nouvelle ; sauf, éventuellement, si les sûretés sont personnelles, ou si les sûretés réelles consenties par un tiers exigent le consentement du tiers coobligé.

La convention sera plus complexe s'il y a **changement de débiteur** : s'il y a simplement changement de créancier ou de l'obligation, il suffit au débiteur de transférer les sûretés par acceptation expresse. Ceci est d'autant plus facile pour les sûretés réelles qu'elles portent sur un bien et non sur une personne.

En revanche, le cas est plus délicat en cas de changement de débiteur, car les sûretés du premier débiteur ne peuvent pas passer sur les biens du second débiteur comme par enchantement. De nouvelles garanties devront être constituées.

537. – Codébiteur et caution. En toute hypothèse, les codébiteurs et les cautions disparaissent avec l'extinction de la première obligation, et ceux-ci doivent renouveler leur engagement qui prend date au jour de la novation.

JURISPRUDENCE
La novation

I. La plupart des arrêts concernent la distinction entre novation et d'autres contrats ou opérations

Ainsi, dans un arrêt du 10 octobre 1996, la première chambre civile a eu l'occasion de dire que la transformation d'une obligation naturelle en obligation civile n'était pas une novation.

Cass. 1re civ., 10 oct. 1996 : *Bull. civ.* 1996, I, n° 352 ; *D.* 1996, somm. p. 120, note R. Libchaber ; *D.* 1997, p. 155, note G. Pignarre

« LA COUR :

Sur le moyen unique pris en ses diverses branches :

Attendu, selon l'arrêt confirmatif attaqué (CA Metz, 7 oct. 1993), que M. Frata a gagné la somme de 1 495 777 F en jouant la bonne combinaison du "quinté plus" à l'occasion d'une course hippique, qui s'est déroulée le 8 janvier 1991 à Cagnes-sur-Mer ; que M. d'Onofrio a soutenu que, de concert avec certains de ses collègues de travail, M. Frata avait l'habitude de lui confier le soin de faire valider auprès du PMU les tickets de "quinté", ce qu'il pouvait faire, compte tenu de ses propres horaires de travail, et qu'il avait été convenu qu'il recevrait 10 % des gains éventuels, que, n'ayant pu faire entrer le ticket qui lui avait été confié par M. Frata pour cette course, dans la machine destinée à valider les coupons de jeu, il avait personnellement refait un nouveau ticket en intervertissant néanmoins les numéros choisis par M. Frata, que cette initiative avait permis à celui-ci de gagner le "quinté" dans l'ordre, que M. Frata, après la course, l'avait informé qu'il lui ferait parvenir sa quote-part, mais avait finalement refusé d'exécuter ses engagements ; que M. d'Onofrio a, en conséquence, assigné M. Frata en paiement de la somme de 149 577,70 F, outre les intérêts ; qu'un jugement a fait droit à sa demande ;

Attendu qu'il est fait grief à l'arrêt d'avoir confirmé le jugement, alors, selon le moyen, que, d'une part, la novation suppose l'existence d'une dette à éteindre et la création d'une dette nouvelle, que la cour d'appel, qui a fondé la condamnation d'une partie sur la novation d'une obligation naturelle, et qui a ainsi admis une novation en l'absence d'une obligation civile préexistante, a violé l'article 1271 du Code civil ; alors que, d'autre part, la volonté de nover doit résulter clairement de l'acte, que la cour d'appel qui, pour admettre l'existence d'une novation, s'est fondée sur l'interprétation d'un procès-verbal de comparution personnelle des parties et de témoignages, a violé l'article 1273 du Code civil ; alors, qu'en outre, la cour d'appel en justifiant la condamnation par une obligation naturelle, invoquée dans les notes d'audience du demandeur, a violé l'article 913 du Code de procédure civile ; alors, qu'enfin, le juge, en se fondant sur ces notes, a violé l'article 16 du Code de procédure civile ;

Mais attendu, en premier lieu, que M. Frata, ayant soutenu dans ses conclusions que son engagement n'avait pas de conséquences civiles, le moyen est inopérant en ses deux dernières branches ; – Attendu, ensuite, que la transformation – improprement qualifiée novation – d'une obligation naturelle en obligation civile, laquelle repose sur un engagement unilatéral d'exécuter l'obligation naturelle, n'exige pas qu'une obligation civile ait elle-même préexisté à celle-ci ; – Et attendu, enfin, qu'après avoir constaté que M. Frata avait tacitement renoncé à l'application de l'article 1359 du Code civil, dont elle relève exactement que ses dispositions ne sont pas d'ordre public, c'est dans l'exercice de son pouvoir souverain d'apprécier la portée des preuves à elle soumises que la cour d'appel a retenu, par motifs propres et adoptés, que M. Frata avait entendu transformer son obligation naturelle en obligation civile ; d'où il suit que le moyen, pour partie inopérant, n'est pas fondé pour le surplus ;

Par ces motifs :

Rejette (...) »

II. Par cet arrêt du 2 décembre 1997, la Cour de cassation rappelle les trois principes gouvernant la matière de la novation :

– la novation ne se présume pas ;

– elle doit résulter clairement des actes ;

– en cas d'emprunt, il ne suffit pas, pour l'opérer, de modifier les modalités de remboursement.

Cass. 1re civ., 2 déc. 1997, *Banque populaire du Quercy et de l'Agenais c/ Mme Clerisse : Bull. civ.* 1997, I, n° 345 ; *D.* 1998, jurispr. p. 549, note C. Caron ; *Defrénois* 1998, p. 335 et les obs.

« La cour :

Sur le moyen unique, pris en ses deuxième et troisième branches :

Vu les articles 1134 et 1271 du Code civil ;

Attendu que la novation ne se présume pas ; qu'elle doit résulter clairement des actes ; et qu'en cas d'emprunt il ne suffit pas, pour l'opérer, de modifier les modalités de remboursement ;

Attendu que M. Beauclair et Mme Clerisse ont obtenu le 17 juillet 1984 un prêt immobilier d'un montant de 380 000 F au taux de 8 % ; que ce taux était un taux préférentiel, M. Beauclair étant salarié de la banque ; qu'il était prévu au contrat qu'en cas de cessation d'activité de l'emprunteur ou du coemprunteur à la banque, le taux du prêt serait ramené au taux pratiqué normalement pour cette catégorie de prêt au moment de l'accord ; que M. Beauclair a quitté la banque dès 1984, et le taux du prêt a été porté conformément au contrat à 11,9 % à partir de mars 1985 ; que, M. Beauclair ayant cessé de payer les échéances en juillet 1992, et fait l'objet d'une procédure de liquidation judiciaire, la banque s'est alors retournée contre Mme Clerisse ;

Attendu que, pour rejeter la demande de la banque, la cour d'appel (CA Agen, 27 sept. 1995) retient que la durée du contrat a été modifiée, avec effet au 25 février 1985, pour être réduite de 264 à 180 mois, que cette réduction, jointe à l'augmentation du taux d'intérêt, même à supposer celle-ci légalement admissible, conduit à une modification importante de la charge mensuelle de remboursement, de nature à bouleverser l'équilibre financier du contrat, et que la charge financière mensuelle du crédit constitue une modification essentielle des éléments du contrat entraînant une novation par changement de dette ; qu'en se déterminant ainsi, alors qu'il ne résulte pas de ce qui précède que la dette, au remboursement de laquelle est tenue Mme Clerisse en sa qualité de coemprunteur, a fait l'objet d'une novation, la cour d'appel a violé les textes susvisés,

Par ces motifs, et sans qu'il y ait lieu de statuer sur la première branche du moyen, casse et renvoie devant la cour d'appel de Bordeaux (...) »

TITRE 3

PRESCRIPTION

538. – Finalité. La prescription donne un sens juridique au temps.

539. – Définition. La prescription peut être définie comme le mécanisme selon lequel l'écoulement du temps pendant un certain délai fait disparaître un droit ou une obligation (prescription extinctive) ou, au contraire, fait naître l'obligation (prescription acquisitive ou usucapion).

Seule la prescription extinctive – celle qui va faire disparaître l'obligation – nous intéressera ici.

La prescription est donc *le mode d'extinction d'une obligation qui résulte du non-exercice de ses droits par son titulaire pendant un certain temps.* La loi du 17 juin 2008 a adopté cette définition : selon l'article 2219 du Code civil, la prescription extinctive « est un mode d'extinction d'un droit résultant de l'inaction de son titulaire pendant un certain laps de temps ».

À l'expiration d'un laps de temps, l'obligation est prescrite et n'est plus, dès lors, exigible.

540. – Justification de la prescription. La prescription se justifie d'abord par *une idée de probabilité de paiement* : on peut présumer qu'au bout d'un certain temps le paiement a été fait. Le droit doit alors se conformer aux faits. Cette situation est acquise : il ne faut pas la changer (*Quieta non movere*).

La deuxième idée qui peut fonder la prescription est *qu'il faut punir le créancier négligent.* C'est la conception subjective de la prescription. Le créancier perd ses droits s'il n'agit pas dans les délais requis.

Enfin, la troisième idée tient à *la vertu de l'oubli* : après l'écoulement de nombreuses années, on peut, voire on doit, oublier. « Sur les ailes du temps, même la tristesse s'envole ».

Parfois, la jurisprudence choisit parmi ces trois fondements : la prescription quinquennale des salaires est une prescription libératoire extinctive, donc non fondée sur une présomption de paiement (Cass. soc., 18 juin 1980 : *Bull. civ.* 1980, V, n° 537. – Cass. soc., 25 oct. 1990 : *ibid.* V, n° 499). S'agissant d'une action en paiement de pensions alimentaires, le débiteur de son opposition à commandement aux fins de saisie immobilière fondée sur la prescription ne peut être débouté en retenant que la reconnaissance par celui-ci du non-paiement de ces pensions faisait échec à la prescription quinquennale (Cass. 1re civ., 20 nov. 2001 : *Defrénois* 2002, p. 684, obs. Massip).

541. – Nature juridique de la prescription. La prescription éteint-elle l'action ou l'obligation ? Est-ce une institution de procédure ou affecte-t-elle le fond même du droit ?

Le droit positif est plutôt favorable à la seconde thèse – la version « substantielle » –, ce qui n'est pas parfaitement convaincant. En droit international privé français, sauf convention internationale contraire, la prescription extinctive d'une obligation est soumise à la loi qui régit celle-ci (Cass. 1re civ., 8 févr. 1983 : *Bull. civ.* 1983, I, n° 51. – Cass. 1re civ., 21 avr. 1971, 2 arrêts : *JCP* G 1971, II, 16825, note Level ; *RDIP* 1972, p. 74, note P. Lagarde. – CA Paris, 3 mars 1994 : *JCP* G 1995, II, 22367, note Muir-Watt ; *RDIP* 1994, p. 532, note Ancel ; *JDI* 1995, p. 607, note Légier ; *D.* 1994, somm. p. 355, obs. Audit. – CA Paris, 5 nov. 1996 : *RDIP* 1998, p. 596, note Bourdelois).

Celui qui est subrogé dans les droits de la victime d'un dommage ne dispose que des actions bénéficiant à celle-ci, de sorte que son action contre l'assureur du responsable est soumise à la prescription applicable à l'action directe de la victime.

Ainsi, le propriétaire d'un immeuble ayant confié les travaux de couverture d'une maison à un entrepreneur qui a posé des tuiles fournies par une entreprise et fabriquées par une société, lesquelles se sont révélées gélives, viole les articles 1251 du Code civil, L. 110-4 du Code de commerce et L. 124-3 du Code des assurances la cour d'appel qui, pour faire droit à l'action directe exercée par le revendeur des tuiles en qualité de subrogé dans les droits du maître de l'ouvrage contre l'assureur de responsabilité du fabricant, estime que ce revendeur n'avait pu agir à l'encontre du fabricant des tuiles et de l'assureur de celui-ci qu'après avoir été lui-même assigné par le maître de l'ouvrage, soit le 28 septembre 1989, de sorte que le revendeur ayant assigné au fond l'assureur du fabricant par acte du 19 février 1997 ne pouvait se voir opposer la prescription décennale, alors qu'elle avait retenu que le revendeur n'agissait pas en qualité de tiers lésé mais comme subrogé dans les droits du maître de l'ouvrage (Cass. 1re civ., 4 févr. 2003 : *Gaz. Pal.* 5 avr. 2003, n° 95, p. 24).

La nouvelle définition de la prescription extinctive tend à consacrer la thèse « substantialiste » : c'est « un mode d'extinction d'un droit résultant de l'inaction de son titulaire pendant un certain laps de temps ». De même, l'article 2221 du Code civil semble confirmer ce choix : en ce qui concerne les conflits de lois dans l'espace, la prescription extinctive est soumise à la loi régissant le droit qu'elle affecte. Les défendeurs de la thèse substantialiste considèrent que cette thèse est cohérente avec la conception du Code civil dont l'article 1234 fait de la prescription une cause d'extinction de l'obligation.

Il est plus sage de dire que la loi nouvelle ne clôt pas totalement la querelle entre « substantialistes » et « processualistes ». Si la loi du 17 juin 2008 semble opter pour la première, elle laisse aussi un espoir en faveur de la seconde : dans le nouvel article 2224, comme dans l'ancien article 2262 du Code civil, le libellé de ce texte est en faveur de la conception processualiste (« les actions personnelles ou mobilières se prescrivent par... »), ou encore en précisant à l'article 2249 nouveau du Code civil que le paiement effectué pour éteindre une dette ne peut être répété au seul motif que le délai de prescription était expiré, ce qui laisse entendre que la prescription n'a pas éteint l'obligation contrairement à ce qui est dit à l'article 2219 du même code.

542. – Notion de délai préfix. Certains délais pour agir ne sont susceptibles ni de suspension, ni *a fortiori* d'allongement. Il faut donc s'en tenir au strict laps de temps prévu par le texte instituant le délai.

Ces délais sont qualifiés de « préfix ». Il faut distinguer, car l'enjeu est de taille, les délais ordinaires des délais préfix.

Le **fondement** des délais préfix est souvent insaisissable. Les délais préfix sont, en dehors de la prévision de la loi, exceptionnels. Ils doivent le rester, même si la jurisprudence a pu « découvrir » que tel ou tel délai avait cette qualité.

Le **critère** qui permettrait d'identifier les délais préfix est à la mesure de l'obscurité du fondement. Cela est logique : comme il est difficile de dire pourquoi tel délai est qualifié de préfix, il est tout autant périlleux de dégager un critère permettant de les distinguer.

543. – Régime des délais préfix. Leur **régime** est soumis à une logique floue. Les délais préfix ne sont pas des délais de prescription. Ils n'en ont pas la nature et suivent un régime original. Ces délais sont d'ordre public, ils ignorent la règle selon laquelle l'exception ne se prescrit pas et ne sont pas susceptibles d'interruption, ni de suspension.

Les délais préfix ne sont pas d'ordre public et certains d'entre eux ne peuvent être soulevés d'office par le juge (V. le délai de deux ans de l'action en rescision pour lésion) ; ils sont parfois, mais pas toujours, soumis à la règle *quae temporalia* ; ils sont insusceptibles de suspension lorsqu'il s'agit de l'incapacité du demandeur, mais d'autres causes de suspension peuvent jouer.

Les délais d'épreuve permettent de vérifier par l'écoulement du temps que l'obligation a bien été exécutée. Tel est le cas, par exemple, de la garantie décennale du constructeur d'immeuble. C'est l'article 1792 du Code civil :

« Tout constructeur d'un ouvrage est responsable de plein droit, envers le maître ou l'acquéreur de l'ouvrage, des dommages, même résultant d'un vice du sol, qui compromettent la solidité de l'ouvrage ou qui, l'affectant dans l'un de ses éléments constitutifs ou l'un de ses éléments d'équipement, le rendent impropre à sa destination.

Une telle responsabilité n'a point lieu si le constructeur prouve que les dommages proviennent d'une cause étrangère ».

L'article 29 de la convention de Varsovie du 12 octobre 1929 (remplacée par la convention de Montréal) relative au transport aérien international édicte un délai de déchéance. La jurisprudence a cependant raisonné en termes de prescription. Toutefois, ce texte a connu des suspensions en raison de difficultés liées à la minorité de la victime.

Il ne faut pas confondre délai de déchéance et délai de prescription. Le délai convenu pour appeler une garantie personnelle (la caution est fondée en application de la convention des parties à invoquer le non-respect du délai expressément prévu pour la mise en jeu de son engagement : Cass. com., 15 oct. 2013, n° 12-21.704) ou le délai dans lequel l'agent commercial (Cass. com., 18 mai 2005, n° 03-20.820 : *Bull. civ.* 2005, IV, n° 112 ; *D.* 2005, p. 1629, obs. E. Chevrier) doit réclamer l'indemnité ne sont pas des délais de prescription mais des délais de déchéance.

544. – Loi du 17 juin 2008 et plan. Le droit de la prescription était devenu très complexe. Son « chaos » était dénoncé et cela valait aussi bien pour les prescriptions de droit commun que pour les prescriptions particulières (A. Bénabent, *Le chaos du droit de la prescription*, in *Mél. dédiés à L. Boyer*, Toulouse, 1996, p. 123 et s. ; du même auteur, *Sept clefs pour une réforme de la prescription extinctive : D.* 2007, 1800).

La Cour de cassation avait constitué en 2004 en son sein un groupe de travail, présidé par Jean-François Weber, président de la troisième chambre civile, afin de réfléchir à « l'harmonisation des prescriptions ». Son rapport préconisait une réforme « minimale » visant notamment à réduire à dix ans le délai de droit commun de la prescription extinctive, tout en appelant de ses vœux une réforme de plus grande ampleur. Les propositions de ce rapport avaient été reprises par le gouvernement en 2006 lorsqu'il avait été envisagé de solliciter une habilitation pour réformer la matière par voie d'ordonnance.

L'avant-projet de réforme du droit des obligations et de la prescription, élaboré en 2005 par un groupe de travail animé par le professeur Pierre Catala, comportait aussi une proposition de refonte globale du droit de la prescription. Les mesures-phares de cet avant-projet sont la réduction de la durée du délai de la prescription extinctive à trois ans (inspirée de la réforme adoptée en Allemagne en 2002), le renforcement de la liberté contractuelle, et la transformation de la plupart des causes d'interruption de la prescription en cause de suspension.

En 2007, la Commission des lois du Sénat a créé, une mission d'information « Pour un droit de la prescription moderne et cohérent ». Celle-ci, après avoir auditionné près d'une cinquantaine de personnes a énoncé dix-sept recommandations dont dix sont consacrées à la prescription en matière civile. En juillet 2007, M. Jean-Jacques Hyest a déposé au Sénat une proposition de loi portant réforme de la prescription en matière civile. Avec le soutien du gouvernement, cette proposition de loi a été adoptée en première lecture au Sénat le 21 novembre 2007 puis à l'Assemblée nationale le 6 mai 2008. Elle a donné lieu à un vote conforme du Sénat le 5 juin 2008 et constitue la matière de la loi n° 2008-561 du 17 juin 2008.

Ce texte modifie en profondeur le titre XX du livre III du Code civil (« De la prescription et de la possession ») et crée un nouveau titre XXI consacré spécifiquement à la prescription acquisitive. Il s'agit essentiellement, pour cette dernière, de tirer les conséquences de la distinction qui est désormais inscrite dans le Code civil entre la prescription extinctive et la prescription acquisitive. En revanche, les règles de la prescription acquisitive ne sont que peu affectées par la réforme puisque la loi nouvelle ne fait qu'agencer les textes anciens dans ce nouveau titre XXI. Elle prend soin cependant, tirant les conséquences de la modernisation des moyens de communication, de modifier la durée du délai de la prescription abrégée (C. civ., ancien art. 2265) dont le délai de vingt ans, qui était applicable lorsque la résidence du propriétaire ne se situait pas dans le même ressort de cour d'appel que celui de l'immeuble usucapé, est supprimé.

V. F. Ancel, *La loi n° 2008-561 du 17 juin 2008 portant réforme de la prescription en matière civile* : *Gaz. Pal.* 12 juill. 2008, n° 194. – A. Chardeau et G. Duquet, *La réforme de la prescription civile : un enjeu juridique et économique* : *LPA* 11 avr. 2008, n° 74, p. 4. – P. Malaurie, *La réforme de la prescription civile* : *LPA* 22 févr. 2008, n° 39, et *Le Sénat et la réforme de la prescription civile (une démarche prometteuse au contenu modeste)* : *LPA* 4 mars 2008, n° 46. – M. Mignot, *La proposition de loi portant réforme de la prescription en matière civile : une nouvelle application du droit de ne pas payer ses dettes ?* : *LPA* 26 févr. 2008, n° 41 ; *LPA* 2 avr. 2009, n° spécial (Colloque de Strasbourg, 7 nov. 2008).

On rendra compte de la durée, du fonctionnement de la prescription et de ses effets.

CHAPITRE 1

LA DURÉE DE LA PRESCRIPTION

SECTION 1

LA PRESCRIPTION DE DROIT COMMUN

545. – Prescription de droit commun. La prescription de droit commun est de cinq ans.

Article 2224 du Code civil :

« Les actions personnelles ou mobilières se prescrivent par cinq ans à compter du jour où le titulaire d'un droit a connu ou aurait dû connaître les faits lui permettant de l'exercer ».

La responsabilité civile extracontractuelle est donc soumise à cette prescription de droit commun de cinq ans (contre dix ans avant la loi du 17 juin 2008).

Cinq ans sont aussi la durée de la nullité relative :

« Dans tous les cas où l'action en nullité ou en rescision d'une convention n'est pas limitée à un moindre temps par une loi particulière, cette action dure cinq ans.

Ce temps ne court dans le cas de violence que du jour où elle a cessé ; dans le cas d'erreur ou de dol, du jour où ils ont été découverts.

Le temps ne court, à l'égard des actes faits par un mineur, que du jour de la majorité ou de l'émancipation ; et à l'égard des actes faits par un majeur protégé, que du jour où il en a eu connaissance, alors qu'il était en situation de les refaire valablement. Il ne court contre les héritiers de l'incapable que du jour du décès, s'il n'a commencé à courir auparavant » (C. civ., ancien art. 1304).

546. – Droit de la famille. La prescription est aussi de cinq ans pour les actions du mineur contre le tuteur.

Ce principe a une valeur générale : toutes les actions, tant réelles que personnelles, sont prescrites par la durée de droit commun, sans que celui qui allègue cette prescription soit obligé d'en rapporter un titre, ou qu'on puisse lui opposer l'exception déduite de la mauvaise foi (Cass. 3e civ., 14 juin 2006, *infra*).

JURISPRUDENCE

Cass. 3e civ., 14 juin 2006 : *Bull. civ.* 2006, III, n° 151

« Vu l'article 2262 du Code civil ;

Attendu que toutes les actions, tant réelles que personnelles, sont prescrites par trente ans, sans que celui qui allègue cette prescription soit obligé d'en rapporter un titre, ou qu'on puisse lui opposer l'exception déduite de la mauvaise foi ;

Attendu, selon l'arrêt attaqué (Aix-en-Provence, 20 janv. 2005), que les consorts X... ayant, le 8 août 1990, vendu des parcelles leur appartenant en indivision avec M. Y... et M. Z..., ce dernier les a assignés pour obtenir le paiement du tiers du prix de vente ;

Attendu que pour déclarer la demande des consorts Z..., venant aux droits de M. Z..., irrecevable comme prescrite, l'arrêt retient qu'aux termes d'un acte sous seing privé du 26 août 1962, intitulé reconnaissance de propriété, Mme X... a déclaré reconnaître que les terrains appartenaient pour un tiers à M. Z... et à M. Y... en vertu d'un accord verbal et que cet acte, dont les consorts Z... ne contestent pas qu'il ait été connu de leur auteur commun, était susceptible de servir de fondement, dès cette date, à une action de la part de celui-ci ou de ses ayants droit tendant notamment à la consécration judiciaire de son droit de propriété indivise sur les parcelles litigieuses, à la liquidation-partage de l'indivision ou au versement d'une somme représentant la valeur de ses droits sur ces parcelles, cette action n'étant pas subordonnée à la vente à un tiers des biens indivis ;

Qu'en statuant ainsi, alors que le point de départ du délai à l'expiration duquel une action ne peut plus être exercée se situant à la date d'exigibilité de l'obligation qui lui a donné naissance, la prescription ne pouvait avoir commencé à courir avant la date de la vente, la cour d'appel a violé le texte susvisé ;

Par ces motifs :

Casse et annule (...) »

547. – Prescription quinquennale. La prescription quinquennale était, avant la réforme de la loi du 17 juin 2008, prévue par l'ancien article 2277 du Code civil.

Ancien article 2277 :

« Se prescrivent par cinq ans les actions en paiement :

– des salaires ;

– des arrérages des rentes perpétuelles et viagères et de ceux des pensions alimentaires ;

– des loyers et fermages ;

– des intérêts des sommes prêtées ;

– et généralement de tout ce qui est payable par année ou à des termes périodiques plus courts ».

548. – Application en droit du travail. Cette prescription quinquennale vaut notamment en matière de créances salariales : les actions en paiement des salaires se prescrivent par cinq ans.

Cela est rappelé par l'article L. 3245-1 du Code du travail :

« L'action en paiement ou en répétition du salaire se prescrit par cinq ans conformément à l'article 2224 du Code civil » (V. CSS, art. L. 244-1).

La même règle vaut pour les délégués mineurs du fond (C. mines, art. 248).

Ceci a une grande importance, car c'est bien souvent lors d'un licenciement que le salarié découvre qu'il a accompli des heures supplémentaires (au-delà de la durée réglementaire du travail) non rémunérées, ou encore, par la lecture de la convention collective qu'une prime d'ancienneté, de panier... lui était due.

La prescription intervient dès lors comme un buttoir : à compter de la date de saisine du conseil de prud'hommes, le salarié ne peut réclamer la régularisation de ses heures supplémentaires (à condition qu'elles soient établies) ou le paiement des primes omises que sur une durée de cinq ans.

De même, l'action en répétition des sommes indûment versées par l'ASSEDIC se prescrit, sauf cas de fraude ou de fausse déclaration, par cinq ans à compter du jour du versement de ces sommes. Ainsi un salarié, licencié sur le fondement d'une autorisation administrative annulée par la suite, ne peut cumuler les sommes allouées par l'ASSEDIC et les salaires dus par l'employeur en raison du caractère rétroactif de l'annulation ; l'action en répétition de l'indu, exercée par l'organisme d'indemnisation du chômage, est soumise à la prescription quinquennale (Cass. soc., 28 oct. 2003, n° C 01-40.762).

549. – Autres applications. L'ancien article 2277 du Code civil prévoyait une prescription abrégée par rapport à la prescription de droit commun de trente ans. Il avait posé de délicates questions d'interprétation.

La Cour de cassation avait affirmé que la prescription quinquennale concerne les actions en paiement, non seulement des loyers, mais de tout ce qui est payable par année ou des termes périodiques plus courts, et en a fait application à une indemnité d'occupation (Cass. 1re civ., 5 mai 1988 : *Bull. civ.* 1988, I, n° 160). En matière de **crédit-bail**, la situation était complexe : c'est à bon droit qu'une cour d'appel a appliqué l'article 2277 du Code civil à une action en paiement de loyers de crédit-bail, créance payable à termes périodiques ; en revanche, c'est à tort que la cour a appliqué la prescription quinquennale prévue par ce texte à l'ensemble de l'action engagée par la société de crédit-bail, y compris en ce qu'elle tendait au recouvrement de l'indemnité contractuelle de résiliation, l'indemnité de résiliation n'étant pas une créance payable à termes périodiques (Cass. com., 24 nov. 1992 : *Bull. civ.* 1992, IV, n° 369 : *D.* 1993, somm. p. 216, et la note).

Dès lors que la créance est, quoique exprimée en capital (reconnaissance de dette représentant l'addition des diminutions successives du loyer), une créance de **loyers**, la prescription applicable était celle de l'article 2277 (Cass. ch. mixte, 12 avr. 2002 : *Bull. civ.* 2002, ch. mixte, n° 3 ; *JCP* G 2002, II, 10169, note Conac ; *Defrénois* 2002, p. 1150, note Dagorne-Labbé ; *ibid.* 1265, obs. Libchaber ; *AJDI* 2002, p. 519, obs. Briand ; *Loyers et copr.* 2002, chron. 10, Vial-Pedroletti).

L'action en répétition de sommes indûment versées à titre de **charges locatives**, qui relève du régime spécifique des quasi-contrats, n'était pas soumise à la prescription abrégée de l'article 2277 (Cass. ch. mixte, 12 avr. 2002 : *D.* 2002, p. 2433, note Aubert de Vincelles ; *Defrénois* 2002, p. 1265, obs. Libchaber ; *AJDI* 2002, p. 517, obs. Briand ; *Loyers et copr.* 2002, chron. 10, par Vial-Pedroletti).

Les restitutions consécutives à une **annulation** ne relevaient pas de la répétition de l'indu mais seulement des règles de nullité : la prescription est quinquennale et non décennale pour une action en restitution d'intérêts conventionnels non régulièrement stipulés au contrat (Cass. 1re civ., 24 sept. 2002 : *Bull. civ.* 2002, I, n° 218 ; *D.* 2003, p. 369, note Aubert).

De plus, si la demande en paiement d'**aliments** était soumise à la prescription de l'article 2277 du Code civil, la poursuite de l'exécution de titres portant condamnation au paiement de la pension alimentaire était régie par la prescription de droit commun de trente ans (Cass. 1re civ., 16 juin 1998 : *Bull. civ.* 1998, I, n° 214).

La loi du 17 juin 2008 a considérablement simplifié la règle.

550. – Rescision. La prescription est également de cinq ans en matière de rescision, selon l'ancien article 1304 du Code civil :

« Dans tous les cas où l'action en nullité ou en rescision d'une convention n'est pas limitée à un moindre temps par une loi particulière, cette action dure cinq ans.

Ce temps ne court dans le cas de violence que du jour où elle a cessé ; dans le cas d'erreur ou de dol, du jour où ils ont été découverts.

Le temps ne court, à l'égard des actes faits par un mineur, que du jour de la majorité ou de l'émancipation ; et à l'égard des actes faits par un majeur protégé, que du jour où il en a eu connaissance, alors qu'il était en situation de les refaire valablement. Il ne court contre les héritiers de la personne en tutelle ou en curatelle que du jour du décès, s'il n'a commencé à courir auparavant ».

Le délai accordé au vendeur d'immeuble pour agir en cas de lésion reste de deux ans (C. civ., art. 1676).

JURISPRUDENCE
Prescription quinquennale

I. Créances périodiques

Par un arrêt du 16 décembre 1998, la troisième chambre civile décide que la prescription quinquennale ne s'applique pas à une demande globale d'indemnité d'occupation formée par un bailleur. Il n'en est autrement qu'en cas de stipulation contractuelle d'une indemnité périodique ou de condamnation au versement d'une telle indemnité. La divergence d'interprétation avec la première chambre civile est donc confirmée puisque, pour cette formation, l'indemnité d'occupation étant par nature périodique il importe peu qu'elle soit contractuellement prévue ou fixée *a posteriori*.

Cass. 3e civ., 16 déc. 1998, n° 97-11.160

« LA COUR :

Sur le moyen unique :

Vu l'article 2277 du Code civil ;

Attendu que se prescrivent par cinq ans les actions en paiement de tout ce qui est payable par année ou à des termes périodiques plus courts ;

Attendu, selon l'arrêt attaqué (CA Versailles, 30 oct. 1996), que la SCI "Les lacs Saint-James" (SCI) a assigné le 2 août 1994 M. Clair Bensoussan et la Sté Babel productions en paiement d'une somme à titre d'indemnité d'occupation pour la période du 20 août 1984 au 25 avril 1990 en raison de l'occupation sans droit ni titre de locaux lui appartenant ;

Attendu que, pour déclarer irrecevable comme prescrite la demande d'indemnité d'occupation de la SCI pour la période antérieure au 2 août 1989, l'arrêt retient que M. Clair Bensoussan et la Sté Babel productions, qui ne peuvent se prévaloir d'aucun titre d'occupation, doivent être tenus à paiement d'une indemnité d'occupation, mais que ce paiement tel que réclamé par la SCI constitue uniquement la contrepartie financière périodique à l'occupation des lieux et que les dispositions de l'article 2277 du Code civil doivent recevoir application ; qu'en statuant ainsi, alors que la prescription quinquennale ne pouvait s'appliquer, en l'absence de condamnation préalable de M. Clair Bensoussan et de la Sté Babel productions en paiement d'une indemnité mensuelle, à la demande globale d'indemnité d'occupation formée par la SCI, la cour d'appel a violé le texte susvisé ;

Par ces motifs :

Casse et renvoie devant la cour d'appel de Paris... »

II. Dès lors que la créance est, quoique exprimée en capital (reconnaissance de dette représentant l'addition des diminutions successives du loyer), une créance de loyers, la prescription applicable est celle de l'article 2277

Cass. ch. mixte, 12 avr. 2002 : *Bull. civ.* 2002, ch. mixte, n° 3 ; *JCP* G 2002, II, 10169, note Conac ; *Defrénois* 2002, p. 1150, note Dagorne-Labbé ; *ibid.* 1265, obs. Libchaber ; *AJDI* 2002, p. 519, obs. Briand ; *Loyers et copr.* 2002, chron. 10, par Vial-Pedroletti

« *Sur les deux moyens, réunis :*

Attendu, selon l'arrêt attaqué (CA Rennes, 29 mars 2000), que la société d'exploitation cinématographique Rex, dont M. et Mme Rouelle sont les associés gérants, a donné à bail à la société Cinémas Rex un immeuble lui appartenant ; qu'à la demande de la locataire, une réduction de 50 % du montant du loyer lui a été consentie par la bailleresse, le 21 mars 1988, à compter du 1er octobre 1987 aussi longtemps que le bilan d'exploitation serait négatif, sous réserve d'un rectificatif rétroactif du montant du loyer si ce bilan redevenait positif ; que Mme Rouelle, agissant en qualité de président et directeur général de la société Cinémas Rex, a signé le 2 avril 1992 une reconnaissance de dette d'un montant de 383 319,35 F "en capital" représentant l'addition des diminutions successives du loyer consenties entre le 1er octobre 1987 et le 30 septembre 1990, ces sommes portant intérêt au taux de 9 % l'an ; que la locataire ayant refusé de régler ladite somme, la bailleresse l'a assignée en paiement par acte du 11 décembre 1997 ;

Attendu que la société d'exploitation cinématographique Rex et les époux Rouelle, appelés en garantie, font grief à l'arrêt d'avoir dit l'action prescrite, alors, selon les moyens :

1° que la SARL société d'exploitation cinématographique Rex n'a jamais opposé dans ses conclusions d'appel l'existence d'une quelconque novation ; qu'en retenant qu'elle fait valoir qu'il y a eu novation de la dette de loyers en dette de capital, la cour d'appel a dénaturé ses conclusions d'appel, en violation des articles 1134 du Code civil et 4 du Code de procédure civile ;

2° que la prescription quinquennale ne s'applique pas lorsque la dette originairement périodique a été transformée en une dette de capital ; qu'en statuant au motif inopérant tiré de l'absence de novation, sans rechercher, comme elle y était invitée par la SARL société d'exploitation cinématographique Rex dans ses conclusions d'appel, si la dette initiale de loyers n'avait pas été transformée en une dette de capital, la cour d'appel a privé sa décision de base légale au regard de l'article 2277 du Code civil ;

3° que les mentions de la reconnaissance de dette du 2 avril 1992 précisant que la somme due est constituée par la somme des réductions de 50 % des loyers et que chacune des sommes qui la constitue porte intérêt composé au même taux, loin d'exclure toute idée de transformation de la dette de loyers en dette de capital, impliquent au contraire une telle transformation ; que l'acte de reconnaissance de dette précise d'ailleurs à deux reprises que la dette est due en "capital" ; qu'en se déterminant comme elle l'a fait, la cour d'appel a dénaturé les termes clairs et précis de ce document, en violation de l'article 1134 du Code civil ;

4° que la reconnaissance de dette est un acte unilatéral ; qu'en requérant le consentement des deux parties, la cour d'appel a violé les articles 1134 et 1326 du Code civil ;

5° qu'en ne recherchant pas, comme elle y était invitée par la SARL société d'exploitation cinématographique Rex, si le consentement de la bailleresse à la reconnaissance de dette, à le supposer nécessaire, ne résulte pas de son action en exécution de cette reconnaissance de dette, la cour d'appel a privé sa décision de base légale au regard des articles 1134 et 1326 du Code civil ;

6° que l'article 2277 du Code civil ne s'applique qu'à tout ce qui est dû à des termes périodiques ; qu'aux termes de l'accord du 21 mars 1988, la réduction du loyer avait été consentie par la bailleresse "aussi longtemps que le bilan d'exploitation ne sera pas positif, étant bien entendu que, dans ce dernier cas, il y aurait rectificatif rétroactif du montant des loyers" ; qu'il s'ensuit que les parties avaient prévu un paiement "en bloc" du solde des loyers au moment de la réalisation de la condition et que cette dette n'était pas payable à des termes périodiques ; qu'en se déterminant comme elle l'a fait, la cour d'appel a violé l'article 2277 du Code civil ;

Mais attendu que la cour d'appel, sans dénaturation des conclusions des parties, a exactement décidé que, dès lors que la créance résultant de l'acte du 2 avril 1992 était, quoique exprimée en capital, une dette de loyers, la prescription applicable était celle de l'article 2277 du Code civil ; que, par ce seul motif, l'arrêt est légalement justifié ;

Par ces motifs :

Rejette le pourvoi ;

Condamne la société d'exploitation cinématographique Rex et les époux Rouelle aux dépens ;

Vu l'article 700 du Code de procédure civile, condamne la société d'exploitation cinématographique Rex et les époux Rouelle à payer à la société Cinémas Rex la somme de 1 800 € (…) »

III. L'action en répétition de sommes indûment versées à titre de charges locatives, qui relève du régime spécifique des quasi-contrats, n'est pas soumise à la prescription abrégée de l'article 2277

Cass. ch. mixte, 12 avr. 2002 : *D.* 2002, p. 2433, note Aubert de Vincelles ; *Defrénois* 2002, p. 1265, obs. Libchaber ; *AJDI* 2002, p. 517, obs. Briand ; *Loyers et copr.* 2002, chron. 10, par Vial-Pedroletti

« Sur le rapport de Mme Duvernier, conseiller, et les conclusions de M. Guérin, avocat général,

A rendu l'arrêt suivant :

Vu l'article 462 du Code de procédure civile ;

Vu l'arrêt n° 208 P rendu le 12 avril 2002 par la Cour de cassation siégeant en Chambre mixte, sur le pourvoi formé par la société civile immobilière (SCI) du 32, rue de Seine, dont le siège est 32, rue de Seine, 92700 Colombes, en cassation d'un arrêt rendu le 2 juin 2000 par la cour d'appel de Versailles (1re ch., 2e sect.) au profit de la société La Boudinette, dont le siège est 34, rue de Seine, 92700 Colombes ;

Attendu qu'une erreur matérielle a été commise dans la rédaction de la minute de cet arrêt en ce qui concerne l'exposé des faits et de la procédure, et qu'il y a lieu de réparer cette erreur ;

Par ces motifs :

Dit que l'arrêt n° 208 P rendu le 12 avril 2002 par la chambre mixte est rectifié par la substitution au premier attendu de l'attendu suivant :

"Attendu, selon l'arrêt attaqué (Versailles, 2 juin 2000), que la société La Boudinette, locataire de locaux à usage commercial donnés à bail par la société civile immobilière du 32, rue de Seine (la SCI), a assigné celle-ci en remboursement de charges locatives estimées indûment acquittées" »

Des époux ayant souscrit le 1er février 1983 un emprunt bancaire de 210 000 F remboursable en sept annuités, viole le texte susvisé la cour d'appel qui, saisie d'une assignation de la banque délivrée les 7 et 29 août 1997 tendant à voir condamner les débiteurs au paiement des échéances demeurées impayées et des intérêts, fait droit à cette demande en retenant que la prescription quinquennale ne pouvait s'appliquer à la créance en intérêts, dès lors que la déchéance du terme, notifiée par la banque le 13 mars 1992, avait rendu exigible l'intégralité des sommes dues en capital et intérêts, alors que la déchéance du terme ne modifie pas la nature de la dette (Cass. 1re civ., 23 avr. 2003 ; *Bull. civ.* 2003, I, n° 97 ; *Gaz. Pal.* 31 juill. 2003, n° 212, p. 21).

551. – En matière successorale. Depuis la loi n° 2006-728 du 23 juin 2006, l'action en réduction d'une donation se prescrit par cinq ans (et non plus trente ans) à compter de l'ouverture de la succession et l'action en simulation intentée par les héritiers en vue d'obtenir la réduction de la donation constitue pour eux l'exercice d'un droit propre ; d'où il suit que la prescription, réduite à deux ans, ne commence à courir que du jour où ils ont la faculté d'exercer cette action, c'est-à-dire du jour du décès de leur auteur : une prescription butoir de dix ans complète le dispositif.

« La réduction des dispositions entre vifs ne pourra être demandée que par ceux au profit desquels la loi fait la réserve, par leurs héritiers ou ayants cause : les donataires, les légataires, ni les créanciers du défunt ne pourront demander cette réduction, ni en profiter.

Le délai de prescription de l'action en réduction est fixé à cinq ans à compter de l'ouverture de la succession, ou à deux ans à compter du jour où les héritiers ont eu connaissance de l'atteinte portée à leur réserve, sans jamais pouvoir excéder dix ans à compter du décès » (C. civ., art. 920).

De même, l'action en nullité absolue sanctionnant le défaut de forme d'une donation se prescrit désormais par cinq ans et la prescription commence à courir du jour où l'acte irrégulier a été passé (Cass. 1re civ., 26 janv. 1983 : *Bull. civ.* 1983, I, n° 39).

552. – En matière commerciale. La prescription fut longtemps de dix ans en vertu de l'article L. 110-4 du Code de commerce. La loi du 17 juin 2008 a modifié cet article de telle façon qu'il n'y a plus de différence ici entre le droit civil et le droit commercial.

« Les obligations nées à l'occasion de leur commerce entre commerçants ou entre commerçants et non-commerçants se prescrivent par cinq ans si elles ne sont pas soumises à des prescriptions spéciales plus courtes ».

On relèvera que le délai s'applique aussi aux obligations nées entre un commerçant et un non-commerçant.

En droit des sociétés, toutes les actions contre les associés non liquidateurs ou leurs héritiers et ayants cause se prescrivent par cinq ans à compter de la publication de la dissolution de la société (C. civ., art. 1859 ; C. com., art. L. 210-8).

JURISPRUDENCE
La prescription en matière commerciale

I. Conception large du domaine de l'article L. 110-4

L'article L. 110-4 du nouveau Code de commerce joue un rôle non négligeable en ce qu'il abrège la prescription de trente ans. Et ce d'autant plus que la Cour de cassation a de ce texte une conception large, comme dans cet arrêt rendu par la première chambre civile le 29 avril 1997.

Cass. 1re civ., 29 avr. 1997 : *Bull. civ.* 1997, I, n° 134 ; *D.* 1997, p. 327, note Y. Chartier ; *Defrénois* 1997, p. 1269, note J. Honorat

« LA COUR :

Sur le moyen unique :

Attendu, selon les énonciations de l'arrêt attaqué (CA Douai, 7 nov. 1994), que l'Union de crédit pour le bâtiment (UCB), reprochant à M. Fontaine, notaire, entre-temps décédé, les fautes qu'il avait commises à l'occasion de deux actes dressés par lui les 14 septembre 1970 et 5 janvier 1971, pour avoir, d'une part, omis de recueillir la signature d'une caution, et, d'autre part, dressé une constitution d'hypothèque entachée de nullité du fait d'une procuration irrégulière, a demandé réparation des dommages qui étaient résultés pour elle de la défaillance des garanties convenues aux héritiers de ce notaire, les consorts Fontaine et à la compagnie d'assurances L'Abeille, assureur de la responsabilité professionnelle de ce dernier ; que l'arrêt attaqué a déclaré ses demandes irrecevables comme prescrites par application de l'article 189 bis du Code de commerce ;

Attendu que l'UCB fait grief à l'arrêt de s'être ainsi prononcé, alors que, ayant constaté que l'obligation délictuelle litigieuse reposait sur la faute commise par un notaire dans l'exercice de sa profession, la cour d'appel aurait fait une fausse application du texte précité ;

Mais attendu que l'article 189 bis du Code de commerce ne distingue pas selon le caractère civil ou commercial des obligations qu'il vise ; que c'est donc à bon droit que la cour d'appel, qui a relevé que les obligations reposant sur les fautes commises par le notaire étaient nées à l'occasion de l'activité commerciale de l'établissement de crédit, a fait application de ce texte ;

Par ces motifs :

Rejette... »

II. Jurisprudence contradictoire entre garantie des vices cachés et délai abrégé

Il a été jugé que le délai d'un an pour agir en garantie des vices cachés contre le constructeur d'un navire (L. 3 janv. 1967, art. 8) ne peut être utilement invoqué qu'à l'intérieur de la prescription extinctive de dix ans prévue par l'article L. 110-4.

Cass. com., 27 nov. 2001 : *JCP* E 2002, n° 8-9, p. 370. – Comp. Cass. com., 27 nov. 2001 : *JCP* E 2002, n° 3, p. 107 ; *RJDA* 2002, n° 455

« *Sur le moyen unique, pris en ses deux branches :*

Attendu, selon l'arrêt attaqué (Poitiers, 12 janv. 1999), qu'en 1982, Mme Laget a acquis un voilier, construit par la société Beneteau ; que Mme Laget, prétendant que le voilier était défectueux, a obtenu en référé la désignation d'un expert puis a assigné la société Beneteau en réparation de son préjudice sur le fondement de la garantie des vices cachés ; que cette société a soulevé la prescription de l'action ;

Attendu que Mme Laget reproche à l'arrêt d'avoir accueilli cette fin de non-recevoir, alors, selon le moyen :

1° que lorsqu'une action en justice se prescrit par un délai spécial plus court que le délai de droit commun, ce délai spécial se substitue au délai de droit commun ; que l'action en garantie des vices cachés de l'acheteur d'un navire contre le constructeur se prescrit par un délai d'un an à l'exclusion du délai décennal de droit commun lequel n'est pas un délai de péremption, de sorte que la cour d'appel a violé les articles 8 de la loi du 3 janvier 1967 et 189 bis du Code du commerce ;

2° que le point de départ du délai de prescription d'une action en exécution d'une obligation contractuelle est fixé au jour de l'exigibilité de cette obligation et non au jour du contrat ; que l'action en garantie des vices cachés exercée contre le constructeur d'un navire court du jour de la découverte du vice de sorte que la cour d'appel a encore violé l'article 8 de la loi du 3 janvier 1967 ;

Mais attendu qu'après avoir énoncé qu'en vertu de l'article 189 bis du Code de commerce, devenu l'article L. 110-4 du même code, les obligations nées à l'occasion de leur commerce entre commerçants et non-commerçants se prescrivent par dix ans, si elles ne sont pas soumises à des prescriptions spéciales plus courtes et que le délai d'un an de l'action en garantie contre le constructeur d'un navire ne peut être utilement invoqué qu'à l'intérieur de cette prescription extinctive de dix ans, l'arrêt retient que Mme Laget, qui invoque la responsabilité contractuelle du constructeur pour vice caché, a une créance ayant son origine au plus tard en 1982 ; qu'il constate encore qu'elle n'a fait état d'aucun acte susceptible d'interrompre la prescription, avant l'expiration du délai de dix ans ; qu'en l'état de ces énonciations, appréciations et constatations, la cour d'appel en a déduit, à bon droit, que la prescription décennale était acquise avant l'assignation en référé ; que le moyen n'est fondé en aucune de ses branches ;

Par ces motifs :

Rejette le pourvoi... »

Le second arrêt du même jour :

« *Sur le moyen unique, pris en sa seconde branche :*

Attendu, selon l'arrêt attaqué, que M. Fontaine a chargé la société des Forges Caloin (société Caloin), de la construction d'un navire caseyeur, équipé de viviers ; que prétendant que ces viviers étaient défectueux, il a obtenu en référé la désignation d'un expert puis a assigné la société Caloin, M. Ruffin pris en qualité de liquidateur de cette société, son assureur, la Caisse industrielle d'assurances mutuelles (CIAM), la société Dedrye, sous-traitant de la société Caloin et M. Deladrier pris en qualité de représentant des créanciers de la société Dedrye, en réparation de son préjudice sur le fondement de la garantie des vices cachés ; que M. Ruffin et la CIAM ont soulevé l'irrecevabilité de cette action pour non-respect du délai d'un an prévu par l'article 8 de la loi du 3 janvier 1967 ; que la CIAM a appelé en garantie, notamment, la société Armor Pompes, sous-traitant de la société Caloin, et son assureur, la société Aig Europe ;

Sur la fin de non-recevoir, opposée par la défense :

Attendu que la société Aig Europe prétend qu'est irrecevable comme nouveau le moyen par lequel M. Fontaine soutient que lorsque l'acquéreur d'un navire qui invoque la garantie des vices cachés, a assigné les constructeurs en référé, dans le délai d'un an édicté par l'article 8 de la loi du 3 janvier 1967, la prescription de droit commun, commence à courir à compter de l'ordonnance de référé ;

Mais attendu que le moyen, qui ne repose sur aucun fait qui n'ait été constaté par les juges de fond, est de pur droit ; que la fin de non-recevoir doit donc être rejetée ;

Et sur le moyen :

Vu l'article 8 de la loi du 3 janvier 1967, portant statut des navires et autres bâtiments de mer ;

Attendu que pour déclarer irrecevable la demande de M. Fontaine, l'arrêt retient qu'il résulte du prérapport de l'expert judiciaire du 21 novembre 1991, que les viviers sont affectés d'anomalies de conception et de réalisation, que la date de ce pré-rapport doit être retenue comme point de départ de la prescription annale de l'action en garantie de M. Fontaine et que l'assignation au fond, intervenue fin juin, début juillet 1993, est donc tardive ;

Attendu qu'en statuant ainsi, alors que, l'acquéreur d'un navire qui invoque la garantie des vices cachés en assignant les constructeurs, en référé, dans le délai d'un an édité par l'article 8 de la loi du 3 janvier 1967, pour voir ordonner une expertise, satisfait aux exigences de ce texte et ne peut se voir opposer que la prescription de droit commun, la cour d'appel a violé le texte susvisé ;

Par ces motifs, et sans qu'il y ait lieu de statuer sur les autres griefs ;

Casse et annule (...) »

553. – En matière de responsabilité extracontractuelle. La prescription était également de dix ans (C. civ., ancien art. 2270-1, al. 1er : « Les actions en responsabilité civile extracontractuelle se prescrivent par dix ans à compter de la manifestation du dommage ou de son aggravation »). L'alinéa 2 du texte augmentait toutefois ce délai et le portait à vingt ans « lorsque le dommage est causé par des tortures et des actes de barbarie, des violences ou des agressions sexuelles commises contre un mineur ».

La prescription en matière de responsabilité extracontractuelle rejoint le droit commun et est soumise au délai de cinq ans. Toutefois, deux exceptions sont prévues à ce régime de droit commun : d'une part, le délai est porté à dix ans lorsqu'un dommage corporel est subi par la victime et, d'autre part, comme auparavant, dans l'hypothèse de violences graves commises à l'encontre d'un mineur.

Article 2226 du Code civil :

« L'action en responsabilité née à raison d'un événement ayant entraîné un dommage corporel, engagée par la victime directe ou indirecte des préjudices qui en résultent, se prescrit par dix ans à compter de la date de la consolidation du dommage initial ou aggravé.

Toutefois, en cas de préjudice causé par des tortures ou des actes de barbarie, ou par des violences ou des agressions sexuelles commises contre un mineur, l'action en responsabilité civile est prescrite par vingt ans ».

554. – Suppression de prescriptions abrégées. La loi du 17 juin 2008 a supprimé les anciens articles 2271 à 2278 du Code civil, supprimant de fait des cas particuliers de prescription entre six mois et deux ans.

Rentrent ainsi dans le droit commun d'une prescription quinquennale :

– l'action des médecins, chirurgiens, chirurgiens-dentistes, sages-femmes et pharmaciens, pour leurs visites, opérations et médicaments (naguère deux ans – C. civ., ancien art. 2272).

– l'action des marchands, pour les marchandises qu'ils vendent aux particuliers non marchands (deux ans, C. civ., ancien art. 2272, devenu C. consom., art. L. 218-2) ;

– l'action des avoués et avocats, pour le paiement de leurs frais et salaires. Le délai est calculé à compter du jugement des procès ou de la conciliation des parties, ou depuis la révocation desdits avoués ou avocats. À l'égard des affaires non terminées, ils ne peuvent former de demandes pour leurs frais et salaires qui remonteraient à plus de cinq ans (C. civ., art. 2273). La prescription de cinq ans ne s'applique qu'aux frais et émoluments dus en raison des actes de postulation et non aux honoraires (Cass. 2e civ., 27 mars 2003, inédit). En revanche, les clients peuvent agir en responsabilité personnelle contre l'avocat ou avoué pendant cinq ans à compter de la fin de sa mission (C. civ., art. 2225) ;

– l'action des huissiers, pour le salaire des actes qu'ils signifient et des commissions qu'ils exécutent (un an – C. civ., ancien art. 2272) ;

– l'action des maîtres de pensions, pour le prix de pension de leurs élèves, et des autres maîtres, pour le prix de l'apprentissage (un an – C. civ., ancien art. 2272) ; comme pour l'action des maîtres et instituteurs des sciences et arts, pour les leçons qu'ils donnent (un an – C. civ., ancien art. 2271, al. 1er) ;

– l'action des hôteliers et traiteurs à raison du logement et de la nourriture qu'ils fournissent (six mois – C. civ., ancien art. 2271, al. 2) ;

– l'action en responsabilité des représentants ou assistants en justice.

555. – Maintien de prescriptions quinquennales. Le recouvrement des frais dus aux notaires et aux avoués ont, hier comme aujourd'hui, été prescrits par cinq ans (L. 24 déc. 1897). Il en était de même de l'action en restitution des pièces de procédure.

Toutefois, l'action pour perte de documents confiés à l'huissier se prescrivait avant la loi du 17 juin 2008 par deux ans (C. civ., ancien art. 2276, al. 2).

La responsabilité extracontractuelle des experts judiciaires fut longtemps trentenaire, selon le droit commun. La loi n° 85-677 du 5 juillet 1985 a soumis l'action à la prescription décennale de l'article 2270-1 du Code civil. La loi n° 2004-130 du 11 février 2004 avait encore réduit le délai de prescription à dix ans mais avait précisé que le point de départ est repoussé à compter de la fin de sa mission (L. n° 71-498, 29 juin 1971, ancien art. 6-3). Cette disposition a été abrogée par la loi du 17 juin 2008. L'action en responsabilité contre un expert judiciaire est à nouveau soumise au droit commun... mais il s'agit de cinq ans. Autre conséquence de cette abrogation : le point de départ de la prescription n'est plus le jour de la fin de la mission (autrement dit le jour où l'expert dépose son rapport au tribunal qui l'a missionné), mais du jour où le titulaire du droit a connu ou aurait dû connaître les faits lui permettant de l'exercer. L'abrègement du délai est donc souvent un leurre : l'examen des litiges montre que l'apparition des sinistres peut intervenir vingt ou vingt-cinq après (Cass. 3e civ., 22 oct. 2008 : *Gaz. Pal.* 18 janv. 2009, p. 11, note M. Schultz). Si l'événement a entraîné un dommage corporel, il est possible que la prescription décennale de l'article 2226, alinéa 1er du Code civil soit applicable.

SECTION 2

LES PRESCRIPTIONS ALLONGÉES (TRENTE ET DIX ANS)

§ 1. – Les prescriptions longues (trente ans)

556. – Droit de la famille – mariage. Le délai est maintenu pour les actions en nullité du mariage pour des causes objectives prévues à l'article 184 du Code civil.

« Tout mariage contracté en contravention aux dispositions contenues aux articles 144, 146, 146-1, 147, 161, 162 et 163 peut être attaqué, dans un délai de trente ans à compter de sa célébration, soit par les époux eux-mêmes, soit par tous ceux qui y ont intérêt, soit par le ministère public ».

Ce texte vise la minorité de dix-huit ans de l'un des époux (C. civ., art. 144), l'absence de consentement (C. civ., art. 146), le mariage d'un français célébré à l'étranger en son absence (C. civ., art. 146-1), le second mariage contracté avant la dissolution du premier (C. civ., art. 147), le mariage prohibé entre tous les ascendants et descendants et les alliés dans la même ligne (C. civ., art. 161) et mariage entre le frère et la sœur, l'oncle et la nièce, la tante et le neveu (C. civ., art. 162 et 163).

Le mariage peut également être annulé pendant trente ans en cas de mariage non célébré publiquement, ainsi que le prévoit l'article 191 du Code civil :

« Tout mariage qui n'a point été contracté publiquement, et qui n'a point été célébré devant l'officier public compétent, peut être attaqué, dans un délai de trente ans à compter de sa célébration, par les époux eux-mêmes, par les père et mère, par les ascendants et par tous ceux qui y ont un intérêt né et actuel, ainsi que par le ministère public ».

557. – Dommages causés à l'environnement. L'article L. 152-1 du Code de l'environnement prévoit une prescription trentenaire pour les obligations financières liées à la réparation des dommages causés à l'environnement.

« Les obligations financières liées à la réparation des dommages causés à l'environnement par les installations, travaux, ouvrages et activités régis par le présent code se prescrivent par dix ans à compter du jour où le titulaire de l'action a connu ou aurait dû connaître la manifestation du dommage ».

558. – Droit de propriété et actions immobilières. Le nouvel article 2227 du Code civil prévoit le caractère imprescriptible du droit de propriété. Toutefois les actions réelles immobilières demeurent prescrites par trente ans :

« Le droit de propriété est imprescriptible. Sous cette réserve, les actions réelles immobilières se prescrivent par trente ans à compter du jour où le titulaire d'un droit a connu ou aurait dû connaître les faits lui permettant de l'exercer ».

559. – Affectation de sommes au Fonds de réserve des retraites. Les ressources du fonds de réserve pour les retraites sont constituées par « les sommes issues de l'application du titre IV du livre IV du Code du travail et reçues en consignation par la Caisse des dépôts et consignations ou résultant de la liquidation des parts de fonds commun de placement par les organismes gestionnaires, des titres émis par des SICAV, des actions émises par les sociétés créées par les salariés en vue de la reprise de leur entreprise ou des actions ou coupures d'actions de l'entreprise, n'ayant fait l'objet de la part des ayants droit d'aucune opération ou réclamation depuis trente années ». *A contrario*, il résulte de ce texte que le salarié dispose d'un délai de trente années pour réclamer ces sommes. À défaut, son action en revendication est prescrite.

§ 2. – Les prescriptions moyennes (dix ans)

560. – Droit de la famille – filiation. La prescription décennale vaut, ensuite, en matière de filiation :

Article 321 du Code civil :

« Sauf lorsqu'elles sont enfermées par la loi dans un autre délai, les actions relatives à la filiation se prescrivent par dix ans à compter du jour où la personne a été privée de l'état qu'elle réclame, ou a commencé à jouir de l'état qui lui est contesté. À l'égard de l'enfant, ce délai est suspendu pendant sa minorité ».

561. – Droit de la famille – option de l'héritier. La prescription de dix ans vaut encore pour la faculté d'accepter ou de répudier une succession (C. civ., art. 780) :

« La faculté d'option se prescrit par dix ans à compter de l'ouverture de la succession.

L'héritier qui n'a pas pris parti dans ce délai est réputé renonçant.

La prescription ne court contre l'héritier qui a laissé le conjoint survivant en jouissance des biens héréditaires qu'à compter de l'ouverture de la succession de ce dernier.

La prescription ne court contre l'héritier subséquent d'un héritier dont l'acceptation est annulée qu'à compter de la décision définitive constatant cette nullité.

La prescription ne court pas tant que le successible a des motifs légitimes d'ignorer la naissance de son droit, notamment l'ouverture de la succession ».

562. – Responsabilité civile – dommage corporel. La prescription décennale est prévue par l'article 2226, alinéa 1er du Code civil :

« L'action en responsabilité née à raison d'un événement ayant entraîné un dommage corporel, engagée par la victime directe ou indirecte des préjudices qui en résultent, se prescrit par dix ans à compter de la date de la consolidation du dommage initial ou aggravé ».

563. – Responsabilité civile – garantie décennale des constructeurs. La prescription décennale des constructeurs est maintenue par l'article 1792-4-3 du Code civil :

« En dehors des actions régies par les articles 1792-3, 1792-4-1 et 1792-4-2, les actions en responsabilité dirigées contre les constructeurs désignés aux articles 1792 et 1792-1 et leurs sous-traitants se prescrivent par dix ans à compter de la réception des travaux ».

564. – Titulaire d'un titre exécutoire. La prescription décennale est prévue pour les titulaires d'un titre exécutoire à l'article L. 111-4 du Code des procédures civiles d'exécution :

« L'exécution des titres exécutoires mentionnés aux 1° à 3° de l'article L. 111-3 ne peut être poursuivie que pendant dix ans, sauf si les actions en recouvrement des créances qui y sont constatées se prescrivent par un délai plus long.

Le délai mentionné à l'article 2232 du Code civil n'est pas applicable dans le cas prévu au premier alinéa ».

Les titres concernés sont les décisions des juridictions de l'ordre judiciaire ou de l'ordre administratif ainsi que les transactions soumises au président du tribunal de grande instance, les actes et les jugements étrangers ainsi que les sentences arbitrales déclarés exécutoires par une décision non susceptible d'un recours suspensif d'exécution et les extraits de procès-verbaux de conciliation signés par le juge et les parties.

La durée de la prescription est déterminée par la nature de la créance et la circonstance que celle-ci soit constatée par un acte authentique revêtu de la formule exécutoire n'a pas pour effet de modifier cette durée (Cass. ch. mixte, 26 mai 2006 : *Bull. inf. C. cass.* 15 juill. 2006, rapp. Mazars, concl. Main ; *D.* 2006, p. 1793, note Wintgen ; *JCP* G 2006, II, 10129, note Croze ; *Defrénois* 2006, 1233, obs. Libchaber).

JURISPRUDENCE

Cass. ch. mixte, 26 mai 2006 : *Bull. inf. C. cass.* 15 juill. 2006, rapp. Mazars, concl. Main

« Attendu, selon l'arrêt attaqué (Lyon, 7 mai 2003), que, par acte notarié du 17 mars 1989, la Banque de Savoie (la banque) a accordé aux associés de la société à responsabilité limitée Sovise (la SARL), parmi lesquels se trouvait M. X…, un prêt de 600 000 F pour une durée de sept ans, remboursable en 27 trimestrialités, la dernière en mars 1996 ; que la convention instituait en garantie du prêt une hypothèque sur un immeuble dont M. X… et son épouse étaient propriétaires ; que l'emprunt a cessé d'être remboursé à partir de décembre 1989 et que la SARL a été déclarée en liquidation judiciaire ; que les époux X…, n'ayant pu obtenir la mainlevée amiable de l'hypothèque, ont, par acte du 22 septembre 2000, assigné la banque à cette fin devant un tribunal de commerce ; que la banque a sollicité le paiement du prêt par conclusions du 23 janvier 2001 ;

Sur le premier moyen (...)

Sur le deuxième moyen :

Attendu que la banque fait grief à l'arrêt d'avoir déclaré prescrit le prêt consenti par la banque aux associés de la SARL et ordonné en conséquence la radiation de l'hypothèque qui en garantissait le remboursement alors, selon le moyen :

1/ qu'aux termes de l'article 455 du Nouveau Code de procédure civile, tout jugement doit être motivé à peine de nullité ; qu'en se bornant à affirmer que "la Banque de Savoie n'agit pas en vertu d'une décision de justice mais sur la base des obligations contractuelles résultant de l'acte de prêt du 17 mars 1989", la cour d'appel n'a pas répondu aux écritures de la Banque de Savoie selon lesquelles la prescription de l'article 189 bis du Code de commerce "ne s'applique que lorsqu'il s'agit d'intenter une action en justice, mais non lorsque le créancier est déjà en possession d'un titre tel qu'un jugement ou un acte authentique" ; qu'en statuant ainsi, la cour d'appel n'a pas satisfait aux exigences de l'article 455 du Nouveau Code de procédure civile ;

2/ que si un acte notarié, qui est un titre exécutoire selon l'article 3 de la loi du 9 juillet 1991, n'opère aucune novation quant à la nature de l'obligation qu'il authentifie, l'action ayant pour objet l'exécution de cette obligation se prescrit par trente ans en application de l'article 2262 du Code civil, même si la créance primitive est soumise à une prescription particulière comme en l'espèce celle de l'article 189 bis du Code de commerce ; qu'en décidant néanmoins que la prescription décennale de l'article 189 bis du Code de commerce (devenu L. 110-4) est applicable en la cause puisque le prêt a été accordé par une banque à un non-commerçant, la cour d'appel a violé l'article 2262 du Code civil, ensemble les articles L. 110-4 du Code de commerce et 3 de la loi du 9 juillet 1991 ;

Mais attendu que la durée de la prescription est déterminée par la nature de la créance et que la circonstance que celle-ci soit constatée par un acte authentique revêtu de la formule exécutoire n'a pas pour effet de modifier cette durée ;

Et attendu que, s'agissant d'une créance de nature commerciale dont la prescription est de dix ans et dès lors que le renouvellement de l'inscription d'hypothèque est dépourvu d'effet interruptif, la cour d'appel a exactement décidé que la créance de la banque était prescrite ;

D'où il suit que le moyen n'est pas fondé ;

Et attendu que les troisième et quatrième moyens ne sont pas de nature à permettre l'admission du pourvoi ;

Par ces motifs :

Rejette le pourvoi (...) »

Ce texte n'est pas applicable en matière de quasi-contrat.

565. – En matière de copropriété. Selon l'article 42, alinéa 1er de la loi du 10 juillet 1965 :

« Sans préjudice de l'application des textes spéciaux fixant des délais plus courts, les actions personnelles nées de l'application de la présente loi entre des copropriétaires, ou entre un copropriétaire et le syndicat, se prescrivent par un délai de dix ans ».

Toutefois, l'action tendant à la démolition d'un équipement empiétant sur une partie privative d'une copropriété est une action réelle se prescrivant par trente ans (non-application de la prescription décennale de l'article 42, alinéa 1er de la loi du 10 juillet 1965 ; Cass. 3e civ., 20 nov. 2002 : *D.* 2002, inf. rap. p. 3244).

566. – En matière de responsabilité médicale. La loi du 4 mars 2002 (C. santé publ., art. L. 1142-28) fixe à dix ans la durée de la prescription en matière de mise en cause de la responsabilité des professionnels de santé ou établissements de soins à l'occasion d'actes de prévention, de diagnostic ou de soins :

« Les actions tendant à mettre en cause la responsabilité des professionnels de santé ou des établissements de santé publics ou privés à l'occasion d'actes de prévention, de diagnostic ou de soins se prescrivent par dix ans à compter de la consolidation du dommage.

Ces actions ne sont pas soumises au délai mentionné à l'article 2232 du Code civil ».

S'agissant d'une responsabilité contractuelle, c'est un délai allongé par rapport au droit commun de la prescription contractuelle qui est posé à l'article 2224 du Code civil (prescription quinquennale). Pour limiter l'atteinte faite au droit des malades de faire valoir leur droit devant une juridiction, il a cependant été prévu un point de départ éloigné du fait générateur du dommage, situé au jour de la **consolidation** du dommage, ce qui est susceptible d'étendre d'autant le point de départ du délai. La perspective de la réforme de 2002 était de faire du règlement amiable le principe, le rapport Évin estimant que l'objectif est de se rapprocher de l'indemnisation des accidents de la circulation permettant aujourd'hui le règlement amiable de près de 90 % des dossiers. L'article L. 1142-7, alinéa 4 du même code dispose que « la saisine de la commission suspend les délais de prescription et de recours contentieux jusqu'au terme de la procédure prévue par le présent chapitre ».

Concernant les atteintes dommageables à des patients mineurs, le principe général du droit veut qu'en application de l'adage *Contra non valentem agere non currit praescriptio*, la prescription ne court qu'à compter de sa majorité.

567. – En droit des sociétés. Les fondateurs, ainsi que les premiers membres des organes de gestion, de direction ou d'administration sont solidairement responsables du préjudice causé soit par le défaut d'une mention obligatoire dans les statuts, soit par l'omission ou l'accomplissement irrégulier d'une formalité prescrite pour la constitution de la société. En cas de modification des statuts, la responsabilité est celle des membres des organes de gestion, de direction ou d'administration alors en fonction.

L'article 1840 du Code civil prévoit que : « L'action se prescrira par dix ans à compter du jour où l'une ou l'autre, selon le cas, des formalités visées à l'alinéa 3 de l'article 1839 aura été accomplie » (pour les sociétés commerciales, C. com., art. L. 257-13).

SECTION 3

LES PRESCRIPTIONS PARTICULIÈRES

568. – Extrême variété des durées. Le « chaos » de la prescription concerne la durée requise. Elle est aujourd'hui variable, sans que cela affecte nécessairement le fondement de la prescription.

§ 1. – Les prescriptions courtes (quatre et trois ans)

A. – Les prescriptions de quatre ans

569. – Matière fiscale. Selon l'article L. 274 du Livre des procédures fiscales :

« Les comptables publics des administrations fiscales qui n'ont fait aucune poursuite contre un redevable pendant quatre années consécutives à compter du jour de la mise en recouvrement du rôle ou de l'envoi de l'avis de mise en recouvrement sont déchus de tous droits et de toute action contre ce redevable.

Le délai de prescription de l'action en recouvrement prévu au premier alinéa est augmenté de deux années pour les redevables établis dans un État non membre de l'Union européenne avec lequel la France ne dispose d'aucun instrument juridique relatif à l'assistance mutuelle en matière de recouvrement ayant une portée similaire à celle prévue par la directive 2010/24/UE du Conseil du 16 mars 2010 concernant l'assistance mutuelle en matière de recouvrement des créances relatives aux taxes, impôts, droits et autres mesures ».

L'action en recouvrement fondée sur un titre émis par le receveur d'un établissement public communal doit être exercée comme en matière de contributions directes et est donc soumise à la prescription quadriennale : aussi, doit être cassé le jugement ayant soumis à la prescription triennale de l'article 2277 du Code civil l'action en recouvrement des frais d'hospitalisation par un établissement hospitalier, alors que « ces courtes prescriptions sont de droit étroit et ne peuvent être étendues à des cas qu'elles ne visent pas expressément » (Cass. 1re civ., 19 mai 1998 : *Bull. civ.* 1998, I, n° 179).

570. – Dettes envers l'État. Selon l'article 1er de la loi n° 68-1250 du 31 décembre 1968, sont prescrites au profit de l'État, des départements et des communes, toutes créances qui n'ont pas été payées dans un délai de quatre ans à partir du premier jour de l'année suivant celle au cours de laquelle les droits ont été acquis et, s'agissant d'une créance de dommage, la prescription commence à courir le premier jour de l'année suivant celle au cours de laquelle s'est produit le fait générateur du dommage allégué.

Le point de départ de la prescription quadriennale des dettes publiques est non la décision de justice constatant la créance, mais la date du fait générateur de cette créance, c'est-à-dire, en l'espèce, celle de la prise de possession par une commune des terrains litigieux (Cass. 1re civ., 28 janv. 2003 : *Bull. civ.* 2003, I, n° 25).

B. – Les prescriptions de trois ans

571. – Code civil – Responsabilité du fait des produits défectueux et de l'énergie nucléaire. Selon l'article 1386-17, l'action en réparation fondée sur la loi sur la responsabilité des produits défectueux « se prescrit dans un délai de trois ans à compter de la date à laquelle le demandeur a eu ou aurait dû avoir connaissance du dommage, du défaut et de l'identité du producteur ».

L'article 15, alinéa 2 de la loi du 30 octobre 1968 dispose que, en matière d'accident nucléaire, les actions en réparation se prescrivent par trois ans, soit à compter du moment où la victime a eu connaissance du dommage et de l'exploitant responsable, soit à compter du moment où elle a dû raisonnablement en avoir connaissance ; en toute hypothèse, elles ne peuvent toutefois être intentées plus de dix ans à compter du jour de l'accident.

572. – Code civil – Responsabilité en raison des dommages commis ou causés par un élève. Dans tous les cas où la responsabilité des membres de l'enseignement public se trouve engagée à la suite ou à l'occasion d'un fait dommageable commis, soit par les élèves ou les étudiants qui leur sont confiés à raison de leurs fonctions, soit au détriment de ces élèves ou de ces étudiants dans les mêmes conditions, la responsabilité de l'État est substituée à celle desdits membres de l'enseignement qui ne peuvent jamais être mis en cause devant les tribunaux civils par la victime ou ses représentants. Il en est ainsi toutes les fois que, pendant la scolarité ou en dehors de la scolarité, dans un but d'enseignement ou d'éducation physique, non interdit par les règlements, les élèves et les étudiants confiés ainsi aux membres de l'enseignement public se trouvent sous la surveillance de ces derniers.

L'action récursoire peut être exercée par l'État soit contre le membre de l'enseignement public, soit contre les tiers, conformément au droit commun.

Dans l'action principale, les membres de l'enseignement public contre lesquels l'État pourrait éventuellement exercer l'action récursoire ne peuvent être entendus comme témoins.

L'action en responsabilité exercée par la victime, ses parents ou ses ayants droit, intentée contre l'État, ainsi responsable du dommage, est portée devant le tribunal de l'ordre judiciaire du lieu où le dommage a été causé et dirigée contre le représentant de l'État dans le département.

L'article L. 911-4 du Code de l'éducation prévoit, en son dernier alinéa, que la prescription en ce qui concerne la réparation des dommages prévus est acquise par trois années à partir du jour où le fait dommageable a été commis.

573. – Droit des sociétés. En matière de droit des sociétés, la prescription est de trois ans.

Pour les sociétés civiles, l'article 1844-17 du Code civil prévoit la prescription triennale pour les actions en responsabilité en raison de la nullité d'une société :

« L'action en responsabilité fondée sur l'annulation de la société ou des actes et délibérations postérieurs à la constitution se prescrit par trois ans à compter du jour où la décision d'annulation est passée en force de chose jugée.

La disparition de la cause de nullité ne met pas obstacle à l'exercice de l'action en dommages-intérêts tendant à la réparation du préjudice causé par le vice dont la société, l'acte ou la délibération était entaché. Cette action se prescrit par trois ans à compter du jour où la nullité a été couverte ».

C'est une règle quasi générale de la loi n° 66-537 du 24 juillet 1966 sur les sociétés commerciales, aujourd'hui incluse dans le Code de commerce :

– *article L. 223-23* : responsabilité du gérant et sanction des conventions passées entre le(s) gérant(s) et la société, concernant la SARL : « Les actions en responsabilité prévues aux articles L. 223-19 et L. 223-22 se prescrivent par trois ans à compter du fait dommageable ou, s'il a été dissimulé, de sa révélation. Toutefois, lorsque le fait est qualifié crime, l'action se prescrit par dix ans » ;

– *articles L. 225-42, alinéa* 3 (SA classique), *et L. 225-90, alinéa* 3 (SA avec conseil de surveillance) : sanction des conventions passées entre les administrateurs et la société par actions pouvant avoir des conséquences dommageables pour la personne morale ;

– *article L. 235-9 du même texte* : « Les actions en nullité de la société ou d'actes et délibérations postérieurs à sa constitution se prescrivent par trois ans à compter du jour où la nullité est encourue, sous réserve de la forclusion prévue à l'article L. 235-6 ».

Article L. 235-13 :

« L'action en responsabilité fondée sur l'annulation de la société ou des actes et délibérations postérieurs à sa constitution se prescrit par trois ans à compter du jour où la décision d'annulation est passée en force de chose jugée.

La disparition de la cause de nullité ne met pas obstacle à l'exercice de l'action en dommages-intérêts tendant à la réparation du préjudice causé par le vice dont la société, l'acte ou la délibération était entaché. Cette action se prescrit par trois ans à compter du jour où la nullité a été couverte ».

574. – Procédure collective. Et encore, l'article L. 651-2 du Code de commerce (L. n° 2016-1691, 9 déc. 2016) en matière de procédures collectives prévoit une prescription de trois ans pour l'action en comblement de passif :

« Lorsque la liquidation judiciaire d'une personne morale fait apparaître une insuffisance d'actif, le tribunal peut, en cas de faute de gestion ayant contribué à cette insuffisance d'actif, décider que le montant de cette insuffisance d'actif sera supporté, en tout ou en partie, par tous les dirigeants de droit ou de fait, ou par certains d'entre eux, ayant contribué à la faute de gestion. En cas de pluralité de dirigeants, le tribunal peut, par décision motivée, les déclarer solidairement responsables. Toutefois, en cas de simple négligence du dirigeant de droit ou de fait dans la gestion de la société, sa responsabilité au titre de l'insuffisance d'actif ne peut être engagée.

Lorsque la liquidation judiciaire a été ouverte ou prononcée à raison de l'activité d'un entrepreneur individuel à responsabilité limitée à laquelle un patrimoine est affecté, le tribunal peut, dans les mêmes conditions, condamner cet entrepreneur à payer tout ou partie de l'insuffisance d'actif. La somme mise à sa charge s'impute sur son patrimoine non affecté.

L'action se prescrit par trois ans à compter du jugement qui prononce la liquidation judiciaire.

Les sommes versées par les dirigeants ou l'entrepreneur individuel à responsabilité limitée entrent dans le patrimoine du débiteur. Elles sont réparties au marc le franc entre tous les créanciers. Les dirigeants ou l'entrepreneur individuel à responsabilité limitée ne peuvent pas participer aux répartitions à concurrence des sommes au versement desquelles ils ont été condamnés » (C. com., art. L. 651-2, al. 3).

575. – Code civil – Droit de la propriété intellectuelle. Longtemps, l'action en contrefaçon pour les brevets d'invention s'est prescrite par trois ans ; depuis la loi n° 2014-315 du 11 mars 2014 l'action en contrefaçon est régie par le délai de droit commun, soit cinq ans (CPI, art. L. 615-8).

§ 2. – Les prescriptions abrégées

A. – Les prescriptions de deux ans

576. – Code civil – action en séparation du patrimoine. Les créanciers du défunt et les légataires de sommes d'argent peuvent demander à être préférés sur l'actif successoral à tout créancier personnel de l'héritier ; réciproquement, les créanciers personnels de l'héritier peuvent demander à être préférés à tout créancier du défunt sur les biens de l'héritier non recueillis au titre de la succession. Ce droit à séparation des patrimoines est prévu à l'article 878 du Code civil. Il donne lieu au privilège sur les immeubles prévu au 6° de l'article 2374 et il est sujet à inscription conformément à l'article 2383.

Selon l'article 881 du même code, « Il se prescrit, relativement aux meubles, par deux ans à compter de l'ouverture de la succession.

À l'égard des immeubles, l'action peut être exercée tant qu'ils demeurent entre les mains de l'héritier ».

La durée de la prescription était auparavant de trois ans ; la loi n° 2006-728 du 23 juin 2006, animée par le souci d'accélérer les procédures de liquidation, a réduit ce délai à deux ans.

De même l'article 886 du Code civil prévoit un délai de deux ans pour les actions en rescision et garantie du partage : « L'action en garantie se prescrit par deux ans à compter de l'éviction ou de la découverte du trouble ».

577. – Code civil – garantie de bonne fin. Outre la garantie décennale, les architectes et constructeurs doivent au maître de l'ouvrage une garantie biennale de bonne fin.

Article 1792-3 du Code civil :

« Les autres éléments d'équipement de l'ouvrage font l'objet d'une garantie de bon fonctionnement d'une durée minimale de deux ans à compter de sa réception ».

578. – Droit de la consommation. Selon l'article L. 218-2 du Code de la consommation, l'action des professionnels, pour les biens et services qu'ils fournissent aux consommateurs, se prescrit par deux ans. Le tribunal d'instance connaît des litiges nés de l'application des dispositions légales relatives au crédit à la consommation. Les actions en paiement engagées devant lui à l'occasion de la défaillance de l'emprunteur doivent être formées dans les deux ans de l'événement qui leur a donné naissance à peine de forclusion.

Lorsque les modalités de règlement des échéances impayées ont fait l'objet d'un réaménagement ou d'un rééchelonnement, le point de départ du délai de forclusion est le premier incident non régularisé intervenu après le premier aménagement ou rééchelonnement conclu entre les intéressés ou après adoption du plan conventionnel de redressement ou après décision du juge de l'exécution sur les mesures d'apurement de la dette.

579. – Assurance. Le principe est celui d'une prescription de deux ans.

Article L. 114-1 du Code des assurances :

« Toutes actions dérivant d'un contrat d'assurance sont prescrites par deux ans à compter de l'événement qui y donne naissance.

Toutefois, ce délai ne court :

1° En cas de réticence, omission, déclaration fausse ou inexacte sur le risque couru, que du jour où l'assureur en a eu connaissance ;

2° En cas de sinistre, que du jour où les intéressés en ont eu connaissance, s'ils prouvent qu'ils l'ont ignoré jusque-là.

Quand l'action de l'assuré contre l'assureur a pour cause le recours d'un tiers, le délai de la prescription ne court que du jour où ce tiers a exercé une action en justice contre l'assuré ou a été indemnisé par ce dernier.

La prescription est portée à dix ans dans les contrats d'assurance sur la vie lorsque le bénéficiaire est une personne distincte du souscripteur et, dans les contrats d'assurance contre les accidents atteignant les personnes, lorsque les bénéficiaires sont les ayants droit de l'assuré décédé.

Pour les contrats d'assurance sur la vie, nonobstant les dispositions du 2°, les actions du bénéficiaire sont prescrites au plus tard trente ans à compter du décès de l'assuré ».

580. – Assurance maritime. Les actions en matière d'assurance maritime : l'article L. 172-31 du Code des assurances :

« Les actions nées du contrat d'assurance se prescrivent par deux ans. La prescription court contre les mineurs et les autres incapables ».

Une société de construction navale a agi contre son assureur à la suite d'avaries sur des vedettes qui lui avaient été commandées par la Direction des constructions et armes navales. La décision de mettre à la charge de la société le paiement d'une certaine somme avait été prise le 20 décembre 1990 et un titre de perception, émis le 17 juin 1991, avait été notifié au débiteur le 26 juin 1991. En rendant la société débitrice, l'État avait à cette dernière date exercé son action contre cette société et cette date constituait le point de départ du délai biennal de prescription, de sorte qu'en toute hypothèse, la prescription était acquise (Cass. 1re civ., 14 janv. 2003 : *Bull. civ.* 2003, I, n° 1).

581. – Transporteur maritime. L'action en responsabilité contre le transporteur maritime de passagers se prescrit par deux ans (L. n° 66-420, 18 juin 1966, art. 41). Pour les marchandises, la prescription est d'un an.

582. – Abordage. L'action en responsabilité lors d'un abordage (collision entre navires) se prescrit par deux ans (C. transports, art. L. 5131-6).

583. – Transport aérien. L'action en responsabilité contre le transporteur de marchandises et de bagages doit être intentée, sous peine de déchéance, dans les deux ans du jour où l'aéronef est arrivé ou aurait dû arriver à destination (C. transports, art. L. 6421-4 et L. 6422-5).

584. – Professions médicales et sécurité sociale. Une prescription de deux ans est instituée par l'article L. 332-1 du Code de la sécurité sociale pour l'action de l'organisme social en répétition de prestations indûment versées au titre de l'assurance maladie ; elle ne concerne pas l'action exercée pour le recouvrement des sommes perçues sans droit par un établissement de soins, la prescription, dans ce cas, étant celle de droit commun (Cass. soc., 29 mars 2001 : *Bull. civ.* 2001, V, n° 112).

Article L. 243-6 du Code de la sécurité sociale :

« La demande de remboursement des cotisations de sécurité sociale et d'allocations familiales indûment versées se prescrit par trois ans à compter de la date à laquelle lesdites cotisations ont été acquittées.

Lorsque l'obligation de remboursement desdites cotisations naît d'une décision juridictionnelle qui révèle la non-conformité de la règle de droit dont il a été fait application à une règle de droit supérieure, la demande de remboursement ne peut porter que sur la période postérieure au 1er janvier de la troisième année précédant celle où la décision révélant la non-conformité est intervenue.

En cas de remboursement, les organismes de sécurité sociale et d'allocations familiales sont en droit de demander le reversement des prestations servies à l'assuré ; ladite demande doit être faite dans un délai maximum de deux ans à compter du remboursement desdites cotisations.

Toutefois, lorsque la demande de remboursement des cotisations indûment versées n'a pas été formulée dans le délai de trois ans prévu au premier alinéa ci-dessus, le bénéfice des prestations servies ainsi que les droits à l'assurance vieillesse restent acquis à l'assuré, sauf cas de fraude ou de fausse déclaration ».

Article L. 332-1 du Code de la sécurité sociale :

« L'action de l'assuré et des ayants droit mentionnés à l'article L. 161-14-1 pour le paiement des prestations de l'assurance maladie se prescrit par deux ans, à compter du premier jour du trimestre suivant celui auquel se rapportent lesdites prestations ; pour le paiement des prestations de l'assurance maternité, elle se prescrit par deux ans à partir de la date de la première constatation médicale de la grossesse.

L'action des ayants droit de l'assuré pour le paiement du capital prévu à l'article L. 361-1 se prescrit par deux ans à partir du jour du décès.

Cette prescription est également applicable, à compter du paiement des prestations entre les mains du bénéficiaire, à l'action intentée par un organisme payeur en recouvrement des prestations indûment payées, sauf en cas de fraude ou fausse déclaration ».

Article L. 553-1 du Code de la sécurité sociale :

« L'action de l'allocataire pour le paiement des prestations se prescrit par deux ans.

Cette prescription est également applicable à l'action intentée par un organisme payeur en recouvrement des prestations indûment payées, sauf en cas de manœuvre frauduleuse ou de fausse déclaration ».

585. – Baux commerciaux. Toutes les actions exercées en matière de baux commerciaux se prescrivent par deux ans (C. com., art. L. 145-60).

L'indemnité d'occupation due par un locataire pour la période ayant précédé l'exercice de son droit d'option trouve son origine dans l'application de l'article L. 145-57 du Code de commerce et est, comme telle, soumise à la prescription biennale édictée par l'article L. 145-60 de ce code (Cass. 3e civ., 5 févr. 2003 : *Gaz. Pal.* 5 avr. 2003, n° 95, p. 24). Pendant la durée de l'instance relative à la fixation du prix du bail révisé ou renouvelé, le locataire est tenu de continuer à payer les loyers échus au prix ancien ou, le cas échéant, au prix qui peut, en tout état de cause, être fixé à titre provisionnel par la juridiction saisie, sauf compte à faire entre le bailleur et le preneur, après fixation définitive du prix du loyer. Dans le délai d'un mois qui suit la signification de la décision définitive, les parties dressent un nouveau bail dans les conditions fixées judiciairement, à moins que le locataire renonce au renouvellement ou que le bailleur refuse celui-ci, à charge de celle des parties qui a manifesté son désaccord de supporter tous les frais. Toutes les actions exercées en vertu du chapitre V du titre IV du livre Ier du Code de commerce se prescrivent par deux ans.

586. – Vices cachés. Selon l'article 1648 du Code civil, la demande en garantie des vices cachés n'est plus recevable après l'expiration de deux années à compter de la découverte du vice.

Article 1648 du Code civil :

« L'action résultant des vices rédhibitoires doit être intentée par l'acquéreur dans un délai de deux ans à compter de la découverte du vice.

Dans le cas prévu par l'article 1642-1, l'action doit être introduite, à peine de forclusion, dans l'année qui suit la date à laquelle le vendeur peut être déchargé des vices apparents ».

587. – Lésion. Selon l'article 1676 du Code civil, la demande en rescision pour lésion n'est plus recevable après l'expiration de deux années, à compter du jour de la vente.

Article 1676 du Code civil :

« La demande n'est plus recevable après l'expiration de deux années, à compter du jour de la vente.

Ce délai court contre les femmes mariées et contre les absents, les majeurs en tutelle et les mineurs venant du chef d'un majeur qui a vendu.

Ce délai court aussi et n'est pas suspendu pendant la durée du temps stipulé pour le pacte du rachat ».

588. – Droit de la construction. La garantie est décennale pour le gros œuvre :

« Toute personne physique ou morale dont la responsabilité peut être engagée en vertu des articles 1792 à 1792-4 du présent code est déchargée des responsabilités et garanties pesant sur elle, en application des articles 1792 à 1792-2, après dix ans à compter de la réception des travaux ou, en application de l'article 1792-3, à l'expiration du délai visé à cet article » (C. civ., art. 1792-3).

De même, « en dehors des actions régies par les articles 1792-3, 1792-4-1 et 1792-4-2, les actions en responsabilité dirigées contre les constructeurs désignés aux articles 1792 et 1792-1 et leurs sous-traitants se prescrivent par dix ans à compter de la réception des travaux » (C. civ., art. 1792-4-3).

JURISPRUDENCE
I. Les prescriptions abrégées en matière de transport

Elles sont très prisées par les parties, comme dans l'espèce tranchée par la chambre commerciale le 6 février 1996, concernant un transport :

Cass. com., 6 févr. 1996 : *Bull. civ.* 1996, IV, n° 42 ;
***D.* 1996, somm. p. 336 et la note**

« (...) Attendu que le commissionnaire de transport fait grief à l'arrêt d'avoir déclaré sa demande de compensation prescrite, alors, selon le pourvoi, que viole l'article 1290 du Code civil l'arrêt attaqué qui rejette cette exception au motif que la demande de compensation avait été présentée pour la première fois dans les conclusions prises à la suite de l'assignation devant le tribunal de commerce après l'expiration du délai d'un an de la prescription de la dette du transporteur, sans rechercher si et à quelle date avaient été réunies les conditions de la compensation légale entre les deux créances réciproques, conditions dont les premiers juges avaient pour leur part constaté la réunion ;

Mais attendu qu'en vertu de l'article 2248 du Code civil, la prescription est interrompue par la reconnaissance du droit de celui contre lequel on prescrivait ; que, par suite, pour attacher l'effet interruptif à une compensation, il ne suffit pas que soient réunies les conditions la faisant opérer de plein droit, à l'insu du débiteur, il faut qu'elle ait été invoquée ; qu'alors seulement, à la volonté par un créancier d'exercer son droit, correspond chez le débiteur la reconnaissance du droit de celui contre lequel il prescrivait ; qu'ayant relevé que la demande de compensation avait été présentée par le commissionnaire de transport pour la première fois dans ses conclusions prises à la suite de l'assignation en paiement et que, dès lors cette demande, formée après l'expiration du délai d'un an prévu à l'article 108 du Code de commerce, était prescrite, la cour d'appel n'avait pas à effectuer d'autres recherches sans incidence sur la solution du litige ; que le moyen n'est pas fondé ;

Par ces motifs :

Rejette (...) »

II. Les prescriptions abrégées en matière de recouvrement de frais de justice

Cass. ass. plén., 12 janv. 2007

« Vu l'article 2273 du Code civil, ensemble l'article 699 du Nouveau Code de procédure civile ;

Attendu que l'action des avoués en recouvrement des dépens se prescrit par deux ans à compter du jugement des procès sans qu'il y ait lieu de distinguer selon qu'elle est exercée par l'avoué à l'encontre de son mandant ou de l'adversaire condamné aux dépens ;

Attendu, selon l'ordonnance attaquée, rendue en matière de taxe par le premier président d'une cour d'appel sur renvoi après cassation (2e ch. civ., 17 mai 2001 : *Bull. civ.* 2001, II, n° 97), que M. X... a été condamné aux dépens d'appel dans un litige ayant abouti à un arrêt de la cour d'appel de Lyon du 24 avril 1995, cette condamnation étant assortie du droit pour la société civile professionnelle (SCP) Junillon-Wicky, avoué de la partie adverse, de recouvrer les dépens dont elle avait fait l'avance sans avoir reçu provision ; que M. X... a contesté le compte vérifié, certifié par le greffier en chef, qui lui avait été notifié le 12 juin 1997 ;

Attendu que pour décider que n'était pas prescrite l'action en recouvrement exercée par les avoués et rejeter le recours de M. X..., l'ordonnance énonce que la prescription de deux ans ne s'applique qu'aux actions en paiement de frais non encore appuyées d'un titre et ne peut être invoquée dans le cas où l'avoué agit en vertu d'un jugement qui, en même temps qu'il prononce une condamnation contre la partie adverse de son client, statue sur les dépens ;

Qu'en statuant ainsi, le premier président a violé les textes susvisés ;

Et vu l'article 627, alinéa 2, du Nouveau Code de procédure civile ;

Par ces motifs :

Casse et annule (...) »

B. – Les prescriptions d'un an

589. – Supplément de prix. Si la vente d'un immeuble a été faite avec indication de la contenance, à raison de tant la mesure, le vendeur est obligé de délivrer à l'acquéreur la quantité indiquée au contrat et si la chose ne lui est pas possible, ou si l'acquéreur ne l'exige pas, le vendeur est obligé de souffrir une diminution proportionnelle du prix. Si, au contraire, dans le cas de l'article précédent, il se trouve une contenance plus grande que celle exprimée au contrat, l'acquéreur a le choix de fournir le supplément du prix, ou de se désister du contrat, si l'excédent est d'un vingtième au-dessus de la contenance déclarée.

Lorsque la vente est faite d'un corps certain et limité ou si elle a pour objet des fonds distincts et séparés, ou encore si elle commence par la mesure, ou par la désignation de l'objet vendu suivie de la mesure, l'expression de cette mesure ne donne lieu à aucun supplément de prix, en faveur du vendeur, pour l'excédent de mesure, ni en faveur de l'acquéreur, à aucune diminution du prix pour moindre mesure, qu'autant que la différence de la mesure réelle à celle exprimée au contrat est d'un vingtième en plus ou en moins, eu égard à la valeur de la totalité des objets vendus, s'il n'y a stipulation contraire.

Dans le cas où il y a lieu à augmentation de prix pour excédent de mesure, l'acquéreur a le choix ou de se désister du contrat ou de fournir le supplément du prix, et ce, avec les intérêts s'il a gardé l'immeuble.

Toutes les actions issues de cette savante construction se prescrivent par un an.

Article 1622 du Code civil :

« L'action en supplément de prix de la part du vendeur, et celle en diminution de prix ou en résiliation du contrat de la part de l'acquéreur, doivent être intentées dans l'année, à compter du jour du contrat, à peine de déchéance ».

590. – Garantie dans les cessions de fonds de commerce. Le vendeur est, et la disposition est d'ordre public, tenu de la garantie à raison de l'inexactitude de ses énonciations dans l'acte de cession du fonds de commerce dans les conditions édictées par les articles 1644 et 1645 du Code civil. De plus, les intermédiaires, rédacteurs des actes et leurs préposés, sont tenus solidairement avec lui s'ils connaissent l'inexactitude des énonciations faites.

L'article L. 141-4 du Code de commerce prévoit une prescription d'un an : « L'action résultant de l'article L. 141-3 doit être intentée par l'acquéreur dans le délai d'une année, à compter de la date de sa prise de possession ».

591. – Droit des transports. En matière de transport de marchandises, la prescription est d'un an.

Article L. 133-6, alinéas 1er et 2 du Code de commerce :

« Les actions pour avaries, pertes ou retards, auxquelles peut donner lieu contre le voiturier le contrat de transport, sont prescrites dans le délai d'un an, sans préjudice des cas de fraude ou d'infidélité.

Toutes les autres actions auxquelles ce contrat peut donner lieu, tant contre le voiturier ou le commissionnaire que contre l'expéditeur ou le destinataire, aussi bien que celles qui naissent des dispositions de l'article 1269 du Code de procédure civile, sont prescrites dans le délai d'un an.

Le délai de ces prescriptions est compté, dans le cas de perte totale, du jour où la remise de la marchandise aurait dû être effectuée, et, dans tous les autres cas, du jour où la marchandise aura été remise ou offerte au destinataire.

Le délai pour intenter chaque action récursoire est d'un mois. Cette prescription ne court que du jour de l'exercice de l'action contre le garanti.

Dans le cas de transports faits pour le compte de l'État, la prescription ne commence à courir que du jour de la notification de la décision ministérielle emportant liquidation ou ordonnancement définitif ».

Viole l'article 108, alinéa 3 du Code de commerce, devenu l'article L. 133-6, alinéa 3 du même code, la cour d'appel qui, pour accueillir la demande en paiement d'un voiturier, considère que le point de départ de la prescription annale est la date de la fin des relations contractuelles, alors que le délai de prescription est compté du jour où la marchandise a été remise ou offerte au destinataire (Cass. com., 18 févr. 2003 : *Gaz. Pal.* 3 mai 2003, n° 123, p. 30).

Et en matière maritime, l'article L. 5422-11 du Code des transports :

« Toutes actions contre le chargeur ou le destinataire sont prescrites par un an ».

Article L. 5422-18 du Code des transports :

« L'action contre le transporteur à raison de pertes ou dommages se prescrit par un an. Ce délai peut être prolongé par un accord conclu entre les parties postérieurement à l'événement qui a donné lieu à l'action ».

C. – Les prescriptions de six mois

592. – Professions économiques et juridiques. Les actions des administrateurs judiciaires, commissaires à l'exécution du plan, représentants des créanciers, liquidateurs, en matière de rémunération, se prescrivent par six mois à compter de la notification de la décision arrêtant leurs émoluments (C. com., art. R. 663-40).

593. – Fusions et scissions. L'action en nullité d'une fusion ou d'une scission de sociétés se prescrit par six mois à compter de la date de la dernière inscription au registre du commerce et des sociétés rendue nécessaire par l'opération (C. com., art. L. 235-9, al. 2).

§ 3. – Les prescriptions de trois mois

594. – Action en contestation d'augmentation de capital. Selon l'article L. 235-9, alinéa 3 du Code de commerce, l'action en nullité fondée sur l'article L. 225-149-3 (augmentation de capital avec ou sans OPA) se prescrit par trois mois à compter de la date de l'assemblée générale suivant la décision d'augmentation de capital.

§ 4. – Les prescriptions de deux mois

595. – Action en contestation d'un copropriétaire. Le copropriétaire absent ou opposant dispose d'un délai de deux mois pour contester en justice une résolution ou l'intégralité d'une assemblée générale de copropriété.

Article 42, alinéa 2 de la loi du 10 juillet 1965 :

« Les actions qui ont pour objet de contester les décisions des assemblées générales doivent, à peine de déchéance, être introduites par les copropriétaires opposants ou défaillants, dans un délai de deux mois à compter de la notification desdites décisions qui leur est faite à la diligence du syndic, dans un délai de deux mois à compter de la tenue de l'assemblée générale. Sauf en cas d'urgence, l'exécution par le syndic des travaux décidés par l'assemblée générale en application des articles 25 et 26 est suspendue jusqu'à l'expiration du délai mentionné à la première phrase du présent alinéa ».

§ 5. – Les prescriptions d'un mois

596. – Vices apparents en matière d'immeuble. Dans la vente d'immeuble à construire, le bénéficiaire devait agir sur le fondement de vices apparents dans le délai d'un mois. Le texte a été abrogé...

Cas pratique : la prescription

Jean décède le 10 février 2007.
Son employeur n'a pas réglé le dernier mois de salaire dû.
Jean avait vendu sa motocyclette le 10 janvier 2007. Son acheteur ne l'a pas payé.
Jean laisse pour seul héritier son fils Julien, né le 13 juillet 2005.
Quand les deux dettes sont-elles prescrites ?

CHAPITRE 2

LE RÉGIME DE LA PRESCRIPTION

SECTION 1

LE CALCUL DE LA PRESCRIPTION

597. – *Dies a quo* – droit commun. Selon les articles 2224 et 2227 du Code civil, le point de départ de la prescription de droit commun court à compter du jour où le titulaire d'un droit a connu ou aurait dû connaître le fait à l'origine de l'action.

Il s'agit d'une application de l'adage *Contra non valentem, non currit praescriptio* : « La prescription ne peut courir contre celui qui ignore le droit ».

Article 2224 du Code civil :

« Les actions personnelles ou mobilières se prescrivent par cinq ans à compter du jour où le titulaire d'un droit a connu ou aurait dû connaître les faits lui permettant de l'exercer ».

Article 2227 du Code civil :

« Le droit de propriété est imprescriptible. Sous cette réserve, les actions réelles immobilières se prescrivent par trente ans à compter du jour où le titulaire d'un droit a connu ou aurait dû connaître les faits lui permettant de l'exercer ».

V., sur ce thème essentiel, J. Klein, *Le point de départ de la prescription*, thèse, Paris 2, 2008.

598. – *Dies a quo* – Régimes particuliers. La prescription commence à courir du jour où l'obligation est exigible :

– du jour où l'acte a été conclu, pour une action en contestation ou en nullité de celui-ci ;

– du jour du manquement contractuel, pour une action en résolution/résiliation du contrat ;

– donc du jour où la condition s'est réalisée, si l'obligation est affectée d'une condition suspensive (C. civ., art. 2223, 1°) ;

– du jour de l'éviction pour une action en garantie (C. civ., art. 2223, 2°) ;

– du jour où le terme est échu si l'obligation est affectée d'un terme suspensif (C. civ., art. 2223, 3°) ;

– du jour de chaque échéance, s'agissant de créances successives ;

– du jour de la réalisation du dommage pour une action en matière de responsabilité civile ;

– du jour de la date de la consolidation du dommage initial ou aggravé pour une action en responsabilité civile pour dommage corporel (C. civ., art. 2226), comme en matière d'accident du travail ou de maladie professionnelle ;

– du jour du fait générateur du dommage pour une atteinte à l'environnement (C. env., art. L. 152-1) ;

– de la révélation de la discrimination pour une action en matière de discrimination (C. trav., art. L. 1134-5) ;

– du jour de l'action principale, pour une action récursoire ;

– du jour de la célébration du mariage, pour une action en nullité du mariage pour vice du consentement ou pour célébration non publique.

599. – *Dies a quo* – jurisprudence. Même avant la loi du 17 juin 2008, la jurisprudence insistait sur la nécessaire connaissance, par la personne qui devait agir dans un certain délai, de la possibilité d'agir.

Pour une action en responsabilité engagée à titre principal par des cautions contre une banque pour soutien abusif de crédit, le point de départ du délai de prescription de l'article L. 110-4 du Code de commerce doit être fixé au jour où les cautions ont su que les obligations résultant de leurs engagements étaient mises à exécution du fait de la défaillance du débiteur principal, soit au jour où l'assignation en paiement leur a été délivrée, en sorte que la prescription n'était pas acquise lorsque les cautions ont engagé leur action en responsabilité (Cass. com., 24 juin 2003 : *Bull. civ.* 2003, IV, n° 103).

N'a pas donné de base légale à sa décision au regard de l'article 1648 du Code civil l'arrêt qui, pour déclarer irrecevable l'appel en garantie formé à l'encontre de son fournisseur par un installateur de rideaux mécaniques, a retenu que cet appel en cause sur le fondement du vice caché de la marchandise livrée, fait plus de deux ans après la livraison, n'avait pas été formé à bref délai, alors que le bref délai doit être apprécié à partir de la date de la connaissance du vice par l'acheteur et que l'installateur ne pouvait agir contre le fournisseur avant d'avoir été lui-même assigné par son acquéreur (Cass. com., 20 mars 1984 : *Bull. civ.* 1984, IV, n° 111).

La règle vaut en matière contractuelle : la prescription d'une action en action en responsabilité contractuelle ne court qu'à compter de la réalisation du dommage ou de la date à laquelle il est révélé à la victime, si celle-ci établit qu'elle n'en avait pas eu précédemment connaissance :

– le préjudice né de la perte des droits correspondant aux cotisations non versées ne devient certain qu'au moment où la salariée s'est trouvée en droit de prétendre à la liquidation de ses droits à pensions (Cass. soc., 26 avr. 2006 : *Bull. civ.* 2006, V, n° 146) ;

– la responsabilité contractuelle de droit commun du constructeur quant aux désordres de construction révélés en l'absence de réception se prescrit par dix ans à compter de la manifestation du dommage (Cass. 3e civ., 24 mai 2006 : *Bull. civ.* 2006, III, n° 132).

Il ne peut être reproché à l'arrêt attaqué d'avoir jugé prescrite l'action du maître de l'ouvrage à l'encontre du fournisseur du bois utilisé pour la construction de la charpente de sa maison, dès lors que la cour d'appel qui a relevé qu'elle était saisie de l'action contractuelle directe pour non-conformité à la commande dont ce maître de l'ouvrage disposait contre le fournisseur, fondée sur la non-conformité des matériaux que ce fabricant avait fournis à l'entrepreneur qui avait exécuté les travaux, en a justement déduit que le délai de prescription de dix ans applicable entre commerçants ou commerçants et non-commerçants était opposable au maître de l'ouvrage et que ce délai avait commencé à courir à compter de la livraison des matériaux (Cass. 3e civ., 26 juin 2002 : *Bull. civ.* 2002, III, n° 148).

Par exemple, pour l'application de l'article 29 de la convention de Varsovie, relative au transport aérien international (devenu article 35 de la convention de Montréal), la Cour de cassation a décidé que le délai de prescription de deux ans, prévu par le premier alinéa de l'article 29 précité, court à compter de la livraison effective des marchandises ; elle a approuvé l'arrêt qui a retenu que la livraison litigieuse étant intervenue le 7 juin 1987, l'action en responsabilité du destinataire intentée contre le transporteur aérien le 7 juin 1989 n'était pas prescrite (Cass. com., 3 juin 1997 : *Bull. civ.* 1997, IV, n° 174 ; *D.* 1998, somm. p. 324, note B. Mercadal).

L'aggravation d'une situation fait partir un nouveau délai : selon l'article 2270-1, alinéa 1er du Code civil, les actions en responsabilité civile extracontractuelles se prescrivent par dix ans à compter de la manifestation du dommage ou de son aggravation ; par suite en déclarant prescrite l'action en démolition et en réparation formée par le propriétaire d'un terrain contre celui d'un terrain voisin sur lequel avait été construit près de la limite séparative des fonds un hangar, alors que le fait que ce terrain devenu constructible avant l'acquisition de la prescription décennale, du fait de la modification des règles d'urbanisme, affectait la valeur vénale de celui-ci et constituait une aggravation du dommage initial ouvrant un nouveau délai de prescription, la cour d'appel a violé l'article précité (Cass. 2e civ., 11 déc. 2003 : *Bull. civ.* 2003, II, n° 380 ; *D.* 2004, somm. p. 1359, et la note).

Conformément à la règle selon laquelle le point de départ d'un délai à l'expiration duquel une action ne peut plus s'exercer se situe à la date de l'exigibilité de l'obligation qui lui a donné naissance, le délai biennal prévu par l'article L. 218-2 du Code de la consommation court, dans le cas d'une ouverture de crédit reconstituable et assortie d'une obligation de remboursement à échéances convenues, à compter de la première échéance impayée non régularisée. Ayant constaté que le premier impayé non régularisé remontait au mois de décembre 1991 et que l'assignation avait été délivrée le 15 février 1995, le tribunal, après avoir exactement retenu que la convention litigieuse ne pouvait être qualifiée de compte courant, en a justement déduit que l'établissement prêteur était forclos en son action (Cass. ass. plén., 6 juin 2003 : *Bull. civ.* 2003, ass. plén., n° 6).

L'action en répétition par l'assureur d'une somme indue, versée à raison d'un contrat d'assurance, se prescrit par deux ans à compter du jour de son paiement ; il n'en pourrait être autrement que si, à cette date, l'assureur avait été dans l'impossibilité de savoir que le paiement n'était pas dû et qu'il résulte des énonciations de l'arrêt attaqué qu'en l'espèce, il avait en mains, dès la date à laquelle il l'avait effectué, tous les éléments pour découvrir son erreur (Cass. 1re civ., 15 mars 1988 : *Bull. civ.* 1988, I, n° 73).

600. – *Dies ad quem.* La prescription se compte par jours et par heures et elle est acquise lorsque le dernier jour du terme est accompli (C. civ., art. 2260 et 2261).

601. – Prescription et minorité. Par application de l'adage *Contra non valentem agere non currit praescriptio*, le point de départ est retardé au jour de la majorité lorsqu'un mineur est concerné.

La reddition de comptes est une obligation pesant sur l'administrateur qui a géré les biens d'autrui. Ce dernier est tenu d'obligation d'information relative à l'ensemble des opérations qui ont été faites pour le mineur ou le majeur protégé. À la fin de sa « mission » légale, l'administrateur ou le tuteur a un devoir d'information vis-à-vis du mineur afin que celui-ci puisse connaître l'état de son patrimoine. En cas de désaccord ou en l'absence de toute reddition de comptes, le mineur devenu majeur peut intenter une action. Le point de départ du délai de prescription de l'action en reddition de comptes du mineur, mais cela vaut également pour toutes les actions du mineur contre le tuteur, et notamment les actions en responsabilité, est expressément visé à l'article 475 du Code civil : « Toute action du mineur contre le tuteur, les organes tutélaires ou l'État, relativement aux faits de la tutelle, se prescrit par cinq ans, à compter de la majorité, lors même qu'il y aurait eu émancipation ». Passé ce délai, l'administrateur légal ou le tuteur, débiteur de l'obligation, n'a plus rien « à craindre » d'une éventuelle action.

Ainsi, la prescription de l'action en nullité ouverte à l'égard des actes faits par ou au nom d'un mineur court du jour de sa majorité ou émancipation (Cass. 1re civ., 5 mars 2002 : *Bull. civ.* 2002, I, n° 76 ; *D.* 2002, p. 1513, note Gridel ; *Defrénois* 2002, p. 1167, obs. Massip ; *RTD civ.* 2002, p. 271, obs. Hauser).

La difficulté est venue de la confrontation de cette règle avec l'adage *Contra non valentem*. Dans un certain nombre d'arrêts, la Cour de cassation avait décidé que : « Lorsque le tuteur a continué de gérer, en cette qualité, les biens de son pupille après la majorité de celui-ci, [la prescription] ne court qu'à partir du jour où cette administration a cessé » (Cass. 1re civ., 15 févr. 1973 : *Bull. civ.* 1973, I, n° 61. – Cass. 1re civ., 6 déc. 1988 : *Bull. civ.* 1988, I, n° 350. – Cass. 1re civ., 19 févr. 1991 : *Bull. civ.* 1991, I, n° 66, note J. Hauser ; *RTD civ.* 1991, p. 707 ; *Defrénois* 1991, p. 953, obs. J. Massip. – Th. Fossier, *Reddition de comptes de tutelle. À propos d'un arrêt de la première chambre civile de la Cour de cassation du 19 février 1991* : *JCP* N 1991, I, 435. – Cass. 1re civ., 7 oct. 1997 : *Bull. civ.* 1997, I, n° 269 ; *Defrénois* 1998, p. 729, obs. J. Massip ; *Dr. famille* 1998, comm. 30, note Th. Fossier ; *RTD civ.* 1998, p. 74, obs. Hauser). La formulation de ces décisions contenait une part d'incertitude : le report du point de départ doit-il tenir compte d'une simple gestion de fait ou bien seule une gestion de droit, une véritable tutelle, sont-elles susceptibles de reporter le point de départ ?

Dans un arrêt du 16 avril 2008, la Cour de cassation a cassé la décision des juges du fond qui voulaient que l'exception ne joue qu'en cas de continuation d'une gestion de droit : « La prescription quinquennale de l'action en reddition de compte du mineur contre le tuteur a en principe pour point de départ la fin de la tutelle ; que toutefois, lorsque le tuteur a continué de gérer les biens de son pupille après la majorité de celui-ci, elle ne court qu'à partir du jour où cette administration a cessé » (*Bull. civ.* 2008, I, n° 120. – *Adde* V. Fraissinier-Amiot, *Point de départ du délai de prescription de l'action en reddition de comptes du mineur : une jurisprudence entre deux eaux* : LPA 24 déc. 2008, n° 257). La gestion de fait entraîne le report du point de départ du délai de prescription.

Cette exception a maintenant disparu du fait de la loi du 5 mars 2007, appliquée depuis le 1er janvier 2009. Le nouvel article 413 du Code civil dispose que « l'action en responsabilité [des mineurs] se prescrit par cinq ans à compter de la majorité de l'intéressé, alors même que la gestion aurait continué au-delà, ou de la fin de la mesure si elle cesse avant ». L'article 423 nouveau du Code civil, relatif aux majeurs, dispose que « l'action en responsabilité [des majeurs] se prescrit par cinq ans à compter de la fin de la mesure de protection alors même que la gestion aurait continué au-delà ». De plus, la loi prévoit un texte spécifique à la prescription des actions en reddition de comptes, texte commun aux actions intentées par les mineurs ou intentées par les majeurs, en précisant que la prescription quinquennale s'appliquera à l'action en reddition de comptes (en cas d'absence de compte ou d'approbation de celui-ci), à l'action en revendication (d'un bien conservé par le tuteur) et à l'action en paiement (d'une somme perçue par le tuteur). Selon le nouvel article 515 du Code civil, « l'action en reddition des comptes, en revendication ou paiement diligentée par la personne protégée ou ayant été protégée ou par ses héritiers relativement aux faits de tutelle se prescrit par cinq ans à compter de la fin de la mesure, alors même que la gestion aurait continué au-delà ».

Le législateur retient donc expressément que le point de départ des actions est le jour où prend fin la mesure, majorité pour le mineur, fin de la tutelle ou curatelle pour le majeur protégé et l'exception jurisprudentielle d'un possible report au jour où cesse la gestion de fait est formellement exclue par la loi. Le législateur est intervenu pour combattre une jurisprudence. Certains regrettent que les juges de la Cour de cassation, eu égard à la loi du 5 mars 2007, certes applicable seulement à partir du 1er janvier 2009, mais dont la teneur était connue, n'aient pas, le 16 avril 2008, adopté la solution préconisée par l'article 515 nouveau du Code civil. La Cour de cassation serait ainsi revenue sur sa jurisprudence et aurait anticipé l'application de la loi.

602. – Délai butoir. L'article 2232 du Code civil prévoit un délai butoir de vingt ans au-delà duquel on ne peut plus agir. Cette création de la loi du 17 juin 2008 est en retrait par rapport à la proposition de l'avant-projet Catala qui avait fixé ce délai butoir à dix ans.

Article 2232 du Code civil :

« Le report du point de départ, la suspension ou l'interruption de la prescription ne peut avoir pour effet de porter le délai de la prescription extinctive au-delà de vingt ans à compter du jour de la naissance du droit.

Le premier alinéa n'est pas applicable dans les cas mentionnés aux articles 2226, 2227, 2233 et 2236, au premier alinéa de l'article 2241 et à l'article 2244. Il ne s'applique pas non plus aux actions relatives à l'état des personnes ».

Les exceptions prévues par ce texte sont :

– l'action en responsabilité née à raison d'un événement ayant entraîné un dommage corporel, engagée par la victime directe ou indirecte des préjudices qui en résultent, notamment en cas de préjudice causé par des tortures ou des actes de barbarie, ou par des violences ou des agressions sexuelles commises contre un mineur (prescription de vingt ans – C. civ., art. 2226) ;

– le droit de propriété et les actions réelles immobilières (respectivement, imprescriptible et prescrites par trente ans – C. civ., art. 2227) ;

– les obligations à terme ou sous condition suspensifs, ou l'action en garantie (C. civ., art. 2233) ;

– les actions entre époux ou partenaires d'un PACS, tant que le couple perdure (C. civ., art. 2236) ;

– la demande en justice, même en référé (C. civ., art. 2241 al. 1er) ;

– la réalité d'un acte d'exécution forcée (C. civ., art. 2247).

SECTION 2

L'INTERRUPTION DE LA PRESCRIPTION

§ 1. – Les causes de l'interruption (C. civ., art. 2240 à 2246)

603. – Trois causes d'interruption. L'interruption de la prescription est définie à l'article 2231 du Code civil : « L'interruption efface le délai de prescription acquis. Elle fait courir un nouveau délai de même durée que l'ancien ».

Il appartient à celui qui se prévaut d'un acte interruptif de prescription de l'établir. Le délai de prescription peut être interrompu dans les trois cas suivants (qui détruisent l'idée de prescription de paiement attachée à l'écoulement du temps) :

– une mesure conservatoire prise en application du Code des procédures civiles d'exécution ou un acte d'exécution forcée (C. civ., art. 2244) ;

– une assignation en Justice ou une citation en référé (C. civ., art. 2241 à 2243) ;

– une reconnaissance par la partie débitrice (C. civ., art. 2240).

Toutefois, les causes d'interruption de prescription énumérées dans les articles 2240 et suivants du Code civil ne s'appliquent pas aux forclusions contractuelles (Cass. 3e civ., 31 oct. 2001 : *Bull. civ.* 2001, III, n° 117 ; *D.* 2002, somm. p. 2840 et la note).

La compensation légale opère sans qu'il soit besoin d'en réclamer le jeu et interrompt la prescription pour le surplus : Cass. com., 30 mai 2005, n° 04-10.407 : *Bull. civ.* 2005, IV, n° 72 ; *D.* 2005, p. 1024, obs. Chevrier ; *RDC* 2005, p. 1021, obs. P. Stoffel-Munck ; *Dr. et patrimoine* oct. 2005, p. 101, obs. P. Stoffel-Munck ; *RTD civ.* 2005, p. 599, obs. J. Mestre et B. Fages ; *JCP* G 2005, I, 172, n° 20, obs. A.-S. Barthez ; *LPA* 18 mai 2005, note J.-P. Tosi ; *Defrénois* 2005, p. 1249, obs. R. Libchaber.

604. – Ordre public. Les parties peuvent-elles modifier la règle ? Il a été décidé que les dispositions de l'article 2244 du Code civil ne sont pas d'ordre public, aussi les parties peuvent y déroger. Ainsi, l'article 6-3 des conditions générales d'abonnement au service téléphonique prévoit que l'envoi par l'abonné ou France Télécom d'une lettre, même simple, interrompt la prescription d'un an prévue par l'article L. 126 du Code des postes et des télécommunications électroniques (Cass. 1re civ., 25 juin 2002 : *Bull. civ.* 2002, I, n° 174 ; *D.* 2003, jurispr. p. 155, note P. Stoffel-Munck ; *RTD civ.* 2002, p. 815, chron. J. Mestre et B. Fages).

Par un arrêt du 31 octobre 2001, la Cour de cassation a considéré que les causes d'interruption de l'article 2244 du Code civil ne s'appliquent pas aux forclusions contractuelles (Cass. 3e civ., 31 oct. 2001 : *Bull. civ.* 2001, III, n° 117 ; *D.* 2002, somm. p. 2840 et les obs. ; *RTD civ.* 2002, p. 815, chron. J. Mestre et B. Fages).

A *priori*, la solution peut surprendre : l'article 2244 du Code civil est un texte considéré comme ayant une portée générale régissant toutes les prescriptions et tous les délais pour agir. En réalité, il convient de dire que les clauses impartissant des délais particuliers pour agir constituent de véritables forclusions : elles enferment l'action, et non le droit, dans un délai ; de ce fait, elles n'obéissent plus au régime de la prescription.

L'article 2254 du Code civil règle la question, puisqu'il prévoit que les parties peuvent, d'un commun accord, ajouter aux causes d'interruption de la prescription prévues par la loi.

605. – Interruption par un acte d'exécution forcée. Elle est prévue par l'article 2244 du Code civil : « Le délai de prescription ou le délai de forclusion est également interrompu par un acte d'exécution forcée ».

Trois difficultés se sont posées :

– le commandement suffit-il seul ou doit-il être fondé sur un titre ? La jurisprudence est hésitante ;

– le commandement peut-il être remplacé par une autre formalité, en dehors de la volonté des parties ? La jurisprudence assimile divers actes au commandement (déclaration de créance, procès-verbal de difficultés), mais le refuse pour d'autres comme la lettre recommandée (Cass. com., 22 avr. 1997 : *Bull. civ.* 1997, IV, n° 95).

L'article 2245 du Code civil vient préciser l'effet de cet acte d'exécution forcée sur les autres parties :

« L'interpellation faite à l'un des débiteurs solidaires par une demande en justice ou par un acte d'exécution forcée ou la reconnaissance par le débiteur du droit de celui contre lequel il prescrivait interrompt le délai de prescription contre tous les autres, même contre leurs héritiers.

En revanche, l'interpellation faite à l'un des héritiers d'un débiteur solidaire ou la reconnaissance de cet héritier n'interrompt pas le délai de prescription à l'égard des autres cohéritiers, même en cas de créance hypothécaire, si l'obligation est divisible. Cette interpellation ou cette reconnaissance n'interrompt le délai de prescription, à l'égard des autres codébiteurs, que pour la part dont cet héritier est tenu.

Pour interrompre le délai de prescription pour le tout, à l'égard des autres codébiteurs, il faut l'interpellation faite à tous les héritiers du débiteur décédé ou la reconnaissance de tous ces héritiers ».

606. – Interruption par une assignation. La demande en justice, même en référé, interrompt le délai de prescription ainsi que le délai de forclusion (C. civ., art. 2241). Divers actes manifestant la volonté de la partie d'agir en justice sont assimilés à l'assignation : conclusions reconventionnelles, demande d'arbitrage, demande d'expertise, demande de conciliation, constitution de partie civile ou la présentation de demandes orales... peuvent jouer le rôle d'une assignation.

L'assignation en référé du locateur d'ouvrage entraîne l'interruption du délai de la garantie décennale ; un nouveau délai ne commence à courir qu'à compter de la date de l'ordonnance de référé (Cass. 3e civ., 5 nov. 1997 : *Bull. civ.* 1997, III, n° 198).

L'interruption ne concerne que **l'action exercée** et ne profite pas à une demande voisine. Elle ne vaut que pour celui qui est à l'origine de l'assignation ou de la demande assimilée.

L'article 2243 du Code civil lie le sort de l'interruption à celui de l'assignation :

« L'interruption est non avenue si le demandeur se désiste de sa demande ou laisse périmer l'instance, ou si sa demande est définitivement rejetée ».

Contrairement à l'ancien article 2247 du Code civil, l'article 2241, alinéa 2 issu de la loi du 17 juin 2008 dispose que la prescription est interrompue même si l'assignation est nulle par défaut de forme :

« Il en est de même lorsqu'elle est portée devant une juridiction incompétente ou lorsque l'acte de saisine de la juridiction est annulé par l'effet d'un vice de procédure ».

Après avoir exactement relevé que l'arrêt qui avait déclaré nulle l'assignation était revêtu de l'autorité de la chose jugée bien qu'il ait été soutenu que la signification de cet arrêt était irrégulière, la cour d'appel a déclaré à bon droit que la prescription de l'action fondée sur la garantie décennale n'avait pas été interrompue par l'assignation annulée (Cass. 2e civ., 8 avr. 2004 : *Bull. civ.* 2004, II, n° 180).

La même règle vaut pour les actes assimilés à l'assignation : pour interrompre la prescription, l'acte de procédure doit être régulier. Les juges du fond, qui ont constaté que les conclusions déposées au greffe de la cour d'appel n'avaient pas été notifiées, les intimés n'ayant pas constitué avoué à cette date, en ont justement déduit que ce simple dépôt empêchait que l'acte fût un acte de poursuite correspondant aux exigences de l'article 65 de la loi du 29 juillet 1881 et ont donc justement déclaré l'action en diffamation irrecevable comme prescrite (Cass. 2e civ., 8 avr. 2004 : *Bull. civ.* 2004, II, n° 184).

Une question présentait des difficultés : une action soumise à un délai de forclusion demeure-t-elle recevable lorsqu'elle a été introduite devant une juridiction incompétente et qu'elle se poursuit devant la juridiction compétente alors que le jugement constatant l'incompétence et désignant cette juridiction a été rendu au-delà du délai de forclusion ? La première chambre civile (Cass. 1re civ., 10 déc. 1996 : *Bull. civ.* 1996, I, n° 446) et la chambre commerciale (Cass. com., 7 oct. 1997 : *Bull. civ.* 1997, IV, n° 249) considérait que l'action était irrecevable. La troisième chambre civile (Cass. 3e civ., 10 mars 1993 : *Bull. civ.* 1993, III, n° 29. – Cass. 3e civ., 8 juill. 1998 : *Bull. civ.* 1998, III, n° 160), au contraire, considérait que l'action demeurait recevable. Par un arrêt rendu le 24 novembre 2006 (V. *infra*, Jurisprudence), une chambre mixte a tranché en faveur de la recevabilité. La citation en justice, donnée même devant un juge incompétent, interrompt le délai de prescription. Les dispositions générales de l'article 2246 du Code civil sont applicables à tous les délais pour agir et à tous les cas d'incompétence. La faute ou l'erreur commise par le demandeur, lors de la saisine du tribunal, n'est donc pas sanctionnée.

JURISPRUDENCE

Cass. ch. mixte, 24 nov. 2006 : *D.* 2007, inf. rap. p. 3012, note V. Avena-Robardet

« *Sur le moyen unique* :

Attendu, selon l'arrêt attaqué (Colmar, 26 mai 2004), que par acte du 12 décembre 2000, les époux X..., qui avaient acquis le 17 décembre 1999 de M. Y... un lot de copropriété d'une superficie réelle inférieure de plus de 5 % à celle exprimée dans l'acte de vente, ont attrait le vendeur devant le tribunal d'instance afin d'obtenir sa condamnation au paiement d'une somme "proportionnelle à la moindre mesure" ; que par jugement du 23 mars 2001, le tribunal saisi s'est déclaré incompétent à raison de la valeur du litige et a renvoyé la cause devant le tribunal de grande instance ;

Attendu que M. Y... fait grief à l'arrêt de déclarer l'action recevable, alors, selon le moyen, que l'action en diminution du prix introduite devant une juridiction incompétente n'est recevable que si celle-ci renvoie la cause devant la juridiction compétente avant l'écoulement du délai d'un an à compter de l'acte authentique d'acquisition ; qu'en l'espèce il était constant que l'action introduite par les époux X... le 12 décembre 2000 avait été dirigée à tort devant le tribunal d'instance de Mulhouse, lequel a renvoyé la cause devant le tribunal de grande instance de Mulhouse par un jugement du 23 mars 2001 ; qu'en l'état de ce jugement intervenu postérieurement à l'expiration du délai d'un an ayant couru à compter du 17 décembre 1999, date de l'acquisition, et à défaut pour les époux X... d'avoir entre-temps régularisé une nouvelle assignation en temps utile, l'action en diminution du prix était irrecevable ; qu'en décidant l'inverse, la cour d'appel a violé les articles 46 de la loi du 10 juillet 1965, 96 et 97 du Nouveau Code de procédure civile ;

Mais attendu qu'aux termes de l'article 2246 du Code civil, la citation en justice donnée même devant un juge incompétent interrompt la prescription ; que les dispositions générales de ce texte sont applicables à tous les délais pour agir et à tous les cas d'incompétence ; qu'ayant relevé que l'instance avait été engagée par la saisine du tribunal d'instance dans le délai prévu par l'article 46 de la loi du 10 juillet 1965, la cour d'appel en a exactement déduit que l'action était recevable ;

D'où il suit que le moyen n'est pas fondé ;

Par ces motifs :

Rejette le pourvoi. »

607. – Interruption par reconnaissance. L'article 2240 du Code civil prévoit que : « La reconnaissance par le débiteur du droit de celui contre lequel il prescrivait interrompt le délai de prescription ».

Cette reconnaissance peut être **expresse ou tacite**.

Elle peut être **partielle ou totale** ; toutefois, l'interruption de la prescription dont bénéficie, le cas échéant, la demande initiale ne s'étend pas à la demande reconventionnelle (Cass. com., 14 janv. 1997 : *Bull. civ.* 1997, IV, n° 16).

Elle doit être établie envers le créancier et ne peut résulter d'un **acte conclu avec un tiers**. Pour interrompre la prescription, la reconnaissance doit émaner du débiteur ou de son mandataire et que l'expert-comptable ne soit ni le mandataire ni le préposé de son client auquel il est lié par un contrat de louage d'ouvrage (Cass. 1re civ., 4 mai 2012, n° 11-15.617).

Notons que, pour attacher l'effet interruptif à une compensation, il ne suffit pas que soient réunies les conditions la faisant opérer de plein droit, à l'insu du débiteur, il faut qu'elle ait été invoquée. Alors seulement, à la volonté par un créancier d'exercer son droit, correspond chez le débiteur la reconnaissance du droit de celui contre lequel il prescrivait. Ayant relevé que la demande de compensation avait été présentée par un commissionnaire de transport pour la première fois dans ses conclusions, prises à la suite de l'assignation en paiement, et que, dès lors, cette demande, formée après l'expiration du délai d'un an prévu à l'article 108 du Code de commerce, était prescrite, la cour d'appel n'avait pas, pour déclarer la demande en compensation prescrite, à effectuer d'autres recherches sans incidence sur la solution du litige (Cass. com., 6 févr. 1996 : *Bull. civ.* 1996, IV, n° 42 ; *D.* 1996, somm. p. 336 et la note).

L'acte interruptif du cours de la prescription, résultant d'une reconnaissance par le débiteur du droit du créancier, fait courir, à compter de sa date, un nouveau délai de prescription de deux ans et n'a pas pour effet de frapper le débiteur d'une déchéance du droit d'invoquer la nouvelle prescription : a violé les articles 2248 du Code civil et L. 114-1 du Code des assurances une cour d'appel qui, pour rejeter la fin de non-recevoir tirée de la prescription opposée par la compagnie d'assurances à une action judiciaire engagée contre elle le 10 décembre 1992 par son assuré, a énoncé qu'un paiement partiel fait par cet assureur le 2 mai 1989 constituait, de sa part, une reconnaissance du droit de l'assuré interruptive de la prescription et que, dès lors, la compagnie d'assurances « se trouvait déchue du droit d'invoquer la prescription par elle interrompue volontairement » (Cass. 1re civ., 3 mars 1998 : *Bull. civ.* 1998, I, n° 94).

608. – Preuve de l'interruption. Il appartient à celui qui se prévaut d'un acte interruptif de prescription de l'établir.

Les demandeurs à l'action en paiement d'une somme faisant l'objet d'une reconnaissance de dette ayant prétendu que la prescription invoquée par les défendeurs avait été interrompue par le paiement d'une partie de la dette, a inversé la charge de la preuve la cour d'appel qui, pour rejeter la fin de non-recevoir tirée de la prescription et condamner les défendeurs au paiement de la somme demandée, a retenu que la preuve n'était pas rapportée que le paiement soit intervenu pour une autre raison que celle avancée par les demandeurs et qu'il appartenait à la partie qui soulevait une exception de rapporter la preuve du fait à l'origine de celle-ci (Cass. com., 9 nov. 1993 : *Bull. civ.* 1993, IV, n° 396 ; *Defrénois* 1994, p. 346 et la note).

§ 2. – Les effets de l'interruption

609. – Nouvelle prescription. Lorsque la prescription est interrompue, l'ancienne prescription ne reprend pas ses effets : une nouvelle prescription commence à courir.

Le « compteur temps repart de zéro ». Toutefois, la nouvelle prescription connaît deux sorts différents :

– lorsque l'interruption est due à un commandement ou à une reconnaissance, le nouveau délai de prescription commence à courir immédiatement ;

– lorsque l'interruption est due à une assignation, l'interruption dure tant que le litige n'est pas tranché définitivement par les juridictions saisies (Cass. com., 15 oct. 1991 : *Bull. civ.* 1991, IV, n° 295).

La Cour de cassation a censuré la cour d'appel qui, pour retenir que la prescription de trois ans prévue par ce dernier texte était intervenue, a relevé que plus de trois ans s'étaient écoulés depuis le dernier acte de poursuite juridique avant que la banque demanderesse ne réintroduise son action, sans relever que l'instance engagée avait pris fin (Cass. com., 20 oct. 1998 : *Bull. civ.* 1998, IV, n° 247). Elle a également sanctionné la cour d'appel qui, pour déclarer éteints les droits et actions d'une banque à l'encontre d'un débiteur, et dire nuls l'acte de vente et le procès-verbal d'indisponibilité des certificats d'immatriculation de véhicules lui appartenant, retient qu'une procédure de saisie-arrêt, qui avait fait l'objet d'une assignation aux fins de validation le 1er mars 1989, avait eu pour effet d'interrompre la prescription jusqu'au 1er mars 1999, tout en relevant que le tribunal avait mis fin à l'instance en validation de la saisie-arrêt par un jugement du 15 décembre 1989 (Cass. 2e civ., 8 avr. 2004 : *Bull. civ.* 2004, II, n° 181).

§ 3. – La durée de l'interruption

610. – Interruption et procédure. L'effet interruptif de la prescription résultant d'une action portée en justice se prolonge jusqu'à ce que le litige trouve sa solution, *i.e.* jusqu'à l'extinction de l'instance (C. civ., art. 2242).

En cas d'assignation, l'interruption subsiste après le jugement tant que celui-ci n'est pas devenu définitif. En cas d'assignation en référé, le délai n'est suspendu que pendant la durée de l'instance introduite sur le fondement de l'article 145 du Code de procédure civile et s'achève avec le jour où est rendue l'ordonnance de référé.

§ 4. – L'interversion de prescription

611. – Notion. La prescription nouvelle a en principe la même nature que celle qui a été interrompue. Antérieurement à la loi du 17 juin 2008, les courtes prescriptions des anciens articles 2271 à 2273 interrompues par l'une des circonstances prévues à l'ancien article 2274, alinéa 2, obéissaient à un régime différent. La nouvelle prescription qui courait à partir de l'interruption était alors trentenaire. On disait qu'il y avait alors interversion de prescription.

La solution pouvait être généralisée et admise chaque fois que l'acte interruptif marquait une novation des obligations : ainsi, si un acheteur, se plaignant de vices cachés, a assigné le vendeur en référé dans le bref délai de l'article 1648 du Code civil et s'il a été satisfait, ce texte n'a plus lieu de trouver application et c'est la prescription de droit commun (trente ans) qui a commencé à courir à compter de l'ordonnance de référé (Cass. 1re civ., 21 oct. 1997 : *JCP* G 1998, II, 10063, note Mouloungui ; *D. affaires* 1997, p. 1418 ; V. *supra*, n° 606).

Toutefois, les obligations nées à l'occasion de leur commerce entre commerçants ou entre commerçants et non-commerçants se prescrivent par dix ans sans distinguer selon la forme en laquelle elles ont été constatées (pour un acte authentique : Cass. 1re civ., 11 févr. 2003 : *D.* 2003, jurispr. p. 694, obs. E. Chevrier).

La loi du 17 juin 2008 a supprimé la règle de l'interversion de la prescription extinctive, puisque le nouveau délai est de même durée que l'ancien :

« L'interruption efface le délai de prescription acquis. Elle fait courir un nouveau délai de même durée que l'ancien ».

Il n'est pas certain, cependant, que cette solution joue lorsque l'interruption procède d'une reconnaissance de responsabilité. La novation réalisée justifierait l'interversion de prescription.

JURISPRUDENCE

I. Les causes d'interruption de l'action

La Cour de cassation, dans un arrêt du 12 novembre 1997, a considéré de façon restrictive les causes d'interruption de l'action.

Cass. com., 12 nov. 1997 : *Gaz. Pal.* 15 janv. 1998, 1, pan. n° 15, p. 14

« LA COUR :

Sur le moyen unique :

Vu les articles 108 du Code de commerce, 2244 et 2248 du Code civil ;

Attendu qu'il résulte de ces deux derniers textes que la prescription n'est interrompue que par une action en justice, même en référé, un commandement ou une saisie, signifiés à celui qu'on veut empêcher de prescrire, ou par la reconnaissance que le débiteur ou le possesseur fait du droit de celui contre lequel il prescrivait ;

Attendu, selon le jugement attaqué, rendu en dernier ressort, que, le 5 novembre 1991, la société Transports Griset (société Griset) n'a livré qu'une partie des marchandises qui lui avait été confiées au transport par la société Chomette Favor, que, pour obtenir l'indemnisation de son préjudice, cette dernière société a signifié, le 4 juillet 1994, une ordonnance d'injonction de payer à la société Griset ; que celle-ci a formé opposition en invoquant la fin de non-recevoir tirée de la prescription annale prévue par l'article 108 du Code de commerce ;

Attendu que, pour écarter cette fin de non-recevoir, le jugement, après avoir relevé que la société Chomette Favor avait envoyé sa facture le 20 mai 1992, fourni les éléments réclamés par la société Griset le 24 septembre 1992, demandé, par lettre recommandée du 17 mars 1993, où en était le dossier et mis en demeure la société Griset de régler sa facture par lettre recommandée avec accusé de réception du 19 janvier 1991, retient que la société Chomette Favor n'a diligenté la procédure d'injonction de payer qu'en dernier recours et après ces nombreuses demandes précontentieuses ;

Attendu qu'en statuant ainsi, alors qu'aucune des démarches effectuées par la société Chomette Favor auprès de la société Griset n'avait pu interrompre la prescription, le tribunal a violé les textes susvisés.

Par ces motifs :

Casse et annule, dans toutes ses dispositions, le jugement rendu le 24 mai 1995, entre les parties, par le tribunal de commerce de Lyon ; remet, en conséquence, la cause et les parties dans l'état où elles se trouvaient avant ledit jugement et, pour être fait droit, les renvoie devant le tribunal de commerce de Saint-Étienne (...) »

Ainsi, par application des dispositions de l'article L. 111-1 du Code des assurances, la règle posée à l'article L. 114-2 du même code, suivant laquelle, en ce qui concerne le règlement de l'indemnité, l'envoi par l'assuré à l'assureur d'une lettre recommandée avec demande d'avis de réception interrompt l'action en règlement du sinistre, ne s'étend pas aux assurances maritimes. La prescription biennale prévue, pour ces dernières, à l'article L. 172-31 du Code des assurances n'est interrompue que par les causes légales ordinaires ou par celles qui peuvent être conventionnellement décidées par les parties. Dès lors qu'il n'était pas allégué que la police d'assurance litigieuse stipulait que l'envoi d'une lettre recommandée en ce qui concerne le règlement de l'indemnité constituait un mode d'interruption de la prescription, la cour d'appel a légalement justifié sa décision de dire prescrite l'action d'avarie en retenant le caractère tardif de la citation en justice (Cass. com., 22 avr. 1997 : *Bull. civ.* 1997, IV, n° 95).

II. L'interversion de la prescription

La Cour de cassation, dans un arrêt du 5 décembre 2006, a rappelé que l'admission au passif entraîne la substitution de la prescription trentenaire à la prescription décennale (Cass. com., 12 mai 1988 : *D.* 1998 somm. p. 71, obs. Honorat) et que cette interversion des prescriptions est opposable à la caution (Cass. com., 15 oct. 2002 : *RD bancaire et fin.* 2003, n° 33, obs. F.-X. Lucas).

Cass. com., 5 déc. 2006, n° 05-11.761

« LA COUR :

Sur le moyen unique :

Attendu, selon l'arrêt attaqué (Nancy, 2 déc. 2004), que par acte notarié du 15 février 1988, l'UCB devenue l'UCB entreprise (l'UCB) a consenti un prêt à la société Saint Nicolas ; que par le même acte, M. X... s'est porté caution solidaire du remboursement de ce prêt ; que la société ayant été mise en liquidation judiciaire, la créance de l'UCB a été admise le 19 avril 1991 ; qu'en août 2002, l'UCB a fait pratiquer diverses mesures d'exécution à l'encontre de M. X... ; que par jugement du 8 octobre 2003, le juge de l'exécution a constaté la prescription de l'action engagée par l'UCB et a annulé la saisie-attribution et l'inscription d'hypothèque provisoire qui avaient été pratiquées ; que la cour d'appel a infirmé le jugement ;

Attendu que M. X... fait grief à l'arrêt d'avoir dit que la créance de l'UCB n'est pas éteinte par la prescription et d'avoir rejeté ses demandes, alors selon le moyen, que lorsqu'un acte authentique revêtu de la formule exécutoire sert de fondement à l'action en paiement de la créance qu'il mentionne, la prescription est celle de l'action en justice et non celle de l'exécution d'un titre exécutoire et une décision d'admission de la créance ne peut opérer interversion de la prescription abrégée ; qu'ainsi en l'espèce où l'UCB agissait en paiement contre la caution sur le fondement d'un acte notarié renfermant l'engagement de la caution, la cour d'appel, en considérant que cette action relevait de la prescription trentenaire dès lors que la créance avait été admise à la liquidation judiciaire du débiteur principal, a violé les articles 2262 du Code civil et L. 110-4 du Code de commerce ;

Mais attendu qu'ayant constaté que la créance de l'UCB dont M. X... s'est porté caution a été admise définitivement, en l'absence de tout recours, au passif de la liquidation judiciaire de la société, l'arrêt retient exactement que l'admission au passif a entraîné la substitution de la prescription trentenaire à la prescription décennale et que cette interversion des prescriptions est opposable à la caution ; que le moyen est inopérant ;

Par ces motifs :

Rejette le pourvoi (...) ».

SECTION 3

LA SUSPENSION DE LA PRESCRIPTION

§ 1. – Les causes de suspension

612. – Cas légaux. La prescription se trouve suspendue dans les cas visés par la loi :

– contre celui qui est dans l'impossibilité d'agir par suite d'un empêchement résultant de la loi, de la convention ou de la force majeure (C. civ., art. 2234) ;

– en cas d'incapacité de la partie pouvant agir : contre les mineurs non émancipés et les majeurs en tutelle, sauf pour les actions en paiement ou en répétition des salaires, arrérages de rente, pensions alimentaires, loyers, fermages, charges locatives, intérêts des sommes prêtées et, généralement, les actions en paiement de tout ce qui est payable par années ou à des termes périodiques plus courts (C. civ., art. 2235) ;

– entre époux ou entre partenaires liés par un pacte civil de solidarité (C. civ., art. 2236) ;

– contre l'héritier acceptant à concurrence de l'actif net, à l'égard des créances qu'il a contre la succession (C. civ., art. 2237) ;

– à compter du jour où, après la survenance d'un litige, les parties conviennent de recourir à la médiation ou à la conciliation ou, à défaut d'accord écrit, à compter du jour de la première réunion de médiation ou de conciliation. Le délai de prescription recommence à courir, pour une durée qui ne peut être inférieure à six mois, à compter de la date à laquelle soit l'une des parties ou les deux, soit le médiateur ou le conciliateur déclarent que la médiation ou la conciliation est terminée (C. civ., art. 2238) ;

– lorsque le juge fait droit à une demande de mesure d'instruction présentée avant tout procès. Le délai de prescription recommence à courir, pour une durée qui ne peut être inférieure à six mois, à compter du jour où la mesure a été exécutée (C. civ., art. 2239).

613. – Hypothèses jurisprudentielles. Selon la jurisprudence, la prescription est également suspendue devant un cas d'impossibilité absolue d'agir. Le délai ne court pas non plus en pareille circonstance. C'est l'application de l'adage *Contra non valentem agere non currit praescriptio* (La prescription ne court pas contre celui qui ne peut agir : Cass. 1re civ., 22 déc. 1959 : *JCP* 1960, II, 11494, note P.E.).

Cette jurisprudence a été consacrée par la réforme de 2008 (art. 2234).

§ 2. – Les effets de la suspension

614. – Arrêt temporaire. Lorsqu'il y a suspension de la prescription, celle-ci se trouve simplement arrêtée.

Le temps écoulé est toujours comptabilisé, mais la prescription ne court plus pendant le temps de la suspension. En revanche, dès que la cause de suspension disparaît, la prescription reprend sa course : le chronomètre est suspendu et le temps déjà écoulé est pris en compte.

615. – Illustration. Soit une prescription de dix ans qui a commencé à courir le 6 mars 2011.

Elle est suspendue le 30 mai 2015.

La cause de suspension cesse le 18 mai 2019.

Quand la prescription extinctive sera-t-elle acquise ?

L'interruption de la prescription remet le chronomètre à zéro et, à l'issue du motif d'interruption, une nouvelle période de prescription court, dans le délai total prévu par les textes.

616. – Médiation ou conciliation ou mesure d'instruction. L'article 2238 du Code civil prévoit :

« La prescription est suspendue à compter du jour où, après la survenance d'un litige, les parties conviennent de recourir à la médiation ou à la conciliation ou, à défaut d'accord écrit, à compter du jour de la première réunion de médiation ou de conciliation. La prescription est également suspendue à compter de la conclusion d'une convention de procédure participative.

Le délai de prescription recommence à courir, pour une durée qui ne peut être inférieure à six mois, à compter de la date à laquelle soit l'une des parties ou les deux, soit le médiateur ou le conciliateur déclarent que la médiation ou la conciliation est terminée. En cas de convention de procédure participative, le délai de prescription recommence à courir à compter du terme de la convention, pour une durée qui ne peut être inférieure à six mois ».

L'article 2239 du Code civil est relatif aux expertises :

« La prescription est également suspendue lorsque le juge fait droit à une demande de mesure d'instruction présentée avant tout procès.

Le délai de prescription recommence à courir, pour une durée qui ne peut être inférieure à six mois, à compter du jour où la mesure a été exécutée ».

617. – Validité du paiement après prescription. Depuis longtemps, la question est posée de savoir si la prescription est un véritable mode d'extinction des obligations ou une institution procédurale. Selon une jurisprudence classique, le débiteur paie la dette après le délai de prescription, le paiement est valable et il ne peut agir en répétition de l'indu. La règle vaut que le débiteur ait effectué le paiement en connaissance de cause ou qu'il ait ignoré la prescription.

C'est pourquoi, il convient de retenir l'analyse substantialiste de la prescription : elle n'éteint pas seulement l'action en paiement mais le droit lui-même.

Cette analyse a été adoptée par la loi du 17 juin 2008.

Article 2249 du Code civil :

« Le paiement effectué pour éteindre une dette ne peut être répété au seul motif que le délai de prescription était expiré ».

JURISPRUDENCE
La suspension de la prescription

Pour la première chambre civile, dans un arrêt du 3 février 1998, l'effet interruptif de prescription résultant d'une action en justice se prolonge jusqu'à ce que le litige trouve sa solution. Par suite, le nouveau délai de prescription ne commence à courir qu'à compter de la décision qui met fin définitivement à l'instance.

Cass. 1re civ., 3 févr. 1998 : *Bull. civ.* 1998, I, n° 45

« LA COUR :

Sur le moyen unique, pris en sa quatrième branche :

Vu l'article 2244 du Code civil ;

Attendu que l'effet interruptif de prescription résultant d'une action en justice se prolonge jusqu'à ce que le litige trouve sa solution, de sorte que le nouveau délai de prescription ne commence à courir qu'à compter de la décision qui met fin définitivement à l'instance ;

Attendu qu'un jugement rendu le 18 juillet 1996 par le tribunal de commerce a condamné la société La Flèche niçoise, transporteur, à payer des dommages-intérêts à la compagnie Insurance of North America (INA) subrogée dans les droits de ses assurés, commissionnaires de transport, qu'elle avait indemnisés à la suite d'un vol de marchandises ; que, par le même jugement, le tribunal s'est déclaré incompétent, au profit du tribunal de grande instance, pour statuer sur les recours en garantie formés par actes du 19 septembre 1984 par la société La Flèche niçoise contre ses assureurs de responsabilité, les compagnies Groupe Drouot et SAMA ; que le tribunal de grande instance, saisi de ce recours, a par jugement du 28 février 1989, constaté l'extinction de l'instance après radiation du rôle ; que, par arrêt du 19 septembre 1989, la cour d'appel, à laquelle la société La Flèche niçoise avait déféré le jugement du tribunal de commerce du 18 juillet 1986, a constaté le désistement d'appel du mandataire-liquidateur de cette société et, par suite, son dessaisissement ; que, le 5 juin 1990, la compagnie INA a assigné en indemnisation la compagnie Groupe Drouot et la société Nouvelle Mutuelle, laquelle vient aux droits de la compagnie SAMA ;

Attendu que, pour déclarer cette demande irrecevable comme prescrite, l'arrêt attaqué retient que l'action directe du tiers lésé contre l'assureur de responsabilité, qui se prescrit par le même délai que l'action de la victime contre le responsable du dommage, peut être exercée aussi longtemps que l'assureur reste exposé au recours de son assuré, mais que la compagnie INA n'est pas fondée à se prévaloir de cette règle dès lors que, le 5 juin 1990, date de l'assignation, les assureurs de responsabilité n'étaient plus exposés aux recours de la société La Flèche niçoise, l'effet interruptif de prescription provoqué par les assignations du 19 septembre 1984 ne s'étant prolongé que pendant la durée des instances devant le tribunal de commerce puis devant la cour d'appel, soit jusqu'au 19 septembre 1989 seulement, date de l'arrêt de dessaisissement qui a mis fin à l'instance d'appel sans provoquer lui-même une nouvelle interruption de prescription ;

Attendu qu'en se déterminant ainsi, la cour d'appel a violé le texte susvisé ;

Par ces motifs et sans qu'il y ait lieu de statuer sur les autres branches du moyen,

Casse et annule, dans toutes ses dispositions, l'arrêt rendu le 5 juillet 1995, entre les parties, par la cour d'appel d'Aix-en-Provence ; remet, en conséquence, la cause et les parties dans l'état où elles se trouvaient avant ledit arrêt et, pour être fait droit, les renvoie devant la cour d'appel de Nîmes. »

SECTION 4

LA MODIFICATION DES DÉLAIS

§ 1. – L'allongement de la prescription

618. – Ordre public ? La prescription est une institution conçue en faveur du débiteur, mais considérée, sur certains aspects, comme d'ordre public.

D'où les règles suivantes.

L'article 2250 dispose :

« Seule une prescription acquise est susceptible de renonciation ».

C'est une première chose. La règle s'explique par le souci de donner à la prescription une réalité. Une seconde chose en découle : c'est qu'il n'est pas possible d'allonger un délai de prescription, la convention n'étant qu'une forme de renonciation anticipée.

Rien ne s'oppose, cependant, à ce que les parties stipulent des clauses de suspension ou d'interruption. Enfin, il est parfaitement possible de renoncer, expressément ou tacitement, à une prescription acquise. En outre, selon l'article 2247 du Code civil :

« Les juges ne peuvent pas suppléer d'office le moyen résultant de la prescription ».

§ 2. – L'aménagement conventionnel de la prescription

619. – Possibilité d'un aménagement. Rien n'interdit de raccourcir conventionnellement ce délai par une clause particulière du contrat (sauf clause contraire). La clause favorise une libération plus rapide du débiteur, sans porter atteinte à l'ordre public. D'où sa validité.

Le droit positif admettait la licéité d'une telle clause (Cass. com., 12 juill. 2004 : *D.* 2004, n° 31 et la note ; *Bull. civ.* 2004, IV, n° 162) : « La disposition contractuelle abrégeant le délai de prescription reçoit application même en cas de faute lourde ».

La loi du 17 juin 2008 a exprimé clairement cette possibilité d'un aménagement conventionnel :

Article 2254 du Code civil :

« La durée de la prescription peut être abrégée ou allongée par accord des parties. Elle ne peut toutefois être réduite à moins d'un an ni étendue à plus de dix ans.

Les parties peuvent également, d'un commun accord, ajouter aux causes de suspension ou d'interruption de la prescription prévues par la loi.

Les dispositions des deux alinéas précédents ne sont pas applicables aux actions en paiement ou en répétition des salaires, arrérages de rente, pensions alimentaires, loyers, fermages, charges locatives, intérêts des sommes prêtées et, généralement, aux actions en paiement de tout ce qui est payable par années ou à des termes périodiques plus courts ».

620. – Pratiques de l'aménagement. Il est donc possible d'aménager le cours de la prescription et même, semble-t-il, de préciser son point de départ. Il est également possible d'imposer au créancier, dans la convention initiale des parties, un délai pour agir.

Dans les contrats bancaires, le titulaire du compte dispose d'un bref délai pour élever une contestation sur le relevé qui lui est adressé ; dans les ventes commerciales, l'acquéreur n'a qu'une semaine pour faire état de réclamations ; dans la mise en œuvre de certaines conventions d'arbitrage, le demandeur a un délai restreint pour saisir l'institution arbitrale compétente (Cass. com., 3 mars 1992 : *Rev. arb.* 1992, p. 560 et la note) ; en matière de cautionnement, il n'est pas rare que le contrat accorde au créancier un délai limité pour, l'exigibilité de la créance principale étant constatée, se retourner contre la caution (Cass. 2e civ., 14 oct. 1987 : *Bull. civ.* 1987, II, n° 195 ; *RTD civ.* 1988, p. 753, obs. J. Mestre). Ces clauses, d'une utilité certaine, ne précisent pas le mécanisme de forclusion, d'où des interrogations sur leur suspension et sur leur interruption.

La clause abréviative de prescription à un an contenue dans un contrat de déménagement n'est pas une clause abusive (Cass. 1re civ., 11 déc. 2013, n° 12-27.172 : *D.* 2014, p. 420 ; *Contrats, conc. consom.* 2014, n° 102, note N. Mathey).

§ 3. – La suspension conventionnelle

621. – Aménagement conventionnel. Rien ne s'oppose, une fois que le délai de prescription a commencé à courir, à ce que les parties aménagent la prescription. Elles peuvent en suspendre le cours pendant la période qu'il leur plaît.

CHAPITRE 3

LES EFFETS DE LA PRESCRIPTION

622. – Exception de prescription. La prescription ne produit pas **effet de plein droit** et doit être sollicitée, le plus souvent par voie d'exception par le débiteur. L'article 2247 du Code civil dispose :

« Les juges ne peuvent pas suppléer d'office le moyen résultant de la prescription. »

De plus, le droit d'invoquer la prescription n'est pas **exclusivement attaché à la personne**, ainsi que l'indique l'article 2253 du même code :

« Les créanciers, ou toute autre personne ayant intérêt à ce que la prescription soit acquise, peuvent l'opposer, encore que le débiteur ou le propriétaire y renonce ».

623. – Validité du paiement après prescription. Depuis longtemps, la question est posée de savoir si la prescription est un véritable mode d'extinction des obligations ou une institution procédurale. Selon une jurisprudence classique, si le débiteur paie la dette après le délai de prescription, le paiement est valable et il ne peut agir en répétition de l'indu. La règle vaut que le débiteur ait effectué le paiement en connaissance de cause ou qu'il ait ignoré la prescription (Cass. com., 1er juin 2010 : *Bull. civ.* 2010, IV, n° 102).

TITRE 4

LA DÉCONFITURE DU DÉBITEUR

624. – Histoire de la déconfiture. Jadis, la « faillite » était synonyme d'infamie. Elle était le siège du commerçant que l'on brisait dans les instances représentatives (d'où le nom de *banca rotta* : « banc cassé » devenu banqueroute), et le failli était un banni de la cité, celui qui ne pouvait plus commercer.

Il était donc hors de question de songer un instant d'étendre la faillite commerciale aux personnes n'ayant pas la qualité de commerçant. À quoi bon étendre l'infamie au-delà des frontières naturelles du droit commercial ?

Et puis, le crédit à la consommation s'est installé dans les faits et dans les mentalités : le taux de croissance est passé de 6 % en 1980 à 15 % en 1989 et l'on sait que l'endettement moyen des ménages français a atteint la moitié de leurs revenus annuels. Dans les années 1950, cet endettement constituait à peine deux semaines de travail par an.

Cette croissance extraordinaire du crédit à la consommation est à l'origine de nombreuses difficultés, dont le surendettement des ménages. Cette situation est liée à plusieurs raisons :

– *personnelles* d'abord : dans la société de consommation contemporaine, les emprunteurs succombent à leurs désirs, sans se préoccuper ni des taux (élevés), ni de la durée du prêt (longue), ni de leur capacité de rembourser ;

– *structurelles* ensuite : l'encadrement du crédit ayant disparu, le pouvoir d'achat a reculé en empêchant toute amélioration du niveau de vie (d'où la nécessité du crédit pour combler ce manque) ;

– *économiques* enfin : les banques ayant perdu leurs clients traditionnels, les entreprises ont trouvé dans le crédit à la consommation une compensation.

Ainsi, les conditions ont-elles été revues pour qu'au moindre incident (maladie, divorce, chômage, accident), une famille se trouve ruinée inconsciemment.

Face à cette situation, les textes du Code civil sont impuissants. Ils ne connaissent que la déconfiture (la faillite des non-commerçants), et ne lui attachent que des effets réduits : la déchéance du terme ou l'octroi de délai de grâce.

D'où l'idée d'un traitement global du débiteur civil surendetté.

625. – Naissance du surendettement. La loi Neiertz prise pour la prévention et le règlement des difficultés liées au surendettement des particuliers et de leur famille distinguait le règlement amiable confié à une commission départementale de surendettement et le redressement judiciaire civil relevant de la compétence du tribunal d'instance.

Le juge, déjà noyé sous les procédures, ne put mettre en œuvre la réforme, aussi la loi n° 91-650 du 9 juillet 1991 vient lui porter secours en instituant un juge de l'exécution (le « JEX »).

Dans les grands tribunaux, une chambre spécifique de l'exécution était créée afin de faire face aux dossiers. L'asphyxie menaçait encore.

Aussi, la loi n° 95-125 du 8 février 1995, complétée par le décret n° 95-960 du 9 mai 1995, a-t-elle mis en place le nouveau régime du surendettement que nous exposons dans les grandes lignes.

La loi n° 98-657 du 29 juillet 1998 d'orientation relative à la lutte contre les exclusions a modifié le droit du surendettement. Ce texte, complété par un décret n° 99-65 du 1er février 1999, vise à substituer la situation du surendettement « actif », ayant pour origine un endettement inconsidéré des personnes, à celle du surendettement « passif », constat d'une absence de ressources en raison d'un événement soudain (chômage, divorce, maladie).

La loi n° 2003-710 du 1er août 2003 (*JO* 2 août 2003, p. 177) dite « loi Borloo » vise à instaurer une déconfiture civile du débiteur : moyennant l'abandon de tous ses biens, celui-ci est « quitte » envers tous ses créanciers. En réalité, la réforme de la procédure de traitement du surendettement des particuliers comprend deux axes essentiels :

– le premier axe, véritable innovation de la loi, consiste dans la création d'une procédure dite de rétablissement personnel qui n'a pas vocation à suppléer la procédure existante de traitement du surendettement, mais, pour les situations les plus obérées – et sous certaines conditions que nous présenterons plus avant – d'offrir un « nouveau départ » ;

– le second axe consiste dans un grand nombre de petites retouches apportées à la procédure classique du surendettement.

L'ensemble de ces dispositions est aujourd'hui intégré dans le Code de la consommation.

626. – Plan. Intéressons-nous aux bénéficiaires de la procédure de surendettement, avant d'exposer la procédure proprement dite.

CHAPITRE 1

LES BÉNÉFICIAIRES

627. – Conditions. Trois conditions apparaissent à la lecture des textes : le débiteur doit être « civil », surendetté et de bonne foi.

SECTION 1

UN DÉBITEUR CIVIL

628. – Notion de débiteur. Les procédures de surendettement sont réservées aux personnes réunissant deux conditions :

– il doit s'agir d'une personne physique, mais la procédure peut concerner une personne, ou les deux époux, ou encore les deux concubins ;

– le débiteur doit être non-professionnel, ce qui exclut tout débiteur relevant d'une autre procédure collective en raison de sa profession. Cette règle exclut les commerçants, les artisans et les exploitants agricoles.

En revanche, il n'est pas opéré de distinction entre les dettes selon leur nature : toutes les dettes personnelles ou professionnelles seront prises en compte, et cela par application de la théorie de l'unité de patrimoine.

SECTION 2

UN DÉBITEUR SURENDETTÉ

629. – Débiteur surendetté, failli ou déconfit. Il a fallu créer une nouvelle définition, afin de distinguer le débiteur surendetté du débiteur failli, ou encore de distinguer le débiteur en déconfiture au sens strict du débiteur notoirement insolvable.

L'article L. 711-1 du Code de la consommation est la disposition-clé de l'ensemble des procédures de traitement du surendettement des particuliers puisqu'il en délimite le champ d'application en donnant une définition de la « situation de surendettement » :

« Le bénéfice des mesures de traitement des situations de surendettement est ouvert aux personnes physiques de bonne foi.

La situation de surendettement est caractérisée par l'impossibilité manifeste de faire face à l'ensemble de ses dettes non professionnelles exigibles et à échoir. Le seul fait d'être propriétaire de sa résidence principale dont la valeur estimée à la date du dépôt du dossier de surendettement est égale ou supérieure au montant de l'ensemble des dettes non-professionnelles exigibles et à échoir ne fait pas obstacle à la caractérisation de la situation de surendettement.

L'impossibilité de faire face à un engagement de cautionner ou d'acquitter solidairement la dette d'un entrepreneur individuel ou d'une société caractérise également une situation de surendettement ».

En réalité, la volonté du législateur est claire : il doit s'agir d'une appréciation faite au cas par cas par les juges saisis. La Cour de cassation a confirmé cette conception en abandonnant au pouvoir souverain des juges du fond cette appréciation.

630. – Analyse du texte. À l'analyse de la formule, il apparaît :

– que les dettes à prendre en compte sont celles présentes et futures (à échoir) dans la mesure où elles sont certaines ; toutes les dettes non professionnelles sont concernées, qu'elles soient ou non exigibles, ce qui permet de prendre en considération le surendettement potentiel au regard notamment des dettes à exigibilité proche ;

– que les dettes doivent être non professionnelles, peu important leur nature et leur affectation, sachant que les dettes professionnelles sont définies par la Cour de cassation comme « celles nées pour les besoins ou à l'occasion de l'activité du débiteur » ;

– que la qualité et le nombre des créanciers sont indifférents ;

– que l'impossibilité de faire face à ses engagements est qualifiée de « manifeste » afin de limiter le recours au surendettement.

631. – Dettes non professionnelles. La notion qui a posé le plus de difficulté est celle de « dettes non professionnelles » : il y a là l'affirmation de la volonté de distinguer le passif professionnel qui relève des procédures collectives – codifiées dans le Code de commerce – et le passif non professionnel qui relève de la procédure de surendettement qui figure dans le Code de la consommation. Cette distinction très nette s'oppose au modèle de *common law* qui prévoit des procédures communes pour l'ensemble des dettes, qu'elles soient professionnelles ou non professionnelles.

Pour des dettes contractées par deux époux, il est admis par la jurisprudence que la dette peut être professionnelle pour l'un (par exemple, celui qui exerce l'activité financée par le prêt) et non professionnelle pour l'autre (par exemple, celui qui ne s'est engagé que pour permettre le prêt).

Toutefois, la liste des difficultés n'est pas close, notamment pour les dettes dites mixtes, c'est-à-dire visant à la fois des satisfactions personnelles et professionnelles. La Cour de cassation a eu le mérite de trancher de façon claire : si les dettes professionnelles et les dettes mixtes ne sont pas prises en compte pour vérifier si la personne concernée se trouve en position de surendettement, rien n'interdit de les intégrer, dans un second temps, lors de l'établissement du plan de redressement.

Une personne physique exerçant une activité professionnelle indépendante, y compris une profession libérale soumise à un statut législatif ou réglementaire ou dont le titre est protégé, relève, à compter du 1er janvier 2006, des procédures collectives de la loi du 26 juillet 2005 de sauvegarde des entreprises aux conditions prévues par cette loi ; qu'il en résulte que cette personne se trouve dès lors exclue des dispositions relatives au traitement des situations de surendettement prévues aux articles L. 711-1 et suivants du Code de la consommation (Cass. com., 30 sept. 2008, n° 07-15.446).

SECTION 3

UN DÉBITEUR DE BONNE FOI

632. – Nécessité de la bonne foi. La faveur de la loi sur le surendettement ne peut bénéficier qu'aux seuls débiteurs de bonne foi. La loi du 1er août 2003 a étendu la condition de bonne foi à la faillite civile propre aux départements du Bas-Rhin, du Haut-Rhin et de la Moselle. L'article L. 711-1 du Code de la consommation vise désormais la condition de bonne foi.

633. – Conceptions de la bonne foi. Deux conceptions de la bonne foi sont possibles :

– la bonne foi au jour de l'ouverture de la procédure se mesure à l'aune de la sincérité des déclarations du surendetté quant à ses biens et revenus et quant à ses dettes ;

– la bonne foi contractuelle impose de se situer au moment où les emprunts ont été contractés afin d'apprécier les conditions de l'endettement et l'attitude de l'emprunteur.

634. – Choix de la jurisprudence. Après des hésitations, la Cour de cassation a sagement refusé de trancher entre l'une et l'autre, sans doute parce qu'il faut remplir l'une et l'autre, et a abandonné au pouvoir souverain des juges du fond l'appréciation de la condition de bonne foi (Cass. 1re civ., 31 mars 1992 : *Bull. civ.* 1992, I, n° 109).

Les juges du fond ont fait bon usage de cette liberté et retiennent dans leur majorité la bonne foi contractuelle, recherchant chez le surendetté, pendant le processus de formation de la situation de surendettement, l'élément intentionnel démontrant la connaissance qu'il ne pouvait manquer d'avoir de l'aggravation de sa situation et la volonté manifestée par le surendetté non de l'arrêter, mais de l'aggraver.

La bonne ou la mauvaise foi peut varier au cours de la procédure : une débitrice, contestant les mesures recommandées par la commission de surendettement, ne peut faire grief à l'arrêt attaqué d'avoir jugé qu'elle était de mauvaise foi, alors que sa bonne foi avait été reconnue dans la phase antérieure de la procédure et qu'aucun des créanciers ne l'avait contestée. En effet, lorsqu'il est saisi d'une contestation relative aux mesures recommandées en application des articles L. 733-12 et suivants du Code de la consommation, le juge peut s'assurer que le débiteur se trouve dans la situation définie à l'article L. 711-2 dudit code. Et, ayant rappelé qu'un des créanciers qui avait comparu à l'audience avait invoqué la mauvaise foi de la débitrice, la cour d'appel a souverainement décidé que celle-ci n'était pas de bonne foi (Cass. 2e civ., 13 févr. 2003 : *Gaz. Pal.* 18 mars 2003, n° 77, p. 34).

Autrement dit, la bonne foi est, d'une part, la conscience de la situation délicate de la fortune du surendetté et, d'autre part, la décision prise de poursuivre malgré tout.

CHAPITRE 2

LES PROCÉDURES

635. – Dualité des procédures. L'article L. 724-1 du Code de la consommation distingue deux procédures :

– la première est la procédure de droit commun de surendettement ;

– la seconde est la procédure de rétablissement.

La procédure de droit commun sera privilégiée, « lorsqu'il ressort de l'examen de la demande de traitement de la situation de surendettement que les ressources ou l'actif réalisable du débiteur le permettent ». En un mot, la procédure devant la commission sera privilégiée toutes les fois qu'il subsistera une possibilité d'organiser la dette en vue de parvenir à son apurement. Cette procédure reste donc aux yeux du législateur comme la procédure de droit commun, la procédure de rétablissement devant rester **l'exception**.

636. – Caractère subsidiaire et exceptionnel de la procédure de rétablissement. La procédure de rétablissement concerne en effet le cas où « le débiteur se trouve dans une situation **irrémédiablement** compromise » (C. consom., art. L. 724-2).

L'adverbe « irrémédiablement » souligne le caractère exceptionnel de cette procédure. C'est lorsqu'il n'existe pas d'issue, lorsque tout aménagement est impossible, lorsque la situation est irréversible, donc irrémédiablement compromise, que la procédure de rétablissement doit jouer. Interpréter la loi comme une modification de la position antérieure du législateur serait une erreur. La volonté d'éviter toute tentative de fraude, la volonté de ne pas déresponsabiliser les débiteurs particuliers demeurent. Seule la considération de la réalité des situations de surendettement doit conduire à permettre à certains particuliers de bonne foi de bénéficier d'une nouvelle chance après un accident de la vie.

Le caractère « irrémédiablement compromis » est caractérisé « par l'impossibilité manifeste de mettre en œuvre des mesures de traitement visées au premier alinéa » (C. consom., art. L. 724-1, al. 2).

Cette précision inscrit dans la loi le rapport entre les deux procédures, la procédure de droit commun devant la commission et la procédure exceptionnelle de rétablissement. Aucun risque de chevauchement n'existe sur le plan intellectuel, le domaine d'application de la procédure de rétablissement étant défini par rapport à l'échec potentiel ou avéré de la procédure de droit commun.

La procédure de rétablissement est donc nécessairement **subsidiaire** par rapport à la procédure devant la commission.

Preuve en est donnée par l'insertion à l'article L. 743-2 du Code de la consommation d'une passerelle qui autorise, et ce « à tout moment de la procédure », le juge de l'exécution, compétent en matière de procédure de rétablissement comme nous le verrons, à « renvoyer le dossier à la commission » « s'il estime que la situation du débiteur n'est pas irrémédiablement compromise ».

SECTION 1

LA PROCÉDURE CLASSIQUE DE SURENDETTEMENT

637. – Dualité des organes concernés. Deux organes jouent un rôle dans la procédure de surendettement :

– d'une part, la commission départementale de surendettement des particuliers, composée du préfet (ou de son délégué) président, du directeur départemental des finances publiques (ou de son délégué) vice-président, du directeur des services fiscaux, du représentant local de la Banque de France, du représentant de l'Association française des établissements de crédit, des entreprises d'investissement du représentant des associations familiales et de consommateurs ;

– d'autre part, le juge d'instance statuant à juge unique.

La composition de la commission de surendettement a été modifiée depuis la loi du 1er août 2003. L'article R. 712-2 du Code de la consommation contient l'ajout de deux membres dans la commission qui en comprenait jusqu'alors cinq (D. n° 2016-884, 29 juin 2016).

Le premier doit avoir une expérience dans le domaine de l'économie sociale et familiale, ce qui rééquilibre la composition en faveur du débiteur. Le Conseil économique et social (CES), qui avait été consulté sur le projet de loi, avait d'ailleurs souligné l'importance de ce nouveau membre. Selon le CES, ce membre « pourrait en particulier s'assurer que toutes les possibilités d'aides ont bien été explorées et qu'aucune solution autre qu'une procédure devant la commission de surendettement n'est envisageable ». Le CES estime que ce membre pourrait également permettre une meilleure expression du débiteur.

Le second a un diplôme et une expérience juridique. L'objectif annoncé par l'exposé des motifs du projet de loi était de renforcer la qualité d'expertise juridique de la commission. La mission du nouveau membre consiste notamment dans la vérification des créances.

Il s'agit de membres simplement consultatifs qui sont associés à l'instruction du dossier et qui assistent aux réunions de la commission.

La commission et le juge d'instance compétents sont ceux du lieu où demeure le débiteur.

Sous-section 1

LA PROCÉDURE DEVANT LA COMMISSION

§ 1. – L'ouverture de la procédure

638. – Saisine. L'ouverture ne peut avoir lieu que sur la demande du débiteur, déposée ou adressée au secrétariat de la commission départementale, et comportant tous les éléments utiles (actif et passif).

§ 2. – Le contrôle de la recevabilité de la demande

639. – Vérification préalable. La commission vérifie la recevabilité de la demande : pour cela, elle contrôle que le débiteur se trouve dans la position prévue par la loi (vérifications des différentes conditions décrites ci-dessus).

En cas de rejet, un recours est possible devant le juge d'instance dans les quinze jours de la notification. Le jugement statuant sur ce recours n'est susceptible ni d'appel, ni de pourvoi.

Dès que le dossier est déclaré recevable, le débiteur est inscrit au Fichier national des incidents de paiement, afin d'éviter qu'il n'aggrave sa situation par de nouveaux crédits.

§ 3. – La commission de surendettement va ensuite instruire le dossier

640. – Inventaire des dettes. La première tâche pour la commission est de dresser l'état d'endettement, et ce à partir de la déclaration faite de ses éléments actifs et passifs par le débiteur. Elle peut décider de toute mesure d'investigation afin de parfaire la connaissance de la situation exacte de l'endetté (lettres, auditions, enquêtes sociales, interrogation des administrations, etc.).

641. – Vérification des créances. La seconde tâche est de vérifier les créances. La commission peut soit solliciter le juge d'instance en ce sens (C. consom., art. L. 723-3), soit faire publier un appel aux créanciers dans un journal d'annonces légales (C. consom., art. R. 723-2).

La procédure de vérification a un double objectif : s'assurer du caractère liquide et certain de la créance ; déterminer avec exactitude le montant en capital, intérêts et accessoires de celle-ci.

642. – Information du débiteur. La commission informe le débiteur de l'état du passif qu'elle a dressé et celui-ci dispose d'un délai de vingt jours pour demander à la commission la saisine du juge de l'exécution, aux fins de vérification de la validité des titres de créance et du montant des sommes réclamées, en indiquant les créances contestées et les motifs qui justifient sa demande.

La commission est tenue de faire droit à cette demande. Passé le délai de vingt jours, le débiteur ne peut plus exprimer une telle demande.

La commission doit informer le débiteur de sa faculté d'être entendu au stade de la recevabilité du dossier par la commission.

§ 4. – La commission demande au juge la suspension des procédures d'exécution

643. – Suspension des poursuites. Les procédures de surendettement se distinguent de la faillite ordinaire en ce que l'ouverture du règlement amiable n'emporte pas la suspension automatique des poursuites. Ceci a été consciemment voulu afin d'éviter que certains débiteurs peu scrupuleux ne soient tentés d'abuser de la procédure de surendettement. L'absence de suspension crée un autre danger : certains créanciers pourraient profiter de la période d'incertitude pour tout saisir et vider la procédure de surendettement de son intérêt.

Le juge est saisi par une lettre simple du président de la commission, et y répond par une ordonnance notifiée par lettre recommandée avec demande d'avis de réception aux créanciers poursuivants et aux agents chargés de l'exécution.

Les créanciers poursuivants peuvent solliciter la rétractation de l'ordonnance.

La suspension des poursuites vaut pour toute la durée de la procédure devant la commission sans pouvoir excéder deux ans (C. consom., art. L. 722-3).

Pendant cette période de suspension, toutes les voies d'exécution passent par le juge d'instance, puisque, par leur nature, ces mesures peuvent compromettre la poursuite de la procédure de surendettement.

Le juge n'a pas le pouvoir de suspendre les effets d'une procédure de saisie immobilière en cours.

Le débiteur peut-il le faire ? Sans doute, mais la loi laisse la décision au juge :

Article L. 722-4 du Code de la consommation :

« En cas de saisie immobilière, lorsque la vente forcée a été ordonnée, le report de la date d'adjudication ne peut résulter que d'une décision du juge chargé de la saisie immobilière, saisi à cette fin par la commission, pour causes graves et dûment justifiées ».

La décision de suspension ouvre une période pendant laquelle le débiteur est interdit d'accomplir seul certains actes importants, avec pour sanction la déchéance du bénéfice du redressement.

Article L. 722-5 du Code de la consommation :

« La suspension et l'interdiction des procédures d'exécution diligentées à l'encontre des biens du débiteur emportent interdiction pour celui-ci de faire tout acte qui aggraverait son insolvabilité, de payer, en tout ou partie, une créance autre qu'alimentaire, y compris les découverts mentionnés aux 10° et 11° de l'article L. 311-1, née antérieurement à la suspension ou à l'interdiction, de désintéresser les cautions qui acquitteraient des créances nées antérieurement à la suspension ou à l'interdiction, de faire un acte de disposition étranger à la gestion normale du patrimoine ; elles emportent aussi interdiction de prendre toute garantie ou sûreté.

Le débiteur peut toutefois saisir le juge du tribunal d'instance afin qu'il l'autorise à accomplir l'un des actes mentionnés au premier alinéa ».

§ 5. – La fin de l'intervention de la commission : adoption d'un plan conventionnel de redressement

644. – Notion de plan conventionnel de redressement. La commission peut tout d'abord proposer un plan conventionnel de redressement.

Ce plan est négocié entre le débiteur et les principaux créanciers, ceux-ci ayant été préalablement informés de la situation générale. Ce plan est un contrat collectif et n'a de valeur obligatoire qu'entre les parties signataires. Le droit commun des obligations lui est applicable, notamment la théorie des vices du consentement.

Quant à la qualification de ce nouveau type de convention, celle de *sui generis* est bien commode, mais satisfait pour l'instant faute de pouvoir être rangé sous la dénomination de transaction, de remise de dette, de novation…

La Cour de cassation a eu l'occasion de dire que ce n'était point une remise de dette déchargeant la caution (V. *infra*, n° 676, Jurisprudence).

645. – Mesures possibles. Ce sont les articles L. 732-2 et L. 732-3 du Code de la consommation qui dressent la liste des mesures possibles :

« Le plan conventionnel peut comporter des mesures de report ou de rééchelonnement des paiements des dettes, de remise des dettes, de réduction ou de suppression du taux d'intérêt, de consolidation, de création ou de substitution de garantie.

Ce plan peut subordonner ces mesures à l'accomplissement par le débiteur d'actes propres à faciliter ou à garantir le paiement de la dette. Il peut également les subordonner à l'abstention par le débiteur d'actes qui aggraveraient son insolvabilité ».

646. – Reste à vivre. La loi du 29 juillet 1998 permet au débiteur de conserver une somme minimale pour payer ses dépenses courantes : cette part dénommée « reste à vivre » est la différence entre les revenus du surendetté et les paiements planifiés pour apurer la dette. Avant cette réforme, bien des plans n'étaient pas respectés en raison de l'insuffisance de ce reliquat « reste à vivre » : la loi établit un double plancher constitué, d'une part, de la quotité insaisissable des rémunérations, et, d'autre part, du RSA (C. consom., art. L. 731-2).

647. – Conditions et effets du plan. Le plan conventionnel peut être conditionné par l'accomplissement par le débiteur d'actes particuliers, le plus souvent vendre un bien immobilier afin d'améliorer la situation générale. Il peut être aussi conditionné à des obligations de ne pas faire : ne pas contracter de nouveaux emprunts ou ne pas aliéner certains biens.

Le plan conventionnel est de plein droit caduc quinze jours après mise en demeure adressée au débiteur d'avoir à exécuter ses obligations et demeurée infructueuse.

La rédaction de l'article L. 732-3 du Code de la consommation prévoit que la durée du plan ne pourra excéder en principe sept ans. Il est prévu une exception à cette limite pour le rééchelonnement d'une dette de remboursement de prêts contractés pour l'achat d'un bien immobilier constituant la résidence principale et dont les recommandations de la commission permettent d'éviter la cession.

648. – Délai d'intervention de la commission. L'article R. 712-15 du Code de la consommation prévoit que la commission dispose d'un délai de trois mois à compter du dépôt du dossier pour procéder à son instruction et décider de l'orientation.

Ce délai n'est qu'indirectement sanctionné puisqu'à défaut, le débiteur a la faculté de saisir directement le juge en vue de l'ouverture d'une procédure en rétablissement.

L'insertion d'un délai contraignant souligne la volonté généralisée à tous les stades des deux procédures – de droit commun et de rétablissement – de voir les dossiers trouver une solution le plus rapidement possible.

Lors de la réforme de 2003, le sénateur Hyest estimait qu'un tel délai pourrait conduire la commission à procéder, dans des circonstances d'afflux important de dossiers, à une instruction hâtive s'il n'est pas prévu également un renforcement en personnel. Il fait également observer la difficulté de procéder à une enquête sociale tout en respectant ce délai.

§ 6. – Recommandations

649. – Constat d'échec. En cas d'échec de la conciliation, la commission présente des recommandations.

Dans un premier temps, la commission constate l'impossibilité de recueillir l'accord du débiteur et des créanciers sur un plan d'apurement du passif.

Ce constat est notifié aux intéressés, et le débiteur peut solliciter, dans le délai de quinze jours, que la commission lui notifie des « recommandations », soit des mesures prévues à l'article 331-7 du Code de la consommation.

650. – **Textes.**

Article L. 733-1 du Code de la consommation :

« En l'absence de mission de conciliation ou en cas d'échec de celle-ci, la commission peut, à la demande du débiteur et après avoir mis les parties en mesure de fournir leurs observations, imposer tout ou partie des mesures suivantes :

1° Rééchelonner le paiement des dettes de toute nature, y compris, le cas échéant, en différant le paiement d'une partie d'entre elles, sans que le délai de report ou de rééchelonnement puisse excéder sept ans ou la moitié de la durée de remboursement restant à courir des emprunts en cours ; en cas de déchéance du terme, le délai de report ou de rééchelonnement peut atteindre la moitié de la durée qui restait à courir avant la déchéance ;

2° Imputer les paiements, d'abord sur le capital ;

3° Prescrire que les sommes correspondant aux échéances reportées ou rééchelonnées porteront intérêt à un taux réduit qui peut être inférieur au taux de l'intérêt légal sur décision spéciale et motivée et si la situation du débiteur l'exige. Quelle que soit la durée du plan de redressement, le taux ne peut être supérieur au taux légal.

4° Suspendre l'exigibilité des créances autres qu'alimentaires pour une durée qui ne peut excéder deux ans. Sauf décision contraire de la commission, la suspension de la créance entraîne la suspension du paiement des intérêts dus à ce titre. Durant cette période, seules les sommes dues au titre du capital peuvent être productives d'intérêts dont le taux n'excède pas le taux de l'intérêt légal ».

Article L. 733-4 du Code de la consommation :

« La commission peut également, à la demande du débiteur et après avoir mis les parties en mesure de présenter leurs observations, imposer par décision spéciale et motivée les mesures suivantes :

1° En cas de vente forcée du logement principal du débiteur, grevé d'une inscription bénéficiant à un établissement de crédit ou à une société de financement ayant fourni les sommes nécessaires à son acquisition, la réduction du montant de la fraction des prêts immobiliers restant due aux établissements de crédit ou aux sociétés de financement après la vente, après imputation du prix de vente sur le capital restant dû, dans des proportions telles que son paiement, assorti d'un rééchelonnement calculé conformément au 1° de l'article L. 733-1, soit compatible avec les ressources et les charges du débiteur.

La même mesure est applicable en cas de vente amiable dont le principe, destiné à éviter une saisie immobilière, et les modalités ont été arrêtés d'un commun accord entre le débiteur et l'établissement de crédit ou la société de financement.

Ces mesures peuvent être prises conjointement avec celles prévues à l'article L. 733-1 ;

2° L'effacement partiel des créances combiné avec les mesures mentionnées à l'article L. 733-1. Celles de ces créances dont le montant a été payé au lieu et place du débiteur par la caution ou le coobligé, personnes physiques, ne peuvent faire l'objet d'un effacement ».

La lecture de ce texte montre que la commission peut recommander trois domaines d'action (ils sont en général cumulés) :

– agir sur les délais en reportant ou en étalant les créances sur une autre durée (rééchelonner) ;

– imputer d'abord les paiements sur le capital et/ou réduire le taux d'intérêt des dettes reportées ou rééchelonnées ;

– enfin, agir sur le capital lui-même, dans l'hypothèse de la vente du logement acquis grâce à un prêt garanti par une sûreté immobilière.

651. – Les dettes. Les dettes fiscales seront soumises aux mêmes règles que celles applicables aux autres dettes. Seules les dettes alimentaires restent soumises à un statut particulier interdisant leur rééchelonnement.

La rédaction actuelle de l'article L. 711-4 du Code de la consommation traite du rééchelonnement des dettes sociales. Font l'objet d'une interdiction de tout rééchelonnement : les dettes alimentaires, les réparations pécuniaires dues en raison d'une **condamnation pénale** – et non dommages et intérêts dus au civil. En revanche, depuis la loi n° 2017-203 du 21 février 2017, les amendes pénales peuvent faire l'objet d'une mesure de rééchelonnement.

La durée du rééchelonnement, à l'image de la règle posée en matière amiable, est portée à un maximum de dix ans.

652. – Rapport entre surendettement et distribution du prix. Ce dernier point est intéressant et résulte du fait constaté que le prix de vente aux enchères publiques de l'immeuble acquis grâce à un prêt immobilier ne suffit pas à désintéresser le créancier qui a prêté les fonds.

L'exemple typique et hélas quotidien, constaté par les juges lors de la distribution du prix, est le suivant : un appartement est acquis 600 000, avec un prêt hypothécaire consenti par une banque à hauteur de 500 000. Au bout de cinq ans, les époux ne peuvent plus faire face aux mensualités. Le bien est vendu aux enchères publiques 300 000. Le premier créancier hypothécaire, prêteur des deniers ayant permis l'achat, sollicite 800 000. Pourquoi une telle somme ? Les premières années sont consacrées au remboursement des intérêts sans mordre sur le capital et, depuis le commandement de saisie immobilière, de nouveaux intérêts ont couru (et courent encore jusqu'à la décision du juge chargé de la distribution). Ce qui fait que le couple n'a plus de logement et doit encore 500 000, le montant d'origine du prêt, au prêteur…

Aussi la Cour de cassation a décidé que la réduction pouvait aller jusqu'à la remise totale de la dette : l'établissement financier, qui a prêté les fonds pour acquérir un logement principal, doit se contenter du prix d'adjudication aux enchères publiques ou du prix de vente amiable.

653. – Conditions. La commission peut subordonner les mesures recommandées à l'accomplissement par le débiteur d'actes propres à faciliter le paiement de la dette ou l'abstention par celui-ci d'opérations pouvant aggraver l'insolvabilité.

Pour prendre ses recommandations, la commission doit :

– prendre en compte la connaissance que pouvait avoir chacun des prêteurs, lors de la signature des contrats de prêt, de la situation d'endettement du débiteur ;

– vérifier si le contrat de prêt a été consenti avec le sérieux qu'imposent les usages de la profession.

SOUS-SECTION 2

LA PROCÉDURE DEVANT LE JUGE D'INSTANCE

654. – La fonction de juge d'instance varie selon que les recommandations de la commission ne sont pas ou sont contestées.

§ 1. – En l'absence de contestation des recommandations, le juge leur donne force exécutoire

655. – Transmission au juge aux fins de contrôle. Quinze jours après avoir rendu son avis, la commission transmet au juge les recommandations préconisées (C. consom., art. R. 742-45).

Le juge en contrôle la légalité :

– quant à la régularité de la procédure, essentiellement, le respect du principe du contradictoire et la motivation de certaines mesures (les pièces sont annexées aux recommandations) et

– quant au fond : la commission n'a pas excédé ses pouvoirs dans les mesures préconisées par rapport aux exigences de l'article 331-7 du Code de la consommation.

Si le contrôle est positif, le juge d'instance confère par ordonnance la force exécutoire. S'il est négatif, le juge invite la commission à revoir sa copie et à formuler de nouvelles recommandations. Cette décision est susceptible d'un seul pourvoi en cassation.

656. – Effacement des dettes. Si aucun recours n'est exercé, les mesures entrent en vigueur. Autrement dit, depuis le 1er janvier 2018, le juge ne doit plus homologuer les propositions de la commission.

Article L. 733-9 du Code de la consommation :

« En l'absence de contestation formée par l'une des parties en application de l'article L. 733-10, les mesures mentionnées aux articles L. 733-1, L. 733-4 et L. 733-7 s'imposent aux parties, à l'exception des créanciers dont l'existence n'a pas été signalée par le débiteur et qui n'ont pas été avisés de ces mesures par la commission ».

Un recours est possible devant le juge.

Article L. 733-10 du Code de la consommation :

« Une partie peut contester devant le juge du tribunal d'instance, dans un délai fixé par décret, les mesures imposées par la commission en application des articles L. 733-1, L.733-4 ou L. 733-7 ».

§ 2. – En présence de contestation des recommandations, le juge d'instance décide

657. – Critiques. Débiteurs et créanciers peuvent critiquer les recommandations de la commission, par simple déclaration au greffe dans les trente jours de la notification (C. consom., art. R. 733-6, al. 4).

En attendant l'audience de fond, le juge peut ordonner par provision les mesures non contestées (C. consom., art. L. 733-13).

658. – Audience. Une audience de contestation a lieu et le juge va se prononcer, tant en opportunité qu'en légalité.

Le juge de l'exécution, chargé de conférer force exécutoire aux mesures recommandées en application de l'article L. 733-1 du Code de la consommation, peut seulement en vérifier la régularité au regard des pouvoirs que la commission tient de ce texte et des règles procédurales prescrites par les articles R. 721-1 du même code ; en l'absence de contestation des mesures recommandées, il n'a pas le pouvoir de s'assurer que le débiteur se trouvait bien dans la situation définie à l'article L. 712-1 du Code de la consommation (Cass. 2e civ., 12 oct. 2006, n° 05-04.001).

Le jugement rendu est exécutoire de plein droit et est susceptible de recours.

À tout moment de la procédure, les parties peuvent se dispenser d'avocat, comme dans la procédure devant le tribunal d'instance.

SECTION 2

LA PROCÉDURE DE RÉTABLISSEMENT

659. – L'article 35 de la loi du 1er août 2003, § VI, avait créé la procédure de rétablissement personnel. La section relative à celle-ci comprenait alors huit articles ; aujourd'hui, c'est vingt-cinq articles qui gouvernent la matière (C. consom., art. L. 741-1 à L. 741-25). Le rétablissement peut être avec ou sans liquidation judiciaire.

Nous présenterons successivement les modalités d'ouverture de la procédure (Sous-section 1) et la procédure en elle-même et ses conséquences (Sous-section 2).

SOUS-SECTION 1

LES MODALITÉS D'OUVERTURE DE LA PROCÉDURE DE RÉTABLISSEMENT

660. – Caractère subsidiaire. La procédure de rétablissement est **subsidiaire** par rapport à la procédure de surendettement devant la commission, procédure de droit commun.

661. – Une situation irrémédiablement compromise. C'est seulement lorsque sa situation est irrémédiablement compromise et lorsque le particulier de bonne foi ne peut faire face à ses dettes non professionnelles que la commission recommande un rétablissement personnel avec ou sans liquidation judiciaire (C. consom., art. L. 741-1 et L. 742-1). Le débiteur peut solliciter l'ouverture de la procédure de rétablissement personnel lorsqu'il se trouve « dans une situation irrémédiablement compromise caractérisée par l'impossibilité manifeste de mettre en œuvre des mesures de traitement visées [par les articles L. 732-1, L. 733-1, L. 733-7 et L. 733-8 du Code de la consommation] ». Selon l'avis du Conseil économique et social du 11 juin 2003, la « situation irrémédiablement compromise » ne devrait pas être confondue avec la condition d'insolvabilité notoire de la faillite civile ; les débiteurs relevant du rétablissement personnel seraient en fait ceux pour lesquels existe « une impossibilité prévisible de retour à meilleure fortune dans un avenir proche ». « La situation irrémédiablement compromise » est un critère novateur qui, au fil du temps, a été précisé par la jurisprudence.

L'appréciation de ce critère appartiendra à la fois à la commission de surendettement et au juge d'instance, ce qui suppose que les deux instances s'accordent sur sa définition.

662. – Un débiteur de bonne foi. Selon l'article L. 743-2 du Code de la consommation, le juge ne prononce l'ouverture de la procédure avec liquidation judiciaire qu'à la double condition d'avoir vérifié « le caractère irrémédiablement compromis » de la situation du débiteur et « sa bonne foi ». Cette exigence de bonne foi doit être approuvée car elle devrait permettre de tempérer l'idée qu'il serait possible d'échapper à des engagements contractuels ; de plus, au regard de l'équité, seul le débiteur qui a eu un comportement loyal mérite le bénéfice du rétablissement personnel. Cependant, le législateur a choisi, une fois encore, de ne pas définir la bonne foi, ni de donner d'indication sur le moment où cette bonne foi doit être appréciée. La bonne foi du débiteur devrait donc être présumée et appréciée souverainement par les juges du fond au jour où ils statuent ; au demeurant, tant la bonne foi contractuelle que la bonne foi procédurale devraient être examinées.

663. – Compétence du juge du tribunal d'instance. La seconde observation tient à la compétence juridictionnelle. Le projet de loi initial avait pensé donner compétence au juge d'instance. En 2003, ce fut le juge de l'exécution qui fut seul compétent pour connaître de la procédure de rétablissement – comme de la procédure de droit commun d'ailleurs. Ensuite, le législateur est revenu au juge du tribunal d'instance. L'article L. 713-1, du Code de la consommation dispose ainsi que « Le juge du tribunal d'instance connaît des mesures de traitement des situations de surendettement des particuliers et de la procédure de rétablissement personnel ».

664. – Mode classique d'ouverture de la procédure. Les articles L. 741-1 et L. 742-1 du Code de la consommation prévoient que c'est la commission qui recommande l'ouverture d'une procédure de rétablissement, avec ou sans liquidation judiciaire. La recommandation reçoit force exécutoire par le juge du tribunal d'instance s'il constate la situation irrémédiablement compromise du débiteur. Cela fait de cette disposition le pendant de l'article L. 743-2 organisant la passerelle du juge du tribunal d'instance vers la commission.

Elle procède dans cette hypothèse à la convocation du débiteur qui **doit** donner son accord. Cette procédure d'accord est essentielle. Le législateur a en effet prévu qu'à défaut de réponse du débiteur, ce dernier sera réputé avoir refusé la saisine du juge du tribunal d'instance. Dans cette hypothèse, comme d'ailleurs dans celle du refus exprès du débiteur, la commission reprendra alors sa mission dans les termes et conformément aux articles L. 732-1, L. 733-1, L. 733-7 et L. 733-8.

Il est également prévu un mécanisme de saisine par la commission, pendant l'exécution d'un plan conventionnel, ou des recommandations émises par la commission. L'article L. 331-7-2 du Code de la consommation autorise en effet le débiteur qui estime que sa situation est irrémédiablement compromise à saisir la commission afin qu'elle saisisse le juge d'instance en vue de l'ouverture d'une procédure de rétablissement. La commission constate alors l'existence d'une situation irrémédiablement compromise avant de saisir le juge du tribunal d'instance. Ce mécanisme, où le débiteur est à l'origine de la saisine du juge du tribunal d'instance mais par le biais de la commission, doit être distingué de la saisine directe.

665. – Saisine directe par le débiteur. À côté de cette saisine par la commission qui constitue le mode normal de saisine, il est offert au débiteur la faculté de **saisir directement le juge d'instance** en vue de l'ouverture d'une procédure de rétablissement personnel dans deux hypothèses :

– **le premier cas d'ouverture** est envisagé au stade du recours exercé par une partie devant le juge d'instance, recours visant à contester les décisions de la commission en matière d'orientation du dossier (C. consom., art. L. 741-5) ;

– **le second cas** figure à l'alinéa second du même texte. Le débiteur pourra également saisir le juge au bout d'un délai de neuf mois à compter du dépôt du dossier devant la commission si cette commission n'a pas décidé de l'orientation dudit dossier. Ce délai de neuf mois est à rapprocher de l'obligation qui est faite à la commission, par l'article R. 721-4, de procéder à l'instruction et à l'orientation du dossier dans le délai de trois mois à compter de son dépôt.

Le Sénat s'était fortement opposé à cette faculté de saisine directe par le débiteur. Il était défendu notamment par le sénateur Hyest que la commission devait opérer comme un filtre obligatoire. Ce dernier soulignait d'ailleurs que le juge pourrait ainsi être saisi d'une demande dès la phase de la recevabilité de la demande examinée par la commission.

SOUS-SECTION 2

LA PROCÉDURE DE RÉTABLISSEMENT PERSONNEL AVEC LIQUIDATION JUDICIAIRE (C. CONSOM., ART. L. 742-1)

666. – Étapes de la procédure. La procédure de rétablissement personnel avec liquidation judiciaire se décompose en quatre étapes qui sont :

– le jugement d'ouverture (§ 1) ;

– la procédure de déclaration de créance (§ 2) ;

– la liquidation du patrimoine (§ 3) ;

– la clôture (§ 4).

§ 1. – Le jugement d'ouverture (C. consom., art. L. 742-1 et s.)

667. – Première phase de la procédure : le jugement d'ouverture. Le juge de l'exécution est saisi soit par la commission – solution de principe –, soit par le débiteur lui-même dans les hypothèses visées aux articles R. 741-1 à 741-3. Le juge dispose d'un délai d'un mois pour convoquer les parties intéressées, à savoir le débiteur et les créanciers connus, à l'audience dite d'ouverture de procédure de rétablissement personnel (C. consom., art. R. 742-3). Selon le sénateur Hyest (avis préc., p. 63), ce délai « concerne la date de la convocation à l'audience d'ouverture » et non la date de l'audience d'ouverture elle-même qui « ne sera pas nécessairement comprise dans ce délai ». Lors de cette audience, le juge entend le débiteur s'il se présente. L'objet de cette audience est de contrôler que les conditions de l'ouverture de la procédure sont remplies. Le juge contrôle donc le caractère irrémédiablement compromis de la situation du débiteur. Il contrôle également la condition de bonne foi.

668. – Double effet du jugement d'ouverture. Marquant la fin de cette première étape, le jugement emporte un double effet juridique automatique :

– il s'agit en premier lieu de la **suspension des procédures d'exécution** portant sur l'intégralité des dettes du débiteur (dettes nécessairement non professionnelles), à une exception près à savoir l'exécution poursuivie pour des dettes alimentaires. La suspension vaut également pour les saisies immobilières, le juge de la saisie immobilière restant cependant compétent pour prononcer la suspension (C. consom., art. L. 742-7) ;

– il s'agit ensuite de **l'incapacité, à compter du jugement pour le débiteur, d'aliéner ses biens** sans l'accord du mandataire ou, à défaut, du juge de l'exécution (C. consom., art. L. 742-9).

669. – Désignation d'un mandataire. Le jugement d'ouverture **peut** aussi comprendre la **désignation d'un mandataire** désigné sur une liste fixée par décret (C. consom., art. L. 742-4) qui a pour mission notamment et selon la décision du juge de l'exécution de faire procéder à une enquête sociale et/ou de suivre socialement le débiteur. Selon l'article R. 742-5 du Code de la consommation, le procureur de la République établit une liste qui comprend des mandataires judiciaires, des huissiers de justice, des personnes morales mandataires judiciaires à la protection des majeurs, des associations familiales ou de consommateurs.

§ 2. – La procédure de déclaration de créance (C. consom., art. L. 742-10 et s.)

670. – Étapes de la procédure. Deux étapes sont obligatoires et la troisième dépend de la désignation d'un mandataire :

– la première étape de cette procédure de déclaration consiste dans une publicité visant à avertir les créanciers de l'existence de la procédure de rétablissement. Cette publicité est le fait du juge lui-même ou du mandataire s'il en a été désigné un. Les modalités de la publicité sont précisées par décret ;

– à compter de cette publicité s'ouvre un délai de déclaration de créance. Ce délai n'est pas fixé par la loi qui renvoie au décret. La déclaration doit impérativement intervenir dans ce délai à peine de forclusion, le juge de l'exécution restant compétent pour prononcer un relevé de forclusion ;

– c'est, à tout le moins dans le cas où il en sera désigné un, le mandataire qui dressera le bilan de la « situation économique et sociale du débiteur », vérifiera les créances et évaluera les éléments d'actif et de passif.

§ 3. – La liquidation du patrimoine (C. consom., art. L. 742-19)

671. – La liquidation. Au sortir de la procédure de déclaration et après que le juge a tranché les possibles contestations portant sur les créances (C. consom., art. L. 742-13), le juge de l'exécution prononce **la liquidation** du patrimoine personnel du débiteur. La liquidation porte sur la totalité du patrimoine du débiteur à la double exception près des biens meublants nécessaires à la vie courante et des biens non professionnels indispensables pour l'exercice de l'activité du débiteur.

La notion de « meubles meublants » fait référence à l'article 534 du Code civil qui les définit comme « les meubles destinés à l'usage et à l'ornement des appartements comme tapisseries, lits, sièges, glaces, pendules, tables, porcelaines et autres objets de cette nature ».

Il est possible d'interpréter la notion de « biens nécessaires à la vie courante » au regard des dispositions concernant l'insaisissabilité de certains biens figurant dans la loi du 9 juillet 1991 relative à l'exécution. L'article L. 112-2 du Code des procédures civiles d'exécution vise en effet les biens nécessaires à la vie du saisi et de sa famille, notion qui est précisée par l'article R. 712-2 du même code qui en dresse une liste :

« Pour l'application du 5° de l'article L. 112-2, sont insaisissables comme étant nécessaires à la vie et au travail du débiteur saisi et de sa famille :

1° Les vêtements ;

2° La literie ;

3° Le linge de maison ;

4° Les objets et produits nécessaires aux soins corporels et à l'entretien des lieux ;

5° Les denrées alimentaires ;

6° Les objets de ménage nécessaires à la conservation, à la préparation et à la consommation des aliments ;

7° Les appareils nécessaires au chauffage ;

8° La table et les chaises permettant de prendre les repas en commun ;

9° Un meuble pour ranger le linge et les vêtements et un autre pour ranger les objets ménagers ;

10° Une machine à laver le linge ;

11° Les livres et autres objets nécessaires à la poursuite des études ou à la formation professionnelle ;

12° Les objets d'enfants ;

13° Les souvenirs à caractère personnel ou familial ;

14° Les animaux d'appartement ou de garde ;

15° Les animaux destinés à la subsistance du saisi ainsi que les denrées nécessaires à leur élevage ;

16° Les instruments de travail nécessaires à l'exercice personnel de l'activité professionnelle ;

17° Un poste téléphonique permettant l'accès au service téléphonique fixe ou mobile ».

La Cour de cassation a dû se prononcer sur un ordinateur. L'affaire avait été portée devant la cour d'appel d'Aix-en-Provence qui avait décidé que « sur la saisissabilité des biens, que M. Y..., qui se déclare sans emploi, ne peut utilement conclure à l'insaisissabilité de l'ordinateur ; qu'il ne peut, non plus, se prévaloir, dans le cadre des articles 14 de la loi du 9 juillet 1991 et 39 du décret du 31 juillet 1992, qu'il sert aux études de son fils sa demande de ce chef sera rejetée ».

Porté en cassation, cet arrêt sera cassé sur le seul moyen de la première branche : « en statuant ainsi, alors qu'un ordinateur utilisé pour la recherche d'un emploi doit être assimilé à un instrument nécessaire à l'exercice personnel d'une activité professionnelle, la cour d'appel a violé les textes susvisés » (Cass. 1re civ., 28 juin 2012, n° 11-15.055).

672. – Le liquidateur. Le juge désigne alors un liquidateur qui peut être le mandataire de la phase précédente. Ce liquidateur va être chargé de **l'exécution des actifs** pendant toute la durée de la liquidation. En effet, le jugement de liquidation emporte dessaisissement du débiteur de la disposition de ses biens (sauf les deux exceptions précitées).

Le liquidateur va d'abord tenter de vendre le patrimoine amiablement. Il dispose pour cela d'un délai de douze mois.

Au-delà de ce délai, le liquidateur organisera une **vente forcée** selon les conditions de droit commun des procédures d'exécution civile (CPC ex., art. R. 433-5, al. 3). Dans l'hypothèse où la procédure de rétablissement avait suspendu une mesure d'exécution immobilière, le liquidateur continue la même procédure et bénéficie des actes déjà réalisés par le débiteur agissant.

Enfin, une fois les actifs réalisés, le liquidateur procède à la **répartition du produit de l'actif**. Il désintéresse les créanciers en respectant leur rang de sûretés. Au terme de cette distribution, il rend compte de sa mission au juge de l'exécution dans des conditions qui seront fixées par décret en Conseil d'État.

673. – Sortie honorable. Exceptionnellement, il est possible que la procédure ne donne finalement pas lieu à liquidation. Le juge est en effet habilité, en vertu de l'article L. 742-24 du Code de la consommation, s'il « estime que la liquidation judiciaire peut être évitée », à établir un plan sur le modèle de ceux que réalise la commission en vertu de l'article L. 733-1 et s.

Le jugement prononçant le plan définit sa durée dans la limite de sept ans.

Le jugement emporte opposabilité du plan à tous. C'est le juge de l'exécution qui demeure compétent, en cas de manquement audit plan, pour prononcer sa résolution.

§ 4. – La clôture de la procédure (C. consom., art. L. 742-20 et s.)

674. – Distinction. L'article L. 332-9 du Code de la consommation distingue selon que la procédure se termine avec suffisamment d'actifs – le juge prononce alors la clôture – et le cas où il y a insuffisance – le juge prononce alors la clôture pour insuffisance d'actif.

675. – Effets de la clôture. La clôture de la procédure produit plusieurs effets. En premier lieu – et c'est l'objectif de la procédure de rétablissement –, la clôture opère « effacement de toutes les dettes non professionnelles du débiteur ». Exception est cependant faite des dettes dont le prix a été payé aux lieu et place du débiteur par la caution ou le coobligé (C. consom., art. L. 742-22).

En second lieu – mais il ne s'agit là que d'une mesure facultative –, le juge peut ordonner le suivi social du débiteur (C. consom., art. L. 742-23).

Enfin, en vertu de l'article L. 332-11, les personnes qui ont fait l'objet d'un rétablissement sont inscrites au Fichier national recensant les informations sur les incidents de paiement caractérisés liés aux crédits accordés aux personnes physiques pour des besoins non professionnels (FICP), fichier prévu et réglementé par le Code de la consommation.

676. – Débiteur de mauvaise foi. La dernière observation concernera les conséquences de la mauvaise foi du débiteur dans l'exposé de sa situation. Les dispositions de l'article L. 761-1, qui prévoit la déchéance des mesures de traitement du surendettement dans le cadre d'une procédure de droit commun en cas de fausses déclarations, remise de documents inexacts, détournement ou dissimulation de certains biens ou d'aggravation de l'endettement sans l'accord des créanciers, sont désormais applicables également à la procédure de rétablissement.

JURISPRUDENCE
I. Le plan consenti ne vaut pas remise de dette

L'arrêt rendu par la première chambre civile le 13 novembre 1996 a été abondamment commenté car il décide que le plan consenti dans le cadre du surendettement ne vaut pas remise de dettes.

Cass. 1re civ., 13 nov. 1996 : *Bull. civ.* 1996, I, n° 401 ; *D.* 1997, p. 141, note T. Moussa, concl. J. Sainte-Rose ; *D.* 1997, somm. p. 200, note P.-L. Chatain et F. Ferrière ; *D.* 1997, somm. p. 178, note D. Mazeaud ; *JCP* G 1997, 22780, note P. Mury ; *Gaz. Pal.* 21 juin 1997, 1, somm. p. 189, n° 172, p. 19, note S. Piedelièvre

« LA COUR :

Attendu que le 30 juin 1989, la Société générale a consenti aux époux Cambus deux prêts ; qu'au pied de chacun des actes, M. André Cambus, père du débiteur principal, s'est rendu caution solidaire des engagements souscrits ; que par suite de la défaillance des emprunteurs, la déchéance du terme a été acquise de plein droit pour chacun des prêts ; que par acte du 22 août 1991 la banque a assigné M. Cambus en paiement des sommes restant dues ; que celui-ci, qui n'a pas comparu devant le premier juge, a demandé en cause d'appel à bénéficier du plan conventionnel de règlement pris en application de la loi n° 89-1010 du 31 décembre 1989 signé par les créanciers le 16 septembre 1991 ;

Sur le premier moyen :

Attendu que M. Cambus reproche à l'arrêt attaqué (CA Toulouse, 6 déc. 1993) d'avoir écarté cette prétention, alors, selon le moyen, qu'aux termes de l'article 1287 du Code civil, la remise ou décharge conventionnelle accordée au débiteur principal libère les cautions ; qu'en estimant que M. Cambus ne pouvait se prévaloir du règlement amiable, la cour d'appel a violé, par refus d'application, cet article, et, par fausse application, l'article 2036 du même code ;

Mais attendu que, malgré leur caractère volontaire, les mesures consenties par les créanciers dans le plan conventionnel de règlement, prévu par l'article L. 331-6 ancien du Code de la consommation, ne constituent pas, eu égard à la finalité d'un tel plan, une remise de dette au sens de l'article 1287 du Code civil ; que par ces motifs, substitués à ceux que critique le pourvoi, la décision se trouve justifiée ;

Et sur le second moyen, pris en ses trois branches, tel qu'il figure au mémoire en demande, et est reproduit, en annexe au présent arrêt (sans intérêt) ;

Par ces motifs :

Rejette (...) »

II. De même le plan de surendettement ne libère pas la caution non surendettée

Cass. 1re civ., 3 mars 1998 : *Bull. civ.* 1998, I, n° 82, p. 55 ; *D.* 1998, jurispr. p. 421, concl. J. Sainte-Rose ; *JCP* G 1998, 10117, note S. Piedelièvre

« LA COUR :

Attendu que la Mutualité de la fonction publique s'est constituée caution solidaire des époux Chayer pour garantir le remboursement d'un prêt que la Société générale leur a consenti le 23 octobre 1989 ; que les emprunteurs, reconnus en état de surendettement, ont bénéficié, par décision du 5 décembre 1992, d'un plan de redressement judiciaire civil qui a reporté au 5 janvier 1998 le remboursement de leur dette ; que la Société générale a assigné la Mutualité en exécution de son engagement de caution ;

Sur le moyen unique, pris en sa première branche :

Vu l'article 409 du Code de procédure civile ;

Attendu que, pour rejeter la demande, l'arrêt attaqué retient que le jugement du 5 décembre 1992 est devenu définitif, de sorte qu'en n'exerçant pas les voies de recours dont elle disposait la banque a accepté le réaménagement de sa créance et ne peut se retourner contre la caution ;

Attendu qu'en statuant ainsi, alors que l'expiration du délai pour exercer une voie de recours n'emporte pas, à elle seule, acquiescement au jugement, la cour d'appel a violé, par fausse application, le texte susvisé ;

Et sur la seconde branche du moyen :

Vu les articles L. 332-1 et L. 332-5 du Code de la consommation, dans leur rédaction antérieure à la loi de 1995 ;

Attendu que le redressement judiciaire civil ne prive pas le créancier des garanties qui lui ont été consenties ; que la caution ne peut se prévaloir, pour se soustraire à son engagement, des mesures arrêtées par le juge en faveur du débiteur surendetté ;

Attendu que, pour débouter la banque de sa demande, l'arrêt retient que la mesure de report accordée aux débiteurs deviendra caduque de plein droit en cas de souscription par ceux-ci d'un nouvel emprunt ou à défaut de règlement d'une seule échéance afférente aux autres dettes ; qu'il ajoute que la Société générale ne pourra se retourner contre la caution pendant le temps où les époux Chayer exécuteront les obligations mises à leur charge par le plan de redressement ;

Attendu qu'en se déterminant ainsi, la cour d'appel a violé les textes susvisés ;

Par ces motifs :

Casse et annule, dans toutes ses dispositions, l'arrêt rendu le 26 octobre 1995, entre les parties, par la cour d'appel de Pau ; remet, en conséquence, la cause et les parties dans l'état où elles se trouvaient avant ledit arrêt et, pour être fait droit, les renvoie devant la cour d'appel de Bordeaux. »

III. Chose encore plus étonnante, la caution qui a payé peut se retourner contre le débiteur principal, sans que celui-ci puisse invoquer le redressement civil

Cass. 1re civ., 15 juill. 1999 : *Bull. civ.* 1999, I, n° 248, p. 160 ; *D.* 2000, p. 589, note C. Philippe ; *JCP* G 1999, 10196, note S. Piedelièvre ; *LPA* 26 mai 2000, p. 17, note J.-L. Courtier ; *Defrénois* 1999, p. 1336, note D. Mazeaud

« LA COUR :

Sur le moyen unique pris en ses deuxième et troisième branches :

Vu les articles 2028 et 2029 du Code civil, ensemble l'article L. 331-7, alinéa 1er, 4°, du Code de la consommation ;

Attendu que la mesure de réduction prévue par le dernier des textes susvisés ne s'applique pas à la créance de la caution qui a payé la dette du débiteur principal ;

Attendu que l'immeuble des époux Campagne-Casagrande, acquis grâce à un prêt immobilier souscrit auprès de l'UCB, qui était garanti par la Mutuelle générale de l'Éducation nationale (MGEN), a été vendu par adjudication, à la suite de la défaillance des emprunteurs dans le remboursement de ce prêt ; que le prix de vente n'a pas permis d'apurer les sommes restant dues ; que Mme Casagrande a formé une demande de traitement de sa situation de surendettement ; que, statuant sur contestation des mesures recommandées par la commission de surendettement, la cour d'appel a constaté l'extinction de la créance de l'UCB, réglée par la MGEN, et a réduit la créance de cette dernière, fondée sur ce règlement, à la somme de 100 000 F, dont elle a échelonné le paiement ;

Attendu que, pour réduire la créance de la MGEN, l'arrêt attaqué relève qu'en application de l'article 2029 du Code civil, la caution qui a payé la dette est subrogée en tous les droits qu'avait le créancier contre le débiteur ; que la MGEN, caution solidaire, n'a donc pas plus de droits que l'UCB, créancier, qu'elle doit donc subir, au même titre que le créancier, l'application de l'article L. 331-74 du Code de la consommation ;

Attendu qu'en statuant ainsi, la cour d'appel a violé les textes susvisés ;

Par ces motifs, et sans qu'il y ait lieu de statuer sur la première branche du moyen :

Casse et annule, dans toutes ses dispositions, l'arrêt rendu le 21 mai 1997, entre les parties, par la cour d'appel de Paris ; remet, en conséquence, la cause et les parties dans l'état où elles se trouvaient avant ledit arrêt et, pour être fait droit, les renvoie devant la cour d'appel de Paris, autrement composée ».

TITRE 5

VARIAE CAUSARUM FIGURAE

CHAPITRE 1

LA REMISE VOLONTAIRE DE DETTE

SECTION 1

LA REMISE DE DETTE

677. – Définition. La remise volontaire est une convention par laquelle le créancier décide de « remettre » la dette du débiteur. Le créancier libère ainsi le débiteur. Cette possibilité était prévue aux articles 1285 et 1287 du Code civil, sous le nom de « remise de dette » ou de « décharge conventionnelle ».

Ces articles bénéficient d'une réécriture dans le cadre de la réforme :

« *Art. 1350.* – La remise de dette est le contrat par lequel le créancier libère le débiteur de son obligation ».

« *Art. 1350-1.* – La remise de dette consentie à l'un des codébiteurs solidaires libère les autres à concurrence de sa part.

La remise de dette faite par l'un seulement des créanciers solidaires ne libère le débiteur que pour la part de ce créancier ».

« *Art. 1350-2.* – La remise de dette accordée au débiteur principal libère les cautions, même solidaires.

La remise consentie à l'une des cautions solidaires ne libère pas le débiteur principal, mais libère les autres à concurrence de sa part.

Ce que le créancier a reçu d'une caution pour la décharge de son cautionnement doit être imputé sur la dette et décharger le débiteur principal à proportion. Les autres cautions ne restent tenues que déduction faite de la part de la caution libérée ou de la valeur fournie si elle excède cette part ».

Cette remise est une convention ; elle suppose donc l'accord des deux parties ; la renonciation unilatérale du créancier ne peut suffire.

La remise doit être volontaire, ce qui n'est pas le cas lorsque la créance est écrêtée dans le cadre d'une procédure collective ou d'une procédure de surendettement.

Les remises visées à l'ancien article 74 de la loi du 25 janvier 1985, participant de la nature judiciaire du plan de continuation, ne peuvent être assimilées aux remises conventionnelles visées à l'article 1287 (Cass. com., 17 nov. 1992 : *D.* 1993, p. 41, note Vidal ; *Defrénois* 1993, p. 527, obs. Sénéchal). Malgré leur caractère volontaire, les mesures consenties par les créanciers dans le plan conventionnel de règlement, prévu par l'ancien article L. 331-6 du Code de la consommation, ne constituent pas, eu égard à la finalité d'un tel plan, une remise de dette au sens de l'article 1287, dont la caution pourrait se prévaloir (Cass. 1re civ., 13 nov. 1996 : *Bull. civ.* 1996, I, n° 401 ; *D.* 1997, p. 141, concl. contraires Sainte-Rose et note Moussa ; *D.* 1997, somm. p. 178, obs. D. Mazeaud ; *ibid.* p. 200, obs. Chatain et Ferrière ; *JCP* G 1997, II, 22780, note Mury ; *RTD civ.* 1997, p. 191, obs. Crocq ; *Defrénois* 1997, p. 292, note Aynès ; *Contrats, conc. consom.* 1997, chron. 7, Marie. – Dans le même sens, Cass. 1re civ., 3 mars 1998 : *Bull. civ.* 1998, I, n° 82 ;

D. 1998, p. 421, concl. Sainte-Rose ; *JCP* G 1998, II, 10117, note S. Piedelièvre ; *RTD civ.* 1998, p. 422, obs. Crocq).

678. – Caractère gratuit ou onéreux. La doctrine s'est partagée sur le point de savoir si la convention de remise de dette était par nature à caractère gratuit ou à caractère onéreux. Le caractère onéreux de la remise peut s'expliquer soit parce qu'elle s'inscrit dans une opération plus vaste (préalable d'une novation), soit parce que le créancier a intérêt à abandonner une créance afin d'obtenir le paiement d'une autre dette. En réalité, le caractère gratuit ou onéreux de la remise de dette dépend largement du contexte. L'intention libérale se manifeste rarement en droit civil des affaires ; en revanche, elle peut expliquer certains actes commis au bénéfice d'un membre de la famille.

Prudemment, la Cour de cassation n'a pas tranché.

Toutefois, la remise de dette, qui a un caractère gratuit ou onéreux, peut être consentie lors d'une transaction.

A légalement justifié sa décision la cour d'appel qui a rejeté la demande d'annulation d'un acte par lequel la société mise en liquidation judiciaire avait accepté, pour solde de tout compte, le versement d'une somme inférieure au montant de la facture qu'elle avait présentée ; cet accord, intervenu pendant la période suspecte, constituait une remise de dettes en contrepartie de laquelle la société créancière avait fait l'économie d'une procédure judiciaire, dont l'issue était aléatoire (Cass. com., 2 oct. 2001 : *Bull. civ.* 2001, IV, n° 154).

Si la remise de dettes s'analyse selon les circonstances comme un acte gratuit, elle sera considérée comme une libéralité (donation indirecte) pour le rapport, la réduction ou la révocation.

679. – Conditions. Les conditions de fond sont celles de toute convention et la remise de dette suppose la capacité à renoncer chez le créancier et à recevoir chez le débiteur.

Aucune condition de forme particulière n'est exigée. Dans le cadre familial, la remise de dette suit souvent les règles de la volonté testamentaire : une simple lettre, voire un Post-it, suffisent à établir la volonté du défunt d'abandonner la créance.

La preuve de la remise obéit aux règles de droit commun.

680. – Effets. L'effet fondamental de la remise de dette est d'éteindre l'obligation existant entre le débiteur et le créancier et toutes les sûretés et garanties la concernant.

C'est d'ailleurs sous l'angle de ses effets à l'égard de codébiteurs que la remise de dettes est abordée dans le Code civil.

« *Art. 1285.* – La remise ou décharge conventionnelle au profit de l'un des codébiteurs solidaires, libère tous les autres, à moins que le créancier n'ait expressément réservé ses droits contre ces derniers.

Dans ce dernier cas, il ne peut plus répéter la dette que déduction faite de la part de celui auquel il a fait la remise ».

« *Art. 1287.* – La remise ou décharge conventionnelle accordée au débiteur principal libère les cautions ;

Celle accordée à la caution ne libère pas le débiteur principal ;

Celle accordée à l'une des cautions ne libère pas les autres ».

Les textes sont muets sur l'hypothèse de codébiteurs conjoints : la règle est que seul le bénéficiaire de la remise est libéré et que les autres demeurent tenus.

SECTION 2

LA REMISE DE TITRE COMME PRÉSOMPTION DE REMISE DE DETTE

681. – Remise de titre. Les articles 1282 et 1283 (ancien) du Code civil déduisent de la remise volontaire du titre constatant l'obligation une présomption de libération du débiteur.

« *Art. 1282.* – La remise volontaire du titre original sous signature privée, par le créancier au débiteur, fait preuve de la libération ».

« *Art. 1283.* – La remise volontaire de la grosse du titre fait présumer la remise de la dette ou le paiement, sans préjudice de la preuve contraire ».

La raison sociologique de la règle tombe sous le (bon) sens : le créancier qui entend obtenir l'exécution d'une obligation ne se dessaisit pas du titre qui lui permettra une exécution forcée, ou la preuve, de l'engagement.

La remise du titre n'a pas pour seule explication une remise de dette, car lorsque le créancier est satisfait par le paiement, il doit également remettre l'acte constatant la créance. Cette incertitude est parfois gênante, aussi la quittance pour le paiement ou la convention expresse de remise de dette sont des pratiques préférables. La présomption établie par l'article 1282 du Code civil est péremptoire aussi bien en matière commerciale qu'en matière civile (Cass. com., 30 juin 1980 : *D.* 1982, p. 53, note Parleani ; *Gaz. Pal.* 1981, 2, p. 431, note Dupichot ; *RTD com.* 1981, p. 107, obs. Cabrillac et Rives-Lange. – Cass. com., 6 mai 1991 : *Bull. civ.* 1991, IV, n° 158, pour la remise volontaire d'une lettre de change par le créancier au débiteur. – Cass. com., 17 déc. 1991 : *Bull. civ.* 1991, IV, n° 394, pour la remise volontaire d'un bon d'épargne par son porteur à la banque émettrice).

V. également l'article 1342-9 du Code civil :

« La remise volontaire par le créancier au débiteur de l'original sous signature privée ou de la copie exécutoire du titre de sa créance vaut présomption simple de libération.

La même remise à l'un des codébiteurs solidaires produit le même effet à l'égard de tous ».

682. – Nature de la présomption de libération. La comparaison des anciens articles 1282 et 1283 du Code civil permet de déduire une différence de nature de la remise du titre :

– si le titre remis est un acte sous seing privé ou un titre notarié, la production du titre par le débiteur est une présomption irréfragable de sa libération ; le créancier s'est privé du seul moyen de prouver l'existence de l'obligation et d'obtenir son exécution ;

– si le titre remis est un acte notarié, il s'agit d'une présomption simple, car le notaire rédacteur de l'acte peut, à tout moment, délivrer une autre copie de l'acte. Théoriquement la remise de la copie exécutoire (dite « la grosse ») devrait valoir présomption absolue : toutefois, l'article 1283 précité prévoit que la présomption demeure simple, car, malgré cette remise, le créancier peut obtenir une autre expédition de l'acte, certes selon une procédure relativement complexe. Tant que le notaire conserve la minute de l'acte (et il ne peut s'en dessaisir), le créancier peut demander à l'officier ministériel le moyen de faire exécuter l'obligation.

La présomption de l'article 1283 du Code civil est applicable au notaire, créancier pour débours et honoraires, qui remet au débiteur la grosse ou même une expédition de l'acte qu'il a reçu pour lui, la distinction de la grosse et des simples expéditions étant sans intérêt dans les rapports de notaire à client (Cass. civ., 7 janv. 1907 : *DP* 1907, 1, p. 40).

CHAPITRE 2

LA PERTE DE LA CHOSE

683. – Fondement. L'ancien article 1234 du Code civil visait, parmi les cas d'extinction de l'obligation, la perte de la chose.

684. – Régime. Les anciens articles 1302 et 1303 du Code civil précisaient l'hypothèse qui concernait les obligations se rapportant à un corps certain :

« Lorsque le corps certain et déterminé qui était l'objet de l'obligation vient à périr, est mis hors du commerce, ou se perd de manière qu'on en ignore absolument l'existence, l'obligation est éteinte si la chose a péri ou a été perdue sans la faute du débiteur et avant qu'il fût en demeure » (C. civ., ancien art. 1302, al. 1er).

Cependant, le texte de l'article 1302 prévoyait, en son alinéa 2 :

« Lors même que le débiteur est en demeure, et s'il ne s'est pas chargé des cas fortuits, l'obligation est éteinte dans le cas où la chose fût également périe chez le créancier si elle lui eût été livrée ».

En tout cas :

« Le débiteur est tenu de prouver le cas fortuit qu'il allègue.

De quelque manière que la chose volée ait péri ou ait été perdue, sa perte ne dispense pas celui qui l'a soustraite, de la restitution du prix » (C. civ., ancien art. 1302, al. 3 et 4).

De plus,

« Lorsque la chose est périe, mise hors du commerce ou perdue, sans la faute du débiteur, il est tenu, s'il y a quelques droits ou actions en indemnité par rapport à cette chose, de les céder à son créancier » (C. civ., ancien art. 1303).

685. – Perte de la chose et impossibilité d'exécuter. L'article 1328 de la réforme prévoit l'impossibilité d'exécuter, de manière générale :

« *Art. 1351.* – L'impossibilité d'exécuter la prestation libère le débiteur à due concurrence lorsqu'elle procède d'un cas de force majeure et qu'elle est définitive, à moins qu'il n'ait convenu de s'en charger ou qu'il ait été préalablement mis en demeure ».

L'article suivant traite plus particulièrement de la perte de la chose :

« *Art. 1351-1.* – Lorsque l'impossibilité d'exécuter résulte de la perte de la chose due, le débiteur mis en demeure est néanmoins libéré s'il prouve que la perte se serait pareillement produite si l'obligation avait été exécutée.

Il est cependant tenu de céder à son créancier les droits et actions attachés à la chose ».

686. – Exemples. Dans le **commodat** (« Le prêt à usage ou commodat est un contrat par lequel l'une des parties livre une chose à l'autre pour s'en servir, à la charge par le preneur de la rendre après s'en être servi », C. civ., art. 1875), si l'obligation de restituer est éteinte lorsque la chose a péri sans faute de l'emprunteur, celui-ci reste tenu, en application de l'ancien article 1303 du Code civil, de céder au prêteur la créance d'indemnité d'assurance relative à la chose périe (Cass. 1re civ., 27 juin 1995 : *Bull. civ.* 1994, I, n° 284). L'emprunteur doit restituer la chose et, en cas de perte, son obligation n'est éteinte qu'à la charge de prouver que la chose a péri sans sa faute, sans qu'il ait à être mis en demeure.

Dans le **dépôt**,

« le dépositaire n'est tenu, en aucun cas, des accidents de force majeure, à moins qu'il n'ait été mis en demeure de restituer la chose déposée » (C. civ., art. 1929).

La force majeure libère le dépositaire et il ne peut être condamné à réparation du seul fait du défaut d'assurance contre le risque (Cass. 1re civ., 18 oct. 1954 : *D.* 1955, p. 81).

En matière de bail,

« s'il a été fait un état des lieux entre le bailleur et le preneur, celui-ci doit rendre la chose telle qu'il l'a reçue, suivant cet état, excepté ce qui a péri ou a été dégradé par vétusté ou force majeure » (C. civ., art. 1730).

CHAPITRE 3

AUTRES CAS

687. – Diversité des causes d'extinction. D'autres cas pour éteindre une obligation existent :

– le décès de la personne du débiteur (lorsque l'obligation est conclue *intuitu personae*) ;

– le terme extinctif ;

– la nullité du contrat ; ainsi, l'annulation de la vente d'un tableau fait disparaître tout lien de droit entre le vendeur et l'acquéreur, le droit de propriété de l'acheteur a implicitement disparu ainsi que l'intérêt personnel qui l'avait incité à procéder sur le tableau litigieux à des travaux de restauration (Cass. 1re civ., 25 mai 1992 : *Bull. civ.* 1992, I, n° 165 ; *D.* 1993, somm. p. 235, note O. Tournafond) ;

– la condition résolutoire ;

– la transaction, « contrat par lequel les parties terminent une contestation née, ou préviennent une contestation à naître » (C. civ., art. 2044) ;

– l'arrêté de compte.

On notera que l'absence de déclaration d'une créance dans une procédure collective n'est plus aujourd'hui sanctionnée par l'extinction de la créance, mais seulement par son inopposabilité à la procédure.

688. – La condition résolutoire. Ce mécanisme est étudié à l'occasion de la formation de la convention (V. également *supra*, n° 165).

689. – La transaction. Selon l'article 2044 du Code civil, la transaction est un contrat par lequel les parties terminent une contestation née, ou préviennent une contestation à naître. C'est un des contrats spéciaux et elle est traitée dans les ouvrages consacrés aux contrats civils et commerciaux. Elle est traitée aux articles 2044 à 2058 du Code civil.

La jurisprudence admet que la transaction ne soit que partielle et ne mette pas fin à tous les points en litige : constitue une transaction la convention qui tend à prévenir une contestation à naître, même si elle ne porte que sur certains faits pouvant donner lieu à un litige et ne comporte pas renonciation totale des parties à l'exercice de leurs droits.

La transaction est faite de concessions réciproques et une abondante jurisprudence s'est développée en droit du travail du fait que le juge souhaite vérifier l'équivalence de ces concessions.

La transaction ne peut être rescindée pour erreur de droit

Deux arrêts relativement récents ont posé l'autonomie de la transaction.

Une caution, condamnée le 16 mars 1990 à payer à une banque le montant d'un prêt consenti au débiteur principal mis en liquidation judiciaire le 3 août 1989, a conclu avec la banque le 14 août 1990 une transaction fixant le montant de la créance et les modalités du remboursement. Sur le fondement de la subrogation consentie par la banque et d'un jugement du 20 février 1990 condamnant le débiteur à rembourser sa dette à l'établissement de crédit, la caution a délivré le 7 avril 1992 au débiteur un commandement de payer qui a été déclaré nul par un jugement du 3 mars 1993 confirmé en appel, motifs pris de ce que la banque n'ayant pas déclaré sa créance au passif de la liquidation judiciaire et sa créance se trouvant éteinte, la caution ne disposait d'aucune créance contre le débiteur. Il ne peut être reproché à l'arrêt attaqué d'avoir refusé de constater la nullité de la transaction du 14 août 1990, dès lors que la transaction ne peut être rescindée pour erreur de droit. La cour d'appel a relevé que la transaction du 14 août 1990, qui comportait désistement des parties, avait pour cause le jugement du 16 mars 1990 condamnant la caution solidaire, de sorte que ce jugement, devenu définitif, constituait le droit au paiement de la banque et ne pouvait être considéré comme un titre nul. C'est à juste titre qu'elle a alors considéré que l'ignorance de la caution de ce que la créance de la banque, non déclarée, était éteinte, était le résultat d'une erreur de droit et elle a ainsi légalement justifié sa décision.

Pour écarter toute responsabilité de la banque, l'arrêt, après avoir relevé que la banque, prêteur de deniers et professionnel averti, aurait dû réagir à l'interruption du remboursement des échéances du prêt et s'enquérir par tous les moyens dont une banque dispose sur la situation exacte du débiteur principal, a énoncé que ni l'une ni l'autre des parties n'avaient, à la date de la transaction, attaché d'importance à la déclaration de la créance de la banque au passif de l'emprunteur, que la caution aurait pu elle-même se renseigner, ce qu'elle n'a pas fait, et que l'inexistence de la créance ne résultait que de l'application d'une règle de droit encore peu connue en 1990. En statuant ainsi, alors qu'en s'abstenant de se renseigner et de déclarer sa créance au passif de la liquidation judiciaire de l'emprunteur, la banque avait fait preuve d'une négligence qui, par l'extinction de la créance, avait fait perdre à la caution le bénéfice de son recours subrogatoire contre le débiteur principal, la cour d'appel a violé les dispositions des articles 1147 et 2029 du Code civil.

(Cass. 1re civ., 19 déc. 2000 : *Bull. civ.* 2000, I, n° 334 ; *D.* 2001, act. jurispr. p. 629, obs. V. Avena-Robardet ; *D.* 2001, p. 2193, note P. Soustelle)

Des cautions qui s'étaient engagées solidairement à garantir le paiement des dettes d'une société envers une banque, ayant, à la suite des poursuites engagées contre elles par la banque, conclu avec cette dernière une transaction dans l'ignorance de la disparition de la créance principale pour défaut de déclaration au redressement judiciaire de la société, il ne peut être reproché à l'arrêt attaqué d'avoir condamné la banque à restituer aux cautions la somme qu'elles avaient versée en vertu de la transaction. En effet la cour d'appel a exactement retenu que, dès lors qu'à la date de la transaction, la créance de la banque sur la société était éteinte, ce qui, en raison du caractère accessoire du cautionnement souscrit par les cautions, avait entraîné la disparition de leurs obligations à l'égard de la banque, celles-ci avaient commis une erreur sur l'existence même de leur obligation. Il en résulte que, quelle que fût l'obligation contractuelle des cautions de s'informer sur la situation du débiteur principal et d'en suivre l'évolution, la transaction était nulle faute d'objet (Cass. 1re civ., 29 mai 2001 : *Bull. civ.* 2001, I, n° 156 ; *D.* 2001, act. jurispr. p. 1944, obs. V. Avena-Robardet ; *D.* 2001, p. 2193, note P. Soustelle).

690. – L'exception de compte arrêté. Selon l'article 2274 du Code civil, la prescription cesse de courir lorsqu'il y a eu compte arrêté, cédule ou obligation, ou citation en justice non périmée.

Les mots « compte arrêté, cédule ou obligation » impliquent une reconnaissance écrite avec fixation du chiffre de la dette ; c'est seulement lorsque la dette a été ainsi reconnue que la courte prescription fait place à la prescription trentenaire. Lorsque la lettre de la cliente à son chirurgien-dentiste ne contenait aucun élément chiffré du solde de la dette et se bornait à solliciter l'envoi d'un décompte d'honoraires, les juges en déduisent exactement qu'une telle lettre ne constitue ni un arrêté de compte, ni une cédule, ni une obligation, seuls susceptibles d'entraîner l'interversion de la prescription (Cass. 1re civ., 5 févr. 1991 : *Bull. civ.* 1991, I, n° 52 ; *RTD civ.* 1991, p. 744, obs. Mestre).

V. J. Dubrul-Vanreysselberge, *L'exception de compte arrêté* : *RTD civ.* 1976, p. 30.

CONCLUSION

691. – Droit civil des affaires. Le régime de l'obligation peut paraître complexe, surtout si on le confronte avec le droit des sources de l'obligation, plus limpide et plus délié.

Nous avons parfois simplifié les développements, en espérant ne pas avoir négligé des points importants. Le lecteur aura compris que des approfondissements s'imposent.

L'amateur y trouvera son compte, car la difficulté principale de la matière « régime de l'obligation » est qu'elle exige une bonne connaissance des autres branches de droit privé : droit commercial, droit international privé, droit fiscal, droit judiciaire, parfois même droit pénal, sans parler du droit civil lui-même dans toutes ses composantes. Ainsi s'accomplit le « droit civil des affaires ». D'autres parleraient du droit civil de l'entreprise.

En effet, l'étude de la compensation, de la délégation, de la novation... nous a fait effleurer, chemin faisant, au-delà du droit des obligations : les sûretés, les biens, les régimes matrimoniaux, les successions, les procédures collectives, les conflits de lois et les conflits de juridictions... Cette diversité des concepts utiles à la compréhension du régime, et souvent non encore étudiés en cours lorsque l'heure est au « régime », est à n'en pas douter un obstacle pour l'étudiant.

En appliquant ses connaissances, en les confrontant aux réalités, il reviendra donc au « régime » et se persuadera de son grand intérêt dans un domaine où plus qu'ailleurs l'expérience et la pensée se mêlent, se complètent et se rejoignent.

Table des matières

Photocomposition Nord Compo Multimédia
59650 Villeneuve d'Ascq
Suivi éditorial : Manuella Guillot

Achevé d'imprimer en juillet 2018
dans les ateliers de Normandie Roto Impression s.a.s.
61250 Lonrai
N° d'impression : 1802743
Dépôt légal : août 2018

Imprimé en France